本研究获得中南财经政法大学产业升级与区域金融湖北省协同创新中心资助

2018 中国金融发展报告

2018 China Financial Development Report

朱新蓉　唐文进　主编

北京大学出版社
PEKING UNIVERSITY PRESS

图书在版编目(CIP)数据

2018 中国金融发展报告 / 朱新蓉, 唐文进主编. —北京: 北京大学出版社, 2019.7
教育部哲学社会科学系列发展报告
ISBN 978-7-301-30753-3

Ⅰ. ①2… Ⅱ. ①朱… ②唐… Ⅲ. ①金融业—经济发展—研究报告—中国—2018 Ⅳ. ①F832

中国版本图书馆 CIP 数据核字(2019)第 195169 号

书　　　名	2018 中国金融发展报告
	2018 ZHONGGUO JINRONG FAZHAN BAOGAO
著作责任者	朱新蓉　唐文进　主编
责 任 编 辑	闫格格　徐　冰
标 准 书 号	ISBN 978-7-301-30753-3
出 版 发 行	北京大学出版社
地　　　址	北京市海淀区成府路 205 号　100871
网　　　址	http://www.pup.cn
微信公众号	北京大学经管书苑(pupembook)
电 子 信 箱	em@pup.cn　　QQ: 552063295
电　　　话	邮购部 010-62752015　发行部 010-62750672　编辑部 010-62752926
印 刷 者	三河市北燕印装有限公司
经 销 者	新华书店
	730 毫米 × 980 毫米　16 开本　30.5 印张　581 千字
	2019 年 7 月第 1 版　2019 年 7 月第 1 次印刷
定　　　价	89.00 元

未经许可, 不得以任何方式复制或抄袭本书之部分或全部内容。
版权所有, 侵权必究
举报电话: 010-62752024　电子信箱: fd@pup.pku.edu.cn
图书如有印装质量问题, 请与出版部联系, 电话: 010-62756370

摘　要

　　2017年的国际经济金融形势延续了2016年的复苏态势,并在总体上好于预期,在经历了2008年金融危机的低谷后,全球经济首次呈现范围如此广泛的增长。国际货币基金组织(IMF)在2017年1月、7月、9月发布的报告中,连续调高对全球经济增速的预测。2017年,主要发达经济体如美国、加拿大、欧元区和日本的经济增长普遍加速,这主要得益于美国扩张性的财政政策对本国经济的拉动及对其贸易合作伙伴产生的溢出效应。除中国的亚洲新兴经济体在2017年增长强劲,中国强于预期的经济增长助推了这些国家和地区的发展。但独联体国家、部分大宗商品出口国及撒哈拉以南的非洲国家,仍深陷困顿。全球金融环境在短期内仍偏于宽松,受主要发达经济体及部分新兴经济体发展态势向好影响,金融市场信心强劲。值得注意的是,全球经济增长面临的风险短期内基本平衡,但从中期看偏于下行。产出缺口的加速收窄,人口结构的不利变化,生产率增速的低迷,为中期全球经济增长蒙上阴影。因此,当前的经济复苏为各国调整财政政策和货币政策以应对中期挑战,提供了绝佳窗口。

　　聚焦中国,2017年国内经济增长强劲,总体好于预期,同时经济结构调整已见成效,增长更趋稳定、协调和可持续。具体来看,消费需求对经济增长的贡献大幅上升,投资增长虽放缓但结构更为优化,进出口实现双顺差。工业生产发展加速,就业稳中向好,消费价格上涨温和。2017年,央行继续坚持稳健中性的货币政策,平衡稳增长、调结构、防风险、去杠杆及其他宏观调控目标,为供给侧结构性改革与中国经济的高质量发展创造了中性适度的货币金融环境。对于中国宏观经济金融存在的问题,央行主要从加强流动性管理、防范系统性风险及疏通政策传导机制方面施行了针对性对策。

　　在金融宏观调控方面, 2017年的基调是在"稳增长"与"防风险"之中寻求平衡,完善"双支柱"宏观审慎政策框架是贯穿全年的核心内容。

　　面对日趋复杂的金融宏观调控环境,为积极应对国内外出现的新情况、新动态,2017年央行主要围绕以下五个方面开展工作:第一,加强流动性管理,保持银行体系流动性适度,预防市场过度波动;第二,转型调控框架,疏导货币政策传导机制,构建利率走廊;第三,防范系统性风险,完善宏观审慎政策框架;第四,探索货币政策结构调整,强化对资金价格不敏感经济主体的激励;第五,深化人民币汇率形成机制改革,增强人民币汇率弹性。

从货币政策的最终目标来看,2017年中国经济保持平稳增长,结构持续优化,质量效益提高,消费需求对经济增长的拉动作用保持强劲,投资稳中略缓,进出口较快增长,就业基本稳定。从货币政策的中介目标来看,货币总量增长有所放缓,反映了在去杠杆和金融监管逐步加强的背景下,资金更多地流向实体经济,而缩短资金链条也有助于降低资金成本;金融机构贷款利率基本平稳;人民币贷款量合理较快增长。

2017年我国金融宏观调控仍存在一些亟待解决的问题,主要体现在:经济运行中的结构性矛盾暗含中期下行风险;财政金融领域风险暴露;国际形势变化带来更多不确定性;数量型货币政策的局限性凸显;资产泡沫破裂风险加剧;民生保障政策功效不够。

针对这些重要问题,本报告提出的建议包括:推行改革解决结构性矛盾;完善"双支柱"调控框架、去杠杆防范风险;推进汇率形成机制市场化,谨慎应对贸易战;促进数量型货币政策向价格型转变;抑制房地产资产泡沫;保障民生底线,促进社会和谐稳定。

在金融机构发展方面,2017年,各金融机构积极探讨了新的发展模式,随着数字金融的全面渗透和金融科技的新发展和新应用,在风控、成本、征信、开发新产品等方面,金融机构找到了突破口,更好地发挥了普惠金融和服务实体经济的功能。

具体来看,银行和保险业金融机构中,政策性银行及国家开发银行持续在服务深化供给侧结构性改革、创新型国家建设、乡村振兴战略实施、区域线条发展、"一带一路"建设等领域发挥着重要作用;商业银行整体规模增速放缓、贷款结构优化、净利润增速回升明显、资产质量趋于稳定、降杠杆成效明显;民营银行发展势态良好,风险抵御能力增强;农村金融机构发展迅速,积极服务"三农"和镇区经济;租赁行业稳步发展,其企业数量、业务规模、注册资金同步上升,市场潜力巨大;"互联网+"为典当行业带来了新机遇,典当机构全面开展业务合作与创新;小额贷款公司的行业监管逐步加强;政府政策和"互联网+"推动消费金融快速发展;保险机构整体实力增强,改革创新不断推进,保险专业中介机构发展提速。

证券业金融机构方面,虽然证券公司的盈利水平受佣金率和股市不景气的影响持续下降,但证监会的监管得到进一步加强,市场运行更加稳健,并且证券公司还积极探索多种形式支持实体经济发展;基金行业发展态势良好,基金公司的数量和管理规模稳步增长,盈利能力较强;信托行业发展稳中求进,防风险能力增强;场外业务成为期货公司转型的新增长点和突破口。

新金融业态方面,互联网支付规模持续增长,监管体系不断完善,借助金融科技,应用更多场景,发挥了普惠金融特性;网络借贷行业监管加强,不健康平台逐步退出市场,网贷余额和成交量上升;众筹行业平台数量锐减,非良性平台逐步退出市场,行业发展进入规范期;金融小镇得益于国家政策支持、引导,发展迅速,积极助力当地经济发展;降风险、去杠杆的政策背景下,影子银行增长速度放缓;绿色金融市场规模扩大,产品种类日益丰富,绿色金融标准体系等基础设施也趋于完善;国家鼓励供应链金融发展创新,区块链助力供应链金融进入4.0时代;金融科技发展越来越成熟,已经初步形成生态组织架构。

然而,我国的金融机构在发展过程中也暴露出许多问题:一是金融部门资产负债表扩张过快,隐含的风险不容忽视;二是传统银行运营模式亟待创新,投贷联动试点业务开展遭遇瓶颈;三是我国银行业体系的脆弱性开始暴露;四是中小保险公司发展压力增加,动力不足;五是国内中小基金公司困境凸显;六是期货风险管理子公司发展尚面临诸多制约因素;七是金融科技发展仍处于探索阶段,"伪创新"问题逐渐暴露;八是我国绿色金融机构参与度不够,协作困难。对此,我们提出以下相关建议:一是坚持金融部门去杠杆战略,加强统一监管;二是政策、理念、人才、机制多方面发力,培育投贷联动生长的沃土;三是寻求创新改进以消除银行业体系的脆弱性;四是继续推进中小保险公司全面转型;五是中小基金公司应明确自身定位,内外两点同时发力突破自身困境;六是外部市场与政策环境联合调整,消除期货公司风险管理的制约因素;七是市场与企业协同调整,谨防金融科技"伪创新"问题爆发;八是加大政策激励度,构建统一的绿色金融产品与监管体系,为金融机构深层次、多方面参与绿色金融"铺路"。

在金融市场发展方面,2017年金融市场产品种类不断丰富,市场制度不断完善,金融市场对于资管行业、银行、公募、保险等发布一系列金融监管政策,保证金融市场的稳定发展,但各子市场及不同子市场之间存在的矛盾或问题也日益显现。货币市场运行整体平稳,市场利率在有所上行后趋于稳定。股票市场指数稳中有升,成交额和筹资额同比减少,新三板市场发展迅猛。债券市场收益率曲线总体有所上移,交易量有所下降。人民币汇率双向浮动弹性明显增强,外汇市场交易主体进一步扩展,外汇掉期和远期交易增长较快。保险市场发展稳中向好,保险市场改革开放持续深化,保险资金运用配置更趋优化,投资收益稳步增长,服务经济社会发展能力持续增强,保险科技应用日益广泛,互联网保险业务保持快速发展。黄金供需基本保持平稳、黄金价格稳中有升、黄金交易规模保持增长。期货交易量和交易额有所下降、期权市场平稳运行、利率衍生品交易活跃度明显上升。

2017年我国金融市场存在的主要问题是:社会融资结构性不平衡问题仍然突出、制度性因素限制了新三板市场的发展、企业进行并购重组时不够严谨、多层次资本市场的功能发挥得还不充分、地方债市场风险逐步暴露、保险市场防范和化解风险的能力亟待提高、衍生产品市场发展还需提速。

完善我国金融市场的具体政策建议是：进一步优化社会融资结构、完善新三板市场发行交易制度、逐步健全并购重组的相关法律法规、加快建设多层次资本市场、有效防范地方债务风险、优化地方债投资者结构、切实防范和化解保险市场风险、稳步推进衍生产品市场的发展。

在金融国际化发展方面，2017年世界经济展现出复苏态势，国际金融市场运行基本平稳；中国经济稳中向好趋势比较明显，经济结构持续优化，质量效益显著提高，人民币兑美元汇率小幅升值，人民币兑一篮子货币保持总体稳定。2017年中国国际收支运行整体稳定，总体差额呈现基本平衡。其中，经常账户差额处于合理区间；非储备性质的金融账户重新出现顺差。具体而言，直接投资、证券投资和其他投资全部呈现为顺差。从投资流向看，2017年境内主体对外投资总体趋稳；境外主体来华各类投资继续回升；外汇储备规模稳步回升，2017年我国外汇储备余额为31 399亿美元。在中国经济平稳运行、改革开放深入推进、人民币汇率双向波动等环境下，中国跨境资金双向流动、总体平衡的格局进一步巩固。中国坚持推动跨境资本流动审慎管理，实行高水平的贸易投资自由化，推进金融市场双向开放，构建跨境资本流动宏观审慎管理体系，完善外汇市场微观监管框架，加强外汇储备经营管理能力建设。

在金融监管方面，2017年我国金融监管改革积极有序推进，法律制度逐步完善，基础建设不断夯实，金融监管工作成效凸显。银行监管以推进供给侧结构性改革为主线，切实提升服务实体经济的质效；以坚守不发生系统性风险为底线，扎实推进重点领域风险防控；以回归本源专注主业为导向，深入推进银行业改革开放；以强化责任担当为抓手，全面提升监管能力。证券监管进一步巩固依法全面从严监管的态势，维护良好的市场生态环境；逐步夯实基础制度，双向开放取得新成效；规范上市公司及其股东行为，全面提升金融服务质效；改革相关制度，进一步完善多层次资本市场体系；加强资本市场信息调控，提高保护投资者合法权益的能力。保险监管强化从严监管纪律，坚持严罚重处；加强保险业风险防控的前瞻性、针对性和有效性；全面整治市场乱象，弥补保险监管短板；提升保险服务实体经济的效率和水平。涉外金融监管加强对外投资监管力度，推动境外投资持续健康发展；提升贸易投资便利化水平；稳妥有序推动金融市场双向开放，支持实体经济发展；强化跨境资本流动风险防范，严厉打击外汇违法违规活动，维护国家涉外经济金融安全。

但金融监管依然存在一些问题。在银行监管方面，金融科技快速发展、潜在风险日益凸显；交叉金融业务日益活跃，监管面临新挑战；商业银行流动性风险不断暴露,期限错配问题依然突出。在证券监管方面,传统违法行为依然严重,监管力度有待加强;中介机构未勤勉尽责情况时有发生,对其稽查执法力度有待提高;基金及期货市场多种违规行为叠加,风险外溢效应明显;新三板市场违法动机多样,监管制度需要进一步完善;通过互联网和自媒体传播虚假信息,监管部门的反应速度需要提升。在保险监管方面,保险科技监管手段滞后;穿透式监管机制不健全;监管激励相容不足。在涉外金融监管方面,跨境资金流动管理体制仍不完善;"熊猫债"缺乏分类管理框架;个人外汇管理存在隐患;海外投融资管理不足。此外,2017年金融监管还面临一些新问题,包括金融风险趋于复杂化和扩大化;金融高杠杆风险依然严峻;中央与地方统筹协调的金融监管机制有待完善;金融监管理念有待调整,金融监管体系有待完善。

因此,本报告针对这些问题提出继续加强和改善金融监管的建议。在银行监管方面,实时监控金融科技发展,营造安全稳定的金融环境;规范交叉金融业务,全面防范系统性风险;商业银行应树立全面风险管理理念,加强自身流动性风险管理。在证券监管方面,完善证券法律体系建设,加大稽查执法力度,提高违法成本;严格界定中介机构的法律责任,充分发挥中介机构的功能;加强对基金、期货和新三板市场的执法力度,更好地服务实体经济;建立对证券交易信息的实时监管制度。在保险监管方面,积极运用保险监管科技;加强穿透式监管力度;完善保险监管激励相容机制。在涉外金融监管方面,完善跨境资金流动监管体系;统一"熊猫债"分类管理框架;加强个人外汇管理力度;完善跨境投融资监管机制。此外,针对金融监管出现的新问题,维护市场稳定发展,守住金融安全底线;有序降低杠杆率水平,防范、化解金融风险;完善现行监管体制,构建中央与地方金融统筹协调监管机制;转变金融监管理念以及改革金融监管体系。

目　录

第一部分　主题报告　双支柱调控与系统性风险防范 …………………… 1

 第一章　金融宏观调控 …………………………………………………… 3

 第二章　金融机构发展 …………………………………………………… 42

 第三章　金融市场发展 …………………………………………………… 115

 第四章　金融国际化发展 ………………………………………………… 193

 第五章　金融监管 ………………………………………………………… 227

第二部分　专题报告　不确定环境下的中国金融 ……………………………… 297

 专题一　机构投资者参与定向增发的偏好和市场反应研究 …………… 299

 专题二　股票增值权激励方案对公司绩效的影响研究

    ——以泰格医药为例 ……………………………………………… 319

 专题三　我国上市公司高送转行为研究 ………………………………… 341

 专题四　老工业城市基本养老保险基金筹资与投资研究 ……………… 356

 专题五　限购、限贷政策对商品住宅价格调控效果比较研究 ………… 374

 专题六　预期冲击、住房市场与中国宏观经济波动

    ——基于 DSGE 模型的分析 …………………………………… 388

 专题七　货币政策对我国制造业企业风险承担的影响研究 …………… 411

 专题八　中国货币政策信贷传导的时变效应研究 ……………………… 427

参考文献 …………………………………………………………………………… 441

附　录　2017 年中国金融发展大事记 ………………………………………… 465

后　记 ……………………………………………………………………………… 479

第一部分 主题报告

双支柱调控与系统性风险防范

第一章 金融宏观调控

2017年,我国仍面临着复杂的国内外环境。国际方面,世界货币基金组织(IMF)在2018年1月发布的报告中,再次调高了对2017年全球经济增长的预期。全球经济自2016年年末保持较强的复苏态势,2017年的经济增长基础广泛,全球约120个经济体的GDP同比增速上升,其中欧洲和亚洲国家表现突出。值得注意的是,此轮全球经济增长上调有相当一部分来自美国的一揽子税改政策对其自身及其贸易伙伴带来的影响。与此同时,全球经济增长面临的风险,在短期内看似平衡,在中期却偏于下行。随着需求的释放,短期内经济增长或更为强劲,但在中期,发达经济体逐步撤销刺激政策、资产估值过高、通货膨胀率和利率上升快于预期,以及地缘政治矛盾都将带来下行风险。国内方面,虽经过本届政府的积极努力,但我国经济仍存在结构性矛盾突出、各领域风险集中暴露的问题,解决这些问题也不能一蹴而就。

2017年,中央政府不懈努力,把握时代脉搏和经济命脉,针对经济运行中存在的复杂问题,进行了积极合理的金融宏观调控。2017年全年经济运行稳中向好、好于预期。其中消费需求对经济增长的贡献大幅上升,投资增长虽放缓但结构更为优化,进出口两年来一直保持双顺差。2017年央行坚持稳健中性的货币政策,对稳增长、调结构、防风险及其他宏观调控目标进行了平衡,为供给侧结构性改革与中国经济的高质量发展创造了中性适度的货币金融环境。

一、2017年金融宏观调控的总体评价

(一)加强流动性管理,防范系统性风险,疏通政策传导机制

面对日趋复杂的金融宏观调控环境,为积极应对国内外出现的新情况、新动态,2017年央行主要围绕以下五个方面开展工作:第一,加强流动性管理,保持银行体系流动性适度,预防市场过度波动;第二,转型调控框架,疏导货币政策传导机制,构建利率走廊;第三,防范系统性风险,完善宏观审慎政策框架;第四,探索货币政策结构调整,强化对资金价格不敏感的经济主体的激励;第五,深化人民币汇率形成机制改革,增强人民币汇率弹性。其中第二、第四、第五个方面均是从不同角

度对货币政策传导机制的进一步完善。

1. 加强流动性管理,保持银行体系流动性适度,预防市场过度波动

受国内供给侧机构性改革初见成效,中央一系列简政放权措施落实和创新驱动战略的深化影响,在国际经济复苏强劲的背景下,我国短期内经济下行压力减缓,但从中期看,仍存在企业和政府杠杆率较高、部分资产价格过高的问题。针对这一现状,央行着力于保持银行体系流动性适度,并通过多种货币政策工具预防市场过度波动。为此,2017年央行启用了2个月期逆回购操作,构建临时准备金动用安排(CRA)应对春节前的临时流动性需求;使用了常备借贷便利(SLF)、中期借贷便利(MLF)等工具对流动性期限结构做出调整。从全年看,央行的一系列举措取得了较好效果,货币市场基本平稳,资金面稳定性增强。

2. 转型调控框架,疏导货币政策传导机制,构建利率走廊

由于金融脱媒和影子银行的发展,加之数量型货币政策相关指标逐渐失效,以往的数量型货币政策为主的调控框架变得难以胜任我国经济金融发展的需要,向以价格型货币政策为主的调控框架转型的时机已然到来。2017年,央行在转型货币政策调控框架方面的举措主要包括:第一,完善银行间市场基准利率体系,在央行指导下推出了银行间回购定盘利率(FDR,包括隔夜、7天、14天三个期限)和以7天银行间回购定盘利率(FDR007)为参考利率的利率互换产品;第二,培育金融市场基准利率,将上海银行间拆放利率发布时间由上午9:30改为上午11:00。

3. 防范系统性风险,完善宏观审慎政策框架

2008年全球金融危机以来,各国先后构建了以熨平经济周期、抑制金融顺周期性为目标的宏观审慎政策框架,旨在将传统金融监管无法完全覆盖的系统性金融风险纳入监管考察体系。我国对宏观审慎政策的探索与创新已然走在世界前列。2016年央行将差别准备金动态调整机制调整为含义更广、功能更为全面的宏观审慎评估体系(MPA);在此基础上,2017年央行对其进行了进一步完善,将表外理财业务纳入其广义信贷指标范围,并宣布于2018年第一季度将同业存单纳入其同业负债占比指标,将24家系统重要性金融机构的绿色金融指标纳入MPA信贷政策执行情况考核。

4. 探索货币政策结构调整,强化对资金价格不敏感的经济主体的激励

由于种种特殊原因,目前我国经济运行中仍存在部分对资金价格不敏感的经济主体,这一部分经济主体在总量型的货币政策的调控下参与国民经济重要部分运行的积极性不高,为此央行利用了一系列结构性工具对其进行激励。2017年央行运用了信贷政策支持再贷款、再贴现、抵押补充贷款(PSL)等工具对金融机构支持重点领域和薄弱环节的力度进行了调整,并宣布2018年将对达到一定标准的普惠金融领域贷款金融机构实施定向降准。

5. 深化人民币汇率形成机制改革,增强人民币汇率弹性

2017年,我国经济金融受国际形势变化影响更甚,尤其体现在美国加息、减税、缩表的一系列举措对我国产生的巨大影响。因此推进人民币汇率形成机制改革,提高抗冲击能力,对稳定我国经济基本面,为供给侧结构性改革、简政放权和创新驱动战略的实施创造优良的外部环境意义重大。2017年,央行有序地推进了人民币汇率市场化形成机制改革,在汇率中间价形成机制中加入了"逆周期因子",指导外汇市场自律机制将一篮子货币参考时段由24小时调整为上一日16:30至当日7:30。

总体来说,在党中央、国务院的正确领导下,2017年货币政策保持了稳健中性,平衡好了经济增长与风险防范之间的关系,金融体系去杠杆成效显著,经济发展向好,市场预期稳定。

(二)2017年金融宏观调控的最终目标与实际执行效果

2017年中国经济保持平稳增长,结构持续优化,质量效益提高,消费需求对经济增长的拉动作用保持强劲,投资稳中略缓,进出口较快增长,就业基本稳定。国内生产总值(GDP)为82.7万亿元,按可比价格计算,同比增长6.9%;从季度看,各季度同比增长分别为6.9%、6.9%、6.8%、6.8%(见图1-1-1)。2017年,三大产业对GDP增长率的贡献比例与2016年相较基本不变(见图1-1-2)。全年居民消费价格(CPI)同比上涨1.6%,贸易顺差为2.9万亿元。经济增长由消费拉动部分有较大提升,投资增长稳中趋缓,结构更为优化,进出口实现较快增长。工业生产加快发展,第三产业增加值占GDP的比重达到51.6%。就业稳中向好,消费价格上涨温和。

1. 消费增长稳健,投资增长稳中略缓,进出口较快增长

城乡居民收入较快增长,消费增长稳健。2017年,全国居民人均可支配收入为25 974元,同比增长9.0%;扣除价格因素实际增长7.3%,增速比上年提高1.0个百分点。按常住地分,城镇居民人均可支配收入为36 396元,扣除价格因素实际增长6.5%;农村居民人均可支配收入为13 432元,扣除价格因素实际增长7.3%。经济增长主要由消费拉动,全年最终消费支出对国内生产总值增长的贡献率达到58.8%。中国人民银行2017年第四季度城镇储户问卷调查显示,居民消费意愿相对平稳,倾向于"更多消费"的居民占26.2%,比上年同期提高3.1个百分点。2017年,社会消费品零售总额为36.6万亿元,比上年增长10.2%。乡村消费品零售额增长继续快于城镇,全年乡村消费品零售额同比增长11.8%,比城镇高1.8个百分点。网上零售强势增长,线下消费继续回暖,全年全国网上零售额为7.18万亿元,同比增长32.2%;商务部重点监测专业店、百货店销售额同比分别增长6.2%和2.4%,增

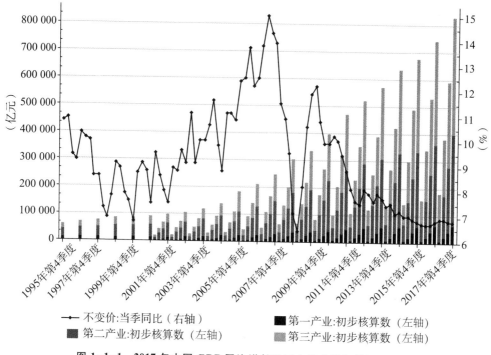

图 1-1-1　2017 年中国 GDP 同比增长及三大产业增加值同比增长

资料来源：Wind 资讯。

速较上年分别加快 3.3 个和 2.7 个百分点。

固定资产投资增长稳中趋缓，投资结构调整优化。全年固定资产投资为 63.2 万亿元（不含农户），同比增长 7.2%，增速比上年减少 0.9 个百分点。当前投资的特征表现为：第一，在高端制造业和装备制造业投资出现较快增长，在高耗能行业变缓。全年高技术制造业和装备制造业投资同比分别增长 17% 和 8.6%，高耗能制造业投资同比下降 1.8%。第二，民间投资增速回升，全年民间投资同比增长 6%，比上年高 2.8 个百分点。第三，基础设施投资（不含电力、热力、燃气及水生产和供应业）增速加快，全年为 19%，比上年高 1.6 个百分点。第四，东北地区投资由负转正，全年为 2.8%；其他地区投资增速总体稳定。

进出口较快增长，外贸结构优化。按人民币计价，2017 年进出口总额为 27.8 万亿元，同比增长 14.2%。其中，出口约 15.3 万亿元，增长 10.8%；进口约 12.5 万亿元，增长 18.7%。进出口相抵，顺差约 2.9 万亿元，同比收窄 14.2%。按美元计价，全年进出口总额同比增长 11.4%。其中，出口同比增长 7.9%；进口同比增长 15.9%；贸易顺差 4 225 亿美元，同比收窄 17.1%。2017 年，一般贸易进出口占进出口总额的比重为 56.4%，比上年提高 1.3 个百分点；机电产品出口占出口总额的 58.4%，为

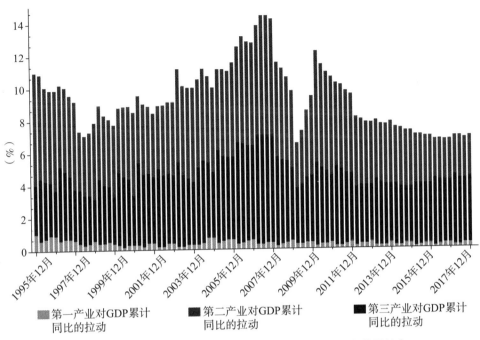

图 1-1-2　1995—2017 年中国三大产业对 GDP 增长率的贡献率

资料来源：Wind 资讯。

出口主力；民营企业进出口增长 15.3%，占进出口总额的 38.5%，比上年提高 0.4 个百分点。对"一带一路"部分沿线国家和地区出口保持增长，对俄罗斯、波兰和哈萨克斯坦等国进出口分别增长 23.9%、23.4% 和 40.7%，均高于总体增幅。

2. 居民消费价格温和上涨，生产价格涨幅有所扩大

居民消费价格温和上涨。CPI 同比上涨 1.6%，涨幅比上年回落 0.4 个百分点，其中各季度涨幅分别为 1.4%、1.4%、1.6% 和 1.8%（见图 1-1-3）。以食品和非食品分，食品价格略有下降，非食品价格涨幅较大。食品价格下降 1.4%，涨幅比上年回落 6.0 个百分点；非食品价格上涨 2.3%，涨幅比上年增加 0.9 个百分点（见图 1-1-4）。从消费品和服务分类看，消费品价格涨幅有所回落，服务价格涨幅增大明显。消费品价格上涨 0.7%，涨幅比上年回落 1.2 个百分点；服务价格上涨 3.0%，涨幅比上年提高 0.8 个百分点。GDP 平减指数涨幅增大。2017 年 GDP 平减指数（按当年价格计算的 GDP 与按固定价格计算的 GDP 的比率）同比上涨 4.1%，比上年高约 3 个百分点。

工业生产价格上涨较快。2017 年，PPI 同比上涨 6.3%，涨幅比上年提升 7.7 个百分点，其中各季度涨幅分别为 7.4%、5.8%、6.2% 和 5.9%。其中，生活资料价格上

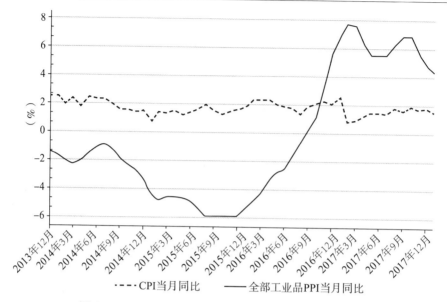

图 1-1-3　2013—2017 年中国月度 CPI 与 PPI 同比变动

资料来源：Wind 资讯。

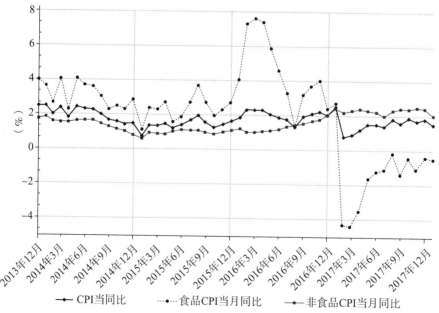

图 1-1-4　2013—2017 年影响中国 CPI 的主要构成的同比增长率

资料来源：Wind 资讯。

涨大体稳定,生产资料价格上涨较快。生活资料价格同比上涨0.7%,涨幅比上年提升0.7个百分点;生产资料价格同比上涨8.3%,涨幅比上年高10.1个百分点。工业生产者购进价格同比上涨8.1%,涨幅比上年提升10.1个百分点,其中各季度涨幅分别为9.4%、8.1%、7.7%和7.1%。农业生产资料价格同比上涨0.6%,涨幅比上年扩大0.5个百分点;农产品生产价格同比下降3.5%,上年为同比上涨3.4%。2017年,中国人民银行监测的企业商品价格(CGPI)同比上涨6.8%。各季度同比涨幅分别为8.7%、6.4%、6.5%和5.5%。全年初级产品价格月平均涨幅为10.1%,中间产品价格月平均涨幅为8%,最终产品价格月平均涨幅为0.5%。分项上看,煤油电及矿产品价格涨幅大于农产品及加工业产品;投资品价格涨幅大于消费品。

国际大宗商品价格总体上涨,进口价格涨幅明显扩大。2017年各季度,洲际交易所布伦特原油期货当季平均价格分别环比上涨6.9%、-6.9%、2.7%和17.8%,累计上涨20.3%。伦敦金属交易所铜现货当季平均价格分别环比上涨10.6%、-2.9%、12.1%和7.4%,累计上涨29.3%;铝现货当季平均价格分别环比上涨8.3%、2.9%、5.5%和4.7%,累计上涨23%。2017年,进口价格同比上涨9.6%,涨幅比上年高12.6个百分点,其中各季度分别上涨13.4%、11.8%、7.4%和5.8%;出口价格同比上涨4.0%,涨幅比上年高6.2个百分点,其中各季度分别上涨5.1%、5.8%、3.2%和1.9%。

价格改革平稳推行。第一,推进按病种收费工作。要求按"有激励、有约束"的原则,逐步在前期改革试点的基础上,渐次扩大按病种收费的范围,并建立标准动态调整机制,原则上实行最高限价管理。第二,推进农业水价综合改革。要求在总体不增加农民负担的原则下,实行农业水价综合改革、起到典型示范作用,同时协同推进农业水价形成机制与精准补贴和节水奖励机制、工程建设和管护机制、用水管理机制,建立健全促进农业节水的体制机制。第三,推进区域电网输电价格改革。为促进跨省跨区电力市场交易,以省级电网输配电价改革实现全覆盖为前提,全面推行区域电网输电价格改革,完善跨省跨区专项输电工程输电价格调整机制。第四,推进天然气价格改革。以16%的核减成本比例,完成首次天然气跨省管道定价成本监审和价格核定工作,对各地加强城镇燃气配送环节价格监管给出具体指导意见。

3. 就业基本稳定

城镇新增就业持续增长,居民就业感受指数持续回升。2017年,城镇新增就业1 351万人,同比增加37万人。据中国人民银行第四季度储户问卷调查数据显示,居民当前就业感受指数为44.9%,比上季提升2.3个百分点,比上年同期高出4.8个百分点,连续六个季度指数上涨;居民收入感受指数为53.6%,比上季高出0.8个百分点,比上年同期提高1.7个百分点[①]。

[①] 中国国家统计局:《中华人民共和国2017年国民经济和社会发展统计公报》,国家统计局网站,2018年2月28日。

4. 国际收支呈现"双顺差"

国际收支保持"双顺差"格局。2017年,经常账户顺差为1 720亿美元,与同期国内生产总值(GDP)的比例为1.4%,仍保持在合理区间;非储备性质的金融账户顺差为825亿美元,可比口径2016年为逆差4 752亿美元(见图1-1-5)。截至2017年年末,外汇储备余额为31 399亿美元。外债规模继续平稳增长。截至2017年9月末,全口径(含本外币)外债余额为16 800亿美元,较6月末上涨7.5%。其中,短期外债余额为10 939亿美元,占外债余额的65%①。

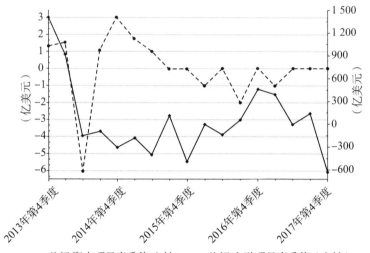

图1-1-5 2013—2017年中国资本项目与金融项目差额

资料来源:Wind资讯。

(三) 2017年金融宏观调控的中介目标与实际执行效果

1. 货币总量增长有所放缓

2017年年末,广义货币供应量M2余额为167.7万亿元,同比增长8.2%,增速比上年年末低3.1个百分点。狭义货币供应量M1余额为54.4万亿元,同比增长11.8%,增速比上年年末低9.6个百分点(见图1-1-6)。流通中货币M0余额为7.1万亿元,同比增长3.4%,增速比上年年末低4.7个百分点。全年现金净投放2 342亿元,同比少投放2 745亿元②。

---

① 中国人民银行:《2017年第四季度货币政策执行报告》,中国人民银行网站,2018年2月14日。
② 中国人民银行:《2017年金融统计数据报告》,中国人民银行网站,2018年1月12日。

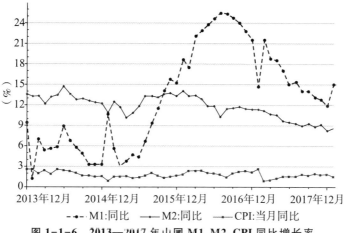

图 1-1-6　2013—2017 年中国 M1、M2、CPI 同比增长率

资料来源：Wind 资讯。

在去杠杆和强金融监管之下,M2 增速下降反映了金融部门内资金"空转"嵌套的减少,资金对实体经济支持加大,有助于缩短资金链条,降低成本。由于供给侧改革深化,经济结构逐步优化,通过货币信贷增长拉动经济的模式将逐步转变,并且随着内生增长动力加强,资金周转速度和货币流通速度加快,实现经济平稳较快增长并不一定要依赖较高的货币增速。从长期看,随着去杠杆深化和金融进一步回归为实体经济服务,比过去低一些的 M2 增速可能成为常态(见图 1-1-7)。

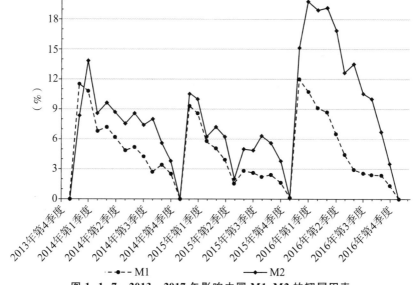

图 1-1-7　2013—2017 年影响中国 M1、M2 的翘尾因素

资料来源：Wind 资讯。

2017年年末,基础货币余额为32.2万亿元,较年初增加1.5万亿元。货币乘数为5.21,比9月末低0.20,比上年末高0.19。金融机构超额准备金率为2.1%。其中,农村信用社为12.3%(见图1-1-8和1-1-9)。

图1-1-8　2013—2017年中国基础货币余额概况

资料来源:Wind资讯。

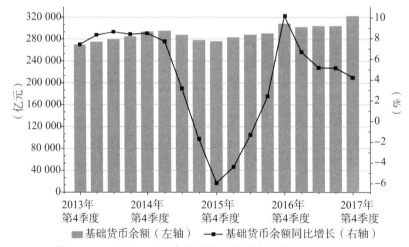

图1-1-9　2013—2017年中国基础货币余额与货币乘数变化

资料来源:Wind资讯。

2. 金融机构贷款利率基本平稳

2017年上半年,由于我国经济预期向好等因素,金融机构贷款利率小幅上升,下半年以来利率走势渐趋平稳(见图1-1-10)。12月,非金融企业及其他部门贷款加权平均利率为5.74%,比9月下降0.02个百分点。其中,一般贷款加权平均利率为5.80%,比9月下降0.06个百分点;票据融资加权平均利率为5.23%,比9月上升0.25个百分点。个人住房贷款利率小幅上升,12月加权平均利率为5.26%,比9月上升0.25个百分点。

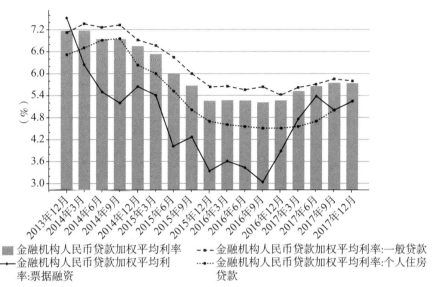

图1-1-10 2013—2017年中国金融机构主要利率变动情况

资料来源:Wind资讯。

从利率浮动情况看,执行下浮利率的贷款占比有所下降,执行基准、上浮利率的贷款占比略有上升。12月,一般贷款中执行下浮利率的贷款占比为14.28%,比上年同期下降13.94个百分点;执行基准利率的贷款占比为21.31%,比上年同期上升2.26个百分点;执行上浮利率的贷款占比为64.41%,比上年同期上升11.68个百分点。

在国际金融市场利率波动、境内外币资金供求变化等因素的综合作用下,外币存贷款利率略有上升。12月,活期、3个月以内大额美元存款加权平均利率分别为0.20%和1.70%,比上年同期分别上升0.06个和0.82个百分点;3个月以内、3(含)—6个月美元贷款加权平均利率分别为2.67%和2.99%,比上年同期分别上升0.77个和0.74个百分点。

3. 人民币贷款量合理较快增长

金融机构贷款增长较快。2017年年末,金融机构本外币贷款余额为125.6万亿元,同比增长12.1%,比年初增加13.6万亿元,同比多增8 432亿元。人民币贷款余额为120.1万亿元,同比增长12.7%,比年初增加13.5万亿元,增量再创历史新高,同比多增8 782亿元。总体看,2017年贷款平稳较快增长,但一些可能影响信贷投放的因素也需关注,包括部分银行资本消耗较快,信贷可持续投放能力受到一定制约等(见表1-1-1)。

表1-1-1 2017年人民币贷款结构

	12月末余额 (亿元)	同比增速 (%)	当年新增额 (亿元)	同比多增额 (亿元)
人民币各项贷款	1 201 321	12.7	135 278	8 782
住户贷款	405 045	21.4	71 342	8 035
非金融企业及机关团体贷款	785 496	9.3	67071	6 089
非银行业金融机构贷款	6 359	-33.3	-3 183	-4 175
境外贷款	4 421	1.1	48	-1 168

资料来源:中国人民银行第四季度货币执行报告。

从人民币贷款期限结构看,中长期贷款增量比重提高。中长期贷款比年初增加11.7万亿元,同比多增1.8万亿元,增量占比为86.3%,比上年提高8.5个百分点。从人民币贷款部门分布看,住户贷款增速高位持续放缓,2017年年末为21.4%,比上年年末低2.1个百分点。其中,个人住房贷款增速回落至22.2%,较年内最高点低14.6个百分点,3月以来持续月度同比少增,全年增量为4.0万亿元,同比少增8 269亿元,增量占比下降至29.4%,较上年低8.6个百分点;但非住房消费贷款大幅增加,全年新增2.5万亿元,同比增加1.2万亿元。非金融企业及机关团体贷款增加较多,比年初增加6.7万亿元,同比增加6 088亿元。从机构看,各类机构贷款普遍多增,中资大型银行和小型农村金融机构贷款同比分别增加2 508亿元和1 707亿元。

外币贷款增加较多。2017年年末,金融机构外币贷款余额为8 379亿美元,比年初增加522亿美元,同比多增967亿美元。从投向看,非金融企业及机关团体短期贷款比年初增加2亿美元,同比多增856亿美元;境外贷款比年初增加517亿美元,同比多增加108亿美元。

社会融资规模合理增长。初步统计,2017年年末社会融资规模存量为174.64万亿元,同比增长12%,增速比上年年末低0.8个百分点。2017年社会融资规模增量为19.44万亿元,比上年增加1.63万亿元。2017年社会融资规模增量主要有以下特点:一是对实体经济发放的人民币贷款同比多增。全年金融机构对实体经济发放的人民币贷款增加13.84万亿元,比上年多增加1.41万亿元,占同期社会融资规模增量的71.2%。二是信托贷款和未贴现银行承兑汇票同比明显增加,委托贷款同比增加较少。全年信托贷款增加2.26万亿元,比上年多增加1.4万亿元;未贴现银行承兑汇票增加5 364亿元,比上年多增加2.49万亿元;委托贷款增加7 770亿元,比上年少增加1.41万亿元。三是企业债券融资和股票融资少于上年,占比下降。全年企业债券净融资为 4 495 亿元,比上年减少 2.55 万亿元;非金融企业境内股票融资 8 734 亿元,比上年减少 3 682 亿元(见表 1-1-2)。

表 1-1-2 2017 年末社会融资规模存量

	社会融资规模存量	人民币贷款	外币贷款(折合人民币)	委托贷款	信托贷款	未贴现银行承兑汇票	企业债券	非金融企业境内股票融资
2017 年年末(万亿元)	174.64	119.03	2.48	13.97	8.53	4.44	18.37	6.65
同比增速(%)	12.0	13.2	-5.8	5.9	35.9	13.7	2.5	15.1

资料来源:中国人民银行第四季度货币执行报告。

(四) 2017 年金融宏观调控的工具和手段

2017 年我国经济增长好于预期,经济运行平稳,经济结构优化成效显著,企业降成本成果显现,外需对经济的拉动增加,物价上涨温和,房地产业去库存推进,杠杆率增长减速。为稳增长、调结构、促改革、惠民生、去杠杆、抑泡沫、防风险,中国人民银行在党和国务院的指示下,继续坚持稳健中性的货币政策,为我国经济金融发展营造中性适度的货币金融环境。

1. 张弛有度开展公开市场操作

2017 年,在外汇因素对我国银行系统流动性影响减退的背景下,季节性、临时性扰动因素成为影响我国银行体系流动性、放大市场预期和资金面波动的主要因素。央行为实施好稳健的货币政策,开展了张弛有度的公开市场操作,以维护银行系统流动性的中性适度:一是使用中期借贷便利工具(MLF),以月为频度,依据货币供应方式的变动和金融机构缴纳法定准备金的需求,弥合银行系统中长期流动性缺口;二是以逆回购操作注入或回收流动性,以顺应季节性、临时性因素的变化,并且这种操作仅是为"削峰填谷",不反映货币政策取向的变化;三是加强预期管理,以发布《公开市场业务交易公告》调节市场预期、明朗央行操作意图。

2. 开展常备借贷便利和中期借贷便利操作

2017 年,中国人民银行综合使用中期借贷便利(MLF)、常备借贷便利(SLF)等货币政策工具,以提高流动性管理的灵活性和有效性。

为发挥常备借贷便利(SLF)利率走廊上限的功能,维护货币市场的稳定,央行向地方法人金融机构提供短期流动性支持。主要操作时点为春节期间,以及月度末、季度末等市场利率不平稳的时点,减少流动性波动对中小金融机构的影响。

2017年,中国人民银行累计开展常备借贷便利操作共6 069亿元,各季度分别开展操作2 300亿元、769亿元、1 168亿元和1 832亿元,期末余额为1 304亿元。

中国人民银行使用中期借贷便利(MLF)弥合银行系统中长期流动性缺口,保障我国经济稳定增长和基础货币适度供给。作为央行基础货币供给的一大重要渠道,2017年,中国人民银行累计开展中期借贷便利操作53 295亿元,各季度分别开展操作14 415亿元、14 525亿元、10 575亿元和13 780亿元,期末余额为45 215亿元,比年初增加10 642亿元。其中,1年期中期借贷便利是主流。

3. 对普惠金融实施定向降准政策

2017年央行对普惠金融实施定向降准措施在内容与形式上都做出了积极调整:一方面,在原有的小微企业和"三农"领域相关政策基础上,将惠及群体拓展到脱贫攻坚和"双创"领域;另一方面,对原有具体实施措施做了优化,以提高其精准性与有效性,惠及对象包括对单户授信500万元以下的小微企业、个体工商户、农户、贫困人口,力求切实做好"真小微""真普惠"工作。

从总体来看,普惠金融实施定向降准政策是对我国信贷结构的优化,助推了金融资源流入普惠金融领域,激励了金融机构增加向普惠金融领域的信贷投入。需要注意的是,对普惠金融实施定向降准政策仅是对原有相关政策的替代与优化,不反映货币政策总体取向的变动,不影响银行系统整体流动性状况。

4. 完善并逆周期调整宏观审慎政策

防控风险是2017年我国金融工作的重心之一,进一步建设宏观审慎管理制度,完善"双支柱"调控框架,是我国防范系统性风险的重要举措。2017年7月召开的全国金融工作会议强调了防控金融风险的重要性,并决定设立国务院金融稳定发展委员会。党的十九大报告明确提出健全货币政策和宏观审慎政策双支柱调控框架。宏观审慎评估(MPA)是央行在建设和完善宏观审慎政策框架的主要工具,也是防范系统性金融风险、维护金融稳定的重要保障。MPA实施的一年多内,央行积极做好评估工作,敦促金融机构加强自律,促进金融机构稳健经营,增强金融服务实体经济的可持续性,牢牢守住了不发生系统性金融风险的底线。并且,MPA评估内容也在不断完善之中,自2017年第一季度评估时起已将表外理财纳入广义信贷指标范围,还将在2018年第一季度把同业存单纳入同业负债占比指标,并研究探索将绿色信贷纳入MPA评估体系。

5. 支持对重点领域和薄弱环节的信贷投放

为推动金融资源向国民经济重点领域和薄弱环节的倾斜,完善其正向激励机制,2017年央行运用再贷款、再贴现和抵押补充贷款等工具,对小微企业、"三农"和棚改等方面加大了支持力度。合理增加支农、支小再贷款额度,切实惠及深度贫困和真抓实干成效明显地区。完善再贷款、再贴现政策工具的精准滴灌效应。截至 2017 年年末,全国支农再贷款余额为 2 564 亿元,支小再贷款余额为 929 亿元,扶贫再贷款余额为 1 616 亿元,再贴现余额为 1 829 亿元。

国家开发银行、中国进出口银行和中国农业发展银行,作为支持重点领域和薄弱环节的重要金融机构,央行对其发放抵押补充贷款,主要用于三家银行发放的棚改贷款、重大水利工程贷款、人民币"走出去"项目贷款等。按照保本微利原则,抵押补充贷款资金发放贷款的适用范围由三家银行自主决定,确定合理的贷款利率水平,降低国民经济重点领域和薄弱环节的融资成本。2017 年,中国人民银行向三家银行提供抵押补充贷款共 6 350 亿元,其中第四季度提供 1 511 亿元,期末抵押补充贷款余额为 26 876 亿元。

6. 发挥信贷政策的结构引导作用

我国经济结构正值转型之际,我国的信贷政策也必须为结构转型服务,2017 年央行通过调整信贷政策,对经济结构的调整和转型升级给予了支持。主要引导资源围绕去产能、去库存、去杠杆、降成本、补短板五大任务展开配置,加强金融对实体经济和国民生活质量提升的支持。具体来说,一是扶持重要制造业部门,引导金融资源流入基础设施建设、养老和健康等新消费领域。二是做好支持产能过剩行业转型向绿色发展的工作。三是协调区域金融发展,加强对京津冀协同发展、"一带一路"、长江经济带发展、西部大开发等国家战略的支持。四是切实推动金融精准扶贫,精准针对深度贫困地区、建立政策效果评估机制、保障易地扶贫工作顺利开展、强化金融扶贫信息交流、监测和分析。五是落实对现代农业的支持,开展农村"两权"试点工作总结与评估。六是加强对小微企业的扶持,拓宽其融资渠道,降低其融资成本。七是对就业重点群体和困难人群"双创"活动给予政策支持。八是全力做好助学、大学生村官、民族地区等薄弱环节和弱势群体的金融服务。此外,进一步完善信贷政策导向效果评估工作机制,推进资产证券化,以改革创新盘活存量资金。

7. 完善人民币汇率市场化形成机制

为增强人民币兑美元双边汇率弹性,促进人民币双向浮动特征,平抑汇率波动,央行推行了"收盘汇率+一篮子货币汇率变化+逆周期因子"的人民币兑美元汇率中间价形成机制。

国内利率传导机制的畅通是货币政策传导效率提升的前提条件,为构建利率走廊,疏通利率传导机制,提高央行调控的有效性,2017 年央行继续推进利率市场化改革。一是对金融市场基准利率体系的建设。1 月 3 日起,Shibor 发布时间由上午 9:30 调整为上午 11:00,促进 Shibor 更好地反映市场利率情况,基准性进一步增强。5 月 31 日,中国人民银行指导全国银行间同业拆借中心推出了银行间回购定盘利率(FDR,包括隔夜、7 天、14 天三个期限)和以 227 天银行间回购定盘利率

(FDR007)为参考利率的利率互换产品,完善银行间市场基准利率体系。二是不断健全市场利率定价自律机制。进一步拓宽自律机制成员范围,目前自律机制成员已扩大至1 712家,包括12家核心成员、988家基础成员和712家观察成员。同时,进一步完善省级自律机制。三是有序推进同业存单和大额存单的发行交易。8月31日,中国人民银行发布公告明确同业存单的发行期限不得超过1年,引导同业存单市场规范有序发展。

8. 深入推进金融机构改革

2017年央行主要从国有大型政策性银行章程修订和治理机制健全,以及完善存款保险制度两方面推进我国金融机构改革。

央行对开发性、政策性金融机构的改革举措:一是对国家开发银行、中国进出口银行注资,对国家开发银行、中国进出口银行、中国农业发展银行章程的修订;二是协同改革工作小组着力建设三家银行包括董事会在内的治理机制,明确其业务范围划分,并配合有关部门做好完善风险补偿机制、制定审慎监管办法等相关工作。央行对完善存款保险制度的改革工作,主要是在2015年5月1日开始实行的《存款保险条例》基础上,对风险差别费率制度的优化,主要落实在对各类投保机构的风险研究、风险监测与识别、风险警告与纠正措施的完善上,同时,央行加强了与地方政府和监管部门的协作,推动了风险的依法处置。

9. 深化外汇管理体制改革

促进贸易投资便利化。一是加强信息公开,实现报关信息线上查询,向全国范围内银行开放报关信息,简化银行与企业信息查询流程;二是完善跨国公司外汇资金集中运营管理,提高境内银行通过国际外汇资金账户吸收存款的境内运用比例,明确境内运用资金不占用银行短期外债余额指标,提升资金运用效率;三是支持、保障真实合规的经常项目国际支付与转移,优化外商来华直接投资外汇管理服务。

合理规范引导资本和金融项目用汇。一是完善境外直接投资外汇管理,对真实合规的境外投资持积极支持态度,同时在资金汇兑环节注意甄别虚假境外投资;二是规范内保外贷业务,引导并支持真实合规的内保外贷业务,指导金融机构风险管理工作,并严厉打击虚假担保和恶意担保等违规行为。

加强外汇监测分析与风险防范。一是完善外币现钞管理。上线机构外币现钞存取系统,强化对机构外币现钞业务的监测统计。二是完善银行卡跨境交易统计。上线银行卡境外交易外汇管理系统,采集境内银行卡在境外提现信息和单笔等值1 000元人民币以上的消费交易信息,维护银行卡境外交易秩序。

(五)2017年金融宏观调控的特色

2017年我国金融宏观调控在2016年的基础上更为强调防范风险、完善"双支柱"宏观调控框架的重要性,宏观经济政策以适度紧缩和提高国际人民币结算市场规模为主。央行秉承了对改善民生、完善市场价格基准、加强流动性管理方面的关注并就当前形势进行了有针对性的调整,同时对绿色金融及制造强国建设的支持力度也较往年有所增强。

1. 防范风险,稳中求进

2017年我国宏观调控的总体思路是平衡好"稳增长"与"防风险"的关系,在确保经济中高速增长的前提下,守住不发生系统性风险的底线。具体来说,央行在2017年《中国金融稳定报告》中提出要继续深化金融改革,完善金融机构公司治理,强化审慎合规经营理念,推动金融机构切实承担起风险管理责任。建立多层次资本市场体系,完善市场运行规则,健全市场化、法治化违约处置机制。提高和改进监管能力,强化金融监管协调,统筹监管系统重要性金融机构,统筹监管金融控股公司和重要金融基础设施,统筹负责金融业综合统计,推动建立更为规范的资产管理产品标准规制,形成金融发展和监管强大合力,补齐监管短板,避免监管空白。要把防控金融风险放到更加重要的位置,加强系统性风险监测与评估,下决心处置一批风险点,完善存款保险制度功能,探索金融机构风险市场化处置机制,确保不发生系统性金融风险。

2. 继续完善宏观审慎政策框架

2017年,我国在借鉴国际经验的基础上,不断强化宏观审慎管理,健全金融监管协调机制,加强系统性风险监测评估,完善宏观审慎政策工具。宏观审慎政策框架的内涵极其丰富,根据国际货币基金组织(IMF)、国家金融稳定委员会(FSB)和国际清算银行(BIS)的研究,这一概念包含合理的机构安排、系统性风险的分析与监测以及一系列宏观审慎政策工具的使用。现阶段我国经济正处于结构调整和转型升级时期,结构性矛盾较为突出,凸显了改革并建立适应现代金融市场发展的金融监管框架、强化宏观审慎政策的必要性。为此,我国不断完善宏观审慎政策框架,从基于多部门合作的机构安排制度的完善、风险监测识别框架的不断健全、政策工具的运用与校准等多个方面,全流程、多维度维护金融稳定,牢牢守住不发生系统性风险的底线。

进一步完善金融监管协调机制。一是推动构建跨市场金融风险监测分析框架,健全金融监管部门之间的风险通报机制,研究推进统筹金融基础设施监管和金融业综合统计管理。二是推动规范保险机构跨行业跨市场发展,强化万能险监管,规范保险公司举牌行为,加强保险资金股票投资和境外投资监管。三是加强对实业企业投资金融业的监管协调,研究对实业企业设立的金融控股公司的监管安排,推动制定金融控股公司监管规则。四是促进新兴金融业态规范发展,推动建立更为规范的资产管理产品标准规制,研究制订《互联网金融领域专项整治工作实施方案》，推动建立适应互联网金融活动特点的市场准入和日常监管制度。五是着力整顿金融秩序，明确民间金融理财业务的监管职责分工，研究确定进一步规范场外配资、清理杠杆融资的工作措施，推动加强对地方交易场所的监督管理，督促商业银行、第三方支付机构与地方交易场所规范开展业务合作。

加强系统性风险监测与评估。不断加强银行、证券、保险业金融机构和具有融资功能的非银行金融机构的监测评估和现场检查工作。组织商业银行和证券公司开展金融稳定压力测试，不断扩大压力测试覆盖范围。持续加强对重点领域和突出问题的风险监测和排查，对银行业不良贷款反弹和利润增长持续承压，资产管理业务、股权众筹和私募基金风险，保险资金运用等问题进行重点研究。继续加强对大型有问题企业的风险监测，及时处理重大风险事件，加强对宏观经济形势、区域金融风险及特定行业趋势研判。

有效使用并完善宏观审慎政策工具。继续加强全球系统重要性银行（G-SIFIs）处置机制，中国工商银行、中国农业银行、中国银行、中国建设银行和中国平安保险集团5家被识别为G-SIFIs的机构均按照FSB的要求建立了危机管理小组（CMG），制订并按年度更新其恢复和处置计划（RRP）。有效运行宏观审慎评估体系（MPA），在实施好MPA评估工作的同时，中国人民银行还对指标构成、权重、相关参数等加以改进和完善。将原有"外债风险"指标扩充为"跨境业务风险"，并相应增加了相关分项指标，适应资金跨境流动频繁的趋势；自2017年第一季度开始正式将表外理财纳入广义信贷范围，以合理引导金融机构加强对表外业务风险的管理。不断完善外汇流动和跨境资金流动宏观审慎政策框架，一是建立并完善全口径跨境融资宏观审慎管理政策框架，企业和金融机构可在基于自身资本实力确定的上限内自主开展各类跨境融资业务，中国人民银行可根据宏观调控需要对金融机构和企业的跨境融资进行逆周期调节；二是对银行远期售汇采取宏观审慎措施，要求金融机构按其远期售汇（含期权和掉期）签约额的20%交存外汇风险准备金；三是对境外金融机构在境内金融机构存放执行正常存款准备金率，促进境外金融机构稳健经营。进一步强化房地产市场的逆周期调节，一是完善因城施策的差别化住房信贷政策；二是督促商业银行调整优化信贷结构，加强审贷管理，将"首付贷"等房地产场外配资行为纳入互联网金融风险专项整治，同时，要求商业银行严格执行差别化住房信贷政策，加强审贷管理，杜绝价格恶性竞争和"首付贷"等违规行为；三是做好房地产领域流入资金的管控和清理整治。对信托、理财、债券、资管计划、保险资金等投向房地产领域的资金予以清理规范，严控各类资金过度流入，打击资金违规流入，引导资金更多地流向实体经济。

3. 进一步完善人民币汇率形成机制

2017年以来，我国经济增长的稳定性增强，主要经济指标总体向好，出口同比增速也明显加快。同时,美元汇率持续走弱,其他主要货币兑美元汇率升值较多。1—5月,欧元、日元、英镑和澳元兑美元汇率分别升值6.91%、5.58%、4.46%和3.08%,俄罗斯卢布、印度卢比、墨西哥比索和南非兰特等新兴市场货币兑美元汇率也分别升值8.31%、5.29%、11.32%和4.74%。同期,人民币兑美元汇率中间价仅升值1.07%,不符合经济基本面和国际汇市变化。其中一个重要原因是外汇市场存在一定的顺周期性,市场主体容易受到非理性预期的影响,忽视宏观经济等基本面向好对汇率的支持作用,放大单边市场预期并自我强化,增大市场汇率超调的风险。针对这一问题,以中国工商银行为牵头行的外汇市场自律机制"汇率工作组"总结相关经验,并于2017年5月末正式施行将中间价报价模型由原来的"收盘价+一篮子货币汇率变化"调整为"收盘价+一篮子货币汇率变化+逆周期因子"。

在中间价报价模型中引入"逆周期因子",对于人民币汇率市场化形成机制的进一步优化和完善具有重要意义。

一是有助于中间价更好地反映宏观经济基本面。如前所述,前期人民币兑美元汇率走势与经济基本面和国际汇市变化明显不符,表明在市场单边预期的背景下,简单的"收盘价+一篮子货币汇率变化"可能会导致中间价比较多地反映与预期方向一致的变化,较少反映或不反映与预期方向不一致的基本面变化,呈现出一定的非对称性,在中间价报价模型中引入"逆周期因子"有助于校正这种非对称性。不少市场人士也认为,引入"逆周期因子"是解决"非对称贬值"问题很好的数学方式。

二是有助于对冲外汇市场的顺周期波动,使中间价更加充分地反映市场供求的合理变化。汇率作为本外币的比价,具有商品和资产的双重属性,后者意味着汇率波动可能触发投资者"追涨杀跌"的心理,导致外汇市场出现顺周期波动,进而扭曲与基本面相一致的合理市场供求,放大供求缺口。在中间价报价模型中引入"逆周期因子",可通过校正外汇市场的顺周期性,在一定程度上将市场供求还原至与经济基本面相符的合理水平,从而更加充分地发挥市场供求在汇率形成中的决定性作用,防止人民币汇率单方面出现超调。事实上,引入"逆周期因子"不会改变外汇供求的趋势和方向,只是适当过滤了外汇市场的"羊群效应",并非逆市场而行,而是在尊重市场的前提下促进市场行为更加理性。由于适当对冲了外汇供求中的非理性因素,引入"逆周期因子"的中间价报价模型适当加大了参考篮子的权重,有助于保持人民币对一篮子货币汇率基本稳定,也能够更好地防止预期发散。当然,加大参考篮子的权重并不是盯住篮子,市场供求仍是汇率变动的决定性因素。

三是完善后的中间价报价机制保持了较高的规则性和透明度。基准价格报价机制的规则性和透明度,取决于其规则、制度是否明确以及报价机构能否自行对机制的规则性进行验证。在中间价报价机制中引入"逆周期因子"的调整方案,是由外汇市场自律机制"汇率工作组"成员提出,经全部14家人民币兑美元汇率中间价报价行充分讨论并同意后实施的,每一家报价行均在充分理解新机制的基础上进行报价,并可结合本行报价结果和市场公开数据自行计算验证实际发布的中间价。此外,"逆周期因子"计算过程中涉及的全部数据,或取自市场公开信息,或由各报价行自行决定,不受第三方干预。总的来看,引入逆周期因子后,中间价报价机制的规则性、透明度和市场化水平得到进一步提升。

4. 进一步促进资产管理业务规范健康发展

近年来,在政策推动和市场力量的共同作用下,中国资产管理业务规模不断攀升,银行、信托、证券、基金、保险等金融机构均参与其中,跨行业合作日益密切。资产管理业务有效连通了投资与融资,对促进直接融资市场发展、拓宽居民投资渠道、扩展金融机构服务领域、支持实体经济融资需求发挥了积极作用,但资金池操作、产品嵌套、刚性兑付等问题也逐渐显现,市场秩序有待规范。对资产管理业务快速发展过程中暴露出的突出风险和问题,要注意到资产管理业务不是债权债务关系,坚持有的放矢的问题导向,厘清资产管理业务的本质属性,逐步引导其回归"受人之托、代客理财、投资者风险自担"的本质。

当前,应从统一同类产品的监管差异入手,建立有效的资产管理业务监管制度。一是分类统一标准规制,逐步消除套利空间。建立资产管理业务的宏观审慎政策框架,完善政策工具,从宏观、逆周期、跨市场的角度加强监测、评估和调节;强化功能监管和穿透式监管,同类产品适用同一标准,消除套利空间,有效遏制产品嵌套导致的风险传递。二是引导资产管理业务回归本源,有序打破刚性兑付。资产管理业务投资产生的收益和风险均应由投资者享有和承担,委托人只收取相应的管理费用;资产管理机构不得承诺保本保收益,避免误导投资者,要加强投资者适当性管理和投资者教育,强化"卖者尽责、买者自负"的投资理念;加强资产管理业务与自营业务之间的风险隔离,严格受托人责任;逐步减少预期收益型产品的发行,向净值型产品转型。三是加强流动性风险管控,控制杠杆水平。强化单独管理、单独建账、单独核算要求,使产品期限与所投资产存续期相匹配;鼓励金融机构设立具有独立法人地位的子公司专门开展资产管理业务;建立健全独立托管制度,充分隔离不同资产管理产品之间以及资产管理机构自有资金和受托管理资金之间的风险;统一同类产品的杠杆率,合理控制股票市场、债券市场杠杆水平,抑制资产泡沫。四是消除多层嵌套,抑制通道业务。对各类金融机构开展资产管理业务实行平等准入、给予公平待遇;限制层层委托下的嵌套行为,强化受托机构的主动管理职责,防止其为委托机构提供规避投资范围、杠杆约束等监管要求的通道服务;对基于主动管理、以资产配置和组合管理为目的的运作形式,给出合理空间。五是加强"非标"业务管理,防范影子银行风险。继续将银行表外理财产品纳入广义信贷范围,引导金融机构加强对表外业务风险的管理;规范银行信贷资产及其收益权转让业务;控制并逐步缩减"非标"投资规模,加强投前尽职调查、风险审查和投后风险管理。六是建立综合统计制度,为穿透式监管提供基础。加快建设覆盖全面、标准统一、信息共享的综合统计体系,逐支产品统计基本信息、募集信息、资产负债信息、终止信息,实现对底层投资资产和最终投资者的穿透识别,及时、准确掌握行业全貌,完整反映风险状况。

5. 货币政策担保品管理框架的构建和完善

2012年以来,随着资本流动形势的变化,中国人民银行通过公开市场操作、再贷款等货币政策工具主动供给基础货币,先后创设了常备借贷便利、中期借贷便利、抵押补充贷款等创新型货币政策工具。在此过程中,中国人民银行面临着提供基础货币是采用信用方式还是担保方式的选择。过去中国人民银行提供再贷款主要采用信用方式,存在较大的信用风险。为维护中央银行资产安全,防范道德风险,中国人民银行构建并逐步完善货币政策担保品管理框架,主要采用担保方式向银行体系提供基础货币,信用方式逐步淡出。具体来看,我国货币政策担保品管理框架主要包括合格担保品范围、评估体系、风险控制及托管方式等四方面内容。

合格担保品范围。我国的货币政策担保品管理框架将高等级债券和优质信贷资产一并纳入担保品范围。近年来,我国债券市场快速发展,国债、政策性金融债、高评级企业债等高等级债券总量充裕,中国人民银行首选将高等级债券纳入货币政策担保品范围。但这些高等级债券主要集中在大型商业银行,中小型银行的持有量较少,存在金融机构之间分布不平衡问题。将高等级债券和优质信贷资产一并纳入担保品范围,可以有效地解决中小型银行债券担保品结构性短缺等问题。

评估体系。担保品的评估是担保品管理框架的重要组成部分,评估方式根据担保品的流动性状况而变化。对于债券等高流动性资产,主要采用外部信用评级。对于信贷资产等低流动性资产,则可选择参考外部信用评级、商业银行内部评级和央行内部评级。2008年国际金融危机后,各经济体中央银行普遍认为外部信用评级存在利益冲突、顺周期等问题,而商业银行内部评级也缺乏透明度,且没有统一标准,因此逐步减少了对外部信用评级、商业银行内部评级的依赖,强化了央行内部评级在担保品评估中的作用。在构建我国的货币政策担保品管理框架时,人民银行也致力于构建央行内部评级体系。2014年5月,中国人民银行开始探索开展信贷资产质押和央行内部企业评级试点,尝试建立央行内部企业评级体系。2015年9月,信贷资产质押和央行内部企业评级试点推广至11个省份,2017年12月推广至全国。

风险控制。中国人民银行通过设置和调整担保品折扣率、建立担保品动态调

整机制等措施控制风险。审慎设置和调整担保品折扣率可以降低金融机构逆向选择的可能性和违约风险,中国人民银行按照担保品的种类、评级、剩余期限等因素确定折扣率,并根据货币政策操作需要和金融风险评估情况调整折扣率。折扣率以国债折扣率为基础,其他担保品的折扣率在相同剩余期限国债折扣率的基础上加一定百分点确定。当担保品的可担保价值低于或者高于融资本息余额一定水平时,中国人民银行根据需要启动担保品调整机制。

托管方式。债券担保品由中央国债登记结算有限责任公司、银行间市场清算所股份有限公司两家托管机构托管。对于信贷资产担保品,中国人民银行采用委托借款金融机构托管的模式。为保障对质押信贷资产的权益,所有质押的信贷资产须在动产融资统一登记平台登记公示。鼓励金融机构预先备案担保品,以提高流动性供给的效率。未来中国人民银行还将探索构建统一的担保品管理信息系统,并借鉴国际经验不断完善和优化权益清晰、结构合理、管理规范、处置便利、灵活高效的货币政策担保品管理框架。

6. 构建符合宏观审慎要求的普惠金融支持体系

普惠金融包括小额信贷及微型金融,但又超越了这种以零散金融服务机构为主的模式,强调建立一个完整的金融体系,以小额信贷为核心,并提供存款、理财、保险、养老金等全功能金融服务。构建一个人人平等享受金融服务的普惠金融体系具有重大意义,但充满了困难和挑战。经过较长时间的探索,我国要建立完善多层次普惠金融体系,要面临着从宏观、中观到微观各个层面的挑战。

宏观层面存在法律法规和政策环境不健全的问题。我国有关非政府小额信贷的法律法规和监管措施不健全,小额信贷机构法律定位不明确。尽管针对小额贷款机构,国家出台了一系列政策和文件,但这些文件均未提升到法律层面;为了避免系统性金融风险,中国人民银行规定小额贷款公司缺乏制度性融资渠道不能吸收公众存款,由于法律地位又无法享受相关金融优惠政策,后续资金匮乏;而监管方面,国家对小额贷款机构,尤其是非政府的小额贷款机构试行非审慎监管,大部分地区将监管任务交给中国人民银行县级支行,缺乏相应的专业人才和完善的监管措施,出现监管盲区。

中观层面的问题是金融基础设施和相关服务不完善。普惠金融体系的中观层面包括金融基础设施信用管理服务技术、支持服务网络、支持组织等。虽然经过不断的努力和探索,我国农村金融基础设施建设及相关服务的发展取得了很大进步,但与国外的基础设施和服务相比,与农业、农村和农民的发展需要相比,与建设社会主义新农村和农村城镇化的要求相比,仍然存在很多不完善的地方。首先,我国农村金融结算体系存在支付手段落后、结算网点少、结算手段单一和清算滞后等问题。其次,信用体系建设缓慢。由于存量信息不完全、技术水平落后等,我国尚未建立起完善的农村个人和中小企业征信体系,金融机构难以全面掌握农户和企业的信用状况,并且农民金融知识匮乏、信用意识较差,金融机构缺乏有效的控制信用风险的手段,导致了大量不良贷款。最后,一个相对成熟的金融体系需要大量金融服务支持其发展,我国技术支持服务系统和网络支持系统等在农村金融中的应用相对较少,一般用来满足稍高端客户的金融需求,审计技术、咨询服务评级机构、专业业务网络等中介服务缺位。

微观层面供给主体有待多元化,公益性小额信贷被忽视是主要问题。普惠金融的需求主体有贫困人群、农民、中小企业、城市中低收入者和创业者,需求主体多样化决定了供给主体也将呈现多样化。我国小额信贷的供给主体有政策性银行、农村信用社、村镇银行、小额信贷公司等,形成了小额信贷的供给结构多元化、供给渠道多样化的局面,但像抵押担保、外资银行等参与较少,农村地区和城镇地区的低收入群体金融供给仍然不足,无法满足不同层次金融市场的需求。小额信贷对弱势群体的优惠扶持非常清晰,但这种模式以政府财政资金和扶贫贴息等资金来源为主,由于政府支出成本高、效率低,易引发寻租行为等问题,这一模式不具有可持续发展能力。因此,小额信贷的主流已逐渐过渡到制度主义小额信贷。近几年,我国商业性制度小额信贷获得快速发展,而公益性制度主义小额信贷的发展在一定程度上被忽视了。小额信贷应该是一个带有社会发展目标和商业可持续双重价值观的社会产业,过于商业化的发展有忽略其承担的社会责任和社会发展目标的倾向,容易导致人们对小额信贷的误解和健康发展势头的逆转,不可避免地影响我国普惠金融体系的有效构建。

2017年9月,中国人民银行宣布自2018年起,将当前对小微企业和"三农"领域实施的定向降准政策拓展和优化为统一对符合宏观审慎经营要求且普惠金融领域贷款达到一定比例的商业银行实施。具体内容为:为支持金融机构发展普惠金融业务,聚焦单户授信500万元以下的小微企业贷款、个体工商户和小微企业主经营性贷款,以及农户生产经营、创业担保、建档立卡贫困人口、助学等贷款,中国人民银行决定统一对上述贷款增量或余额占全部贷款增量或余额达到一定比例的商业银行实施定向降准政策。凡前一年上述贷款余额或增量占比达到1.5%的商业银行,存款准备金率可在中国人民银行公布的基准档基础上下调0.5个百分点;前一年上述贷款余额或增量占比达到10%的商业银行,存款准备金率可按累进原则在第一档基础上再下调1个百分点。与原来的定向降准政策相比,央行此次对普惠金融实施定向降准政策,是根据国务院部署对原有定向降准政策的拓展和优化,以更好地引导金融机构发展普惠金融业务。一方面,原有定向降准的领域主要是小微企业和"三农"贷款,此次对普惠金融实施定向降准政策不仅覆盖了上述贷款,还将政策延伸到脱贫攻坚和"双创"等其他普惠金融领域贷款,政策外延更加完整和丰富;另一方面,对普惠金融实施定向降准政策还对原有政策标准进行了优化。

7. 开展国债做市支持操作,健全市场价格基准

债券市场是金融市场的基础市场、核心市场、基准市场,债券市场形成的以国债收益率曲线为代表的基准价格指标不仅对债券市场本身,而且对整个金融体系均起到基准作用。国际货币基金组织认为,国债市场是金融市场的"核心",这一核心地位体现在以下几个方面:担当利率基准,是其他金融工具的定价基础;对冲市场风险,平衡期限错配;调剂资金头寸,便利流动资产管理;提供融资工具,便于投机套利和资产负债管理,发挥"避风港湾"作用,本国国债拥有"近期货币"政策定位和"最优抵押工具"市场地位,在市场动荡及危机时期起到"避风港湾"的作用。

近些年来,中国国债市场取得了较大发展,已经形成了较为成熟的国债收益率曲线,自1999年发布中国第一条人民币国债收益率曲线以来,中央结算公司编制的国债收益率曲线经受住了市场的检验,得到了财政部、中国人民银行和IMF的认可。中债国债收益率曲线已达到国际水平,具备更深层次的应用基础。从中债国债收益率曲线抽取上海关键收益率SKY,更加方便直观地反映债券市场走势,具备重要意义:一是进一步凸显10年期国债收益率的市场风向标作用,为金融市场投资交易提供参考;二是进一步推动国债收益率服务于宏观管理大局,继续为货币政策、财政政策等宏观调控提供全方位支持;三是进一步支持金融开放的国家战略部署,发布关键期限国债收益率符合国际惯例,利于境外投资者了解中国市场,提升我国债券市场的透明度。

2017年6月,央行配合财政部开展国债做市支持操作,正式启动国债做市支持机制,推动完善国债收益率曲线。2016年,财政部会同中国人民银行发布的《关于印发〈国债做市支持操作规则〉的通知》中第二条明确提出"国债做市支持运用随买、随卖等工具操作"。这旨在提升我国国债二级市场流动性,健全反映市场供求关系的国债收益率曲线。国债做市支持机制,是指财政部在全国银行间债券市场运用随买、随卖等工具,支持银行间债券市场做市商对新近发行的关键期限国债做市的市场行为。当某只关键期限国债在国债二级市场上乏人问津,呈现明显供大于求的现象时,财政部从做市商手中予以买回,即随买操作;当某只关键期限国债在国债二级市场出现明显供小于求的现象时,财政部向做市商卖出适量国债以供流通,即随卖操作。随着国债随买随卖制度的建立,国债市场流动性将整体改善,市场活跃度有望整体提高,这一举措在一定程度上也有助于提高做市商的积极性,降低做市商债券头寸的压力,更好地发挥做市商在国债价格发现、活跃交易方面的作用。

8. 进一步推动绿色金融市场发展

十八大以来,我国绿色金融伴随绿色发展大潮异军突起,目前已成为全球首个建立了比较完整的绿色金融政策体系的经济体,绿色金融市场体系逐渐完善、业务种类日益丰富、产品规模不断扩大。通过G20、"一带一路"、金砖国家合作等机制和平台推动绿色金融全球化发展,成为全球绿色金融新的"领头羊"。我国的绿色发展包含几个鲜明特征:一是环境保护和经济发展同为目标。生态文明建设上升到"五位一体"总体布局的战略位置,绿色成为新时期的重要发展理念,以牺牲生态环境为代价换取经济发展的做法被坚决摒弃。同时,对经济发展的要求并没有降低,以加强生态环境保护为契机,推动经济发展模式成功转型,成为迫切的时代命题。二是绿色生产方式和绿色生活方式共为支撑。即从供需两端、从企业和公民两个层面推动绿色发展,彻底摆脱过多依赖物质资源消耗、粗放扩张、高污染高能耗高排放的生产方式,走创新发展之路,同时要求强化公民的环保意识,推动形成节约适度、绿色低碳的生活方式和消费模式。三是市场机制和政府作用相互配合。一方面鼓励企业和公众自发行动,积极参与;另一方面要求更好地发挥政府作用,为市场机制顺畅运行创造良好条件,形成政府、企业、公众共治的绿色发展行动体系。四是国内责任和国际责任共同担当。将建设绿色家园视为全人类的共同梦想,在建设美丽中国的同时,积极承担与我国基本国情、发展阶段和实际能力相符的国际义务,大力推动全球绿色发展合作,向世界输送更多绿色发展先进理念、技术和公共产品。但总体上,我国绿色金融仍然处于起步阶段,还要有效克服不足,加快发展速度,提高服务质效。

2017年12月13日,中国人民银行与中国证监会联合印发《绿色债券评估认证行为指引(暂行)》,完善绿色债券评估认证制度,推动绿色债券市场持续健康发展。自2015年央行在银行间债券市场推出绿色金融债券以来,绿色金融市场发展一直稳步推进,2016年央行联合财政部、国家发改委等部门印发《关于构建绿色金融体系的指导意见》,通过创新性金融制度安排发展绿色金融,利用绿色信贷、绿色债券等金融工具和相关政策为绿色发展服务,推进供给侧结构性改革。2017年的《指引》是对2016年《意见》的落实、细化与推进,是我国第一份针对绿色债券评估认证工作的规范性文件,对机构资质、业务承接、业务实施、报告出具、监督管理等方面做了相应规定。该文件在各方面的规定,将提高绿色债券评估认证业务行业的专业程度,实现行业内的有序竞争,保证业务的独立性与公信力,进而促进绿色债券市场健康发展,更好地服务实体经济的绿色发展。

二、2017年金融宏观调控的问题分析

(一)经济运行中的结构性矛盾暗含中期下行风险

2017年中国宏观经济面临诸多风险和挑战,造成这种局面的原因是多方面的,既受上一轮经济金融扩张后的周期性因素影响,也受市场主体与金融监管互不相适的体制因素制约,还受动荡的国际形势掣肘,但其中最为突出的仍是经济运行中的结构性矛盾。

1. 实体经济供需失衡

经济运行中的结构性问题首先是实体经济的问题①。国际货币基金组织预测2017年全球经济增速将上升至3.7%,到2018年上升至3.9%,虽相较于2016年的全球金融危机后最低增速3.2%有所回升,但危机以来全球经济仍呈现弱复苏、低增长态势;国际劳工组织(ILO)预测2017年全球失业人数将超过2.01亿人,且2018年将增加270万失业人口,表明自危机以来的高失业状况仍在持续;国际货币基金组织(IMF)预测2017年全球债务总量将达到67.31万亿美元,全球债务增长率为6.47%,全球负债率(债务总量/GDP)为84.63%,2012年以来全球债务总量维持在60万亿美元附近,但从2016年开始,这一数字大幅上升,全球经济仍债台高筑;而由上述因素衍生的低通胀、高风险问题也从2008年全球金融危机爆发后持续至今。与此同时,国际金融市场大幅动荡、全球去杠杆艰难、贸易保护主义抬头、全球治理机制失效,也严重影响着全球经济的复苏,并使其陷入长期逡巡不前的境地。

在此背景下,中国开始进行的结构化改革将导致经济增长速度由高速向中高速下落,同时伴随着中国经济的总体质量、效益、生态及可持续性向中高端水平迈进。换言之,中国经济新常态包含着经济朝向形态更高级、分工更细致、结构更合理的高级阶段演化的积极内容②。但同时,改革下的实体经济在适应新的经济体制、完成结构转型前,将不可避免地存在一段磨合期,因此在淘汰旧动力、培育新动力的过程中,投资收益下滑,并导致金融对实体经济投入更为谨慎便是可以预见的。具体而言,中国经济在新常态下出现的问题如下:

(1) 经济增速结构性放缓。2017年年末中国总人口达13.9亿人,人口出生率为12.43‰,60周岁以上人口占总人口比重为17.3%,随着人口结构转型和相应劳动年龄人口增长速度下降,在过去30余年支撑中国经济高速发展的重要因素之一——劳动人口供给,其增长逐渐减缓,已降为-0.9%。中国国民总储蓄率长期居

---

① 李扬:《中国进入了风险集中爆发时期,根源在于高杠杆》,2018资产配置论坛。
② 李扬:《"金融服务实体经济"辨》,《经济研究》2017年第6期。

于世界前列,但自 2010 年始中国国民储蓄率开始下降,至 2016 年为 46%,国际货币基金组织(IMF)预测,至 2022 年这一数字将持续降至 40% 左右。2017 年,全国固定资产投资(不含农户)631 684 亿元,比上年增长 7.2%,增速与 1—11 月持平,从环比速度看,12 月比 11 月增长 0.53%。2017 年房地产开发投资为 109 799 亿元,同比名义增长 7.0%,增速比 1—11 月回落 0.5 个百分点,2016 年为 6.9%;全年商品房销售面积为 169 408 万平方米,比上年增长 7.7%,增速比 1—11 月回落 0.2 个百分点,鉴于去杠杆及金融监管收紧的影响,固定资产投资增长率也将进一步放缓。劳动生产率是决定一国经济是否具有未来增长性的标志性指标,2008 年全球金融危机后,我国劳动生产率逐渐下降,全要素生产率对 GDP 的贡献率也降至 8.56%,表明中国技术进步的进展仍然有限。

(2)资源配置效率降低。自 2013 年始,国内制造业产值增速维持在 7% 左右,2016 年全国制造业总产值约为 22.35 万亿元,占国内总产值的 30%,同比增长 6.8%,其增速连续 4 年维持在 7% 左右,已低于 2005—2012 年 16% 的复合增速,至 2017 年全年第二产业增加值为 334 623 亿元,增长仅为 6.1%,表明中国制造业的增长已趋于饱和。同时服务业保持较快发展,全年全国服务业生产指数比上年增长 8.2%,增速比上年加快 0.1 个百分点;12 月,全国服务业生产指数同比增长 7.9%,比上月加快 0.1 个百分点。1—11 月,规模以上服务业企业营业收入同比增长 13.9%,比上年同期加快 2.5 个百分点;规模以上服务业企业营业利润增长 30.4%,加快 28.2 个百分点;战略性新兴服务业、生产性服务业、科技服务业营业收入同比分别增长 18.0%、15.0% 和 15.1%。值得注意的是,据中国社科院经济研究所分析,第三产业劳动生产率仅为第二产业的 70%,在各要素由第二产业向第三产业转移的过程中,资源的配置效率将不可避免地降低。

(3)创新能力不足。2004 年始,我国专利申请量已居世界第一,2017 年,中国发明专利申请量已达到 138.2 万件,同比增长 14.2%;根据中国科学技术信息研究所 2017 年 10 月发布的数据,至 2016 年中国国际科技论文数量连续第八年排在世界第二,SCI 数据库 2016 年收录中国科技论文 32.42 万篇,占世界份额的 17.1%。有别于专利申请量及学术理论发表量的名列前茅,至 2017 年中国的科技成果转化率不足 10%,真正实现产业化的不到 5%,与发达国家 40% 的水平相去甚远。

(4)环境资源约束增强。据环保部公布的数据,2017 年全国空气质量状况有所好转,PM2.5 和 PM10 浓度同比分别下降 6.5% 和 5.1%,全国 338 个地级以上城市平均优良天数比例为 78%,同比下降 0.8%。据国家食品药品监督管理总局发布的通告,2017 年第一季度食品(含保健食品和食品添加剂)样品监督抽检合格率为 97.5%,第二季度为 97.8%,第三季度为 97.6%,第四季度为 97.8%,合格率保持在很高的水平。空气质量和食品安全问题得到改善的背后,是对环境保护的重视,是对资源使用的克制,是从粗放的、以污染环境和耗费资源为代价的发展模式转向环保高效发展的过程,在这个过程中,环境资源的约束也会对经济发展产生制约。

2. 金融业内部失衡

除却当下实体经济本身的积弊,金融业的内部失衡也加剧了经济运行中的结构性矛盾。金融对实体经济天然地存在"疏远化"的倾向。美联储前主席格林斯潘为货币政策向国会作证时首次提出这一概念:由于金融创新不断深化,货币当局使用传统手段(控制利率、控制货币供应)来对实体经济进行调控,其传导机制越来越不畅通,以至于货币政策效果日趋弱化。

金融对实体经济的"疏远化"并非初露端倪,货币的产生本就催生了价值和使用价值的分离,又由于货币供应与货币需求常常并不对应,进而导致了通货膨胀或通货紧缩发生的可能。金融的作用本是提高资源的配置效率,使得资源可以跨主体(在赤字单位和盈余单位之间调节余缺)、跨空间(储蓄从此地区向彼地区转移)地有条件转移。而当货币交易自身开始成为目的,一批以经营货币为业的专门机构和人群应运而生。与此同时,当我们用存款/贷款的方式、用发行债券的方式、用发行股票的方式更为有效地展开资源配置的时候,诸如信用风险、市场风险、利率风险、操作风险等新的风险也就产生了。而当仅依托于原生金融产品价格波动的金融衍生品问世,金融进一步虚拟化的过程便完成了。

在2008年金融危机前后的十余年间,从金融基础产品到各类复杂的金融衍生品的创造及由此带来的不断攀升的杠杆率,是金融对实体经济疏远化最大的诱因;由于金融的助力,使得大宗商品价格与其价值的背离愈发严重,导致商品价格急剧波动,代表了金融向实体经济的渗透;市场中介机构出于逐利的考虑,由市场的配角晋为主角,在其运作下,并不完全依托于资源供求的炒作得以产生;金融业内部的激励机制,也导致了其管理人员对利益的过分追逐,加剧了金融与实体经济的背离。

当前,我国经济结构由工业化向服务化转变,这个过程中金融业扮演了举足轻重的角色,其在国民经济中的占比不断攀升。与此同时,我国的金融业也存在着严重的要素价格扭曲现象,这既加剧了资金在金融业内部的"空转"套利,又对国民经济其他部门产生了挤出效应,降低了资源配置机制的效率。这些现象不仅是由当前的经济政治环境所导致的,更深层的缘由则是金融业发展到一定阶段时,对实体经济的背离,如不加以遏制,将给我国经济增长带来巨大的无谓损失。

(二)财政金融领域风险暴露

1. 地方政府隐性债务风险膨胀

根据财政部2018年1月发布的《2017年12月地方政府债券发行和债务余额

情况》显示,2017年12月,全国发行地方政府债券323亿元。其中,一般债券23亿元,专项债券300亿元;按用途划分,新增债券126亿元,置换债券197亿元。1—12月累计,全国发行地方政府债券43 581亿元。其中,一般债券23 619亿元,专项债券19 962亿元;按用途划分,新增债券15 898亿元,置换债券27 683亿元。而这仅是地方政府预算内的显性债务,其隐性债务的数额会更为庞大。在中国经济增长放缓、进入中高速增长的大背景下,加之实体经济投资收益率降低、通胀高居,相较地方政府税收与其巨大的隐性债务负担,存在很大的风险隐患。

2. 部分国企债务风险积聚

2008年金融危机后,为刺激经济增长,各国纷纷抛出超常规经济刺激计划,其后果之一便是杠杆率的飙升,在此背景下,中国地方政府与国有企业首当其冲。地方政府债务问题如前所述,而国有企业债务,据财政部2017年12月22日发布数据显示:截止到2017年11月末,国有企业负债总额首次突破百万亿关口,达到100.08万亿元。国有企业去杠杆、降风险依然任重道远。

3. 银行业信用风险上升

据中国银监会发布的2017年四季度主要监管指标数据显示,商业银行核心一级资本充足率为10.75%,与上年年末基本持平;一级资本充足率为11.35%,较上年年末上升0.1个百分点;资本充足率为13.65%,较上年年末上升0.37个百分点。资产利润率为0.92%,资本利润率为12.56%。商业银行不良贷款余额为1.71万亿元,不良贷款率为1.74%;关注类贷款余额为3.41万亿元,关注类贷款率为3.49%。但当前多变的经济金融环境及银行业日趋复杂的经营架构,是银行业信用风险的重要来源;如前所述的实体经济与金融业存在的结构性矛盾,也使银行业对风险的控制能力减弱;企业融资渠道、融资方式日益多元化,企业关联关系不清,也对其风险管理构成严峻挑战;多层次金融市场关联性也使信用风险的诱发因素多元化。

4. 金融杠杆率和流动性风险持续

流动性源于货币创造,第一层次是货币当局供应基础货币创造流动性,第二层次是银行及影子银行体系通过信用扩张期限转换派生存款创造流动性。货币乘数代表了银行、影子银行体系等信用(债务)创造货币的程度,一定程度也表明了金融系统的杠杆水平。我国货币乘数从2011年的3.79升至2017年4月的5.33,达到1997年以来的历史高位。货币乘数高表明基础货币不足,货币供应的增长严重依赖货币派生渠道信用创造货币,流动性更多是由债务杠杆交易提供。这类杠杆交易主要由风险偏好上升驱动,金融机构加杠杆加大同业拆借、回购等短期融资,配置公司债券、信托受益人权益(公司贷款、信托产品和理财产品)等长期限风险资产,减持优质流动性资产,导致风险资产价格上涨,扭曲风险溢价信用利差缩窄,催生资产泡沫。在市场交易量增加的烘托下,表面上市场流动性充裕,但这类债务杠杆交易衍生的流动性具有脆弱属性,资金流动对境内外息差、汇差极敏感。一旦出现市场压力撤资,这些流动性就可能迅速消失,刺破资产泡沫引致危机。传统上外部冲击对国内的影响主要是从贸易渠道传递,1997年亚洲金融危机和2008年金融危机导致沿海地区和出口企业不良贷款快速攀升,并向内地蔓延。但近几年,外部冲击对国内影响的传递渠道有所变化,向金融业迁移,国内金融市场积累了较大规模的杠杆套利交易,形式上银行自营投资、银行表外理财与股市和债市杠杆套利交易相互交叉重叠。2013年"钱荒",2015年股灾,2016年年末债市风暴,2017年年初以来流动性冲击更加频繁。当前国际政经不确定因素颇多,国际储备货币发行国政策外溢效应显著,跨境资本流向变化快速。因此,加强监管,引导金融去杠杆,重点监控同业、理财、债券投资等十大风险,专项治理"三套利""四不当"等金融乱象极为必要,这有助于金融稳定,防范外部冲击确保金融安全。

5. 影子银行的风险突出

相比其他国家,我国对商业银行的监管更加严格。居高不下的存款准备金率、严格的贷款额度控制都让银行配置资金的效率下降,成本上升。因此,资金有动机避开银行,出现所谓的"金融脱媒"现象。而银行本身也有动力将贷款包装为理财品、银信合作等受监管程度更弱的形式,变成影子银行的一部分。目前,我国的影子银行主要集中在商业银行的表外资产(理财产品和委托贷款)、非银行类金融机构(如信托公司)等领域。

总体来看,影子银行存在三大主要风险:

(1)影子银行给政府带来转嫁风险。在影子银行的发展过程中,储户获得了更高收益,贷款人获得了资金支持,包括银行在内的金融中介也收取了利差和手续费,赚得了利润,而政府可能就成为这个过程中最大的输家。影子银行所起的核心作用与正规银行类似,但同时又缺乏央行的直接流动性支持以及存款保险机制,容易受到挤兑冲击。因此,影子银行的整体风险最终转嫁到了政府身上,留下的危机必然需要政府来承担。

(2)影子银行给市场带来错误定价风险。在微观层面,影子银行享受着隐性存款担保,提供的收益率在储户看来没有风险。这样,在金融市场上就引入了越来越多收益高但风险低的产品,对资金产生强大的吸引力。由此一来,那些低风险、低收益的资产反而可能因为无法给出较高的"无风险收益率",从而吸引不到资金。这种价格体系紊乱带来的资源错配可能直接影响到实体经济发展。在现实中,一些影子银行将资金投向地方政府融资平台、房地产业、"两高一剩"(高污染、高能耗、产能过剩)等在正规银行难以获得贷款的行业和领域,干扰了宏观调控,一定程度上影响了经济结构调整的步伐。

（3）影子银行本身存在操作风险和流动性风险。相对正规银行已经相当成熟的审贷流程来说，影子银行的资金运用并没有完整而严格的制度可循，不排除在操作过程中因为人为因素而引入更多的风险，甚至出现违法的情况。特别是一些小额贷款公司、典当行、融资性担保公司等具有融资功能的影子银行盲目扩张，容易出现超范围经营等问题，甚至发展为"庞氏骗局"。另外，许多影子银行产品和行为本身的设计存在固有缺陷，例如信托公司的"资金池"业务和一些长期基础设施建设投资依赖于短期限的信托融资而存在明显的流动性风险。因此，影子银行的风险很大程度上在监管者的视线之外累积，一旦爆发，比看得见的风险更具破坏力。

（三）国际形势变化带来更多不确定性

1. 美国加息、减税、缩表

为解决2008年全球金融危机后施行的超常规货币政策带来的多方面问题，2017年美国采取了一系列措施，包括调升基准利率、实行大规模减税计划、缩减资产负债表等。美国的这一系列措施将释放长期优质资产，进而回收全球市场的投机性资金，无疑对中国楼市施加了重压。据2017年国家统计局公布的数据，12月末全国商品房待售面积为58 923万平方米，比上年年末下降了15.3%，其中住宅待售面积减少了25.1%，这一降幅也是在美联储加息、减税、缩表的举措下，促使中国加快了楼市去杠杆进程、实行一系列限购限价政策、收紧新增建筑用地审批而取得的进展。美国的一系列举动引发的加速资本外流的迹象，也对中国企业产生了不利影响，美元升值导致中国出口商品的竞争力减弱，在"人口红利"逐步消失、能源和环保压力增加的情形下，无异于雪上加霜。

2. 全球贸易保护主义抬头

2017年，全球贸易保护主义有复燃之势。美国总统特朗普推行了一系列以"美国优先"为原则的关税新政。据中国海关总署公布的数据显示，受外需疲软、高基数等因素影响，按美元计算，2017年12月中国对外出口同比下降6.1%，降幅超过预期；当月进口同比增长3.1%，与预期大体一致，11月增长6.7%。12月中国的贸易顺差从11月的446.1亿美元缩小至408.2亿美元，低于预期。

（四）数量型货币政策的局限性凸显

随着金融创新、金融脱媒和影子银行的发展，货币乘数的管控愈加困难，货币流通速度难以界定。同时，M2与社会融资增速的缺口近年来不断拉大，据中国人民银行公布的数据显示，2017年广义货币供应量（M2）余额167.7万亿元，比上年末增长8.2%，社会融资规模存量为174.64万亿元，同比增长12%。多重因素共同作用致使数量型货币政策逐渐失效。从货币供给的角度看，随着金融脱媒和影子银行的不断发展,大量资金由表内转向表外,导致央行很难控制实际的货币派生情况。从货币需求的角度看,目前的货币流通速度难以界定,货币的需求也变得不稳定。因此,数量型调控容易出现货币供给与需求的不匹配,货币数量的相关指标也在逐渐失效,导致实际的货币数量也难以准确衡量。

利率传导机制逐渐完善。在我国利率市场化的背景下,随着银行同业业务的发展和存贷款利率限制的取消,银行的负债端和资产端利率在逐渐与市场利率接轨。而货币基金、表外理财等的发展,使银行表内存款面临不断流失,也倒逼银行利率市场化。因此利率传导机制逐渐完善,价格型调控手段逐渐发挥作用。

货币政策目标有所转变。央行货币政策转向价格型的根本原因是货币政策目标的转变,即由稳增长和防通胀的"总量问题",逐渐转向去杠杆和防风险的"结构问题"。数量型政策可以通过调控货币数量来解决总量问题,但无法解决结构问题。因此,价格型货币政策逐渐取代数量型,尤其是宏观审慎政策框架确立之后,双支柱的调控体系对于防范系统风险、降低杠杆率起到了重要作用。

(五)资产泡沫破裂风险加剧

1. 房地产泡沫依然严重

中国人民银行于2018年1月最新公布的数据显示,2017年12月末,个人住房贷款余额为21.86万亿元,同比增长22.2%,增速比上年末回落14.5个百分点;包括房地产开发贷款和个人住房贷款在内的人民币房地产贷款余额为32.25万亿元,同比增长20.9%,增速比上年末回落6.1个百分点,全年增加5.56万亿元,占同期各项贷款增量的41.1%,比2016年占比低3.7个百分点。虽然2017年房贷规模较上年有所减小,但居民购房杠杆率仍处高位,接近美国次贷危机前的水平,2017年11月,居民部门贷存比已攀升到63.2%,债务占居民可支配收入的比重接近90%,而购房支出约占城镇居民可支配收入的四分之一。

2. 股市、债市泡沫显现

据深交所2017年12月29日发布的2017年深圳证券市场概况显示,上市公司数比上年增加219家至2 089家,总市值增加1.27万亿元,至23.58万亿元;平均市盈率为36.21,但其中位数约70,较全球平均水平仍然过高。由货币超发引起的债市泡沫也不容忽视,当前10年期国债收益率远低于名义GDP增速,国债价格存在高估。

(六)民生保障政策功效不够

就业结构性矛盾突出,"用工荒"与"就业难"现象长期并存,下岗人员职业技能不适应再就业岗位需要,传统行业中低端岗位减少,高技能人才短缺现象比较严重;大学毕业生就业结构性错配,就业"量"与"质"不匹配。脱贫攻坚任务非常艰巨,脱贫成本越高、难度越大,脱贫稳定性不够,因病因学因灾返贫的风险依然存在。社保基金收支平衡压力加大,养老保险基金当期收不抵支地区增多,养老金支付压力增大。

三、进一步完善金融宏观调控的政策建议

(一)推行改革解决结构性矛盾

1. 继续深化供给侧改革

着力补短板。随着供给侧结构性改革的深入推进,金融资源在补短板方面应持续发力,继续把小微和"三农"领域作为信贷政策扶持和支持的重点。一方面,金融机构应通过互联网等多种手段、创新多种业务模式和产品为小微企业提供资金支持,把握国家大力发展普惠金融和鼓励"双创"的机遇;另一方面,商业银行应加大对小微领域投放的力度。

加大产业升级和转型力度。政府要做到简政放权、放管结合、优化服务。促进资源要素投入结构更加合理,推动市场化的兼并重组,以大并大,以大吞小;降低并购重组的制度交易成本和时间成本,简化相关法律流程与环节;发挥金融体系尤其是资本市场的融资、定价和监管职能;实施过渡期保护,为并购重组赢得时间;让大而不倒的"僵尸企业"倒下去,同时建立配套的社会安全网络和退出机制,妥善处理人和债的问题,防止次生社会危机。推进经济增长动力平稳转换,兼顾稳增长和调结构的双重目标,发挥投资的关键作用,强调有效益、有效率的投资,要学习更多地依靠改革、转型和创新来提升全要素增长率,培育新的增长点,形成新的增长动力。推进产业向中高端水平迈进,核心是提升产业价值链、产品附加值,使新的消费增长点成为发展"服务型经济"的突破口,为经济提质增效升级提供更持久、更强劲的动力。

改善供给结构。要处理好政府和市场的关系。使市场在资源配置中起决定性作用和更好地发挥政府的作用,是推进供给侧结构性改革的重大原则。我们既要遵循市场规律、善用市场机制解决问题,又要让政府勇担责任、干好自己该干的事。① 资源配置的过程中,要坚持市场的决定性作用,政府的作用是在尊重市场规律的前提下进行引导、规划与规范。要推动战略性新兴产业的发展,精准分析,把握产业发展的突破点和重点,做好切实可行的规划;加大政策扶持力度,将资源投入到基础扎实、有条件实现突破的企业和项目,扶植重点企业和项目。

培育新增长点,推动传统产业提高核心竞争力和产品附加值。要加快培育和发展新业态、新模式、新技术、新产品,在中高端消费、创新引领、绿色低碳、共享经

---

① 习近平:《把改善供给侧结构作为主攻方向》,《理论学习》2017年第2期。

济、现代供应链、人力资本服务等领域培育新增长点。另外,要立足生产和生活消费升级的需要,推动传统产业提高核心竞争力和产品附加值,向质量提升、绿色低碳、服务优化、品牌高端等方面发展。

2. 推进金融业改革,抑制"脱实向虚"势头

健全市场运行基准。金融市场的运行应建立在一套由市场规律确立的资源配置规则之下,这套规则中最为关键的是金融市场定价所依据的基准。而在中国,利率、国债收益率曲线、人民币汇率以及相应的金融基础设施还处于一定程度的管制之下。迄今为止,我们所有的金融交易一直都在由某种可能被扭曲的定价基准引导着;依据这些信号展开的资源配置过程,其效率大可存疑。要健全市场运行基准,第一,推行利率市场化,使利率能真实反映市场上的资金供求状况,消除市场间壁垒形成核心利率,改进央行的利率调控手段;第二,完善现有国债收益率曲线,使国债期限结构更为合理、提高国债流动性、提升国债交易需求,完善编制技术;第三,逐步放开人民币汇率管制,完善人民币汇率形成机制,着力发展外汇市场;第四,完善登记、托管、交易、清算、结算制度及相应法律法规,建设一套维持金融市场稳定的基础设施。

致力于提供长期资本。中国居民储蓄率及外汇储备长期居于世界前列,但在资金供给方面,以银行为绝对主导的金融结构所动员起来的资金,在期限上偏短;而在资金需求方面,由于工业化深入发展和城市化不断推进,我们对长期资金的需求甚殷。基于此现状,应在发展多层次资本市场、改革发行制度、规范市场、发展政策性商业银行四方面着力,致力于提供长期资本,特别是股权性融资。

发展普惠金融。发展小型金融机构和小额信贷,鼓励金融创新,加强对小微企业的支持力度,并注重放开民间信用,发展互联网金融。

加强金融监管协调。强调功能监管,提升监管质量,完善逆周期宏观审慎监管,细化机构分类,弥补监管真空。强调监管协调,形成合力。

(二)完善"双支柱"调控框架,去杠杆防风险

1. 完善"双支柱"调控框架

2008年全球金融危机后,仅着眼微观的金融监管政策显出了在防范系统性风险方面的弊端,为弥补微观金融监管的不足,各国纷纷出台一系列宏观的、逆周期视角的监管新政,旨在平抑金融市场动荡,防范风险的跨部门、跨市场传染,中国也在2016年将差别准备金动态调整机制"升级"为宏观审慎评估体系(MPA),并对其不断完善,渐次将表外理财、同业存单、绿色金融情况纳入MPA考察体系,加强了对系统重要性金融机构的监管。未来,货币政策与宏观审慎政策相互协调、共同作用的"双支柱"框架仍需进一步完善,探索将影子银行、房地产金融、互联网金融

等纳入宏观审慎政策框架,将同业存单、绿色信贷业绩考核纳入MPA考核,优化跨境资本流动宏观审慎政策,对资本流动进行逆周期调节。此外,应推进利率市场化,消除价格扭曲,使利率形成机制更为合理;强化货币政策与宏观审慎政策的协调,引导合理的市场预期。

2. 地方政府和国有企业降杠杆

作为风险最为集聚的两大部门,地方政府和国有企业降杠杆防风险已刻不容缓。化解地方政府债务风险,第一,应当明确责任主体,规范地方政府行为,建立全国性管理体系;第二,明确事权,财权事权匹配,科学划分责任;第三,完善地方政府债务监督机制,厘清地方政府隐性债务,并纳入预算;第四,发展地方经济,合理拓宽财源,缓解财政压力;第五,优化债务期限结构,规范举债,严纠违规违法行为。国有企业降杠杆应注重处理"僵尸企业",对于自身已无生存能力的企业,该处理则及时处理,明确其债务赔偿、职工安置等问题,推动"僵尸企业"依法退市,并应区别对待大集团内的盈利企业与亏损企业。

3. 完善金融市场体系,降低信用风险

切实发挥好金融市场在稳增长、调结构、促改革和防风险方面的作用。提高直接融资比重,促进多层次资本市场健康发展,更好地为实体经济服务。推动债券市场产品创新,扩大债券市场的深度和广度。加强债券市场制度建设,推动公司信用类债券信息披露的分类统一,不断健全债券违约风险防范和处置机制,进一步完善债券发行后续监督管理,强化评级等市场化约束机制。推动资本市场双向开放,不断完善跨境融资相关政策制度安排。继续推动债券二级市场发展,完善交易、清算、结算相关制度安排,推进做市商考评等市场化评价体系建设,进一步提升债券市场的流动性。完善金融市场基础设施的统筹管理框架,推动交易报告制度建设,为金融市场在不断深化对外开放背景下的安全高效运行和整体稳定提供制度保障。

4. 强监管,去杠杆,加强流动性管理

第一,创新基础货币投放方式,吸收市场久期风险和信用风险。基础货币是市场稳定性和流动性的来源。央行可通过资产购买方式,在二级市场买入7年期、10年期等长久期流动性较弱的国债品种,缩短市场利率债整体久期,为市场注入稳定性和流动性。同时,央行也可考虑在市场买入部分地方政府债券和信用债,吸收部分市场信用风险。

第二,考虑征缴金融机构资产准备金,降低货币乘数去杠杆。考虑到存款准备金率与货币乘数关系松动,需要将稳定银行业的保护和控制措施延伸到影子银行领域。相比法定存款准备金制度和利率政策,根据风险资产权重差异化征缴金融机构资产项准备金能够更全面地覆盖金融杠杆交易。利率政策同时作用于虚拟经济与实体经济,对实体经济资金具有"挤出效应",不但不能控制资产价格,还会适得其反,进一步刺激资产价格泡沫膨胀,加重金融经济失衡。目前央行已实施宏观审慎评估体系(MPA),但仅限于银行机构。在此基础上,可考虑各类金融机构在央行开立账户,对包括商业银行、投资银行、信托公司、证券、基金公司等众多以"短借长贷"期限错配赚取息差为特征的金融机构的资产项征缴法定准备金,以全面调控货币创造。

第三,严监管常态化,补齐监管短板,引导资金"脱虚入实"。建立道德风险机构"黑名单",加强窗口指导,对道德风险机构央行实行惩罚性加息,加快出台《银行机构破产条例》,以惩戒防范部分机构的道德风险。防范监管和空转套利,将银行持有同业理财的风险资产权重从25%提高到100%。将理财中具有存贷款表外化特征的业务纳入表内监管体系。应收款项类投资中类信贷业务纳入贷款五级分类监管,计算不良贷款率和拨备覆盖率。强化流动性监管设置净稳定融资比例指标,净稳定融资比例=未来1年可用稳定资金/未来1年所需稳定资金,以此约束银行的中长期流动性风险,避免银行对短期批发融资的过度依赖。采取逆周期审慎措施,鼓励制造业信贷投放,可比照小微企业"两个不低于"标准鼓励新增贷款投向制造业,引导金融有效服务实体经济。

第四,严监管全覆盖,防控金融科技风险盲点,强化主体责任。规定金融机构建立相应的人工监控岗位对智能投资顾问的行为承担责任,防止"一致行动人"现象操纵市场,以及校正面对小概率事件模型风险引发的系统性风险。建立金融机构智能投资顾问的设计开发者和使用者注册制。强化智能投资顾问源代码质量管控,定期进行安全审计和漏洞检查,防范恶意和蓄意漏洞引发技术风险。规定金融机构智能投资顾问异常行为的预防机制。必要时从自动挡切换到手动挡实施人工干预,保证交易安全。

第五,严监管筑牢银行风控微观基础。督促银行健全首席风险官—风险总监(总行业务部门分管风险副总经理)—地区首席风险官(一级、二级分行首席风险官)—风险经理(支行)为条线的"竖到底、横到边"全面覆盖的风控队伍体系。推进银行内部资金转移定价体系建设,对风控管理基础薄弱与业务发展不匹配的银行可禁止其相关产品和市场服务准入,以避免引发系统性风险。

5. 影子银行分业监管,加大信息披露力度

第一,加强分业监管协调,从统一资产管理产品框架着手,强化影子银行产品的穿透式监管。监管标准的差异、监管带来的合规成本过高是影子银行进行监管套利的原动力。在目前中国分业监管的格局下,不同监管部门对监管范围内的机构和业务进行监管,往往可能由于缺乏监管协调,不同机构和业务的监管存在较大的不一致性,带来了监管套利空间。例如,在资产监管框架统一之前,券商和基金

公司资产管理业务的监管要求相对较为宽松,而银行体系、信托类金融机构的资产管理业务监管较为严格;信托公司依赖的信托法与一般资产管理业务依赖的委托代理关系存在法律上的不同。所以统一的资管监管框架需要加强分业监管协调,对于同类业务进行相同标准的监管,努力压缩"监管真空"区域,消除监管套利空间。相关监管办法征求意见稿的出台向这个方向迈出了关键的一步。

第二,提高影子银行的透明度,对影子银行系统的信息披露予以规范。影子银行信息披露的不充分会给金融监管带来极大的阻碍,也可能会导致非正当竞争或欺诈等违法违规行为发生。因此,需要规范和加强银行表外业务以及非银行金融机构的信息披露,明确界定影子银行范畴,建立对影子银行合理有效的统计、监测和分析、披露机制,来增加影子银行的透明度,从而规避影子银行可能引发的系统性风险。

(三) 推进汇率形成机制市场化,谨慎应对贸易战

"811汇改"后,人民币兑美元汇率中间价报价模型与美元收盘价挂钩,随后引入一篮子货币和"逆周期因子",皆是为完善人民币汇率形成机制所做的调整,人民币兑美元的波动幅度在增大,汇率形成的灵活性增强。2017年受美国一系列财政及货币政策影响,美元升值预期继续攀升,人民币兑美元汇率也已徘徊在6.3的关口,为人民币汇率形成机制进一步市场化可能带来的贬值创造了良好的外部条件。推进汇率形成机制市场化,应加快外汇市场供给侧改革,增加外汇市场的制度供给和产品供给。"三位一体"地协同推进"改进汇率调控机制、理顺外汇供求关系、加快外汇市场发展",本就是人民币汇率形成机制改革的重要经验。①

谨慎应对贸易战。应对未来的贸易战,一是防范系统性风险的发生,持续推进宏观审慎政策框架的完善;二是坚持供给侧改革,改善国内供给侧结构性矛盾,并坚持对外开放,推动"一带一路"倡议的顺利实施;三是使用市场化、法制化的方式化解贸易战带来的风险。我国应积极研究全球重大市场发展变化对我国可能带来的机会和冲击,及早布局,准备好相关应对举措。"一带一路"建设、京津冀协同发展、长江经济带发展三大战略有利于我国在更大范围、更广领域和更高层次上参与全球资源配置,深度融入全球产业链和价值链,加快形成国际竞争合作新优势,建设开放型经济大国。既能促进短期经济增长,也能提升中长期经济质量和效益。要加快推进三大战略的实施,着力拓展新的发展空间:一是加大与"一带一路"沿线国家在设施联通、产能合作、自由贸易、资金融通等领域的合作,积极扩大对外投

---

① 管涛、韩会师:《加快外汇市场供给侧改革,夯实汇率市场化的微观基础》,《清华金融评论》2017年第7期。

资,大力发展外贸新业态,推动金融业双向开放;二是强化长江经济带发展协同机制,抓紧推动生态文明建设、产业转型升级、立体交通网络、城乡一体化、民生社会事业等重大项目建设;三是推进京津冀协同发展,加快编制出台雄安新区发展规划,统筹谋划一批辐射带动性强的项目。

(四)促进数量型货币政策向价格型转变

在经济运行结构性问题突出的背景下,致力于总量调控的数量型货币政策已无法满足经济金融调控的复杂需要,同时,随着存贷款利率限制的取消,利率市场化不断加深,利率传导机制更为顺畅。因此,由数量型货币政策向价格型货币政策转变的适当时机已然到来。为促进这一转变,第一,要进一步完善市场化的利率形成机制,畅通利率传导。维持DR007与R007利差,倒逼表外去杠杆。一方面,央行盯住DR007作为市场基准利率,公开市场操作更加精细化,保证DR007维持稳定,精准调控银行资金成本,确保不发生系统性金融风险;另一方面,维持R007相对高利率,倒逼非银、表外业务去杠杆。

第二,完善"双支柱"调控框架,稳定市场防范风险。货币政策+宏观审慎政策的框架还需要进一步完善。一是推进利率市场化改革,完善货币市场利率的期限结构,疏通利率的传导路径;二是完善MPA考核框架,逐步把同业存单和更多的金融创新活动纳入考核范围;三是加强货币政策和宏观审慎政策的联动和协调,合理引导市场预期,完善调控机制。

第三,灵活运用多种货币政策工具组合,完善及巩固有效的利率走廊机制。货币政策传导的利率渠道日趋重要。利率渠道包括从短期利率到中长期利率的传导,从货币市场向债券市场、信贷市场的传导。央行可运用回购利率和SLF利率稳定短期利率,利用再贷款、MLF、PSL等工具调节中长期流动性,并通过完善收益率曲线和利率衍生品市场来疏通利率传导机制。

(五)抑制房地产资产泡沫

2018年受美国加息、减税、缩表预期,及欧元区成功去杠杆经济向好的影响,中国市场资本外流压力骤升。在此背景下,抑制资产泡沫、避免市场崩盘显得尤为重要,其中遏制房地产市场泡沫化已迫在眉睫。

中国房地产市场体量庞大,且联系众多,因此,问题的解决需要一个长期的、系统的方案,既要形成长期的压力,持续消除泡沫,又要避免短时间内泡沫破裂导致楼市崩盘,引发金融及经济振荡。房地产泡沫化的根源是其过度的金融化,因而抑制房地产投机需求、挤压套利空间,使住房供给多元化,"租售并举",最终达到房地产去金融化的目的是解决房地产泡沫化的根本办法。守住不发生系统性金融风险的底线,是逐步消除泡沫必需的外部环境,因此需要完善货币政策与宏观审慎政策的"双支柱"调控框架,在金融体系去杠杆,减少通胀预期。

(六)保障民生底线,促进社会和谐稳定

在促就业、惠民生方面出实招,提高社会保障政策功效。大规模开展职业技能培训,对特殊困难对象提供精准就业帮扶,积极开拓新型就业渠道,鼓励创业带动就业,促进高校毕业生等青年群体、新生代农民工多渠道就业创业。打好精准脱贫攻坚战,以深度贫困地区为重点,因地制宜、因人因户因村施策,突出产业扶贫,组织好易地扶贫搬迁,加大扶贫劳务协作,落实教育扶贫和健康扶贫政策,减少贫困人口1 100万人。统筹推进养老保险省级统筹,清理规范养老保险缴费政策,实行基本养老保险基金中央调剂制度,均衡地区之间养老保险负担。着力解决好"择校热""大班额"、婴幼儿照护和儿童早期教育服务等问题。加快建立多主体供应、多渠道保障、租购并举的住房制度,完善促进房地产市场平稳健康发展的长效机制。

第二章　金融机构发展

2017年,各金融机构在国家的号召和各部委的部署下积极探讨了新的发展模式,随着数字金融的全面渗透以及金融科技的新发展与新应用,在风控、成本、征信、开发新产品等方面,金融机构找到了突破口,更好地发挥了普惠金融和服务实体经济的功能。本章通过金融机构发展的总体情况、金融机构发展存在的问题以及金融机构发展的对策建议这三大部分内容,较全面地回顾了2017年金融机构的发展现状。按照主体类型,本章将金融机构分为银行和保险业金融机构、证券业金融机构以及新金融业态三大块。其中银行和保险业金融机构主要包括政策性银行及国家开发银行、商业银行、租赁行业、典当行业、小额贷款公司、农村金融机构、消费类金融公司和保险公司;证券业金融机构主要包括证券公司、基金管理公司、信托机构、期货公司;新金融业态主要介绍近年来出现的具有金融功能或金融特征的新型业态或组织等的发展现状,包括互联网金融、金融小镇、影子银行、绿色金融、供应链金融、金融科技。

具体来看,银行和保险业金融机构中,政策性银行及国家开发银行持续在服务深化供给侧结构性改革、创新型国家建设、乡村振兴战略实施、区域线条发展、"一带一路"建设等领域发挥着重要作用;商业银行整体规模增速放缓、贷款结构优化、净利润增速回升明显、资产质量趋于稳定、降杠杆成效明显;民营银行发展势态良好,风险抵御能力增强;农村金融机构发展迅速,积极服务"三农"和镇区经济;租赁行业稳步发展,其企业数量、业务规模、注册资金同步上升,市场潜力巨大;"互联网+"为典当行业带来了新机遇,典当机构全面开展业务合作与创新;小额贷款公司的行业监管逐步加强;政府政策和"互联网+"推动消费金融快速发展;保险机构整体实力增强,改革创新不断推进,保险专业中介机构发展提速。

证券业金融机构中,虽然证券公司盈利水平受佣金率和股市不景气的影响持续下降,但证监会的监管得到进一步加强,市场运行更加稳健,并且证券公司还积极探索多种形式支持实体经济发展;基金行业发展态势良好,基金公司数量和管理规模稳步增长,盈利能力较强;信托行业发展稳中求进,防风险能力增强;场外业务成为期货公司转型的新增长点和突破口。

新金融业态中,互联网支付规模持续增长,监管体系不断完善,借助金融科技,应用更多场景,发挥了普惠金融的特性;网络借贷行业监管加强,不健康平台逐步退出市场,网贷余额和成交量上升;众筹行业平台数量锐减,非良性平台逐步退出市场,行业发展进入规范期;金融小镇得力于国家政策的支持、引导,发展迅速,积极助力当地经济发展;降风险、去杠杆的政策背景下,影子银行增长速度放缓;绿色金融市场规模扩大,产品种类日益丰富,绿色金融标准体系等基础设施也趋于完善;国家鼓励供应链金融发展创新,区块链助力供应链金融进入4.0时代;金融科技发展越来越成熟,已经初步形成生态组织架构。

然而,我国的金融机构在发展过程中也暴露出许多问题。一是金融部门资产负债表扩张过快,隐含风险不容忽视;二是传统银行运营模式皆遇瓶颈,投贷联动试点业务开展遭遇瓶颈;三是我国银行业体系的脆弱性开始暴露;四是中小保险公司发展压力增加,动力不足;五是国内中小基金公司困境凸显;六是期货风险管理子公司发展尚面临诸多制约因素;七是金融科技发展仍处于探索阶段,"伪创新"问题逐渐暴露;八是我国绿色金融机构参与度不够,协作困难。

对此,我们提出以下相关建议:一是坚持金融部门去杠杆战略,加强统一监管;二是政策、理念、人才、机制多方面发力,培育投贷联动生长的沃土;三是寻求创新以消除银行体系的脆弱性;四是继续推进中小保险公司全面转型;五是中小基金公司应明确自身定位,内外两点同时发力突破自身困境;六是外部市场与政策环境联合调整,消除期货风险管理子公司的制约因素;七是市场与企业协同调整,谨防金融科技"伪创新"问题爆发;八是加大政策激励力度,构建统一的绿色金融产品与监管体系,为金融机构深层次、多方面地参与绿色金融"铺路"。

一、金融机构发展的总体情况

(一)银行业金融机构

2017年,我国银行业金融机构稳步增长,银行业盈利增速回升,不良贷款率保持平稳甚至有所下降。新型银行业金融机构持续健康发展。政策性银行及国家开发银行持续在服务深化供给侧结构性改革、创新型国家建设、乡村振兴战略实施、区域线条发展、"一带一路"建设等领域发挥着重要作用;商业银行降低了杠杆水平,资产扩张速度减缓;民营银行快速健康发展,不良贷款率低,资本充足率、流动性比例远高于监管标准值;融资租赁行业、典当行业和小额贷款公司继续增长的同时也暴露出急需转型的问题;农村金融机构在服务"三农"、支持实体经济发展、转型创新等方面发挥着重要作用;消费类金融公司在国家多项政策的支持下保持着良好的发展势态。

1. 政策性银行及国家开发银行持续发挥稳增长、调结构、惠民生的重要作用

2017年,中国经济下行压力持续加大,国家开发银行、中国进出口银行和中国

农业发展银行在明确其开发性、政策性职能的基础上,积极发挥逆周期调节作用,继续保持稳定增长、调结构、惠民生的优势。

(1)积极发挥其职能,不断增强自身活力。

一是中国农业发展银行(下简称"农发行")实施"一二三四五六"① 总体发展战略,积极发挥其在农业上的职能。首先,截至2017年年末累放贷款1.56万亿元,贷款余额为4.68万亿元;资产总额为6.22万亿元,各项存款余额为1.47万亿元;不良贷款余额为378亿元,不良率为0.81%,拨备覆盖率为394%。其次,累计投放支农资金5.9万亿元,总资产从2015年年初的3.15万亿元跃升到2018年年初的6.22万亿元,翻了近一番;贷款余额由2.83万亿元增加到4.68万亿元,增长65%;累计支持收储粮食1.26万亿斤,异地扶贫搬迁惠及贫困人口524万人,帮助906万人改善居住条件。

二是中国进出口银行(下简称"进出口银行")坚持稳中求进,着力发挥政策性职能作用,有力地促进了经济社会平稳健康发展。2017年,进出口银行资产和贷款规模保持合理增速,资产总额、表内存款余额同比分别增长9%、14%,完成不良贷款全年控制目标。

三是国家开发银行(下简称"国开行")扎实推进"三去一降一补"五大任务——去产能平稳推进、去库存进展顺利、去杠杆扎实有效、降成本效果明显、补短板力度持续加大。截至2017年年底,全行资产总额为15.67万亿元,不良贷款额、不良贷款率实现"双降",其中不良贷款率连续51个季度控制在1%以内。

(2)聚焦实体经济,全面落实新发展理念。

一是农发行大力支持农业发展,继续推进农业供给侧结构性方面的改革。首先,农发行继续发挥政策性银行优惠支农功能,有效地减轻了涉农企业的融资成本。90%以上的涉农企业贷款实行基准利率或下浮利率,其余上浮利率幅度也远低于同业水平。对涉农小微企业一律免收信息咨询费、财务顾问费和投融资顾问服务费等。其次,农发行紧紧围绕"四推进一稳定"②,加快推进农业供给侧结构性改革,促进农业结构调整。最后,农发行积极支持农业科技创新。截至2017年9月末,农业科技创新贷款余额为58.85亿元,支持了众多种业骨干企业及国家基因库等项目建设。

---

① "一二三四五六"是指:"第一要务"坚持科学发展;"两个从严"全面从严治党和依法从严治行;"三位一体"坚持执行国家意志、服务"三农"需求和遵循银行规律;"四大路径"用改革完善体制机制,用创新激发动力获利,用科技强化引领支撑,用人才提供支持保障;"五个全力服务"全力服务国家粮食安全、全力服务脱贫攻坚、全力服务农业现代化、全力服务城乡发展一体化、全力服务国家重点战略;"六个现代化"治理结构、运营模式、产品服务、管理机制、科技支撑、组织体系的现代化。

② "四推进一稳定"是指推进结构改革、推进绿色发展、推动创新驱动、推进农村改革和稳定粮食生产。

二是国开行继续发挥开发金融优势,在基础设施建设、能源资源等方面发挥积极作用。在支持"两基一支"方面,国开行加大对165项重大工程开发的评审力度,发放中铁总贷款1 294亿元、水利贷款967亿元、新型城镇化贷款3 133亿元。在培育经济新动能方面,发放战略性新兴产业贷款3 443亿元、集成电路贷款1 087亿元、环保及节能减排贷款3 270亿元,承诺贷款近1 000亿元支持国家储备林基地建设。

三是进出口银行立足政策性职能定位,全力服务实体经济和国家战略。首先,进出口银行充分发挥其在贷款、投资及贸易融资等方面的政策金融优势。2017年进出口银行与柬埔寨签署了一系列协议,有力地推动了双边经贸合作,带动了中国企业"走出去"开展境外工程承包。其次,进出口银行积极推动我国科技产业的蓬勃发展,支持了C919和鲲龙-600等一批具有重大意义项目的建设。

(3) 认真落实国务院决策部署,深入推进"一带一路"建设。

一是国开行积极服务国家战略,加大对国家"一带一路"建设的支持力度。2017年,国开行设立2 500亿元等值人民币专项贷款支持"一带一路"项目建设,其中包括500亿元等值人民币的金融合作专项贷款。截至2017年年底,国开行在"一带一路"沿线国家累计发放贷款超过1 800亿美元。在国际业务方面,向"一带一路"沿线国家新增发放贷款176亿美元,实现"一带一路"人民币专项贷款授信承诺991亿元。截至2017年年底,全行国际业务贷款余额3 327亿美元,继续保持境内机构外币贷款市场份额同业第一。

二是进出口银行继续发挥政策性金融机构的独特优势,切实推动"一带一路"建设项目落地实施并发挥积极的作用。在设施联通、贸易畅通、资金融通等方面,进出口银行与"一带一路"沿线许多国家签订了贷款协议支持其基础设施建设并加强在产能和金融等方面的合作。

(4) 完善风险管理责任制,加大风险化解力度。

一是农发行认真贯彻落实第五次全国金融工作会议精神,遵循金融发展规律,将防控金融风险作为三大重点任务之一。2017年农发行向全系统发出《中国农业发展银行全面风险管理体系建设规划纲要》,规划未来五年全行风险管理工作,着力建设具有农发行特色的全面风险管理体系。

二是国开行优化客户管理机制,加强重点领域风险管控,完善风险管理责任制,加大风险化解力度。主要做到:第一,密切跟踪业务运行,打造灵敏高效的风险预警体系,增强风险管控的前瞻性;第二,创新风险管控机制,增强对重点业务、重点区域、重大客户、重点环节风险管控的针对性;第三,强化统筹风险管理,增强集团层面市场风险、流动性风险与资产负债管理的协调性;第四,加大风险处置力度,持续优化资源配置,提升风险化解的有效性;第五,提升内控合规管理水平,确保依规操作、合规经营、安全运营,增强风险管控的自觉性。

三是进出口银行把主动防范化解系统性金融风险放在重要的位置,坚守不发生系统性风险的底线。首先,完善了评估审查、授权授信、内控稽核等全链条制度,巩固风险"三道防线",全力提升了风险防范化解能力;其次,开展市场乱象整治等专项检查,严查严处违法违规案件,金融安全维护力度加大;最后,信息科技治理和制度建设力度持续加大,完成机构调整和完善数据治理机制并建设专业团队。

2. 商业银行发展增速回升,中间业务拓宽收入来源

2017年我国商业银行整体规模增速放缓、贷款结构优化、净利润增速回升明显、资产质量趋于稳定、降杠杆成效明显。金融监管进一步加强,中国银监会组织开展了"三三四十"①等一系列专项治理行动,治理银行业市场乱象取得了阶段性成效,风险合规经营意识得到加强,违法违规和监管套利大幅减少,经营行为趋于理性规范。

(1) 银行资产规模扩张速度放缓,净利润开始回升。

一是资产和负债规模增长速度有所放缓。截至2017年年底,我国银行业金融机构本外币资产总额为252万亿元,同比增长8.7%,增速较上年年末下降7.1个百分点。本外币负债总额为233万亿元,同比增长8.4%,增速较上年年末下降7.6个百分点(见表1-2-1)。

表1-2-1 2017年银行业金融机构资产负债表

项目名称	第一季度	第二季度	第三季度	第四季度
总资产(亿元)	2 384 626	2 431 661	2 471 422	2 524 040
上年同期增长比(%)	14.34	11.54	10.87	8.68
总负债(亿元)	2 203 999	2 249 101	2 282 592	2 328 704
上年同期增长比(%)	14.51	11.47	10.86	8.40
其中:商业银行合计				
总资产(亿元)	1 875 705	1 902 069	1 931 208	1 967 834
上年同期增长比(%)	15.68	12.14	11.20	8.31
占银行业金融机构比例(%)	78.66	78.22	78.14	77.96
总负债(亿元)	1 739 542	1 764 993	1 789 106	1 820 610
上年同期增长比(%)	15.95	12.10	11.18	7.99
占银行业金融机构比例(%)	78.93	78.48	78.38	78.18

---

① "三三四十"是中国银监会为整治银行业市场乱象而展开的专项治理行动,具体是指三违反、三套利、四不当以及银行业存在的十个方面的问题。"三违反"即违反金融法律、违反监管规则、违反内部规章;"三套利"即监管套利、空转套利、关联套利;"四不当"即不当创新、不当交易、不当激励、不当收费;"十个方面"即股权和对外投资方面、机构及高管方面、规章制度方面、业务方面、产品方面、人员行为方面、行业廉洁风险方面、监管履职方面、内外勾结违法方面、涉及非法金融活动方面。

（续表）

项目名称	第一季度	第二季度	第三季度	第四季度
大型商业银行				
总资产(亿元)	895 918	910 480	920 708	928 145
上年同期增长比(%)	11.28	9.18	9.16	7.18
占银行业金融机构比例(%)	37.57	37.44	37.25	36.77
总负债(亿元)	827 069	842 076	849 999	855 636
上年同期增长比(%)	11.56	9.23	9.32	7.05
占银行业金融机构比例(%)	37.53	37.44	37.24	36.74
股份制商业银行				
总资产(亿元)	438 884	439 596	440 928	449 620
上年同期增长比(%)	13.8	8.86	6.96	3.42
占银行业金融机构比例(%)	18.4%	18.08	17.84	17.81
总负债(亿元)	410 731	411 179	411 479	419 047
上年同期增长比(%)	13.9	8.53	6.53	2.72
占银行业金融机构比例(%)	18.64	18.28	18.03	17.99
城市商业银行				
总资产(亿元)	292 614	297 307	305 413	317 217
上年同期增长比(%)	22.85	17.99	16.22	12.34
占银行业金融机构比例(%)	12.27	12.23	12.36	12.57
总负债(亿元)	273 604	277 829	285 161	295 342
上年同期增长比(%)	23.23	18.03	16.23	11.86
占银行业金融机构比例(%)	12.41	12.35	12.49	12.68
农村金融机构				
总资产(亿元)	313 952	318 405	323 630	328 208
上年同期增长比(%)	15.31	12.40	11.28	9.78
占银行业金融机构比例(%)	13.17	13.09	13.09	13.00
总负债(亿元)	291 440	295 338	299 762	303 953
上年同期增长比(%)	15.43	12.25	11.15	9.64
占银行业金融机构比例(%)	13.22	13.13	13.13	13.05

(续表)

项目名称	第一季度	第二季度	第三季度	第四季度
其他类金融机构				
总资产(亿元)	443 257	465 873	480 743	500 851
上年同期增长比(%)	15.31	14.48	14.51	13.71
占银行业金融机构比例(%)	18.59	19.16	19.45	19.84
总负债(亿元)	401 154	422 679	436 191	454 726
上年同期增长比(%)	15.19	14.40	14.75	13.76
占银行业金融机构比例(%)	18.20	18.79	19.11	19.53

资料来源:中国银监会,《银行业监管统计指标季度情况表(2017)》,www.cbrc.gov.cn/chinese/home/docView/44E986F2C2344E508456A3D07BC885B6.html。

其中,资产、负债规模增长速度较快的依然是城市商业银行和其他类金融机构(政策性银行即国家开发银行、民营银行、外资银行、非银行金融机构和邮政储蓄银行),较上年同期增长超过15%,但较2016年相比速度有所减缓;农村商业银行资产、负债规模的增长速度与总体水平持平;大型商业银行与股份制银行资产、负债规模的增长速度远低于总体水平,大型商业银行较上年同期增长9%左右,而股份制银行资产、负债较上年同期增长急剧下降为8%,与2016年18%的增长速度相比下降了十个百分点。

二是银行经营状况向好,逐渐向零售业务转型。2017年商业银行实现净利润17 477亿元,同比增长9.87%;平均资产利润率为0.92%,平均资本利润率为12.56%(见表1-2-2)。

表1-2-2 2017年商业银行效益性指标

项目名称	第一季度	第二季度	第三季度	第四季度
净利润(本年累计)(亿元)	4 933	9 703	14 274	17 477
资产利润率(%)	1.07	1.04	1.02	0.92
资本利润率(%)	14.77	14.48	13.94	12.56
净息差(亿元)	2.03	2.05	2.07	2.10
非利息收入占比(%)	26.84	24.84	23.63	22.65
成本收入比(%)	26.76	27.60	28.63	31.58

资料来源:中国银监会,《银行业监管统计指标季度情况表(2017)》,www.cbrc.gov.cn/chinese/home/docView/089BE7B2EE194A17943B1A6EAC7BA6A7.html。

2017年净利润延续2016年继续回升。其中,银行资产结构优化是促进利润提升的主要原因之一(见图1-2-1、图1-2-2和图1-2-3)。零售贷款份额的提升优化了银行收入结构,并能够更好地应对不断变化的外部环境。

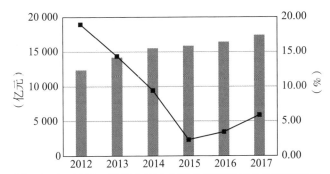

图 1-2-1　2012—2017 年商业银行净利润及同比增长率情况

资料来源:中国银监会,《银行业监管统计指标季度情况表(2017)》,www.cbrc.gov.cn/chinese/home/docView/089BE7B2EE194A17943B1A6EAC7BA6A7.html。

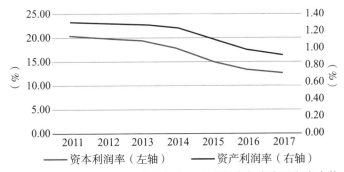

图 1-2-2　2011—2017 年商业银行资本利润率与资产利润率走势

资料来源:中国银监会,《银行业监管统计指标季度情况表(2017)》,www.cbrc.gov.cn/chinese/home/docView/089BE7B2EE194A17943B1A6EAC7BA6A7.html。

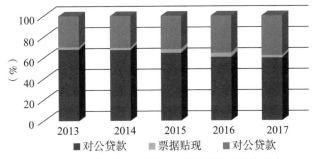

图 1-2-3　九大银行 2013—2017 贷款结构情况表

资料来源:中国工商银行、中国农业银行、中国银行、中国建设银行、中国交通银行、招商银行、中信银行、平安银行、光大银行年度报表。

净息差方面,至2014年开始持续下跌,2017年年末商业银行净息差为2.10%,较上一年度下跌0.12个百分点。商业银行的非净利息收入占比在连续6年持续上升后,2017年有所下降,较2016年低了1.15个百分点。这是由于占比较大的手续即佣金收入在"降费让利"以及监管新规对银行理财业务的规模扩张产生约束的共同作用下导致的(见图1-2-4)。

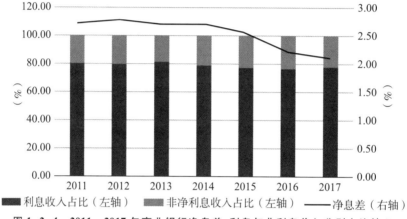

图1-2-4 2011—2017年商业银行净息差,利息与非利息收入分别占比情况

资料来源:中国银监会,《银行业监管统计指标季度情况表(2017)》,www.cbrc.gov.cn/chinese/home/docView/089BE7B2EE194A17943B1A6EAC7BA6A7.htmlwww.cbrc.gov.cn/chinese/home/docView/089BE7B2EE194A17943B1A6EAC7BA6A7.html。

三是银行风险管理取得显著成效,风险抵御能力有所增强。主要表现在以下四个方面。

第一,银行不良贷款率增速减缓。2017年年末商业银行贷款损失准备余额为3.09万亿元,较上年年末增加4 268亿元;拨备覆盖率为181.42%,较上年年末上升5.02个百分点;贷款拨备率为3.16%,较上年末上升0.09个百分点(见表1-2-3)。

表1-2-3 2017年商业银行风险指标

项目名称	第一季度	第二季度	第三季度	第四季度
正常类贷款(亿元)	858 300	887 679	911 417	926 711
关注类贷款(亿元)	34 214	34 161	34 218	34 092
不良类贷款余额(亿元)	15 795	16 358	16 704	17 057
其中:次级贷款(亿元)	6 402	6 556	6 708	6 250
可疑贷款(亿元)	6 963	7 367	7 486	7 965

(续表)

项目名称	第一季度	第二季度	第三季度	第四季度
损失贷款(亿元)	2 430	2 436	2 510	2 842
正常贷款占比(%)	94.49	94.62	94.71	94.77
关注贷款占比(%)	3.77	3.64	3.56	3.49
不良贷款率(%)	1.74	1.74	1.74	1.74
其中:次级贷款率(%)	0.70	0.70	0.70	0.64
可疑贷款率(%)	0.77	0.79	0.78	0.81
损失贷款率(%)	0.27	0.26	0.26	0.29
贷款损失准备(%)	28 236	28 983	30 133	30 944
拨备覆盖率(%)	178.76	177.18	180.39	181.42
贷款拨备率(%)	3.11	3.09	3.13	3.16
累计外汇敞口头寸比例(%)	3.22	3.14	2.95	2.54

资料来源:中国银监会,《银行业监管统计指标季度情况表(2017)》,www.cbrc.gov.cn/chinese/home/docView/089BE7B2EE194A17943B1A6EAC7BA6A7.html。

其中,商业银行不良贷款率持平为1.74%,拨备覆盖率第二季度有所下降,但第三季度快速回升,较上一季度增长3.21个百分点,2017年年末拨备覆盖率为181.42%,较上年末上升5.02个百分点。随着2017年我国银行业改革、监管工作取得新成效,我国商业银行的风险抵补能力有了明显的提升。次级贷款率从前三个季度的0.70%下降至0.64%,较上年年末下降了0.06个百分点,这说明了我国商业银行对不良贷款的处置和化解力度有了一定提升。贷款损失准备余额为30 944亿元,较上年末增加4 268亿元;反映整体拨备情况的贷款拨备率小幅上升为3.16%,较上年末上升0.09个百分点,这表明商业银行较上年能够更好地应对不良贷款发生所带来的潜在损失。而2017年全年商业银行的累计外汇敞口头寸比例持续下降,表明了外汇净资本在商业银行资本净额中的比重逐渐降低。另外,近年来我国商业银行不良贷款在迅速走高后保持平稳,2017年商业银行不良贷款率四季度保持1.74%。受宏观经济阶段性回稳等诸多利好因素的影响,商业银行不良贷款率增长速度放缓,但商业银行不良贷款持续上升,截至2017年第四季度末,商业银行不良贷款余额为17 057亿元,较上一季度增长353亿元,这表明商业银行的不良贷款规模增长压力仍然存在(见图1-2-5)。

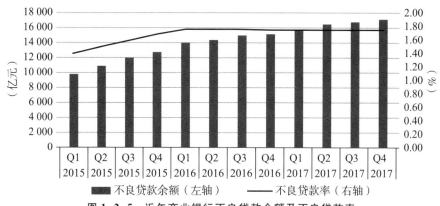

图1-2-5 近年商业银行不良贷款余额及不良贷款率

资料来源:中国银监会,《银行业监管统计指标季度情况表(2017)》,www.cbrc.gov.cn/chinese/home/docView/089BE7B2EE194A17943B1A6EAC7BA6A7.html。

第二,流动性水平稳健。2017年年末,商业隐含流动性比例为50.03%,较上季末上升2.48%;人民币超额备付金率前三个季度跌破2%,后又于第四季度回升至2.02%,存贷比为70.55%。这表明2017年整个银行流动性充足,资产负债匹配性较强(见表1-2-4、图1-2-6、图1-2-7、图1-2-8)。其中,2012—2013年商业银行流动性比例从45.83%下降1.8个百分点至44.03%,导致2013—2014年商业银行整体紧缩银根,控制贷款比率,进而出现2013—2014年商业银行存贷比从66.08%下降0.99个百分点至65.09%的现象。从2014年开始商业银行的流动性比例和存贷比呈现出快速上涨的态势,结合净息差的持续下降趋势,商业银行的存贷比整体呈现波动上涨趋势,目的是缓解净息差收窄导致利息收入下降的情况。

表1-2-4 商业银行流动性指标　　　　　　　　　　　　单位:%

项目名称	第一季度	第二季度	第三季度	第四季度
流动性比例	48.74	49.52	49.17	50.03
存贷比	67.74	69.12	70.01	70.55
人民币超额备付金率	1.65	1.65	1.42	2.02

资料来源:中国银监会,《银行业监管统计指标季度情况表(2017)》,www.cbrc.gov.cn/chinese/home/docView/089BE7B2EE194A17943B1A6EAC7BA6A7.html。

第三,响应央行缩表,银行业经营行为趋于理性规范化。据中国银监会召开的2018年全国银行业监督管理工作会议,2017年有100多家商业银行主动缩表。其中,中国建设银行2017年第二季度总资产下降了0.01%,中国银行2017年第三季度总资产下降了0.02%;股份制商业银行、城市商业银行的缩表现象尤其明显,其中中信银行缩表力度最大,2017年年末总资产为5.68万亿元,同比下降了4.3%。另外,在其他资产业务方面也出现压降的现象。例如,工行2017年票据贴现较上年末减少3 688.67亿元,中央银行债券下降17.6%,政策性银行债券减少3 227.81亿元,下降了24.5%。此次缩表反映了商业银行的风险合规意识加强以及监管部门对金融风险的监管力度加大。

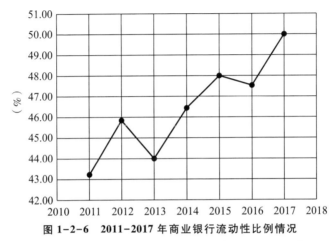

图1-2-6　2011—2017年商业银行流动性比例情况

资料来源:中国银监会,《商业银行主要监管字表情况表(2011—2016)》。

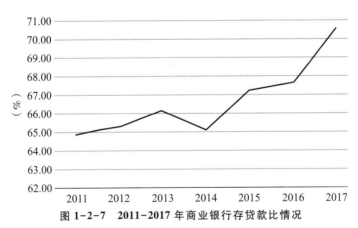

图1-2-7　2011—2017年商业银行存贷款比情况

资料来源:中国银监会,《商业银行主要监管字表情况表(2011—2016)》。

第四,工业生产稳定增长,银行存量风险得到缓解。2017年全国规模以上工业增加值较2016年实际增长6.6%,增速较上一年提高0.6个百分点(见图1-2-9)。工业生产增长自2011年以来首次加速,工业企业的经营效率显著提升。11月末,规模以上工业企业应收账款平均回收期为39.2天,同比减少0.7天;产成品存货周转天数为14.3天,同比减少0.5天。1—11月,工业企业每百元资产实现的主营业务收入为109.6元,同比增加3.8元;人均主营业务收入为132.5万元,同比增加15.3万元。在工业企业发展态势走好的情况下,银行资产质量得到进一步改善,有效地缓解了银行信用风险,助推银行的健康发展。

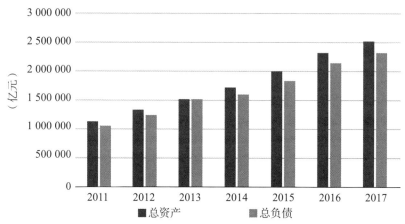

图1-2-8　2011-2017年银行业总资产总负债

资料来源:中国银监会,《银行业监管统计指标季度情况表(2017)》,www.cbrc.gov.cn/chinese/home/docView/089BE7B2EE194A17943B1A6EAC7BA6A7.html。

图1-2-9　规模以上工业企业工业增加值增长速度

资料来源:中华人民共和国国家统计局,《规模以上工业企业工业增长速度》http://data.stats.gov.cn/tablequery.htm? code=AA020B。

四是金融科技创新成为银行业务增长的驱动力。各大商业银行积极部署数字化银行的发展战略,希望通过为客户提供个性化、智能化的金融服务增加其市场份额并提高盈利能力。2017年年初中国建设银行与阿里巴巴集团、蚂蚁金服集团签署战略合作协议。随后中国工商银行与京东金融集团、中国农业银行与百度、交通银行与苏宁、中国银行与腾讯先后达成战略合作协议。至此,五家大型商业银行全部与互联网平台建立合作。中信银行和百度公司发起设立的百信银行在京正式开业,成为我国首家独立法人形式的直销银行。

(2)民营银行发展势态良好,风险抵御能力强。

首先,民营银行继续坚持有别于传统商业银行的发展理念,响应国家政策继续服务中小微企业、"三农"和社区,提供便捷的金融服务,提高普惠金融服务水平。

其次,截至2017年年底,中国银监会批准筹建的17家民营银行已全部开业。2017年年末,民营银行不良贷款率为0.53%,资本充足率为24.25%,流动性比例为98.17%,表明民营银行能够有效地应对不良贷款带来的风险(见表1-2-5)。

表1-2-5　2017年民营银行主要指标　　　　　　　　单位:%

项目名称	不良贷款率	拨备覆盖率	流动性比例
第一季度	0.64	474.81	51.52
第二季度	0.70	466.46	99.56
第三季度	0.60	555.93	106.98
第四季度	0.53	697.58	98.17

资料来源:中国银监会,《银行业监管统计指标季度情况表(2017)》,www.cbrc.gov.cn/chinese/home/docView/089BE7B2EE194A17943B1A6EAC7BA6A7.html。

3. 农村金融机构发展迅速,资产质量有待优化

(1)农村金融机构规模增长潜力较大。

一是农村信用社产权制度改革持续推进引发农村金融机构数量不断增加。截止到2017年年底,农村金融机构总数为3 883家,占全国银行业金融机构法人的85.3%,其中农村商业银行1 262家、农村合作银行33家、农村信用社965家、村镇银行1 262家、贷款公司13家、农村资金互助社48家,农村金融机构的规模数量众多且不断增长,随着农村信用社产权制度改革的不断深入及政府的精准扶持,农村金融机构的规模依然有增长的空间。

二是金融供给侧改革初见成效。2017年,全国银行业金融机构涉农贷款投放实现持续增长。截至2017年12月末,全国涉农贷款余额达到30.95万亿元,比年初增长3.08万亿元,同比增长9.64%。其中,农户贷款余额8.11万亿元,比年初增长1.04万亿元,同比增长达到14.41%;农村企业及各类组织贷款余额为17.03万亿元,比年初增长1.51万亿元,同比增长6.97%;2017年农村金融机构的总资产规模逐渐增加,截止到2017年12月总资产达到32.8万亿,相比2016年同期增长9.8%,如表1-2-6所示,2017年月度总资产增长率相比上年同期增长的速率逐

渐递减,农村金融机构的结构更加合理。供给侧结构性改革对农村金融提出了更高要求,同时也为农村金融机构的发展提供了机遇。

表 1-2-6　2017年农村金融机构总资产规模

	1月	2月	3月	4月	5月	6月
总资产(百亿元)	3 084	3 119	3 140	3 138	3 145	3 185
比上年同期增长率(%)	16.2	15.5	15.3	13.7	12.3	12.4
占银行业金融机构比率(%)	13.5	13.6	13.5	13.5	13.5	13.5
	7月	8月	9月	10月	11月	12月
总资产(百亿元)	3 200	3 221	3 237	3 255	3 312	3 283
比上年同期增长率(%)	11.4	11.1	11.3	10.6	11.2	9.8
占银行业金融机构比率(%)	13.5	13.5	13.5	13.5	13.5	13.4

资料来源:中国银行业监督管理委员会,《2017年总资产总负债(月度)》,http://www.cbrc.gov.cn/chinese/home/docView/A6890098E75B461097AAA29535796E3B.html。

(2)农村金融机构资产质量有待优化。

一是农商行理财业务受限。根据银行业理财登记托管中心、中国银监会发布公开数据推算,截至2017年年末,农村金融机构的理财产品存续余额为1.57万亿元(较2017年年初下降4.27%),总资产为32.83万亿元(同比增加9.8%),按已发行理财产品口径计算,农商行理财产品占总资产的比重约为4.78%,在各类型银行中最低。

二是同业违规行为较普遍。在农商行开展同业业务方面,各地银监部门罚单数据显示,多家农商行因同业违规被处罚。2017年以来,中国银监会披露的罚单中,违规乱象更集中于农商行、农信社、村镇银行等农村金融机构中。农村金融机构普遍存在内控体系不完善、从业人员素质不高、监管不力等问题。同时从农村金融机构服务的客户群来看,"三农"客户的弱质性也决定了其自身存在业务风险较大、收益回报具有不确定性等先天的短板。

三是不良贷款率较高,拨备覆盖率较低。从中国银监会发布的2017年第四季度主要监管指标数据显示,农村金融机构(含农商银行、农合行、农信社和新型农村金融机构)总资产为32.82万亿元,比上年同期增长9.78%,在银行业金融机构总资产中占比13%;总负债为30.40万亿元,比上年同期增长9.64%,在银行业金融机构总负债中占比13.05%。农商银行资本充足率为13.3%,资产利润率为0.9%,净息差为2.95%。不良贷款余额为3 566亿元,不良贷款率为3.16%,拨备覆盖率为164.31%,流动性比例为53.14%(见表1-2-7和图1-2-10)。截止到2017年年末,农商行的不良贷款率为同行业最高,拨备覆盖率为同行业最低;流动性比率、资本充足率均处在同行业较低水平,不良资产问题较突出(见表1-2-8)。因此,农商行要控制不良资产产生的来源,且快速准备不良资产产生后的处置工作。

表1-2-7 农村商业银行2017年监管指标

	Q1	Q2	Q3	Q4
不良贷款余额(亿元)	3 238	2 976	2 589	3 566
不良贷款率(%)	2.95	2.81	2.55	3.16
资产利润率(%)	1.06	1.09	1.19	0.90
拨备覆盖率(%)	177.57	179.91	194.60	164.31
资本充足率(%)	13.37	13.21	13.26	13.30
流动性比率(%)	51.32	51.12	51.52	53.14
净息差(%)	2.83	2.77	2.69	2.95

资料来源:中国银行业监督管理委员会,《商业银行主要指标分机构类情况表》,http://www.cbrc.gov.cn/chinese/home/docView/6DA3A155780840C3A81BA162CE67CFDE.html。

表1-2-8 四季度商业银行主要指标分机构类情况(法人)

	大型商业银行	股份制商业银行	城市商业银行	民营银行	农村商业银行	外资银行
不良贷款余额(亿元)	7 725	3 851	1 823	8	3 566	85
不良贷款率(%)	1.53	1.71	1.52	0.53	3.16	0.70
资产利润率(%)	1.02	0.83	0.83	0.76	0.90	0.48
拨备覆盖率(%)	180.45	179.98	214.48	697.58	164.31	296.88
资本充足率(%)	14.65	12.26	12.75	24.25	13.30	17.83
流动性比率(%)	48.1	50.78	51.48	98.17	53.14	66.80
净息差(%)	2.07	1.83	1.95	4.52	2.95	1.71

资料来源:中国银行业监督管理委员会,《商业银行主要指标分机构类情况表》,http://www.cbrc.gov.cn/chinese/home/docView/6DA3A155780840C3A81BA162CE67CFDE.html。

4. 租赁行业稳步发展,市场潜力较大

截至2017年年底,全国31个省、直辖市、自治区都设立了融资租赁公司,其中上海、天津、广东、北京、福建、江苏、浙江、山东8个省份的企业总数约占到了全国的93%。对比成熟市场,虽然中国租赁市场增长显著,新增余额也位居全球市场前列,但融资租赁渗透率偏低,潜力依然较大。

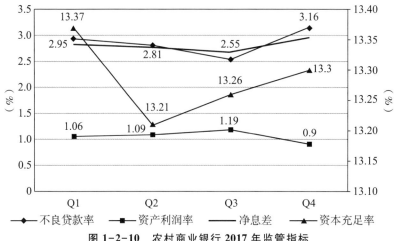

图 1-2-10 农村商业银行 2017 年监管指标

资料来源:中国银行业监督管理委员会,《商业银行主要指标分机构类情况表》,http://www.cbrc.gov.cn/chinese/home/docView/6DA3A155780840C3A81BA162CE67CFDE.html。

(1) 行业保持稳定增长态势。

首先,从全国融资租赁的企业数量来看,截至 2017 年年底,全国融资租赁企业(不含单一项目公司、分公司、SPV 公司和收购海外的公司)总数约为 9 090 家,较上年底的 7 136 家增加了 1 954 家,同比增长 27.4%。其中,金融租赁已经获批开业的企业达到 69 家,较 2016 年年底的 59 家增加了 10 家,同比增长 16.9%;内资租赁试点企业总数达到 276 家,较 2016 年年底的 204 家增加了 72 家,同比增长 35.3%;外资租赁企业约 8 745 家,较 2016 年年底的 6 873 家增加了 1 862 家,同比增长 27.1%,企业增长速度相对放缓(见表 1-2-9)。

表 1-2-9 2016 年年底及 2017 年年底全国融资租赁企业数量及变动情况

项目	2017 年年底(家)	2016 年年底(家)	同比增加(家)	增幅(%)
金融租赁	69	59	10	16.9
内资租赁	276	204	72	35.3
外资租赁	8 745	6 873	1 862	27.1
总计	9 090	7 136	1 954	27.4

资料来源:中国租赁联盟、天津滨海融资租赁研究院,《2017 年中国融资租赁业发展报告》。

其次,从全国融资租赁的业务规模来看,截至 2017 年年底,全国融资租赁合同余额约为 60 600 亿元,较 2016 年年底的 53 300 亿元增加了 7 300 亿元,同比增长 13.7%。其中,金融租赁约 22 800 亿元,较 2016 年年底的 20 400 亿元增加 2 400 亿元,同比增长11.8%;内资租赁约18 800亿元,较2016年年底的16 200亿元增加2 600亿元,同比增长16.0%;外资租赁约19 000亿元,较2016年年底的16 700亿元增加2 300亿元,同比增长13.8%(见表1-2-10)。

表1-2-10　2017年全国融资租赁业务发展规模

项目	2017年(亿元)	2016年(亿元)	增加(亿元)	同比增长(%)
金融租赁	22 800	20 400	2 400	11.8
内资租赁	18 800	16 200	2 600	16.0
外资租赁	19 000	16 700	2 300	13.8
总计	60 600	53 300	7 300	13.7

资料来源:中国租赁联盟、天津滨海融资租赁研究院,《2017年中国融资租赁业发展报告》。

最后,从融资租赁企业的注册资金看,截至2017年年底,行业注册资金统一以1∶6.9的平均汇率折合成人民币计算,约合32 031亿元,较2016年年底的25 569亿元增加6 462亿元,同比增长25.3%。其中,金融租赁为1 974亿元,较2016年年底的1 686亿元增加了288亿元,同比增长17.1%;内资租赁为2 057亿元,较2016年年底的1 420亿元增加了637亿元,同比增长44.9%;外资租赁约为28 000亿元,较上年年底的22 463亿元增加了5 537亿元,同比增长24.6%(见表1-2-11)。

表1-2-11　2017年融资租赁注册资金及变动情况

项目	2017年(亿元)	2016年(亿元)	增加(亿元)	同比增长(%)
金融租赁	1 974	1 686	288	17.1
内资租赁	2 057	1 420	637	44.9
外资租赁	28 000	22 463	5 537	24.6
总计	32 031	25 569	6 462	25.3

资料来源:中国租赁联盟、天津滨海融资租赁研究院,《2017年中国融资租赁业发展报告》。

(2)租赁ABS业务常态化,发展规模增速放缓。

自2014年ABS备案制正式落地至今,资产证券化已成为当前融资租赁公司、金融租赁公司拓宽外源性融资渠道的有效路径之一。继2016年全行业租赁ABS发行量突破千亿元规模后,2017年租赁ABS发行规模再创新高。据零壹融资租赁研究中心发布的统计数据,2017年共发行103只租赁ABS产品,发行总规模达到1 462.92亿元。虽然发行数量比2016年减少了19只,但是发行金额较2016年同比增长21.33%(见表1-2-12)。受到外部经济环境影响,2017年ABS发行规模相较前两年的增幅显著放缓,但整体来看,全行业 ABS 发行已渐成常态化,融资渠道呈现多元化且稳健的发展态势。

表 1-2-12　2015—2017 年融资租赁 ABS 产品发行规模情况

	2015 年	2016 年	2017 年
发行数量(只)	62	121	103
发行金额(亿元)	575.26	1 202.6	1 462.92
发行金额同比增长(%)	904.65	109.05	21.33

资料来源:中国新闻网,http://www.financialnews.com.cn/jigou/rzzl/201803/t2018 0303_134033.html。

5. 典当行业传统盈利模式有待转变与提升

从行业总体运行情况来看。一是资产总额小幅上涨,负债水平持续上升。截至 2017 年 12 月底,全国共有典当企业 8 483 家,分支机构 950 家,注册资本 1 722.2 亿元,从业人员 4.9 万人。企业资产总额为 1 668 亿元,同比上升 1.3%;负债合计 123.2 亿元,同比上升 8.7%;所有者权益合计 1 544.8 亿元,资产负债率 7.4%。二是典当总额下降。2017 年全行业实现典当总额为 2 899.7 亿元,与上年同期相比减少 276.3 亿元,降幅为 8.7%。其中,动产典当总额为 950.8 亿元,同比降低 15.9%;房地产典当总额为 1 516 亿元,同比降低 4.8%;财产权利典当总额为 433 亿元,同比降低 4.5%。三是业务结构保持稳定。按典当总额计算,2017 年动产典当业务占全部业务的 32.79%;房地产典当业务占 52.28%;财产权利典当业务占 14.93%。与上年同期业务结构比较,动产典当业务占比有所下降,房地产典当业务和财产权利典当业务占比略有上升,房地产典当仍是行业主要业务。四是典当余额较上年基本持平。截至 2017 年 12 月底,典当余额为 963.7 亿元,与上年同期相比增加 6.4 亿元,同比上升 0.7%。但典当余额占行业全部资产总额的 57.8%,说明行业的业务量、资金利用率都有进一步提升空间(见表 1-2-13)。

表 1-2-13　2015—2017 年典当公司规模变化比较

	2015 年	2016 年	2017 年	2017 年较 2016 年增加数量(家)	2017 年较 2016 年增长率(%)
公司数量(家)	8 050	8 280	8 483	203	2.45
典当余额(亿元)	1 025.2	957.3	963.7	6.4	0.67

资料来源:商务部流通业发展司,《2017 年全国典当行业运行情况》,http://ltfzs.mofcom.gov.cn/article/ckts/cksm/201801/20180102702377.shtml。

从行业盈利情况来看。一是营业收入下降趋势不变。2017年全行业实现营业收入91.2亿元,同比降低5.1%。其中,主营业务收入(利息及综合服务费收入)79.6亿元,同比降低8.2%。二是总体盈利能力上升。2017年全行业实现营业利润17亿元,同比上升8.6%;净利润10.4亿元,同比增长3%;上缴税金7亿元,同比降低21.3%。但是行业亏损面与亏损额较上年有所上升。其中出现亏损(营业利润为负)的企业有3 100家,亏损面36.5%,较上年上升6.8个百分点;所有亏损企业的累计亏损额共10.4亿元,同比上升4%。

6. 小额贷款公司遭遇发展瓶颈,行业监管逐步加强

(1) 行业规模负增长态势凸显。

截至2017年年末,全国共有小额贷款公司8 551家,同比增长-1.41%,在2016年首次出现负增长的情况下,2017年继续出现负增长,负增长态势凸显。从业人员减少至103 988人,同比增长-4.49%,下降幅度虽较2016年有所缓和,但是依然处于负增长态势。行业实收资本为8 270.33亿元,同比增长0.44%,略有增长,但是实收资本的数额仍然小于2015年的实收资本。贷款余额为9 799.49亿元,呈现总体增长的趋势(见表1-2-14)。

表1-2-14　2016—2017年小额贷款公司发展规模

	2016年	2017年	2017年较2016年增长数额	2017年较2016年增长幅度
机构数量(家)	8 673	8 551	-122	-1.41%
从业人员(人)	108 881	103 988	-4 893	-4.49%
实收资本(亿元)	8 233.90	8 270.33	36.43	0.44%
贷款余额(亿元)	9 272.80	9 799.49	526.69	5.68%

资料来源:中国人民银行,《2017年小额贷款公司统计数据报告》,http://www.pbc.gov.cn/diaochatongjisi/116219/116225/3470011/index.html。

(2) 区域发展结构不平衡。

小额贷款公司区域分布情况中,从贷款余额排名前十的省份来看,地区不变,只是内部顺序略有变动,基本与2016年相同。其中,重庆和广东的贷款余额增速较大,分别为48.01%和26.53%,而其余省份的贷款余额增速呈现正向增长的仅为山东和安徽,分别为2.85%和0.81%。2017年,小额贷款公司行业贷款余额项的地区间差距增大,总体来看,超50%以上的省份的贷款余额呈现明显负增长(见表1-2-15)。

表 1-2-15　2017 年小额贷款公司贷款余额前十名省份分布

	机构数量（家）	从业人员（人）	实收资本（亿元）	贷款余额（亿元）	贷款余额增速（%）
全国	8 551	103 988	8 270.3	9 799.5	5.68
重庆	266	6319	734.9	1467.4	48.01
江苏	630	5795	809.3	932.7	-2.71
广东	461	9509	653.5	855.6	26.53
浙江	326	3418	574.6	668.2	-4.59
四川	322	5729	537.5	606.2	-6.13
山东	334	4282	448.6	495.0	2.85
广西	304	3909	264.8	474.3	-5.40
安徽	439	4867	363.9	447.0	0.81
辽宁	547	5061	362.8	311.0	-1.90
湖北	283	3615	305.6	310.7	-0.32

资料来源：中国人民银行，《2017 年小额贷款公司统计数据报告》，http://www.pbc.gov.cn/diaochatongjisi/116219/116225/3470011/index.html。

7. 消费类金融公司发展迅速，行业风险凸显

（1）政策支持及多方助力推动消费金融快速合规发展。

据国家统计局统计数据显示，2017 年，我国社会消费品零售总额为 36.63 万亿元，同比增长 10.2%，高于 GDP 年均增长速度。全国居民人均可支配收入 25 974 元，扣除价格因素，实际增长 7.3%；全国居民人均消费支出 18 322 元，实际增长 5.4%。国内生产总值和全国居民收入稳步增长的一个直接结果就是消费者消费需求的增长和升级，从而推动经济规模的扩展与经济向更高层次进化。在此背景下，中国消费金融市场发展潜力巨大。

根据前瞻产业研究院发布的《2017—2022 年中国消费金融行业竞争格局与领先企业分析报告》统计，截至 2018 年 1 月，已有 25 家公司获得消费金融牌照，其中开业的有 23 家，筹建的有 2 家。在这 25 家消费金融公司中，四分之三以上为银行主导的消费金融公司，其余为产业系主导，有上市公司、零售企业等参与设立，包括马上消费金融、海尔消费金融、苏宁消费金融和华融消费金融。此外，京东白条、蚂蚁花呗等互金巨头的消费金融产品相继上线，分期乐等消费分期平台、P2P 借贷平台也投入消费金融大军。加之消费金融行业政策频频出台，国家政策对消费金融市场经历了从鼓励创新到规范发展的转变，尤其是进入 2017 年以来，国家更是接连出台政策严管。经过一系列整治,合规经营已是消费金融行业准入的基本要求。在政策和多方的助力下,消费金融行业快速发展,为消费领域及其衍生的消费金融市场开辟了广阔的发展空间(消费类金融公司领域政策历程见表1-2-16)。

表1-2-16 消费类金融公司领域政策历程

时间	政策
2009年	我国政府正式宣布启动消费金融试点工作,在北京、天津、上海和成都各设立一家消费金融公司进行试点。
2010年	北银消费金融公司、中银消费金融公司、四川锦程消费金融公司和捷信消费金融公司等首批4家试点消费金融公司获批成立。
2013年9月	中国银监会扩大消费金融试点城市至16个,新增沈阳、南京、杭州、合肥、泉州、武汉、广州、重庆、西安、青岛,原则上"一地一家"。
2013年11月	中国银监会修订并重新发布《消费金融公司试点管理办法》,允许民间资本介入,放开营业地只能是注册地的限制,主要出资人的最低持股从50%降低到30%,增加吸收股东存款业务。
2015年6月	国务院常务会议决定放开市场准入,试点扩大至全国,审批权下放至省级部门,鼓励符合条件的民间资本、国内外银行业机构和互联网企业发起设立消费金融公司,"成熟一家,批注一家"。
2016年3月	李克强总理在《政府工作报告》中指出,要在全国开展消费金融公司试点,鼓励金融机构创新消费信贷产品。
2016年3月24日	中国人民银行、中国银监会联合印发《关于加大对新消费领域金融之词的指导意见》,明确了养老家政健康消费、信息和网络消费、绿色消费、旅游休闲消费、教育文化体育消费和农村消费等六大新消费领域的金融支持措施。
2016年12月27日	中国人民银行发布公告向社会公开征求关于修改《汽车贷款管理办法》(征求意见稿)的意见,方案指出可灵活调整最低首付比例要求,不再强制担保,这或将促进汽车消费金融的发展。
2017年4月	中国银监会出台《关于银行业风险防控工作的指导意见》,明确提出要推进网络借贷平台风险专项整治,做好校园网贷、"现金贷"清理整顿,有利于消除行业发展中的不利因素,促进行业进一步健康发展。
2017年11月	中国人民银行联合中国银监会下发《关于规范整治"现金贷"业务的通知》,规范消费金融公司经营行为,要求从事"现金贷"业务的机构必须全部纳入准入管理,未依法取得经营放贷业务资质,任何组织和个人不得经营放贷业务,并在利率、场景、用途等方面提出监管要求。

资料来源:中国银监会、国务院、中国人民银行等官方网站。

（2）行业风险凸显，监管政策需持续发力。

随着我国消费市场的需求逐年增长，消费金融行业可发展空间不断增长，同时也暴露出了巨大的风险。当前消费金融的风险主要集中在宏观和微观两个方面。宏观方面主要体现在杠杆率上，消费金融的发展成为居民部门过度增加杠杆的渠道；微观方面，部分消费金融公司存在信用风险、资产充足率以及流动性方面的风险。

一是消费金融的过热趋势，导致个人消费信贷增加，意味着居民部门杠杆加大，风险增加。据中国银监会公布的数据显示，截至2017年第三季度末，中国消费金融公司行业资产总额为1 077.23亿元，贷款余额为970.29亿元，平均不良贷款率为4.11%。与2017年第三季度商业银行的不良率1.76%相比，消费金融公司的不良率数值偏高。由此可见，消费类信贷无序扩张导致的风险监管已迫在眉睫。

二是消费金融行业在贷前审核、贷后管理、上线管理、合作方管理上都存在着漏洞。2017年，根据信息公开表显示，北银消费金融有限公司的金融贷款和同业业务严重违反审慎经营规则、超经营范围开展业务、提供虚假且隐瞒重要事实的报表、开展监管叫停业务等。近些年来，消费金融领域问题频出，包括高坏账率、高额利率、高额罚金、暴力催收等，存在着较大的社会风险和金融风险隐患。因此，急需搭建一套完整的风控体系，从贷前、贷中、贷后严格把控消费金融业务开展过程中遇到的各种风险。同时监管部门对行业监管需要持续发力，逐渐将非持牌机构纳入监管体系，进一步完善征信和监管体系。

（二）保险业金融机构

1. 保险机构整体实力持续增强

根据中国保监会公布的数据，2017年全国开业保险机构较年初增加15家，其中，财产险公司4家，人身险公司7家，保险相互社2家，保险资产管理公司2家。截至2017年年底，全国共有各类已开业保险机构共217家，其中，保险集团和控股公司12家，财产险公司83家，人身险公司84家，再保险公司10家，其他保险组织3家，保险资产管理公司24家。不同业务类型、多种组织形式的市场主体日趋丰富，专业化分工与合作的现代保险市场体系初步奠定。

从保险公司资本国别属性看，中资保险公司133家，外资保险公司57家。其中，中资财产险公司60家，中资寿险公司56家，中资再保险公司5家；外资财产险公司23家、外资寿险公司28家、外资再保险公司6家（见表1-2-17）。

表 1-2-17　2017 年保险机构数量一览表

序号	项目	单位	数量 小计	数量 中资	数量 外资
1	保险公司	家	190	132	57
1.1	其中:保险集团和控股公司	家	12	12	0
1.2	财产险公司	家	83	60	23
1.3	人身险公司	家	84	56	28
1.4	再保险公司	家	11	5	6
2	相互保险社	家	3	3	0
3	保险资产管理公司	家	24	24	0

资料来源:中国保监会网站,http://xzxk.circ.gov.cn/f/circ/guide/index? pageid=resultInfo。

中国保险机构资产规模继续保持稳定增长。截至 2017 年 12 月底,保险行业总资产为 167 489.37 亿元,较年初增长 10.80%,月度资产变动情况如图 1-2-11 所示。其中,产险公司总资产为 24 996.77 亿元,较年初增长 5.28%;寿险公司总资产为 132 143.53 亿元,较年初增长 6.25%;再保险公司总资产为 3 149.87 亿元,较年初增长 14.07%;资产管理公司总资产为 491.45 亿元,较年初增长 15.28%。保险行业净资产为 18 845.05 亿元,较年初增长 9.31%。

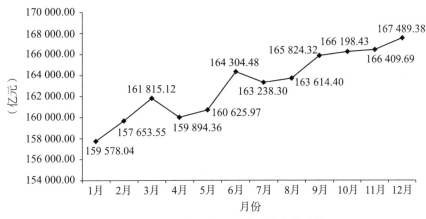

图 1-2-11　2017 年保险业月度总资产变动情况

资料来源:中国保监会,2017 年保险业经营情况表,http://www.circ.gov.cn/web/site0/tab5201/info4101485.htm。

保险公司方面,2017 年,保险公司普遍将优化公司治理结构和风险内控机制作为企业经营的重中之重,各保险公司风险防范意识不断增强,风险管理机制更加健全,对风险管理工作的资源投入进一步加大,在提高运营效率、优化组织管理体系等方面取得了长足进步。2017年年末,保险公司综合偿付能力充足率和核心偿付能力充足率分别为251%、240%,高于100%和50%的监管标准。在保费收入、资产规模保持稳健发展的同时,保险公司净利润也大幅增长。2017年,保险公司利润总额为2 567.19亿元,同比增长29.72%。利润总额创下近五年来第二高峰,仅次于2015年。具体来看,人身险公司贡献净利润为1 390.77亿元,财产险公司为639.57亿元。从利润构成看,投资收益成为净利润的主要来源。

保险资产管理公司也正在成为我国资本市场主要的机构投资者,在大类资产配置、绝对收益投资方面发挥自身的能力优势。2017年,保险资产管理公司注册债权投资计划和股权投资计划共216项,合计注册规模为5 075.47亿元,对我国经济的转型发展发挥着重要作用。其中,基础设施债权投资计划为81项,注册规模为2 466.45亿元;不动产债权投资计划为123项,注册规模为2 113.52亿元;股权投资计划为12项,注册规模为495.50亿元。

2. 保险机构改革创新不断推进

一是保险机构组织形式不断丰富。2017年,相互保险、互联网保险、自保等领域试点巩固扩大,保险供给主体日趋多元化。相互保险方面,众惠财产相互保险社、信美人寿相互保险社和汇友建工财产相互保险社相继开业,标志着相互保险这一国际传统、主流的保险组织形式在我国开启新一轮实践探索,国内保险生态圈迎来扩容。互联网保险方面,2017年9月28日,国内首家互联网保险公司众安在线财产保险股份有限公司正式于香港联交所主板上市,成功达成了我国大型金融科技第一股的目标,其发行所得资本对于加强公司的资本基础、支持公司业务增长意义重大。这也意味着专业互联网保险公司的发展步入新阶段。专业自保方面,2017年中远海运财产保险自保有限公司、粤电自保公司相继开业,保险自保领域的从业机构再次扩容。自保公司为企业的风险自留战略提供了灵活性,并逐渐成为风险管理者工具箱中的核心工具,在应对传统财产责任风险及员工和客户风险方面发挥着传统商业保险公司难以发挥的作用。

二是保险机构专业化发展不断推进。2017年,一批专注细分客户群、有着差异化特色的保险公司相继涌现,这不仅符合自身的资源禀赋,也弥补了某些关系国计民生的保险服务领域的短板。如在服务于实体经济方面,久隆保险基于细分垂直市场需求,将自己定位为"中国第一家基于物联网的保险公司",并依托物联网和大数据,为客户量身定制智能化保险解决方案,量身管风险。在健康管理方面,招商信诺成立健康管理子公司,提供从健康促进、疾病预防到就医协助、慢病管理等集预防、治疗、康复于一体的整体医疗解决方案。在社区服务方面,华泰保险发展了面向社区家庭的 EA 门店模式,以门店的形式植根社区,基于人际信赖关系向消费者提供更专业、更有针对性的定制服务。

三是保险机构对外开放力度不断加大。一方面,截至 2017 年年底,共有来自 16 个国家和地区的境外保险公司在我国设立了 57 家外资保险公司,下设各级分支机构 1 800 多家,世界 500 强中的外国保险公司均进入了中国市场①,完善了我国保险市场的主体结构,形成了中外资保险公司优势互补、公平竞争、和谐发展的局面。外资保险公司的进入,带来了先进的理念、技术、产品,推动了行业改革发展;在合规和风险防控方面,外资保险公司坚守依法合规经营理念,积极防控风险,推动了市场规范化发展,起到了很好的示范作用。另一方面,服务于经济发展和"一带一路"建设,境内保险机构也积极进行海外网点布局,不断拓展服务领域。中国出口信用保险公司已承保"一带一路"沿线国家和地区出口投资 4 231 亿美元,支付赔款超过 16 亿美元,承保了包括巴基斯坦大沃风电、中亚天然气管线、土耳其安卡拉至伊斯坦布尔高速公路等重要项目 1 062 个,中国人民财产保险公司、中国出口信用保险公司和中国再保险公司为代表的保险机构则为海外基础设施、能源、装备、产能转移及出口信用提供广泛的保险和再保险支持。

3. 保险专业中介机构发展提速

一是保险专业中介机构的价值得到市场肯定。对保险行业的严格监管提升了保险公司的准入门槛,更多的"后来者"将目光投向了保险中介牌照。2017 年,共有 32 家保险中介机构获批,其中,保险经纪公司 20 家,保险代理公司 11 家,保险公估公司 1 家。截至 2017 年年末,全国共有保险专业中介机构约 2 647 家,其中,保险专业代理机构 1 700 多家(全国性保险专业代理 200 多家,区域性保险专业代理 1 500 多家),保险经纪机构 490 多家,保险公估机构 340 多家②。竞相申请保险中介机构牌照,意图进入保险中介机构的股东构成也趋于多元化,其中既有如安心财险、恒邦财险、国寿财险、中信证券、国泰君安证券、海通证券等保险及金融机构,也有如中车集团、北汽集团等国有重点企业,还有百度、阿里巴巴、腾讯等科技企业。

二是保险专业中介机构业务规模逐步扩大。2017 年,保险专业中介渠道实现保费收入 3 300 多亿元,同比增长近 50%,远高于保险中介行业整体 20% 左右的保费增速;保费贡献度虽然依然很低,只有 9%,但在快速加大,相较 2016 年提升了 2 个百分点。保险专业代理、经纪公司的业务规模虽然有一定程度的增长,但盈利能

---

① 《外资保险迎扩容:安永称商机巨大》,中国金融网,http://www.financeun.com/News/2018416/2013cfn/14271322000.shtml。

② 《保险中介快速发展转型》,中保网,http://xw.sinoins.com/2018-01/24/content_253392.htm。

力偏弱,盈利状况不容乐观。2017年,共有1 100余家保险专业代理、经纪公司未实现盈利,占保险专业代理、经纪公司总数的一半左右。盈利机构中,净利润低于10万元的有近400家。

三是保险专业中介机构积极创造条件上市融资。挂牌新三板成为公众公司的保险中介公司数量继续增多。2017年以来,共有11家保险中介公司挂牌,分别为华谊保险、世纪保险、诚安达、安泰保险、汇中保险、德晟保险、创悦股份、一正保险、中联保险、东吴保险和润生保险。这意味着,从2014年年末到2017年年末,已有29家保险中介公司陆续挂牌新三板成为公众公司。其中,保险代理销售公司、保险经纪公司、保险公估公司分别为19家、6家、4家。挂牌新三板有利于保险专业中介机构拓宽融资渠道,优化资本结构;有利于整合内外部资源,扩大横纵向发展空间,培育新的竞争优势;有利于进一步完善法人治理结构,提升综合竞争力;有利于完善激励机制,稳定和吸引优秀人才;有利于"培育一批具有专业特色和国际竞争力的龙头型中介机构"。

四是保险专业中介机构服务不断转型升级。传统的保险中介机构,仅是保险公司与客户之间的纽带,信息的不对等制约着其自身的发展与生存。在竞争压力增加、科技高速发展的背景下,保险中介机构不断扩大服务领域,发展多元业务,提升线上线下业务能力,实现从传统保险中介机构到专业型保险中介机构的真正转变。服务领域方面,保险中介机构不仅包括销售环节的代理、经纪机构,还包括售后环节的公估机构。随着互联网销售平台的兴起,越来越多的保险中介开启了与保险公司联合推出定制化保险产品的形式,从幕后逐渐走向台前。科技创新和运用方面,保险中介机构相继开发为保险营销员服务的网络平台、智能保险软件等,通过拥有大量流量和用户数据,截留保险需求,通过模型训练替代保险公司的精算,自己开发产品、自己提供服务。

(三)证券业金融机构

2017年,证券公司整体盈利水平继续回落,但是相较于2016年,下降幅度较小,且在中国证监会进一步明确的严监管下,证券公司行政处罚工作成效显著,监管体系逐步完善;在十九大明确提出的新时代背景下,证券公司积极响应国家政策,进一步回归服务实体经济的本源定位。

1. 证券公司盈利水平继续回落,监管体系更加完善

(1)证券公司经营业绩有待提升,收入水平和结构受股市波动影响大。

受宏观经济的波动、股票市场交易金额及佣金率共同下降等因素的影响,2017年各证券公司营业收入和利润规模下降。2017年证券公司未经审计财务报表显示,131家证券公司全年实现营业收入3 113.28亿元,同比下降5.08%,下降幅度较

小(见表1-2-18)。

表1-2-18 2014—2017年证券公司营业收入及同期对比

	2014年	2015年	2016年	2017年
总资产(亿元)	40 900	64 200	57 900	61 400
净资产(亿元)	9 205.19	14 500	16 400	18 500
净资本(亿元)	6 791.60	12 500	14 700	15 800
受托管理资金(亿元)	79 700	118 800	178 200	172 600
营业收入(亿元)	2 602.84	5 751.55	3 279.94	3 113.28
净利润(亿元)	965.54	2 447.63	1 234.45	1 129.95
盈利公司数(个)	119	124	124	120
盈利公司数占当年证券公司总数比(%)	99.17	99.20	96.12	91.60

资料来源:中国证券业协会,《证券公司经营数据(2014-2017)》。

在业务结构方面,代理买卖证券业务净收入(含席位租赁)为820.92亿元,同比下降22.04%;证券承销与保荐业务净收入为384.24亿元,同比下降26.11%;财务顾问业务净收入为125.37亿元,同比下降23.63%;投资咨询业务净收入为33.96亿元,同比下降32.81%;资产管理业务净收入为310.21亿元,同比增长4.46%;证券投资收益(含公允价值变动)为860.98亿元,同比增长51.46%;利息收入为348.09亿元,同比下降8.83%[①]。其中,代理买卖证券业务收入与投资银行业务收入(包含证券承销与保荐业务收入、财务顾问业务收入和投资咨询业务收入,下同)均下降明显;自营投资业务收入实现较大幅度的增长,资产管理业务收入小幅增长,而融资融券业务收入小幅下跌。

(2)证券公司累计交易额排名出现调整。

2017年,从证券公司累计交易额整体来看,排名前十的证券公司与2016年相比变化不大。唯一变化较大的是世纪证券,交易额从2016年的422 829.472亿元,位列第四,到2017年的126 875.922亿元,市场份额仅为1.653%,掉出券商累计交易额前十榜单。中信证券公司以累计交易额为547 756.367亿元,位居榜首,从2016年的第二跃居第一位,成为市场份额唯一超过7%的券商;排名第二的是2016年位居榜首的国泰君安,2017年累计交易额为499 488.881亿元,市场份额为6.507%,相比2016年稍显下滑;另外,平安证券累计交易额继续稳步上升,2017年为247 594.000亿元,市场份额为3.226%,排名第十;与此同时,广发证券和中国

---

① 中国证券业协会,http://www.sac.net.cn/hysj/zqgsjysj/201802/t20180205_134441.html。

银河证券排名未变,分别以5.711%和3.324%的市场份额,位居第三和第九;申万宏源、华泰证券、招商证券和中信建投排名相比2016年均上升两位,分别排名第四、第五、第六和第八,而海通证券稍显逊色,市场份额为4.183%,排名第七,相比2016年下降了两名(见表1-2-19)。

表1-2-19 2017年度累计交易额排名前十的券商

排位	证券公司	交易额(亿元)	市场份额(%)
1	中信证券	547 756.367	7.136
2	国泰君安	499 488.881	6.507
3	广发证券	438 379.478	5.711
4	申万宏源	419 778.957	5.469
5	华泰证券	361 725.329	4.713
6	招商证券	329 186.253	4.289
7	海通证券	321 101.884	4.183
8	中信建投	285 090.741	3.714
9	中国银河	255 115.971	3.324
10	平安证券	247 594.000	3.226

资料来源:Wind资讯。

(3)中国证监会监管进一步趋严,市场运行更加稳健。

2017年,中国证监会坚持稳中求进的工作总基调,抓重点、补短板、强弱项,在资本市场各项工作改革中迈出坚实的步伐。服务实体经济的直接融资功能进一步增强,"IPO堰塞湖"现象有效缓解,多层次市场体系进一步完善,新三板分层和交易制度改革取得重要突破,股票发行、减持、退市等基础制度进一步夯实,市场双向开放水平进一步提高,A股纳入明晟(MSCI)新兴市场指数,依法全面从严监管的态势进一步巩固,市场生态呈现积极变化,市场运行进一步稳健,保护投资者合法权益的能力和水平进一步提升,资本市场的新闻舆论水平和市场沟通能力进一步增强。

其中,2017年全年做出行政处罚决定224件,罚没款金额74.79亿元,同比增长74.74%,市场禁入44人,同比增长18.91%[①]。行政处罚决定数量、罚没款金额、市场禁入人数再创历史新高,有力地维护了市场"三公"原则,有效保护了投资者的合法权益,为资本市场的健康稳定运行提供了强有力保障。

---

① 中国证券业协会,http://www.sac.net.cn/hyfw/hydt/201801/t20180102_134070.html。

（4）新时代下证券公司探索多种形式支持实体经济的发展。

近年来,围绕实体经济的需求,资本市场的融资方式逐渐多样化,证券行业在其中扮演了重要角色。在新时代背景下,金融行业将进一步明确回归服务实体经济的本源定位,其中证券公司作为资本市场的核心参与主体,在服务实体经济、资源配置等方面将大有作为。

在传统投行业务方面,券商通过支持企业并购,推动了企业做大做强和产业结构调整,以华泰证券旗下投行专业子公司华泰联合为例,该公司近年来陆续参与了顺丰控股重组上市、首旅酒店海外收购(如家酒店集团、长江电力千亿资产重组等重要资本运作),助力企业借并购重组渠道做大做强。在服务中小微企业方面,新三板成为不少券商的发力方向。截至2017年11月末,新三板挂牌公司达11 645家,其中,5 426家公司完成8 279次股票发行,融资总额为3 888.22亿元①。不仅如此,在企业挂牌后,券商还协助企业通过定向增发、授信等方式增强其融资能力,并积极跟进其他挂牌公司的融资和做市需求。

在ABS等创新型金融衍生品领域,券商积极拓展基础资产来源,将融资功能与实体经济需求紧密结合,例如,广发证券全资子公司广发资管目前已发行了主要包括贸易金融ABS、增量模式ABS、租租模式ABS、委贷类资产ABS、央企应收账款类ABS、公路收费权益权类ABS等特色产品。此外,该公司还为部分大型央企及科技租赁公司等数十家企业提供ABS融资服务,拓宽其融资渠道。与此同时,各家券商积极拓展ABS业务基础资产来源。其中,华泰证券资管公司积极推动保障房、限价房的资产证券化,完成江苏省内多个保障房、限价房资产证券化项目,并推出了全国首单央企绿色ABS、首单固体废弃物处理行业环保ABS等。

在债券领域,证券公司积极响应绿色金融支持政策,主动承销绿色债券,同时也积极参与新公司债、交易所下地方债创新发行,支持小微企业融资及地方经济发展。2017年全年,有22家证券公司作为绿色债券主承销商或绿色资产证券化产品管理人(沪深交易所市场)共承销发行22只产品,合计金额为302.09亿元,其中发行资产证券化产品5只合计金额为67.94亿元。10家公司承销发行18只创新创业公司债,合计金额为40.23亿元。38家公司参与地方政府债券合计中标391.46亿元,合计中标地区达21个。

2. 基金管理公司发展态势良好,盈利能力较强

（1）基金公司数量和管理规模稳步增长。

一是基金管理公司数量和公募基金规模保持稳步增长。截至2017年12月底,我国境内共有基金管理公司113家,相比2016年增加了5家。其中中外合资公司45

---

① 中国证券业协会,http://www.sac.net.cn/hyfw/hydt/201712/t20171225_133999.html.

家,内资公司 68 家;取得公募基金管理资格的证券公司或证券公司资管子公司共 12 家,保险资管公司 2 家。基金公司管理的公募基金资产合计为 11.60 万亿元,相比 2016 年年底的 9.16 万亿元同比增长 26.64%。截至 2017 年年底,公募基金数量达 4 841 只,新发公募基金 574 只,同比增加 25.19%;累计基金份额为 110 190.09 亿份,同比增加了 24.61%;累计基金净值为 115 996.86 亿元,同比增加 26.64%①(见表 1-2-20)。

表 1-2-20 2017 年公募基金市场数据

类别	基金数量(只)	份额(亿份)	净值(亿元)
封闭式基金	480	5 863.27	6 097.99
开放式基金	4 361	104 326.82	109 898.87
股票基金	791	5 847.66	7 602.40
混合基金	2 096	16 315.05	19 378.46
货币基金	348	67 253.81	67 357.02
债券基金	989	14 091.62	14 647.40
QDII 基金	137	818.68	913.59
合计	4 841	110 190.09	115 996.86

从各类具体基金来看,2017 年,合格境内机构投资者(QDII)基金和混合基金均面临缩水,2017 年年底这两类基金总规模分别为 913.59 亿元和 19 378.46 亿元,同比分别减少 110.37 亿元和 711.83 亿元,降幅达到 10.78% 和 3.54%。但除了这两类基金,其他类型基金规模均上升。其中,货币基金涨势迅猛,总规模达 67 357.02 亿元,占公募基金总规模的 58.07%,同比上涨 57.23%,尤其是 2017 年的前 11 个月,货币基金可谓公募基金规模激增的"助推器",但 12 月货币基金规模连涨的势头终止,因为监管层倡导货币基金回归本源,基金公司一改过去年底利用货币基金冲规模的"惯例";股票型基金规模 2017 年年底总规模为 7 602.40 亿元,同比增长了 7.70%。此外,债券基金总规模也小幅攀升,2017 年年底基金净值达 14 647.40 亿元,相比 2016 年增长了 2.87%。

二是私募管理人数量和私募基金数量实现较大规模增长。截至 2017 年 12 月底,中国证券投资基金业协会已登记私募管理人 22 446 家,同比增加 28.76%。私募基金从业人员 23.83 万人,同比下降 12.39%,新规的进一步严要求,使得从业人员门槛提升,从业人员数量进一步下滑。截至 2017 年年末,已备案登记私募基金

---

① 中国证券投资基金业协会,http://www.amac.org.cn/tjsj/xysj/jjgssj/392746.shtml。

66 418 只,同比增长 42.82%,管理基金规模 11.10 万亿元,较 2016 年增长了 40.68%。按正在运行的私募基金产品实缴规模划分,管理规模为 20 亿—50 亿元的私募基金管理人有 599 家,同比增长 36.45%,管理规模 50 亿—100 亿元的有 238 家,同比增加 51.59%,管理规模大于 100 亿元的有 187 家,同比增加 40.60%。截止到 2017 年 12 月底,已登记的机构类型为私募证券投资基金的私募基金管理人有 8 467 家,管理正在运作的基金有 32 216 只,管理基金规模为 2.29 万亿元,较上月变动不大;私募股权、创业投资基金管理人有 13 200 家,管理正在运作的基金有 28 465 只,管理基金规模为 7.09 万亿元,涨幅平稳;其他私募投资基金管理人有 779 家,管理正在运作的基金有 5 737 只,管理基金规模为 1.72 万亿元(如图 1-2-12 所示)。

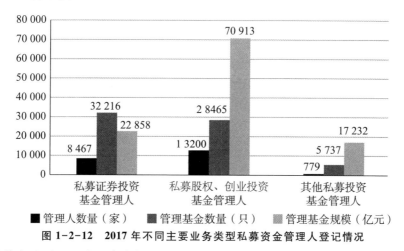

图 1-2-12 2017 年不同主要业务类型私募资金管理人登记情况

资料来源:中国证券投资基金业协会,http://www.amac.org.cn/tjsj/xysj/smdjbaqk/392717.shtml。

(2)基金公司剔除货币基金后,排名"大变脸"。

根据东方财富 Choice 数据统计,2017 年度公募基金行业总规模增长超过 2.4 万亿元,达到约 116 384.39 亿元,接连突破 10 万亿元和 11 万亿元大关。与 2016 年相比,2017 年货币基金监管趋严,监管部门首次要求剔除货币基金、严禁在违规宣传货币基金收益率的情况下发布榜单。其中,剔除货币基金后,2016 年和 2017 年年末行业合计数据差距微小,最新规模为 48 590.73 亿元,同比增长 0.45%,增速下降。但从具体的公募基金公司规模(非货币)排名来看,则发生了翻天覆地的变化。2017 年全年,易方达基金以 2 852.98 亿元的非货币基金规模位居榜首;华夏基金非货币基金规模 2 434.83 亿元排名第二;嘉实基金非货币基金规模为 2 350.09 亿元位列第三;中银基金、博时基金、南方基金的非货币基金规模均超过 2 000 亿元,排名四至六位。另外,汇添富基金、广发基金、招商基金、建信基金、工银瑞信基金、富国基金、华安基金、农银汇理基金的非货币基金规模都超过1 000亿元。前十名中,较2016年排名提升相对明显的有中银基金、汇添富基金和广发基金,排名均上升5个位次。而昔日规模冠军天弘基金在剔除货基后,年末规模仅剩243.55亿元,远落后于前十位(见表1-2-21)。

表1-2-21 2016—2017年度基金公司规模(非货币基金)排名

排名	基金公司	2017规模 (亿元)	2016规模 (亿元)	排名变化 (较上年)
1	易方达基金	2 852.98	2 539.30	↑1
2	华夏基金	2 434.83	2 226.36	↑3
3	嘉实基金	2 350.09	2 354.64	↑1
4	中银基金	2 321.36	1 727.44	↑5
5	博时基金	2 232.24	2 492.65	↓2
6	南方基金	2 023.26	2 117.67	0
7	汇添富基金	1 883.36	1 547.97	↑5
8	广发基金	1 860.16	1 544.45	↑5
9	招商基金	1 827.21	1 983.44	↓2
10	建信基金	1 433.20	1 980.08	↓2

资料来源:东方财富 Choice 数据,http://fund.eastmoney.com/news/1594,20180103818285985.html。

(3)基金公司转变关注点,重视私募股权基金功能。

一是弱化公募基金排名关注,重视长期投资、价值投资。近年来,公募基金发展较快,截止到2017年12月31日,规模已达11.6万亿元,但货币市场基金占比较大,存在结构不平衡的问题。2017年以来,货币市场基金规模持续增加,对基金管理公司的规模及排名产生影响,市场及股东方关注短期排名的导向令基金管理公司较为重视货币市场基金的规模,进一步加快了其规模增长。但基金公司过分关注的管理规模排名,并不是评价投资管理能力的关键评价指标。为深入贯彻十九大精神,引导公募基金在多层次资本市场体系中更为全面、主动地发挥机构投资者功能,牢牢把握金融服务实体经济的主线,基金公司应该进一步弱化对公司管理规模的关注,转而建立更为科学、全面、合理的基金管理公司评价指标体系,突出长期投资、价值投资对于财富增长的重要作用。

二是发挥私募股权基金功能,推动资本形成,服务创新发展。截至2017年11月底,协会已登记私募股权、创业投资基金管理人12 764家,已备案且存续运作的私募股权投资基金(含FOF基金)21 036只,管理规模为5.8万亿元,创业投资基金

(含FOF基金)4 126只,管理规模为5 500亿元,在投项目51 125个、在投金额达3.63万亿元,相当于全社会融资规模存量的2.1%。其中,投向中小企业的项目数量达34 538个,占比67.6%;投向高新技术企业的项目数量达17 250个,占比33.7%,初步显露出优质股权资本对推动创新发展的重要价值①。对此,整个行业及市场应勠力同心,协调推进制度建设,为私募股权基金服务创新发展创造更好的条件。一是应当鼓励私募股权基金参与新三板做市,激发市场价值投资活力;二是发展私募流动性基金,满足市场份额交易需求;三是积极推动第三支柱个人账户养老金制度落地,通过税收激励为优质股权资本形成提供长期资金来源,从而充分发挥私募股权投资基金在长期资本形成中的重要作用,切实服务于实体经济的创新发展。

3. 信托机构行业稳中求进,多渠道、多领域求转型

(1)信托业管理规模稳定增长。

截至2017年年末,全国68家信托公司管理的信托资产规模突破26万亿元,达26.25万亿元(平均每家信托公司3 859.60亿元),同比增长29.81%,较2016年年末的24.01%上升了5.8个百分点;环比增长7.54%,较2017年第三季度的5.47%上升了2.07个百分点。信托资产同比增速自2016年第二季度触及历史低点后开始回升(如图1-2-13所示)。

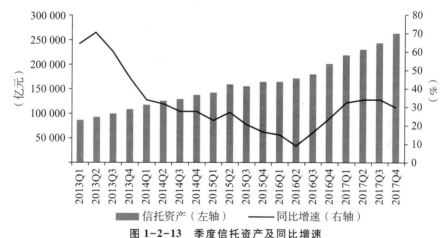

图1-2-13 季度信托资产及同比增速

资料来源:中国信托业协会,《2017年度中国信托业发展评析》。

从信托资金的来源看,单一类资金信托占比整体呈下降趋势,而集合类资金信托和管理财产类信托占比上行趋势愈加明显。截至2017年年末,单一类信托占比由2016年年末的50.07%降至45.73%,下降幅度为4.34个百分点;集合类信托占比由

---

① 中国证券投资基金业协会,http://www.amac.org.cn/xhdt/zxdt/392668.shtml。

36.28%增至37.74%,上升幅度为1.46个百分点;管理财产类信托占比由13.65%增至16.53%,上升幅度为2.88个百分点。信托资金来源持续向多样化和均衡化发展。

(2)信托公司经营业绩小幅提升,业务结构不断优化。

整体来看,截至2017年年末,信托行业经营业绩进一步提升。从同比指标来看,信托全行业实现经营收入1 190.69亿元,相较2016年年末的1 116.24亿元,同比增加6.67%。2017年年末信托全行业实现利润总额824.11亿元,较2016年年末同比上升6.78%。

从经营收入的构成来看,信托业务收入仍是经营收入增长的主要驱动力。截至2017年年末,信托业务收入为805.16亿元,占比为67.62%,同比增长7.41%;投资收益为284.93亿元,占比为23.93%,同比增长5.24%,;利息收入为62.38亿元,占比仅为5.24%,同比下降0.60%。西南财经大学信托与理财研究所分析认为,信托业务是信托公司的主业,随着整个金融行业回归本源和信托行业转型升级的推进,信托业务收入占比仍有继续提升的空间。

从防控风险的能力来看,信托公司抵御风险能力增强。2017年年末,信托全行业所有者权益规模为5 250.67亿元,同比增长16.63%,实收资本占所有者权益的比例为46.05%,这一变化在一定程度上反映了信托公司主动防控风险的意图和成效。从未分配利润和信托赔偿准备来看,2017年年末,未分配利润由2016年年末的1 330.50亿元上升至1 550.09亿元,同比增长16.50%;信托赔偿准备上升至221.12亿元,同比增长18.23%,未分配利润和信托赔偿准备的增加直接提升了信托公司抵御风险的能力。

(3)信托公司主动多渠道、多领域布局转型发展。

在行业营收和利润已告别高速增长、迈入个位数的时代背景下,行业成长面临较大压力。信托公司主动多渠道、多领域布局转型发展。

一方面,通过并购的方式拓展业务以求打开业务增长空间。这其中积极布局银行牌照最具代表性,例如,湖南信托出资32.53亿元成为华融湘江银行股份持股比例20%的第二大股东,爱建信托拟斥资15.24亿元认购曲靖市商业银行成为其增资后的并列第一大股东。信托公司大比例控参股商业银行具有两方面的战略意图:一是获得较高的财务性投资收益。在经济新常态下,银行业ROE稳定在15%以上的收益水平,高于信托业平均12%左右的回报水平,商业银行还具有较高的分红率。二是通过战略投资商业银行获得业务发展战略合作机会,商业银行一般具有网点渠道、客户和资金优势,能够带来更多、更具价值的战略合作资源,从而为信托业务转型提供更多支持。

另一方面,追求内涵式创新发展道路,追求差异化定位,满足社会经济发展过程中越来越多的多元化和个性化需求。信托公司努力建设和完善多元化业务平台,推进跨领域财富管理和资产管理,积极探索布局医疗养老、大消费、先进制造业、节能环保、现代农业、"互联网+"等新兴领域。创新能力突出的信托公司,不但能够有效地把握新经济发展带来的新业务机遇,而且其主导的互联网信托、保险金信托、养老信托、"家族办公室"信托综合服务、消费信托、新三板集合信托、员工持股信托等创新性产品和服务也层出不穷。

4. 期货公司转型关键年,风险管理公司场外业务爆发式增长

(1) 期货公司分类评级结构发生变动。

2017年8月10日,中国期货业协会公布了2017年的期货公司评级结果(见表1-2-22)。其中,评级为AA的有22家,评级为A的有15家,2017年评级A类以上的达到37家。与2016年相比,A类以上评级的期货公司共增加7家;B类评级以上的期货公司共100家,与2016年相比减少了2家;C类以上评级的期货公司共8家;D类评级的共4家。

表1-2-22 2016—2017年期货公司评级情况对比　　　　　　　　　　单位:家

年份	AA	A	BBB	BB	B	CCC	CC	C	D	E
2016	10	20	53	25	24	13	1	0	2	0
2017	22	15	42	33	25	7	1	0	4	0

资料来源:中国期货业协会,http://www.cfachina.org/ggxw/XHGG/201708/t20170810_2298234.html。

(2) 期货市场成交量和成交额呈现双降。

2017年,我国期货市场整体呈下行态势。全国期货市场累计成交量为30.76亿手,累计成交额为187.9万亿元,同比分别下降25.66%和3.95%。其中,商品期货成交30.51亿手,占总成交量的99.2%;金融期货累计成交0.25亿手,累计成交额为24.59万亿元,同比分别增长34.14%和34.98%,分别占全国市场的0.80%和13.09%[①]。商品期货成交量和成交额双降,金融期货成交量和成交额相比2016年有了显著回升。总体来看,2017年全国期货市场成交规模承接2016年的下行趋势,出现交易额连续两年的萎缩。造成2017年期货市场成交量和成交额双降的原因,主要可以从国内外两个角度分析。从国内方面来看,一方面,股指期货仍处于冰封状态。虽然2017年股指期货迎来了"二度松绑",在开仓数量、交易保证金占比及平仓交易手续费上有了明显放宽,但是相比前些年股指期货占据期货市场的半壁江山的情况,2017年股指期货累计成交总量仅占全国份额的0.32%,成交额占

① 中国期货业协会,http://www.cfachina.org/ggxw/MTKQS/201801/t20180108_2427123.html。

全国份额的5.59%,显然不可同日而语。另一方面,商品期货需求不旺,尤其是黑色系需求的减少直接导致其成交量大幅下降。从国际方面来看,国外宏观和货币环境的不确定性上升等是重要的影响因素。美联储加息、缩表、减税促使美元及美国制造企业回流,美国会利用其回流的大量资本在全球范围内争夺制造业,大量的美国海外企业可能会考虑回迁美国国内,这无疑对我国的制造业造成巨大影响,对机电产品出口和房地产投资不利,继而对钢材需求产生负面影响。

(3) 风险管理公司场外业务成期货公司转型突破口。

2017年是我国期货业的"转型年",期货经营机构业务转型成大势所趋。截至2017年10月底,期货公司正式运作的资管产品数量已由2016年年底的3 644只减少至2 938只,产品规模从2016年年底的2 791.71亿元减少到2 408.57亿元,出现一定程度的缩减。资管业务正向主动管理能力方面转型,而67家风险管理公司的营业收入和净利润合计增长111%和478%,风险管理公司成为期货行业创新发展的新突破口。2016年以来,期货公司通过设立风险管理公司开展场外衍生品业务,取得了快速发展。截至2017年10月底,场外商品期权新增名义本金为2 028亿元,同比增长16倍。场外业务成为期货行业发展新蓝海。

(四) 新金融业态

新金融业态在我国起步较晚,但发展较快,2017年在国家及各级政府的管理指导下,步入更加规范的发展轨道。互联网金融行业不断整顿自身,朝着合规化方向迈进;金融小镇积极顺应政策稳步发展;影子银行在强监管下,增长速度有所放缓;绿色金融市场规模快速增长,基础设施日益完善;供应链金融依托政策支持,不断创新发展。

1. 互联网金融监管趋严,发展越来越规范

(1) 互联网支付规模持续增长,监管体系不断完善。

一方面,互联网支付用户群体扩大,规模持续增长。在中国网民(尤其是手机网民)数量持续增加及科学技术推动支付方式革新的背景下,互联网支付用户群体也随之扩大,互联网支付规模持续增长。根据《统计报告》显示,截止到2017年12月底,我国使用互联网支付的用户规模达到5.311亿人,较2016年12月底增加5 660万人,年增长率为11.9%,使用率达到68.8%。其中手机支付用户规模增长迅速,达到5.2703亿人,年增长率为12.3%,使用率达到70%(见图1-2-14)。另外,从交易规模上看,根据国金证券发布的研报《互联网金融行业:第三方移动支付》显示,2017年移动支付规模达到117万亿元,年增长率达到98.3%,PC支付规模为29万亿元,年增长率为45%,远远低于前者(见图1-2-15)。从市场份额来看,截止到2017年第三季度,支付宝和微信支付占据了市场94%的份额,其中支付宝的市场份额为54%,微信

支付的市场份额为40%,二者在一起占据了绝大部分市场(见图1-2-16)。

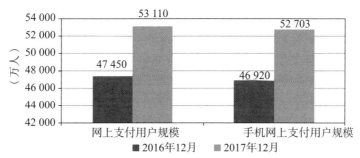

图1-2-14 2016年及2017年网上支付和手机网上支付用户规模

资料来源:第41次中国互联网络发展统计调查。

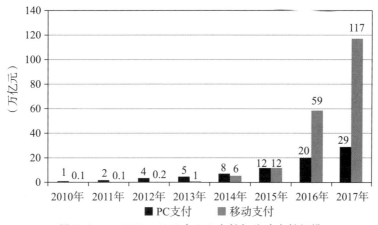

图1-2-15 2010—2017年PC支付与移动支付规模

资料来源:艾瑞咨询,国金证券研究所。

另一方面,互联网支付行业监管体系不断完善,行业运行逐渐规范。2017年整个支付行业监管升级,央行及相关部门大力整顿支付行业,出台相关政策以规范支付行业运行,并降低行业风险。根据零壹财经统计,2017年央行共注销19家运行不规范的支付机构的支付业务许可证,占总注销数的80.17%(截至2017年年底,央行共注销24张支付业务许可证);共有69家支付机构遭央行处罚,累计处罚98次,罚款总额达到2 667万元。同时,央行对于支付机构备付金存管要求、无证经营整治及支付业务创新等均出台相应文件进行明确的要求。此外,2017年央行还积极推动了包括中国人民银行清算中心、支付宝、财付通、银联商务、汇元银通、联动优势等在内的45家机构和公司在内的网联平台(非银行支付机构网络支付清算平台)的成立,这使得其对于支付业务的监管更加便捷,各类违规欺诈风险大幅降低。

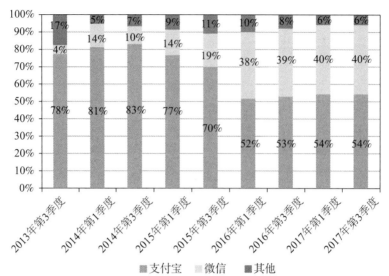

图 1-2-16 支付宝、微信支付的市场份额

资料来源:艾瑞咨询,国金证券研究所。

(2)网络借贷行业监管加强,在规范中缓慢发展。

一是网络借贷(下简称"网贷")行业监管加强,各类重磅监管文件出台。中国银监会在 2017 年 2 月和 8 月分别发布的《网络借贷资金存款业务指导》和《网络借贷信息中介机构业务活动信息披露指引》,意味着网贷行业银行存管、备案、信息披露三大主要合规政策的落地,并与 2016 年 8 月发布的《网络借贷信息中介机构业务活动管理暂行办法》共同组成网贷行业"1+3"制度体系,初步形成了较为完善的制度政策体系,进一步明确了网贷行业规则。

二是网贷行业正常运营平台数量继续减少,但成交量持续增长。首先,网贷正常运营平台数量单边下行。根据网贷之家发布的《2017 年中国网络借贷行业年报》(以下简称《网贷年报》)显示,截止到 2017 年年底,国内网贷行业有 1 931 家平台正常运营,相比 2016 年年底的 2 448 家减少了 517 家[1]。由于网贷行业监管逐步加强,平台改进尚未完成,因此预测 2018 年正常运营平台数量将持续单边下行。其次,网贷行业成交量持续增加。根据《网贷年报》,2017 年全年网贷行业成交量达到 28 048.49 亿元,相比于 2016 年全年网贷成交量 20 638.72 亿元,增长了 35.9%[2]。另外,2017 年网贷累计成交量突破 6 亿元大关,单月成交量均在 2 000 亿元以上,这些数据表明投资人对网贷行业并未失去信心。

---

[1] 网贷之家:《2017 年中国网络借贷行业年报》。
[2] 同[1]。

三是网贷行业贷款余额同步上升。随着 2017 年网贷行业全年成交额的稳步上涨,网贷行业借款余额也同步上升。根据《网贷年报》,截止到 2017 年年底,网贷行业总体贷款余额达到 12 245.87 亿元,同比上升 50%①。网贷行业贷款余额的持续上升,主要是由于网贷行业集中度高,大平台一般借款期限比较长,业务扩张速度快,因此带动行业贷款余额上了一个新台阶。

四是网贷行业综合收益率持续下降。2017 年网贷行业总体收益率为 9.45%,相比于 2016 年网贷行业总体收益率 10.45% 下降了 100 个基点。2017 年综合收益率延续 2016 年整体下行的趋势,但下降趋势有所减缓(见图 1-2-17)。网贷行业的总体收益率之所以持续下降,一方面因为网贷行业集中度高、体量大的大平台收益率低;另一方面,市场化程度越来越高,加之监管变强,资产端借款利率也逐步下行,所以网贷行业总体收益率下降。

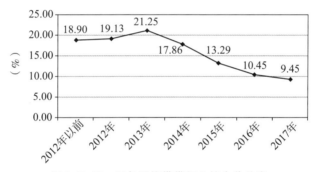

图 1-2-17 历年网络借贷行业综合收益率

资料来源:网贷之家,《2017 年中国网络借贷行业年报》。

(3) 众筹行业监管趋严,整体发展减速。

2017 年,互联网金融监管趋严,众筹行业发展受到很大的影响,非良性发展的众筹平台逐步退出市场,行业发展进入规范期。

一是正常运行的互联网众筹平台锐减,成功筹资额小幅度下降。首先,互联网众筹平台锐减,根据盈灿咨询发布的《2017 年众筹行业年报》(以下简称《众筹年报》)显示,据不完全统计,截止到 2017 年 12 月底,全国正常运营的众筹平台共有 209 家,与 2016 年年底全国正常运营的众筹平台数量的 427 家相比,减少了 51.05%(见图 1-2-18)。其中在各类型正常运营的众筹平台中,奖励众筹平台最多,有 95 家;非公开股权融资平台 71 家;混合众筹平台 34 家;公益众筹最少,仅有 9 家(见图 1-2-19)。其次,成功筹资额小幅度下降。根据《众筹年报》,2017 年全

---

① 网贷之家:《2017 年中国网络借贷行业年报》。

众筹平台成功筹资额为 220.25 亿元,较 2016 年成功筹资额 224.78 亿元,小幅度下降(见图 1-2-20)。在各类众筹平台筹资额中,奖励众筹筹集资金最多,为 195.30 亿元,占整个筹资额的 88.67%;非公开股票融资额为 21.44 亿元,占比 9.73%;公益众筹筹资金额最少为 3.51 亿元,占比 1.59%(见图 1-2-21)。

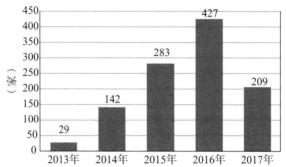

图 1-2-18　历年正常运营的众筹平台数量

资料来源:盈灿咨询,《2017 年众筹行业年报》。

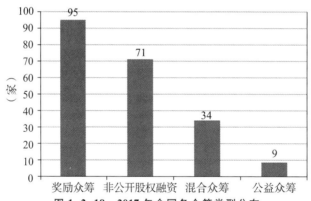

图 1-2-19　2017 年全国各众筹类型分布

资料来源:盈灿咨询,《2017 年众筹行业年报》。

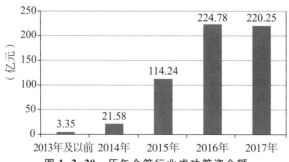

图 1-2-20　历年众筹行业成功筹资金额

资料来源:盈灿咨询,《2017 年众筹行业年报》。

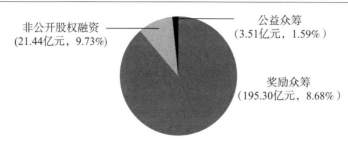

图 1-2-21　2017 年各类众筹平台成功筹资金额及占比

资料来源：盈灿咨询，《2017 年众筹行业年报》。

二是众筹平台获融资数量减少。根据《众筹年报》，2017 年仅有 8 家众筹平台获得风投，分别是大馅饼、八点网、影人大、多彩头、轻松筹、维 C 理财、水滴工资和开始吧，较 2016 年的 12 家众筹平台获得风投，减少了 4 家。在这些获得融资的众筹平台中，八点网陆续完成 2 轮融资，水滴公司和开始吧融资金额高达亿元（见表 1-2-23）。

表 1-2-23　2017 年众筹平台融资情况

平台	融资时间	轮次	投资方	融资金额
大馅饼	1 月	Pre-A 轮	澳大利亚上市公司 CoAssets	千万级
八点网	3 月	天使轮	第五创	——
八点网	12 月	Pre-A 轮	优淘资本、第五创	1 260 万元
影大人	5 月	天使轮	——	数百万元
多彩投	6 月	A 轮	DCM、顺为资本	千万美元
轻松筹	7 月	C 轮	IDG 资本旗下成长基金、腾讯、IDG、德同资本、同道资本	2 800 万美元
维 C 理财	7 月	A 轮	盈动资本、51 信用卡、盈灿资本	3 600 万元
水滴公司	8 月	A 轮	腾讯、蓝驰创投、创新工场、高榕资本、IDG 资本、美团点评、携程公益基金等	1.6 亿元
开始吧	8 月	C 轮	云锋基金、晟道投资	1.9 亿元

资料来源：盈灿咨询，《2017 年众筹行业年报》。

2. 国家政策大力推动金融小镇发展

一是国家各部委出台政策推动金融小镇建设。从中央层面上来看，相继出台了《关于开发性金融支持特色小（城）镇建设促进脱贫攻坚的意见》《关于推进开发性金融支持小（城）镇建设的通知》和《关于商业金融支持小城镇建设的通知》等文件,支持和推动金融小镇的发展。另外,在2017年3月两会期间,李克强总理在《政府工作报告》中,明确指出"支持中小城市和特色小城镇发展,推动一批具备条件的县和特大镇有序设市,发挥城市群辐射带动作用"。从地方政府层面看,各地政府都积极响应中共中央和国家各部委的政策,根据自身区域发展需求和当地资源禀赋,规划特色小镇的发展蓝图,为特色小镇的建设和发展提供良好的政策环境。截至2017年6月,仅有6个省份没有明确提出特色小镇的建设计划,有27个省份提出了特色小镇的建设计划。例如,天津发布《天津市加快特色小镇规划建设指导意见》,指出到2020年,创建10个实力小镇,20个市级特色小镇,每个区2—3个区级特色小镇;江苏发布《江苏省关于培育创建江苏特色小镇的指导意见》,指出重点培育和规划建设100个左右特色小镇,等等。

二是基金小镇发展迅速,助力当地经济发展。2017年各省份的基金小镇快速发展,成绩显著。根据清科发布的《2017年中国基金小镇全面回顾》,截止到2017年10月,已经建成或正在建设的基金小镇共计45个,广泛地分布在北、上、广、深以及东部沿海和中部地区,其中2017年新增18个(见图1-2-22)。在这已经公布的45个基金小镇中,浙江17个、广东6个、山东和江苏各4个,其余14个省份各1个(见图1-2-23)。但是,这45个基金小镇,获得国家和各级政府认可的仅有18个,其中国家级1个、省级11个、市级6个(见图1-2-24)。中国的基金小镇主要分为政府和企业负责建设的,其中政府主导建设28个、企业主导建设5个、政府和企业联合开发12个,政府主导的基金小镇占比过半(见图1-2-25)。

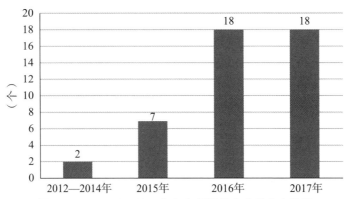

图1-2-22 2012—2017年每年新增基金小镇公布数量

资料来源:清科,《2017年中国基金小镇全面回顾》。

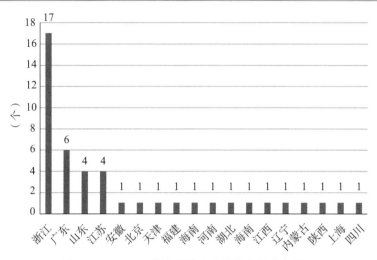

图 1-2-23　2017 年全国基金小镇各省份分布情况

资料来源:清科,《2017 年中国基金小镇全面回顾》。

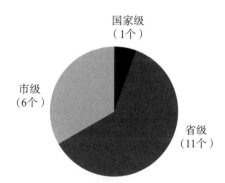

图 1-2-24　2017 年各级政府认定基金小镇数量

资料来源:清科,《2017 年中国基金小镇全面回顾》。

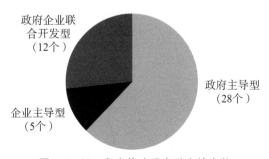

图 1-2-25　各主体建设金融小镇个数

资料来源:清科,《2017 年中国基金小镇全面回顾》。

3. 监管加强,影子银行增长速度有所放缓

在央行和中国银监会严格的监管之下,2017年中国影子银行增长速度放缓,进入停滞状态。根据穆迪发布的《穆迪2017年中国四季度影子银行检查报告》(以下简称《报告》),2017年影子银行资产总规模为65.6万亿元,相较2016年仅增长了1.1万亿元,而2016年影子银行资产总规模较2015年增加了11.2万亿元。《报告》同时指出,中国名义GDP增速自2012年来首次超过影子银行资产增速,导致广义影子银行占GDP的比例从2016年年底的86.5%降低至2017年年底的79.3%。中国影子银行活动停止增长的原因是,自2016年下半年以来,监管机构大力监管银行理财产品(WMP)和非银行金融机构资管计划(NBFI)等高风险产品工具,从而导致这两项产品2017年的发行量下降。

《报告》指出,银行理财产品增速断崖式下降。截止到2017年年末,全国银行理财产品余额为29.54万亿元,较年初仅增加0.49万亿元,相比2016年少增5.06万亿元,同比增长1.69%,增速同比下降21.94%。其中,股份制银行发行的余额为11.95万亿元,同比下降2.4%,而国有银行和城商行余额同比增长5.7%和7.3%。从结构来看,根据《报告》显示,金融同业类产品余额较年初减少3.4万亿元,降幅为51.13%,除此之外,机构专属类产品余额也下降1万亿元。到2017年年末,经过四个季度的持续增长之后,受委托贷款的影响,核心影子银行的增长速度开始放缓。

4. 绿色金融市场规模快速增长,基础设施日益完善

2017年,绿色金融市场在多个具体的领域取得突破,市场规模快速增长,绿色金融支持绿色经济的力度不断加强。绿色金融标准体系等基础设施的完善,也使绿色金融市场能够更加精准地推动绿色转型,落实绿色发展目标。

一是我国绿色金融市场快速增长,产品日益丰富。目前我国绿色金融市场的产品主要有绿色信贷、绿色债券、绿色基金、绿色股票、环境产权以及绿色保险。从图1-2-26中可以看出,目前绿色信贷在绿色金融中占比最高,高达近95.1%,其他绿色金融产品占比较小。从各个绿色金融产品来看,第一,绿色信贷规模大、增长稳定。截止到2017年6月底,国内21家主要银行绿色信贷余额为8.2万亿元,同比上涨12.9%,占各项贷款总余额的近10%。第二,绿色债券发展快、增长迅速。截止到2017年年底,国内绿色债券(包括资产证券化产品)余额为4 333.7亿元,其中2017年新增2 274.3亿元,同比增长9.4%,全球占比超过30%。第三,绿色股票和基金融资规模下降。截止到2017年年底,A股市场绿色环保产业上市IPO、增发、配股、优先股、可转债与可交换债共融资2 200亿元,同比下降18%。第四,环境产权交易规模略有上涨。目前国内共有8个碳交易试点。2017年试点市场合计成交2.11亿吨,成交额48.1亿元。其中一级市场和二级市场分别成交1.38亿吨

和 0.73 亿吨,分别上涨 7.10% 和 7.07%。

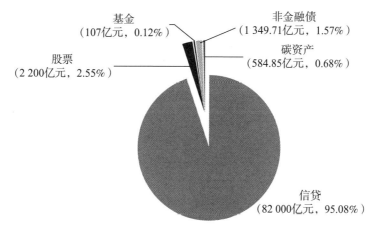

图 1-2-26　2017 年各绿色金融产品占比情况

资料来源:兴业研究,《绿色金融报告:2017 年中国绿色金融市场总览》。

二是国家及地方政府积极推进绿色金融体制建设,绿色金融基础设施日益完善。2017 年中央及地方政府积极推进落实绿色金融体制建设,主要从以下两方面着手。一方面是以地方试点推动体制建设。2017 年 6 月 26 日,中国人民银行、国家发改委、财政部、环保部、中国银监会、中国证监会、中国保监会等七部委推出第一批绿色金融改革创新实验区,旨在通过五年左右的时间,初步建立组织体系完备、产品服务丰富、基础设施完善、稳健安全运行的绿色金融服务体系,探索形成服务实体有力、路径特色鲜明的绿色金融发展可复制、可推广的经验。除此之外,北京、重庆、河南、承德、黄山市以及雄安新区也出台了绿色金融体系建设相关规划文件,在地方层面上探索绿色金融体制的建设和创新。另一方面是夯实环境信息披露和标准体系等基础建设。2017 年 6 月 12 日,中国证监会和环保部签署了《关于共同开展上市公司环境信息披露工作的合作协议》,完善上市公司环境信息披露制度,督促上市公司履行信息披露义务、落实环保责任。2017 年 12 月 26 日,中国银监会发布了《公开发行证券公司信息披露内容与格式准则第 2 号——年度报告的内容与格式》(2017 年修订)和《公开发行证券公司信息披露内容与格式准则第 3 号——半年度报告的内容与格式》(2017 年修订),对上市公司年度报告和半年度报告信息披露等内容与格式进行了统一的修订,严格要求排污单位尤其是环保部门公布的重点排污企业,应该根据规定及时、全面地披露相关信息。另外,2017 年 12 月 26 日,中国人民银行、中国证监会联合发布了《绿色债券评估认证行为指引(暂行)》,对绿色债券认证机构资质、认证流程、监督管理办法、认证结论表述等内容提出了具体要求,这规范了绿色债券评估认证质量,促进了绿色债券市场健康发展。

5. 供应链金融发展进入新时代

一是受相关国家政策鼓励和金融科技的发展,供应链金融进入4.0时代。该时代特点如下:第一,其业务模式趋向去中心、实时、定制及小额化;第二,供应链金融将物流、数据流和资金流进行整合,在优化资源配置、提高效率的同时,有效降低了风险;第三,产品以数据质押为主,借助物联网、人工智能、大数据、区块链等技术,实现供应链与营销链全程信息的集成和共享,同时提升服务能力和效率;第四,通过平台连接,使金融服务融于整个供应链,推动商业生态的发展,实现产融结合。

二是借助区块链技术,供应链金融获得新发展。供应链金融是区块链技术的典型应用场景,随着区块链技术的日渐成熟,"区块链+供应链金融"逐渐落地。区块链技术具有分布式、不可篡改、可溯源等特性,天然适用供应链金融,给其强化风险控制提供了新途径。目前有很多企业和金融机构正在积极打造"区块链+供应链金融"模式,例如,2017年3月6日点融网和富士康旗下的金融平台福金通推出国内基于区块链技术的供应链金融平台"Chained Finance";2017年4月易见股份携手IBM中国研究院联合发布国内首个区块链供应链金融服务系统——"易见区块";2017年5月24日,布比区块链技术公司发布"区块链+供应链金融产品——布诺";2017年8月16日,浙商银行推出行业内首款基于区块链技术的企业"应收款连平台",等等。

6. 金融科技生态组织架构初步形成

2017年来,互联网、云计算、大数据、区块链及人工智能等的结合构成了金融科技的落脚点。同时,金融科技、金融科技企业与金融机构监管部门共同组成了金融科技生态系统,推动支付、资管、借贷与融资等业务的变革(见图1-2-27)。近年来,金融科技推动金融机构和金融服务向多极化发展。一方面,各类传统金融机构加快应用新技术积极涉足该领域;另一方面,新兴金融机构、科技企业寻求业态融合推动了国内金融科技稳健发展。

(1)金融云计算迅速发展,开源技术被接受。

2017年金融机构在采购云服务时仍以IaaS服务模式为主①,2017年金融云市场规模预期达到63亿元,同比增长45.2%②(见图1-2-28)。"十三五"规划提出

---

① 金融业云计算服务模式主要有三种:IaaS、PaaS、SaaS。
② 计世资讯:《2016—2017年中国金融云市场现状与发展趋势研究报告》。

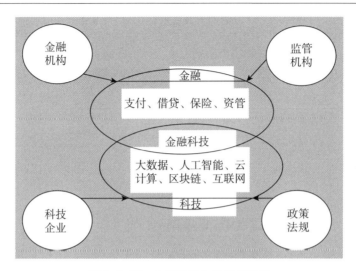

图 1-2-27 金融科技生态组织结构

资料来源:中国金融科技发展概览(2016)。

将大数据视为基础性战略性资源,将进一步促进云计算的发展;工信部编制《云计算发展三年行动计划(2017—2019)》将加快云平台建设;中国银监会发布《银监会"十三五"信息化建设规划》将加快金融云发展。

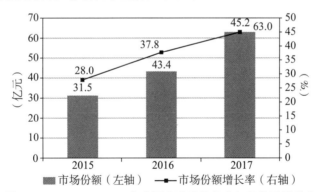

图 1-2-28 2015—2017 年中国金融云整体市场规模及增长率

一是云计算开源技术逐步被金融机构接受。2017 年,中国保监会印发《中国保险业发展"十三五"规划纲要》,明确支持云计算发展。一些新兴保险公司和网络保险公司已经把核心业务运行在了云平台上,而对于银行业金融机构来说,目前仍处于试水阶段。中国信息通信研究院调查发现,在使用私有云的企业中,有超过 80% 的企业接受认可开源技术,在金融样本中有超过 50% 的金融机构已经使用开源技术(见表 1-2-24)。

表 1-2-24 云计算开源技术在金融行业使用频率

意向	百分比(%)
开始尝试	53.2
有计划应用	24.5
暂无计划应用	22.3

资料来源:中国信息通信院。

金融机构逐渐开始使用开源技术的主要原因是其在技术成熟度、技术持续性、人才储备及功能上的优势。其中,出于技术成熟度考虑的原因占比高达90.4%(见图1-2-29)。

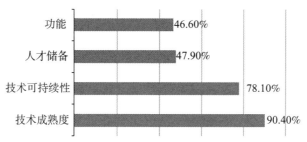

图 1-2-29 金融机构未使用云计算开源技术的原因

资料来源:中国信息通信研究院。

金融机构对于容器技术的主要应用场景也呈现出多元化的特征,如弹性扩容、运维自动化、开发测试快速交付、多环境一致性管理、微服务和CI/CD。其中,使用比率超过50%的应用场景有三种,弹性扩容场景的使用比率高达75.0%,运维自动化场景的使用比率为71.9%,开发测试快速交付场景的使用比率也有68.8%(见表1-2-25)。容器技术在各类应用场景中的高使用比率反映开源技术在我国金融机构领域的普及,以及云计算开源技术的发展进入更加成熟的阶段。

表 1-2-25 金融机构使用容器技术的主要场景

使用场景	使用比率(%)
弹性扩容	75.0
运维自动化	71.9
开发测试快速交付	68.8
多环境一致性管理	40.6
微服务	31.3
CI/CD	28.1

资料来源:中国信息通信研究院。

二是公共云服务商竞争加剧,投入持续增加。伴随金融云计算市场的逐渐升温,云服务商在2017年加大了对金融业的投入,金融云服务领域的竞争逐步进入白热化的阶段,2015年市场规模为31.5亿元,2016年为43.4亿元,2017年达到63.0亿元(具体分市场的发展情况见表1-2-26、表1-2-27)。中国金融云市场目前还没有具有绝对优势的厂商,市场竞争激烈,位居前四名的厂商分别是华为云、云宏、九州云以及Easystack。

表1-2-26 2015—2017年金融云IaaS市场情况

时间	Iaas市场份额 (亿元)	增长率 (%)	占总金融云市场份额比率 (%)
2015年	28.4	28.5	90.2
2016年	39.2	38.0	90.3
2017年	56.5	44.1	89.7

资料来源:计世资讯,《2016—2017年中国金融云市场现状与发展趋势研究报告》。

表1-2-27 2015—2017年金融云PaaS市场情况

时间	Iaas市场份额 (亿元)	增长率 (%)	占总金融云市场份额比率 (%)
2015年	3.1	24	9.8
2016年	4.2	35.5	9.7
2017年	6.5	54.8	10.3

资料来源:计世资讯,《2016—2017年中国金融云市场现状与发展趋势研究报告》。

(2)ICO全面叫停,区块链仍受追捧。

2017年是全球区块链加速前行的一年,2017年2月中国区块链应用研究中心于上海正式揭牌成立。针对区块链的极高关注度,百度指数给出了搜索情况:2016年以前知之者甚少,2016年以后开始受到人们关注,2017年百度搜索指数达到峰值52 746。

一是区块链成立项目数有所回落,ICO全面叫停。国内区块链项目成立数量于2016年达到顶峰117个,但在2017年有所回落(见图1-2-30),同时区块链项目在一线城市出现得更加密集,呈现一线城市带动行业发展的趋势。

图 1-2-30　2013—2017 区块链融资项目数

资料来源：鲸准数据，www.jingdata.com。

区块链项目融资方式目前主要分为两种：传统风险投资 VC 和 ICO。2016 年，融资仍以 VC 为主，但是 2017 年以后 ICO 迎来爆发，并迅速超越 VC 融资额（区块链 ICO/VC 融资情况见表 1-2-28）。根据 2017 年 7 月 25 日国家互联网金融安全技术专家委员会发布的《2017 年上半年国内 ICO 发展情况报告》，2017 年上半年以来国内已完成 ICO 项目共计 65 个，累计融资规模为 26.16 亿元，累计参与人次达 10.5 万人，而同期全球 ICO 的总投资额约为 18 亿美元。2017 年 9 月 4 日，中国人民银行等七部委联合发布《关于防范代币发行融资风险》，把 ICO 定位于"本质上是一种未经批准非法公开融资的行为"。按照公告要求，即日起停止各类 ICO 融资活动。

表 1-2-28　区块链 ICO/VC 融资情况

时间	ICO（十亿美元）	VC（十亿美元）
2016 年第 1 季度	0.02	0.68
2016 年第 2 季度	0.19	0.84
2016 年第 3 季度	0.96	0.22
2016 年第 4 季度	0.25	1.04
2017 年第 1 季度	0.29	1.16
2017 年第 2 季度	1.05	1.39
2017 年第 3 季度	2.43	1.62

资料来源：鲸准数据，www.jingdata.com。

二是大型公司积极布局区块链项目。2017 年，多家大型上市互联网公司开始布局区块链内容，例如，京东、阿里巴巴结合区块链推出了商品防伪溯源，迅雷、暴风影音等结合区块链推出了共享 CDN、挖矿回报。与此同时，BAT 积极布局区块链金融，阿里巴巴推出蚂蚁区块链，腾讯推出腾讯区块链，百度推出百度 Trust。阿里巴巴、腾讯已经尝试布局其他领域区块链业务，而百度仍围绕资产相关的区块链金融业务。2017年8月,阿里健康在常州推出区块链医联体的试点项目,11月承接雄安区块链实施平台;2017年9月,腾讯通过《可信区块链检测标准》与英特尔共同开发物联网安全服务,10月加入加拿大区块链研究所,11月发布金融级BaaS开放平台;2017年9月,百度区块链场内公募ABS在上海交易所发行,10月百度金融加入"超级账本"开源项目。2017年12月,360金融宣布成立360金融区块链金融中心,标志着360金融在区块链核心技术领域发力,进入"金融+区块链"的新模式。

(3) 智能金融发展受重视,应用领域逐渐增多。

2017年,我国政府机关多次在各类政策文件中提及人工智能,政策发布机关包括国务院、文化部、科技部、工信部(见表1-2-29)。这表现出政府对人工智能领域发展的高度重视,也意味着智能金融领域的发展将进一步走向规范。

表1-2-29 2017年我国政府机关发布的人工智能相关政策

时间	发布机关	政策文件名称
2017年1月	中共中央、国务院	《关于促进移动互联网健康有序发展的意见》
2017年3月	国务院	《2017政府工作报告》
2017年4月	文化部	文化部关于推动数字文化产业创新发展的指导意见
2017年5月	科技部	《"十三五"生物技术创新专项规划》
2017年7月	国务院	《新一代人工智能发展规划》
2017年10月		《十九大报告》
2017年12月	工业和信息化部	《促进新一代人工智能产业发展三年行动规划》(2018—2020年)

2017年5月,中国人民银行成立金融科技委员会,旨在加强金融科技工作的研究规划和统筹协调,切实做好我国金融科技发展战略规划与政策指引,并积极利用大数据、人工智能等技术丰富金融监管手段。

一是智能风控迅速发展,应用多方领域。伴随互联网贷款的快速发展,人工判断占用越来越多的人力资源,且存在一定风险,金融机构迫切需要建立精准、快速的自动化反欺诈模型和评分模型。2017年,伴随人工智能、大数据的高速发展,智能风控得到迅速发展。在消费金融中,银行、互联网金融等机构开始采用风控前置的白名单邀请制,商业银行将主动授信用于实际业务,例如,中国工商银行于2017年1月推出消费金融产品,筛选出白名单用户4 700万,3月底白名单用户接近9 000万;微众银行从8亿多微信或手机QQ用户中筛出9 800万个白名单客户。

这一措施有助于提前判断白名单客户的还款意愿和还款能力,进行预授信①。同时智能风控也已应用于反欺诈模型、信用评分模型等方面。

二是智能投顾发展潜力巨大。Wind 数据显示,截止到 2017 年 12 月 31 日,基金管理公司及其子公司、证券公司、期货公司、私募基金、公募基金的资产业务总规模约 53.57 万亿元,较 2016 年第四季度增长 3.44%。其中证券公司资产管理业务规模接近 16.88 万亿元,公募基金管理机构的资产管理规模约为 11.60 万亿元(见表 1-2-30)。目前,国内资产投资业务正稳步上扬,同时,我国股票市场自 2016 年起也有逐步回暖的迹象(见图 1-2-31)。在此背景下,随着投资者市场教育的继续深入,未来将有更多投资者选择专业机构进行理财,这也为智能投顾服务的发展打下了良好的基础。智能投顾服务的入门门槛较低,但可提供专业的理财建议,能够帮助投资者进行"情绪管理"并解决市场的信息不对称问题,未来发展可期。

表 1-2-30　2015—2016 年中国证券期货经营机构资产管理业务规模

	私募基金（万亿元）	公募基金（万亿元）	基金管理公司及其子公司（万亿元）	证券公司（万亿元）	期货公司（千亿元）	合计（万亿元）
2015 年	5.07	8.40	12.74	11.89	1 045	38.20
2016 年	10.24	9.16	16.89	17.58	2 792	51.79
2017 年	11.10	11.60	13.74	16.88	2 458	53.57

资料来源:中国证券投资基金业协会,http://www.amac.org.cn。

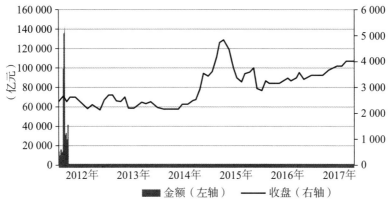

图 1-2-31　2012—2017 年沪深 300 指数走势与交易量情况

资料来源:同花顺财经。

---

① 21 财经搜索,http://news.21so.com/2017/21cbhnews_1207/338988.html。

（4）大数据发展预期总体向好，金融机构应用加强。

一是我国大数据发展整体处于起步阶段，大数据金融未来发展可期。大数据发展指数是首个面向国内31个省（自治区、直辖市）的大数据发展水平的综合评价指数，该指数有6个一级指标、11个二级指标（见表1-2-31），取值范围为0—100，测评结果显示2016年全国大数据发展指数总体仍处于起步阶段。

表1-2-31 大数据发展指数指标框架

指数	一级指标	二级指标
省（自治区、直辖市）大数据发展指数	政策环境	政策关注度
		政策满意度
	人才状况	人才需求度
		人才供应度
	投资热度	政府投资项目数
		投融资规模
	创新创业	技术创新量
		创业增长量
	产业发展	产业园区数
		企业注册规模
	网民信心	企业活跃度

资料来源：2017中国大数据发展报告。

当前中国金融行业仍处于较好的发展时期，中国经济社会发展基本面长期趋好，国内市场潜力巨大，这为金融行业的发展创造了难得的机遇。根据产业研究院发布的《大数据金融行业市场前瞻与投资分析报告》显示，2016年我国大数据金融市场规模为15.84亿元，随着政策逐步实施与落地，以大数据为核心手段、核心驱动力的产业金融，将迈入时代发展正轨并成为主流趋势，预计2018年中国金融大数据应用市场会突破100亿元，金融业开始进入大数据时代快车道（见图1-2-32）。

二是大数据流通得到加强，发展政策日臻完善。国内大数据流通市场起步于2010年，2014年6月《中关村数海大数据交易平台规则（征求意见稿）》从交易平台、交易主体、交易对象三个方面规范交易行为。2015年4月14日全国收割大数据交易所——贵阳大数据交易所正式挂牌运营并完成首批大数据交易。2016年4月1日上海经济和信息委员会指导的上海大数据交易中心挂牌成立，北京书海科技、数据堂、北京腾云天下科技有限公司在数据交易流通领域开始布局。另外，2017年出台的大数据领域的政策文件如表1-2-32所示。

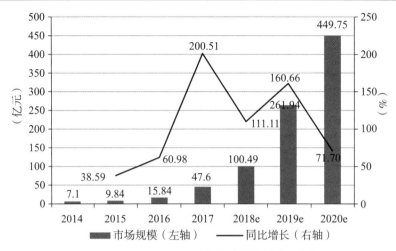

图 1-2-32 2014—2020 年金融大数据发展规模

资料来源:前瞻产业研究院,《大数据金融行业市场前瞻与投资分析报告》。

表 1-2-32 2017 年大数据领域的政策文件

序号	文件名称	发文单位	发文日期
1	《大数据产业发展规划(2016—2020 年)》	工信部	2017 年 1 月 17 日
2	《关于促进分享经济发展的指导性意见》	国家发改委等	2017 年 7 月 3 日
3	《新一代人工智能发展规划》	国务院	2017 年 7 月 8 日
4	《关于积极推进供应链创新与应用的指导意见》	国务院	2017 年 10 月 13 日
5	《高端智能再制造行动计划(2018—2020 年)》	工信部	2017 年 10 月 31 日
6	《促进新一代人工智能产业发展三年行动计划(2018—2020 年)》	工信部	2017 年 12 月 14 日
7	《信息安全技术及个人信息安全规范》	新标委等	2017 年 12 月 29 日

资料来源:搜狐新闻。

三是金融机构 IT 系统建设积极采用大数据技术体系,成果显著。商业银行基于既有的数据仓库或内部数据分析挖掘平台,跟进评估开源社区和大数据行业技术发展,搭建融合数据仓库和开源技术的大数据处理平台,有效地支持商业银行在线上、线下各类业务的效率提升和融合。保险业利用大数据平台,将内部客户属性信息、外部获取的客户行为习惯信息与真实客户理赔数据进行关联,进而使用因子分析、特征工程、逻辑回归、决策树、随机森林等算法,经过多轮数据建模与场景化调优,构建基于大数据的保费定价模型,对不同理赔概率的客户提供差异化报价。中国工商银行逐步引入了开放式、分布式、基于开源的大数据处理平台,全面应用了 Hadoop、大内存等全新技术，搭建了以非结构化数据处理为主的信息库系统和满足毫秒级别的实施准时的数据计算和服务能力流处理系统。中国银行股份有限公司分别基于战略层面、规划层面和设计及交付层面把大数据的技术体系分为四个不同的架构，分别是业务架构、应用架构、信息架构和技术架构。在不同架构的基础上，利用大数据技术实现了对业务流程的支撑、端到端场景的构建、具体应用的组建以及分析模块的构建。

二、金融机构发展存在的问题

（一）金融部门资产负债表扩张过快，隐含风险不容忽视

1. 资产负债规模总体扩张较快，资本市场发展明显不足

中国人民银行数据表明，近年来中国金融部门资产负债表表现出很大的扩张，2000—2016 年平均资产增加率为 16.39%，由图 1-2-33 可以看出，资产扩张的主要驱动力是向金融部门的贷款和投资①。以 2016 年为例，贷款占总资产的比重为 60.6%，投资为 26.6%，两者之和超过 87%。由于我国经济快速发展，工业、基建以及城建的扩张，需要大量投资，而我国主要以债务融资为主，因此造成了金融部门对非金融部门的贷款急剧增加。就贷款投向的具体行业而言，根据中国人民银行的统计报告，2016 年年末人民币地产贷款余额为 26.68 万亿元，占总贷款的比重高达 25%②，由于房价上涨过快，中国金融部门债务杠杆率在不断攀升。再将金融部门资产与 GDP 横向对比，由图 1-2-34 可知，我国金融部门资产占 GDP 的比重一直在增加，说明金融部门总资产不仅在总量上提高，而且在相对增长率上也有所增加，金融深化程度在不断提高，金融部门在整个国民经济体系中的地位越来越重要。金融部门贷款（其中银行部门贷款占绝大比例）占 GDP 的比重基本上与金融部门总资产占 GDP 的比重趋于一致，其比重在 2008 年达到低谷后一直处于上升势头。债务性的间接融资导致融资成本增加，社会整体融资成本增加显然不利于实体经济发展，我国金融部门在证券化改善资源配置方面还有很大进步空间。银行部门贷款规模一直居高不下，更为严重的是，金融部门短期贷款占总贷款的比例相当高，如 2016 年金融机构各项贷款为 1 066 040.06 亿元，而同期短期贷款为 356 419.14 亿元，占比高达 33.4%，潜在的期限错配和资本结构错配风险相当严重。此外，银行部门贷款规模也被低估，这主要是因为银行部门贷款数据来自《金融机

---

① 本报告根据中国人民银行数据重新编制了国家资产负债表，主要参考了李杨、张晓晶的《中国国家资产负债表的杠杆调整与风险管理》，载于 2015 年 8 月 21 日的《上海证券报》。

② 2017 年年末人民币地产贷款余额为 32.2 万亿元，占总贷款比重为 26.8%，比重进一步上升。

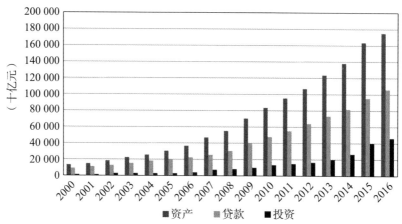

图 1-2-33　2000—2016 年金融部门资产、贷款及投资

资料来源：中国人民银行网站。

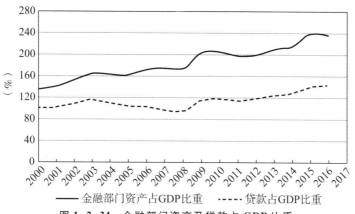

图 1-2-34　金融部门资产及贷款占 GDP 比重

资料来源：中国人民银行网站。

构人民币信贷收支表》，剔除了内部金融交易。由此可见，金融部门资产扩张不完全代表金融市场发展水平的提高，银行贷款规模比例持续上升，可能积累了隐含的金融风险，资本市场金融结构化转型依然不容乐观。

2. 期限错配风险和货币错配风险居高不下

期限错配就是资产和债务的期限结构不匹配，即"借短用长"，只能靠借新债还旧债来弥补流动性缺口。特别是当债务为短期债务时，由于无法展期，很可能造成债务违约。货币错配主要是由于资产和负债使用不同货币计值，当资产或负债对汇率变动非常敏感时，可能造成权益为负值，出现资不抵债。目前我国资本市场发展滞后，主要融资机制是以银行为主导的债务融资，商业银行"借短用长"的风险会增加。特别是地方城建投资主要靠政府融资平台募集资金,这类平台不仅数量多,而且债务规模大,且部分平台担保行为不规范,隐藏着较大的债务风险(成涛林,2015)。在我国的城镇化进程中,地方政府性债务的规模不断扩张,债务与资产期限错配导致流动性风险突出,其风险特征主要体现为:债务期限以中短期为主,而资金投向回收期限较长,从而导致债务融资与偿还高度依赖土地收入,并且"借新还旧"等现象相当普遍(陈志勇、毛晖和张佳希,2015)。以《金融机构信贷收支表》为例,2016年金融机构对外债务为11 102.03亿元,对外资产为229 860.91亿元。由于外币资产远大于外币负债,金融部门面临的主要问题是债权型货币错配。在中国外汇资产的币种结构中,有60%—70%是美元,20%—25%是欧元,其余为英镑、日元等(李扬等,2013)。特别是2017年人民币大幅升值,因货币错配引起的损失增加。

(二)投贷联动业务开展遭遇瓶颈

2016年4月20日,中国银监会、科技部、中国人民银行联合印发了《关于支持银行业金融机构加大创新力度 开展科创企业投贷联动试点的指导意见》,鼓励和指导银行业金融机构开展投贷联动业务试点。首批试点包括5个试点示范区和10家试点银行。但是由于投贷联动业务的投资回收期限较长、配套制度尚不完善,试点银行基于三种模式开展投贷联动业务都遭遇了瓶颈,市场反响一般。

1. "银行+VC/PE"模式激励不足

在"银行+VC/PE"模式的投贷联动业务中,银行根据自己的风险偏好,与部分股权投资机构签订战略合作协议,并跟踪和适度介入合作机构推荐的企业,建立与股权投资机构信息共享、风险共担机制,对于股权投资机构已投资进入的企业,给予一定比例的贷款及相关金融产品的支持,同时锁定被投资企业(包括顾问服务、未来配套业务及资金结算等)的全面业务,实现股权与债权的结合(见图1-2-35)。

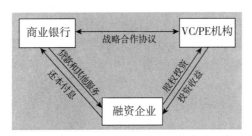

图1-2-35 "银行+VC/PE"模式投贷联动业务结构

资料来源:《一文详解投贷联动:兴起的原因、相关政策、模式、案例》,http://www.jpm.cn/article-38198-1.html。

在这种模式下,商业银行与 VC/PE 之间的风险偏好、投资回收期标准的差异会进一步凸显。尽管"银行+VC/PE"模式中,银行与 VC/PE 机构共享了优质的客户信息,方便了投贷联动业务标的企业的甄别与筛选,但是投贷联动业务主要针对市场上更需要资金支持的中小型企业及初创企业。这类企业较高的成长性背后也伴随着更高的经营风险和较长的投资回收期。从银行信贷业务的角度来看,放贷的决策依据是企业过去的现金流表现;从 VC/PE 的风险投资业务的角度来看,资金投入的决策依据是企业未来的成长性。那么,开展投贷联动业务过程中标的企业的决策就面临着问题。尽管有战略合作协议作为投贷联动业务开展的纽带,但是银行与 VC/PE 始终是两个决策主体,信贷产品的发放与风险资本的投入在业务开展过程中也分别依据两方主体的决策标准进行。"投"与"贷"风险偏好的根本矛盾决定了两方决策最终难以达到统一。如何在满足风险投资主体的总体收益覆盖风险的前提下,对商业银行信贷发放给予足够的激励及可靠的风险补偿,是目前"银行+VC/PE"模式下的投贷联动业务进一步开展所面临的问题。

2."银行+子公司"模式回收期长,贷款风险处于高位

在"银行+子公司"模式的投贷联动业务中,商业银行在境外设立股权投资机构后,向其推荐优质客户开展股权投资,根据客户不同的发展阶段提供相应的贷款和其他服务产品支持,提升本行综合化金融服务水平(见图 1-2-36)。

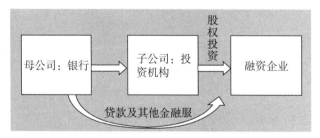

图 1-2-36 "银行+子公司"模式投贷联动业务结构

资料来源:《一文详解投贷联动:兴起的原因、相关政策、模式、案例》,http://www.jpm.cn/article-38198-1.html。

开展投贷联动业务,目的在于合理引导商业银行资金流向中小企业与初创企业,科学分配市场资源,一方面帮助市场上更需要资金支持的中小企业与初创企业发展,另一方面有效地提高商业银行的资金回报率。但是,这类企业的投资回收期较长,投资风险较大。这使得在"银行+子公司"的模式下开展投贷联动业务将面临一系列问题。

一是银行原有的风险计量与资本拨备政策无法适用于其设立的投资子公司。根据现有的《商业银行资本管理办法》,银行被动持有的股权两年处置期内风险权

重为400%,若超过处置期,风险权重为1 250%。投资子公司对中小企业与初创企业的直接股权投资显然不能沿用该政策。

二是商业银行的内部激励机制牵制了投贷联动业务的开展。银行所设立的投资子公司在资金投放的决策过程中按照风险投资的原则开展,那么针对同一标的企业,商业银行本身的信贷发放人员就缺乏相应的激励。一般商业银行对支行及客户经理的考核按年度或季度开展,投贷联动业务的投资回收期往往长达数年,这会导致配合投资子公司的决策开展投贷联动业务的商业银行信贷人员一定时间内无法实现收益,同时还要承担贷款出现问题的风险。

三是投资子公司或将"拖后腿"。针对中小企业及初创企业开展投贷联动业务,一方面,投资子公司一定期限内的投资无法实现收益,对作为母公司的商业银行本身的财务报表表现会有一定影响;另一方面,中小企业及初创企业经营风险较高,一旦出现问题,不但投资无法收回,相对应的投贷联动业务中的贷款也会出现问题,即便由总行进行并表可以对实际的不良贷款进行风险补偿,不良贷款依旧留在支行层面,不良贷款率也因此上升。

3. "明股实债"暗度陈仓,风险压力增大

在"银行+其他机构"模式的投贷联动业务中,商业银行与其他机构(如资产管理公司)共同发起设立有限合伙企业(LP)/股权投资基金/资产管理计划,再凭借股权投资基金平台对外进行股权类投资,最终实现投贷联动。其中,商业银行以信贷资金或理财资金持有基金/资管计划的优先级份额,其他机构作为管理人持有基金/资管计划的劣后级份额。

该模式形式上表现为投贷联动,实际上属于"明股实债"。尽管"明股实债"能够在一定程度上使得商业银行绕开监管政策,借取通道参与中小企业及初创企业的股权投资。但是这一过程也面临着两个困境:一是难以匹配到合适的合作机构和被投企业,基于商业银行本身对收益的要求和风险的偏好来看,这一模式对于劣后资金和被投资企业而言,吸引力有限。以至于在通过该模式开展投贷联动业务的过程中很难找到优质的基金托管人与被投资的中小企业及初创企业。二是商业银行本身人才短缺,"明股实债"的情况下,合作机构往往建立基金收取通道费,实际的决策主体还是商业银行,与传统的银行信贷业务不同,股权投资是一项极其复杂的工作,需要专业的法律、企业管理、资本运作、科技等复合型知识,传统的银行信贷和风控人员难以胜任该工作。

(三)银行业体系脆弱性开始暴露,银行系资管业务亟须大整顿

2017年4月,我国商业银行出现"缩表"现象。从其他存款性公司的资产负债表上来看,总资产为235.98万亿元,较2017年3月减少了1 198亿元,环比下降

0.05%(见图1-2-37)。这一现象,代表了2014年10月后,两年半来商业银行首次出现"缩表"。

本次商业银行的"缩表",除季节效应,主要是应对市场流动性收紧和银行业同业业务放缓的现状。2014年年底至2016年上半年,央行多次的降准降息行为为货币市场带来了一轮货币宽松时期,中小银行的负债端也因此更倾向于通过同业资源的支撑来扩张规模。2016年下半年后,资金利率中枢持续上行,这使得同业负债的成本显著提升,限制了银行业同业业务的开展。商业银行通过"缩表"应对市场流动性收紧和同业业务放缓在我国并非首次,但是这也暴露了我国商业银行体系的脆弱性。我国商业银行体系的脆弱性主要表现在以下三个方面:

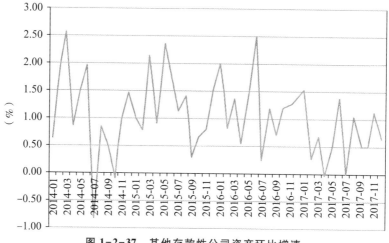

图1-2-37 其他存款性公司资产环比增速

资料来源:CSMAR数据库。

一是我国银行与企业都处于高杠杆水平。一方面,在我国商业银行体系内,由于企业的负债杠杆过高,信贷杠杆率也始终处于高水平,这会导致银行自身货币出现错配,爆发社会流动性危机;另一方面,目前我国尚以间接金融融资为主要融资途径,企业的融资过度依赖商业银行的信贷,这将导致企业风险很容易转嫁到商业银行体系内部。

二是我国商业银行表外业务增速过快,增加了银行杠杆率。中国人民银行2017年7月4日发布的《中国金融稳定报告(2017)》显示,截至2016年年末,我国商业银行表外理财业务规模为253.52万亿元,表外资产规模相当表内总资产规模的109.16%,比上年年末提高12.04个百分点。然而目前,我国商业银行的银行体系尚难识别和控制理财产品与表外业务的风险,因此表外业务与理财产品的快速增长一定程度上放大了银行体系的脆弱性。另外,表外业务的顺周期和高杠杆特性,会使得风险的爆发和传播难以控制。

三是资产管理业务发展过快,风险也随之快速增加。据中国银行业协会发布的《中国资产托管行业发展报告(2017)》显示,截至2016年年末,我国商业银行资产管理业务规模达121.92万亿元,同比增长39.03%。作为金融创新的一部分,资产管理业务在满足公众和企业财富管理、服务实体经济、增加投资渠道的同时,也存在许多问题。首先,资产管理资金服务于金融业自身使得实体经济的资金供给不足;其次,互联网金融的兴起和利率市场化的推进一定程度上冲击了商业银行的资产管理业务,互联网金融的高利率刺激商业银行提升表外业务的杠杆;最后,影子银行业务上不规范,加速了银行业内部的风险集聚,进一步增加了商业银行体系的脆弱性。

(四)中小保险公司发展压力增加,动力不足

2017年以来,保险业发展的行业环境与政策发生一系列变化,行业结构调整和转型进一步深化,业务增长稳中趋缓。在严监管的大背景之下,保险机构基本树立了资本约束的现代经营理念,风险管理和内部控制机制持续健全,业务发展从重规模增长向重风险防控转变,资金运用和资产配置更趋谨慎合理,资本端、负债端和资产端的风险和问题在一定程度上得以控制和改善。但与此同时,在发展方式、增长动力和市场竞争格局的不断变化之下,行业发展的"马太效应"显现,中小保险公司普遍面临业务增长与利润困境,资产负债端的转型压力加大。这主要表现在:

一是中小保险公司业务转型中承保普遍亏损,竞争压力加大。在业务转型过程中,大型保险公司凭借保费、利润和销售队伍规模庞大,服务网络密集,运营体系健全,管理机制成熟等比较优势,在产品开发、服务能力和成本管理等方面更具竞争力。而中小保险公司的产品、渠道较为单一,多数发展方式较为粗放,在回归保障的转型过程中由于新产品开发能力不足,渠道建立和发展难以一蹴而就,且转型中各公司方向集中、步调一致,进一步加剧了业内激烈的产品竞争及渠道竞争。财产险方面,大、中小公司之间两极分化态势明显。多家中小公司承保业务仍以车险为主,在和大公司抢占市场的过程中,受机构、网点及渠道所限,处于明显劣势,其市场费用水平大幅上涨,导致综合成本率普遍高于100%,远高于大型险企,承保业务亏损严重。2017年,仅人保财险、平安财险、太保财险、中华联合、大地财险和国寿财险6家公司的承保利润就占全行业净利润的99.75%,原保费收入大于百亿的10家财产险公司无一亏损,近半数原保费收入在1亿元至50亿元的中小险企亏损,原保费收入低于1亿元的小型险企亏损率则超过七成。人身险方面,中小公司也存在险种结构、渠道结构单一的情况,其经营费用具有刚性,业务获取成本也持

续走高,导致经营成本压力加大。2012—2017年,我国人身险业原保费增长中7家大公司的贡献占比超过40%,2014—2017年,中小人身险公司行业利润占比分别为20.14%、23.20%、19.32%、16.09%,呈明显下滑趋势,大公司分享了代理人增员和业务转型的绝大部分红利。

二是中小保险公司资金运用压力不减。从表面上看,业务发展回归保障,中小保险公司的资产端压力有望随之减小,但受现金流及到期资产重新配置等因素影响,其压力依然不容小觑。一方面,人身险方面,此前一些资产驱动负债型的保险公司,由于业务发展受限,其期交业务增长尚不能弥补趸交业务的规模收缩,造成新单保费流入大幅减少,而中短存续期存量业务规模较大又面临满期给付压力,净现金流为负的金额较大。财产险方面,部分过去经营非寿险投资型业务的中小公司也处于经营性现金流出状态,在未来将有更多产品到期给付的情况下,其现金流也备受压力。中小保险公司流动性不足对其保险资金的运用造成了一定困难。另一方面,保险资金运用风险不断加大,中小公司投资能力有限,面对复杂的投资环境,其投资难度将有所增加,投资收益或将有所减少。对于缺乏自主投资能力,资金运用依靠委托管理的中小保险公司而言,其投资渠道将受到更多限制,也对未来投资收益率产生一定负面影响。

三是部分中小保险公司在公司治理及规范经营方面仍存在不足。部分中小保险公司发生重规模、拼市场、轻服务、资产错配等资产负债端等问题,归根到底,还是在于其公司治理结构存在缺陷,在规范经营方面仍有不足,例如,公司治理失效问题没有得到根本解决,有的保险公司的决策机制缺乏制衡,内部股权斗争激烈,严重影响公司正常经营。董事会不了解保险业的发展规律和公司的经营情况,无法起到对管理层的指导和约束作用,公司内控依然薄弱。有的保险公司核心内控制度不健全,运作机制和流程不完善,没有形成一套以制度管人、管事、管机构的有效运作机制和运作流程,导致公司经营稳定性差,激励机制扭曲。有的保险公司没有充分运用科学考核机制引导员工树立理性竞争理念,仅仅将经营费用与保费规模密切挂钩,没有将效益指标作为重要考核内容,造成公司盲目扩张保费规模,从而容易积累风险;风险意识不强,没有把风险识别和风险管控能力作为自身的核心竞争力,进而导致发展偏离方向。

四是中小保险公司偿付能力下行压力较大。伴随着中小保险公司业务久期拉长,市场风险和保险风险最低资本要求呈逐步上升态势,再加上保险行业发展增速放缓、监管趋严,民营资本进入保险业的冲动明显降低,资本补充难度增大,因此中小保险公司偿付能力下行压力较大。2017年,尽管行业保险公司平均的综合偿付能力充足率显著高于100%的达标线,但从分布角度看,综合偿付能力充足率较上年末下降的居多,上升的偏少,综合偿付能力中枢继续下移。财产险方面,三分之二的中小公司的偿付能力充足率下降，5家综合偿付能力充足率在150%以下的全部为中小公司，分别是渤海财险、信利保险、利宝保险、富邦财险和安华农业（见表1-2-33）；人身险方面，在有可比数据的71家公司中，有46家中小公司2017年综合偿付能力充足率较上年末下降，其中，交银康联、中邮人寿、合众人寿等公司下降幅度在50—100个百分点，渤海人寿、东吴人寿、光大永明人寿、国联人寿、泰康养老的下降幅度超过100个百分点（见表1-2-34）。

表1-2-33 2017年部分中小财产保险公司关键业务指标

保险公司	原保费收入（亿元）	净利润（亿元）	综合偿付能力充足率(%)	较上年变动百分点
渤海财险	38.7	-1.94	149.0	-51.0
富邦财险	10.7	-1.10	133.7	-46.8
利宝保险	15.4	-1.03	140.0	-28.0
安华农业	40.9	0.04	130.0	4.0
鑫安汽车	5.2	0.56	613.4	-88.1
中航安盟	21.3	0.47	247.6	0.8
信利保险	0.4	-0.40	147.6	-162.7
鼎和财险	40.3	2.40	271.5	-20.5
中银保险	57.7	1.85	259.2	-30.8

资料来源：中国保监会及各保险公司年报数据。

表1-2-34 2017年部分中小人身保险公司关键业务指标

保险公司	规模保费收入（亿元）	原保费收入（亿元）	净利润（亿元）	综合偿付能力充足率（%）	较上年变动百分点
交银康联	178.52	131.31	2.52	170.6	-99.9
中邮人寿	410.88	410.79	3.77	166.0	-62.7
合众人寿	271.18	236.71	1.17	163.9	-51.0
泰康养老	93.07	51.40	0.62	227.3	-129.6
光大永明	165.35	70.81	-0.09	251.4	-147.7
国联人寿	9.91	8.90	-1.58	358.1	-133.8
东吴人寿	73.25	51.52	-3.56	173.2	-185.2
渤海人寿	85.05	42.44	1.77	516.4	-257.4

资料来源：中国保监会及各保险公司年报数据。

（五）中小基金公司长期发展乏力，非银行系资管业务创新不足

成熟稳健的资本市场要求基金公司具有较强的核心竞争力，在严防金融风险和一定合规要求的同时能对资管业务进行积极的创新和拓展。然而，我国基金公司过于依赖货币市场基金和通道业务，中小基金公司因创新不足导致的长期发展缺乏动力等现象越来越严重。自2017年年底监管层弱化货币基金规模重新进行排名后，在公募基金公司激烈的规模竞争中，中小型规模的基金公司的表现较之前明显下降。例如，在天相投顾数据2017年第四季度公布的非货币基金规模排名中，新沃基金、嘉合基金、先锋基金等多家中小公司的排名大幅下滑。这一情况说明我国大部分中小型基金公司往往采取体量大、收益稳健的货币基金在年底冲规模，资管业务创新和发展有限，这暴露出了我国中小型基金公司目前发展面临的一系列困境：

第一，中小型基金公司规模增长遭遇瓶颈。泛资产管理时代中，各类金融机构都开展资产管理业务，基金公司间的行业竞争更加激烈。并且，目前我国市场基金份额呈现大公司独大、中小型基金公司边缘化的局面。中小型基金的投研团队、产品业绩及渠道优势与大公司存在一定差距，部分中小基金公司的盈利模式甚至还停留在以规模为基础收取管理费用的形式，对股东的净利润贡献较小，因此难以进一步实现规模的增长。

第二，中小型基金公司缺乏核心人才。从人才竞争的战略角度来看，我国中小型基金公司不具备建立国内一流投研人才的经济基础。即便团队中有较为出色的基金管理人才，但其所能提供的薪资待遇很难与大型基金公司抗衡，这就很容易造成核心人才的外流。根据晨星网数据显示，规模排名靠后的中小型基金公司德邦基金、太平基金、华宸未来资管的基金经理平均任职时间分别为1年、1年47天、1年131天。而全行业公募基金公司基金经理的平均任期为2年160天，类似易方达基金、工银瑞信基金这样的大型基金公司的基金经理平均任职时间都在3年以上。因人才的流失，中小型基金公司的经营战略部署、投研实力、产品业绩也都会受到极大的影响。

第三，中小型基金公司股东管理体制僵化。我国中小型基金公司过度依赖大股东的资源支持，且在规模增长缓慢、核心人才匮乏的现状下，高管层在股东方中话语权不高。资管行业的核心竞争力是专业性，然而由于股东方对公募基金行业的认知程度有限，很难给予有力支持，比如在公司推行股权激励制度上就需要股东方的大力支持，若不能得到首肯，高管层也不得不让步。

（六）期货风险管理子公司场外市场业务亟须政策引导和规范发展

2017年期货公司成交量和成交额出现双降，期货经营机构面临转型。在这一

过程中,通过设立风险管理公司开展场外衍生品业务似乎成为突破口。然而,期货风险管理子公司开展的场外衍生品业务虽然为期货市场未来发展的深度、强度和广度的提升做出了贡献,但在其迅速发展的背后,期货风险管理子公司要在我国持续发展仍面临着诸多制约因素。

一是我国目前缺乏针对风险管理子公司开展场外业务的统一法律文本和协议。1987年开始,ISDA组织始终致力于发展和完善国际场外金融衍生品协议,从1987年的《ISDA利率和货币兑换协议》到2002年的ISDA主协议。目前,境外市场的场外业务在统一的ISDA主协议的规范下有序开展。而我国的场外市场还缺乏具体的有关风险管理子公司开展场外业务的统一法律文本或协议,期货风险管理子公司在经历"野蛮生长"的同时无法得到良好的监管和引导,市场整体的风险也随之提升。

二是我国场外市场缺乏统一的清算中心。2008年金融危机期间,大量衍生品风险集中爆发,美欧等国家的金融监管机构对场外市场风险控制的主要方法就是对场外衍生品交易进行强制集中清算。可见统一的清算中心对于场外衍生品市场的重要性。但是国内目前的场外市场交易,尤其是大宗商品电子交易平台,几乎没有第三方集中清算机构。这对期货风险管理子公司开展场外市场业务带来极大的不便。

三是我国的场内市场品种尚无法覆盖场外市场的风险。场外市场是和现货需求相结合的差异化产品的交易平台,是把金融工具和实体经济结合起来的桥梁,因此需要丰富场内品种和工具。但是我国目前场内市场品种尚不丰富,尤其是期权品种,因此无法很好地发挥覆盖场外市场风险的功能。这大大限制了期货风险管理子公司开展场外市场的业务。

(七) 金融科技"伪创新"问题逐渐暴露

从金融科技投入方面来看,一是以银行导向型为主的模式无法满足我国金融科技未来的发展。在我国,企业主要依赖银行贷款进行融资。然而,商业银行目前的运作模式无法很好地满足中小型的高新科技企业发展的融资需求,恰巧这类企业正是我国急需金融科技支持的企业。首先,我国商业银行贷款审批的制度普遍为逐级授信,审批效率较低,无法满足中小型高新科技企业的融资进度要求;其次,商业银行信贷的发放更注重企业的抵质押物价值,而对高新科技企业主要拥有的知识产权等无形资产缺乏重视,这一情况不利于高新科技企业贷款;最后,商业银行的金融产品创新不足,由于国家信贷政策的制约和银行的金融垄断地位,银行缺乏动力进行金融创新,无法满足高新科技企业多样化的融资需求。二是我国的风险投资市场尚不健全,无法为金融科技的进一步发展提供良好的市场环境。首先,风险投资市场的主体仍面临法律法规的限制,民间资本进入风险投资市场还存在一定限制;其次,中国风险投资市场一直是政策性机构占主导地位,而政府行为较为保守,运作效率也较低;最后,由于风险投资市场的退出机制不健全,风险资本通过上市渠道退出的数量较少。我国风险投资市场的不健全,不利于风险投资向高新科技产业趋近,阻碍了风险资本对金融科技支持力度的加深。

从金融科技回报方面来看,据艾瑞统计披露,2016年我国的金融科技营业收入整体增速由2016年之前的100%以上下滑至42%,并且预计未来几年都将保持这一增速水平。但是,目前国内金融科技概念依旧火热,近几年来,我国相继成立了科技支行等科技专营机构,并初步取得成效。同时,专门为高新科技企业提供担保服务的科技担保公司开始在我国兴起,全国已成立的科技担保公司有两三百家。这说明,我国金融科技很可能存在"伪创新"问题,即金融科技的投入与回报不匹配。长此以往,未来金融科技发展很可能出现收益无法覆盖成本的情况。

(八)我国绿色金融机构参与度不够,协作困难

一是激励措施落实不够,我国金融机构对绿色金融发展的参与度有待提高。以绿色债券为例,据Wind数据统计,截至2017年9月20日,我国绿色债券发行规模突破3 600亿元。然而,这一水平与我国整个债券市场63.64万亿元(剔除同业存单存量)的存量规模相比,占比仅为0.06%。这意味着目前我国金融机构对于绿色金融体系构建与发展的参与度不够,导致现阶段绿色金融的产品供给有限。究其原因,是我国关于绿色金融长效发展的配套激励措施落实不够。目前,我国仅有针对绿色债券发行的相关激励措施实现了落地,且其激励的程度仅限于绿色债券发行过程中设立快速审批通道、放宽相应指标限制的层面,并未在利益调整的方面使绿色债券的发行取得实质进展,如贴息、再贷款、担保等形式。这导致绿色金融产品相较于其他金融产品并无任何成本优势,对于金融机构开展绿色金融业务的激励程度也远远不够。这些使得我国的金融机构对于绿色金融体系的构建和发展的参与度较低。

二是监管口径存在差异,品种标准缺少呼应,金融机构协作开展绿色金融业务困难重重。首先,从监管口径上来看,以绿色债券的发行为例,国家发改委主管的绿色企业债券将募集资金占项目总投资比例放宽至80%,发行企业不受发债指标限制,并且在资产负债率低于75%的前提下,核定发债规模时不考察企业其他公司信用类产品规模,这意味着,此类企业可以突破债券融资规模不得超过净资产40%的规定;而中国证监会《关于支持绿色债券发展的指导意见》中对于发行主体条件并没有类似的便利措施,同时还对绿色公司债发行的范围进行了界定,即原则上不得属于高污染、高能耗或其他违背国家产业政策导向的行业;交易商协会《非金融

企业绿色债务融资工具业务指引》对于发行主体并没有明确的限制条件。这将提升不同金融机构协作发行绿色债券等品种时的监管成本。其次,从品种标准来看,以绿色信贷和绿色债券的对比为例,中国银监会的绿色信贷中节能环保项目及服务贷款统计口径包含12类贷款,而人行绿债目录将绿色项目分为6个大类、31个小类。在支持项目范围及分类方法上存在差异,部分可纳入绿色债券投资范围的项目不属于绿色信贷,反之亦然。这将导致银行机构的绿色信贷资产无法直接对应到绿色债券发行所需的绿色资产池,需重新对基础资产进行梳理和认定,增加了银行与其他金融机构协同开展绿色金融产品创新时的业务管理难度和成本。

三、金融机构发展的对策建议

(一)坚持金融部门去杠杆战略,加强统一监管

一是逐步完善多层次资本市场建设,发展多元化融资渠道,增加股权融资比例。以银行为中心、债务融资为主导的融资模式带来资产负债表资本结构错配风险,而股权融资可以降低债务杠杆率,减少资本结构错配风险。二是改善外汇储备投资渠道。金融部门持有外国资产远大于负债,金融部门面临的主要是债权型货币错配风险。我国外汇储备很大部分投资于债券类资产,这类资产收益低,外汇储备利用效率低下,并且汇率波动很容易抵消收益,外汇储备存在收益风险。发展多渠道投资,特别是股权类投资能有效管理风险敞口。三是在去杠杆的基础上同时改善监管方式,保证市场稳定。金融部门杠杆率处于较高水平,因此风险指标对资产波动率特别敏感。要降低危险系数,一方面降低杠杆率,但参照西方发达国家,金融部门杠杆率不会下降太多,主要是防止市场剧烈波动。之前我国的监管部门"一行三会",实行各自为政的分行业监管方式。随着金融市场的发展,各行业之间界限并不十分清晰,跨市场的金融衍生产品也不断出现,很多金融机构跨行业经营。这种情况下,目前的监管方式是要么三者都监管,要么都不监管,出现监管混乱的局面。从2018年开始,我国监管部门变为"一行两会",加强了统一监管,进一步保证了市场稳定,未来我国金融市场由"重审批、轻监管"模式转向"轻审批、重监管模式"。

(二)政策、理念、人才、机制多方发力,培育投贷联动生长沃土

1. 建立与投贷联动相匹配的信贷机制

寻求既适合初创企业及中小企业发展也适合银行信贷理念的多种增信措施,最大限度地控制风险。由于投贷联动的标的企业大部分属于轻资产,可供传统的银行信贷作为合格抵押品的较少。因此,应该着重寻求创新多种、多维度的增信方式,将企业发展的不同生命周期与其对应的抵押品结合起来。例如,在初创期利用知识产权或者专利权作为抵押增信,在其成长期利用订单或者应收账款作为质押增信,同时对信贷发放金额上限予以合理地控制。

2. 扭转传统的商业银行信贷理念

商业银行对于投贷联动业务开展过程中的信贷发放理念,应该从重视抵质押担保的事后防范机制方面向重视第一还款来源的事前预警的防范方式转变。传统的重资产、重抵押的信贷理念的目的往往在于出现融资主体违约情况后能够依靠抵押的增信机制实现损失最小化。随着金融创新的不断出现,传统理念应该向轻资产、重现金流的新理念转变,这将与投贷联动业务中中小企业及初创企业的特征更契合。

3. 建立适用于投贷联动业务的风险防范机制

一是建立风险隔离机制。股权与债权的投资目的有区别,股权在于把握控制权,债权在于把握收益权,这使得各自承担的风险程度不同。因此股权、债券投资须建立严格的风险隔离制度。从国外成功的投贷联动案例来看,无论是英国中小企业成长基金模式还是美国硅谷银行模式,均先对股权投资和债权投资实行隔离。而隔离又分两个方面,一方面是对投资资金进行隔离,另一方面是对审查机制进行隔离,即股权投资和债权投资的资金分别管制,同时采用不同的审查机制。

二是建立风险分担和共享机制。在投贷联动的业务开展过程中,应该寻求多方面的投资伙伴,实现更为稳定的投资风险分担。多个金融机构之间往往可以形成有效的信息交流机制,实现信息共享和业务合作,达到资源的有效融合,真正地降低投资风险。

三是建立风险退出机制。在投贷联动的业务开展过程中,应该根据企业不同生产周期的特点、所处的行业特点建立多个方面的风险退出机制。

4. 打造专业的投贷联动队伍,培养复合型人才

投贷联动业务主要针对中小企业和初创企业,这需要商业银行与各类金融机构协作建立一个专业的队伍,为市场、行业、技术提供全方面的服务,帮助银行掌握更全面的情况,尽可能全面地识别风险、降低投资风险。因此需要商业银行培养股权投资所需要的、对行业和企业的发展前景有战略性判断、对风险识别和控制能力较强的复合型人才。

5. 健全适合于投贷联动业务发展的法律法规与政策环境

目前国内的《商业银行法》《关于严禁银行金融机构违规投资参与非金融企(事)业或项目的通知》《流动资金打款管理暂行办法》都在一定程度上限制了投贷联动业务的开展。因此也需要监管层面尽快出具一定的监管细则,各级政府配合出台相应的配套措施,为投贷联动业务的开展开创一个良好的环境,帮助商业银行更顺利地开展投贷联动业务。

(三)合理运用"缩表"的同时,寻求创新改进以消除银行体系的脆弱性

一是结合我国产业结构性调整对银行的创新目的和做法进行改进。银行体系开展的创新需要为实体经济服务,而不应该脱实向虚。因此,监管部门需要在银行的同业业务、资本拨备和资产管理业务等方面采取引导性的政策和措施,引导商业银行对产业结构调整中更需要资金支持的实体经济行业开展银行业务的创新和支持。从而实现商业银行与实体经济的良性互助,使得商业银行在服务实体经济发展的过程中,能够依靠实体经济的发展带动自身发展,消除商业银行体系的脆弱性。

二是商业银行应该把握好"缩表"的时机,同时控制"缩表"的力度。作为应对商业银行体系脆弱性的对冲手段,"缩表"的时机和力度尤为重要。我国金融市场目前利率水平提升速度较快,商业银行的"缩表"过程需要密切关注同业拆借市场价格的波动,力度要在可控范围内,防止引起市场恐慌情绪的蔓延;同时还需要时刻关注我国经济形势的变动及供给侧改革的需要,在适当时机采取一定程度的"缩表"。

(四)继续推进中小保险公司全面转型

一是实施差异化竞争战略,实现集约化经营、精细化运营。在现有行业监管格局下,中小保险公司在资本实力、渠道建设、人才资源、管理流程成熟度和社会声誉等方面,短期内均无法与大型保险公司有效抗衡,因此,中小公司在产品、服务、客户、渠道和投资等方面要做到"有所不为,有所为"。"有所不为"是指不要与大型公司全面、直接竞争,如不切合实际地在全险种或者特定险种(如机动车辆险)上竞争、同一渠道竞争或者投资品种竞争等;"有所为"是指在开展差异化竞争时,要充分、客观地认识到局限性,结合股东和自身优势,在特定细分领域做到"小而精",获取局部竞争优势,以期在特定细分市场实现成本最小化。

二是要充分利用市场资源,加强外部合作。要通过生态合作,提升产品开发及创新能力。对于中小公司而言,由于缺少核心资源及客户量,没有构建和整合生态的能力,嵌入生态是不错的选择。如与互联网科技公司达成战略合作,将传统保险与互联网进行结合,创造新的互联网保险应用场景,探索保险产品研发、互联网运营、数据化决策、信息系统建设、新技术应用、销售模式创新等领域的新技术与新举措,实现共赢;要用科技提升效率。一些中小公司有许多过剩人力,严重制约了效率,借助保险科技力量可以出清落后产能,提高效率。借助互联网公司的云计算、大数据平台,可以较低的成本,实现网点的布局与新业务的开展;要纵向挖掘价值链。在承保、理赔、续保等基本服务环节与客户的低频交互对中小公司留住客户而言已不足够,要通过更多的乃至跨界的服务,来将客户变成高黏度的用户,纵深挖

掘他们的价值链,抓住用户的痛点,更深入地满足他们的保障需求;要善于借助外包。产业链分工细化是整个保险业的大趋势,中小公司的许多价值链环节都可以外包。例如,借助定损外包,中小保险公司可以实现简单高效的自动定损。再如,销售环节和售后服务环节外包,则可大幅度地降低中小保险公司的渠道建设及维护成本。

三是完善中小保险公司治理机制及内控制度。主要股东要充分认识和尊重保险行业的发展理念和规律,提供中小公司在生存发展期所需的资源支持,如监管协调、业务投入和资本补充等。作为市场化竞争者,中小公司经营层不应当也不能将发展战略定位于单纯为股东提供服务,也不应当只依靠股东资源,而是应当面向市场寻求最适合的发展战略及其实现途径;要建立市场化的激励机制。保险业的竞争归根到底是人才竞争。这就必然要采用市场化的、行业对标的激励约束机制。在激励机制设计方面,要更多倾向于长期激励,如股票期权或者限制性股票等,减少基薪、奖金和津贴等短期激励对经营行为的扭曲;要建立基于现代信息技术的管理流程和体制。传统的金字塔式组织架构在需求多元化和多样化的现代社会将难以有效快速响应。这就要求公司通过现代信息技术来重塑管理体制,从而尽可能地降低管理成本。

(五) 中小基金公司应明确自身定位,内外发力突破自身困境

一是中小型基金公司应根据市场细分选择自己的定位。中小型基金公司在激烈的基金市场竞争中要保持健康、持续的发展,需要根据市场的细分情况,确立符合自己的定位,从而能够通过细分市场与其他类型的基金公司错位竞争,最大限度地发挥自身的核心竞争力。目前,我国基金市场的产品不断创新,类别丰富,如指数基金、保本基金、伞形基金、LOF、ETF。中小型的基金公司虽然规模、实力相对于大型的基金公司处于弱势,但是可以专注于特定类型的基金产品,从而降低投研和基金管理的成本,提升业绩,取得局部市场的竞争优势。

二是中小型基金公司可以加强对外合作或重组,促进股东的多样化。中小型基金公司可以通过与其他公司合作或重组的方式,增强自身的实力,同时也能促进其股东趋于多样化,防止对个别大股东的过度依赖。具体包括与外资企业进行合作、与国内的大型企业或机构合作、行业内的横向并购。

三是明确在以持有人利益为核心的基础上完善公司的治理结构。中小型基金公司要在激烈的市场竞争中赢得投资者的青睐,就需要建立以持有人利益为核心的公司治理结构。例如,中小型基金公司可以设立投资理事会,从而增加持有人对基金运作的话语权。一定程度上将基金运作的监督权、业绩评议权等交予持有人为主要成员的投资理事会,不仅可以增强持有人与管理人之间的沟通,还有利于提

升客户的满意度,增强投资者对基金的信心。

(六)外部市场与政策环境联合调整,消除期货风险管理子公司的制约因素

一是监管部门需要尽快建立针对期货风险管理子公司开展场外业务的政策体系,为场外业务营造良好的环境。为了规范场外市场业务开展情况,合理引导期货风险管理子公司持续、科学地发展,政策部门需要针对场外业务的开展、监管等一系列活动建立配套的政策体系,维持场外市场的合理运行,以便期货风险管理子公司在开展场外衍生品交易、财富管理、专业做市商等方面实现健康的发展。

二是我国场外市场需要尽快建立统一且有公信力的第三方清算平台。参考境外成熟市场的经验,一般场外市场必须有一个各方都信任的第三方清算机构,如中央对手方(CCP)。统一且极具公信力的第三方清算平台能够充分发挥场外市场的功能,趋利避害,促进场内外市场协调发展,进而引导期货风险管理子公司实现快速健康的发展。

三是加速培育场内市场衍生品种。实现农产品、金属、能源、化工、金融等国民经济重要领域全覆盖,构建场外市场与场内市场协同发展的衍生品市场体系,通过市场间的良性互动,降低场外业务风险,保证期货风险管理子公司平稳有序地开展场外市场业务。

(七)市场与企业协同调整,谨防金融科技"伪创新"问题爆发

一是政府需要尽快搭建科技创新服务平台。首先,政府需要搭建公共技术服务平台,建立高新科技资源共享平台,鼓励和引导服务和咨询机构为科技型中小企业提供公益性公共技术服务;其次,搭建银政合作金融科技服务平台,将资本市场和科技创新有机结合,建立多渠道、多层次、多元化的科技投融资模式;最后,搭建科技创新人才培训平台,与高校合作建立科技型创新企业人才培训基地,努力为企业培养具备较强管理创新能力、技术创新能力、商业模式创新能力的优秀人才。

二是需要设立专门针对科技创新型中小企业融资服务的金融机构。为了更好地促进科技创新型中小企业发展,要成立专业化经营、市场化运作的科技银行、科技风投公司、科技担保公司和科技小贷公司,建立银行与企业、政府与企业、企业与企业、其他金融机构与企业的合作体系,加快金融科技产品和服务创新,为科技型中小企业提供量身定做的融资渠道,充分缓解科技型中小企业的融资难问题,进一步推动高新科技成果转化,进而促进金融科技蓬勃发展。

三是我国科技创新型中小企业需要提升创新产出效率,避免"伪创新"问题的发生。首先,科技型中小企业必须要选择市场前景较好的项目和行业,立足市场需求,加强技术研发能力和市场挖掘能力。其次,要提高企业的经营管理水平,完善现代企业治理结构,健全内部控制制度,从而建设优秀的商业运营模式,降低企业

的经营风险、市场风险和财务风险。

(八)加大政策激励力度,构建统一的绿色金融产品与监管体系

一是利用市场规律,通过贴息、再贷款、担保等利益调整的形式对绿色金融进行激励。从我国已经出台的支持绿色金融发展的政策文件看,七部委《指导意见》提出对绿色项目进行贴息,并探索将绿色信贷纳入宏观审慎评估框架;国家发改委《绿色债券发行指引》提出政府投资补助、担保补贴、债券贴息、基金注资等正向激励措施;中国证监会《关于支持绿色债券发展的指导意见》指出"鼓励支持地方政府综合利用贴息、财政补贴、设立绿色公司债券投资基金等多种优惠政策支持绿色公司债券发展"。目前需要各级政府依据相关政策将该类激励措施落到实处。

二是构建统一的绿色金融产品与监管体系。首先,无论是绿色信贷、绿色债券还是其他绿色金融创新产品,都需要界定出统一的绿色项目类别及范围,方便各类金融机构协同合作,针对特定项目开展绿色金融业务时都能够享受相关政策带来的便利,促进金融机构间的合作;其次,国家发改委、中国证监会、中国银监会、交易商协会等监管机构需要针对绿色金融相关业务的开展、体系的构建联合制定统一的监管政策,使得不同金融机构无论在独立还是合作开展绿色金融业务时,都接受统一、公平的监管,一方面能够有效地激励各类金融机构参与到绿色金融中来,另一方面能够在开展绿色金融业务时加深金融机构间的协作。

第三章 金融市场发展

2017年金融市场产品种类不断丰富,市场制度不断完善,金融市场对于资管行业、银行、公募、保险等发布一系列金融监管政策,保证金融市场的稳定发展,但各子市场及不同子市场之间存在的矛盾或问题也日益显现。货币市场运行整体平稳,市场利率有所上行后趋于稳定。股票市场指数稳中有升,成交额和筹资额同比减少,新三板市场发展迅猛;债券市场收益率曲线总体有所上移,交易量有所下降。人民币汇率双向浮动弹性明显增强,外汇市场交易主体进一步扩展,外汇掉期和远期交易增长较快。保险市场发展稳中向好,保险市场改革开放持续深化,保险资金运用配置更趋优化,投资收益稳步增长,服务经济社会发展能力持续增强,保险科技应用日益广泛,互联网保险业务保持快速发展。黄金供需基本保持平稳、黄金价格稳中有升、黄金交易规模保持增长。期货交易量和交易额有所下降、期权市场平稳运行、利率衍生品交易活跃度明显上升。不过,我国金融市场仍存在一些问题,本章试图分析这些问题并给出相应的对策建议。

一、金融市场运行分析

(一) 货币市场

1. 同业拆借市场

从长期来看,同业拆借市场是持续上升的,但2017年同业拆借市场总体在下降。同业拆借累计成交78.98万亿元,同比减少17.65%,日均成交3 159亿元,同比减少17.32%。从图1-3-1中可以看到,2001—2012年同业拆借交易额持续增加,尤其是2007年后,同业拆借交易额快速增长,年均增长率高达到94.82%,2013年同业拆借成交额下降23.95%,2014年小幅回调,接下来几年又重现大幅增长,并屡创历史新高,而2017年同业拆借成交额又有所下降。

从期限结构来看,市场交易仍主要集中于隔夜品种,拆借隔夜品种的成交量占总量的86.07%,比2016年下降3个百分点,各月成交额如表1-3-1所示。

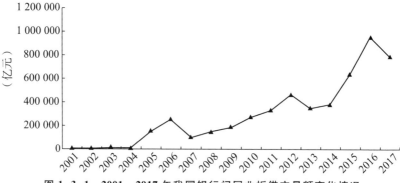

图 1-3-1　2001—2017 年我国银行间同业拆借交易额变化情况

资料来源：中国人民银行调查统计司，http://www.pbc.gov.cn/diaochatongjisi/116219/116319/3245697/3245905/index.html。

表 1-3-1　全国银行间同业拆借市场交易期限分类统计　　　　单位：亿元

	1天	7天	14天	21天	1个月	2个月	3个月	4个月	6个月	9个月	1年
2012年	402 814	41 934	12 068	2 370	4 476	1 626	1 170	81	379	29	85
2013年	289 636	44 024	11 579	1 828	5 070	1 034	1 748	67	119	2	83
2014年	294 983	61 061	11 767	899	4 665	1 237	1 670	60	100	22	163
2015年	539 953	76 974	15 305	1 372	4 243	1 006	2 445	120	146	17	553
2016年	839 763	92 765	12 771	2 209	4 463	2 129	3 477	263	510	259	522
2017.01	50 192	6 982	1 814	588	687	428	199	34	51	1	90
2017.02	62 629	5 150	904	194	316	271	189	203	20	15	14
2017.03	67 691	6 244	1 026	140	421	930	133	18	23	10	25
2017.04	53 821	4 989	761	63	466	447	129	11	39	11	31
2017.05	47 751	6 267	729	38	270	229	175	11	20	9	17
2017.06	55 703	6 910	661	64	365	224	249	24	33	10	42
2017.07	48 944	6 593	444	69	365	207	158	11	36	14	30
2017.08	54 286	6 633	613	46	392	247	156	32	26	11	19
2017.09	59 760	7 094	1 736	219	294	437	100	4	12	6	15
2017.10	47 104	6 327	416	22	216	449	206	58	22	3	12
2017.11	63 922	7 995	807	580	570	448	286	24	81	9	8
2017.12	68 003	9 337	2 838	1 103	716	747	200	46	14	5	28
2017年	679 807	8 0521	12 750	3 126	5 079	5 063	2 180	475	377	103	329

资料来源：中国人民银行调查统计司，http://www.pbc.gov.cn/diaochatongjisi/116219/116319/3245697/3245905/index.html。

4月、5月、7月和10月，同业拆借市场成交量较上月有所下降，其中，10月同业拆借市场累计成交量下降21.18%，达到全年最低(4.7万亿元)；其他月份成交量较上月都是增加的，其中11月增加幅度最大，累计成交约6.39万亿元，较上月增长35.70%。交易品种仍以1天为主，1天品种共成交约67.98万亿元，占全部拆借成交量的86.07%。与2016年各月同比，除1月、2月、3月和12月，2017年其他各月均有大幅的下降态势，5月、7月和8月同比下降率分别高达43.62%、44.55%和41.77%，月均下降43.31%(见表1-3-2)。由上述分析可知，我国同业拆借市场经过短暂调整后，正处于在缓慢地增长中。

2017年，同业拆借利率呈平稳上升态势。从全年来看，12月同业拆借加权平均利率是3.11%，为年内最高水平，1月达到2.48%的年内最低水平(见图1-3-2)。从全年来看，随着资金需求呈平稳增长态势，同业拆借利率也呈缓慢上升态势，由1月的2.48%上升到12月的3.11%，前4个月基本持平，后8个月缓慢增长。质押式回购加权利率与同业拆借加权利率全年走势极为同步，也从侧面反映了全年资金需求状况。

表1-3-2 2017年同业拆借市场成交情况

月份	2017年成交额（亿元）	环比（%）	2016年成交额（亿元）	同比（%）	IBO001
1	61 065.94	-18.95	57 184	6.79	49 988
2	69 904.88	14.47	48 977	42.73	43 420
3	76661.31	9.67	74714	2.61	65639
4	60 767.30	-20.73	72 971	-16.72	65 571
5	55 514.31	-8.64	98 458	-43.62	88 884
6	64 285.14	15.80	99 845	-35.62	86 021
7	56 870.59	-11.53	102 570	-44.55	92 190
8	62 461.50	9.83	107 268	-41.77	94 385
9	69 677.67	11.55	82 731	-15.78	67 417
10	54 835.37	-21.30	55 247	-0.75	46 834
11	74 730.37	36.28	83 821	-10.85	75 014
12	83 036.62	11.11	75 345	10.21	64 399

注：IBO001指同业拆借市场中的隔夜品种；占比指隔夜品种占同业拆借总成交量的比重。

资料来源：中国人民银行调查统计司，http://www.pbc.gov.cn/diaochatongjisi/116219/116319/3245697/3245905/index.html。

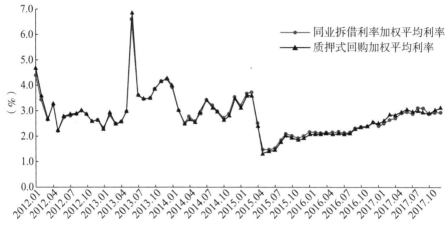

图 1-3-2 2012—2017 年同业拆借加权平均利率和质押式回购加权利率

资料来源:中国人民银行调查统计司,http://www.pbc.gov.cn/diaochatongjisi/116219/116319/3245697/3245905/index.html。

2. 回购市场

2017 年,回购市场与同业拆借市场类似,交易量持续增长(见图 1-3-3 和表 1-3-3)。银行间市场债券回购累计成交 588.26 万亿元,同比增长 3.52%,日均成交 2.42 万亿元,增速比 2016 年低 27.9 个百分点。2 月、3 月、5 月、6 月、8 月和 11 月出现增长态势,其中,11 月成交额为 47.35 万亿元,较上月增长 33.16%,为年内单月最高增长率。其他月份出现不同幅度的下降。从期限结构来看,回购市场交易仍主要集中于隔夜品种,回购隔夜品种的成交占总量的 80.70%,比 2016 年略有下降。

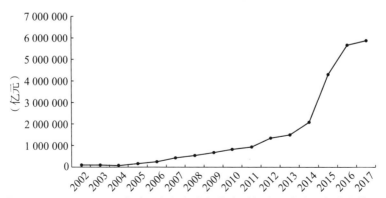

图 1-3-3 2002—2017 年我国银行间市场债券质押式回购交易额变化情况

资料来源:中国人民银行调查统计司,http://www.pbc.gov.cn/diaochatongjisi/116219/116319/3245697/3245905/index.html。

表 1-3-3　全国银行间市场债券质押式回购交易期限分类统计　　单位：亿元

	1 天	7 天	14 天	21 天	1 个月	2 个月	3 个月	4 个月	6 个月	9 个月	1 年
2012 年	1 109 323	172 165	47 390	9 913	13 155	8 120	4 421	612	804	89	182
2013 年	1 201 735	196 620	64 787	14 263	24 745	8 264	7 068	613	1 045	234	384
2014 年	1 668 990	300 413	96 061	16 051	22 896	6 722	9 854	1 214	1 464	123	311
2015 年	3 700 895	461 541	114 361	11 337	18 661	5 372	10 193	768	849	60	73
2016 年	4 861 135	618 755	138 334	21 404	23 673	7 801	9 346	679	743	84	740
2017.01	264 508	42 838	22 797	6 743	8 453	3 529	475	192	95	34	166
2017.02	287 141	50 053	13 838	2 048	1 459	2 277	557	440	185	30	4
2017.03	405 358	59 949	20 181	3 740	5 667	2 795	868	507	350	479	6
2017.04	346 259	48 919	16 365	2 040	1 554	1 220	272	41	147	6	35
2017.05	381 767	59 981	17 262	2 309	3 016	2 797	592	107	90	6	1
2017.06	446 443	73 710	18 930	2 682	3 101	2 446	1 468	287	71	12	7
2017.07	421 857	74 549	14 810	1 185	941	738	713	539	241	9	4
2017.08	458 893	77 543	16 813	1 720	1 431	1 324	382	68	54	7	9
2017.09	458 094	61 700	38 821	5 841	3 883	3 760	774	166	190	30	13
2017.10	355 495	59 513	14 355	3 447	822	1 254	249	90	42	6	14
2017.11	473 470	77 143	16 378	9 916	1 645	1 720	708	388	70	18	26
2017.12	447 983	77 846	26 009	14 637	4 954	3 183	1 388	707	159	140	24
2017 年	4 747 267	763 744	236 560	56 307	36 925	27 043	8 445	3 533	1 694	777	309

资料来源：中国人民银行调查统计司，http://www.pbc.gov.cn/diaochatongjisi/116219/116319/3245697/3245905/index.html。

2017 年，货币市场利率呈小幅振荡趋势。7 天回购移动平均利率在 5—11 月相对较为平稳，12 月波动幅度增大，12 月 28 日的 7 天回购移动平均利率达到 6.81% 的年内最高水平；1 月 9 日，7 天回购移动平均利率达到 2.37% 的年内最低水平，全年波幅为 4.44%，全年均值为 3.34%（见图 1-3-4）。7 天同业拆借加权平均利率的走势与 7 天回购移动平均利率的走势基本一致。

从机构融资情况来看（见表 1-3-4），2017 年货币市场融出、融入主要呈现以下特点：一是中资大型银行依然是回购市场和拆借市场上的资金融出方，交易量大幅下降，同比下降 25.98%。2017 年，大型银行累计净融出资金 162.14 万亿元，同比少融出 56.92 万亿元。其中，在回购市场上，大型银行的净融出资金减少 50.25 万亿元，同比减少 25.73%；在同业拆借市场上，净融出资金增加 6.67 万亿元，同比增长 28.11%。二是中资中小型银行在拆借和回购市场上的资金融入量大幅下降，全年净融入 7.33 万亿元；在回购市场上，中小型银行仍为资金需求者，全年回购融入资金 4.98 万亿元，同比减少 86.01%；在同业拆借市场上，中小型银行仍为资金需求者，全年拆借融入资金 2.35 万亿元。三是保险业机构由资金融入方转为资金供给方。四是证券机构全年融入资金同比增加9.58万亿元,同比增长19.54%。五是外资银行净融入资金大幅下降,全年外资银行净融入5.15万亿元,同比下降26.91%。六是其他金融机构及产品净融入91.93万亿元,同比增长17.15%。

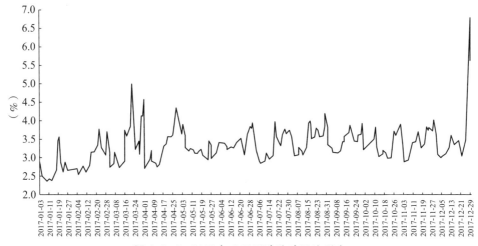

图1-3-4　2017年7天回购移动平均利率

资料来源:Wind资讯。

表1-3-4　2016—2017年金融机构回购、同业拆借资金净融出、净融入情况

单位:亿元

	回购市场		同业拆借	
	2017年	2016年	2017年	2016年
中资大型银行	-1 450 764	-1 953 274	-170 598	-237 311
中资中小型银行	49 838	356 213	23 490	19 786
证券业机构	465 915	490 116	119 990	175 790
保险业机构	-8 761	-31 443	77	97
外资银行	49 185	70 702	2 295	-270
其他金融机构及产品	894 587	1 067 686	24 747	41 909

注:中资大型银行包括中国工商银行、中国农业银行、中国银行、中国建设银行、国家开发银行、交通银行、邮政储蓄银行;中资中小型银行包括招商银行等17家中型银行、小型城市商业银行、农村商业银行、农村合作银行、村镇银行;证券业机构包括证券公司和基金公司;保险业机构包括保险公司和企业年金;其他金融机构及产品包括城市信用社、农村信用社、财务公司、信托投资公司、金融租赁公司、资产管理公司、社保基金、基金、理财产品、信托计划、其他投资产品等,其中部分金融机构和产品未参与同业拆借市场;负号表示净融出,正号表示净融入。

资料来源:中国外汇交易中心。

3. 票据市场

2017年,在金融去杠杆、去影子银行,银监会"三三四"文件出台以及在票交所制度频出、税改58号文、流动性管理新政、资管新政策等多重因素的叠加下,票据市场逐步正常回归。在国际经济继续保持温和复苏、国内步入深化改革、金融回归服务实体经济的背景下,票交所纸电开始完全融合,各种票据新政实施后,各票据经营机构将面临重大转型。

票据业务量步入正常回归期。2017年,企业累计签发商业汇票17.0万亿元,同比下降6.1%;延续2016年的下行走势,但降幅缩窄13个百分点,降幅呈现收窄迹象。期末商业汇票承兑余额为8.2万亿元,同比下降9.5%。2017年,票交所办理票据承兑业务14.63万亿元,比上年减少3.47万亿元,同比下降19.17%。票据承兑余额继续下滑,但下滑速度逐季度缩窄,第四季度承兑余额出现回升。从行业结构看,企业签发的银行承兑汇票余额仍集中在制造业、批发和零售业;从企业结构看,由中小型企业签发的银行承兑汇票约占三分之二。

票据市场融资增长放缓。2017年金融机构累计贴现40.3万亿元,同比下降52.4%,下滑幅度继续扩大,降幅较2016年扩大35个百分点。前三个季度票据融资余额持续下降,第四季度票据融资余额小幅回升。2017年期末贴现余额3.9万亿元,同比下降28.9%,贴现余额四年来首次出现回落。票据融资余额前三个季度连续回落,但在第四季度企稳回升。期末票据融资余额占各项贷款的比重为3.2%,同比下降1.9个百分点(见表1-3-5和图1-3-5)。商业银行持有票据资产的意愿开始恢复,票据市场呈现企稳迹象。

表1-3-5 2016—2017年票据融资与各项贷款总额比较

	2017年各项贷款(亿元)	票据融资(亿元)	占比(%)	2016年各项贷款(亿元)	票据融资(亿元)	占比(%)	同比增减额(亿元)
1月	1 141 947.07	50 260.49	4.40	1 419 931.38	49 553.46	3.49	707.03
2月	1 155 104.62	47 841.53	4.14	1 428 902.30	48 966.22	3.43	-1 124.69
3月	1 165 986.22	43 952.89	3.77	1 454 211.85	49 478.01	3.40	-5 525.12
4月	1 176 538.42	41 959.76	3.57	1 462 574.29	51 864.22	3.55	-9 904.46
5月	1 186 636.00	40 472.60	3.41	1 481 100.64	53 431.44	3.61	-12 958.84
6月	1 202 130.07	38 866.20	3.23	1 505 908.81	53 290.62	3.54	-14 424.42
7月	1 210 353.24	37 189.06	3.07	1 510 397.75	53 573.05	3.55	-16 383.99
8月	1 219 865.18	37 507.13	3.07	1 528 544.93	55 799.97	3.65	-18 292.84

(续表)

	2017年各项贷款（亿元）	票据融资（亿元）	占比（%）	2016年各项贷款（亿元）	票据融资（亿元）	占比（%）	同比增减额（亿元）
9月	1 231 795.60	37 480.60	3.04	1 529 633.76	57 215.19	3.74	-19 734.59
10月	1 238 878.33	37 099.10	2.99	1 543 496.53	58 315.33	3.78	-21 216.23
11月	1 250 493.30	37 480.48	3.00	1 552 611.04	57 312.68	3.69	-19 832.20
12月	1 256 073.74	38 882.82	3.10	1 555 247.07	54 778.78	3.52	-15 895.96

资料来源：中国人民银行，《金融机构本外币信贷收支表》，http://www.pbc.gov.cn/diaochatongjisi/116219/116319/3245697/3245876/index.html。

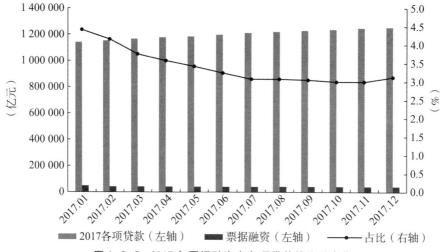

图1-3-5 2017年票据融资占各项贷款的比重变化

资料来源：中国人民银行，《金融机构本外币信贷收支表》，http://www.pbc.gov.cn/diaochatongjisi/116219/116319/3245697/3245876/index.html。

票据市场利率走势整体呈现稳中趋降走势，但年末受季节性因素影响有所走高（见图1-3-6）。2017年，票据市场利率明显高于上年。全年电票贴现、转贴现和质押式回购加权平均利率分别为4.89%、4.28%和3.85%，分别比上年提升157、128和88个基点。与货币市场利率走高趋势一致。2017年票据利率总体水平上行，一方面是由于金融机构持票意愿下降，另一方面是宏观调控政策的影响。从利差方面看，贴现和转贴现之间利差扩大，二者加权平均利差从上年的32个基点扩大到63个基点。主要是"营改增"后贴现环节税收成本上升，商业银行加大贴现和转贴现之间利差以弥补成本。

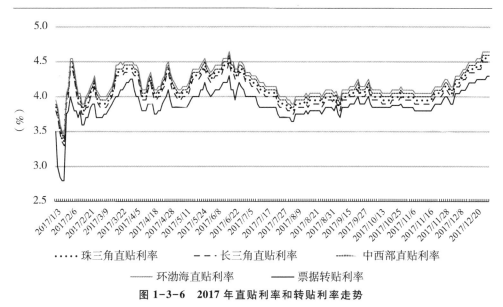

图 1-3-6 2017 年直贴利率和转贴利率走势

资料来源:Wind 资讯。

票据业务创新迭出,跨市场创新趋势增强。当前我国正处于"金融加速深化"期,金融市场层次不断丰富,不同类型市场间、不同层次市场间的连通性增强,金融机构业务合作加强,票据业务在跨市场合作和业务创新中的运作模式日益多样。2017 年借助区块链技术,结合现有的票据属性、法规和市场,开发出的一种全新的票据介质形式——数字票据,既具备电子票据的功能和优点,又融合了区块链技术的优势,是更安全、更智能、更便捷的票据形态。2017 年年初浙商银行基于区块链技术的移动数字汇票产品上线,并完成首单交易;同年 11 月,江苏银行应用"区块链"技术成功办理票据跨行贴现业务。此外,2017 年票据相关制度不断推出。2017 年 3 月 27 日,央行发布了《中国人民银行关于实施电子商业汇票系统移交切换工作的通知》,确定票交所将于 10 月正式接受 ECDS 系统,同日票交所发布相关法则明确票交所交易、支票操作、登记托管清算三种业务规则。2017 年 4 月 7 日,中国银监会连续下发七个文件,进一步规范票据市场的业务发展。

(二) 资本市场

1. 股票市场

(1) 沪深股票指数震荡上行。沪深两市总体呈稳中有升走势,大盘股稳步上涨。2017 年上半年沪深两市股票指数在缓慢上升后下降,分别从 1 月 4 日的 3 158.79 点和 10 384.87 点,上升到 6 月 30 日的 3 192.43 点和 10 529.61 点,涨幅分别为0.85%和1.39%。下半年出现大幅上升,年末又有小幅下降(见图1-3-7)。2017年年末,上证综合指数收于3 307.17点,与2016年年底的3 103.64相比,上涨6.56%。年末深成指数收于11 040.45点,与2016年年底的10 177.14点相比,上涨8.48%。与主板市场类似,深交所的创业板指数震荡变动,从年初的1 963.26点到年末的1 752.65点,下跌10.73%。年末收于1 752.65点,比2016年年底的1 962.06点下跌10.67%。三板做市指数短暂下降后一直下跌,由4月10日年内最高点1 159.53点一路下跌至12月27日年内最低点985.95点,年末收于993.65点,比2016年年底的1112.11点下跌10.65%(见图1-3-8)。总体而言,我国股票市场主要指数全年走势是小幅震荡上行。

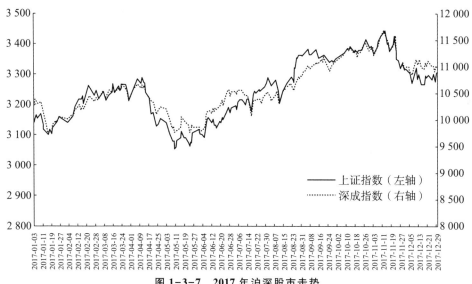

图 1-3-7　2017年沪深股市走势

资料来源:Wind 资讯。

(2)股票市场成交额同比下降。2017年,我国股市累计成交量和累计成交金额分别为87 495.32亿股和1 124 625.07亿元,日均成交4 609.12亿元,同比下降11.26%,日均成交358.58亿股,同比下降7.12%;分月来看,我国股市累计成交量和成交金额在3月、7月、8月和11月快速上涨,1月、2月、4月、5月、6月、9月、10月以及12月震荡下跌(见表1-3-6)。股票市场成交量下降,创业板交投活跃度下降。创业板累计成交16.6万亿元,同比下降23.7%。2017年年末,沪、深股市流通市值为44.9万亿元,同比增长14.2%;创业板流通市值为3万亿元,与上年相当。

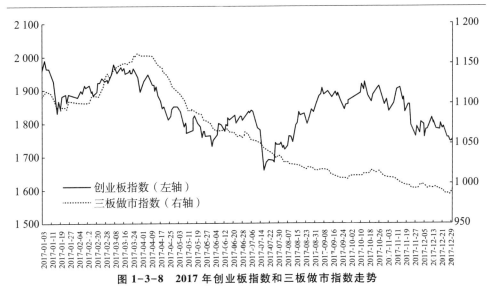

图 1-3-8 2017 年创业板指数和三板做市指数走势

资料来源：Wind 资讯。

表 1-3-6 2017 年中国股市各月成交量和月成交金额

	股票成交金额 （亿元）	日均成交金额 （亿元）	股票成交数量 （亿股）	日均成交数量 （亿股）
2012 年	314 667.41	1 294.93	32 881.06	135.31
2013 年	468 728.60	1 969.45	48 372.67	203.25
2014 年	743 912.98	3 036.38	73 754.61	301.04
2015 年	2 550 538.29	4 458.10	171 039.46	354.86
2016 年	1 267 262.64	5 193.70	94 201.17	386.07
2017.01	67 641.72	3 757.87	5 120.03	284.45
2017.02	80 835.68	4 490.87	6 463.47	359.08
2017.03	115 943.32	5 041.01	8 162.27	354.88
2017.04	92 082.46	5 115.69	7 348.86	408.27
2017.05	81 303.92	4 065.20	6 485.01	324.25
2017.06	84 758.68	4 391.00	6 784.46	308.38
2017.07	97 612.13	4 648.20	8 304.06	395.43
2017.08	117 672.34	5 116.19	9 867.58	429.03
2017.09	115 101.01	5 481.00	8 852.43	421.54

(续表)

	股票成交金额（亿元）	日均成交金额（亿元）	股票成交数量（亿股）	日均成交数量（亿股）
2017.10	79 400.08	4 670.59	5 895.06	346.77
2017.11	112 035.45	5 092.52	8 118.60	369.03
2017.12	80 238.28	3 820.87	6 093.49	290.17
2017 年	1 124 625.07	4 609.12	87 495.32	358.59

资料来源：根据中国证监会 2017 年公布的数据整理得到。

（3）股票市场融资额同比减少。2017 年境内各类企业和金融机构在境内外股票市场上通过发行、增发、配股、权证行权等方式累计筹资 15 209.89 万亿元，同比少融资 3 700.48 万亿元，下降 19%；其中 A 股筹资 1 万亿元，同比下降 24.7%。境外 H 股筹资金额 1 829.94 亿美元，同比增长 1.14 倍。A 股全年首发筹资 2 182.15 亿元，H 股首发融资 488.01 亿美元。在再筹资金额中，A 股全年无公开增发，配股融资额为 156.56 亿元，同比下降 47.55%，定向增发额为 12 871.18 亿元，同比下降 24.19%，全年停止权证行权；H 股再融资增长 1.41 倍，达 1 341.93 亿美元（见表 1-3-7）。

表 1-3-7　2017 年股票市场筹资金额

时期	首次发行金额		再筹资金额					A 股合计（亿元）	H 股合计（亿美元）
	A 股（亿元）	H 股（亿美元）	A 股（亿元）				H 股（亿美元）		
			公开增发	定向增发	配股	权证行权			
2011 年	2 825.07	67.82	132.05	1 664.50	421.96	29.49	47.80	5 073.07	115.62
2012 年	1 034.32	82.50	104.74	1 867.48	121.00	0.00	77.14	3 127.54	159.64
2013 年	0.00	113.17	80.42	2 246.59	475.75	0.00	59.51	2 802.76	172.68
2014 年	668.89	128.72	18.26	4 031.30	137.98	0.00	212.90	4 856.43	341.62
2015 年	1 766.91	236.19	0.00	6 709.48	42.33	0.00	227.12	8 518.72	463.31
2016 年	1 633.56	1 078.80	0.00	16 978.28	298.51	0.00	528.95	18 910.37	1 607.76
2017.01	237.97	27.89	0.00	3 886.86	0.00	0.00	80.71	4 124.83	108.60
2017.02	125.17	0.00	0.00	664.95	0.00	0.00	83.83	790.12	83.83
2017.03	286.14	3.98	0.00	878.85	0.00	0.00	124.24	1 164.99	128.22
2017.04	180.30	163.17	0.00	967.98	48.52	0.00	124.08	1 196.80	287.25
2017.05	161.61	2.81	0.00	399.64	0.00	0.00	88.71	561.25	91.52

（续表）

时期	首次发行金额		再筹资金额					A股合计（亿元）	H股合计（亿美元）
	A股（亿元）	H股（亿美元）	A股（亿元）				H股（亿美元）		
			公开增发	定向增发	配股	权证行权			
2017.06	171.33	73.68	0.00	526.45	39.42	0.00	125.18	737.20	198.86
2017.07	182.83	73.27	0.00	475.40	0.00	0.00	125.13	658.23	198.40
2017.08	168.39	0.00	0.00	895.18	32.99	0.00	98.25	1 096.56	98.25
2017.09	171.66	101.11	0.00	687.35	0.00	0.00	136.34	859.01	237.45
2017.10	167.67	3.45	0.00	917.07	0.00	0.00	246.71	1 084.74	250.16
2017.11	202.02	0.00	0.00	1570.56	0.00	0.00	0.16	1 772.58	0.16
2017.12	127.06	38.66	0.00	1 000.89	35.63	0.00	308.34	1 163.58	347.00
2017年	2 182.15	488.01	0.00	12 871.18	156.56	0.00	1 341.93	15 209.89	1 829.94

注：本表首发筹资金额以IPO上市首日为基础统计。

资料来源：根据中国证监会2017年公布的数据整理得到。

（4）新三板市场发展迅猛。截至2017年年底，在全国中小企业股份转让系统中挂牌上市的企业为11 630家、总股本为6 756.73亿股、总市值为49 404.56亿元，同比分别增长1.14倍、1.15倍和1.22倍（见表1-3-8）。

表1-3-8 2013—2017年我国新三板市场发展概览

	2013年	2014年	2015年	2016年	2017年
挂牌规模					
挂牌公司家数	356	1 572	5 129	10 163	11 630
总股本（亿股）	97.17	658.35	2 959.51	5 851.55	6 756.73
总市值（亿元）	553.06	4 591.42	24 584.42	40 558.11	49 404.56
股票发行					
发行次数	60	327	2 565	2 940	2 725
发行股数（亿股）	2.92	26.43	230.79	294.61	239.26
融资金额（亿元）	10.02	129.99	1 216.17	1 390.87	1 336.25
股票转让					
成交金额（亿元）	8.14	130.36	1 910.62	1 912.29	2 271.80
成交数量（亿股）	2.02	22.82	278.91	363.63	433.22
成交笔数（万笔）	0.0989	9.27	282.14	308.83	282.99
换手率（%）	4.47	19.67	53.88	20.74	13.47
市盈率（倍）	21.44	35.27	47.23	28.71	30.18

资料来源：全国中小企业股份转让系统，http://www.neeq.com.cn/static/statisticdata.html。

从行业分布来看,新三板市场挂牌公司最集中的两个行业是工业和信息技术服务业,分别为3 371家和3 080家,其占比分别为28.99%和26.48%(见表1-3-9)。

表1-3-9　2015—2017年新三板市场挂牌公司的行业分布情况

行业分类	2015年		2016年		2017年	
	公司(家)	占比(%)	公司(家)	占比(%)	公司(家)	占比(%)
工业	1 476	28.78	2 926	28.79	3371	28.99
信息技术	1 368	26.67	2 714	26.70	3 080	26.48
非日常生活消费品	621	12.11	1466	14.42	1 727	14.85
原材料	645	12.58	1 177	11.58	1 325	11.39
医疗保健	326	6.36	635	6.25	718	6.17
日常消费品	292	5.69	538	5.29	620	5.33
电信业务	114	2.22	223	2.19	242	2.08
能源	113	2.20	197	1.94	205	1.76
金融	121	2.36	144	1.42	159	1.37
房地产	29	0.57	72	0.71	98	0.84
公用事业	24	0.47	71	0.70	85	0.73
合计	5 129	100.00	10 163	100.00	11 630	100.00

资料来源:Wind资讯。

从地域分布情况来看,新三板市场挂牌公司最集中的三个省份是广东、北京和江苏,分别为1 878家、1 617家和1 390家,其占比分别为16.15%、13.91%和11.95%;三省份占比合计高达42.01%(见表1-3-10)。

表1-3-10　2015—2017年新三板市场挂牌公司的行业分布情况

省份	2015年		2016年		2017年	
	公司(家)	占比(%)	公司(家)	占比(%)	公司(家)	占比(%)
广东	684	13.34	1 585	15.60	1 878	16.15
北京	763	14.88	1479	14.55	1617	13.91
江苏	651	12.69	1 245	12.25	1 390	11.95
浙江	410	7.99	902	8.88	1 032	8.88
上海	440	8.58	890	8.76	989	8.51

（续表）

省份	2015年		2016年		2017年	
	公司（家）	占比（%）	公司（家）	占比（%）	公司（家）	占比（%）
山东	336	6.55	570	5.61	636	5.47
湖北	204	3.98	347	3.41	406	3.49
河南	195	3.80	342	3.37	377	3.24
福建	139	2.71	331	3.26	405	3.48
安徽	162	3.16	302	2.97	358	3.08
四川	137	2.67	294	2.89	332	2.86
湖南	110	2.14	205	2.02	239	2.06
辽宁	114	2.22	205	2.02	234	2.01
河北	98	1.91	195	1.92	241	2.07
天津	92	1.79	171	1.68	205	1.76
陕西	64	1.25	141	1.39	164	1.41
江西	62	1.21	135	1.33	159	1.37
重庆	59	1.15	115	1.13	141	1.21
新疆	63	1.23	97	0.95	98	0.84
黑龙江	51	0.99	90	0.89	97	0.83
吉林	41	0.80	78	0.77	88	0.76
云南	55	1.07	76	0.75	92	0.79
山西	32	0.62	65	0.64	83	0.71
广西	31	0.60	60	0.59	72	0.62
内蒙古	26	0.51	60	0.59	66	0.57
宁夏	36	0.70	54	0.53	66	0.57
贵州	36	0.70	51	0.50	59	0.51
甘肃	17	0.33	31	0.31	34	0.29
海南	16	0.31	30	0.30	43	0.37
西藏	2	0.04	12	0.12	22	0.19
青海	3	0.06	4	0.04	5	0.04

资料来源：Wind资讯。

从股票转让情况来看，新三板市场在2017年的成交数量为433.22亿股，成交金额为2271.80亿元，较2016年分别增长1.19倍和1.18倍；成交笔数为282.99万笔，同比下降8.37%（见表1-3-11）。

表 1-3-11　2006—2016 年股票成交概况

年度	成交数量（万股）	成交金额（万元）	成交笔数	换手率（%）
2007	4 420.15	23 156.63	521	—
2008	5 407.86	29 527.82	484	—
2009	10 735.76	48 342.53	878	—
2010	6 951.29	41 872.24	644	—
2011	9 562.76	56 169.56	832	5.57
2012	11 455.51	58 431.81	638	4.47
2013	20 242.52	81 396.19	989	4.47
2014	228 212.40	1 303 580.47	92 654	19.67
2015	2 789 072.49	19 106 224.99	2 821 339	53.88
2016	3 636 311.46	19 122 853.55	3 088 300	20.74
2017	4 332 200.00	22 718 000.00	2 829 900	13.47

从股票发行情况来看,新三板市场在 2017 年的发行金额为 1 336.25 亿元,发行股数为 239.26 亿股,发行次数为 2 725 次,较 2016 年分别下降了 7.31%、3.93% 和 18.79%(见表 1-3-12)。

表 1-3-12　2008—2017 年股票发行概况

年度	发行次数	发行金额（万元）	发行股数（万股）
2008	5	24 564.55	5 620
2009	2	5 639.28	956
2010	8	35 835.91	6867
2011	10	64 818.45	8 007
2012	24	85 886.00	19 292
2013	60	100 236.43	29 193
2014	327	1 299 877.76	264 298
2015	2565	12 161 718.99	2 307 945
2016	2 940	13 908 700.00	2 946 100
2017	2 725	13 362 500.00	2 392 600

2. 债券市场

（1）债券发行规模显著扩大。2017年，我国累计发行各类债券39.8万亿元（见表1-3-13），比2016年多发行4.25万亿元，同比增长11.93%，主要是地方政府债券、公司债和同业存单发行量增长很快。全年国债发行3.87万亿元，地方政府发行4.36万亿元。金融债券发行25.81万亿元，同比上涨41.66%，其中国家开发银行、中国进出口银行、中国农业发展银行共发行债券3.20万亿元，同业存单发行20.19万亿元。公司信用类债券发行5.64万亿元，同比下降31.39%，其中非金融企业债务融资工具4.02万亿元，企业债券0.59万亿元，公司债0.98万亿元。国际机构债券发行573亿元。截至2017年年末，债券市场托管余额为74万亿元，同比增长15.99%。其中银行间债券市场托管余额为65.40万亿元，同比上涨16.16%。

表1-3-13　2017年国内各类债券发行情况统计　　　　单位：亿元

	政府债券		中央银行票据		金融债券		公司信用类债券		国际机构债券		各类债券合计	
	发行	余额	发行	余额	发行	余额	发行	余额	发行	余额	发行	余额
2017.01	1 360	226 400	0	0	13 316	239 113	2 206	178 280	0	537	16 882	644 329
2017.02	1 846	226 209	0	0	23 077	248 762	2 212	176 996	0	537	27 135	652 504
2017.03	6 497	229 439	0	0	26 408	255 817	6 036	177 843	70	607	39 011	663 706
2017.04	6 084	235 378	0	0	18 322	258 552	5 199	178 646	50	657	29 655	673 233
2017.05	8 408	241 883	0	0	17 071	256 017	2 809	176 338	78	735	28 367	674 973
2017.06	8 697	248 454	0	0	23 177	260 855	3 992	176 420	35	724	35 901	686 453
2017.07	11 479	257 926	0	0	20 488	265 802	6 648	178 363	115	839	38 730	702 931
2017.08	13 987	262 346	0	0	21 860	269 847	6 633	179 691	65	913	42 545	712 798
2017.09	7 317	267 832	0	0	27 257	272 811	6 300	181 165	100	1 008	40 973	722 816
2017.10	7 053	272 800	0	0	18 023	272 592	4 786	182 043	10	998	29 873	728 433
2017.11	8 013	278 779	0	0	24 206	276 525	5 621	182 964	50	1 013	37 891	739 281
2017.12	2 772	281 538	0	0	24 850	278 301	3 908	183 252	0	1 013	31 530	744 104
2017 累计	83 513		0		258 056		56 352		573		398 494	

注：金融债券包括国开行金融债、政策性金融债、商业银行普通债、商业银行次级债、商业银行资本混合债、证券公司债券、同业存单等；公司信用类债券包括非金融企业债务融资工具、企业债券以及公司债、可转债、可分离债、中小企业私募债等。

资料来源：中国人民银行网站，http://www.pbc.gov.cn/。

资产证券化市场规模在2017年继续快速扩张。具体来看，2017年共发行资产证券化产品14 519.82亿元，同比增长65.86%；年末市场存量为20 688.08亿元，同比增长66.41%（见表1-3-14）。其中，信贷ABS发行5 977.30亿元，同比增长52.93%，占发行总量的41.24%；年末存量为9 132.28亿元，同比增长47.92%，占市场总量的44.19%。企业ABS发行7 967.57亿元,同比增长70.28%,占发行总量的54.87%;存量为10 829.26亿元,同比增长81.69%,占市场总量的52.35%。资产支持票据ABN发行574.95亿元,同比增长245.17%,占发行总量的3.97%;存量为726.54亿元,同比增长143.83%,占市场总量的3.52%。

表1-3-14 2017年资产支持证券发行情况

类别	发行只数	发行额（亿元）	同比增长（%）	发行额占比（%）	市场存量（亿元）	同比增长（%）	存量占比（%）
资产支持证券（合计）	663	14 519.82	65.86	100.00	20 688.08	66.41	100.00
信贷ABS	134	5 977.29	52.93	41.17	9 132.28	47.92	44.19
企业ABS	494	7 967.57	70.28	54.87	10 829.26	81.69	52.35
资产支持票据（ABN）	35	574.95	245.17	3.97	726.52	143.83	3.52

资料来源:中央债券信息网,http://www.chinabond.com.cnhttp://www.chinabond.com.cn。

2017年,债券发行期限结构依然以中短期债券为主,债券发行1年期以下结构比重同比略有上升。其中,期限5年以内的债券发行量占比56.14%,比上年上升3.62个百分点;期限5年(含5年)到10年的债券发行量占比40.32%,比上年下降2.86个百分点;期限10年(含10年)以上的债券发行量占比4.47%,比上年增加0.17个百分点(见表1-3-15和图1-3-9)。

表1-3-15 2008—2017年债券发行期限分类   单位:亿元

	2008年	2009年	2010年	2011年	2012年	2013年	2014年	2015年	2016年	2017年
1年以下	5 653.17	5 910.51	4 980.85	3 217.25	5 298.77	6 359.96	8 433.63	10 382.35	13 698.55	18 249.58
1-3年	2 082.07	1 159.64	1 873.12	1 713.83	9 453.36	15 882.88	14 054.56	20 448.19	26 562.91	28 159.21
3-5年	663.00	918.99	995.19	1 991.85	15 842.70	12 516.00	10 115.06	22 562.92	34 007.01	29 820.20
5-7年	512.19	638.31	766.50	1 237.76	13 961.81	12 319.90	13 830.25	20 106.86	28 881.34	25 646.47
7-10年	797.46	837.14	832.08	1 009.90	9 080.80	6 946.20	10 802.20	22 882.99	32 182.84	29 110.46
10年以上	292.11	535.41	552.25	829.39	5 003.00	2 429.00	2 282.14	2 351.21	6 076.04	4 809.53

资料来源:中央债券信息网,http://www.chinabond.com.cn。

(2)银行间和交易所债券指数变化趋势相反,市场交易活跃。

2017年,银行间市场债券指数下降,中债综合净价指数由年初的102.15点下降至年末的97.97点,降幅为3.35%;中债综合全价指数由年初的117.30点下降至年末的113.37点,降幅为4.09%。交易所市场国债指数由年初的159.71点升至年末的160.85点,上升1.14点,升幅0.17%;企业债指数由年初的209.10点升至年末

213.49 点,上升 4.39 点,升幅 2.10%(见图 1-3-10)。

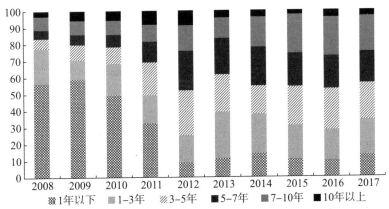

图 1-3-9　2008—2017 年债券发行期限结构变化情况

资料来源:中央债券信息网,http://www.chinabond.com.cn。

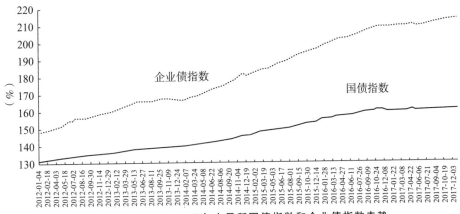

图 1-3-10　2012—2017 年交易所国债指数和企业债指数走势

资料来源:Wind 资讯。

2017 年,银行间债券市场现券交易 102.8 万亿元,日均成交 4 097 亿元,同比下降 19.1%。从交易主体看,中资中小型银行和证券业机构是净卖出方,净卖出现券 5.5 万亿元;其他金融机构及产品是主要的净买入方,净买入现券 4.8 万亿元。从交易品种看,银行间债券市场国债现券交易累计成交 13.1 万亿元,占银行间市场现券交易的 12.8%;金融债券和公司信用类债券现券交易分别累计成交 71.6 万亿元和 17.2 万亿元,占比分别为 69.6% 和 16.7%。交易所债券现券成交 5.5 万亿元,同比增长 4.2%。

(3)国债收益率曲线整体上移。国债收益率上行,曲线进一步平坦化。2017

年,随着金融体系内部去杠杆进程的加快,一些金融机构出售债券以应对流动性风险和监管要求,同时信用风险溢价上升,债券市场出现较大调整,国债收益率整体以上行趋势为主(见图 1-3-11)。2017 年年末,1 年期、3 年期、5 年期、7 年期和 10 年期收益率较年初分别上升 104 个、95 个、96 个、86 个和 78 个基点;1 年期和 10 年期国债利差为 9 个基点,较上年末收窄 27 个基点。

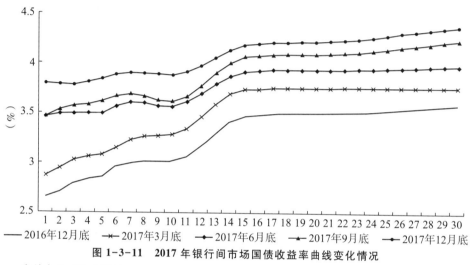

图 1-3-11　2017 年银行间市场国债收益率曲线变化情况

资料来源:Wind 资讯。

3. 投资基金市场

根据 Wind 资讯的统计,截至 2017 年年底,我国共有基金 4 841 只,其中封闭式基金的份额为 6 147.13 亿份,资产净值为 6 310.09 亿元,其占比均为 7.58%;开放式基金的份额为 74 616.84 亿份,资产净值为 77 303.80 亿元,其占比均为 92.42%。全部基金的资产净值总额为 115 996.86 亿元,较 2016 年年底增长 27.58%,基金管理份额为 110 190.09 亿份,较 2016 年上升 24.31%(见表 1-3-16)。

按照 Wind 资讯的分类标准统计,截至 2017 年年底,在全部基金中,股票基金资产净值为 7 602.40 亿元,同比增加 1 209.41 亿元;份额规模为 5 847.66 亿份,同比减少 545.33 亿份。混合基金资产净值为 19 378.46 亿元,同比减少 1 577.66 亿元;份额规模为 16 315.05 亿份,同比减少 3 242.94 亿份。债券基金资产净值为 14 647.40 亿元,同比减少 3 220.15 亿份;份额规模为 14 091.62 亿份,同比减少 2 769.98 亿份。QDII 基金资产净值为 913.59 亿元,同比增长 1.20 倍;份额规模为 818.68 亿份,同比减少 189.64 亿份。货币市场基金资产净值达到 67 357.02 亿元,同比增长 1.51 倍,它在我国内地基金市场中所占的比重也达到 43.12%;份额规模为 67 253.81 亿份,同比增长 1.51 倍(见表 1-3-16)。

表 1-3-16 2017 年我国基金行业资产净值和份额规模分类汇总

类型		截止日期	1月	2月	3月	4月	5月	6月	7月	8月	9月	10月	11月	12月
全部基金		总数	3 964	4 029	4 208	4 264	4 324	4 419	4 486	4 586	4 663	4 676	4 742	4 841
		份额（亿份）	80 763.97	84 775.11	89 207.98	92 019.68	93 275.37	96 337.20	102 268.09	105 692.55	105 853.82	107 401.15	108 755.73	110 190.09
		资产净值（亿元）	83 617.89	88 231.78	92 952.84	95 308.89	96 192.13	100 723.38	106 764.53	110 562.30	111 407.12	113 394.91	114 080.23	115 996.86
开放式基金		总数	3 651	3 704	3 852	3 898	3 944	4 022	4 080	4 170	4 236	4 241	4 288	4 361
		占比(%)	92.10	91.93	91.54	91.42	91.21	91.02	90.95	90.93	90.84	90.70	90.43	90.08
		份额（亿份）	74 616.84	78 597.99	82 098.24	85 071.95	86 395.91	89 381.17	95 328.66	98 866.91	100 052.08	101 829.47	102 954.10	104 326.82
		占比(%)	92.39	92.71	92.03	92.45	92.62	92.78	93.21	93.54	94.52	94.81	94.67	94.68
		资产净值（亿元）	77 307.80	81 887.50	85 672.27	88 210.35	89 176.11	93 560.15	99 597.31	103 533.27	105 330.76	107 544.11	108 060.96	109 898.87
		占比(%)	92.45	92.81	92.17	92.55	92.71	92.89	93.29	93.64	94.55	94.84	94.72	94.74
封闭式基金		总数	313	325	356	366	380	397	406	416	427	435	454	480
		占比(%)	7.90	8.07	8.46	8.58	8.79	8.98	9.05	9.07	9.16	9.30	9.57	9.92
		份额（亿份）	6 147.13	6 177.12	7 109.74	6 947.73	6 879.46	6 956.03	6 939.43	6 825.64	5 801.74	5 571.68	5 801.63	5 863.27
		占比(%)	7.61	7.29	7.97	7.55	7.38	7.22	6.79	6.46	5.48	5.19	5.33	5.32
		资产净值（亿元）	6 310.09	6 344.28	7 280.57	7 098.54	7 016.02	7 163.23	7 167.22	7 029.03	6 076.36	5 850.80	6 019.27	6 097.99
		占比(%)	7.55	7.19	7.83	7.45	7.29	7.11	6.71	6.36	5.45	5.16	5.28	5.26

（续表）

类型		截止日期	1月	2月	3月	4月	5月	6月	7月	8月	9月	10月	11月	12月
股票型基金	总数		668	670	682	694	703	718	731	745	763	763	771	791
	占比(%)		16.85	16.63	16.21	16.28	16.26	16.25	16.30	16.25	16.36	16.32	16.26	16.34
	份额（亿份）		6 589.97	6 523.36	6 457.01	6 502.25	6 169.02	6 093.33	5 843.04	5 832.50	5 826.69	5 726.08	5 746.23	5 847.66
	占比(%)		8.16	7.69	7.24	7.07	6.61	6.33	5.71	5.52	5.50	5.33	5.28	5.31
	资产净值（亿元）		7 198.85	7 342.26	7 283.92	7 268.16	6 978.86	7 286.80	7 180.56	7 374.75	7 473.72	7 568.87	7 462.69	7 602.40
	占比(%)		8.61	8.32	7.84	7.63	7.26	7.23	6.73	6.67	6.71	6.67	6.54	6.55
混合型基金	总数		1 749	1 773	1 842	1 861	1 887	1 915	1 944	1 979	2 011	2 017	2 052	2 096
	占比(%)		44.12	44.01	43.77	43.64	43.64	43.34	43.33	43.15	43.13	43.14	43.27	43.30
	份额（亿份）		17 937.61	17 969.68	18 866.18	17 608.40	17 275.13	17 885.11	16 563.92	16 380.42	17 196.20	15 663.91	15 423.53	16 315.05
	占比(%)		22.21	21.20	21.15	19.14	18.52	18.57	16.20	15.50	16.25	14.58	14.18	14.81
	资产净值（亿元）		19 111.97	19 520.31	20 680.12	19 118.03	18 498.81	20 052.75	18 593.73	18 635.89	19 975.89	18 649.45	17 972.29	19 378.46
	占比(%)		22.86	22.12	22.25	20.06	19.23	19.91	17.42	16.86	17.93	16.45	15.75	16.71
债券型基金	总数		815	836	892	899	906	934	946	970	982	981	982	989
	占比(%)		20.56	20.75	21.20	21.08	20.95	21.14	21.09	21.15	21.06	20.98	20.71	20.43
	份额（亿份）		13 033.14	14 147.09	15 462.52	14 831.85	13 678.11	13 536.67	13 590.36	12 916.77	13 152.95	12 894.04	13 030.83	14 091.62
	占比(%)		16.14	16.69	17.33	16.12	14.66	14.05	13.29	12.22	12.43	12.01	11.98	12.79
	资产净值（亿元）		13 898.35	14 996.13	16 303.23	15 611.87	14 296.51	14 209.77	14 297.62	13 584.69	13 810.26	13 544.61	13 635.02	14 647.40
	占比(%)		16.62	17.00	17.54	16.38	14.86	14.11	13.39	12.29	12.40	11.94	11.95	12.63

（续表）

类型	截止日期	1月	2月	3月	4月	5月	6月	7月	8月	9月	10月	11月	12月
货币市场基金	总数	293	299	309	315	320	325	330	342	347	347	347	348
	占比（%）	7.39	7.42	7.34	7.39	7.40	7.35	7.36	7.48	7.44	7.42	7.32	7.19
	份额（亿份）	35 967.69	38 863.08	40 225.16	45 034.38	48 235.89	50 915.62	58 419.35	62 819.07	62 976.51	66 668.31	67 902.13	67 253.81
	占比（%）	44.53	45.84	45.09	48.94	51.71	52.85	57.12	59.44	59.49	62.07	62.44	61.03
	资产净值（亿元）	36 053.04	38 946.35	40 314.22	45 128.65	48 337.94	51 056.69	58 573.56	62 579.59	63 114.37	66 818.58	68 045.26	67 357.02
	占比（%）	43.12	44.14	43.37	47.35	50.25	50.69	54.86	56.96	56.65	58.93	59.65	58.07
QDII基金	总数	126	126	127	129	128	130	129	133	133	133	136	137
	占比（%）	3.18	3.13	3.02	3.03	2.96	2.94	2.88	2.90	2.85	2.84	2.87	2.83
	份额（亿份）	1 088.43	1 094.78	1 087.37	1 095.07	1 037.76	950.44	911.99	918.15	899.73	877.13	851.38	818.68
	占比（%）	1.35	1.29	1.22	1.19	1.11	0.99	0.89	0.87	0.85	0.82	0.78	0.74
	资产净值（亿元）	1 045.59	1 082.45	1 090.78	1 083.65	1 063.99	954.14	951.84	958.35	956.52	962.60	945.70	913.59
	占比（%）	1.25	1.23	1.17	1.14	1.11	0.95	0.89	0.87	0.86	0.85	0.83	0.79

资料来源：Wind 资讯。

（三）外汇市场

1. 人民币汇率双向浮动弹性明显增强

进一步完善人民币汇率市场化形成机制，保持人民币汇率在合理均衡水平上的基本稳定。2017年5月，外汇市场自律机制在"收盘汇率+一篮子货币汇率变化"的人民币兑美元汇率中间价形成机制的基础上，组织各报价行在报价模型中增加了"逆周期因子"，以对冲外汇市场的顺周期性，防范可能出现的"羊群效应"。2017年年末，中国外汇交易中心发布的CFETS人民币汇率指数为94.85，全年上涨0.02%。参考BIS货币篮子和SDR货币篮子的人民币汇率指数分别为95.93和95.99，全年分别下跌0.32%和上涨0.51%。

2017年，美元整体走弱，主要货币对美元多数升值，人民币兑美元汇率也有所上升，对一篮子货币汇率保持基本稳定。2017年，人民币兑美元汇率中间价最高为6.4997元，最低为6.9526元，244个交易日中有123个交易日升值、121个交易日贬值，最大单日升值幅度为0.93%（639点），最大单日贬值幅度为0.86%（594点）。2017年年末，人民币兑美元汇率中间价为6.5342元，比上年年末升值6.16%。2005年人民币汇率形成机制改革以来至2017年年末，人民币兑美元汇率累计升值26.66%。根据国际清算银行的计算，2017年，人民币名义有效汇率贬值0.64%，实际有效汇率贬值0.99%；2005年人民币汇率形成机制改革以来至2017年12月，人民币名义有效汇率升值36.50%，实际有效汇率升值45.67%。

人民币兑欧元、日元等其他国际主要货币汇率有升有贬。2017年年末，人民币兑欧元、日元汇率中间价分别为1欧元兑7.8023元人民币、100日元兑5.7883元人民币，分别较2016年年末贬值6.35%和升值2.95%。2005年人民币汇率形成机制改革以来至2017年年末，人民币兑欧元汇率累计升值28.35%，兑日元汇率累计升值26.22%（见图1-3-12）。

2. 人民币外汇交易活跃

2017年，人民币外汇即期成交6.4万亿美元，同比增长8.0%，增速比上年低13.9个百分点；人民币外汇掉期交易累计成交金额折合13.4万亿美元，同比增长34.1%，其中隔夜美元掉期成交7.8万亿美元，占掉期总成交额的58.2%；人民币外汇远期市场累计成交1 034亿美元，同比减少32.4%。2017年，"外币对"累计成交金额折合1 188亿美元，同比增长2.5%，其中成交最多的产品为美元兑欧元，占市场份额比重为34.4%（见表1-3-17）。

外汇市场交易主体进一步扩展。截至2017年年末，共有即期市场会员645家，远期、外汇掉期、货币掉期和期权市场会员各194家、192家、163家和116家，即期市场做市商32家，远掉期市场做市商27家。

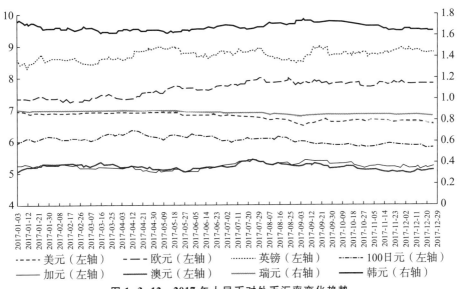

图 1-3-12　2017 年人民币对外币汇率变化趋势

注：韩元为人民币兑韩元，其他均为外币兑人民币。

资料来源：中国货币网，http://www.chinamoney.com.cn/fe/Channel/17383。

表 1-3-17　2014—2017 年外汇市场交易情况　　　　　　　　单位：亿美元

交易品种	2014 年	2015 年	2016 年	2017 年
人民币外汇即期	41 200	48 622.93	59 268.82	63 951.768
人民币外汇掉期	44 900	83 449.78	99 959.74	133 731.18
人民币外汇远期	529	372	1 529	1 019.47
外币对	606	1 202	1 159	1 188

资料来源：Wind 资讯。

2017 年，银行间外汇市场人民币直接交易成交活跃，流动性明显提升（见表 1-3-18），降低了微观经济主体的汇兑成本，促进了双边贸易和投资。2017 年年末，在中国人民银行与境外货币当局签署的双边本币互换协议下，境外货币当局动用人民币余额为 221.50 亿元，中国人民银行动用外币余额折合 16.14 亿美元，对促进双边贸易投资起到了积极作用。

3. 跨境人民币业务稳步发展

2017 年，跨境人民币收付金额合计 9.19 万亿元，同比下降 6.7%，其中实收 4.45 万亿元，实付 4.74 万亿元，收付比为 1∶1.07。经常项目下跨境人民币收付金额合计 4.36 万亿元，同比下降 16.6%，其中，货物贸易收付金额 3.27 万亿元，服务贸易及其他经常项下收付金额 1.09 万亿元；资本项目下人民币收付金额合计 4.83 万亿元,同比上升 4.55%。

表 1-3-18　2017 年银行间外汇即期市场人民币对主要币种交易量　　单位:亿元

币种	美元	欧元	日元	港币	英镑	澳元	新西兰元	新加坡元	瑞士法郎	加元	林吉特	卢布	韩元
交易量	417 442	5 805	3 009	2 304	523	1 019	218	129	160	543	38	98	394

资料来源:中国外汇交易中心。

(四) 保险市场

1. 保险市场发展稳中向好

一是保险业务增速放缓。2017 年,中国保险业共实现原保险保费收入 36 581.01 亿元,月度保费收入情况如图 1-3-13 所示。保费同比增长 18.16%,同比下降 9.34 个百分点,尽管增速有所放缓,但仍为 2011 年以来的次高成绩。保险深度 4.42%,保险密度 2 632 元,较上年分别提高 0.26 个百分点和 374 元。

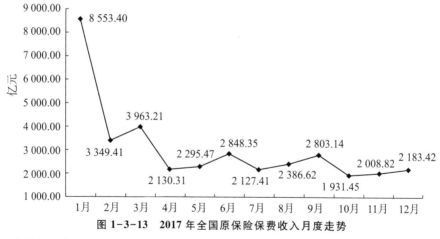

图 1-3-13　2017 年全国原保险保费收入月度走势

资料来源:中国保监会,http://www.circ.gov.cn/web/site0/tab5179/info4101485.htm。

具体来看,2017 年,人身险业务实现原保险保费收入 26 746.35 亿元,同比增长 20.29%,增速下降达 16.22 个百分点,是拉低行业增速的最重要因素。其中,寿险业务原保险保费收入 21 455.57 亿元,同比增长 23.01%;健康险业务原保险保费收入 4 389.46 亿元,同比增长 8.58%;意外险业务原保险保费收入 901.32 亿元,同比增长 20.19%。导致人身险业务增速放缓的主要原因是在"保险姓保"的行业政策指引下,理财型业务规模逐步收缩。

财产险业务积极向好,实现原保险保费收入 9 834.66 亿元,同比增长 12.72%,

增速上升 3.06 个百分点。其中，车险实现原保费收入 7 521.07 亿元，同比增长 10.04%；非车险 3 020.31 亿元，同比增长 24.21%，占比 28.65%，同比上升 2.41 个百分点。2017 年，宏观经济回暖明显，GDP 增速回弹至 6.9%，与宏观经济显著正相关的财产险业务因此受益。

二是业务结构持续调整。人身险方面，随着针对中短存续期及万能险业务监管政策的逐步发酵，人身险业务结构发生较大调整，业务重心从低价值的理财型业务转向高价值的保障型业务，从趸交业务转向期交业务。从寿险规模保费结构看，2017 年，普通寿险业务规模保费占比 47.2%，较上年年底上升 11.1 个百分点；万能险占比 19.95%，下降 16.9 个百分点，保户储金及投资款本年新增 6 362.78 亿元，同比下降 50.29%；分红险占比 31.05%，上升 7.3 个百分点。从寿险新单缴费结构看，2017 年，寿险累计新增保单 1.11 亿件，净增加 0.73 亿件，新单原保险保费收入 15 355.12 亿元，同比增长 10.66%。其中，新单期交业务 5 772.17 亿元，同比增长 35.71%，占新单业务的 37.59%，提升 6.94 个百分点。

财产险方面，在商车费改带来价格下降、行业内生发展动力欠缺，以及汽车销量增速趋稳、行业外部发展动力不足的双重作用下，车险增长进入瓶颈期。与国计民生密切相关的责任保险和农业保险业务则继续保持较快增长，分别实现原保险保费收入 451.27 亿元和 479.06 亿元，同比增长 24.54% 和 14.69%。2017 年出台的一系列利好政策推动了责任险和农业险的发展，此外，淘宝、外卖、O2O 等电商平台对于责任险的需求也随着互联网保险场景化的发展被逐渐释放。

三是风险保障水平快速提高。从风险保额来看，2017 年，保险业为全社会提供风险保障 4 154 万亿元，同比增长 75%，高于原保险保费收入增速 56.84 个百分点，保额增速明显快于业务增速。其中，机动车辆保险提供风险保障 169.12 万亿元，同比增长 26.51%；责任险 251.76 万亿元，同比增长 112.98%；寿险 31.73 万亿元，同比增长 59.79%；健康险 536.80 万亿元，同比增长 23.87%。保额与保费增势的巨大反差，一方面是受益于责任保险、农业保险等较高保额的非车险种的快速增长，另一方面则是由于万能险等较低保额的投资型险种的萎缩。

从赔付支出看，2017 年，保险业累计赔付支出 11 180.79 亿元，同比增长 6.35%，月度赔付支出如图 1-3-14 所示。其中，财产险业务赔款 5 087.45 亿元，同比增长 7.64%；寿险业务给付 4 574.89 亿元，同比下降 0.61%；健康险业务赔款和给付 1 294.77 亿元，同比增长 29.38%；意外险业务赔款 223.69 亿元，同比增长 22.23%。在重大灾害事故中，保险业较好地履行了赔付责任。保险公司对于灾害事故的及时赔付，对尽快恢复正常的生产生活秩序，保障经济平稳运行，发挥了重要作用。

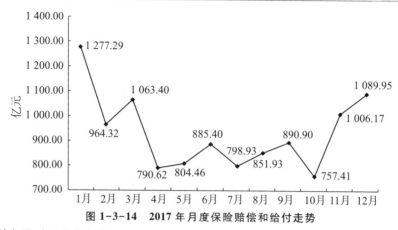

图 1-3-14　2017 年月度保险赔偿和给付走势

资料来源：中国保监会，http://www.circ.gov.cn/web/site0/tab5179/info4101485.htm。

2. 保险市场改革开放持续深化

2017 年，保险市场深化改革和开放主要表现在两个方面：一是在产品定价机制改革方面，二期商车费改启动；二是保险市场对外开放进一步扩大。

2017 年 6 月，中国保监会发布《关于商业车险费率调整及管理等有关问题的通知》，启动二期商车费改。此次费改以市场化为导向，进一步扩大了财产保险公司商业车险费率厘定自主权，将商业车险的"自主核保系数"和"自主渠道系数"分别由双 85% 下调，大部分地区下调至单 75% 或双 75%。费改后，商车险车均保费较改革前下降 16.7%，车险责任范围得以扩大、车险产品体系得以健全，改革成果更多地惠及人民群众。

2017 年，保险市场进一步扩大对外开放，一方面，外国投资者投资设立经营人身保险业务的保险公司的投资比例得以放宽；另一方面，我国保险公司走出去的步伐也持续加大。截至 12 月底，外资保险在我国设立了 56 家营业机构，我国在海外设立了 37 家保险营业机构，2 家保险公司进入全球保险业前 10 名。

3. 保险资金运用配置更趋优化，投资收益稳步增长

一是保险资金运用规模增速有所放缓，资金运用配置更趋优化。2017 年，保险公司资金运用余额 149 206.21 亿元，较年初增长 11.42%，占保险行业总资产的 89.08%。受人身险规模保费增速放缓影响，保险资金运用增速有所下降，较上年减少 8.36 个百分点。随着投资范围的拓宽，保险资金运用正逐步践行"多元化投资、价值投资、责任投资"的理念，配置结构更趋合理。具体而言，固定收益投资仍为配置主体，但传统的固定收益类资产占比不断下降，权益类资产的投资比例明显上升，但增幅不大，另类投资成为险资配置的第一大类资产。2017 年，固定收益类余额 70 886.96 亿元，占比 47.51%，下降 3.19 个百分点；股票和证券投资基金 18 353.71

亿元,占比12.30%,下降0.98个百分点,长期股权投资14 769.06亿元,占比9.90%,上升0.73个百分点。受监管导向及资本市场波动影响,股票和证券投资基金配置比呈下降趋势,而随着债券市场收益率逐步上行,债券投资配置比重有所回升;其他类资产配置比重保持增长(见表1-3-19)。

表1-3-19 2011—2017年保险资金运用结构　　　　　　单位:%

年份	银行存款	债券	股票和证券投资基金	其他投资
2011	31.97	47.09	12.11	8.83
2012	34.21	44.59	11.79	9.41
2013	29.45	43.42	10.23	16.90
2014	27.12	38.15	11.06	23.67
2015	21.78	34.39	15.18	28.65
2016	18.55	32.15	13.28	36.02
2017	19.27	51.61	18.35	59.97

资料来源:《中国保险年鉴2017》,中国保监会网站。其中,2011—2016年数据来自《中国保险年鉴2017》,其他数据来自中国保监会网站统计数据专栏。

二是保险资金运用收益水平稳步增长。2017年,在金融去杠杆的大背景下,股票市场回暖、市场收益率持续走高。受其影响,保险资金运用实现收益8 352.13亿元,较上年增加1281亿元,资金运用收益率为5.77%,同比增长18.12%,较上年同期上升0.11个百分点(见图1-3-15)。其中,保险行业股票收益1 183.98亿元,同比增长355.46%,而债券收益虽然达到2 086.98亿元,但同比仅增长11.07%。

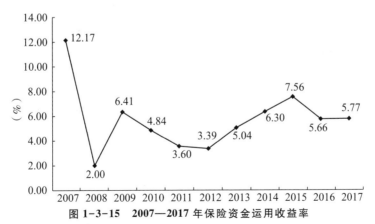

图1-3-15 2007—2017年保险资金运用收益率

资料来源:《2017年保险统计数据报告》,http://www.circ.gov.cn/web/site0/tab5179/info4101484.htm。

4. 服务经济社会发展能力持续增强

2017年,保险行业积极助力经济社会发展的重点领域和薄弱环节,推动科技创新,维护社会稳定,不断地提升保险服务实体经济的效率和水平。

从助推脱贫攻坚来看,三套功能作用协同配合的保险扶贫体系,包括以农业保险、大病保险为核心的保险扶贫保障体系,以小额贷款保证保险、农业保险保单质押为核心的保险扶贫增信体系,以保险资金支农融资和直接投资为核心的保险扶贫投资体系初步建立,贫困地区的保险深度和保险密度稳步提高,保险覆盖面和保障能力不断增强。2017年农业保险承保主要农作物21亿亩,约占全国播种面积的84.1%。截至12月末,农业保险为2.13亿户次农户提供风险保障金额2.79万亿元,同比增长29.24%;支付赔款334.49亿元,同比增长11.79%;4 737.14万户次贫困户和受灾农户受益,同比增长23.92%。首个保险业产业扶贫投资基金项目落地河北阜平,为产业脱贫龙头项目香菇种植基地提供5 000万元的资金支持。此外,保险业还通过承办商业补充医疗保险、助学贷款保证保险、移民安置项目农房保险等方式,多形式、多渠道地助推国家健康扶贫、教育扶贫、异地搬迁扶贫等战略的实施。

从服务实体经济来看,保险资金不断拓宽支持实体经济渠道。2017年,保险业定期存款余额超过1.34万亿元,是实体经济中长期贷款重要的资金来源;保险资金通过股票、股基等权益类资产为上市公司提供了资金支持,在股票市场的行业配置上偏向于蓝筹股,加强对实体经济重要行业和龙头企业的支持力度;另类投资方面,保险资金支持"一带一路"倡议投资规模达8 568.26亿元,支持长江经济带和京津冀协同发展战略投资规模分别达3 652.48亿元和1 567.99亿元,支持清洁能源、资源节约与污染防治等绿色产业规模达6 676.35亿元。

从创新社会管理机制来看,2017年,责任险提供风险保障金额252万亿元,同比增长113.6%,其中,环境污染责任保险为1.6万余家企业提供风险保障306亿元,首个环境责任保险金融行业标准《化学原料及化学制品制造业责任保险风险评估指引》也于5月落地。巨灾保险建设实践探索不断推进,张家口成为全国首个政府全额出资、区域统保的城市,四川住宅地震保险逐步与全国并轨,巨灾保险全年出单244万笔,风险保障金额达1 055亿元。

从支持科技创新来看,2017年,科技保险为科技创新提供风险保障金额1.19万亿元,首台(套)重大技术装备保险为技术装备创新提供风险保障金额821.71亿元。

从稳定社会就业来看,保险代理人规模持续快速增长。截至2017年年底,保险代理人达806.94万人,较年初增加149.66万人,增长22.77%。2010—2017年的7年时间里,保险业营销员的数量增加了1.5倍,为促进就业做出了积极贡献。

5. 保险科技应用日益广泛

2017年,保险科技投入力度加大,创新业务快速发展。主要表现为:

一是科技赋能更加密集。大数据、人工智能、区块链、移动互联网、物联网等前沿技术广泛运用于产品创新、保险营销和保险公司内部管理等多个方面,显著地提升了传统保险主体的线上运营能力、客户管理能力及风险防控能力。在产品开发阶段,大数据、物联网、云计算、基因检测等技术推动了保险产品的个性化定制、风险精准定价和新产品市场发掘,如"悟空保"推出了一系列针对摩托车、物流、电动车、O2O等新型保险标的的保险产品,多家保险科技企业也陆续推出了 UBI(Usage Based Insurance)产品,根据用户历史数据确定保费,实现差别定价;在营销阶段,智能保险顾问极大地降低了人力成本,提升了客户体验;在理赔环节,图像自动识别、智能闪赔、云定损迅速发展,人工智能可以结合大数据,实现快速精准定损,同时通过欺诈行为共性进行鉴别和反欺诈;区块链技术也在智能保险合约、数据共享等领域开始试水,2017年,中国人寿与蚂蚁金服公益保险平台合作,运用区块链技术尝试信息全公开;众安科技开发了基于区块链技术的"安链云"平台,并在云端搭建了保险核心系统,将保单、客户及理赔等信息放到去中心化的区块链上。

二是资本助力更加频繁。科技助力下不断扩围的保险市场规模吸引着各类资本的高度关注,面向消费者的,既有人保、平安、太保等传统保险集团公司,还有中国保信等行业数据平台,也有蚂蚁金服、百度等互联网巨头。传统险企基于原有管理资源优势布局生态圈、产业链,如成立于2016年的人保金服,开始加大对汽车后市场、数据科技、健康管理和互联网保险领域的股权投资等。风投资本对逐渐成熟的互联网保险模式更加认可,2017年,科技保险领域全年发生融资事件34笔,融资金额超过10亿元,早期融资企业的数量稳步增多,资本市场信心增强。BAT等互联网巨头仍在继续布局,2017年11月,腾讯推出"微保"平台全面入局保险市场,现已陆续上线医疗险、车险续保等服务功能,在场景数据使用、用户画像定位、精准营销推广等方面为保险创新探索更广泛的路径。

6. 互联网保险业务保持快速发展

一是互联网保费收入下降,签单件数大幅提升。一方面,互联网保险市场规模发展势头放缓,2017年,互联网保费收入为1 876.79亿元,同比下降21.83%,自2012年以来,首次出现逆增长。其中,互联网财产保险保费收入为493.49亿元,同比下降1.75%,互联网人身保险实现规模保费1 383.2亿元,同比下滑23%。部分传统优势网销业务如车险、投资型产品下降明显。另一方面,依托于互联网保险对部分标准化传统保险的快速替代及场景创新型产品带来的增量市场,互联网签单件数大幅提升。2017年,互联网保险签单件数为124.91亿件,增长102.6%,其中退货运费险为 68.19 亿件,增长 51.91%;保证保险为 16.61 亿件,增长 107.45%;意外险为 15.92 亿件,增长 539.26%;责任保险为 10.32 亿件,增长 438.25%①。

二是互联网保险业务结构调整明显。互联网财产保险方面,互联网车险继续大幅下降,非车险迅速上升。2017 年,互联网车险保费收入为 307.19 亿元,同比负增长 23.00%,占比 62.25%;非车险保费收入为 186.30 亿元,同比增长 80.25%,占比 37.75%。车险网销业务的锐减主要是受商业车险条款费率改革的影响,网销业务价格优势消失而导致业务回流至传统渠道。互联网人身保险方面,业务结构加快向回归保障功能调整。这表现为理财型业务大幅收缩。包括万能险和投连险在内的理财型业务保费较上年同期大幅减少 509.8 亿元,降幅达 74.1%;保障型业务快速增长。互联网渠道的健康险保费呈爆发式增长态势,实现规模保费 29.1 亿元,增幅为 102%。其中,防癌保险增长最为迅速,同比增加近 10 倍,护理保险和重大疾病保险增速紧随其后,分别达 874% 和 245%;意外险的规模保费收入为 27.6 亿元,增幅为 149%,继续保持互联网人身保险"件数王"的地位。

三是互联网保险渠道结构逐步调整。从各渠道业务占比趋势来看,第三方平台渠道(保险专业中介机构和第三方网络平台)占比逐步增加,保险公司自营渠道(PC 官网及移动端)逐步缩减,渠道运行效率有所提高。2017 年,保险公司自营网络平台(包括 PC 官网、移动 App、移动 WAP 和微信)实现累计保费收入 256.48 亿元,同比负增长 29.31%。其中通过公司 PC 官网实现累计保费收入为 71.86 亿元,同比负增长 40.75%;通过移动终端(App、WAP 和微信等方式)实现累计保费收入为 184.62 亿元,同比增长 117.28%;而保险公司通过第三方实现累计保费收入为 217.59 亿元,同比增长 73.12%。

7. 市场格局稳中有变

一是市场集中度基本稳定。人身险方面,由于既有业务结构不同,针对中短存续期及万能险业务的监管政策调整对人身险公司经营的影响差异较大,主营理财类业务的人身险公司的市场份额下降,主营保障类业务或转型调整到位的人身险公司的市场份额相应提升。2017 年,保费收入排名前十的人身险公司依次为中国人寿、平安人寿、安邦人寿、太平洋寿险、泰康人寿、太平人寿、新华人寿、人保寿险、华夏人寿、富德生命人寿,较 2016 年有所变化,和谐健康掉出前十,华夏人寿进入。前十大人身险公司中,此前主推万能险的安邦人寿及华夏人寿的业务结构调整力度较大,原保险保费收入占规模保费的比重分别较上年同期增加 46.31 个百分点和 25.05 个百分点,尤其是华夏人寿,从 2016 年开始就着手扩充营销员队伍,从不

---

① 《保监会通报 2017 年保险市场运行情况、介绍 2018 保险监管工作会议精神》,中保网,http://www.sinoins.com/zt/2018-01/22/content_253095.htm。

足5万人增员到22万人以上,成为中国保险市场上第7家年度销售新单标准保费超百亿元的保险公司。前十位的人身保险公司原保险保费收入合计为26 039.55亿元,市场份额为71.31%,同比下降0.99%,行业集中度略有下降,市场竞争依旧激烈(见图1-3-16)。在当前背景下,人身险市场的集中度将保持稳定,下降空间有限。大型人身险企通过长期经营积累的品牌口碑及代理人渠道沉淀优势将实现强者恒强,同时,中小型险企借助储蓄型保险产品弯道超车的战略难以为继,未来与大型公司的竞争实力差距将进一步拉开。

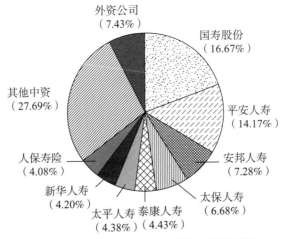

图1-3-16 2017年人身保险公司市场份额

资料来源:中国保监会,《2017年人身保险公司原保险保费收入情况表》,http://www.circ.gov.cn/web/site0/tab5179/info4101487.htm。

2017年,财产保险公司保费收入排名较2016年变化不大。财险保费收入排名前十位的财险公司依次为人保财险、平安产险、太保产险、国寿财险、中华联合、大地保险、阳光财险、太平保险、中国信保和天安保险,名次与上年完全一致。十大财产险公司合计共占有市场85.34%的份额,较2016年下降了2.22个百分点,其中,人保财险、平安产险和太保产险三家公司原保险保费收入合计占产险公司原保险保费收入的比例为63.49%,较上年上升0.42%,第一集团大公司的地位依旧稳固(见图1-3-17)。部分新成立的中小财产险公司发展速度可喜,如建信财险原保险保费收入增长893倍,前海联合、海峡金桥均实现10倍以上的增长。此外,在保险科技的推动下,互联网财险公司的市场表现良好,易安财险在2017年实现原保险保费收入为8.39亿元,同比增长278.78%,众安财险原保险保费收入为59.57亿元,同比增长74.80%。

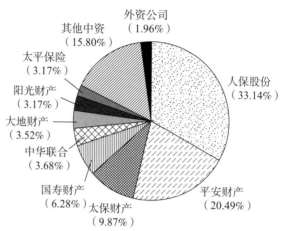

图 1-3-17　2017 年财产险公司市场份额

资料来源：中国保监会，《2017 年财产保险公司原保险保费收入情况表》，http://www.circ.gov.cn/web/site0/tab5179/info4101486.htm。

外资保险公司业务发展速度持续增长，市场份额略有上升。2017 年外资保险公司实现原保险保费收入为 2 140.05 亿元，市场份额较 2016 年增长 0.75 个百分点，达 5.85%。其中，外资人身保险公司原保险保费收入为 1 933.66 亿元，同比增长 39.29%，市场份额为 7.43%，较上年增加 1.03 个百分点。外资财产险公司原保险保费收入为 206.39 亿元，同比增长 9.09%，市场份额为 1.96%，较上年微降 0.08 个百分点。外资保险公司在中国争取市场份额的过程中，虽然步伐跨度不大，但仍保持着持续稳定的增长趋势。

二是保险区域市场格局总体保持稳定。2017 年，东部地区 16 个区域保险市场（北京、天津、河北、辽宁、大连、上海、江苏、浙江、宁波、福建、厦门、山东、青岛、广东、深圳、海南）的原保费收入在全国占比为 57.385%，同比下降 1.62%，市场趋于饱和，但依然为我国保险市场发展的主力区域。其中，财产险、寿险、意外险和健康险的原保险保费收入分别为 5 511.63 亿元、12 355.51 亿元、537.22 亿元和 2 546.89 亿元，同比增长 11.83%、21.30%、19.56%、-1.79%。中部地区 8 个区域保险市场（山西、吉林、黑龙江、安徽、江西、河南、湖北、湖南）增幅回落，原保费收入在全国占比为 23.85%，同比上升 1.45%。其中，财产险、寿险、意外险和健康险的原保险保费收入分别为 2 165.30 亿元、5 372.14 亿元、174.42 亿元和 996.85 亿元，同比增长 16.29%、29.23%、24.98% 和 30.67%。而西部地区 12 个区域保险市场（重庆、四川、贵州、云南、西藏、陕西、甘肃、青海、宁夏、新疆、内蒙古、广西），其原保费收入在全国占比为 18.77%，同比下降 0.23%。其中，财产险、寿险、意外险和健康险的原保险保费收入分别为 2 093.10 亿元、3 727.83 亿元、186.41 亿元和 845.07 亿元，同比增长 12.32%、20.29%、17.16%和 23.22%(见图 1-3-18)。东部地区在意外保险和人寿保险发展方面优势明显,但从整体上看,全国区域保险市场格局总体基本保持稳定。

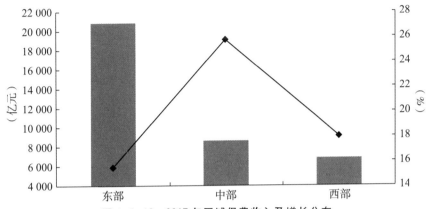

图 1-3-18　2017 年区域保费收入及增长分布

资料来源:中国保监会,《2017 年全国各地区原保险保费收入情况表》,http://www.circ.gov.cn/web/site0/tab5179/info4101488.htm。

从各地区的保费收入规模来看,2017 年原保险保费收入居于全国前 10 位的地区依次为江苏、广东、山东、河南、北京、四川、浙江、河北、上海和湖北,其中,7 个位于东部,2 个地处中部,1 个在西部地区。全年保费收入过千亿元的省市达 13 个,除了前 10 位外,还有湖南、安徽和深圳。其中,江苏保费收入 3 449.51 亿元,取代广东成为保费收入第一大省,广东(不含深圳市)实现保费收入 3 274.85 亿元,居第 2 位;山东(不含青岛市)实现保费收入 2 341.08 亿元,居第 3 位。在增速方面,高于全国原保险保费收入平均增速的共有 21 个地区,其中,东部地区有 9 个,中部地区有 6 个,西部地区有 6 个。中、西部地区保费收入增长率的整体表现好于东部地区(见表 1-3-20)。

表 1-3-20　2017 年全国各省、市原保险保费收入情况

地区	原保险保费收入				
	本年累计(万元)	排名	同比增长(%)	增速排名	占比(%)
全国合计	365 810 073.9	—	18.16	—	100.00
集团、总公司本级	686 185.14	—	-5.89	—	0.19
北京	19 731 532.74	5	7.30	34	5.39
天津	5 650 144.36	25	6.71	35	1.54
河北	17 144 480.10	8	14.66	29	4.69

（续表）

地区	原保险保费收入				
	本年累计（万元）	排名	同比增长（%）	增速排名	占比（%）
辽宁	9 456 976.19	14	12.80	31	2.59
大连	3 297 310.11	30	18.90	21	0.90
上海	15 871 000.46	9	3.78	36	4.34
江苏	34 495 139.37	1	28.22	3	9.43
浙江	18 443 588.85	7	20.76	14	5.04
宁波	3 029 490.35	31	17.62	23	0.83
福建	8 317 464.08	17	10.17	32	2.27
厦门	2 003 284.64	32	23.21	12	0.55
山东	23 410 761.18	3	19.06	20	6.40
青岛	3 967 169.83	27	18.11	22	1.08
广东	32 748 454.21	2	9.67	33	8.95
深圳	10 297 531.99	13	23.41	10	2.81
海南	1 648 285.83	34	23.74	9	0.45
山西	8 239 223.54	18	17.61	24	2.25
吉林	6 416 325.74	21	15.17	28	1.75
黑龙江	9 314 111.68	15	35.87	1	2.55
安徽	1 1071 600.68	12	26.37	5	3.03
江西	7 275 640.74	20	19.53	17	1.99
河南	20 200 675.49	4	29.90	2	5.52
湖北	13 467 693.70	10	28.05	4	3.68
湖南	11 101 837.72	11	25.24	7	3.03
重庆	7 447 534.85	19	23.79	8	2.04
四川	19 393 937.17	6	13.28	30	5.30
贵州	3 877 288.19	28	20.68	15	1.06
云南	6 132 833.04	22	15.85	27	1.68
西藏	280 136.98	36	25.91	6	0.08
陕西	8 686 925.32	16	21.54	13	2.37

(续表)

地区	原保险保费收入				
	本年累计（万元）	排名	同比增长（%）	增速排名	占比（%）
甘肃	3 663 779.42	29	19.09	18	1.00
青海	801 794.78	35	16.66	26	0.22
宁夏	1 652 119.16	33	23.39	11	0.45
新疆	5 237 705.95	26	19.07	19	1.43
内蒙古	5 699 122.05	23	17.06	25	1.56
广西	5 650 988.23	24	20.45	16	1.54

注：集团、总公司本级是指集团、总公司开展的业务，不计入任何地区。
资料来源：中国保监会，http://www.circ.gov.cn/web/site0/tab5179/info4101488.htm。

（五）黄金市场

1. 黄金供需基本保持平稳

据世界黄金协会发布的最新报告①显示，2017年，世界黄金需求量缓慢下降，保持在4 071.7吨，比2016年减少237吨，同比降低7%。2017年黄金总体投资需求同比下降23%；其中黄金ETFs今年保持在202.8吨，比2016年减少了344吨，同比减少63%。交易所交易黄金基金（ETFs）全年增持量为546.8吨，达到自2009年以来的第二高值。而金条和硬币需求下降1.9%。全年的金条和金币经过第四季度的激增，需求稳定在1 029.2吨左右。全年黄金首饰需求2 122.0吨，同比增长4%，是2013年以来第一年实现增长。随着外汇储备压力渐涨，各国央行2017年的黄金净买入削减到了371.4吨。科技行业的黄金年需求量从332.5吨降到了322.8吨，同比上升3%。2017年，黄金总供应量为4 398.4吨，同比减少4%，其中，再生金量同比下降明显，为1 160.0吨，同比下降10%；生产商净对冲额减少到-30.4吨；金矿产量比2016年增加32.7吨（见表1-3-21和图1-3-19）。

表1-3-21　2011—2017年世界黄金供需状况　　　　单位：吨

	2011年	2012年	2013年	2014年	2015年	2016年	2017年
供应量							
金矿产量	2 846.2	2 917.3	3 076.3	3 155.3	3 233.0	3 236.0	3 268.7
生产商净对冲额	22.5	-45.3	-28.0	104.9	13.5	26.3	-30.4
再生金量	1 667.1	1 684.3	1 263.1	1 191.2	1 116.5	1 308.5	1 160.0

① 资料来源：World Gold Council，http://www.gold.org/。

（续表）

	2011年	2012年	2013年	2014年	2015年	2016年	2017年
总供应量	4 535.8	4 556.3	4 311.4	4 451.4	4 363.1	4 570.8	4 398.4
需求量							
加工品							
金饰	2 084.6	2 121.4	2 701.4	2 499.1	2 428.9	1 981.9	2 122.0
科技	428.6	381.3	355.9	348.7	332.0	322.5	332.8
加工量小计	2 513.1	2 502.7	3 057.3	2 847.8	2 760.8	2 304.4	2 454.8
金条和金币总需求量	1 500.4	1 307.7	1 722.9	1 052.1	1 074.7	1 048.7	1 029.2
黄金ETFs及类似产品	238.5	306.7	-915.5	-183.8	-128.3	531.9	202.8
各国央行和其他机构	480.8	569.3	623.8	583.9	576.5	383.6	371.4
黄金需求（制造基础）	4 728.2	4 678.9	4 472.7	4 287.9	4 256.1	4 249.1	4 058.2
顺差/逆差	-192.5	-122.6	-161.3	163.5	107.0	321.7	340.2
LBMA黄金价格（美元/盎司）	1 571.5	1 669.0	1 411.2	1 266.4	1 160.1	1 250.8	1 257.2

说明：①金饰，最终用户对新制的克拉金金饰和金表的总需求，无论素金或合金材料。不包括二手金饰、其他镀金金属、用作金饰的金币和金条，以及既有克拉金金饰折价换新所购金饰。②黄金ETFs和类似产品，包括但不限于SPDR Gold Shares、iShares Gold Trust、ZKB Gold ETF、ETFS Physical Gold/Jersey、Gold Bullion Securities Ltd、Central Fund of Canada Ltd Xetra-Gold、Julius Baer Precious Metals Fund-JB Physical Gold Fund、Source Physical Gold P-ETC、Sprott Physical Gold Trust。随着时间推移，可能包括新产品。③不包括央行期权的任何Delta对冲。

资料来源：世界黄金协会。

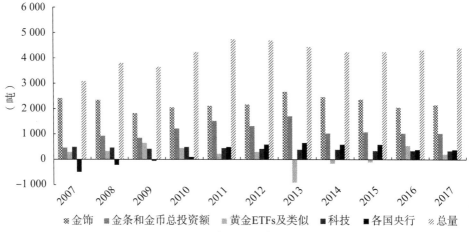

图1-3-19　2007—2017年世界各类黄金需求量变化趋势

资料来源：世界黄金协会。

据中国黄金协会最新统计数据显示,2017年,国内累计生产黄金426.142吨(参见图1-3-20),与去年同期相比,减产27.344吨,同比下降6.03%。其中,黄金矿产金完成369.168吨,有色副产金完成56.974吨。另有国外进口原料产金91.348吨,同比增长11.45%,全国累计生产黄金(含进口料)517.490吨,同比下降3.35%。中国黄金、山东黄金、紫金矿业、山东招金等大型黄金企业集团黄金成品金产量和矿产金产量分别占全国产量(含进口料)的52.24%和40.39%。

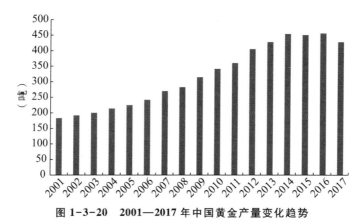

图1-3-20　2001—2017年中国黄金产量变化趋势

资料来源:中国黄金协会。

据中国黄金协会统计数据显示,2017年全国黄金实际消费量为1 089.07吨,与上年同期相比增长9.41%。其中,黄金首饰为696.50吨,同比增长10.35%;金条为276.39吨,同比增长7.28%;金币为26吨,同比下降16.64%;工业及其他为90.18吨,同比增长19.63%。黄金首饰、金条销售和工业用金量继续保持增长趋势,仅金币销售量出现了下跌。2017年黄金产量十几年以来首次出现大幅下滑。即便如此,2017年我国黄金产量仍将连续11年保持世界第一位。世界黄金协会和中国黄金协会的统计数据略有出入(见表1-3-22)。2017年全国黄金消费量将连续5年保持世界第一位,中国仍然是全球最大的黄金珠宝消费市场。

表1-3-22　2017年中国黄金需求

类别	第1季度	第2季度	第3季度	第4季度	全年
消费需求	281.50	200.18	227.83	243.78	953.29
金饰	175.60	137.56	158.54	175.21	646.90
金条和金币	105.90	62.63	69.29	68.57	306.39

资料来源:世界黄金协会。

2017年,上海黄金交易所全部黄金品种累计成交5.43万吨,同比增长11.54%,成交额为14.98万亿元,同比增长14.98%;上海期货交易所黄金期货合约累计成交量共3.90万吨,同比下降43.96%,成交额为10.84万亿元,同比下降41.99%。受2017年黄金价格波动相对平缓,而钢铁、有色金属等大宗商品波动较大的影响,黄金期货交易资金分流明显,大幅影响了黄金期货成交量。

2. 黄金价格稳中趋升

2017年,国际黄金价格稳中上升,最高达到1 346.3美元/盎司,最低为1 145.9美元/盎司,年末收于1 291.0美元/盎司,较上年年末上涨145.1美元/盎司,涨幅为12.67%(见图1-3-21)。

2017年,国内金价与国际金价走势总体保持一致(见图1-3-22),上海黄金交易所的黄金现货(上午)最高点为286.9元/克,最低点为263.65元/克,年末收于273元/克,较上年年末上涨9.16元/克,涨幅达3.47%。上海金价格走势如图1-3-23所示。

3. 黄金交易规模持续增长

2017年,上海黄金交易所交易规模持续增长,创历年最高水平。全年各类黄金产品累计成交5.43万吨,同比增长11.54%;成交金额14.98万亿元,同比增长14.98%。上海金累计成交1 262.74吨,成交金额1 889.59亿元(见表1-3-23和表1-3-24)。

图1-3-21 1979—2017年国际黄金价格走势

资料来源:世界黄金协会,https://www.gold.org/research/download-the-gold-price-since-1978。

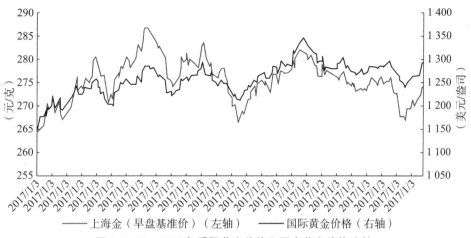

图 1-3-22　2017 年国际黄金价格和国内黄金价格比较

资料来源：伦敦金银协会（The London Bullion Market Association）和上海黄金交易所。

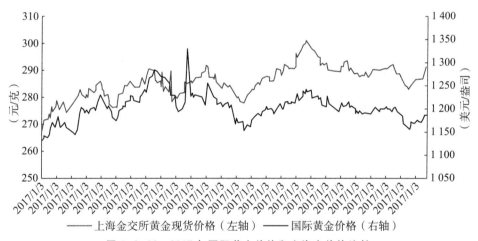

图 1-3-23　2017 年国际黄金价格和上海金价格比较

资料来源：伦敦金银协会（The London Bullion Market Association）和上海黄金交易所。

表 1-3-23　2017 年 12 月及全年中国黄金交易量统计

成交量	上月日均（千克）	本月日均（千克）	上月累计（千克）	本月累计（千克）	增减（%）	同比（%）	本年累计（千克）
Au99.95	1 916.09	1 776.29	42 154.00	37 302.00	−11.51	−5.54	683 186.00
Au99.99	18 061.19	25 429.28	397 346.28	534 014.78	34.40	−4.77	5 662 537.58
Au100g	19	30.09	418	631.8	51.15	−51.02	9 216.20
iAu9999	1 719.60	2 196.09	37 831.26	46 117.98	21.90	−54.99	292 122.62

（续表）

成交量	上月日均（千克）	本月日均（千克）	上月累计（千克）	本月累计（千克）	增减（%）	同比（%）	本年累计（千克）
iAu100g	0	0	0	0	—	-100.00	5.60
Au(T+D)	76 231.00	62 245.05	1 677 082.00	1 307 146.00	-22.06	-16.21	18 690 490.00
mAu(T+D)	4 395.78	4 436.10	96 707.20	93 158.20	-3.67	-47.36	1 768 522.00
Au(T+N1)	31 474.42	5 324.89	692 437.20	111 822.60	-83.85	2 034.67	1 628 490.80
Au(T+N2)	18 528.90	555.2	407 635.80	11 659.20	-97.14	202.69	1 420 773.60
询价 Au99.95	414.27	114.38	9 114.00	2 402.00	-73.64	-93.07	192 068.00
询价 Au99.99	202 483.80	173 703.06	4 454 643.60	3 647 764.20	-18.11	190.96	18 647 239.80
询价 iAu99.99	9 403.09	11 057.14	206 868.04	232 200.00	12.25	-30.58	4 032 645.60
上海金 SHAU	6 175.82	7 606.76	135 868.00	159 742.00	17.57	88.67	1 262 744.00
黄金合计	370 822.97	294 521.94	8 158 105.38	6 184 960.76	-24.19	48.77	54 291 991.80

资料来源：上海黄金交易所。

表 1-3-24 2017 年 12 月及全年中国黄金交易额统计　　　　　　　　单位：万元

成交金额	上月日均（万元）	本月日均（万元）	上月累计（万元）	本月累计（万元）	增减（%）	同比（%）	本年累计（万元）
Au99.95	52 667.78	48 196.36	1 158 691.12	1 012 123.46	-12.65	-2.28	18 895 877.10
Au99.99	496 117.25	689 045.26	10 914 579.56	14 469 950.36	32.57	-1.14	155 716 527.49
Au100g	522.44	815.14	11 493.72	17 117.88	48.93	-49.75	254 796.77
iAu9999	46 964.23	58 825.91	1 033 213.17	1 235 344.13	19.56	-53.42	7 904 506.45
iAu100g	2 093 831.34	1 683 205.16	46 064 289.55	35 347 308.30	-23.27	-13.96	515 697 719.39
Au(T+D)	120 775.91	119 906.10	2 657 069.97	2 518 028.18	-5.23	-45.97	48 828 594.16
mAu(T+D)	880 888.88	147 497.87	19 379 555.45	3 097 455.28	-84.02	2121.43	45 614 945.16
Au(T+N1)	509 639.60	15 446.19	11 212 071.26	324 370.02	-97.11	216.79	39 376 884.74
Au(T+N2)	11 487.66	3 155.19	252 728.55	66 258.94	-73.78	-92.77	5 332 187.56
询价 Au99.95	5 581 135.73	4 710 116.45	122 784 986.53	98 912 437.02	-19.44	200.59	514 590 705.01
询价 Au99.99	257 212.63	297 899.15	5 658 677.76	6 255 882.20	10.55	-28.92	110 497 646.69
询价 iAu99.99	169 566.31	205 930.70	3 730 458.85	4 324 544.65	15.93	94.10	34 755 327.28
上海金 SHAU	52 667.78	48 196.36	1 158 691.12	1 012 123.46	-12.65	-2.28	18 895 877.10
黄金合计	10 220 809.78	7 981 337.16	224 857 815.07	167 608 080.42	-25.46	53.49	1 497 519 220.66

资料来源：上海黄金交易所。

(六)衍生产品市场

1. 期货交易量和交易额小幅下降

2017年,全国期货市场成交量和交易额都有所下降(见表1-3-25)。中国期货业协会最新统计资料表明,全年全国期货市场累计成交量为30.76亿手,累计成交额为187.90万亿元,同比分别下降25.66%和3.95%。我国商品期货成交量已连续7年位居世界第一,已成为全球最大的油脂、塑料、煤炭、黑色建材期货市场和第二大农产品、有色金属期货市场。

在国内四大期货交易所中,中国金融期货交易所成交量和成交金额波动幅度最大,大连期货交易所则成为最大的期货交易所(见表1-3-25)。2017年,上海期货交易所累计成交量约为13.64亿手,累计成交额约为89.93万亿元,分别较2016年下降18.83%和增长5.83%,分别占全国市场的44.35%和47.86%;郑州商品交易所累计成交量约为5.86亿手,累计成交额约为21.37万亿元,分别较2016年下降34.98%和31.14%,分别占全国市场的19.05%和11.37%;大连商品交易所累计成交量约为11.01亿手,累计成交额约为52.01万亿元,分别较2016年下降28.37%和15.31%,分别占全国市场的35.80%和27.68%;中国金融期货交易所累计成交量约为2 459.59万手,累计成交额约为24.59万亿元,分别较2016年增长34.14%和34.98%,分别占全国市场的0.80%和13.09%。

表1-3-25 四大期货交易所成交量和成交金额

日期	大连商品交易所		上海期货交易所		郑州商品交易所		中国金融期货交易所	
	成交量(万手)	成交金额(亿元)	成交量(万手)	成交金额(亿元)	成交量(万手)	成交金额(亿元)	成交量(万手)	成交金额(亿元)
2011年	28 904.69	168 756.22	30 823.92	434 534.35	40 643.92	334 213.37	5 041.62	437 659.55
2012年	33 131.30	194 182.82	20 555.00	198 114.59	17 962.25	83 737.48	5 528.68	379 985.97
2013年	70 050.07	471 527.27	64 247.40	604 167.73	52 529.90	189 000.80	19 354.93	1 410 066.21
2014年	76 963.71	414 944.32	83 745.20	632 353.25	67 634.33	232 414.97	21 758.10	1 640 169.73
2015年	111 632.34	410 924.87	105 049.41	635 552.63	107 033.56	309 829.86	34 052.95	4 173 852.33
2016年	153 747.98	614 052.99	168 071.18	849 774.93	90 128.53	310 320.40	1 833.59	182 191.10
2017.01	6 773.40	28 458.32	7 405.74	53 757.57	3 969.48	14 165.49	172.99	16 977.05
2017.02	8 315.44	34 700.26	7 905.85	59 125.83	4 359.26	16 094.23	182.19	17 796.05
2017.03	11 016.21	45 981.31	11 519.01	79 585.36	6 110.53	23 018.20	245.20	24 341.75
2017.04	8 372.69	34 873.31	10 275.62	67 956.97	4 794.58	17 169.07	190.14	18 998.97

（续表）

日期	大连商品交易所 成交量（万手）	大连商品交易所 成交金额（亿元）	上海期货交易所 成交量（万手）	上海期货交易所 成交金额（亿元）	郑州商品交易所 成交量（万手）	郑州商品交易所 成交金额（亿元）	中国金融期货交易所 成交量（万手）	中国金融期货交易所 成交金额（亿元）
2017.05	9 183.34	38 287.50	13 302.07	73 453.41	4 922.21	17 451.31	253.70	24 670.56
2017.06	9678.91	39 284.26	13 800.22	73 278.83	4 673.69	16 454.13	234.71	23 195.13
2017.07	9 894.64	44 715.49	14 040.71	82 210.48	5 581.19	19 674.98	206.48	20 620.12
2017.08	10 951.96	60 098.66	15 418.65	105 896.81	5 358.42	2 0381.14	204.36	20 607.84
2017.09	9 547.34	52 816.86	11 726.81	85 316.21	5 159.39	19 306.94	161.47	16 749.11
2017.10	7 249.44	37 667.06	9 140.47	64 652.75	3 409.06	12 462.25	157.12	16 072.87
2017.11	9 603.71	50 638.31	11 298.44	80 547.72	4 899.50	17 874.37	261.04	26 392.66
2017.12	9 179.67	52 525.59	10 590.75	73 528.41	5 220.48	19 619.43	190.20	19 499.91
2017年	109 766.75	520 046.94	136 424.35	899 310.34	58 457.78	213 671.53	2 459.59	245 922.02

资料来源：中国证监会，http://www.csrc.gov.cn/。

从四大期货交易所各月成交量和成交金额（见图 1-3-24 和图 1-3-25）可以看出：（1）大连商品交易所、郑州商品交易所和上海期货交易所的交易量和成交金额在 4 月、10 月下降幅度较大，全年呈小幅下降态势；（2）金融期货交易所的交易量和交易金额在 4 月、9 月和 12 月下降幅度较大。

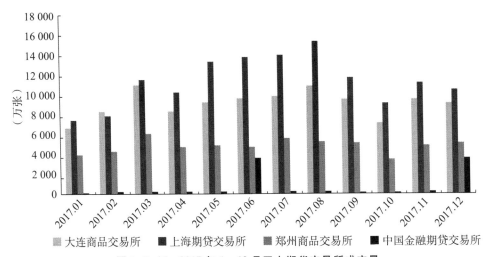

图 1-3-24　2017 年 1—12 月四大期货交易所成交量

资料来源：中国证监会，http://www.csrc.gov.cn/。

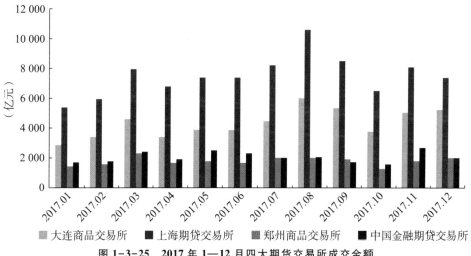

图 1-3-25　2017 年 1—12 月四大期货交易所成交金额

资料来源：中国证监会，http://www.csrc.gov.cn/。

2. 期权市场平稳运行

2017 年，上交所按照"风险可控、稳中求进"的工作基调，稳步推进衍生品市场创新发展。全年 50ETF 期权市场运行平稳，定价合理，经济功能逐步发挥（见表 1-3-26 和图 1-3-26）。2017 年，上证 50ETF 期权累计成交 1.8 亿张，日均成交 75.40 万张；年末持仓 147.24 万张，日均持仓 165.64 万张；累计成交面值 4.85 万亿元，日均成交面值 198.94 亿元；累计权利金成交 893.14 亿元，日均权利金成交 3.66 亿元。年末投资者账户总数达 25.8 万，机构投资者交易占比约为 63%，个人投资者交易占比约为 37%，投机交易行为占比低于为 20%，日均受保市值超过 100 亿元。在交易日趋活跃、市场规模逐步扩大的同时，衡量市场质量的风险情况的各项指标均处于合理水平，期权市场运行平稳有序，市场质量稳步提升。

表 1-3-26　2017 年各月上证 50ETF 期权交易情况

月份	成交量（张）	认购成交量（张）	认沽成交量（张）	认沽/认购（%）	持仓量（张）	认购持仓量（张）	认沽持仓量（张）
1	7 860 856	4 446 522	3 414 334	76.79	1 106 004	594 553	51 1451
2	8 981 701	5 234 787	3 746 914	71.58	1 580 312	897 069	683 243
3	11 534 674	6 496 484	5 038 190	77.55	1 569 999	914 029	655 970
4	9 957 394	5 564 542	4 392 852	78.94	1 610 453	951 498	658 955
5	13 429 180	7 711 719	5 717 461	74.14	1 588 449	752 537	835 912
6	16 861 196	9 879 602	6 981 594	70.67	1 428 568	707 691	720 877

（续表）

月份	成交量（张）	认购成交量（张）	认沽成交量（张）	认沽/认购（%）	持仓量（张）	认购持仓量（张）	认沽持仓量（张）
7	19 259 726	11 124 820	8 134 906	73.12	1 582 895	813 790	769 105
8	19 241 778	10 940 528	8 301 250	75.88	1 674 333	797 987	876 346
9	13 571 651	8 218 445	5 353 206	65.14	1 495 478	853 042	642 436
10	12 415 039	7 543 742	4 871 297	64.57	1 428 356	677 220	751 136
11	27 002 190	15 786 374	11 215 816	71.05	1 873 590	1 000 452	873 138
12	23 860 774	13 397 208	10 463 566	78.10	1 472 443	845 421	627 022

资料来源：Wind 资讯。

2017年年底，上证50ETF期权做市商共有13家，其中主做市商10家，一般做市商3家；共有84家证券公司和21家期货公司取得了上交所股票期权交易参与人资格，61家证券公司取得自营业务资格。

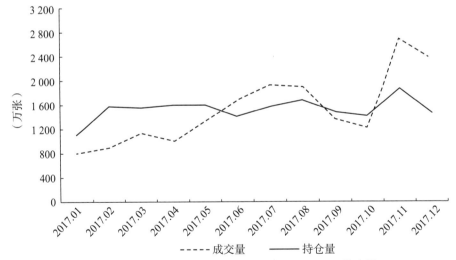

图 1-3-26　2017 年各月 50ETF 期权合约成交量和持仓量

资料来源：Wind 资讯。

3. 利率衍生品交易活跃度明显上升

2017年，利率互换交易增长较快。2017年，人民币利率互换市场达成交易138 410笔，同比增长57.6%；名义本金总额为14.4万亿元，同比增长45.3%。从期限结构来看，1年及1年期以下的交易最为活跃，名义本金总额达11.1万亿元，占总量的76.9%。从参考利率来看，人民币利率互换交易的浮动端参考利率主要包括 7 天回购定盘利率和 Shibor,与之挂钩的利率互换交易名义本金占比分别为 79.0%和 20.6%(见表 1-3-27)。

表 1-3-27 2009—2017 年利率衍生产品交易情况

年份	利率互换		标准利率衍生品		标准债券远期	
	交易笔数（笔）	名义本金额（亿元）	交易笔数（笔）	名义本金额（亿元）	交易笔数（笔）	名义本金额（亿元）
2009	4 044	4 616.4				
2010	11 643	15 003.4				
2011	20 202	26 759.6				
2012	20 945	29 021.4				
2013	24 409	27 277.8				
2014	43 019	40 347.2	212	413.5		
2015	64 832	82 689.9	994	5 014	59	17.2
2016	87 849	99 184.2	8	8	8	1
2017	138 410	144 114.6	—	—	—	—

注:"—"表示数据缺失。

资料来源:中国外汇交易中心。

二、金融市场存在的问题

(一) 社会融资结构性不平衡问题仍然突出

1. 直接融资在社会融资中的占比显著提高但依旧偏低

2017 年,社会融资规模增量为 19.44 万亿元,比上年增加 1.64 万亿元;年末社会融资规模存量为 174.64 万亿元,同比增长 11.95%(见表 1-3-28)。

表 1-3-28 2017 年社会融资规模存量及其增速

项目		社会融资规模存量	其中:						
			人民币贷款	外币贷款（折合人民币）	委托贷款	信托贷款	未贴现银行承兑汇票	企业债券	非金融企业境内股票
2017.1	存量(万亿元)	159.61	107.50	2.61	13.51	6.59	4.52	17.90	5.89
	增速(%)	12.7	12.8	-9.0	20.3	19.7	-24.6	19.5	26.2
2017.2	存量(万亿元)	160.69	108.53	2.66	13.63	6.70	4.34	17.81	5.95
	增速(%)	12.8	12.9	-5.5	19.6	20.9	-22.7	16.7	25.2

（续表）

项目		社会融资规模存量	其中：						
			人民币贷款	外币贷款（折合人民币）	委托贷款	信托贷款	未贴现银行承兑汇票	企业债券	非金融企业境内股票
2017.3	存量(万亿元)	162.80	109.69	2.69	13.83	7.01	4.58	17.85	6.03
	增速(%)	12.5	12.6	-2.9	19.7	24.9	-18.7	12.3	25.4
2017.4	存量(万亿元)	164.14	110.77	2.66	13.82	7.16	4.62	17.90	6.11
	增速(%)	12.7	13.1	-1.5	17.9	26.9	-13.8	10.3	24.6
2017.5	存量(万亿元)	165.17	111.95	2.64	13.80	7.34	4.49	17.67	6.15
	增速(%)	12.9	13.2	-2.2	16.1	29.8	-7.4	8.6	22.8
2017.6	存量(万亿元)	166.86	113.40	2.62	13.79	7.59	4.47	17.66	6.20
	增速(%)	12.8	13.1	-3.0	14.4	32.3	-2.3	7.1	21.0
2017.7	存量(万亿元)	167.95	114.31	2.58	13.81	7.71	4.27	17.89	6.26
	增速(%)	13.2	13.5	-3.3	12.9	33.5	4.9	7.6	19.3
2017.8	存量(万亿元)	169.36	115.46	2.49	13.80	7.82	4.29	18.02	6.32
	增速(%)	13.1	13.8	-7.2	11.5	34.3	6.5	6.1	18.1
2017.9	存量(万亿元)	171.14	116.65	2.48	13.88	8.06	4.37	18.17	6.37
	增速(%)	13.0	13.5	-5.7	10.8	35.9	14.8	5.0	16.1
2017.10	存量(万亿元)	172.11	117.31	2.48	13.88	8.16	4.37	18.30	6.43
	增速(%)	12.9	13.5	-5.8	10.2	36.4	20.6	4.2	14.8
2017.11	存量(万亿元)	173.60	118.45	2.49	13.91	8.31	4.37	18.34	6.57
	增速(%)	12.5	13.7	-6.2	8.7	35.1	16.8	1.6	15.4
2017.12	存量(万亿元)	174.64	119.03	2.48	13.97	8.53	4.44	18.37	6.65
	增速(%)	12.0	13.2	-5.8	5.9	35.9	13.7	2.5	15.1

注：①表中当期数据为初步统计数；②存量数据基于账面值或面值计算；③同比增速为可比口径数据，为年增速。

资料来源：中国人民银行网站，http://www.pbc.gov.cn/。

2017年社会融资规模增量主要有以下特点：一是对实体经济发放的人民币贷款同比增多。全年金融机构对实体经济发放的人民币贷款增加13.84万亿元，比上年多增1.41万亿元，占同期社会融资规模增量的71.20%（见表1-3-29和图1-3-27）。二是信托贷款和未贴现银行承兑汇票同比明显增多，委托贷款同比增长较多。全年信托贷款增加2.26万亿元，比上年多增1.40万亿元；未贴现银行承兑汇票增加5 364亿元,比上年多增2.49万亿元;委托贷款增加7 770亿元,比上年少增1.41万亿元。三是企业债券融资和股票融资少于上年,占比下降。全年企业债券净融资为4 495亿元,比上年少2.55万亿元;非金融企业境内股票融资8 734亿元,比上年少3 682亿元。

表1-3-29　2003—2017年我国社会融资规模年度数据及结构　　　　单位:亿元

年份	社会融资规模	其中:						
		人民币贷款	外币贷款(折合人民币)	委托贷款	信托贷款	未贴现的银行承兑汇票	企业债券	非金融企业境内股票融资
2003	34 113	27 652	2 285	601	—	2010	499	559
2004	28 629	22 673	1 381	3 118	—	-290	467	673
2005	30 008	23 544	1 415	1 961	—	24	2 010	339
2006	42 696	31 523	1 459	2 695	825	1 500	2 310	1 536
2007	59 663	36 323	3 864	3 371	1 702	6 701	2 284	4 333
2008	69 802	49 041	1 947	4 262	3 144	1 064	5 523	3 324
2009	139 104	95 942	9 265	6 780	4 364	4 606	12 367	3 350
2010	140 191	79 451	4 855	8 748	3 865	23 346	11 063	5 786
2011	128 286	74 715	5 712	12 962	2 034	10 271	13 658	4 377
2012	157 600	82 035	9 163	12 837	12 934	10 498	22 498	2 508
2013	172 904	88 917	5 848	25 465	18 448	7 750	18 022	2 219
2014	164 133	97 813	3 556	25 069	5 174	-1 286	23 817	4 350
2015	154 086	112 693	-6 427	15 911	434	-10 569	29 399	7 604
2016	178 023	124 371	-5 639	21 854	8 592	-19 533	29 993	12 415
2017	194 430	138 432	18	7 770	22 555	5 364	4 495	8 734
占比(%)								
2003	100	81.10	6.70	1.80	—	5.90	1.50	1.60
2004	100	79.20	4.80	10.90	—	-1.00	1.60	2.40
2005	100	78.50	4.70	6.50	—	0.10	6.70	1.10
2006	100	73.80	3.40	6.30	1.90	3.50	5.40	3.60
2007	100	60.90	6.50	5.70	2.90	11.20	3.80	7.30
2008	100	70.30	2.80	6.10	4.50	1.50	7.90	4.80
2009	100	69.00	6.70	4.90	3.10	3.30	8.90	2.40
2010	100	56.70	3.50	6.20	2.80	16.70	7.90	4.10
2011	100	58.20	4.50	10.10	1.60	8.00	10.60	3.40
2012	100	55.40	5.80	8.10	8.20	6.70	14.30	1.60
2013	100	51.40	3.40	14.70	10.70	4.50	10.40	1.30
2014	100	59.60	2.20	15.30	3.20	-0.80	14.50	2.70

（续表）

年份	社会融资规模	其中：						
		人民币贷款	外币贷款（折合人民币）	委托贷款	信托贷款	未贴现的银行承兑汇票	企业债券	非金融企业境内股票融资
2015	100	73.10	-4.20	10.30	0.30	-6.90	19.10	4.90
2016	100	69.86	-3.17	12.28	4.83	-10.97	16.85	6.97
2017	100	71.20	0.01	4.00	11.60	2.76	2.31	4.49

注：①表中的人民币贷款为历史公布数；②"-"表示数据缺失或者有关业务量很小。

资料来源：中国人民银行网站，http://www.pbc.gov.cn/。

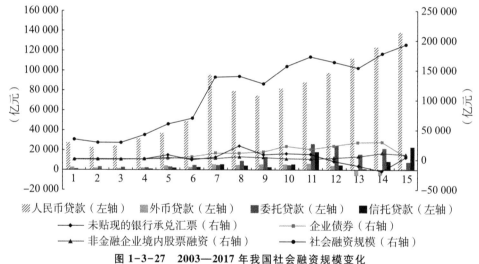

图1-3-27 2003—2017年我国社会融资规模变化

资料来源：中国人民银行网站，http://www.pbc.gov.cn/。

2. 地区社会融资结构性不平衡进一步加重

中国人民银行发布的2017年地区社会融资规模数据（见表1-3-30）显示，截至2017年年末，31个省份的社会融资规模为17.92万亿元，较2016年中社会融资规模16.66万亿增加1.26万亿元，增速为7.56%。其中，2017年社会融资规模超万亿规模的省份有4个，分别是广东（2.21万亿元）、江苏（1.52万亿元）、浙江（1.33万亿元）、上海（1.17万亿元）。融资规模在5 000亿—1万亿元的省份共有11个，分别为山东（8 497.65亿元）、河北（8 346.38亿元）、北京（8 255.26亿元）、四川（7 390.84亿元）、湖北（7 280.94亿元）、安徽（7 308.28亿元）、河南（6 801.07亿元）、湖南（6 429.62亿元）、陕西（5 925.99亿元）、江西（5 347.11亿元）和福建（5 260.20亿元）。

表 1-3-30　2017年地区社会融资规模统计　　　　　　　　　　　　单位：亿元

	地区社会融资规模增量	人民币贷款	外币贷款（折合人民币）	委托贷款	信托贷款	未贴现的银行承兑汇票	企业债券	非金融企业境内股票融资
				其中：				
北京	8 255	7 206	-232	1 082	1 571	130	-2 748	959
天津	2 790	2 754	109	-224	-132	378	-231	51
河北	8 346	5 532	40	98	1 881	61	297	170
山西	3 203	2 246	-14	194	158	-8	460	50
内蒙古	2 104	2 096	4	72	-218	15	-111	84
辽宁	3 936	2 779	-130	-176	37	1331	-314	223
吉林	1 568	818	-14	148	34	87	137	150
黑龙江	2 394	1 449	-64	109	357	312	56	53
上海	11 748	7 606	-52	221	1 869	298	351	1 144
江苏	15 244	11 000	142	375	620	-99	1 946	762
浙江	13 331	8 718	-218	746	1 282	257	911	1 166
安徽	7 038	4 287	76	331	1 197	276	379	262
福建	5 263	4 069	-48	-62	563	282	17	251
江西	5 347	3 981	62	419	838	-222	78	55
山东	8 498	5 874	48	673	501	39	307	582
河南	6 802	5 237	143	177	526	74	82	251
湖北	7 281	5 024	17	521	902	-112	460	258
湖南	6 430	4 308	-1	187	288	332	731	353
广东	22 091	15 244	-67	242	2 794	1 292	413	1 305
广西	3 421	2 594	-6	266	0	434	34	8
海南	856	797	-4	-152	0	126	14	20
重庆	3 719	3 080	-163	-83	174	-64	-11	57
四川	7 391	5 318	234	778	446	-520	383	207
贵州	4 046	3 002	8	530	230	63	193	20
云南	3 151	2 356	11	237	326	-127	95	127
西藏	1 019	996	-1	30	-96	28	30	16

(续表)

	地区社会融资规模增量	人民币贷款	外币贷款（折合人民币）	其中:				
				委托贷款	信托贷款	未贴现的银行承兑汇票	企业债券	非金融企业境内股票融资
陕西	5 926	2 758	-36	244	2 198	220	83	320
甘肃	2 894	1 754	30	74	1144	-214	-54	32
青海	1 208	642	1	36	577	29	-109	0
宁夏	865	665	-2	49	0	119	-8	15
新疆	3 039	2 315	-17	216	65	69	103	171

注：①地区社会融资规模增量是指一定时期内、一定区域内实体经济（非金融企业和住户）从金融体系获得的资金总额。②表中数据为初步统计数。

资料来源：中国人民银行，http://www.pbc.gov.cn/。

从数据来看，东部地区的社会融资规模显著高于中部、西部和东北地区。2016年东、中、西部和东北地区的社会融资规模分别为9.64万亿元、3.61万亿元、3.88万亿元和0.79万亿元，在结构上具有不平衡性，表现为：(1)东部地区融资集中度加剧。2017年我国地区社会融资规模最多的前六个省份全部集中在东部地区，即广东、江苏、上海、浙江、山东和北京，这些省份的融资额占全国的比例为48.6%（比2016年提高1.4个百分点），而且，前四个省份的社会融资规模均超过了1万亿元。(2)融资具有区域不平衡性。2017年，东、中、西部和东北地区的社会融资规模分别占同期地区社会融资规模总额的53.81%、20.14%、21.64%和4.41%，中、西部地区分别上升2.63和3.05个百分点，而东部和东北地区则分别下降4.43和1.25个百分点。融资规模进一步向东、西部地区集中，尤其是东部地区。(3)地区融资结构存在一定差异，中、西部地区和东北地区相比较，东部地区更依赖通过银行贷款来融资。2017年，东、中、西部和东北地区新增人民币贷款占其社会融资规模的比例分别为71.35%、69.48%、71.11%和63.87%，东、西部地区比东北部地区分别高7.48和7.24个百分点；中部地区直接融资（指非金融企业债券融资和境内股票融资合计）占其社会融资规模的比例为9.47%，比东、西部和东北地区分别高1.5、5.13和5.62个百分点。

(二) 制度性因素限制了新三板市场的发展

1. 资金偏好大中型企业，小企业融资成本上升

机构投资者更加偏爱大中型企业。以营业收入、净利润作为企业规模大小的

两个指标，对不同规模企业的融资情况进行统计，财务数据来自各公司2016年年报。企业融资规模占比变动较为明显，2017年市场对大中型规模企业逐渐偏爱，营收规模在5 000万—1亿元、1亿—3亿元的企业2017年融资占比分别提高2.47%、4.45%，净利润在1 000万—2 000万元、2 000万—5 000万元、5 000万—1亿元的企业2017年融资占比分别提高5.26%、6.35%、2.05%（见表1-3-31和表1-3-32）。

表1-3-31　2017年各类规模企业融资规模占比　　　　　　　　　　　单位:%

	净利润为负	500万元以下	500万—1 000万元	1 000万—2 000万元	2 000万—5 000万元	5 000万—1亿元	1亿元以上	合计
1 000万元以下	1.73	0.27	0	0	0	0	0	2.00
1 000万—2 000万元	1.58	0.90	0.05	0.09	0	0.01	0	2.63
2 000万—5 000万元	1.1	2.12	1.34	1.24	0.12	0	0	5.92
5 000万—1亿元	2.16	2.67	3.36	4.51	2.45	0.02	0	15.18
1亿—3亿元	1.29	2.16	2.48	8.42	16.82	2.51	0.09	33.76
3亿元以上	3.47	0.16	0.55	2.01	11.62	9.89	12.81	40.51
合计	11.33	8.29	7.78	16.25	31.01	12.43	12.90	100

资料来源:根据Wind数据库中的相关数据整理得到。

表1-3-32　2017年各类规模企业融资规模占比变动　　　　　　　　　单位:%

	净利润为负	500万元以下	500万—1 000万元	1 000万—2 000万元	2 000万—5 000万元	5 000万—1亿元	1亿元以上	合计
1 000万元以下	0.03	0.01	0	0	0	0	0	0.04
1 000万—2 000万元	0.51	0.07	-0.01	0.09	0	0.01	0	0.67
2 000万—5 000万元	-1.08	0.13	0.37	0.71	-0.06	0	0	0.07
5 000万—1亿元	0.16	0.60	1.50	1.48	-0.20	-0.03	-1.05	2.47

（续表）

	净利润 为负	500万元 以下	500万— 1 000万元	1 000万— 2 000万元	2 000万— 5 000万元	5 000万— 1亿元	1亿元 以上	合计
1亿—3亿元	-1.82	0.54	0.02	2.82	2.98	-0.12	0.02	4.45
3亿元以上	1.03	-0.02	0.10	0.16	3.64	2.19	-14.79	-7.69
合计	-1.16	1.33	1.97	5.26	6.35	2.05	-15.81	0

资料来源：根据Wind数据库中的相关数据整理得到。

不同规模企业负债成本分化，小企业负债成本上升明显。以营业收入衡量企业规模大小，以"利息支出/平均带息债务"计算企业债务成本，计算2015年、2016年及2017年上半年各规模企业债务成本情况。剔除异常值和偏离值（假定0%—20%为合理范围）。整体而言，营收1 000万元以下的小企业负债成本上升，中大型企业负债成本均有所下降，特别是2016年营收1 000万—5 000万元的企业（见表1-3-33）。

表1-3-33　2017年各规模企业负债成本均值　　　　　　　单位：%

2016年营业收入	2015年负债成本平均值	2016年负债成本平均值	2017年年化负债成本平均值
1 000万元以下	7.33	6.93	7.19
1 000万—2 000万元	7.41	7.05	6.80
2 000万—5 000万元	7.38	6.68	6.40
5 000万—1亿元	7.11	6.21	6.14
1亿—3亿元	6.58	5.84	5.79
3亿—10亿元	6.06	5.44	5.35
10亿元以上	5.33	4.84	4.83

资料来源：Wind资讯。

2. 做市制度作用不显著，做市热情持续走低

股转系统的流动性问题与做市板块不活跃，做市制度陷入困境有关。截至2017年年底，11 630家挂牌企业中，仅有1 343家参与做市转让，占所有挂牌企业的11.55%，与2016年相比，参与做市转让的企业数量下降4.72%；就各月份的情况来看，做市标的占比自2017年以来逐月走低，做市制度作用不显著（见表1-3-34和表1-3-35）。

表1-3-34 股转系统增发融资情况年度对比

年份	成交量(万股)	成交金额(亿元)	换手率(%)
2014	22.82	130.36	19.67
2015	278.91	1 910.62	53.88
2016	363.63	1 912.29	20.74
2017	433.22	2 271.80	13.47

资料来源:Wind资讯。

表1-3-35 2017年每月股转系统做市转让占比

交易日期	挂牌公司			总股本		
	合计(家)	做市转让(家)	占比(%)	合计(亿股)	做市转让(亿股)	占比(%)
2017/1/26	10 454	1 640	15.69	5 973	1 542.74	25.83
2017/2/28	10 757	1 635	15.20	6 098	1 570.38	25.75
2017/3/31	11 023	1 604	14.55	6 294	1 545.70	24.56
2017/4/28	11 113	1 580	14.22	6 340	1 526.07	24.07
2017/5/31	11 244	1 568	13.95	6 505	1 532.49	23.56
2017/6/30	11 314	1 536	13.58	6 651	1 533.60	23.06
2017/7/31	11 284	1 513	13.41	6 659	1 526.95	22.93
2017/8/31	11 551	1 477	12.79	6 714	1 495.56	22.28
2017/9/29	11 594	1 436	12.39	6 812	1 454.88	21.36
2017/10/31	11 619	1 403	12.08	6 847	1 433.60	20.94
2017/11/30	11 645	1 366	11.73	6 851	1 406.83	20.54
2017/12/29	11 630	1 343	11.55	6 757	1 392.47	20.61

资料来源:Wind资讯。

3. 市场流动性不足

股票发行增长放缓,市场整体融资功能下降。2015年的股票发行规模为1 217亿元,是2014年132亿元的9.22倍。2016年股票发行规模为1 391亿元,在2015年的基础上增长了14.30%;2017年股票发行1 153亿元,与2016年相比,2017年下降了14.45%(见图1-3-28)。反映市场交易活跃与否的换手率指标,2015年为53.88%,2016年为20.17%,而2017年换手率为13.47%,较2016年下降了35%,股票交易极度不活跃。新三板成指自2015年5月达到1 800多点以后,自此一路下行,到2017年年末,一直在1 200点左右徘徊,到2017年12月31日,为1 273.27点。

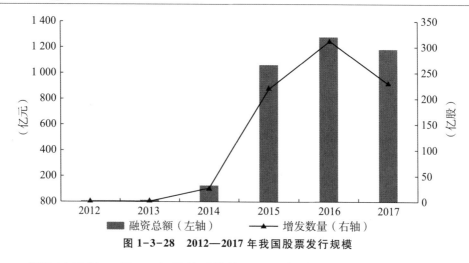

图 1-3-28 2012—2017 年我国股票发行规模

截至2017年12月31日,股转系统的11 630家挂牌企业中,有5 264家企业自挂牌以来没有交易记录,占全部挂牌企业的45.26%,既没有交易记录也没有融资记录的企业共4 121家,占比为35.43%,企业自挂牌以来没有融资和成交记录而成为"僵尸股"。

(三)企业进行并购重组时不够严谨

当前我国上市公司并购重组存在一些突出问题,如何制定相关法律法规解决这些问题,是证券监管部门迫切需要解决的核心问题。

1. 以"跟风式重组、忽悠式重组"方式操纵二级市场

2007—2013年,发生并购的上市公司占比保持稳定,基本保持在20%—25%;2013—2015年,发生并购的上市公司占比呈现明显的上升趋势,2015年一度达到历史高点67.50%,超过半数的上市公司参与了并购重组,之后2016—2017年占比依旧在40%以上(见图1-3-29)。

很多上市公司启动并购重组事项时过于盲目,甚至有很多公司以"跟风式重组、忽悠式重组"为目的,其根本动机是为在二级市场炒作其股票打下预期,导致在该预案向市场信息披露后展现过于盲目的利好形势。这种策略和手法导致投资者对所谓的"重组预期"非常期待,最终却导致重组没做好,股票价格上涨倒是很快。例如,熊猫烟花公司的股票价格在重大资产重组预案公布后表现为连续4个交易日处于涨停状态,在半年内的上涨幅度接近150%,随后公司却突然宣布终止重组,而其股票表现仍然处于不断上涨的状态。

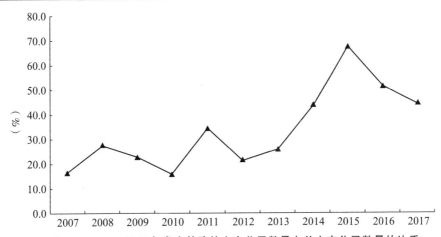

图 1-3-29 2007—2017 年发生并购的上市公司数量占总上市公司数量的比重

资料来源:Wind 资讯。

2. 对重组标的的财务信息调查核实不严格

2017 年,中国证监会召开了 78 次会议,审核了共 173 例并购重组;相较于 2016 年,2017 年中国证监会并购重组委召开会议的频率及审核的重组案例的数量均有所减少。在这 173 例重组中,获通过的共计 161 例,其中无条件通过的为 97 例,有条件通过的为 64 例,未获通过的共计 12 例。2017 年未获通过的案例比例为 7%,比 2016 年减少了 2%;2017 年无条件通过的比例达 56%,比 2016 年高出近 9 个百分点(见图 1-3-30)。

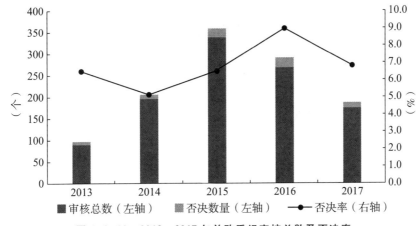

图 1-3-30 2013—2017 年并购重组审核总数及否决率

资料来源:Wind 资讯。

以公告日为基准,2015—2017年分别发生并购重组6 783单、5 192单、8 429单,交易金额分别为2.92万亿元、3.18万亿元、4.26万亿元。2017年交易金额比2016年增加了33.96%,并购次数也增加了62.35%(见图1-3-31)。2017年并购数量远超2016年,这意味着越来越多的企业开始盲目地采取并购这种方式达到产业整合和升级,以及提高竞争力的目的。

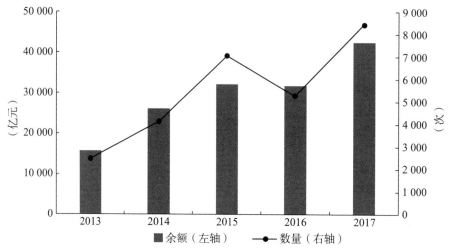

图1-3-31　2013—2017年并购重组交易金额及交易数量

资料来源:Wind资讯。

2017年,中国证监会并购重组委共否决了12例重组,其中,有7个涉及持续盈利能力问题、5个涉及信息披露不充分问题、1个涉及中介机构资质问题、1个涉及经营模式和关联交易问题、1个涉及标的资产定价不公允问题、1个涉及标的资产权属瑕疵问题(未通过的部分公司涉及的原因不止一个)。总的来看,有80%以上的案例因为标的资产方面的问题被否,其中,标的资产盈利能力存疑是被否的罪魁祸首,有7例重组均因此失败(见图1-3-32)。这也说明了企业在进行并购重组时对重组标的的财务信息不做调查核实。

(四)多层次资本市场的功能发挥还不充分

1. 融资、资源配置功能发挥有限

股权融资规模过小,在降低企业负债率、防范金融风险方面发挥的作用较为有限。从表1-3-36中可以看出,2008—2017年非金融企业股权融资占比一直偏低,2017年非金融企业股权融资额为8 734亿元,仅占同期社会融资额的4.5%,相比较2016年减少了29.6%,股票市场融资功能有限。2011年以来我国的非金融企业

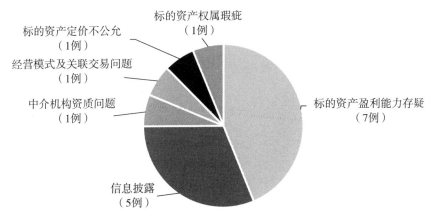

图 1-3-32　2017 年未通过并购重组审核的原因分布情况

资料来源：Wind 资讯。

杠杆率都在 100% 以上，2017 年年底我国非金融企业债务与 GDP 的比值已上升至 157%（见图 1-3-33），而欧美主要发达国家的这一比例在 70% 左右，有些甚至只有 50%。由于银行贷款等债权类融资具有较强的顺周期性，企业运行良好时容易获得超额贷款，而出现困难时不但难以获得新的贷款而且经常面临提前收贷的压力，因此整个社会负债过高时，单户企业出现的债务危机容易不断传导引发金融风险。

表 1-3-36　2008—2017 年非金融企业股权融资情况

年份	社会融资规模（亿元）	非金融企业股权融资（亿元）	占比（%）
2008	69 802	3 324	4.8
2009	139 104	3 350	2.4
2010	140 191	5 786	4.1
2011	128 286	4 377	3.4
2012	157 600	2 508	1.6
2013	172 904	2 219	1.3
2014	164 133	4 350	2.7
2015	154 086	7 604	4.9
2016	178 023	12 415	7.0
2017	194 430	8 734	4.5

资料来源：中国人民银行。

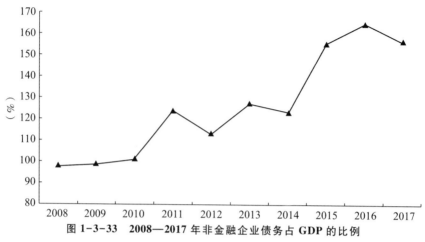

图 1-3-33　2008—2017 年非金融企业债务占 GDP 的比例

资料来源：中国人民银行。

2. 资本市场在调结构、助创新、引导资源配置等方面发挥作用不明显

2017 年，企业集资额的 86.64% 是通过增发、配股等方式投向已上市的存量企业，新上市企业仅获得约 13.36% 的融资，部分高成长的、国家鼓励的新兴领域的企业被挡在资本市场之外，一些创新型公司不得不寻求到海外发行上市。从表 1-3-37 可以看出，虽然 2013—2017 年新上市企业获得的融资额占比逐渐上升，但占比依旧很低，说明资本市场资源配置的作用未有效发挥。以 2017 年为例，从资金供给方面看，新股发行募集资金 2 301.09 亿元，中签率仅为 0.04%；从资金需求方面看，约 600 多家企业排队等待上市，现有待过会的企业平均等待时间近两年。投资、融资双方需求旺盛，但难以通过资本市场实现有效的资源配置。

表 1-3-37　2013—2017 年新上市企业获得融资额占比①

年份	集资金额合计（亿元）	IPO 统计（亿元）	占比（%）
2013②	4 613.86	0.00	0.00
2014	9 133.10	666.32	7.30
2015	16 107.23	1 576.39	9.79
2016	21 134.81	1 496.08	7.08
2017	17 223.86	2 301.09	13.36

资料来源：Wind 资讯。

---

① 因 2012 年进行新股发行改革，前后数据不具可比性，所以只列出 2012 年之后的数据。
② 2013 年暂停 IPO 发行。

3. 中小企业在资本市场融资更难、更贵

尽管国家政策提倡大力拓展小微企业的直接融资渠道，提出发展多层次资本市场是解决小微企业直接融资比例过低、渠道过窄的必由之路，但当前中小企业从资本市场融资比从银行贷款更难、更贵，表现为上市门槛较高，核准时间周期过长。据统计，2017年1月至2017年12月，全年新股上市共计436家，筹资2 304亿元，分别较上年同比增加92%和53%。其中中小板、创业板上市221家企业，从IPO申请受理到上市，平均期限达1.4年。

从企业规模来看，2017年反映经济活跃度的中小企业PMI出现显著回落，其中中型企业PMI回落0.8个百分点至50.5%，小型企业PMI回落0.9个百分点至50.1%，均接近荣枯线水平。特别是小型企业PMI在2017年连续5个月回升后出现再度回落值得关注。另外，从企业家预期来看，小型企业的生产经营活动预期同样出现高位回落，这说明在实体经济融资成本上升的趋势下，首先受到冲击的更可能是中小企业（见图1-3-34和图1-3-35）。

从企业规模来看，大型企业、小微型企业的银行贷款利率低于中型企业。2014—2017年，大型企业银贷加权平均利率为6.36%—6.92%，小型企业为6.34%—7.20%，微型企业则为6.00%—6.73%，而中型企业为6.81%—7.58%，明显高于大型企业和小微企业。

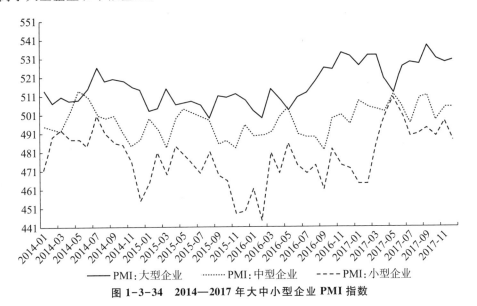

图1-3-34　2014—2017年大中小型企业PMI指数

资料来源：Wind资讯。

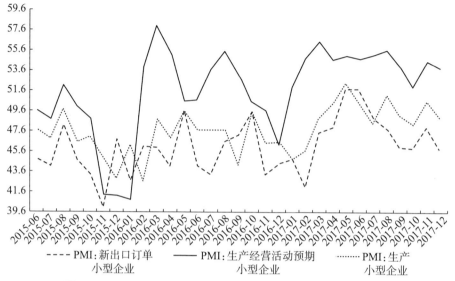

图 1-3-35 2015 年 6 月至 2017 年 12 月小型企业各项 PMI 指数

资料来源：Wind 资讯。

（五）地方债市场风险逐步暴露

1. 投资人结构仍较为单一

随着地方债市场规模的扩容，截至 2017 年年末，全国地方政府债券存量规模为 14.74 万亿元，为全市场存量规模最大的债券品种。投资人结构仍较为单一，以商业银行为主，持有比例接近 78%，交易型投资者持有比例仍较低。公开信息未公布地方政府债券的持有人情况，根据中央国债登记结算有限责任公司（以下简称"中债登"）公布的截至 2017 年 8 月末的信息①，其债券总托管量为 48.18 万亿元，主要券种②合计的托管量为 31.57 万亿元，两者差额为 16.61 万亿元，这 16.61 万亿元托管量中包含地方债、央行票据、政府支持机构债券、外国债券等券种，其中，地方政府债券存续托管量为 13.55 万亿元，占比达 81.58%，占比较高，因此本报告用 16.61 万亿元托管量的投资者结构近似替代地方债投资者结构。

按照上文所述的测算方法，截至 2017 年 8 月末，商业银行是地方债最主要的持有人，占比约为 77.55%，其中全国性商业银行的地方债持有比例接近 73%，特殊结算成员、基金、个人投资者持有的比例分别为 8.42%、5.37% 和 4.25%，保险机构、

---

① 自 2017 年 9 月起，中债登每月公布的表格"债券托管量（按投资者）"结构发生明显变动，导致其与"主要券种投资者结构"不具备可比性，故此处最新时间节点为 2017 年 8 月末。

② 国债、政策性金融债、企业债、次级债、中期票据、普通债等。

交易所、券商等其他投资者合计持有比例约为4.42%,与2016年的投资人结构基本一致(见图1-3-36)。与市场整体投资者结构相比(见图1-3-37),地方债持有人较为单一,交易型投资者持有比例较低,一定程度上影响了二级市场的流动性。

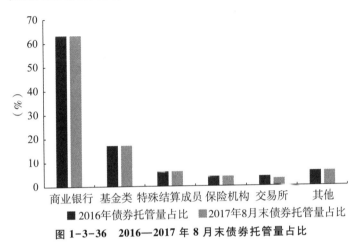

图 1-3-36　2016—2017 年 8 月末债券托管量占比

资料来源:中国债券信息网,http://www.chinabond.com.cn/。

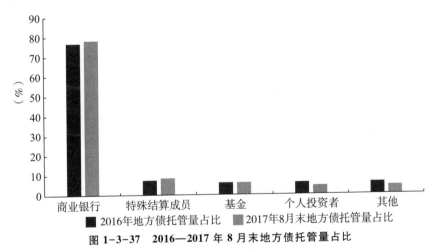

图 1-3-37　2016—2017 年 8 月末地方债托管量占比

资料来源:中国债券信息网,http://www.chinabond.com.cn/。

2. 多个省份已超政府债务率警戒线,市场风险逐渐暴露

全国人大常委会在 2015 年就明确将债务率不超过 100%的水平作为中国地方政府债务的整体风险警戒线。国际上衡量地方政府债务风险,通常使用债务率(债务余额/地方综合财力),风险警戒线在 80%—120%。截至 2017 年年末,地方政府债务率最高的省份为青海,其政府债务率高达 512%。其次为贵州、内蒙古、云南,

这三个省份的债务率分别为436%、311%和295%,均远远超过100%的警戒线(见图1-3-38)。

2017年,有26个省份债务率超过120%,偿债压力大。地方举债主体下移,债务比率过高,"隐性债务"野蛮生长。地方政府债务规模过大且增长过快,可能引起经济波动、引发系统性财政金融风险。

近年来地方信用违约的事件增多,债券主体信用违约事件发生较多的省份有江苏、山东、内蒙古、四川等,市场对于地方债的关注度和警惕程度也显著提高。2016年,内蒙古自爆地方债务危机,江苏、贵州借信托、资管等手段违规举债,一系列地方债务危机已逐渐显露出来。

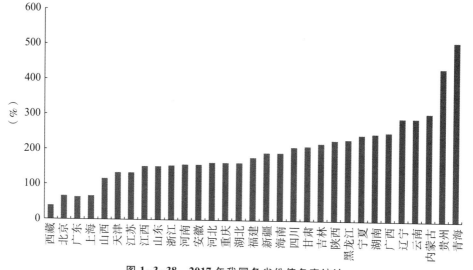

图1-3-38 2017年我国各省份债务率统计

资料来源:Wind资讯。

(六)保险市场防范和化解风险的能力亟待提高

2017年,保险市场经历了前所未有的变局,监管机构陆续出台系列监管政策引导行业逐步回归保障,不断转型升级。行业稳定经营的局面得以维护,市场保持稳健发展,业务结构不断优化,行业价值持续增长。与此同时,保险市场在转型发展中的压力和问题依然存在,业务发展、渠道拓展、资金运用、科技赋能中风险防范和化解的能力亟待进一步提高。

1. 财产险市场竞争和业务运营风险加大

第一,车险市场竞争压力和风险加大。竞争压力上,一方面,受新车销售量增势放缓以及共享经济发展背景下民众出行方式转变的影响,传统车险市场趋于饱和;另一方面,商车费改的深入推进,也推动车险市场的竞争更加白热化。竞争风险上,车险业务高费用问题依然持续。2017年,车险综合费用率尽管较上年下降1个百分点,但费用水平仍处于高位,大部分保险公司车险手续费支出的增速远高于同期保费的增速。以平安产险为例,2017年其车险保费收入为1 705.08亿元,同比上涨14.8%,而车险手续费达345.96亿元,同比上升64.6%,比其整体业务手续费的涨幅还高出11.2个百分点①。车险费用水平居高不下,一方面是车险竞争压力增加的结果,保险公司在抢占车险市场时大多采取了高佣金、高返还等竞争手段,带来市场费用水平整体攀升的局面;另一方面则是由于目前车险市场并未真正实现市场化。从历史经验来看,车险定价基准偏高,这是高费用率及违规竞争得以持续的根源。车险费用的增加导致车险业务经营的直接和间接税负成本大幅增加。2017年财产险公司手续费占保费收入的比例超过15%,超过税前抵扣限额的手续费会导致财产险公司企业所得税大幅攀升;部分支付给中介的手续费以某种形式返还给消费者,此过程增加了保险公司的间接税负成本,降低了行业经营效率。

第二,非车险运营风险不容忽视。2017年非车险业务运营风险加大,整体承保亏损。这表现在:一是保费费率不断下降造成充足度不足风险加大;二是伴随着责任险的发展,其长尾风险也逐渐显露,加大了赔付压力;三是线上保证保险业务在快速推进的同时,网贷领域的风险也传递到保证保险领域,2017年保证保险综合赔付率同比大幅增加。

第三,非寿险投资型产品流动性风险也需予以高度关注。2017年,受保险监管政策趋严和投资型非寿险品收缩的影响,个别过去经营非寿险投资型业务的财产险公司处于经营性现金流出状态,未来将有更多产品到期给付,导致其现金流承压。

2. 人身险市场转型风险突出

第一,业务转型蕴含风险。2017年,人身险逐渐回归保障功能,业务结构逐步改善,保障型业务占比、新单中长期期交业务占比均有所提升,但业务转型过程中也面临诸多挑战和压力,具体体现在:一是渠道建设滞后,无法适应业务转型的需要。保障型产品更适合在个险渠道销售,但个险渠道建设成本高、周期长,短期内渠道短板较难补齐。二是保障型产品经验数据和精算能力的相对缺乏,加大了业务转型的难度和风险。一方面,保障型产品开发的能力不足,业务创新不够,不能真正满足客户深层次的风险管理、健康管理的需求;另一方面,已开发出的产品定价不够合理。随着健康险、重疾险业务的快速发展,竞争也随之加剧,此类产品定

---

① 《车险市场竞争白热化、财险公司手续费增速远超保费增速》,证券日报网,http://epaper.zqrb.cn/html/2018-03/29/content_267666.htm? div=-1。

价逐步降低,但重疾发生率呈上升趋势,加大了人身险产品的经营风险。三是市场主体集中转型加剧了寿险产品竞争及渠道竞争的压力。由于人身险市场主体转型方向相同,步调较为一致,对保障型产品的供给及个险代理人的需求普遍增大,从而加剧了产品竞争及渠道竞争。

第二,行业整体利率风险增大。一方面,随着转型的不断深入,人身险业务逐步向期交化、长期化发展,负债久期显著拉长,未来面临的利率风险加大,而国内缺乏长期投资工具,难以有效地对冲利率风险。另一方面,当市场利率上升时,保险公司被动提高保险产品的预定利率,加大了利差损风险隐患。

第三,行业流动性隐患突出。虽然人身险行业流动性风险整体可控,但在监管趋严的形势下,部分公司期交业务的增长尚不能弥补趸交业务的规模收缩,造成新单保费流入大幅减少,中短存续期存量业务规模较大的公司面临较大的给付压力。

3. 保险资金运营面临严峻复杂的风险挑战

2017年以来,保险资金运用逐步回归本源,但在市场波动性加大的大环境下,保险资金运用仍面临着严峻复杂的风险挑战。

一是债券市场风险与资产负债错配叠加增大保险资金运用风险。在债券市场收益率维持高位时,杠杆较高、投资激进的保险公司在去杠杆的趋势下面临较高的市场风险,当市场风险与资产负债错配叠加时,短期来看,二级市场债券类资产市值下跌严重,降低保险公司的所有者权益。中期来看,随着市场收益率上升,保险公司出于竞争压力可能被动提高负债成本。对于资产负债错配严重的保险公司而言,市场风险、流动性风险和退保风险的相互扩散和传染也值得关注。

二是信用风险值得关注。目前,保险资金约80%配置于信用类资产,在债券的刚性兑付被打破,债券违约进入多发期后,保险资金投资基础设施债券、不动产投资计划和信托产品的信用风险敞口提升。2017年,80余家保险公司的偿付能力报告中的信用风险最低资本与总资产的比值较年初有所上升,近六成公司面临的信用风险有所增加。同时,另类投资的信用风险加大。过去在信用扩张期,出现集中违约的可能性较低,未来信用扩张速度减慢后,集中违约的风险将大幅增加。

三是股票资产变现难度增加带来流动性风险隐患。近两年,出于看好蓝筹股的核心价值和未来成长性,大部分保险机构均配置了较多蓝筹股,反而导致了越是大盘蓝筹股流通盘越少的现象。一旦大部分保险机构同时集中卖出持有的蓝筹股,会出现无法抛售的问题,增加了股票资产变现的难度,增大了流动性风险隐患。

四是资管新规给保险资金运用带来挑战。2017年10月,一行三会联合外汇局统一发布的《关于规范金融机构资产管理业务的指导意见(征求意见稿)》中明确提出打破刚性兑付、规范资金池、消除多层嵌套。短期来看,这将带来保险资管产品规模的萎缩;长期来看,则会造成保险资管行业的分化。未来,大量国外资管机构将进入中国,导致资管行业管理费大幅下降,对整个行业造成较大挑战。

五是跨市场、跨领域风险不容忽视。随着保险业参与金融市场和服务实体经济的广度和深度不断增加,股市、债市、汇市、利率等市场的波动对保险资金的影响增大,一些非标产品通过层层嵌套变相增加杠杆,保险资金购买这些产品可能存在底层资产模糊、突破资金运用监管比例或范围的情况。同时,保险行业在资本市场扮演着重要角色,行业的内部波动会带来资本市场的外部波动,需要防范行业内部波动引起的外部系统性风险。

六是海外投资风险的管控难度提高。当前国际政治、经济、金融局势瞬息万变、错综复杂,保险资金的"走出去"战略还面临着当地监管规则、法律环境、管理体制以及汇率变动等多种复杂的风险因素,险资投资于敏感地区、敏感行业存在出现重大经营亏损的风险,境外投资经验和人才的缺乏使风险管控的难度加大。

4. 互联网保险领域风险快速聚集

随着移动互联网、云计算等技术在保险业应用的不断深入,我国互联网保险业务增长迅速。但与之相伴的是,各类与互联网保险消费相关的风险隐患也在快速聚集,主要表现在:

一是互联网保险产品设计存在风险。部分互联网保险公司为追求爆款、吸引眼球,在产品设计开发的科学性和严密性等方面存在欠缺,易引发保险消费纠纷。从互联网保险业务消费投诉案件来看,因产品条款设计存在瑕疵等而导致争议的情况时有发生,此类问题在出行类、电商类的场景类保险创新产品中更为明显。

二是互联网保险经营行为有待规范。互联网保险的网络特性决定了保险销售方不能面对面地向消费者主动说明产品相关信息,销售页面内容的准确性对消费者合理购买保险至关重要。目前,部分互联网保险的宣传和投保页面存在问题,宣传内容不规范、保险责任模糊,易造成消费者单方面曲解,在理赔时引发纠纷。

三是第三方网络平台参与保险经营存在风险。目前,第三方网络平台参与保险经营的情况较为普遍,但部分第三方网络平台没有获取保险业务经营资格,合规意识普遍较差,部分平台以海量数据和渠道优势为砝码,采用强制搭售、模糊销售等多种手段,不惜通过费用配置和利润分成等参与市场竞争,推高产品经营成本,为业务发展带来新的风险。

四是互联网保险的服务能力不足。近年来,互联网保险发展迅速,但由于线下客户服务能力不足,再加上保险数据处理能力欠缺,使得互联网保险服务能力不能有效地支撑业务发展。

5. 保险科技发展产生和带来新的风险

保险科技的快速应用和发展,进一步扩大了风险覆盖面,促进了普惠金融的发展,提升了保险业支持实体经济的能力,为保险业更好地接近客户、服务客户及改善消费者的体验带来积极的影响,但保险科技在带来机遇的同时,也产生了一系列风险和问题。

一是潜在的寡头垄断风险。大型保险公司和科技企业的规模和盈利能力远高于其他中小竞争者,赢者通吃的现象在保险科技领域更加突出。从产业链来看,部分平台依托用户、流量优势形成的市场地位,在与保险机构合作中处于强势,抢占了保险服务内容和服务模式的话语权,保险机构沦为牌照提供方,极易造成保险风险形成外溢效应。

二是对金融及保险安全造成威胁。由于网络空间的开放性和互动性,保险科技可能带来业务、技术和网络的三重风险叠加。一方面,依托互联网巨大的传播效应,一些机构借保险科技之名,行保险诈骗之实,具有极大的欺骗性和风险性;另一方面,大型互联网平台通过不断的产业整合和用户积累,在部分重要领域逐步具有了类似中央交易对手方的地位和功能,成为准保险基础设施的提供者,这类平台一旦出现风险事件,很容易引发系统性风险和灾难性影响。

三是对保险消费者权益的保护带来挑战。在保险科技快速发展及运用的过程中,部分企业追求利润的冲动比较强烈,同时自身风控能力较弱、内控制度不健全,加上监管体系不完善等因素,导致保险消费者的权益没有得到有效保护。

(七)衍生产品市场发展还需提速

据美国期货业协会(FIA)的最新统计,2017年全球场内期货和期权总交易量约为252.0亿手,同比下降0.08%。从区域来看,北美地区成交量上升了3.45%,达88.9亿手;欧洲地区下降了4.71%,达49.4亿手;拉丁美洲地区增长了22.08%,达19.7亿手;亚太地区下降了4.04%,至88.1亿手,占比总份额也从36%下降至35%,但成交量仅次于北美(见表1-3-38)。2017年合同总额近252亿美元,比2016年下降0.1%;从品种来看,2017年利率期货和期权交易上升至创纪录的水平,但与2016年相比,能源、金属和其他商品期货和期权的交易有所下降。其中下跌最多的是农业期货和期权,下跌至13亿合约,为2013年以来的最低水平。同时,股指期货成交量在上一年下降后回升5.6%,单股期货和期权的增长率相似。

表1-3-38 2016—2017年全球期货和期权交易量 单位:手

地区	2017年(手)	2016年(手)	增长率(%)
亚太	880 939 9561	9180 674 887	-4.04
北美	8 886 461 060	8 589 865 508	3.45
欧洲	4 936 045 987	5180 068 421	-4.71

（续表）

地区	2017年 （手）	2016年 （手）	增长率 （%）
拉丁美洲	1 971 927 150	1 615 293 377	22.08
其他	595 154 992	654 024 124	-9.00
总计	25 198 988 750	25 219 926 317	-0.08

注：其他是希腊、以色列、南非和土耳其的交易所。

从交易所排名来看，2017年，交易量排在前五位的分别是：芝加哥商业交易所集团，总成交量为40.9亿手，同比增长3.7%；印度国家证券交易所，总成交量为24.7亿手，同比增长16.3%；洲际交易所，总成交量为21.25亿手，同比增长4.3%；芝加哥期权交易所，总成交量18.1亿手，同比增长10.9%；巴西商品与期货交易所，总成交量为18.1亿手，同比增长21.7%。我国上海期货交易所、大连商品期货交易所、郑州商品期货交易所、中国金融期货交易所分别排在第9、10、13和31位。其中，前两个交易所的交易量分别下降18.8%和28.4%。相比于2016年，大商所和郑商所的排名有所下降，中金所则从第37位上升至第31位。

与国际市场相比（见表1-3-39和表1-3-40），我国金融期货市场规模还比较小（见表1-3-41），尚未进入全球前20名之列。我国金融期货仅有沪深300指数期货、上证50股指期货、中证500股指期货、5年期国债期货、10年期国债期货五种①。现在交易量最大的主要是商品期货，但期货交易金额总量非常小。中国期货业协会的统计资料表明，2017年全国期货市场累计成交量为30.76亿手，累计成交额为187.89万亿元，而2017年我国GDP达到82.70万亿。从总量看，期货交易是GDP的2.27倍，说明我国场外衍生产品市场较小。

股票期权作为与现货证券市场联系最为紧密的金融衍生品，已成为全球衍生品市场的最重要的工具之一。我国上证50ETF期权总成交为7 906.9万张，日均成交32.4万张，日均成交面值72.3亿元。以美国为例，2017年标普500ETF期权日均成交260万张，美国股票期权的期现成交比约2.2倍，我国目前仅0.49倍。与国际成熟期权市场相比，绝对市场规模和相较于现货的市场规模均尚小，市场处于起步阶段，市场覆盖面和功能发挥仍然有限，期权市场还亟待快速发展②。

---

① 2015年，我国推出了3种金融期货产品：3月20日，10年期国债期货正式推出；4月16日，上证50、中证500股指期货正式挂牌交易。至此，我国共有5种金融期货产品。

② 从国际经验看，美国股票期权的期现成交比约1.6倍，我国目前仅0.01倍，与国际市场存在显著差距，这表明我国期权市场的发展潜力巨大。

表 1-3-39　2016—2017 年排名前 10 位的利率期货和期权合约　　　单位:手

名次	合约及交易所名称	2016 年	2015 年	增长率(%)
1	欧洲美元期货,芝加哥商业交易所	639 847 185	654 947 336	-2.31
2	10 年期国债期货,芝加哥期货交易所	375 338 442	350 762 158	7.01
3	一日银行间存款期货,巴西商品与期货交易所	354 386 047	302 518 177	17.15
4	5 年期国债期货,芝加哥期货交易所	226 441 088	201 904 771	12.15
5	3 个月英镑期货,ICE 欧洲期货交易所	198 845 679	153 940 833	29.17
6	3 个月 Euribor 期货,ICE 欧洲期货交易所	197 286 277	134 881 365	46.27
7	长期欧元债券期货,欧洲期货交易所	195 580 025	186 605 222	4.81
8	欧洲美元中段收益率曲线期权,芝加哥商业交易所	190 004 215	140 529 194	35.21
9	欧洲美元期权,芝加哥商业交易所	153 425 834	168 254 035	-8.81
10	中期欧元债券期货,欧洲期货交易所	135 394 434	130 646 615	3.63

资料来源:美国期货业协会(FIA)。

表 1-3-40　2016—2017 年排名前 10 位的股票期货和期权合约　　　单位:手

名次	合约及交易所名称	2016 年	2015 年	增长率(%)
1	BankNifty 期权,印度国家证券交易所	800 401 601	319 723 806	150.34
2	SPDRS&P500ETF 期权	634 508 023	671 613 667	-5.52
3	CNXNift 期权,印度国家证券交易所	562 315 794	715 273 610	-21.38
4	Kospi200 期权,韩国交易所	540 103 609	337 007 133	60.26
5	电子迷你 S&P500 期货,芝加哥商业交易所	365 601 616	472 678 663	-22.65
6	S&P500(SPX)期权,芝加哥期权交易所	292 029 953	257 953 004	13.21
7	Bovespa 迷你指数期货,巴西 B3 交易所	290 827 570	150 763 004	92.90
8	EuroStoxx50 指数期货,欧洲际期货交易所	282 107 311	374 452 071	-24.66
9	EuroStoxx50 指数期权,欧洲期货交易所	263 152 091	286 246 451	-8.07
10	日经 225 迷你期货,日本交易所	219 518 050	233 940 373	-6.16

资料来源:美国期货业协会(FIA)。

表 1-3-41　我国金融期货成交情况统计

年份	品种	成交量(手)	成交金额(亿元)	持仓量(手)
2011	沪深 300 指数期货	50 411 860	4 376 585 522	48 443
2012	沪深 300 指数期货	105 061 825	7 584 067 788	110 386
2013	沪深 300 指数期货	193 220 516	14 070 023 232	119 534
2014	沪深 300 指数期货	216 658 274	16 313 845 602	215 437
2015	沪深 300 指数期货	277 101 989	34 190 659 068	37 457
2016	沪深 300 指数期货	4 225 566	401 426 284.20	40 093
2017	沪深 300 指数期货	4 101 114	450 929 119.69	10 359 731
2016	上证 50 股指期货	1 624 386	104 726 150.60	25 808
2017	上证 50 股指期货	2 443 580	190 041 668.61	6 568 494
2016	中证 500 股指期货	3 551 891	425 621 767.20	33 226
2017	中证 500 股指期货	3 280 929	409 747 321.94	8 034 557
2014	5 年期国债期货	922 871	87 851 653.37	21 556
2015	5 年期国债期货	4 403 572	435 949 899	27 614
2016	5 年期国债期货	2 757 209	277 423 180.80	19 075
2017	5 年期国债期货	2 821 334	275 192 940.07	9 819 364
2016	10 年期国债期货	6 176 803	612 713 596.50	61 223
2017	10 年期国债期货	11 948 981	1 133 309 101.05	15 935 727

资料来源：Wind 资讯。

三、对策建议

（一）进一步优化社会融资结构

优化社会融资结构一直是我国金融改革中的重大议题。自 2002 年以来，我国直接融资占比不断提高（见图 1-3-39），其中，"十五"时期（2002—2005 年）的年均占比为 5.03%、"十一五"时期（2006—2010 年）的年均占比为 11.08%、"十二五"时期（2011—2015 年）的年均占比为 16.56%、2016—2017 年的年均占比为 17.42%。毋庸置疑，我国社会融资结构一直在不断优化，但与"构建以直接融资为主的金融体系，金融结构基本平衡"的总体目标仍有一段差距。为此，《国民经济和社会发展第十三个五年规划纲要》明确提出了"积极培育公开透明、健康发展的资本市场，提高直接融资比重"[1]。

---

[1] 参见《中华人民共和国国民经济和社会发展第十三个五年规划纲要》第十六章第二节。

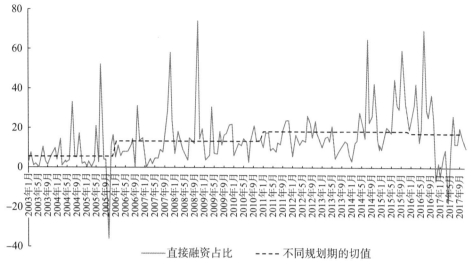

图 1-3-39　2003—2017 年我国直接融资占比变化趋势

资料来源：中国人民银行网站。

在社会融资总量中,如何才能提升直接融资的占比? 可从以下几个方面着手:对于股票市场而来说,应创造条件实施股票发行注册制,发展多层次股权融资市场,深化创业板、新三板改革,规范发展区域性股权市场,建立健全转板机制和退出机制;对于债券市场而言,应完善债券发行注册制和债券市场基础设施,加快债券市场互联互通。开发符合创新需求的金融服务,稳妥推进债券产品创新,推进高收益债券及股债相结合的融资方式,大力发展融资租赁服务。此外,可在保持合理流动性和利率水平的条件下,创新符合企业需要的直接融资产品。

(二) 完善新三板市场发行交易制度

降低投资门槛,优化交易机制。投资门槛的降低有利于投资者规模的扩大,改善市场买卖力量不均衡、流动性不足的局面。首先,适当降低个人投资者准入门槛,引入部分散户投资者;其次,投资者门槛的降低不适用于所有的新三板公司,应该制定一系列考核标准,选取信誉良好、创新能力强的优质新三板企业,按照风险大小,分层次降低投资者门槛。最后,加快新三板集合竞价交易制度推出后的制度优化步伐,尽可能减少制度改革所带来的负面冲击,加强交易制度与其他规则制度间的配合,提前做好风险防范措施。

加强"自律监管"制度建设,切实保护投资者利益。首先,让"股转系统"的市场营运职能与监管职能适度分开,把对主办券商等证券中介机构的监管职能剥离给证券行业协会,充分发挥证券行业协会的作用,强化"自律监管",以此提高"股转系统"的市场营运效率。其次,目前违法违规主体的法律责任欠缺,违法违规成本很低,投资者的利益得不到有效保护,须尽快完成相关法律法规的制定,以提高违法违规主体的法律责任。再次,在市场分层制度的基础上,不同层级的挂牌公司,制定不同的信息披露标准,实施差异化的信息披露。最后,新三板挂牌公司的股东人数相对较少,试行集体诉讼制度相对容易,因此可以考虑在新三板试行集体诉讼制度,以切实保护投资者的利益。

此外,新三板当前较核心的问题是非公开发行的市场,市场希望匹配一个公开交易的市场,这显然是一个矛盾的结构,这需要在发行制度上予以突破。同时,新三板发行制度改革也需要进一步明确市场属性,以及包括修改证券法在内的监管上的统筹和协调。信息披露制度应在加强监管的同时体现差异性。新三板定位于服务广大不满足上市条件的中小企业,过于严苛的信息披露制度会加大企业信息披露成本,在私有信息上失去竞争力。可以考虑加强对企业持续经营能力的关注,弱化对公司治理规范化的要求,发挥新三板培育、扶持中小企业发展的"土壤"作用。

(三)逐步健全并购重组的相关法律法规

1. 对重组程序进行优化,在重组条款中明确相关责任主体的具体限售标准

对并购重组的停复牌机制要进行重大调整,以此来降低并购重组交易期间该事所具有的不确定性,要明确规定上市公司与重组方达成初步协议时,应当仅以重大事项为理由,而不是以资产的重大重组为理由申请相关股票的停牌,可以准许上市公司相对延长该股票的具体停牌时间,以便使重组双方对前期项目有充裕的时间了解其具体内容。要在重组条款中明确相关主体在重组过程及自行终止后的一段时间内不能减持任何股份,以使公司对重组事项采取慎重的态度,以此来增加相关各方对二级市场股票价格操纵的相应难度。另外须加大对"忽悠式重组"等违法违规行为的处罚力度。

2. 扎实有效地推进重组关联审批,完善信息披露规则

对相关信息披露规则予以明确细化和进一步的补充,强化重组各方的具体信息披露责任,以增强并购重组过程的透明度,以此明确降低投资者所具有的信息不对称的劣势。要对违法违规行为加大处罚力度,强化针对股价异动采取的措施,增加停复牌制度的有效弹性,强化每个阶段信息披露的相关制度,建立对敏感信息的相关强制停牌制度。因此,对上市公司并购重组监管的重点应当以信息披露为核心和建立全面的中介机构评价指标体系,重在事后问责,在重组报告书中增加相关专项披露内容,如中介机构未能做到勤勉尽责,将承担相应连带赔偿责任等。

（四）加快建设多层次资本市场

1. 加快场外市场建设，完善场内和场外市场升板和降板机制

场外市场作为培育和整合企业的重要平台，在资本市场体系中发挥着重要的作用。场外市场可以为暂时不够上市条件的公司股票在这个市场上提供流通的场所，实现风险资金的顺利进入和退出，为新创业的企业和成长企业寻求融资流通的合法渠道。严格规定各层次资本市场的上市和退市条件，在自愿的前提下，鼓励符合条件的企业向更高层次升板；同时强制不符合条件的企业降板，使不同的企业在不同层次的资本市场有升有降，有进有退，促进企业的优胜劣汰。

2. 机构创新，允许更多元的金融机构进入市场

发展多层次资本市场应突破仅仅由证券公司、基金管理公司等少数金融机构可以从事资本市场业务的格局，推进金融行业的混业经营，使得商业银行、保险公司、金融公司、财务公司等非证券投资类金融机构有条件地从事资本市场的各项业务。

3. 加大对风险投资事业的支持力度，形成资本市场、风险投资、科技创新三者的联动机制

在风险自负的前提下，通过建设不同层次的资本市场，鼓励风险资本进入不同的产业和部门。在大众创业、万众创新的国家背景下，创业创新企业在不增加负债的前提下获得了发展所需的资金，企业的投资者结构也更多元，各方能优势互补，发挥更大的协同效应；同时，风险资金能利用资本市场的流动性实现灵活退出，盘活市场资源。

（五）有效防范地方债务风险，优化地方债投资者结构

2017年，切实加强重大风险防范化解。严格政府性债务管理，坚决制止违法违规融资担保行为，防范和化解政府性债务风险。加强地方金融监管，确保不发生系统性、区域性金融风险。大力整顿和规范房地产秩序，防控房地产领域的风险。

加强对隐性债务的统计和监测，摸清隐性债务底数。明晰债务主体，坚持"谁使用、谁偿还""谁家的孩子谁抱走"。明确省政府不会为州、市、县政府债务兜底、"埋单"。严格实行政府债务限额和预算管理，设置政府债务"天花板"，严格控制增量债务。严格限定政府举债程序和资金用途，对违法违规举债和担保，实行终身问责、倒查责任。

优化地方债投资者结构。扎实做好后续地方政府债券的招标发行工作，积极探索发挥交易所市场的特色优势，促进地方政府债券投资主体多元化，提高地方政府债券市场吸引力，服务、支持地方实体经济健康发展。金融机构可以充分利用网点优势，积极宣传，挖掘个人投资者潜力，优化地方债投资者结构，保证地方政府债

的顺利发行。

（六）切实防范和化解保险市场风险

1. 加强产品创新，提升服务能力，积极应对财产险运营风险

一是积极应对商车险改革中车险经营面临的风险。产品体系上，要坚持创新，拓宽已基本饱和的传统车险市场，应对车辆未来发展的趋势。要加强对车联网保险的投入，研究无人驾驶时代的车险发展策略，以及出行方式改变后，特别是绿色交通、智慧交通和共享经济时代下，车险的产品及业务模式转型等。定价方式上，要提高定价能力，通过解决车险定价的效率问题来实现车险市场的公平，保证车险市场的可持续发展。车险定价的效率包括风险保费的效率和附加保费的效率，前者即风险保费的真实性，后者除了销售和渠道费用外，还要考虑保险公司的运营效率。车险产品和价格的完善，有助于解决车险发展中的"公平"问题，包括被保险人之间的公平，即基于风险的差异化定价；被保险人与汽车产业之间的公平，即购置成本与使用成本之间的合理关系；投保人与保险行业之间的公平，即责任结构与价格结构的公平。

二是提升非车险的服务能力。在继续促进非车险业务规模发展的同时，通过科技创新等手段提升其服务能力和运营效率。农业保险方面，要加大科技投入，利用遥感和无人机技术，探索"按图承保，按图理赔"的经营和服务模式；要面向未来，将农业保险融入农业产业链，利用和参与期货市场，开发指数保险，开展"保单+订单"和"保险+期货"的农业生产保障模式，从根本上为农民解除后顾之忧。责任保险方面，在构建新社会治理体系的过程中，责任保险应发挥更大的作用。要建立"保险+管理+服务+科技+资金"的责任保险发展模式，通过设置差异化的承保条件和费率，形成奖惩机制，实现有效激励。如利用环境责任保险，建立环境成本意识，同时，通过差异化的定价，加大"不良企业"的经济负担，发挥市场监督作用，对"不良企业"形成外部约束。

2. 坚持转型，提升人身险核心价值和专业能力

一是切实转变观念，实现人身险价值转型。在经济新常态、科技新革命的背景下，社会发展、制度演进、技术升级为人身保险业带来了全新的发展机遇，推动着人身险行业转型和变革。人身险行业的价值不仅包含人身险产品及机构的利润、内含价值、长期价值等，更包含满足客户深层次的风险管理、健康管理和财务规划等真实需求，因此，应转变观念，推动行业内外合力攻坚，坚持风险保障和管理，进一步凸显自身的专业属性和核心价值。

二是坚持"保险姓保"，加快人身险产品转型。要主动加大长期保障产品研发力度，发挥人身保险产品风险保障与长期储蓄功能，回归保险保障本源。产品开发

上,要以消费者的需求为中心,发展有利于保障和改进民生的人身保险产品,如服务于消费者看病就医等健康保障规划的健康险,并不断提高保障的覆盖面和保障的针对性;再如服务于消费者长期生存金、长期养老金的积累的长期年金保险产品,并为消费者提供长期持续的生存金、养老金领取服务。要以我国国情和行业发展为实际考量,发展符合自身规律、符合国家发展战略导向的人身保险产品,如服务于国家脱贫攻坚战略的为贫困人群开发的专属保险保障产品;要以保险基本原理为根本,借鉴国际经验,发展保障功能突出,符合损失分担、风险同质和大数法则的人身保险产品,如服务于消费者身故风险的定期寿险产品、终身寿险产品,并不断提高此类产品的风险保障水平。在产品开发及转型中,也应区分被保险人健康状况、生活习惯等因素,进行差异化定价,提高产品的科学定价水平。

三是打造专业营销队伍,推动营销方式转型。要主动强化专业化、规范化培训的力度,夯实营销队伍的专业技能,积极打造高素质、高技能、高效率的专业营销队伍,为经营结构调整及产品转型提供坚实后盾。

3. 加强管理,防范保险资金运用风险

一是加快盈利模式转型。随着利率下行,利差益也逐步受到挤压,保费收入和利润增速的背离日益明显。因此,必然从承保业务和投资业务方面加快盈利模式转型。首先,在承保端明确细分市场和客户定位,优化产品结构和定价方法,支持产品创新和服务创新。其次,在资产端建立以保险资产管理公司为主的资金运用管理模式,提升保险资金运用的专业性和投资收益水平。同时,通过企业年金、养老金受托管理以及投资顾问等多种模式为第三方客户提供资产管理服务。

二是强化资产负债管理。要完善保险机构资产负债管理框架,建立"上下左右"联动的投资决策体系和内部监管的沟通协调机制,建立和完善资产负债管理评价体系。

三是优化资产配置结构。在低利率时代,构建动态有效的资产配置组合是保险资金保值增值的制胜关键。优化途径包括:加大权益资产(特别是长期股权)投资比例;调整另类投资结构,增加在养老养生、医疗健康、轨道交通等PPP项目上的战略布局以实现产业资本和金融资本的融合;提升海外投资比例,通过集中委托第三方公司逐步增加新兴市场国家商业地产和基础设施投资,以及自主进行行业指数或个股的投资等。

四是完善风险防范机制。要全面计提投资资产减值准备。保险机构应根据国际会计准则IFRS9的相关规定,针对各大类金融资产的风险特征综合采取未来法和历史经验法计提减值准备;要完善逆周期监管机制。在考虑增加逆周期附加资本的同时,开发逆周期乘数,完善压力测试制度,对保险公司内部评级风险参数采取跨周期的压力测试;要完善保险保障基金制度。将"管理救助"和"财务救助"有机结合,细化保障基金救济范围和救济标准,提高市场化风险处置效率。

五是提升投资管理能力。保险机构要逐渐从资产配置主导向主动管理主导转型,市场化、专业化和个性化特征必然要求其切实加强在投研能力和风控水平上的投入力度。加大量化投资研发力度,增加在创新和精细化、量化投资模型方面的资金投入;要完善长期激励机制。探索从内部绩效考核机制转向市场化比较机制,丰富核心员工的长期激励措施,构建职业终身评价体系;要培育专业另类的投资人才队伍。

4. 促进互联网保险健康有序发展

一是完善互联网保险经营规则。结合互联网保险业务的特点,完善互联网保险产品设计、宣传销售、信息披露和风险提示等方面的要求,明确保险公司、中介机构、第三方平台等相关方在互联网保险经营中的责任,切实维护保险消费者的合法权益。

二是提升互联网保险消费者的风险防范意识。要通过多渠道开展宣传教育活动,使互联网保险消费者充分了解互联网保险的特点,引导理性消费;要及时发布互联网保险消费风险提示信息;要发挥互联网保险经营机构的宣传教育主体作用,在互联网保险销售页面明确告知产品特点,突出说明消费者容易忽视和容易引起歧义的内容。

三是明确第三方网络平台经营互联网保险业务的资格设置和行政许可。将互联网保险业务参与方纳入管理范围,严格准入标准,明确业务边界,约束经营行为,避免未经许可经营互联网保险业务的行为。

5. 防范保险科技迅速发展中的风险

一是保险科技发展应立足保险风险保障的本源。保险在运用大数据、云计算、物联网、人工智能等新科技时,要坚持以保险消费者为中心,将满足消费者需求和提升消费者福利作为检验保险业发展创新的标准,从而进一步打开保险服务经济社会的局面,发挥保险业的风险保障功能,全面为实体经济服务。

二是维护保险安全的底线。要确保安全是保险科技发展的生命线,让科技创新潜在的风险始终处在可管、可控的范围内。

三是要营造公平竞争的保险科技发展环境。在发展保险科技的过程中,要建立完善的市场进入和退出机制,鼓励各类市场主体公平竞争、优胜劣汰;要有效保护消费者、小微企业等弱势群体的利益,促进社会的公平正义;要防止不正当竞争行为的出现,防止垄断企业侵害公众利益、扰乱正常的保险秩序。

(七)稳步推进衍生产品市场的发展

1. 谨慎有序地推出各种衍生产品

发展衍生产品市场,首要是解决品种创新的问题。但是,由于金融衍生产品存在较高的风险,所以各种产品的推出也一定要谨慎有序,服从整体的和长远的规划。要遵循"金融化"和"商品化"并重的发展战略,从服务实体经济的角度出发,加快上市对国民经济运行有利的品种。应适应金融改革和产业风险管理的需要,在充分评估、严防风险的基础上,做好原油等战略性期货品种的上市工作。加大对商品指数期货、利率及外汇期货的研发力度。稳步推进"期货+保险""粮食银行""基差报价""库存管理"等创新试点,进一步拓展期货市场服务"三农"的渠道和机制。探索碳排放权期货交易,并运用市场化机制助力绿色发展。随着人民币国际化以及"一带一路"倡议的推进,市场对利率期货、外汇期货的需求非常迫切,因此,也需丰富利率期货品种、推进外汇期货上市。

在50ETF期权上线平稳运行后,期权衍生品业务的工作重点,首先是进一步完善ETF期权保证金机制,包括组合策略保证金机制、证券冲抵保证金机制等;其次是研究建立相关配套机制,重点是上证50ETF延期交收交易产品和高效的证券借贷产品;最后是进一步拓展期权标的范围,如拓展到180ETF、跨市场ETF、跨境ETF、行业ETF等,然后拓展到个股。

2. 发展多层次金融衍生品市场

在国际金融衍生品市场上,场外交易市场的规模仍保持着较快的增长速度。在美国,场外交易的规模甚至占整个衍生品市场份额的80%以上。随着我国利率市场化程度逐步提高,汇率形成机制逐渐市场化,利率风险和汇率风险加大,市场需要对冲风险的工具。应当谋求场内与场外市场并存、标准产品和非标准产品功能互补的多层次、有竞有合的中国金融衍生品市场格局。

第四章　金融国际化发展

2017年,全球经济复苏趋势进一步明朗,世界经济经过十年的底部徘徊,出现了较为清晰的拐点。国际货币基金组织2017年年底研判,2017年世界GDP增长率按购买力平价(PPP)计算约为3.6%,按市场汇率计算约为3.0%,分别比2016年提高0.4和0.5个百分点。美国经济复苏过程反复波折,经济增速波动回升,失业率保持低位运行,各项经济数据持续向好。欧元区逐渐走出英国脱欧阴云,经济基本面持续改善,但通胀动力仍不足。日本经济复苏动能积累,经济增长处于国际金融危机以来最好表现,通胀水平也趋向回升。新兴市场经济2017年表现亮眼,但部分经济体仍面临调整与转型压力,特别是在全球总需求增长较缓慢、发达经济体货币政策开始转向的背景下,外需较弱与跨境资本波动等潜在风险依然存在。

国内经济稳中向好态势更趋明显。2017年,我国经济总体运行平稳,供给侧结构性改革深入推进,转型升级步伐加快,消费需求对经济增长的拉动作用保持强劲,投资和进出口保持稳定增长,经济发展的稳定性、协调性和可持续性增强。2017年,国内生产总值(GDP)达到82.7万亿元,同比增长6.9%,居民消费价格(CPI)同比上涨1.6%,就业稳中向好,第三产业增加值占GDP的比重为51.6%,最终消费支出对GDP增长的贡献率为58.8%。但也必须看到,当前我国经济增长一定程度上受全球经济复苏背景下外需回暖的推动,经济内生增长动力有待进一步增强,结构性矛盾仍在稳步化解过程中。

2017年,中国央行继续强调要保持政策的连续性和稳定性,实施好稳健中性的货币政策,保持流动性合理稳定。与此同时,在货币政策执行过程中把握好稳增长、去杠杆、防风险之间的平衡。2017年,我国经常账户顺差11 564亿元人民币,资本和金融账户逆差487亿元人民币,其中,非储备性质的金融账户顺差5 656亿元人民币,储备资产增加6 136亿元人民币。这表明我国国际收支状况稳健,跨境资金流动从净流出转为基本平衡。未来在国内经济企稳向好、对外开放逐步加深、市场预期进一步趋稳的情况下,我国国际收支平衡的基础将更加稳固。人民币兑美元中间价由2017年1月3日的6.9498上涨至12月29日的6.5342,累计上涨

5.98%。多种因素对人民币兑美元汇率的走势产生了影响:我国经济形势企稳向好,去杠杆取得积极进展,发生系统性风险的概率降低;5月逆周期调节因子的引入;美国经济形势表现虽然较为强劲,但并没有大幅超出预期,这些因素都对人民币兑美元汇率走强产生了一定的影响。

一、2017年中国国际收支总体格局为"双顺差"

2017年,国内外因素共同推动中国国际收支趋向基本平衡。从国内看,第一,经济稳中向好的发展态势更加明显,经济增速在世界范围内仍保持较高水平,很多经济指标持续向好,有助于提振市场信心;第二,人民币兑美元汇率双向波动明显增强,随着中间价形成机制进一步完善,逆周期调节效果初步显现,市场主体预期进一步趋稳,结售汇差额趋向基本稳定;第三,国内市场更加开放,外资进入中国市场的积极性和信心进一步增强。从国外看,国际金融市场相对稳定,美联储加息等市场冲击逐步减弱,市场主体对外部冲击影响的应对和适应能力有所增强。总体上看,当前中国国际收支平衡的基础更加稳固。

表1-4-1 2011—2017年国际收支顺差结构

	2011年	2012年	2013年	2014年	2015年	2016年	2017年
国际收支总差额(亿美元)	3 878	966	4 314	1 178	-3 429	-4 437	915
经常账户差额(亿美元)	1 361	2 154	1 428	2 360	3 042	1 964	1 720
占国际收支总差额比例(%)	35	222	33	200	-88	-44	187
占GDP的比例(%)	1.79	2.52	1.49	2.25	2.74	1.75	1.35
非储备性质金融账户差额(亿美元)	2 600	-360	3 430	-514	-4 345	-4 170	825
占国际收支总差额比例(%)	67	-37	79	-43	126	-93	90
占GDP的比例(%)	3.43	-0.40	3.57	-0.50	-3.92	-3.72	0.65

资料来源:国家外汇管理局、国家统计局。

2017年,中国国际收支重新出现经常账户、非储备性质的金融账户"双顺差",顺差分别为1 720亿美元和825亿美元(见表1-4-1)。货物贸易持续顺差,按国际收支统计口径,2017年,我国货物贸易出口为22 164亿美元,进口为17 403亿美元,同比分别增长11%和16%;顺差为4 761亿美元,下降4%。服务贸易延续逆差,2017年,服务贸易收入为2 125亿美元,同比增长2%;支出为4 736亿美元,增长5%;逆差为2 612亿美元,增长7%。其中,运输项目逆差为561亿美元,增长20%;旅行项目逆差为2 209亿美元,增长2%。初次收入逆差收窄,2017年,初次收入项下收入为2 570亿美元,同比增长13.8%;支出为2 886亿美元,增长7.0%;逆差为316亿美元,下降28.2%。2017年前三个季度,雇员报酬顺差为120亿美元,同比下降24.5%;投资收益逆差为299亿美元,增加46.2%。从投资收益看,我国对外投资的收益为1 750亿美元,下降10.6%;外国来华投资的利润利息、股息红利等支出为2 050亿美元,增长13.2%,投资收益逆差进一步扩大。二次收入逆差小幅扩大。2017年,二次收入项下收入为286亿美元,同比下降7.4%;支出为400亿美元,减少1.0%;逆差为114亿美元,增长16.7%。

(一) 经常账户顺差规模处于合理区间

2017年,我国经常账户顺差占GDP的比例为1.35%,依然处于合理区间。其中,第一季度经常账户顺差占GDP的比例为0.2%,第二季度为0.4%,第三季度为0.3%,第四季度为0.5%。分项目看,货物贸易差额占GDP的比例为3.9%,服务贸易差额占GDP的比例为-2.1%,初次收入和二次收入合计差额占GDP的比例为-0.3%。

(二) 跨境资本流动形势回稳向好

1. 银行结售汇逆差得到缓解

2017年9月,持续了两年多的银行结售汇逆差转为顺差。银行代客收付汇也在转为顺差。2017年银行结售汇逆差为1 116亿美元,相比2016年逆差3 377亿美元下降67.0%;银行代客收付汇逆差为690亿美元,相比2016年逆差3 195亿美元下降78.4%。长期以来的银行结售汇逆差得到缓解(见图1-4-1)。

图1-4-1 2010—2017年我国银行结售汇差额

资料来源:国家外汇管理局。

2. 外汇储备出现顺差

2017年,非储备性质的金融账户顺差为825亿美元,上年同期逆差为4 170亿美元。自2014年第二季度以来,非储备性质的金融账户连续11个季度均为逆差,

2017年第一季度重现顺差为368亿美元,第二季度顺差为311亿美元。受此影响,2017年交易形成的外汇储备资产稳中有升,我国国际收支总体呈现自主平衡的格局。

3. 外汇储备规模持续上涨

2017年,我国交易形成的储备资产(剔除汇率、价格等非交易价值变动的影响)增加915亿美元。其中,交易形成的外汇储备资产增加930亿美元。截至2017年12月末,我国外汇储备余额为31 399亿美元,较上年年末(见图1-4-2)上升1 294亿美元。

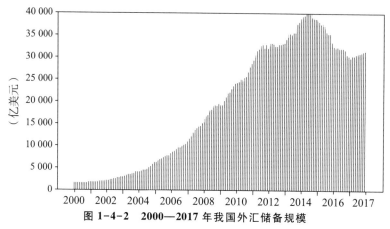

图1-4-2 2000—2017年我国外汇储备规模

资料来源:中国外汇管理局。

(三) 境内主体对外投资更加理性有序

2017年,境内主体对外直接投资、证券投资和其他投资等资产合计净增加2 867亿美元,较上年少增58%。其中,第一至第四季度对外投资资产分别净增加547亿、795亿、788亿和737亿美元。首先,对外直接投资回归理性后逐步企稳(见图1-4-3)。2017年,直接投资资产净增加1 019亿美元,较上年少增53%,其中前三个季度平均每季度增加217亿美元,少增64%;第四季度回升至369亿美元,多增1%。说明当前一些非理性的对外投资得到有效遏制,正常的企业"走出去"继续获得有力支持。其次,对外证券投资平稳增长。2017年境外股权、债券等相关资产合计净增加1 094亿美元,增长6%。最后,对外存款、贷款等其他投资资产净增加769亿美元,少增78%。

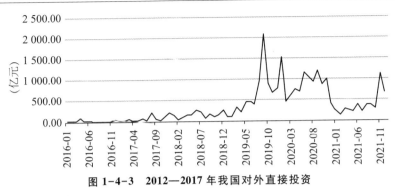

图 1-4-3　2012—2017 年我国对外直接投资

资料来源：Wind 资讯。

（四）境外主体来华投资较快回升

2017 年，外国来华直接投资、证券投资和其他投资等外来投资净流入（即对外负债净增加）4 353 亿美元，较上年增长 68%，与 2010—2014 年持续净流入时的年均水平基本相当。其中，第一至第四季度分别净流入 915 亿、1 106 亿、1 230 亿和 1 102 亿美元。从渠道看，2017 年，直接投资项下境外资本净流入 1 682 亿美元，仍保持较高规模；来华证券投资项下境外资本净流入规模创新高，为 1 168 亿美元，增长 1.3 倍，体现了境内资本市场扩大对外开放的效果；货币和存款项下资金净流入 1 055 亿美元，2016 年净流入 91 亿美元，2015 年为净流出 1 226 亿美元，主要是非居民持有人民币资产的意愿有所提升；境内主体吸收境外贷款、贸易信贷资金净流入 484 亿美元，而此前三年依次为净流出 364 亿、2 290 亿和 12 亿美元，说明境内主体融资意愿稳步恢复，融资规模由降转升。

一方面，境外投资者持续增加对我国的投资。直接投资项下境外资本保持一定规模净流入；同时，随着境内资本市场对外开放深入推进，来华证券投资规模不断提高。此外，境外投资者持有境内人民币等存款资产意愿继续上升。另一方面，境内主体融资意愿强烈，跨境融资需求持续回升。自 2016 年第二季度以来，境内主体吸收的境外贷款持续 7 个季度呈现资金净流入，且规模逐渐提升。

（五）国际投资头寸中对外金融资产和负债稳步上升

对外金融资产和负债均有所增长。2017 年年末，我国对外金融资产为 69 256 亿美元，较上年年末增长 6.4%；对外负债为 51 115 亿美元，增长 12.2%；对外净资产为 18 141 亿美元，减少 7.0%。

对外资产中储备资产仍居首位，但民间部门持有占比继续上升。2017 年年末，我国对外金融资产中，国际储备资产余额为 32 359 亿美元，较上年年末增长

4.5%,其中由交易引起的储备资产余额增加 915 亿美元,由汇率及价格等非交易因素引起的储备资产余额增加 465 亿美元。储备资产占我国对外金融资产总额的 47%,继续占据对外资产的首位,但比重较上年年末减少 1 个百分点,为 2004 年公布国际投资头寸数据以来的最低水平;直接投资资产为 14 730 亿美元,占资产总额的比重为 21%;证券投资资产为 4 972 亿美元,占比 7%;金融衍生工具资产为 60 亿美元,占比 0.1%;存贷款等其他投资资产为 17 136 亿美元,占比 25%。

对外负债仍以外国来华直接投资为主,境内外上市企业股价上涨推升证券投资负债占比增加。2017 年年末,我国对外负债中,外国来华直接投资为 29 014 亿美元,较上年年末增长 5.3%,继续排在对外负债的首位,占比为 57%,较上年年末下降 3 个百分点;证券投资负债为 10 439 亿美元,占比为 20%,较上年年末上升 2 个百分点,主要是境内外上市企业股价上涨带来股本证券负债估值大幅上升;金融衍生工具负债为 34 亿美元,占比为 0.1%;存贷款等其他投资负债为 11 628 亿美元,占比为 23%,较上年年末上升 1 个百分点。

投资收益差额继续呈现逆差,但状况明显改善。2017 年,我国国际收支平衡表中投资收益逆差为 499 亿美元,同比下降 23%。其中,我国对外投资收益收入为 2 349 亿美元,增长 18%;对外负债收益支出为 2 848 亿美元,增长 8%;二者年化收益率差异为-2.5 个百分点,较上年收窄 0.3 个百分点。收益率差异收窄表明,近年来通过优化对外投资资产配置,我国对外投资收益相对有所提高,但总的来看,我国对外金融资产负债结构仍然是投资收益差额为负的决定因素。2017 年年末,我国对外金融资产中储备资产占比近半,因主要为流动性较强的资产,2005—2017 年,我国对外金融资产年平均投资收益率为 3.3%;对外金融负债中主要是外来直接投资,股权投资属于长期、稳定的投资,投资回报一般高于其他形式的资产,2005—2017 年,我国对外负债年平均投资收益率为 6.4%。来华直接投资资金持续流入并保持较高的投资收益率,说明我国长期良好的投资环境对于境外投资者仍具有较大的吸引力,来华直接投资在我国经济发展中也发挥了积极作用。

(六)中国国际收支风险总体可控

2017 年,中国经济增长的稳定性增强,主要经济指标总体向好,出口同比增速也明显加快。2017 年我国 GDP 增长速度为 6.9%,这是我国自 2011 年以来经济增长速度首次回升。进出口总额为 277 921 亿元,同比增长 14.2%,扭转了连续两年进出口总额下降的局面。人民币汇率中间价形成机制进一步完善,引入"逆周期因子"。经常账户继续保持顺差,外汇储备规模稳步上升,2017 年年末的外汇储备为 31 399.49 亿美元,较上年年末增加 1 294.32 亿美元。预防支付风险的基础仍然稳固,外债规模合理可控。总体上来看,中国国际收支运行稳定,但也存在值得关注的风险。第一,非储备性质的金融与资产账户在维持了前三个季度的顺差之后,再次转为逆差。第二,经常账户下旅行逆差持续扩大,由 2016 年的逆差 2 167 亿美元扩大至 2017 年的逆差 2 209 亿美元,旅行逆差已经高于货物贸易顺差 2 150 亿美元。

二、中国外汇市场与人民币汇率

(一)人民币汇率形成机制加入"逆周期因子"

随着汇率市场化改革持续推进,近年来人民币汇率中间价形成机制不断完善。2017 年 5 月 26 日,中国外汇交易中心确认在人民币兑美元中间价报价机制中引入逆周期因子,旨在对冲市场情绪的顺周期波动,缓解可能存在的"羊群效应"。新的定价机制为"中间价=收盘价+一篮子货币汇率变化+逆周期因子"。

1. 引入"逆周期因子"的背景

2017 年以来,我国经济增长的稳定性增强,主要经济指标总体向好,出口同比增速也明显加快。同时,美元汇率持续走弱,其他主要货币兑美元汇率升值较多。1—5 月,欧元、日元、英镑和澳元兑美元汇率分别升值 6.91%、5.58%、4.46% 和 3.08%,俄罗斯卢布、印度卢比、墨西哥比索和南非兰特等新兴市场货币兑美元汇率也分别升值 8.31%、5.29%、11.32% 和 4.74%。同期,人民币兑美元汇率中间价仅升值 1.07%,不符合经济基本面和国际汇市变化。

其中一个重要原因是外汇市场存在一定的顺周期性,市场主体容易受到非理性预期的影响,忽视宏观经济等基本面向好对汇率的支持作用,放大单边市场预期并自我强化,增大市场汇率超调的风险。

2. "逆周期因子"的计算方式

针对外汇市场存在的这些问题,以中国工商银行为牵头行的外汇市场自律机制"汇率工作组"总结相关经验,建议将中间价报价模型由原来的"收盘价+一篮子货币汇率变化"调整为"收盘价+一篮子货币汇率变化+逆周期因子"。这一建议得到了外汇市场自律机制核心成员的赞同,并于 2017 年 5 月 26 日由外汇市场自律机制秘书处宣布正式实施。在计算逆周期因子时,可先从上一日收盘价较中间价的波幅中剔除篮子货币变动的影响,由此得到主要反映市场供求的汇率变化,再通过逆周期系数调整得到"逆周期因子"。逆周期系数由各报价行根据经济基本面变化、外汇市场顺周期程度等自行设定。每一家报价行均在充分理解新机制的基础上进行报价,并可结合本行报价结果和市场公开数据自行计算验证实际发布的中间价。此外,"逆周期因子"计算过程中涉及的全部数据,或取自市场公开信息,或由各报价行自行决定,不受第三方干预。

3."逆周期因子"的短期效果

从运行情况看,新机制有效抑制了外汇市场上的"羊群效应",增强了我国宏观经济等基本面因素在人民币汇率形成中的作用,保持了人民币汇率在合理均衡水平上的基本稳定。2017年6月30日,人民币兑美元汇率中间价报6.7744元,较上年年末升值2.40%,市场汇率收于6.7796元,较上年年末升值2.51%。新因子引入后至2017年年末,人民币兑美元累计升值4.9%。如图1-4-4所示,所谓非对称贬值格局,是指在2016年年初至2017年5月逆周期因子引入之前实施"收盘价+篮子汇率"的双因子定价机制的这段时期内,人民币要么盯住篮子兑美元贬值,要么盯住美元兑篮子贬值的现象。在引入逆周期调节因子之后,在2017年5月下旬至9月上旬期间,人民币无论兑CFETS篮子还是兑美元汇率均呈现显著升值状态;而在2017年9月中旬至12月中旬期间,人民币兑美元汇率以及兑篮子汇率均保持大致稳定。从短期的效果来看,逆周期因子不仅有利于克服原有汇率形成机制的顺周期性,还能够培养遵循经济基本面进行交易的理性市场主体。

图1-4-4 CFETS指数与人民币汇率

资料来源:中国货币网。

(二)人民币汇率指数稳定

2017年年末,CFETS指数为94.85,较2016年年末的94.83基本无变化。参考国际清算银行BIS货币篮子的指数95.93,全年下行0.32%,参考SDR货币篮子的指数95.99,全年上行0.51%(见图1-4-4)。2017年年末,人民币汇率中间价为6.512元,较上年年末升值4 375个基点,同比升值6.30%。2017年,人民币汇率中间价最高值为6.4617元,最低值为6.9557元,全年共有244个交易日,其中114个交易日较前一日升值,126 个交易日较前一日贬值,2 个交易日未贬值也未升值。单日最大升值幅度为 0.95%(622 点),单日最大贬值幅度为 0.96%(668 点)。自 2005 年改革人民币汇率的形成机制的 11 年来,人民币兑美元汇率累计升值 20.52%。

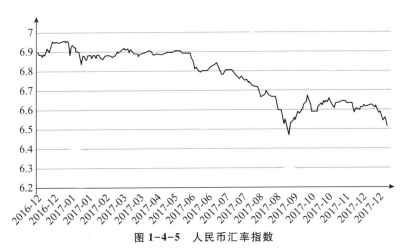

图 1-4-5　人民币汇率指数

资料来源:中国货币网。

(三) 人民币兑美元汇率在 2017 年总体升值

2017 年年末人民币兑美元即期汇率为 6.512,2015 年年末为 6.946,人民币兑美元汇率在 2017 年升值了 6.7%,而在 2016 年贬值了 6.96%,2015 年也贬值了 6.12%,人民币在近两年首次由贬值转为升值。究其原因,其一是美元的贬值,美元指数由 2016 年年末的 102.37 跌至 2017 年年末的 92.297,贬值 9.8%;其二是中国 2017 年经济发展好于预期,经济增长的稳定性增强,主要经济指标总体向好,出口同比增速也明显加快。因此 2017 年人民币兑美元汇率总体呈上升趋势。

根据图 1-4-6,在 2017 年年初,人民币兑美元汇率较为平稳,没有出现太多的波动。人民币兑美元汇率有三次较为显著的变化。

第一次是在 5 月下旬逆周期因子引入之后,在 2017 年 5 月下旬至 9 月上旬,人民币兑美元汇率走出了一波显著的升值行情,从 6.86 左右一路攀升至 6.46 左右。

第二次是在 9 月上旬。由于人民币兑美元汇率反弹过快,中国央行一方面担心汇率过快升值可能对出口造成显著的负面冲击,另一方面担心升值预期重燃加剧流动性过剩与资产价格泡沫,因此,在 2017 年 8 月底到 9 月初,中国央行采取了两种措施,一是取消了商业银行远期售汇的风险准备金,二是连续压低人民币兑美元汇率的每日开盘价。央行的措施有效地遏制了人民币兑美元汇率的升值,使其由2017年9月8日的6.46左右回落至9月中旬的6.60左右。

在2017年9月下旬至2017年12月中旬期间,人民币兑美元汇率一直在6.60—6.65的狭窄区间内波动。市场一度认为,人民币汇率实现了真正的双向波动。换言之,逆周期因子的引入的确很好地打击了市场上的人民币贬值预期,维持了人民币汇率基本稳定。

第三次是在2017年年末,人民币兑美元汇率再次出现强劲升值,由6.60左右重新升破6.512。造成这波升值的直接原因,一方面是美元指数的下行,另一方面则是中国央行官员释放的2018年可能上调基准利率的信号。

从离岸市场情况看,人民币汇率中间价在目前的形成机制下,更敏感地反映了市场的预期。CNY(在岸市场汇率)和CNH(离岸市场汇率)利差不断缩小,在一定程度上也就说明市场对中国经济信息的理解偏差不再像以前一样,呈现缩小的势态。

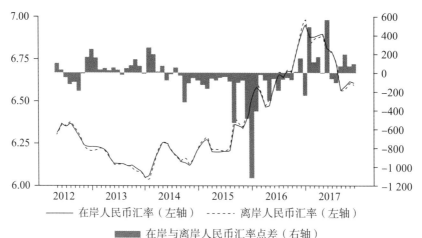

图 1-4-6　2012—2017年人民币兑美元汇率

资料来源:Wind 资讯。

(四)人民币兑一篮子货币小幅贬值

根据国际清算银行(BIS)的数据,2017年人民币有效汇率累计贬值0.64%,扣除通货膨胀因素的实际有效汇率累计贬值1.08%。相较于2016年名义有效汇率贬值5.05%,实际有效汇率贬值5.35%,贬值大幅下降(见图1-4-7)。这与我国经济增长的稳定性增强,出口同比增速也明显加快有关。

(五) 人民币兑主要货币有升有贬

2017年12月末,人民币兑美元汇率中间价为6.512元/美元,较2016年年末升值6.30%,境外市场(CNH)即期交易价累计升值6.54%。2017年12月末,人民币兑欧元、日元、英镑、澳元、加元汇率中间价分别为7.7931元/欧元、8.7817元/英镑、5.0834元/澳元、5.1932元/加元,分别较上年年末贬值6.63%、2.81%、1.30%和0.82%(见图1-4-8)。人民币兑日元汇率中间价为5.7800元/100日元,升值2.64%。

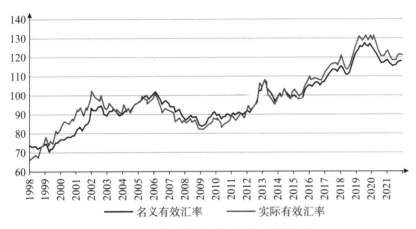

图1-4-7 名义有效汇率与实际有效汇率

资料来源:国际清算银行。

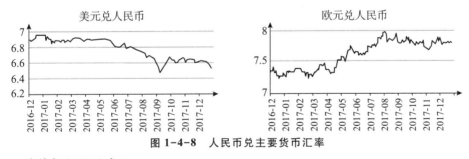

图1-4-8 人民币兑主要货币汇率

资料来源:Wind资讯。

1. 人民币兑美元升值

我国经济形势企稳向好,去杠杆取得积极进展,发生系统性风险的概率降低;5月逆周期调节因子的引入;美国经济形势虽然较为强劲,但并没有大幅超出预期;美国与朝鲜的关系不时地剑拔弩张等,都对人民币与美元之间的汇率走势产生一定影响。无论从交易、计价还是从国际储备来看,目前美元都是最主要的国际化货币,美元走势也是最受市场关注的汇率之一。然而,虽然 2017 年以来美国的经济形势较好,失业率稳步降低,美联储多次进行加息并开始缩表,特朗普税改也已通过,但美元的走势却不尽人意。以美元指数来衡量,2017 年美元汇率累计下跌了 9.97%。2017 年年初以来,不断涌现出相关研究从多种角度探讨美元的上涨周期是否结束,然而结论并不是显而易见的。未来,特朗普税改的效果、美联储货币政策紧缩的节奏、美国股市是否会对经济产生冲击等是影响美元走势的重要内部因素;从外部来看,欧央行、日本央行等货币当局的货币政策走向、欧元区、日本、英国等地区的经济形势也将对美元走势产生影响。

2. 人民币兑欧元走弱

欧元区经济复苏强劲,欧央行寻求合适时机退出宽松的货币政策;英国脱欧进程取得一定进展等成为支撑欧元走强的重要因素。从欧元兑美元的汇率来看,2017 年欧元强势上涨,累计上涨 15.2%(截至 12 月 28 日)。这主要得益于欧元区的经济复苏强劲,失业率持续下降,并且欧央行正考虑在合适时机退出宽松的货币政策。未来,如果欧元区经济形势不发生恶化,那么英国脱欧进展情况和欧央行的政策取向将会对欧元走势产生重要影响。

3. 人民币兑英镑中间价略有贬值

总体来看,人民币兑英镑中间价并没有出现趋势性的升值或贬值,而是呈现双向波动走势,且波动幅度较大。

百足之虫,死而不僵。虽然英国的国际影响力大不如前,英镑的国际化地位也大幅倒退,但作为欧洲乃至世界的主要发达资本主义国家的英国,在世界金融市场上的地位还是举足轻重的。由此,英镑的汇率走势也具有十分重要的经济影响。2017 年以来,从英镑兑美元的汇率来看,英镑出现了波动升值趋势,兑美元累计升值 9.48%(截至 2017 年 12 月 28 日)。从影响因素来看,英国经济形势较好,已经开始货币政策紧缩进程,脱欧取得一定进展等都对英镑走强形成一定支撑。未来,英国脱欧进展及其是否会对经济产生冲击是影响英镑汇率走势的重要因素。

4. 2017 年人民币兑日元中间价(人民币/100 日元)略有升值

由年初的 5.9305 升至年末的 5.7883,累计升值 2.40%。具体来看,人民币兑日元中间价出现了先贬值后升值的走势:1—3 月中旬略有贬值,之后则出现波动性升值趋势。

日本作为中国的重要贸易和投资伙伴,人民币兑日元的汇率波动具有重要的经济影响。从日本国内来看,日本经济形势持续向好,失业率持续降低,但鉴于通货膨胀水平一直疲弱,日本央行的宽松货币政策迟迟不能退出。目前来看,日本尚未有退出宽松货币政策的明确路径,日本的低利率及相关资产的收益率较低将持续对日元走势产生影响。需要注意的一点是,虽然日元国际化水平较低,且其国际化进程难言成功,但日元具有避险货币的属性。在相关事件导致避险情绪高涨的情况下,日元及其相关资产受到欢迎,此时日元也会强势上涨。

(六)外汇市场稳步发展,银行的主导地位逐步提高

在外汇市场的所有参与者中,银行自营交易继续占主导地位并逐步上升。2017年,银行间交易占整个外汇市场的比重从2016年的80.2%上升至84.4%,总体上看,较之2015年与2016年,我国外汇市场参与者仍然为银行所主导,并且程度正在逐步提高,非银行金融机构的参与度较为有限。

2017年,人民币外汇市场累计成交24万亿美元,同比增长18.7%,较之上年增长有所减缓。

具体来看,2017年上半年,人民币外汇市场累计成交240 845万亿美元(日均987亿美元),同比增长18.7%。其中,银行对客户市场和银行间外汇市场分别成交37 480亿美元和203 365亿美元(见表1-4-2)。即期和衍生产品分别成交94 894亿美元和145 951亿美元,衍生产品在外汇市场交易总量中的比重升至历史新高的60.6%,交易产品构成进一步接近全球外汇市场状况(见图1-4-9)。

表1-4-2 2016年与2017年人民币外汇市场交易概况　　　　单位:亿美元

交易品种	2016年交易量	2017年交易量
即期	88 354	94 894
银行对客户市场	29 085	30 914
银行间外汇市场	59 269	63 980
远期	3 783	4 259
银行对客户市场	2 254	3 225
银行间外汇市场	1 529	1 034
外汇和货币掉期	101 297	135 672
银行对客户市场	1 068	1 032
银行间外汇市场	100 229	134 640
期权	9 550	6 021
银行对客户市场	2 079	2 308
银行间外汇市场	7 471	3 712
合计	202 984	240 845
银行对客户市场	34 486	37 480
银行间外汇市场	168 498	203 365

资料来源:中国外汇管理局。

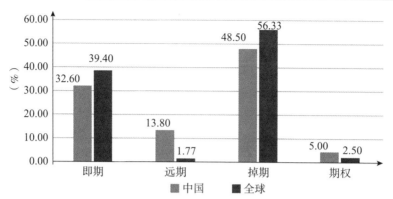

图1-4-9 中国与全球外汇市场的交易产品构成比较

资料来源:中国外汇管理局。

1. 即期外汇交易平稳增长

2017年,即期市场累计成交94 894亿美元,同比增长7.4%。在市场分布上,银行对客户即期结售汇(含银行自身,不含远期履约)累计30 914亿美元,同比增长6.3%;银行间即期外汇市场累计成交63 980亿美元,同比增长8.0%。

远期外汇交易有所回升。2017年,远期市场累计成交4 259亿美元,同比增长12.6%。在市场分布上,银行对客户远期结售汇累计签约为3 225亿美元,同比增长43.1%,其中结汇2 819亿美元,增长81.7%,售汇1 369亿美元,增长94.8%。但是,银行间远期外汇市场交易规模有所下降,2017年银行间远期外汇市场累计成交1 034亿美元,同比下降32.4%。

2. 掉期交易延续增长

2017年上半年,外汇和货币掉期市场累计成交135 672亿美元,同比增长33.9%。在市场分布上,银行对客户外汇和货币掉期累计签约为1 032亿美元,小幅下降3.3%,其中近端结汇/远端购汇和近端购汇/远端结汇的交易量分别为869亿美元和163亿美元,同比分别增长18.1%和下降50.8%,主要反映了远期汇率变化对市场主体本外币流动性和融资管理的影响;银行间外汇和货币掉期市场累计成交134 640亿美元,同比增长34.3%。

3. 外汇期权交易小幅下降

2017年,期权市场累计成交6 021亿美元,同比下降37.0%。在市场分布上,银行对客户期权市场累计成交2 308亿美元,同比增长11.0%;银行间外汇期权市场累计成交3 721亿美元,同比下降50.3%。

三、中国面临的外部环境与人民币国际化

(一) 逆全球化与贸易保护主义倾向抬头

自 2008 年全球金融危机爆发以来,由于世界经济出现了一些新情况、新问题,致使全球经济复苏乏力,全球贸易和投资增长低迷,贸易保护主义抬头,"逆全球化"之风此起彼伏。世界经济正处于全球金融危机之后的深度调整期,主要经济体经济走势和货币政策取向分化,全球贸易复苏缓慢,逆全球化的倾向抬头,贸易保护主义升温,极大地增加了未来世界经济的不确定性。

2017 年 1 月,特朗普正式宣布美国退出跨太平洋伙伴关系协定(TPP),美国曾是 TPP 最大参与国。这一事件标志着美国的贸易政策进入新的时期,特朗普政府未来将与美国盟友和其他国家发掘双边贸易机会。这一事件是特朗普贸易政策的落实,在竞选中特朗普曾多次抨击 TPP 不利于美国制造业,承诺当选后不再签署大型区域贸易协定,而是注重一对一的双边贸易协定谈判。特朗普政府的贸易政策,特别是对在美国境外生产但产品销回美国市场的企业征收高额关税的措施,将削弱美国的竞争力,并可能导致美国与其他国家的贸易摩擦增加。

(二) 发达与新兴市场经济体货币政策分化

主要发达经济体已经启动或者正在酝酿货币政策正常化进程。2017 年,美联储三次提高联邦基金利率目标区间各 25 个基点至 1.25%—1.5% 的水平,同时维持 2018 年加息 3 次、2019 年加息 2 次的预期不变,并开始实行资产负债表正常化的计划。欧洲央行决定维持主要指标利率水平不变,并预计利率将在较长时间里保持在当前水平,此外,欧洲央行在 2017 年 10 月开始"削减"QE 规模,并将从 2018 年 1 月起将月度 QE 规模从 600 亿欧元降至 300 亿欧元。在美联储、欧洲央行纷纷缩表调整金融政策之际,日本却坚持量化宽松和负利率政策不变。2017 年 12 月 21 日召开的日本银行金融政策会议决定,维持短期利率负 0.1% 和长期债券零利率不变,并继续收购国债和股市投资信托,维持向市场注资规模。预计今后日本央行的金融政策将在刺激经济与维护金融稳定之间继续寻找平衡。新兴经济体货币政策有所分化,俄罗斯和巴西等部分经济体为促进经济增长进一步放松了货币政策,但墨西哥等一些经济体选择上调基准利率以应对汇率贬值、资本外流和通胀压力问题。

(三) 国际金融市场波动性下降

受全球经济总体平稳复苏的支撑,当前国际金融市场波动总体有所降低。2017 年国际金融市场呈现两大主要特征:一是全球股市大幅上扬,二是美元持续贬值。以摩根士丹利资本国际公司编制的明晟指数(MSCI 指数)来衡量,全球股指

从年初以来上涨19.32%,其中新兴市场股市指数上涨33.86%,发达市场股市指数上涨17.61%,全球股市快速上涨隐含较大的泡沫风险。2017年9月相对于2016年12月,名义美元指数贬值7.5%,实际美元指数贬值7.9%,美元贬值导致世界其他主要货币相对于美元均有不同程度的升值。美元贬值引起的新兴经济体货币升值会恶化部分经济体的经常账户,给未来的货币稳定埋下隐患。国际大宗商品价格从2016年10月到2017年2月出现过一次较大的涨幅,此后出现了连续四个月的下跌。2017年7月开始,大宗商品价格再次连续上涨。2017年9月,以美元计价的大宗商品价格指数相对于6月上涨了4.3%,以SDR计价的大宗商品价格指数上涨了1.6%。布伦特、西德州和迪拜三地的原油现货平均价格曾于2017年2月上涨至54.4美元/桶,此后有所下降,至2017年6月下降到46.1美元/桶,然后开始反弹,2017年10月达到54.9美元/桶。其中布伦特原油现货价格于2017年10月27日超过60美元/桶,2017年11月9日达到64.5美元/桶的当期高点。虽然总体来看,全球经济已经进入复苏阶段,但主要经济体货币政策正常化、去全球化、贸易投资保护主义和地缘政治冲突等相关风险,仍可能对全球经济金融稳定带来挑战。

(四)"一带一路"高峰论坛成功举办

2017年5月14—15日,"一带一路"国际合作高峰论坛在北京举办,29位国家元首和政府首脑齐聚北京,1 500多名代表参会,共商"一带一路"建设合作大计,共绘互利合作美好蓝图。会议在政策沟通、设施联通、贸易畅通、资金融通、民心相通等方面达成5大类、76大项、270多项具体成果。

2013年,习近平主席向国际社会提出了共建丝绸之路经济带和21世纪海上丝绸之路的倡议。2016年11月,"一带一路"倡议首次写入第71届联合国大会决议,2017年3月,联合国安理会通过第2 344号决议,首次载入"构建人类命运共同体"理念,呼吁通过"一带一路"建设等加强区域经济合作。2017年5月14—15日,中国在北京成功主办"一带一路"国际合作高峰论坛。

这次会议将基础设施建设作为"一带一路"的重中之重。未来五年,"一带一路"基础设施投资需求将达到10.6万亿美元。下一步的重点是继续推动贸易投资便利化,打通铁路、港口、海关等环节,减少监管、准入等限制,为扩大"一带一路"贸易投资营造更良好的环境。中国已宣布将为"一带一路"建设增加7 800亿元的资金支持。"一带一路"沿线国家和地区众多,各经济体经济发展水平和政治社会环境差异巨大,需要创造更为有利的条件支持和参与"一带一路"建设。在推进"一带一路"建设过程中,各相关主体要牢固树立风险意识,不断地完善风险抵补和危机应对机制,确保合作项目平稳推进,惠及各方。

（五）人民币国际化进程放缓

1. 跨境贸易人民币结算规模萎缩

据中国人民银行数据显示，2017年四个季度人民币跨境贸易结算额分别为9 942亿元、11 558亿元、10 800亿元、11 300亿元，2016年同期为13 400亿元、13 200亿元、13 700亿元、12 000亿元，跨境贸易人民币结算金额下降明显，同比下降25.8%、12.4%、21.2%、5.8%。2016年，中国对外直接投资（ODI）的人民币结算额为4 568.8亿元，外商对华直接投资（FDI）的人民币结算额达11 800亿元，其中ODI的人民币结算额较上年减少57.0%，呈现大幅度的下降，FDI的人民币结算额较上年也呈现一定程度的下降，为18.5%。

2. 人民币金融资产交易有所下降

2016年年底，非居民在境内银行持有的人民币存款余额达到11 734.72亿元，较2016年年末增加28.2%；外国中央银行和其他机构投资者在银行间债券市场上持有的人民币计值债券为11 988.32亿元，较2016年年末增长40.6%；截至2017年12月底，通过QFII、RQFII和沪港通计划，外国机构投资者共计持有23 735亿元人民币金融资产（包括股票和债券），较2016年年末增长58%。与此同时，2017年年底香港离岸市场人民币银行存款为5 591亿元，较2016年年末减少2.3%。

3. 外国投资者重新净购入中国债券

从2016年年底开始，"一行三会"开启金融去杠杆、防风险的强化监管进程，此举导致国内货币市场与债券市场收益率显著上升。对外国投资者而言，中国境内外债券息差的重新拉大，自然会吸引他们大量购入中国利率债。例如，在2017年第三季度，受人民币对美元重新升值、债券市场利差拉大的综合影响，外国投资者对中国债券的净购入达到481亿美元的历史性峰值（见图1-4-10）。

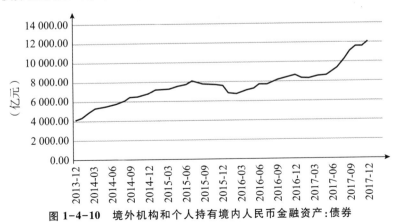

图1-4-10　境外机构和个人持有境内人民币金融资产：债券

资料来源：Wind资讯。

4. 渣打人民币环球指标开始持续下降

数据显示,从 2015 年 9 月以来,用以衡量人民币国际化程度的指标,渣打人民币环球指标开始持续下降(见图 1-4-11),截至 2017 年 6 月,该指标指数为 1 622,是 2017 年的最低水平,并且回到了 2014 年 2 月时候的水平。

图 1-4-11　渣打人民币环球指数

资料来源:Wind 资讯。

四、金融国际化发展中存在的问题

(一) 外汇储备稳步回升,反思管理权之争

"黄徐之争"使得中国面临的内外部失衡的冲突问题成为大众关注的焦点。2017 年 11 月 16 日,时任全国人大财经委员会副主任委员的黄奇帆在财新峰会提出外汇储备应交由财政部管理的论断,认为外汇储备体制存在的问题和中国通货膨胀、金融乱象、脱实向虚密切相关;中国人民银行研究局局长徐忠当场回应,外汇储备体制改革需考虑现实问题,"看起来很美好,但是现实很骨感"。"黄徐之争"侧面说明中国最高决策层或智库对于中国当前面临的内外部失衡问题的根源、机理与应对政策还存在较大争议。中国社科院学部委员余永定教授认为"黄徐之争"涉及至少三个方面的问题:外汇冲销问题、外汇管理问题、国债市场问题,"黄徐之争"比较复杂,值得进行深入与全面的研究。

中国人民银行数据显示,中国外汇储备余额自 2017 年 1 月跌破 3 万亿美元之后连续 11 个月回升,截至 12 月末,我国外汇储备余额为 31 399 亿美元,较 2016 年年末增加 1 294 亿美元。2017 年 2 月以来,我国外汇供求就开始处于基本平衡的状态,2017 年市场主体购汇意愿下降,外汇收入结汇倾向上升,外汇融资稳中有升,个人持有外汇意愿减弱,银行远期结售汇逆差总体收窄。

总体来看,2017年我国跨境资金流动形势明显好转,外汇市场供求趋向基本平衡。2017年,银行累计结汇110 884亿元人民币(等值16 441亿美元),累计售汇118 532亿元人民币(等值17 557亿美元),累计结售汇逆差7 648亿元人民币(等值1 116亿美元);银行代客涉外收入202 081亿元人民币(等值29 969亿美元),对外付款210 561亿元人民币(等值31 213亿美元),涉外收付款逆差8 480亿元人民币(等值1 245亿美元)。从具体数据上看,2017年,按美元计价,银行结汇同比增长14%,售汇下降1%,结售汇逆差1 116亿美元,同比下降67%,其中9月、10月和12月结售汇呈现顺差;银行代客涉外收入同比增长7%,支出增长1%,涉外收付款逆差1 245亿美元,同比下降59%。

2017年人民币兑美元汇率以大涨收官,12月29日,在岸人民币兑美元汇率大涨228基点报6.5120,且盘中一度升破6.51关口,刷新3个多月以来的新高。至此,人民币兑美元汇率全年升值幅度超过6.3%或4400基点,打破此前连续3年的贬值趋势,并创下2008年以来的最大年度升幅。这是当年外储持续上升的主要原因,央行不再需要消耗大量外汇储备稳定汇率。

一种观点认为,央行外汇储备持续增长,基础货币投放(外汇占款)相应扩张(尽管央行大幅度提高了商业银行存款准备金率);社会融资结构不够合理,间接融资比重太高;政府刺激经济,助推社会加杠杆而非去杠杆。相应提出要"深化金融改革,有效控制货币总量",包括控制央行外汇占款的增加;大力发展直接融资,优化社会融资结构;全面深化改革,充分发挥市场机制作用。其中特别指出,仅仅着眼于控制货币增量,而忽视盘活货币存量,其效果难以达到预期,要盘活已经超过160万亿元的货币存量,需要从压缩央行外汇储备和外汇占款入手。一个可行的方案是,由财政部发行不超过14万亿元的专项国债,由商业银行在交存的存款准备金范围内认购,财政部用以向央行购买外汇(2万亿美元),从而压缩央行资产负债规模,推动财税、金融深化改革。

另一种观点认为,中国人民银行主导的外汇储备管理在中国改革开放的进程中发挥了不可替代的作用,一是帮助中国度过了外汇极度短缺的时代,二是由于外汇储备管理和货币政策集中于中国人民银行,能够统筹考虑外汇占款,进行了恰当的对冲操作,总体上CPI及资产价格控制在较好的范围之内,为中国经济增长提供了较好的货币环境,为中国经济战略目标的实现提供了良好的保障。此外,从置换外汇储备的外汇占款到M2的快速增长,虽然其中有一定的联系,但是存在较为复杂的传导机理。至于局部存在的房地产泡沫、资金脱实向虚等问题,其原因更为复杂,将这些乱象归咎于中国人民银行管理外汇储备,显然有失公允。当前,中国经济仍处于新旧动力交替的阶段,旧的经济增长动能出现问题,新的经济增长动能尚不足以支持经济的中高速增长,经济增长的下行压力仍然较大,系统性风险传染的可能性依然存在。党的十九大报告指出,中国实行货币政策与宏观审慎管理双支柱调控政策,外汇储备管理及主导权的归属问题涉及宏观审慎管理的效果,中国人民银行管理外汇储备,有利于中央银行统筹考虑国际市场和国内市场,统筹考虑国内形势和国际形势,有利于实现宏观审慎管理的目标,能够从更高的层面上保证实体经济的健康发展。目前尚不能证明财政部管理外汇储备更有利于外汇储备资产的保值增值。同时,外汇储备更重要的职能在于汇率干预、预期管理以及跨境资本流动的调节。在这方面,如果财政部管理外汇储备,将不利于储备职能的发挥,还会中断中国人民银行将外汇储备管理纳入宏观审慎管理工具箱的有益探索。考虑到中国对外经济的复杂局面,一方面,防止资本外流和保持人民币汇率稳定的压力依然存在,对外经济领域,防风险的任务依然艰巨;另一方面,还要在稳中求进的原则下,推动对外开放。在人民币国际化、资本项目对外开放、人民币汇率形成机制改革的相互关系中,人民币汇率改革是关键突破口,但是要在放宽波动幅度的过程中,防止形成对人民币汇率走向的预期。一旦形成国际投机机构的集中做空,必然需要动用外汇储备进行干预。对于中国而言,对外金融管理方面的主导权在中央银行,由财政部管理外汇储备显然不利于应对此类复杂局面。

(二)人民币汇率中间价形成机制有待进一步优化

汇率是联系国际经济的纽带,容易受到国内外各类事件、市场情绪的影响,容易发生失调,受到国际市场的冲击,而如果放任汇率自由浮动,其往往会成为冲击的来源,而不是吸纳冲击。因此,汇率的管理是必要的。发达国家干预外汇市场的主要手段是口头干预,其有效的前提是政府公信力。而如果央行承担了过重的"汇率责任",则很容易陷入两难或者多难选择的局面,从而损失政府公信力,汇率水平就会走偏。因此,外汇干预的核心是要确保外汇干预的可信性,不与基本面走势和政策底线相违背,而将人民币汇率的定价交给市场,正是最好的解决办法。

1. 细数人民币汇率形成机制的改革

自2015年8月11日,中国人民银行组织中间价报价行进一步改进了人民币兑美元汇率中间价形成机制,强调中间价报价要参考前一日收盘价;2015年12月11日,中国外汇交易中心发布人民币汇率指数,加大了参考一篮子货币的力度,以更好地保持人民币兑一篮子货币汇率基本稳定,初步形成了"收盘价+一篮子货币汇率变化"的人民币兑美元汇率中间价形成机制。总体看,中间价形成机制在不断完善,有效提升了汇率政策的规则性、透明度和市场化水平,在稳定汇率预期方面发挥了积极作用。

在这一背景下,央行在2017年5月修改了中间价报价模型,引入了"逆周期因子",强化了汇率定价对宏观经济走势的反映程度。

2. "逆周期因子"的优点

一是有助于中间价更好地反映宏观经济基本面。如前所述,前期人民币兑美元汇率走势与经济基本面和国际汇市变化明显不符,表明在市场单边预期的背景下,简单的"收盘价+一篮子货币汇率变化"可能会导致中间价比较多地反映与预期方向一致的变化,少反映或不反映与预期方向不一致的基本面变化,呈现一定的非对称性,在中间价报价模型中引入"逆周期因子"有助于校正这种非对称性。

二是有助于对冲外汇市场的顺周期波动,使中间价更加充分地反映市场供求的合理变化。汇率作为本外币的比价,具有商品和资产的双重属性,后者意味着汇率波动可能触发投资者"追涨杀跌"的心理,导致外汇市场出现顺周期波动,进而扭曲与基本面相一致的合理市场供求,放大供求缺口。在中间价报价模型中引入"逆周期因子",可通过校正外汇市场的顺周期性,在一定程度上将市场供求还原至与经济基本面相符的合理水平,从而更加充分地发挥市场供求在汇率形成中的决定性作用,防止人民币汇率单方面出现超调。引入"逆周期因子"不会改变外汇供求的趋势和方向,只是适当过滤了外汇市场的"羊群效应",并非逆市场而行,而是在尊重市场的前提下促进市场行为更加理性。由于适当对冲了外汇供求中的非理性因素,引入"逆周期因子"的中间价报价模型适当加大了参考篮子的权重,有助于保持人民币兑一篮子货币汇率基本稳定,也能够更好地防止预期发散。当然,加大参考篮子的权重并不是盯住篮子,市场供求仍是汇率变动的决定性因素。

3. "逆周期因子"的局限性

引入逆周期因子后,中间价报价机制的规则性、透明度和市场化水平并未得到提升。逆周期因子本身是一个公式,包含一些因子,但是因子具体指哪些指标并没有向市场明确,只有报价行知道。因此,逆周期因子是无法直接计算的。央行在2016年第二季度货币政策执行报告中强调"'逆周期因子'计算过程中涉及的全部数据,或取自市场公开信息,或由各报价行自行决定,不受第三方干预"。但央行在中间价的设定中仍然有裁量空间:央行对14家报价行的报价进行加权平均后得到每日的中间价,而相应的权重,市场不得而知。报价行会根据最终公布的中间价来"自主"调整其逆周期系数,从而逆周期因子的设定中仍有央行干预之手的影子。

逆周期因子的长期作用有待考验。逆周期因子的调节重点,在于对冲掉中间价三因子定价模型中收盘价环节的持续贬值压力。而在2017年5月实行以来,逆周期因子取得了良好的效果:人民币兑美元持续贬值的预期已经被打掉,人民币兑美元汇率显著贬值的概率很低。逆周期因子已经充分发挥了它的作用。逆周期因子在6个短时段内发挥了帮助人民币升值或较少贬值的作用,而在多数时间中,加入逆周期因子的中间价模型与未加入该因子的模型所得到的结果并无明显差别。特别是2017年11月以来,伴随美元的趋势性走弱,逆周期因子已有2个多月没有展现其效力了。随着汇率定价机制的市场化不断加深,人民币兑美元汇率在双向波动下相对稳定,从长期来看,逆周期因子的作用将会越来越小。

综合而言,目前加入逆周期因子后的中间价定价机制新机制有效地抑制了外汇市场上的"羊群效应",增强了我国宏观经济等基本面因素在人民币汇率形成中的作用,保持了人民币汇率在合理均衡水平上的基本稳定。但是,逆周期因子更多的是短期维稳作用,从长期来看,人民币汇率形成机制还需要进行更深入的市场化改革。

(三)人民币汇率变动制约人民币国际化进程

回顾人民币国际化自 2009 年以来的进程,人民币国际化在升值预期下进展很快。但在进入贬值周期叠加监管措施后,人民币国际化随即遭遇严峻的政策目标取舍,很快出现了阶段性停滞。在防风险的总基调下,为了应对大规模资本外流与人民币贬值预期,中国人民银行在 2017 年基本放弃了人民币国际化这一目标。同时,在逆全球化与贸易保护主义倾向抬头的背景下,人民币国际化的外部环境也趋于严峻。

1. 人民币国际化趋缓的表面原因是中国跨境资本流动管理加强

2009—2014 年人民币国际化进展较快,市场对人民币的需求是建立在升值预期的基础上。虽然在升值预期助推下人民币国际化进展很快,但当形势突然发生逆转——人民币汇率贬值叠加资本外流压力,人民币国际化随即面临着严峻的政策目标取舍。2015—2016 年贬值预期最强烈之时,货币当局对离岸市场和跨境人民币采取的措施,间接导致人民币国际化停滞。

2. 人民币国际化趋缓的深层原因是中国需要兼顾国际经济形势与国内经济状况之间的平衡

人民币国际化经历阶段性停滞,中国人民银行对于人民币国际化的思路更加强调市场对人民币国际化的主导作用。中国人民银行行长易纲表示当前没有特别急切地推进人民币国际化,只是想为人民币和其他主权国家货币创造公平的竞争机会,逐步便利人民币的使用。学者余永定认为人民币国际化应是一个长期过程,不是短期可以一蹴而就的。同时也是水到渠成的过程,不应该采取政策性措施去推动,"更没有必要把人民币国际化当作一个单独的目标来追求"。

人民币国际化处于发展路径的转折点,除了继续依靠经常项目输出,还需要扩展资本项下输出规模,增强跨境投融资和储备功能。具体到人民币国际化的路径,资本项下输出人民币是比较理想和可持续的方式,即中国以人民币进行对外直接投资,对方在获得人民币后将其用于进口中国产品或者购买人民币债券等资产。人民币既充当计价和结算货币,还被境外投资者作为资产持有,且不会增加外汇储备。"一带一路"建设对中国有大量的资金需求,同时对中国也有大量的商品和服务的进口需求。如果可以扩大人民币使用,就可以通过资本项目输出人民币,反过来又可以购买中国的商品和服务,形成回流机制。2017年5月的"一带一路"国际合作高峰论坛上,中国宣布加大对"一带一路"建设的资金支持,向丝路基金新增1 000亿元人民币,同时鼓励金融机构开展人民币海外基金业务,总规模达到3 000亿元人民币。

(四)中国跨境资本流动管理的效果还不明朗

2017年,可谓"狙击资本外流之年"。从2016年年底开始,中国人民银行就加大了对于资本外流的风险管理,2017年前三个季度,中国资本净流出规模不及2016年的1/5。

因为在一系列的措施之下,2017年前个三季度,中国资本净流仅为740亿美元,不及2016年同期的3 990亿美元的1/5。外汇储备实现十二连涨,到2017年年底已回升到3.14万亿美元,逐渐收复了2016年的失地。特别值得注意的是,居民部门的资本外流幅度大大缩减,2017年前个三季度,居民部门资本外流金额为2 130亿美元,不到2016年同期的1/3。很多高净值人士实现海外资产配置的意愿正在变得越来越难实现。

1. 加强资本管制的原因

2015年汇改之后,中国已经陷入国际经济中经典的政策三难困境,即在开放经济的条件下,汇率稳定性、货币政策独立性和资本自由流动这三个目标不可能同时实现,充其量只能完成其中两个。

在经济增长放缓和货币政策宽松的条件下,一方面,人民币兑美元汇率不断下降;另一方面,资本外流进一步加剧,外汇储备不断下降。2015年10月以来,出现了持续的、大规模的跨境人民币资金净外流。中国的外汇储备在2014年还曾触及4万亿美元的高点,到了2017年1月却未到3万亿美元,不到3年就蒸发了1万多亿美元。造成外汇储备"断崖式"下降的原因,一方面和央行动用大量外储来防止人民币过度贬值有关,另一方面也和贸易顺差的不断减少有关。作为外汇储备重要来源的贸易顺差,自2015年达到最高值3.68万亿元人民币之后,便呈现逐年递减之势,2016年减少了9.1%,2017年进一步减少14.1%。

人民币贬值、资本外流与外汇储备下降形成了一个自我强化的循环,加剧了中国经济潜在增速的下滑和金融风险的显性化,持有人民币资产的收益率显著下降,境内外投资者持有人民币资产的意愿迅速降低。为了避免资本外流导致外汇占款下降,引发国内货币政策的被动收缩,在汇率稳定性、货币政策独立性和资本自由流动之间,中国政府选择了维持货币政策的独立性,并辅之以资本管制的政策组合。这种选择虽然符合中国政府习惯于以行政手段解决经济问题的一贯做法,保持了货币政策的独立性,但是实属不得已而为之。

2. 资本管制的效果

第一,含净误差与遗漏在内的短期资本流出压力大幅缓解。2017年前个三季度,我国短期资本净流出(即国际收支口径的证券投资、金融衍生工具、其他投资和净误差与遗漏合计)736亿美元,同比减少82%。

第二,国家外汇储备实质性止跌回升。2017年前个三季度,在短期资本净流出大幅减少,基础国际收支顺差增加的情况下,短期资本净流出规模与基础国际收支顺差之比为55%,远低于上年同期380%的水平。

第三,加强和改进跨境资本流动管理为改革和调整争取了时间。维持资本管制可以为我们的各种改革争取时间。只有资金还留在中国,我们才能谈得上改进资金的使用和配置。因而,只有在把这一系列结构性和制度方面的扭曲基本去除掉后,才能全面放开资本管制。2017年,中国针对境外投资进行了一系列的结构性调整。

3. 资本管制的副作用

虽然资本管制取得了不错的效果,但是资本管制实际上是一种违约,这种单方面变更游戏规则的做法往往被认为是宏观经济政策失败和经济基本面脆弱的信号。已有的研究证明,虽然资本管制短期内有抑制资本外流的效果,但无法在长期内弥补经济结构的缺陷。资本管制直接影响资本的国际流动和正常的贸易投资,扭曲资源的有效配置,严重影响中国对外开放和人民币国际化进程。如前所述,我国跨境资本流动状况能够得到改善,资本流动管理功不可没,但对此也必须客观评估。2016年,资本流动管理加强真实性审核,在贬值情况下,银行代客购汇较上年减少了20%,结汇也减少了14%,代客结售汇逆差收窄了37%,但依然高达3 195亿美元。同年,外汇储备资产减少了4 487亿美元,比上年多减31%。2017年,在升值背景下,前11个月银行代客购汇同比仅下降0.3%,结汇则增长了16%,代客结售汇逆差为758亿美元,同比减少了73%。

对于中国这种规模较大、开放程度不断提高的经济体,资本管制的代价更大,主要是增加了中国私人和企业对外投资和国际投资者撤回资本的难度,损害了中国政府逐步开放资本账户的承诺,影响了国家信用和形象。对于企业而言,资本管制措施扼杀了一些对时间和资金来源敏感的项目,一些海外并购项目因资本管制被推迟或取消,中国资本在海外投资并购中的竞争力被大大削弱,企业的国际化战略和布局被打乱,因资本管制导致投资并购无法进行而产生损失的案例将陆续出现。

综上所述,资本管制是必要的,资本管制的彻底放弃,即人民币的(完全)自由兑换,应该是所有市场化改革的最后一步。但是也要清醒地认识到,中国在2017年经济发展好于预期、经济增长的稳定性增强、主要经济指标总体向好、出口同比增速也明显加快的情况下,应该逐步放开资本管制,以符合人民币国际化的改革方向。

(五) 中国国际收支结构有待优化

1. 发展中国家把钱借给发达国家

依据经济学理论,资本应从资本充沛的富国留向资本稀缺的穷国。2017年,中国国际收支格局重新转变为"双顺差",一方面,中国非储备性质的金融账户为顺差,并通过外国直接投资引入长期资本;另一方面,中国外汇储备继续增长,中国将其用于购买美国国库券。这就形成"穷国"借钱给富国的格局。

2. 中国高息借入资本却低息借出资本

中国形成了其国际收支结构的特点:经常项目和资本项目双顺差。双顺差可以简单理解为,中国通过贸易顺差所获得的外汇被用于购买美国国债的同时,从外国投资者那里取得股权和债券资金,以购买进口商品和劳务。通俗来讲,中国是一方面以高成本从美国等国家"借入钱"(外国直接投资),另一方面再把借来的钱以很低的收益借回给人家(外汇储备)。

3. 中国可能跌入"美元陷阱"

在全球金融危机爆发后不久,克鲁格曼曾说过:"美国从金融危机开始欠下的大约5万亿美元的债务,以及之前累积欠的更多债务,不必很快还清,甚至根本还不清。"这是对债务人过去过剩借款的纵容,但是经济不是道德剧。克鲁格曼认为中国掉入了"美元陷阱"。因此,中国应该设法减少债务的实际价值。凯恩斯有一句名言:假如你欠银行4万英镑,你将受银行支配。一旦你欠银行400万英镑,银行就将受你的支配。作为美国的最大债主,中国有必要多元化外汇资产的形式。

4. 中国是名义上的债权国、实际上的债务国

中国累积了以美国国债为主的近6.7万亿美元的对外资产和近5.0万亿美元的对外债务。换言之,中国积累了近1.7万亿美元的净对外债权。如果利息率为3%,中国在2017年应该有投资收入近51亿美元,但中国的实际利息支出是316亿美元。这种情况直到现在还没有发生转变。

(六) 中国对外金融资产负债结构有待优化,净投资收益持续逆差

投资收入或投资收益是国际收支平衡表中非常重要的一项。作为全球第二大净债权国,2017年中国的对外净投资收益为逆差599亿美元。这并非特例,对外净投资收益为负是中国自2009年以来的常态。

中国从1993年开始到现在,年年有经常项目顺差,而经常项目顺差代表着每

年都有对外净资产。既然有净资产,就应该有净收益,好比在银行存了钱,就要跟银行收利息一样。但值得注意的是,中国虽然有海外净资产,是债权人,然而十多年来,我们都给外国人付利息,这是一个很不正常的现象。

造成净投资收益持续逆差的主要原因有两点:一是中国对外投资收益率较低,中国对外净资产投资主体过于集中在政府手里,对外金融资产中储备资产占比近半,因主要为流动性较强的资产,2005—2017年我国对外金融资产年平均投资收益率为3.3%。并且我们在对外投资的资产配置方面多元化不足,产品、地域的集中度较高,到目前,基本上以买收益率低的发达国家(特别是美国)的国债为多。二是中国对外金融负债中主要是外来直接投资,股权投资属于长期、稳定的投资,投资回报一般高于其他形式的资产,2005—2017年我国对外负债年平均投资收益率为6.4%。低的对外投资收益率与高的对外金融负债收益率,造成了我国净投资收益持续逆差的情况。

(七)美联储缩表与加息预期可能引发中国在内的新兴市场国家资本外流

历史经验表明,如果美联储加息速度超预期导致利率快速大幅上升,通常会导致新兴市场国家资本流出,并引发新兴市场国家的货币危机。中国作为全球最大的新兴市场经济体,不可避免地也将面临一定的资本流动压力。虽然当前我国宏观经济稳中向好,经常账户仍处于盈余,外债规模可控,外汇储备规模稳定在3万亿美元左右,为应对外部环境变化提供了良好的缓冲,但是美联储的缩表计划与持续加息的双重政策对中国跨境资本流动的潜在风险也值得关注。

当前,美国经济和市场环境可以让美联储维持全年加息3次并启动缩表的预定计划。美国已基本接近充分就业状态,4.3%的失业率低于美联储估计的自然失业率,传统经济理论表明经济有过热风险,美联储对其加息步伐过慢的担忧逐步上升。另外,当前利率仍较低,一旦发生危机,利率再次触及零下限的风险较高,美联储尽早紧缩有利于为未来创造更多的政策空间。但是,仅加息不缩表不利于均衡收紧货币政策。加息抬升短端利率,而维持大规模资产负债表对中长端利率造成下行压力,扭曲利率曲线。所以,加息到一定程度后启动缩表是货币政策正常化的必然要求。2017年以来,美国与全球经济数据普遍转好,法国大选等政治风险也消退,为加息和缩表提供了合适的时间窗口。

五、政策建议

(一)探索央行与财政部合作管理外汇储备

中国外汇储备管理的主导权是关系到金融安全、金融风险处置和宏观调控框架的大问题。在金融风险防控形势、全国财政形势严峻的背景下,考虑到财政部管理外汇储备对预算管理、财政承受能力、货币政策框架和金融市场的巨大影响,我们建议现阶段不宜对外汇储备管理主导权进行调整。中国外汇储备管理仍应由中国人民银行主导。在现有外汇储备管理体制下,提出如下政策建议:一是考虑增加财政部的议事权,适当提升财政部的参与程度,按照"一事一议"的原则,通过零星发行特别国债置换少量外汇储备,通过中投等主权财富基金,支持"一带一路"等对外开放重点工程;二是加快国际收支的战略转型,通过税收政策调节进出口商品和服务的类别和结构;三是围绕"一带一路",积极稳妥地推动企业走出去,特别是金融企业走出去;四是强化对游资的监测和管理,通过对金融机构宏观审慎评估,对跨境资本流动进行管控;五是积极稳妥地推动人民币汇率形成机制改革、资本项目开放及人民币国际化。着力增加外汇市场的深度和广度,努力推动加快上海国际金融中心的建设步伐,努力提升人民币定价资产、储备资产的影响力。随着人民币国际化程度的不断提升,当人民币成为世界主要国际货币之时,人民币即外汇,外汇储备管理的一系列难题都将迎刃而解。

(二)继续深化金融体制改革,为进一步金融开放创造条件

十九大报告对金融体制改革的描述为:"深化金融体制改革,增强金融服务实体经济能力,提高直接融资比重,促进多层次资本市场健康发展。健全货币政策和宏观审慎政策双支柱调控框架,深化利率和汇率市场化改革。健全金融监管体系,守住不发生系统性金融风险的底线。"可以看出,十九大对于金融体制改革主要有三点要求:第一,强调增强金融服务实体经济能力;第二,提出健全货币政策和宏观审慎政策双支柱框架;第三,强调守住不发生系统性金融风险的底线。

1. 防风险是永恒主题

十九大报告中,强调"守住不发生系统性金融风险的底线",这是对金融体制改革提出的要求,说明国家把防控金融风险放在了更高的位置上。实际上,自2017年下半年以来,我国金融工作的主基调就已经开始发生改变,随后宏观审慎监管和货币政策双管齐下,"防风险、抑泡沫"的工作开始拉开序幕。

总体来看,我国金融形势是好的,但当前和今后一个时期内,我国金融领域尚处在风险高发期,在国内外多重因素的压力下,风险点多面广,呈现隐蔽性、复杂性、突发性、传染性、危害性的特点,结构失衡问题突出,违法违规乱象丛生,潜在风险和隐患正在积累,脆弱性明显上升,既要防止"黑天鹅"事件发生,也要防止"灰犀牛"风险发生。

2. 健全双支柱调控框架

"要坚持底线思维,完善金融管理制度",建议从两方面着手:"一是加强和改进中央银行宏观调控职能,健全货币政策和宏观审慎政策双支柱调控框架。""二是健全金融监管体系,加强统筹协调。"

在宏观调控上,对货币"总闸门"的有效管控受到干扰。在风险酝酿期,行业和地方追求增长的积极性很高,客观上希望放松"银根",金融活动总体偏活跃,货币和社会融资总量增长偏快容易使市场主体产生错误预期,滋生资产泡沫。当风险积累达到一定程度,金融机构和市场承受力接近临界点,各方又呼吁增加货币供应以救助。宏观调控很难有纠偏的时间窗口。

近年来,央行已经开始在不断利用"双支柱框架"对金融领域的活动进行调控。在此轮金融去杠杆中,宏观审慎监管和货币政策双管齐下,也取得了明显的成效。央行于2017年年初开始正式将银行表外理财纳入MPA(宏观审慎评估体系)考核;随后又将银行间同业存单纳入MPA同业负债的占比考核中。与此同时,货币政策方面,从2016年下半年开始,央行通过对货币市场的"缩短放长",以及MLF(中期借贷便利)、SLF(常备借贷便利)等工具的综合使用,流动性闸门较此前收紧。

随着我国金融体系的杠杆率、关联性和复杂性不断提升,要更好地将币值稳定和金融稳定结合起来。货币政策主要针对整体经济和总量问题,保持经济稳定增长和物价水平基本稳定。宏观审慎政策则直接和集中作用于金融体系,着力减缓因金融体系顺周期波动和跨市场风险传染所导致的系统性金融风险。

3. 健全金融监管体系

近年来,在金融混业经营的趋势下,分业监管存在着明显的弊端,在监管体制机制上,在新业态、新机构、新产品快速发展,金融风险跨市场、跨行业、跨区域、跨境传递更为频繁的形势下,监管协调机制不完善的问题更加突出。监管定位不准,偏重行业发展,忽视风险防控。"铁路警察,各管一段"的监管方式,导致同类金融业务监管规则不一致,助长监管套利行为。系统重要性金融机构缺少统筹监管,金融控股公司存在监管真空。统计数据和基础设施尚未集中统一,加大了系统性风险研判难度。中央和地方金融监管职能不清晰,一些金融活动游离在金融监管之外。

十九大报告强调"守住不发生系统性金融风险的底线",对金融监管提出了新的要求。报告指出,传统金融监管主要包括两大方向,一是机构监管,二是功能监管。目前,传统金融监管受到了来自互联网金融的强烈冲击,应该积极思考,如何在机构监管和功能监管之外,实现对行为的有效监管。

在技术化的背景下进行有效监管,监管者就必须比金融活动的参与者更懂技术。金融监管部门要以开放的态度吸引技术、法律等专业人才加入进来。总体来看,行为监管和技术监管会是今后很长一段时间内"守住不发生系统性金融风险底线"的两个重要方式。

4. 主动改革开放

防风险并不意味着金融领域的改革和开放将停滞。十九大报告格外强调深化金融体制改革,要"增强金融服务实体经济能力"。具体还包括"提高直接融资比重""促进多层次资本市场健康发展""深化利率和汇率市场化改革",以及"发展绿色金融"等。

截至 2017 年,中国的直接融资比例是 23.8%,比 2011 年的 15.9% 有了显著提高,但仍然是不够的。推进金融机构和金融市场改革开放,除了要增强金融服务实体经济能力,也要深化金融市场改革,优化社会融资结构。积极有序地发展股权融资,稳步提高直接融资比重。拓展多层次、多元化、互补型股权融资渠道,改革股票发行制度,减少市场价格(指数)干预,从根上消除利益输送和腐败滋生的土壤。

同时,加强对中小投资者权益的保护,完善市场化并购重组机制。用好市场化、法治化债转股工具,发展私募股权投资基金(PE)等多元化投资主体,切实帮助企业降低杠杆率,推动"僵尸企业"市场出清。积极发展债券市场,扩大债券融资规模,丰富债券市场品种,统一监管标准,更好地满足不同企业的发债融资需求。深化市场互联互通,完善金融基础设施。拓展保险市场的风险保障功能,引导期货市场健康发展。

(三)统筹协调并持续推进汇率市场化

未来美联储大概率会继续加息并启动缩表,欧央行正考虑退出 QE、中美贸易摩擦可能升级、国内部分领域的潜在金融风险不容小觑,进一步深化汇率机制改革面临更为复杂的国内外经济金融形势,建议下一步改革宜统筹协调、稳妥审慎推进,重点协调统筹以下几方面关系。

一是协调好市场决定与政策干预之间的关系。目前"收盘价+一篮子货币汇率+逆周期调节因子"的中间价形成机制符合当前的实际情况,有利于保持汇率稳定,抑制市场非理性行为。长期来看,人民币汇率机制改革还应坚定不移地坚持市场化方向,不断地增强市场力量在人民币汇率形成机制中的主导作用。政策干预主要应起到在特定时期抑制追涨杀跌、投机套利等非理性和不规范行为,以积极引导市场,防止汇率长时期明显偏离基本面。建议市场恢复了理性,政策干预就适时退出。政策干预应努力驾驭市场力量,尤其是引导市场预期,有机结合市场的积极因素,促进人民币汇率在双向波动、弹性增加中保持基本稳定。

二是协调好人民币汇率稳定与弹性之间的关系。汇率市场化改革的基本目标是增强人民币汇率双向浮动弹性,加大市场决定汇率的力度,但当前形势下"保持人民币汇率在合理均衡水平上的基本稳定"也是汇率政策的重要内容。当然,有关人民币的"均衡汇率"究竟处在何种水平,难以达成共识。只有在外汇市场充分开放的条件下,通过市场运作才能形成一个阶段性均衡汇率平衡点,而且这种均衡点也是动态的。基于历史对比、理论分析和经验考量,目前人民币汇率已基本接近均衡汇率水平。IMF近期发布的报告也认为人民币汇率估值与经济基本面基本一致。但汇率受非理性因素作用影响较大,容易出现超调。人民币汇率形成机制是有管理的浮动汇率机制,波动幅度正在逐步扩大;而离岸人民币汇率波动基本上已经市场化,人民币汇率就必然存在不小的随机性。加之投机力量的推波助澜,很容易形成剧烈震荡。人民币汇率的大幅升值和贬值均可能增强单边走势预期,不利于中国经济金融体系的稳定运行,也不利于人民币国际化的稳步推进。未来一个时期,建议将人民币年度波动幅度控制在金融资产平均投资回报率上下,可以允许人民币在市场供求关系影响下顺势贬值或升值,阶段性地双向波动。同时辅以外汇市场适时合理地干预,以避免大幅度贬值,推动市场预期分化,促进人民币汇率在波动中保持多维度的基本稳定。

三是协调好改革推进的相机抉择与预期管理之间的关系。之前的改革策略以相机抉择为主,条件合适就加快推进,时机不佳则暂缓推进。这种策略的好处是灵活、有弹性,可以视外部环境变化选择比较好的时间窗口,不足是往往与市场及时沟通不够,难以有效引导和管理市场预期,市场还可能产生误解。未来改革推进是否可以考虑相机抉择和预期疏导相结合。建议事先告知市场改革的总体方向、基本框架和实施路径,事先对汇率机制改革有一个"预期疏导",让市场有较为明确的预期,再具体结合内外部条件选择合适的实施时间窗口。

四是协调好汇率机制改革与外汇市场发展之间的关系。汇率机制改革仅做到放宽波幅限制、逐步扩大弹性、增强市场力量还不够,还要不断发展和完善多层次外汇市场,扩大外汇市场交易主体,完善市场基础设施建设,以功能健全、产品丰富的外汇市场体系为汇率机制改革提供良好的微观基础。建议加快推动外汇期货、期权等外汇衍生品市场的发展。这既有利于在人民币汇率波幅扩大情况下个人和企业规避汇率波动风险,同时还有助于完善人民币汇率定价机制。建议在条件成熟的情况下,逐步拓宽个人和企业参与外汇市场投资的渠道,改变目前外汇市场以机构投资者为主、多元化水平不高的市场主体结构。

五是协调好人民币汇率强弱与人民币国际化之间的关系。前期人民币国际化较快推进与人民币升值预期强、境外主体对人民币接受程度高有紧密关系,人民币国际化在经常项下作为负债货币取得了长足发展。近两年,人民币出现阶段性贬值,人民币国际化推进速度明显放缓。未来人民币国际化应在不同的市场背景下突出不同的发展方向。在人民币汇率稳定特别是升值预期较强的时期,可以加大人民币在经常项下作为负债货币的跨境使用力度;在贬值预期较强时,则可以加大人民币在资本项下作为资产货币的跨境使用力度。应当认识到,人民币国际化稳步推进还应以实体经济为基础,特别是要以跨境贸易和直接投资的稳健发展来带动人民币在全球的使用,不宜让人民币国际化过多地依赖币值自身的强弱。人民币国际化应该服从我国宏观经济平稳运行和经济转型发展的战略需要。未来必须充分考量国际市场金融风险程度。开放程度的扩大必然伴随风险水平的上升。我国经济总量越大、运行体系越完善,人民币国际化的风险就越小。应努力避免实际效益不高的尝试引发系统性金融风险隐患的可能性。

六是协调好跨境资本流动管理与发展对外投资之间的关系。短期内,为避免资本大规模流出、减轻人民币贬值压力,对资本流出进行严格管理是必要的。但同时也要客观地看到,经过多年的技术和资本的积累,中国企业有很强的全球配置资源的需求,我国对外直接投资已经进入快速发展时期,而合理、规范的对外直接投资必将为我国经济新的腾飞带来强大动力。建议在人民币汇率企稳、贬值压力下降和贬值预期明显消退的同时,一方面继续严格控制非理性和不规范的对外直接投资;另一方面适时放松对跨境资本流动,特别是理性和规范的对外直接投资的限制。加强对外投资的政策引导,推动企业对外直接投资对接国家战略,聚焦有利于产业升级和结构调整的重点行业和领域。

七是协调好汇率基本稳定与外汇储备波动之间的关系。2016年年底以来,市场各方在保外储还是保汇率问题上产生了较大分歧。在汇率贬值压力较大时,维持汇率稳定不可避免地会消耗一定的外储。而外储持续大幅减少并快速突破临界值,可能导致汇率贬值预期进一步发展,从而面临挤兑风险。保外储则面临汇率加速贬值风险,在市场非理性因素作用下,可能出现贬值预期与资本外流相互促进、相互强化,最终可能导致汇率大幅贬值,资本持续大规模外逃。其结果是金融市场动荡,经济体甚至可能步入"中等收入"陷阱。应当指出,外汇储备的主要功能是满足潜在的国际收支需要、维持汇率稳定和缓冲外部流动性。从逻辑上看,运用外汇储备稳定人民币汇率理所当然。一旦市场形成强烈的贬值预期而不加以干预,则有引发资本大规模外流的风险,运用外汇储备使人民币汇率保持在安全的波动区间十分必要。我国巨额外汇储备主要是前些年在人民币升值压力较大时,货币当局为了维持汇率稳定而被动积累起来的。在人民币贬值压力较大时运用外储维护汇率稳定的做法与之前的举措是"一脉相承"的。如果通过消耗一定量的外储可有效减弱贬值预期,稳定汇率,为我国的结构性改革及经济触底回升赢得时间,那么消耗一定量的外储可谓物尽其用,且正当其时。当然,还可以运用汇率机制尤其是市场供求关系调节来影响汇率和外储的变动,避免外储出现大幅波动,毕竟一定规模外储的存在有助于稳定市场信心和预期。未来应综合协调施策,促使汇率、外储、市场供求关系和预期之间形成良性的相互影响。建议未来有效引导市场,正确看待汇率和外储的关系,不宜将二者关系简单地对立起来。

八是协调好市场需求与政策选择之间的关系。一直以来,汇率制度和政策选择都是金融领域最有争议的话题之一。经验证明,既很难找到某种汇率制度可以适合所有国家,也不存在适合一个国家不同时期不同需求的汇率制度,更没有只有利而无弊的汇率制度。汇率与其他金融市场变量一样,极易发生超调。汇率又属于典型的国际变量,汇率变动牵动着利益攸关国家的神经,而大国汇率更是如此。相关国家的利益诉求对一国的汇率政策乃至于汇率制度会形成某种压力。而大国货币汇率又受到全球市场供求关系的影响,往往投机力量可能主导汇率发生更大程度的超调。因此,汇率制度和政策的选择需要统筹考量、综合平衡。未来我国应继续在汇率浮动、资本流动和货币政策独立性三者之间寻求利大于弊的平衡,在不同的阶段可以有不同的侧重。从当前和未来一个时期看,人民币汇率在弹性加大的同时保持基本稳定,货币政策保持独立性仍应是政策的优先选项。

(四) 多途径提高中国跨境资本流动的整体收益率

1. 建立跨境资本流动收益成本分析框架

国际收支平衡表中的投资收益并非跨境资本流动的收益成本的全部,存量估值效应的影响随着金融开放度的提高而日益增强。纳入存量估值效应的金融调整渠道才能全面地反映跨境资本流动的收益。金融调整渠道是跨境资本流动对经常账户影响的体现,在分析经常账户状况时应拓展到包括存量估值效应。这不仅有助于全面分析跨境资本流动收益,将国际收支平衡表和国际投资头寸表的分析有机统一起来,也有利于缓解国际社会对我国经常账户顺差的不当指责。随着国际收支统计的完善,我国有必要公布以人民币为记账单位的国际投资头寸表,以便更好地将国际账户分析与国内经济发展结合起来。

2. 设置前置程序,提升资本流入管理的主动性

跨境资本自由流动并不必然有利于经济发展。风险的酝酿往往发生在资本过度流入时期,但问题的爆发却发生在之后的资本流入逆转,资本流入环节的管理容易不被重视。所以,有必要在资本流入阶段设置前置性程序,逐步开放资本账户,同时运用政策工具抑制过度流入,针对国内外经济形势变化适时适度调整政策,以避免采取事后资本管制限制流出的补救性措施。

3. 继续稳步扩大我国对外直接投资,提高对外资产中长期性投资的比重

中国对外资产配置往往处于被动状态,这是对外资产收益率不高的重要原因之一。在对外资产中,直接投资的主动性最强,因此其收益也相对较高。因此,在防止资本外逃的同时,继续放松企业对外直接投资的限制,特别是对"一带一路"沿线经济体的投资,提高对外直接投资在我国对外资产中的比重。

4. 辩证看待外汇储备的作用,维持外汇储备合理规模

外汇储备一直是中国最主要的对外资产,占比长期过半,跨境资本流动收益低

与此有很大关系。在国际金融危机期间,由于资本流入,我国外汇储备被动增长,对应的是对外负债增加,其持有成本较高。在我国外汇储备通过货币化方式取得的情况下,外汇储备增长还会自发引起外汇储备需求增加。外汇储备存在最优规模,对于巨额外汇储备带来的弊端过去已有部分共识。但是外汇储备的急剧下降使得共识又开始分化。事实上,外汇储备的主要作用是预防性的,不应承担过多的职能。目前中国外汇储备依然是充足的,而且国际收支中经常账户顺差还会持续一段时间,是未来对外投资所需外汇的来源。外汇储备规模管理的重要性远大于外汇储备收益管理,后者提升的空间并不大。要加强外汇储备规模管理,避免以负债的形式积累外汇储备,逐步降低外汇储备在中国对外资产中的比重,才能最终提高中国对外资产的整体收益率。

5. 借力人民币国际化,提高对外资产配置的主动性

在人民币国际化已经取得重要进展的情况下,借力人民币国际化。以提高人民币国际接受性为出发点,扩大以人民币为载体的对外投资,使用人民币直接对外输出储蓄和投资,直接到海外配置资产,以金融账户输出人民币,再以贸易或金融账户回流人民币,从而提高我国对外资产配置的主动性,降低外币在对外资产配置中的比重,人民币国际化的收益和稳定性才会得到实质性提高,并且完全规避了汇率波动带来的估值风险。

(五)抓住有利时机,深化以市场供求为基础的人民币汇率形成机制改革

1. 实现浮动汇率是中国改革的最终目标

依据国际货币基金组织的分类,汇率制度可粗略分为"硬盯住""软盯住"和"浮动"三大类。中国目前的汇率制度被归到"软盯住"大类中的一个子类别"类爬行盯住安排"。根据国际货币基金组织的报告,除中国,实行"类爬行盯住安排"的有牙买加、克罗地亚、伊朗、利比亚、白俄罗斯、埃塞俄比亚、乌兹别克斯坦、卢旺达、塔吉克斯坦、亚美尼亚、多米尼哥、危地马拉、安哥拉、海地、老挝、巴布亚新几内亚和突尼斯。事实上,在国际货币基金组织的189个成员中,绝大部分国家,包括所有发达国家和重要新兴市场国家,大都实行了浮动汇率制度。而中国是世界第二大经济体,是世界第一大贸易国,持续维持经常项目顺差近15年,是世界第一大外汇储备国,也是世界上维持双顺差时间最长的国家、世界上经济增长速度最快的国家;并且中国拥有一个高效的政府和完备的资本管制体系,商业银行和金融机构不存在严重货币错配,外债占GDP之比处于低水平、通货膨胀率很低、居民储蓄率很高、金融市场已经取得长足进步。可见,中国具备实现浮动汇率的经济基础。

2. 重启汇改的有利时机已经出现

2017年中国经济形势向好的迹象明显,国际收支基本平衡,跨境资本流动趋

于稳定,人民币贬值预期基本消失,资本管制的各项措施都已就位,可以抓住推进汇改的有利时机,尽快继续按"8·11汇改"思路,完成"深化人民币汇率形成机制改革"的历史任务。2015年"8·11汇改"是中国央行推动汇率市场化改革、迈向自由浮动的一次重要尝试,其核心是以前日收盘价决定当日中间价,改革方向是坚持以市场供给为基础。事后评估,如果时机选择得更好些,或者在市场贬值预期急剧上升之后,马上辅之以适度的资本管制,中国汇率体制改革可能就已基本实现。一般来讲,与资本账户自由化相比,汇率制度改革风险相对较小。但由于"恐惧浮动"效应的存在,公众对资本账户自由化的接受程度远高于汇率自由浮动。预期会引起汇率超调与单边走势的观点,既没有理论根据,也没有事实的支持。

3. 人民币汇率中间价定价机制中逐渐增大收盘价的权重

2016年2月,央行推出了"收盘汇率+一篮子货币汇率变化"的人民币汇率中间价形成机制。"收盘价+一篮子货币汇率变化"定价机制的主要问题是,中间价同时参考收盘价和一篮子货币,并不能准确地反映市场供求,人民币汇率的定价仍然受到央行外汇市场干预的影响。"一篮子货币汇率变化"的引入,增加了汇率中间价变动的不确定性,在一定程度上有助于抑制基于贬值预期的汇率投机。2017年5月底,央行又在中间价报价模型中引入"逆周期因子"。央行在2017年《第二季度货币政策执行报告》中指出,在市场单边预期下,简单的"收盘价+一篮子货币汇率变化"可能会导致中间价比较多地反映与预期方向一致的变化,少反映或不反映与预期方向不一致的基本面变化,呈现一定的非对称性。为了校正这种非对称性,在原定价公式中引入了"逆周期因子",以使中间价更好地反映经济的基本面和市场供求的合理变化。

第五章 金融监管

2017年,中国经济由高速增长阶段转向高质量发展阶段,推动高质量发展,是保持经济持续健康发展的必然要求。在各监管机构和相关部门的共同努力下,金融机构服务实体经济能效不断提升,金融市场乱象得到了深入整治,有效地防范化解了系统性金融风险,大力补齐监管制度短板,并进一步深化金融改革,持续加强监管队伍建设。监管部门在把握新机遇的同时也面临着新挑战,当前国内外经济金融形势依然复杂,金融机构仍存在加杠杆、做通道、避监管的情况,这就造成了风险隐患的积累。因此在未来的工作中,监管必须要紧跟金融发展的步伐,加强监管,避免监管空白,防范金融风险,形成综合、系统、穿透、统筹的监管大格局。

一、2017年金融监管的措施与成效

(一)银行监管的措施和成效

2017年,全国银行业系统坚决贯彻落实党中央、国务院的各项决策部署,推动银行业提高服务实体经济能力,深入整治银行业市场乱象,着力防范化解银行业风险,依法处理不法金融机构和非法金融活动,大力补齐监管制度短板,进一步深化银行业改革,持续加强监管队伍建设,深入推进全面从严治党。2017年中国银行监管的主要工作有以下几个方面。

1. 以推进供给侧结构性改革为主线,切实提升服务实体经济的质效

2017年是我国供给侧结构性改革的深化之年,也是金融业风险防控的关键之年。中国银监会认真贯彻落实党中央、国务院关于供给侧结构性改革和金融服务实体经济的大政方针,促进银行业和实体经济平稳发展、良性循环,多措并举督促引导银行业积极支持"三去一降一补"五大重点任务,增强服务实体经济的能力和质效,取得积极成效。2017年4月中国银监会研究出台《关于提升银行业服务实体经济质效的指导意见》,以进一步指导银行业做好服务实体经济相关工作,引导银行业回归本源,专注主业,大力支持供给侧结构性改革,加强体制机制改革创新,提高服务实体经济的能力和水平。

（1）着力支持农业供给侧结构性改革。一是全面支持乡村振兴战略,将更多的金融资源配置到农村经济社会发展的重点领域和薄弱环节。一方面,推动金融资源进一步向"三农"倾斜,积极支持农业供给侧结构性改革,助力农业农村现代化、农村第一二三产业融合发展、集体经济壮大和新型农业经营主体发展,加大对农村建设重点领域和薄弱环节的信贷投入。另一方面,切实提高金融服务乡村振兴的能力和水平。强化金融服务方式创新,探索适合新型农业经营主体的农业设施抵押贷款、大型农机设备租赁以及订单融资、应收账款融资等业务,深入推进"两权"抵押贷款试点。

二是服务好精准脱贫攻坚战。中国银监会在强化政策引导下,有针对性地持续健全扶贫小额信贷相关政策框架,指导银行业机构安排专项资金,单独考核责任,以深度贫困地区和特殊贫困人口为重点,持续加大扶贫小额信贷投放力度。同时创新服务方式,在风险可控的前提下,引导银行业机构因地制宜、实事求是地推进扶贫产品、服务及模式创新,切实减轻农户负担。加强与财政、税务等部门的协调配合,通过货币信贷引导、财政撬动、差别监管等政策措施,推动金融资源进一步向"三农"倾斜。

三是健全适合农业农村特点的农村金融体系。推动各类涉农银行业机构回归本源,将服务农村实体经济作为出发点和落脚点,提供差异化、特色化的涉农金融产品和服务,不断健全符合中国农村特点的农村金融体系。督促村镇银行坚守"立足县域、支农支小"的市场定位,支持和鼓励其积极向下延伸服务网络、丰富服务内容,深耕县域金融市场,为"三农"提供专业化、精细化和特色化的金融服务。

（2）提升民营银行服务实体经济能效。2017年1月中国银监会印发《关于民营银行监管的指导意见》,紧密围绕"引导科学发展"和"严守风险底线"两个核心目标,通过明确民营银行监管工作的各项要求,提高了监管工作的科学化、精细化水平。自推进民营银行改革工作以来,民营银行准确把握经济社会发展机遇,突出有别于传统银行的发展特色,建立差异化的市场定位和特定战略,与现有银行实现错位竞争,互补发展。紧密围绕实体经济金融服务需求,聚焦中小微企业、"三农"和社区、大众创新、万众创业等薄弱领域金融服务,加强各类创新探索,推进降低融资门槛,同时扩大金融服务覆盖面,切实提升服务实体经济质效,取得明显进展。

一是坚守市场定位。牢牢坚持差异化的市场定位和特定战略,各项经营目标设置、业务开展、配套机制建设紧紧围绕市场定位这一"基石",坚持有所为而有所不为。通过特色化经营,培育长期稳健发展能力,为实体经济,特别是中小微企业、"三农"和社区,以及大众创业、万众创新提供更有针对性、更加便利的金融服务。

二是加强创新探索。充分发挥了机制灵活、决策灵活的优势,加大创新力度,用新的体制机制、新的商业模式、新的技术手段、新的产品服务,提高了普惠金融服务能力,填补了金融服务空白点,有效地缓解"融资贵、融资难"等突出问题,切实提高金融服务实体经济的水平。

三是做实风险防控。切实承担起风险防控的主体责任,立足稳健,着眼长远,建立审慎经营和合规文化。提高全面风险管理水平,健全风险管理体系,强化内控机制建设。加强了风险监测,动态分析重点行业、产品以及重点领域风险,加强股东管理,提高了业务稳定性和股权稳定性。

(3) 加强融资担保公司支持实体经济。2017年8月,国务院总理李克强签署国务院令,公布《融资担保公司监督管理条例》(以下简称《条例》),以行政法规的形式,对政策扶持措施作出明确规定,有利于进一步提升政策措施的稳定性和权威性,形成良好社会预期,进一步加大政策扶持力度,完善监管制度,有效防范风险,促进融资担保行业健康发展,更好地为小微企业和"三农"服务,从而提升融资担保公司服务实体经济的有效性。

首先,《条例》规定,国家推动建立政府性融资担保体系,发展政府支持的融资担保公司,建立政府、银行业金融机构、融资担保公司合作机制,扩大为小微企业和"三农"提供融资担保业务的规模并保持较低的费率水平。各级人民政府财政部门对主要为小微企业和"三农"服务的融资担保公司提供财政支持。政府支持的融资担保公司应当增强运用大数据等现代信息技术手段的能力,为小微企业和"三农"融资需求服务。纳入政府推动建立的融资担保风险分担机制的融资担保公司,应当按照国家有关规定降低对小微企业和"三农"的融资担保费率。

其次,《条例》规定了融资担保公司的经营规则,包括建立健全各项业务规范以及风险管理等内部控制制度,并按照国家规定的风险权重计量担保责任余额;担保责任余额不得超过相应的比例;自有资金的运用应当符合国家有关其资产安全性、流动性的规定;禁止融资担保公司吸收存款或者变相吸收存款、自营贷款或者受托贷款以及受托投资等。

最后,《条例》明确了融资担保公司的监督管理体制,规定由省级人民政府确定的部门负责本地区融资担保公司的监督管理;省级人民政府负责制定促进本地区融资担保行业发展的政策措施、处置融资担保公司风险,督促监督管理部门严格履行职责;国务院建立融资性担保业务监管部际联席会议。《条例》规定了监督管理部门的主要职责和具体监管措施,以及融资担保公司应当遵守的监管要求。

(4) 推动"银税互动"扩面升级。2017年6月,国家税务总局、中国银监会联合印发《国家税务总局中国银行业监督管理委员会关于进一步推动"银税互动"工作的通知》,这是税务总局、中国银监会顺应当前经济社会发展形势、贯彻国务院部署的一项重大举措,是税务、银监部门支持供给侧结构性改革、对接金融扶持实体经济的生动实践,是加快实施社会信用体系建设规划纲要的有力抓手,也是落实国税、地税征管体制改革方案的具体措施,将会推动银税合作向更广领域、更深层次发展。

一是在初步搭建的"总局(会)—省局—市局(分局)"三级联动的银税合作格局基础上,要求各地进一步下沉工作重心,2017年实现银税合作工作机制在所有县域铺开,并充分发挥联席会议作用,切实保证银税合作机制有效运行。

二是将纳税信用信息推送内容扩大至纳税信用A—D级企业名单。在依法合规的前提下,税务部门和银行业金融机构将进一步丰富银税信息互换内容,并鼓励双方探索通过建立专线、搭建系统平台等方式实现数据直连,将银税信息互动由"线下"搬到"线上"。

三是将"银税互动"受惠群体由纳税信用A级企业拓展至B级企业,并鼓励银行业金融机构结合自身经营发展特点,融合税务数据与多维度企业信息,创新信贷产品,优化信贷审批流程,健全信贷产品风险管理机制,提升金融服务效率;鼓励税务部门与银行业金融机构在自助服务、委托服务和服务体验方面,开展多领域银税合作。

四是要求银税互动信息传递和接收单位要签订信息保密协议,共同做好信息传递过程中的安全防护工作,并加大宣传力度,通过守信激励的示范引领效应,在全社会形成诚信经营、依法纳税的价值导向,促进营造良好的市场信用环境。

(5)加大非银行金融机构服务实体经济力度。一是消费金融公司促消费惠民生成效初步显现。自2010年中国银监会批准成立首批四家试点消费金融公司以来,消费金融公司行业经历了从无到有、从小到大、从试点到设立常态化的跨越式发展。机构数量稳步增加,业务规模持续增长,产品种类日益丰富,服务水平不断提升,初步形成了数量与质量并进,创新与风险管控并重的良好发展局面。通过提供额度小、门槛低的消费信贷产品,有效地提升了中低收入者的消费能力,促消费惠民生成效明显。伴随经济结构调整和我国消费市场的不断成熟,消费金融公司作为与商业银行传统消费信贷业务差异化竞争、互补发展的新型金融主体,已经成为拉动内需、促进消费增长的新抓手。消费金融公司要紧抓新常态下扩大内需、促进消费的历史发展机遇,坚持"小额、分散"原则,围绕服务居民消费升级谋发展,夯实专业化能力基础,持续发挥促消费、惠民生、稳增长的积极作用。

二是金融租赁公司服务实体经济取得积极成效。金融租赁是与实体经济紧密结合的一种金融工具,在推动产业创新升级、拓宽中小微企业融资渠道、促进社会投资和调整经济结构等方面发挥着重要作用。一方面,加强创新探索,增强行业竞争力。支持金融租赁行业积极优化发展模式,更加注重质量内涵的集约式发展。引导金融租赁公司加强"资金、资产、风控、人才"建设,不断夯实内生发展动力。鼓励金融租赁公司探索培育多元化盈利模式,从利差收入为主向经营性租赁收入、残值处置收入、咨询服务收入拓展。支持符合条件的金融租赁公司设立专业子公司,通过细分市场培育和增强核心竞争力。另一方面,发挥特色功能,提升服务实体经济水平。引导金融租赁行业以落实去产能、去杠杆、降成本等为着力点,积极支持供给侧结构性改革。按照"区别对待、有扶有控"原则,稳妥有序推动钢铁、煤炭等行业"去产能";发挥经营性租赁业务特色功能,帮助承租人降低资产负债率,支持企业"去杠杆";充分利用租赁物的使用价值,使社会资源得到合理配置,促进企业"降成本"。通过金融租赁支持更多具备经营能力而生产资料不足的科创和中小微企业等提高生产效率,为国民经济和社会发展发挥更加积极的作用。

2. 以坚守不发生系统性风险为底线,扎实推进重点领域风险防控

加强银行业风险防控工作,按照坚持底线思维、分类施策、稳妥推进、标本兼治的基本原则,按照"把防控金融风险放到更加重要位置"的要求,加强银行业监管,防范和化解金融风险,维护金融安全和稳定,牢牢守住不发生系统性风险的底线。

(1) 深化整治银行业市场乱象。为切实规范银行业经营行为,持续推动整治银行业市场乱象向纵深发展,严守不发生系统性金融风险的底线,中国银监会决定进一步深化整治银行业市场乱象。2017年,中国银监会组织开展了"三三四十"等一系列专项治理行动,下大力气整治银行业市场乱象,取得了阶段性成效。银行业经营发展呈现积极变化,资金多层嵌套、盲目加杠杆等不规范行为有所收敛,创新业务持续回归理性,市场竞争更加公平有序,合规意识和责任意识明显增强,从高速增长向高质量发展转型初见成效,既守住了不发生系统性金融风险的底线,又为实体经济提供了有力金融支撑。与此同时,以专项治理为契机,切实弥补监管短板,端正监管定位,严肃监管氛围,专注监管主业,有力地遏制了金融市场乱象和违法违规行为高发多发势头,监管有效性进一步增强。

(2) 加强网贷资金存管机制。为了规范网贷行业健康发展,防范P2P网贷资金挪用风险,2017年2月,中国银监会发布《网络借贷资金存管业务指引》,要求商业银行作为存管人接受网贷机构的委托,按照法律法规规定和合同约定,履行网贷资金存管专用账户的开立与销户、资金保管、资金清算、账务核对、提供信息报告等职责。资金存管机制实现了客户资金与网贷机构自有资金的分账管理,从物理意义上防止网贷机构非法触碰客户资金,确保网贷机构"见钱不摸钱"。同时,商业银行作为资金存管机构,按照出借人与借款人发出的指令或授权,办理网贷资金的清算支付,并由商业银行与网贷机构共同完成资金对账工作,加强了对网贷资金在交易流转环节的监督,有效地防范了网贷机构非法挪用客户资金的风险。

一是明确了网贷资金存管业务的基本定义和原则。通过资金存管机制,加强对网贷资金交易流转环节的监督管理,防范网贷资金挪用风险,保护投资人资金安全。存管业务的三大基本原则:一是分账管理。商业银行为网贷机构提供资金存

管服务,对网贷机构自有资金、存管资金分开保管、分账核算。二是依令行事。存管资金的清算支付以及资金进出等环节,需经出借人、借款人的指令或授权。三是账务核对。银行和网贷机构每日进行账务核对,保证账实相符,同时规定每笔资金流转有明细记录,妥善保管相应数据信息,确保有据可查。

二是明确了委托人和存管人开展网贷资金存管业务应具备的条件。网贷机构作为委托人,委托存管人开展网贷资金存管业务应符合《办法》及《网络借贷信息中介机构备案登记管理指引》的有关规定。同时,商业银行作为存管人,应具备责任部门、技术系统、业务制度、支付结算等方面的基本条件。目前,包括国有大型银行、股份制银行、城市商业银行等在内的商业银行均具备开展网贷资金存管业务的条件和资质,中国银监会鼓励各商业银行根据各自差异化市场定位开展网贷资金存管业务,满足网贷资金存管市场的需求。

三是明确了网贷资金存管业务各方的职责义务。商业银行作为存管人履行授权保管和划转客户资金等资金存管职责,内容主要包括业务审查、账户开立、清算支付、账户核对、存管报告、档案保管、资金监督等方面;网贷机构作为委托人主要在系统开发、信息披露、数据提供、客户服务等方面履行职责。同时,为做好风险隔离,保护存管人的合法权益,在数据信息真实性和准确性、营销宣传、资金管理运用等方面明确了有关存管人的免责条款,防范商业银行声誉风险。

(3)推进商业银行押品管理。为指导商业银行规范抵质押品管理,有效防范和化解信用风险,2017年5月,中国银监会发布《商业银行押品管理指引》,引导商业银行加强押品相关制度建设,明确岗位责任,完善信息系统,规范押品管理业务流程;同时,对押品分类、估值、集中度管理、压力测试等提出明确要求,有利于商业银行加强押品风险管理。

商业银行押品管理遵循合法性、有效性、审慎性和从属性原则,不但依法依规加强押品管理,确保抵质押担保能够有效地保障银行债权,同时充分考虑押品自身风险因素,审慎制定押品管理政策,动态评估押品价值及风险缓释作用。此外,商业银行发放抵质押贷款时,应以全面评估债务人的偿债能力为前提,避免过度依赖抵质押品而忽视第一还款来源。

商业银行押品管理主要从三方面督促和引导商业银行加强押品管理。一是完善押品管理体系,包括健全押品管理治理架构、明确岗位责任、加强制度建设、完善信息系统等。二是规范押品管理流程,明确了押品管理中的调查评估、抵质押设立、存续期管理、返还处置等业务流程。三是强化押品风险管理,对押品分类、估值方法和频率、抵质押率设定、集中度管理、压力测试等重点环节提出了具体要求。

(4)规范银行业服务企业"走出去",加强风险防控。近年来,在党中央、国务院的正确领导下,"走出去"战略持续实施,"一带一路"倡议得到广泛响应,互利共赢意识深入人心,国际产能合作稳步推进。但是,随着我国企业与金融机构"走出去"的深度和广度不断提升,相关风险和问题日益显现。2017年1月,中国银监会发布《关于规范银行业服务企业走出去 加强风险防控的指导意见》。要求银行业金融机构做好境外机构布设的中长期规划,综合考虑相关战略和风险因素,加强前期评估工作;审慎评估境外经营实力和风险管控能力,合理选择代表处、分行、子行或子公司等形式;自身开展跨境并购时,应客观评估自身跨境管理能力和资源调配能力,全面、深入地了解目标市场环境,审慎分析并购可行性和交易可操作性。

银行业服务企业"走出去"主要侧重于信用、国别、合规风险防控,同时强化环境和社会风险管理。具体来看:一是在信用风险管理方面,要求银行业金融机构完善授权授信、强化尽职调查、坚持自主审贷、加强贷后管理、加强担保管理和风险分担、防范重点领域风险、重视跨境担保业务的第一还款来源。二是在国别风险管理方面,结合《银行业金融机构国别风险管理指引》印发以来银行业金融机构在国别风险管理中面临的新情况、新问题和暴露出来的薄弱环节,有针对性地强调了健全国别风险管理体系、完善国别风险评估评级程序、提升国别风险限额管理能力、健全应急处置机制、严格计提国别风险准备金等要求。三是在合规风险管理方面,要求银行业金融机构高度重视合规体系建设,加强日常合规管理,强化合规资源配置,做好客户准入把关,强化反洗钱、反恐融资合规管理,并提升监管沟通效率。四是在环境和社会风险管理部分,针对我国银行业金融机构对于境外业务的环境和社会风险管理薄弱问题,要求银行业金融机构实施环境和社会风险全流程管理,维护当地民众权益,增进与利益相关者的交流互动,加强相关信息披露。

(5)加强银信类业务管理。近年来,我国银信类业务增长较快,其中银信通道业务占比较高,存在一定风险隐患。为促进银信类业务健康发展,进一步规范银信类业务,防范金融风险,保护投资者合法权益,2017年12月,中国银监会发布《关于规范银信类业务的通知》,分别从商业银行和信托公司双方规范银信类业务,并提出了加强银信类业务监管的要求。

一是明确银信类业务及银信通道业务的定义。首次明确地将银行表内表外资金和收益权同时纳入银信类业务的定义,并在此基础上,将银信通道业务明确为信托资金或信托资产的管理、运用和处分均由委托人决定,风险管理责任和因管理不当导致的风险损失全部由委托人承担的行为。

二是规范银信类业务中商业银行的行为。在银信类业务中,银行应按照实质重于形式原则,将穿透原则落实在监管要求中;要求在银信通道业务中,银行应还原业务实质,不得利用信托通道规避监管要求或实现资产虚假出表。同时,商业银行对信托公司实施名单制管理,应根据客户及自身的风险偏好和承受能力,选择与之相适应的信托公司及信托产品。

三是规范银信类业务中信托公司的行为。要求信托公司积极转变发展方式，立足信托本源支持实体经济发展。在银信类业务中，信托公司不得接受委托方银行直接或间接提供的担保，不得与委托方银行签订抽屉协议，不得为委托方银行规避监管要求或第三方机构违法违规提供通道服务。

四是加强银信类业务的监管。中国银监会及其派出机构加强银信类业务的监管，应依法对银信类业务违规行为采取按业务实质补提资本和拨备、实施行政处罚等监管措施，并进一步研究明确提高信托公司通道业务监管要求的措施办法。各银监局应强化属地监管责任，切实加强对银信类业务的日常监管。

3. 以回归本源专注主业为导向，深入推进银行业改革开放

（1）持续深化普惠金融机制改革。近年来，按照党中央、国务院决策部署，中国银监会持续加强差异化政策引领和监管督导，努力提升银行业普惠金融服务水平。银行业金融机构根据自身特点积极推进普惠金融服务，大中型商业银行加强专业化机制建设，地方银行业金融机构立足服务小微、服务社区的普惠定位，创新业务手段，取得积极成效。为了进一步推动大中型商业银行聚焦小微企业、"三农"、创业创新群体和脱贫攻坚等领域，鼓励大中型商业银行设立普惠金融事业部，2017年5月，中国银监会印发《大中型商业银行设立普惠金融事业部实施方案》，方案明确了大中型商业银行设立普惠金融事业部的总体目标，通过建立适应普惠金融服务需要的事业部管理体制，构建科学的治理机制和组织架构，健全专业化服务体系，提高普惠金融服务能力，缓解小微企业、"三农"、创业创新、脱贫攻坚等领域融资难、融资贵的问题，体现普惠金融服务的普及性、便利性和优惠性，提高金融服务覆盖率和可得性。

普惠金融事业部的亮点主要体现在"条线化"管理体制和"五专"经营机制。通过构建"条线化"管理体制，提高普惠金融服务效率和能力。相关银行从总行到分支机构、自上而下搭建普惠金融垂直管理体系，总行设立普惠金融事业部，分支机构科学合理设置普惠金融事业部的前台业务部门和专业化的经营机构，下沉业务重心，下放审批权限，以便更好地服务普惠金融客户。通过建立"五专"经营机制，筑牢普惠金融业务发展基础。相关银行按照商业可持续原则，建立专门经营机制，实施专项信贷评审、下放审批权限，实行专业化经营管理。一是建立专门的综合服务机制，拓展普惠金融服务的广度和深度，开发多元化、全方位的金融服务。制定专门的信贷管理政策，建立专项信贷评审机制。二是建立专门的统计核算机制，真实地反映普惠金融事业部的成本、收益和风险状况。三是建立专门的风险管理机制，足额计提减值准备金，覆盖资产减值风险。对普惠金融业务确定合理的风险容忍度，落实授信尽职免责制度。四是建立专门的资源配置机制，专门下达信贷、经济资本、费用、固定资产、用工等资源计划，为普惠金融服务提供强有力的资

源保障。五是建立专门的考核评价机制,逐步建立符合普惠金融业务特点的专项绩效考核制度,完善差异化考核指标体系,构建有效的绩效薪酬管理和激励约束机制。

(2)积极扩大银行业对外开放。我国银行业全面开放的十年来,国内经济金融环境发生了巨大变化,经济金融改革深化、人民币国际化进程推进、企业"走出去"步伐加快。随着我国经济与全球经济日益融合,特别是"一带一路"倡议的实施和国际产能合作的不断推进,中资企业加快了境外发展步伐,在境外上市、发债、投资并购和境内外资源整合等方面,对全面和专业的金融服务需求日益增加。外资银行在全球网络、服务品种、对当地市场的了解和经验积累等方面具有一定的比较优势,可以在这一领域为"走出去"的企业提供一揽子的综合金融服务。

为进一步深化改革开放,更好地发挥在华外资银行在"一带一路"建设以及我国经济结构转型调整中的积极作用,2017年3月,中国银监会发布《关于外资银行开展部分业务有关事项的通知》,持续深化银行业对外开放,支持在华外资银行积极参与中国市场,提供金融服务,促进银行业机构稳健发展。一是在华外资银行可依法开展国债承销业务、托管业务以及财务顾问等咨询业务,除中国银监会行政许可规章另有规定外,外资银行开展上述业务不需获得中国银监会的行政许可,采取事后报告制。二是在华外资银行可以与母行集团开展内部业务协作,为"走出去"的境内企业在境外发债、上市、并购、融资等活动提供一揽子的综合金融服务,发挥外资银行的全球化综合服务优势。三是在华外资法人银行在风险可控的前提下,可依法投资境内银行业金融机构。

4. 以强化责任担当为抓手,全面提升监管能力

近年来,随着金融市场发展深化,业务产品创新加快,银行业的业务结构和风险特征出现了新情况、新变化,这对银行业金融机构和机构监管有效识别和控制风险提出了新挑战。中国银监会按照中央经济工作会议精神,对监管制度和实践中存在的缺陷和不足进行了系统梳理,进一步提升监管有效性,防范化解金融风险,促进银行业安全稳健运行。

(1)强化监管制度建设。借鉴国际监管标准,结合我国银行业实际风险状况,深入排查监管制度漏洞,弥补监管制度漏洞,补齐监管制度短板。完善监管实施细则,健全内部管理制度系统,梳理市场准入、非现场监管、现场检查、监管处罚、信息披露等方面的操作规程,细化监管要求,提高监管效率和透明度,持续开展效果评估,不断查漏补缺。银行业金融机构应全面对标监管制度,排查内部管理制度的空白和漏洞,逐项增补完善,及时将各类监管要求转化为公司治理、业务经营和风险控制的政策、流程和方法,确保各项监管制度落地实施。

(2)加大非现场和现场监管力度。一是提高非现场监管能力。各级监管部门

积极深入运用非现场信息系统、银行风险早期预警系统功能,加强深度分析,及时捕捉风险苗头,准确定位业务扩张激进、风险指标偏离度大的异常机构作为监管重点。充分利用客户风险统计系统,有效识别多头融资、过度担保、债务率高的高风险客户,及时提示风险,督促银行业金融机构压降风险敞口。切实加强市场分析,密切关注汇市、股市、债市、房地产市场变化和风险传导,有效防控投资等相关业务风险。

二是提升现场检查针对性。加大信用风险现场检查力度,核实资产质量,严肃查处不如实反映不良资产的行为。对于同业融资依存度高、同业存单增速快的银行业金融机构,重点检查期限错配情况及流动性管理有效性。对于同业投资业务占比高的机构,重点检查是否落实穿透管理、是否充足计提拨备和资本。对于理财业务规模较大的机构,重点检查"三单"要求落实情况、对消费者信息披露和风险提示的充分性。

三是加强现场和非现场协同。各级监管部门要加强非现场与现场检查工作的协调配合,利用非现场监测分析成果,准确锁定检查目标;借助现场检查发现,丰富非现场分析的维度。主动加强与其他监管机构的协调配合,实施协同监管、联动检查、联合查处,切实防止监管套利。

(3)加强信息披露监管。一是提高风险信息披露标准。银行业金融机构要不断扩展风险信息披露范围,提高信息披露内容的详细程度。强化公司治理信息披露,定期披露股权结构及其变化情况,主要股东及实际控制人、董事会、监事会、高管人员变动等信息。强化风险信息的披露,及时披露各类授信业务和产品的不良资产规模及分布、处置方式及效果等信息。同业融资占比高的银行业金融机构,要披露期限匹配和流动性风险信息。同业投资业务占比高的机构,应披露投资产品的类型、基础资产性质等信息。发生重大案件、重大风险事件、重大处罚等事项的,要及时披露相关信息。

二是提高金融产品信息披露水平。银行业金融机构要建立规范的金融产品信息披露制度,严格区分公募与私募、批发与零售、自营与代客等业务类型,明确信息披露标准和规范。要以消费者是否能充分理解产品作为信息披露充分性的衡量标准,真实准确、完整及时地披露信息,不得隐瞒风险,不得误导消费者。

(4)加大监管处罚力度。监管处罚机制改革以来,中国银监会注重发挥监管威慑力,持续加大检查处罚力度,集中精力查错纠弊,严格实施行政处罚。深入开展违法、违规、违章行为的专项治理,充分发挥监管处罚的震慑作用,促进银行业稳健发展。

一是开展专项行动,整治市场乱象。2017年,中国银监会组织全国银行业集中进行市场乱象整治工作,以回归本源、服务实体、防范风险为目标,重点对股权和对外投资、机构及高管、规章制度、业务、产品、人员、廉政风险、监管行为、内外勾结违法、非法金融活动等十大方面进行整治。排查突出问题,压实"三个责任",筑牢"三道防线",真正使机构形成"不敢违规、不能违规、不愿违规"的合规文化。

二是弥补监管短板,扎紧制度笼子。中国银监会将针对各项薄弱环节,根据银行业务和风险的新变化、新现象和新特征,及时更新监管规制,填补法规空白,推进法规文件的"立改废"进程,杜绝"牛栏关猫"。

三是严格处罚标准,加大罚没力度。对于银行业各类违法违规行为,既要处以罚款,也要没收违法所得。落实"穿透原则",坚持"过罚相当",坚决避免监管套利,杜绝金融机构从违规行为中获利。

四是坚持双线问责,强化高管责任。坚持"一案三问",发生案件的,坚决问责经办人、相关人和负责人;贯彻"一险三问",造成风险的,严格惩处业务发起人、业务审批人和机构负责人。同时,坚持"上追两级",推行"双线问责",情节严重的,坚决顶格处罚。推动建立银行从业人员黑名单制度,对于严重违规违纪、被机构开除的责任人员,一律列入黑名单,实施行业禁入,防止高管带病流动、提拔。

五是重视长效监管,实现以罚促改。本次行政处罚决定下发时,中国银监会一并下达了整改问责通知,要求被处罚机构根据处罚决定书反映的违规事实,逐一整改、问责到人。

(二)证券监管的措施与成效

2017年,中国证监会深入贯彻党的十九大精神、中央经济工作会议和全国金融工作会议精神,在习近平新时代中国特色社会主义思想指导下,紧紧围绕服务实体经济、防控金融风险、深化金融改革三项任务,不断强化监管执法工作,坚决打击资本市场各类违法违规行为,有力维护了市场"三公"原则,有效地保护了投资者合法权益,为资本市场的健康稳定运行提供了强有力的保障。

1. 依法全面从严监管的态势进一步巩固,市场生态呈现积极变化

(1)从严监管,行政处罚全覆盖。2017年,中国证监会系统上下统一执法理念,凝聚执法合力,对资本市场乱象重拳出击,果断亮剑,依法全面从严实施行政处罚,全年做出行政处罚决定224件,同比增长2.75%,罚没款金额74.79亿元,同比增长74.74%,市场禁入44人,同比增长18.91%,行政处罚决定数量、罚没款金额、市场禁入人数再创历史新高[①]。其中,信息披露违法类案件处罚60起,通过严格执法,将发行人、上市公司及其大股东、实际控制人、董监高责任落实到位,切实防

---

① 中国证监会,2017年中国证监会行政处罚情况综述,2017/12/27,http://www.csrc.gov.cn/pub/newsite/zjhxwfb/xwdd/201712/t20171227_329694.html。

范发行上市、并购重组中的短期化、套利化投机行为和资本脱实向虚倾向,引导上市公司更加注重规范治理,更加注重主业经营,提升财务质量,回归实体本源,不断夯实资本市场健康发展的基石。操纵市场类案件处罚21起,随着市场的发展和监管的加强,操纵市场案件不断发生新的变化;通过用足法律赋权,严厉打击形形色色的市场操纵行为,有效抑制市场过度投机、跟风炒作氛围,倡导价值投资理念,消除市场风险隐患,营造安全、稳定、公平的市场环境。内幕交易类案件处罚60起,通过严厉打击内幕交易行为,警示处于信息优势的上市公司"内部人"常怀律己之心,保护处于信息劣势的中小投资者免受不法侵害,切实维护公平透明的市场交易秩序。中介机构违法类案件处罚17起,通过严格落实中介机构法律责任,督促保荐人、财务顾问、会计师事务所、律师事务所、评估机构等专业机构及其从业人员切实提升诚信守法和自律合规意识,以及专业化水平,依法、勤勉、审慎地开展证券服务业务,不断规范、强化资本市场的外部约束机制。私募基金领域违法案件处罚8起,通过不断加大对私募基金管理人的行政追责力度,坚决遏制私募基金领域违法违规多发态势,严令私募基金领域相关机构和人员恪尽职守,诚信为本,合规经营,消除金融乱象,封堵监管漏洞,防范金融风险,督促私募基金管理人切实提升投资管理能力和风险控制能力,为服务实体经济贡献更大力量。期货市场违法案件处罚3起,与股票市场相比,期货市场违法案件虽然数量不多,但违法行为的风险外溢效应不容小觑,中国证监会通过不断强化期货衍生品市场的监管执法力度,规范期货交易行为,促进期货市场更好地发挥风险管理、服务实体经济的功能。新三板市场违法案件处罚5起,通过严格执法不断督促挂牌公司依法履行信息披露义务,约束参与各方规范遵守交易秩序,保障新三板市场的健康发展,更好地发挥其服务创新、成长、中小微型企业的功能。另外,中国证监会还依法处理了短线交易、证券从业人员买卖股票、法人利用他人账户买卖股票、基金经理"老鼠仓"交易等案件25起。

一年来,中国证监会通过依法全面从严的行政处罚工作,有力地震慑了市场违法行为,引导市场主体敬畏法律,有所为而有所不为,严守底线,有效地净化了市场生态环境,巩固了市场健康发展的法治基础,筑牢了不发生系统性风险的"防火墙"。

(2) 专项执法,深化全面从严监管。为持续深化依法全面从严监管,按照稳中求进的工作总基调,2017年,中国证监会稽查部门在常态化执法的基础上,紧紧围绕服务实体经济、防范风险、整治市场乱象的工作要求,连续部署了四个批次的专项执法行动,着力整顿市场秩序,相关工作取得积极进展。四个批次的专项执法行动涉及54起典型案件,直指财务造假、炒作次新股、利用高送转等违规交易以及私募领域违法违规等四大市场乱象。第一批专项行动针对10起信息披露违法违规案件进行了部署;第二批专项行动针对 16 起操纵市场案件进行了部署,重点遏制次新股炒作、快进快出手法操纵市场、滥用信息优势合谋操纵市场等恶行蔓延;第三批专项行动针对 18 起内幕交易案件进行了部署,重点整治并购重组、高送转、股权变更等环节内幕交易多发问题,着力祛除"靠消息炒股"的市场顽疾;第四批专项行动针对 10 起私募基金领域违法违规案件进行了部署,对私募机构管理失范以及多种违法乱象开展专项整治。

2017 年,专项执法行动专门针对资本市场各个领域肆意妄为、祸害市场、影响恶劣的严重违法行为。一是集中整治侵蚀市场运行基础的上市公司的违法违规行为。上市公司跨境财务造假、多年连续造假、人为调节利润等欺诈手法呈多样化特征,专项行动查处的 3 家上市公司造假金额在 2 亿元以上,3 家上市公司实际控制人涉嫌滥用信息披露制度操纵股价,背信损害上市公司利益、高杠杆收购违规披露、业绩变脸前高管精准减持等市场高度关注案件得以快速查办。二是坚决打击可能积聚市场风险的恶性操纵行为。专项行动涉及的操纵市场案件中,利用结构化资管产品、成批次证券账户放大资金规模、隐藏真实身份和违法意图的案件占 70%。9 起案件的涉案金额超过 20 亿元。三是严厉查处影响市场改革发展的典型案件和市场关注的热点案件。有的新三板挂牌企业实际控制人操纵本公司股票价格,意图达到创新层准入标准。个别机构利用沪港通账户与境内账户相互配合跨境操纵。高送转、举牌收购、大股东减持等热点事件中频现内幕交易,涉案金额高达 10 亿元,多层、多向、多级传递型案件占比达 67%。四是重点净化特定领域违法多发的不良市场生态。部分私募机构同时存在违规募集、利益输送、挪用基金财产、不按规定备案等违规行为,甚至与上市公司内外勾结操纵市场。专项行动开展期间,稽查部门在办案过程中新发现 310 多个账户涉嫌内幕交易、操纵市场,4 家证券服务机构涉嫌未勤勉尽责,部分案件还存在持股变动信息不及时披露、短线交易等违法行为,稽查部门一并严肃追责。

一年来,中国证监会立足提高执法效能,多措并举,全链条保障专项执法工作顺利推进。一是强化市场监控。围绕重点领域、关键环节和异常交易行为,优化线索报送机制,定向定制类案线索,依托大数据筛查和智能化分析提升线索处理水平。二是突出"集团作战"的专案组织模式,重点案件全流程督导,通过集中骨干力量、联合办案等方式推动案件快速突破。专项行动案件调查周期平均 65 天。三是加强协作凝聚合力。调查、审理部门对疑难案件会商研判,快查严审,截至 2017 年年底 32 起案件已进入行政处罚审理程序,7 起案件已先后发出事先告知书及处罚决定。与公安机关协作办案并移送刑事追责 5 起,强化与国资管理、审计监督、金融监管部门的协作配合,交换执法信息,形成执法合力。四是及时传导监管信号。持续通报专项行动的批次部署、进展情况,有效震慑证券期货违法犯罪,引导市场各方守法合规。

（3）技术创新，实现监管执法科技化。2017年，中国证监会全面规划科技化执法体系，坚持利用大数据、云计算、智能化提升科技化执法水平，召开稽查执法科技化建设专题会议，坚持"需求导向、统筹谋划、尊重规律、确保安全"的基本原则，遵循"重点推进、分步实施、先行试点、重见成效"的建设思路，设计构建以辐射稽查执法各环节的数据集中、数据建模、取证软件、质量控制、案件管理、调查辅助的"六大工程"并辅以执法监督的总体框架，加快推进科技化执法系统性建设。

2017年，中国证监会持续完善执法数据支持系统，建立银行资金电子化查询平台，有效提高调查办案效率。依托中央监控系统平台，建立稽查执法大数据支持系统，着手构建可疑主体智能查询、违法所得自动统计、不公平交易线索自动筛查等智能化分析模块，优化案件管理和涉案数据分析系统。全面归集违法违规线索、案件历史数据，建立案件数据库，提高数据集中利用率。

2017年，中国证监会着力提高办案技术装备水平，为39家调查单位配发包括执法记录仪在内的700余套执法装备。挖掘系统技术资源，组织调查单位开发稽查信息共享云平台、鹰眼资金分析软件、内幕交易调查分析系统等一批实用性调查软件工具。

（4）深入开展执法协作，形成协同配合的监管执法新格局。强化行政执法与刑事司法的紧密衔接。与公安部五个证券犯罪办案基地密切配合，在15起案件的线索发现、情报沟通、问题研判等方面无缝衔接，精准打击。完善重大案件一体化办案机制，在联合调查、信息共享等方面进一步深化合作。充分发挥专业优势，应公安机关要求出具行政认定意见，支持检察起诉、司法审判。联合北京市西城区法院开展涉金融案件集中执行活动，涉及2014年以来中国证监会申请法院强制执行的41起未执结案件。

加强与相关行政监管部门的联动协作。在国务院金融稳定发展委员会的指导下，深化与中国人民银行、中国银监会、中国保监会的执法合作，健全在反洗钱、打击"老鼠仓"、债券执法等方面的协作机制。认真贯彻落实工信部、中国证监会战略合作协议，建立打击证券期货违法案件协作机制，全年办理协查事项千余件。积极探索与税务部门的执法协作，如浙江"九好案"的侦破。深化与审计署的重大案件线索通报和反馈机制。加强与纪检监察、国资管理等部门的沟通协作，联合防控内幕交易和利益输送等违法行为。

不断拓宽跨境联合监管执法空间。巩固和深化内地与香港的执法合作，全年开展各类跨境执法协作事项145件，共同研究建立协同调查工作机制，召开两次执法合作工作会议，联合举办典型案例研讨培训班，互派执法人员交流实习。如与巴基斯坦证监会、迪拜金融管理局等监管机构开展执法合作，为查实雅百特跨境财务造假案提供有力支持。加强与加拿大、日本、马来西亚等境外证券执法部门的沟通联系,增进执法合作共识。

2. 基础制度逐步夯实,双向开放取得新成效

(1) 改革股票发行制度,推进发审委制度改革。2017 年,中国证监会修订了《中国证券监督管理委员会发行审核委员会办法》(以下简称《发审委办法》),自发布之日起施行。发审委制度是发行监管制度的重要组成部分,依据《证券法》第 22 条的规定,国务院证券监督管理机构设发行审核委员会,依法审核股票发行申请。发审委制度运行至今,在吸收中国证监会以外的专家参与审核工作、发挥专家把关功能,从源头上提高公司质量,强化对发行审核工作的监督,在提高发行审核工作的公信力方面发挥了重要作用。但是,随着形势变化,发审委制度也需要进一步完善。前期在公开征求市场意见后,中国证监会吸收了市场的有益建议,尤其在严把审核信息披露质量关、进一步规范审核权力运行机制和防范权力寻租等方面,从体制机制和组织架构方面进行了优化。本次修订的《发审委办法》主要涉及以下十个方面的内容:增加了保护投资者合法权益的宗旨、强化了发审委选聘工作、增加了对发行审核工作进行监察的制度安排、完善了限制发审委委员买卖股票制度、将主板发审委和创业板发审委合并、适当增加了委员总数、减少了委员任职期限、完善了发审委委员任职条件、强化了委员推荐单位责任、增加了对违法违规委员公开谴责的处理方式。需要说明的是,完善发审委制度,关键在于强化发审委制度运行的监督管理。坚持以问题为导向,查隐患、堵漏洞、补短板,强化发审委制度运行监管,把权力关进制度的笼子里,构建不敢腐、不能腐、不想腐的长效机制。坚持发审委选聘、运行、监察相分离原则,设立发审委遴选委员会,增加面试和考察环节,按照依法、公开、择优的原则选聘发审委委员;设立发行审核监察委员会,采取按一定比例对发行审核项目进行抽查的方式,对发行审核工作进行监察。打造忠诚可靠、干事创业的发审委队伍,树立风清气正、团结向上的工作氛围。坚持依法全面从严监管,切实提升发行审核质量,严把上市公司准入关,防止病从口入,防范恶性与重大审核风险,切实保护投资者,特别是中小投资者的合法权益。

(2) 完善证券交易所管理制度,强化交易所的监管职责。2017 年,中国证监会发布修订后的《证券交易所管理办法》,自 2018 年 1 月 1 日起施行。之前的《证券交易所管理办法》公布于 2001 年 12 月 12 日,在证券交易所的发展过程中起到了重要作用,但随着我国证券市场的不断发展,证券交易所监管实践的逐步成熟,相关法律的进一步调整、完善,其已滞后于市场发展实践,难以完全适应证券交易所发挥一线监管职能、规范市场秩序、防范化解市场风险和保障广大中小投资者合法权益的需要。为落实党的十九大有关"坚持和加强党的全面领导""促进多层次资本市场健康发展"的精神以及全国金融工作会议有关强化监管的要求,中国证监

会对《证券交易所管理办法》进行了修订。修订后的《证券交易所管理办法》共9章90条,主要从完善证券交易所内部治理结构和促进证券交易所进一步履行一线监管职责,充分发挥自律管理作用两方面予以修改完善。修订的主要内容包括:完善交易所内部治理结构,增设监事会并进一步明确会员大会、理事会、监事会、总经理的职权;突出交易所自律管理属性,明确交易所依法制定的业务规则对证券交易活动的各参与主体具有约束力;强化交易所对证券交易活动的一线监管职责,明确交易所对于异常交易行为、违规减持行为等的自律管理措施;强化交易所对会员的一线监管职责,建立健全证券交易所以监管会员为中心的交易行为监管制度,进一步明确会员的权利义务;强化证券交易所对证券上市交易公司的一线监管职责,要求证券交易所对证券上市公司的信息披露、停复牌等履行自律管理职责;进一步完善证券交易所在履行一线监管职责、防范市场风险中的手段措施,包括实时监控、限制交易、现场检查、收取惩罚性违约金等。

《证券交易所管理办法》是资本市场的重要规章制度,此次修订,以党的十九大及全国金融工作会议有关精神为指导,从证券交易所本身的性质、特点、市场职能定位出发,借鉴境外证券交易所的成熟经验,认真吸取2015年股市异常波动的深刻教训,围绕优化交易所内部治理结构,强化交易所履行一线监管职责做了系列制度调整。这有利于交易所回归本位,切实发挥好对证券交易活动组织、监督、管理和服务的功能,优化市场资源配置,服务实体经济;有利于交易所进一步积极应对市场形势变化,组织和监督证券交易,防范市场风险,保护投资者合法权益;有利于促进交易所建设成为具有自身特色的、一流的、国际化的证券交易所。

(3)改革证券发行与承销管理制度,调整可转债和可交换债发行方式。为解决可转债和可交换债发行过程中产生的较大规模资金冻结问题,中国证监会对可转债、可交换债发行方式进行了调整,将资金申购改为信用申购,并经公开征求意见相应修订了《证券发行与承销管理办法》部分条款,于2017年9月8日发布施行。可转债和可交换债发行方式调整后,参与网上申购的投资者申购时无须预缴申购资金,待确认获得配售后,再按实际获配金额缴款;参与网下申购的投资者申购时无须预缴申购资金,按主承销商的要求,单一账户缴纳不超过50万的保证金,待确认获得配售后,再按实际获配金额缴款。此外,可交换债的网上发行由时间优先的配售原则调整为采用摇号中签的方式进行分配。与此同时,为配合可转债和可交换债发行方式调整而进行的证券交易结算系统改造工作也已完成,中国证券登记结算公司与沪、深证券交易所修订发布了相关业务规则。

(4)完善证券公司分类监管制度,提升风险控制能力。2017年,中国证监会发布修订后的《证券公司分类监管规定》(以下简称《规定》),自公布之日起施行。之前的《规定》为2009年5月发布,于2010年5月进行了第一次修订,2017年是第二次修订。近年来,证券公司分类监管制度对促进证券公司加强合规管理、提升风险控制能力、培育核心竞争力发挥了正向激励作用,得到行业和市场认可。为贯彻落实《国务院关于进一步促进资本市场健康发展的若干意见》,强化依法全面从严监管要求,进一步提升分类监管制度的针对性和有效性,督促行业优化合规风控水平,聚焦主业,更好地服务实体经济,实现长期稳定健康发展。《规定》主要修订内容包括五个方面:一是维持分类监管制度总体框架不变,集中解决实践中遇到的突出问题。不改变现行的以风险管理能力、持续合规状况为主的评价体系和有效做法,仅对相关评价指标结合行业实际和监管需要进行优化。二是完善合规状况评价指标体系,落实依法全面从严监管要求。完善日常监管措施及针对立案调查、风险事件的扣分规则,引导一线监管部门用好用足监管措施。客观、准确体现不同类别的公司在持续规范运营上的差异,引导公司按照监管导向依法合规、稳健经营。三是强化风险管理能力评价指标体系,促进行业提升全面风险管理能力。更新风险管理评价内容,提高净资本加分门槛,引导证券公司提升资本实力、引入高端专业人才、完善风控基础设施,形成精准计量各类风险、动态监测监控和有效应对风险的全面风险管理能力,实现风险管理全覆盖。四是突出监管导向,引导行业聚焦主业。优化原有的市场竞争力指标,剔除部分偏离主业、过度投机的业务因素影响,增加反映公司综合实力、跨境服务能力等因素的指标,引导证券公司突出主业、做优做强,提升国内国际竞争力。五是为持续完善评价体系留出空间,增强制度的适应性和有效性。增加授权条款,委托中国证券业协会在条件具备时对全面风险管理能力、合规管理能力、社会责任履行情况等进行专项定量评价,逐步提升风险管控能力在分类评价中的比重,确保分类评价结果切实管用、持续有效,不断提高监管资源配置的有效性。

(5)统一证券公司和基金管理公司合规管理制度,形成行业自我约束机制。中国证监会于2006年5月发布《证券投资基金管理公司督察长管理规定》(以下简称《督察长规定》),2008年7月发布《证券公司合规管理试行规定》(以下简称《证券公司合规试行规定》),在证券、基金行业推行合规管理制度。经过多年实践,证券公司和证券投资基金管理公司(以下合称证券基金经营机构)合规管理工作取得了初步成效,但也存在将合规管理仅作为合规部门的职责、合规负责人履职保障不足、追责力度不够等问题。在总结实践经验的基础上,中国证监会对《证券公司合规试行规定》和《督察长规定》进行了修订,起草了统一的《证券公司和证券投资基金管理公司合规管理办法》(以下简称《办法》)。《办法》通过明晰董事会、监事会、高级管理人员、合规负责人等各方职责,提高合规履职保障,加大违法违规追责力度等措施,切实提升公司合规管理有效性,不断增强公司的自我约束能力,促进行业持续健康发展。《办法》共5章40条,主要修订内容包括:一是尝试原则导向,对各类业务的规范运营提出八条通用原则;二是进一步强化全员合规,厘清董事会、高级管理人员、合规负责人等各方合规管理责任;三是优化合规管理组织体系,对证券基金经营机构合规系统建设、部门设置、合规人员数量和质量提出基本标准;四是强化合规负责人专业化和职业化水平,同时提升专业经验和法律素质要求;五是改善合规负责人履职保障,采取措施维护其独立性、权威性、知情权和薪酬待遇;六是强化监督管理,对证券基金经营机构及其高级管理人员、合规负责人未能有效实施合规管理等违规行为依法追责。

考虑到行业落实有关制度、人员方面的要求需要一定时间,《办法》自2017年10月1日起施行。证券基金经营机构应根据《办法》的相关要求,构建完善的合规管理制度和系统,实现合规管理全覆盖,严格落实董事会、监事会、高管人员、合规负责人的合规管理职责,严格选任合规负责人,切实保障其独立性、权威性、知情权和薪酬待遇。通过合规体系的逐步完善、优化,促使行业真正形成卓有成效的自我约束机制,变"要我合规"为"我要合规",为行业的持续健康发展保驾护航。

(6)市场双向开放水平进一步提高,A股纳入明晟(MSCI)新兴市场指数。近年来,我国资本市场双向开放稳中求进,取得很多积极进展,外国投资者进入中国资本市场的渠道日益完善。沪港通、深港通顺利开通,总体运行平稳。截至2017年6月底,境内企业直接境外上市247家,筹资3 180亿美元。15家境外企业累计发行熊猫公司债48单,融资859亿元①。尤其是资本市场服务"一带一路"建设取得突破性进展,完成对巴基斯坦证券交易所、哈萨克斯坦阿斯塔纳国际交易所的入股,俄罗斯铝业成功发行首期熊猫债。在此之前,上交所、中金所还与德交所集团合资在法兰克福成立了中欧交易所,并稳健运行。截止到2017年6月底,我国已有963家上市公司参与"一带一路"重点项目建设,有2家证券公司在沿线国家和地区设立了子公司,"一带一路"沿线分别有32家机构取得了QFII和RQFII资格,QFII、RQFII规模逐步扩大,制度持续完善。2017年6月,A股成功纳入明晟(MSCI)指数,体现了国际投资者对我国资本市场开放水平和监管水准的认可。

2017年,中国期货市场加快形成全面对外开放新格局,提高期货价格的全球代表性。一是加快步伐引入境外交易者参与我国市场。把原油期货作为我国期货市场全面对外开放的起点,做好原油期货上市工作,积极推进铁矿石期货引入境外交易者,其他成熟品种也要做好引入境外交易者的准备。支持和鼓励更多合法守信的境外交易者参与国内商品期货交易。二是扩大境内外交割区域。持续推动保

---

① 中国证监会.深化资本市场改革 助推"一带一路"建设——姜洋副主席在中投论坛2017暨"一带一路"与跨境投资CEO峰会上的演讲.http://www.csrc.gov.cn/pub/newsite/zjhxwfb/xwdd/201706/t20170606_317898.html.

税交割常态化,不断扩大保税交割品种和区域范围。适应相关期货品种国际化需求,支持期货交易所在境外设立交割仓库和办事处,为实体企业提供丰富、便捷的跨境定价与风险管理服务。三是加快推动期货经营机构国际化发展。2017年,中国证监会按照国务院统一部署,放宽外资入股期货公司的投资比例限制,单个或多个外国投资者直接或间接投资期货公司的投资比例限制放宽至51%,三年后投资比例不受限制。境外股东的进入,为我国期货公司的发展引入新的理念和经营方式,提升了其市场竞争力;同时将创造条件,为我国期货公司走向全球市场提供各种必要的支持。四是与境外交易所开展灵活多样的合作。我们将重点围绕"一带一路"沿线国家和地区,支持各交易所结合自身特点和优势,综合运用股权、产品、业务等多种形式,与沿线交易所开展合作。研究与境外期货交易所开展产品互挂的可行性。支持中欧交易所丰富产品线,为境外投资者提供中国相关的资产风险管理工具。

3. 规范上市公司及其股东行为,服务实体经济

(1) 出台减持新规,"清仓式"减持、"过桥"减持等现象显著减少。2017年,中国证监会发布了《上市公司股东、董监高减持股份的若干规定》,上海、深圳证券交易所也出台了完善减持制度的专门规则。

2016年1月7日,中国证监会发布的《上市公司大股东、董监高减持股份的若干规定》(以下简称《减持规定》),在引导上市公司控股股东、持股5%以上股东(以下并称大股东)及董事、监事、高级管理人员(以下简称董监高)规范、理性、有序减持,促进上市公司稳健经营、回报中小股东、促进资本市场健康发展等方面发挥了重要作用。从《减持规定》发布后的实践情况来看,出现了一些值得重视的新情况、新问题:一是大股东集中减持规范不够完善。一些大股东通过非集中竞价交易方式,如大宗交易方式转让股份,再由受让方通过集中竞价交易方式卖出,以"过桥减持"的方式规避集中竞价交易的减持数量限制。二是上市公司非公开发行股份解禁后的减持数量没有限制,导致短期内大量减持股份。三是对于虽然不是大股东但持有首次公开发行前的股份和上市公司非公开发行的股份的股东,在锁定期届满后大幅减持缺乏有针对性的制度规范。四是有关股东减持的信息披露要求不够完备,一些大股东、董监高利用信息优势"精准减持"。五是市场上还存在董监高通过辞职方式,人为规避减持规则等"恶意减持"行为。

针对上述问题,在保持现行持股锁定期、减持数量比例规范等相关制度规则不变的基础上,需要专门重点针对突出问题,充分借鉴境外证券市场减持制度经验,结合我国实际,对现行减持制度做进一步完善,有效规范股东减持股份行为。总体思路是,从实际出发,遵循"问题导向、突出重点、合理规制、有序引导"的原则,通盘考虑、平衡兼顾,既要维护二级市场稳定,也要关注市场的流动性,关注资本退出

渠道是否正常,保障资本形成的基本功能作用的发挥;既要保护中小投资者合法权益,也要保障股东转让股份的应有权利;既要考虑事关长远的顶层制度设计,也要及时防范和堵塞漏洞,避免集中、大幅、无序减持扰乱二级市场秩序、冲击投资者信心。主要措施内容如下:一是鼓励和倡导投资者形成长期投资、价值投资的理念,进一步强调上市公司股东应当严格遵守相关股份锁定期的要求,并切实履行其就限制股份减持所作出的相关承诺。二是完善大宗交易制度,防范"过桥减持"。明确有关股东通过大宗交易减持股份时,出让方、受让方的减持数量和持股期限要求。三是引导持有上市公司非公开发行股份的股东在股份锁定期届满后规范、理性、有序减持。四是进一步规范持有首次公开发行前发行的股份和上市公司非公开发行的股份的股东的减持行为。五是健全减持计划的信息披露制度。明确减持的信息披露要求,进一步健全和完善上市公司大股东、董监高转让股份的事前、事中和事后报告、备案、披露制度,防范和避免故意利用信息披露进行"精准式"减持。六是强化上市公司董监高的诚信义务,防范其通过辞职规避减持规则。七是落实《国务院关于促进创业投资持续健康发展的若干意见》要求,对专注于长期投资和价值投资的创业投资基金在市场化退出方面给予必要的政策支持。八是明确大股东与其一致行动人减持股份的,其持股应当合并计算,防止大股东通过他人持有的方式变相减持。九是切实加强证券交易所一线监管职责,对于违反证券交易所规则的减持行为,证券交易所采取相应的纪律处分和监管措施。十是严厉打击违法违规减持行为,对于利用减持进行操纵市场、内幕交易等违法行为的,加强稽查执法,加大行政处罚力度,严格追究违法违规主体的法律责任。

股份减持制度是资本市场重大的基础性制度,也是境外成熟市场通行的制度规则,涉及资本市场的各个方面,对于维护市场秩序稳定,提振市场信心,保护投资者合法权益具有十分重要的意义。

(2)完善上市公司再融资政策,抑制利益输送和脱实向虚行为。为深入贯彻十八届六中全会和十九大精神,落实中央经济工作会议工作部署,助力供给侧结构性改革,优化资本市场资源配置功能,引导规范上市公司融资行为,完善非公开发行股票定价机制,保护中小投资者合法权益,更好地支持实体经济发展,中国证监会对《上市公司非公开发行股票实施细则》(以下简称《实施细则》)部分条文进行了修订,发布了《发行监管问答——关于引导规范上市公司融资行为的监管要求》。

现行上市公司再融资制度自 2006 年实施以来,在促进社会资本形成、支持实体经济发展中发挥了重要作用。随着市场情况的不断变化,现行再融资制度也暴露出一些问题,亟须调整。突出表现在:一是部分上市公司存在过度融资倾向。有些公司脱离公司主业发展,频繁融资。有些公司编项目、炒概念,跨界进入新行业,融资规模远超过实际需要量。有些公司募集资金大量闲置,频繁变更用途,或者脱实向虚,变相投向理财产品等财务性投资和类金融业务。二是非公开发行定价机制选择存在较大套利空间,广为市场诟病。非公开发行股票品种以市场约束为主,主要面向有风险识别和承担能力的特定投资者,因此发行门槛较低,行政约束相对宽松。但从实际运行情况来看,投资者往往偏重发行价格相比市价的折扣,忽略公司的成长性和内在投资价值。过分关注价差会造成资金流向以短期逐利为目标,不利于资源有效配置和长期资本的形成。限售期满后,套利资金集中减持,对市场形成较大冲击,也不利于保护中小投资者合法权益。三是再融资品种结构失衡,可转债、优先股等股债结合产品和公发品种发展缓慢。非公开发行由于发行条件宽松,定价时点选择多,发行失败风险小,逐渐成为绝大部分上市公司和保荐机构的首选再融资品种,公开发行规模急剧减少。同时,股债结合的可转债品种发展缓慢。

本次修订《实施细则》和制定《监管问答》,主要着眼于以下三个方面:一是坚持服务实体经济导向,积极配合供给侧结构性改革,助力产业转型和经济结构调整,充分发挥市场的资源配置功能,引导资金流向实体经济最需要的地方,避免资金"脱实向虚"。二是坚持疏堵结合的原则,立足保护投资者,尤其是中小投资者的合法权益,堵住监管套利漏洞,防止"炒概念"和套利性融资等行为形成资产泡沫。同时,满足上市公司正当合理的融资需求,优化资本市场融资结构。三是坚持稳中求进原则,规则调整实行新老划断,已经受理的再融资申请不受影响,给市场预留一定时间消化吸收。本次修订后的《实施细则》进一步突出了市场化定价机制的约束作用,取消了将董事会决议公告日、股东大会决议公告日作为上市公司非公开发行股票定价基准日的规定,明确定价基准日只能为本次非公开发行股票发行期的首日。《监管问答》的主要内容为:一是上市公司申请非公开发行股票的,拟发行的股份数量不得超过本次发行前总股本的20%。二是上市公司申请增发、配股、非公开发行股票的,本次发行董事会决议日距离前次募集资金到位日原则上不得少于18个月。前次募集资金包括首发、增发、配股、非公开发行股票。但对于发行可转债、优先股和创业板小额快速融资的,不受此期限限制。三是上市公司申请再融资时,除金融类企业外,原则上最近一期末不得存在持有金额较大、期限较长的交易性金融资产和可供出售的金融资产、借予他人款项、委托理财等财务性投资的情形。

此外,为实现规则平稳过渡,在适用时效上,《实施细则》和《监管问答》自发布或修订之日起实施,新受理的再融资申请即予执行,已经受理的不受影响。

(3)"IPO堰塞湖"现象有效缓解,增强服务实体经济的直接融资功能。2017年,中国证监会坚决贯彻党中央、国务院关于资本市场的决策部署,认真落实全国金融工作会议精神,坚持稳中求进的工作总基调,坚定不移地贯彻新发展理念和以人民为中心的发展思想,始终牢记服务实体经济的根本发展方向和保护投资者合法权益的根本监管使命,不断强化依法全面从严监管,着力提升上市公司质量和促进资本市场稳健发展。

一是立足增量优化,从源头上提升上市公司质量。继续保持新股发行常态化,进一步优化股票发行审核流程,不断提高审核效率。2017年共核准企业首次公开发行402家,IPO企业数量和融资规模均居同期全球前列。IPO在审企业主要为2017年新受理企业,存量企业的排队时间结构相比以前大为改善,成为支持实体经济发展的"源头活水"。审核周期大幅缩短,市场预期明确。2017年,IPO企业从申请受理到完成上市,平均审核周期为1年3个月左右,较之前需3年以上的审核周期大幅缩短,IPO审核周期大幅缩短,"IPO堰塞湖"得以有效缓解,市场可预期性增强。同时,理顺发行、定价、配售等环节运行机制。完善股票发审委制度,坚持选聘、运行、监察相分离,提高透明度。严把审核质量关,推动更多优质企业进入资本市场,防止"病从口入"。2013—2017年五年间,上市公司数量由2 400多家增加至3 400多家,一大批创新能力强、发展潜力大的企业逐渐成为资本市场生力军,战略性新兴产业上市公司数量大幅攀升,形成了较为显著的聚集效应,更多的优质企业享受到了资本市场的便利。实践证明,只有源头活水长流,才能实现清渠如许,上市公司是资本市场的基石,越来越多的代表产业发展方向和经济核心竞争力的上市公司聚集资本市场,为资本市场更好地服务供给侧结构性改革注入强大正能量。

二是注重存量重组,着力提升服务实体经济的质量和效率。通过持续简政放权,截至2017年年底,90%以上的并购交易已由上市公司自主实施,以更好地支持产业整合与经济转型升级。2017年前10个月,全市场实施并购重组超过2 000家次,上市公司并购重组在加快国有经济布局优化、结构调整、战略性重组方面的主渠道作用日益彰显。一年来,国有控股上市公司实施并购重组530余家次,央企和地方国企的资源和产能得到有效整合,产业集中度和核心竞争力不断提升。同时,强化监管和稽查执法,严格遏制"忽悠式"、跟风式及盲目跨界重组,在已审结的并购重组交易中,同行业、上下游产业整合单数占比不断提高,监管政策对市场的正面引导效果更加明晰。符合条件的优质企业通过重组上市实现做强做优做大,并购重组的质量大幅提升,"炒壳"现象明显降温,市场估值体系回归理性。与此同时,欣泰电气、新都酒店平稳退市,市场优胜劣汰的功能不断显现。

三是贯彻新发展理念,助力经济发展"三大变革"。在服务国家创新驱动发展战略方面,加大政策倾斜力度,实施差异化信息披露监管安排,扶持高新技术企业做优做强,促进新旧动能转换。截止到2017年10月底,全国战略性新兴产业上市公司超过1 100家,占全部上市公司的三分之一。2016年年初至2017年10月底,

605家新上市公司中有高新技术企业495家,占比达82%。服务国家脱贫攻坚战略方面,对贫困地区企业IPO、债券发行、并购重组等实施"绿色通道"政策。增加上市公司扶贫信息披露要求,引导上市公司自觉履行社会责任,自觉投身精准扶贫、精准脱贫的伟大事业。在服务绿色发展战略方面,我们与环保部签署战略合作协议,建立健全上市公司强制性环境信息披露制度,督促上市公司履行生态保护责任。在服务构建开放型经济新体制方面,坚定扩大资本市场双向开放,A股成功纳入明晟(MSCI)新兴市场指数,首批220多家上市公司纳入指数。

中国证监会加入OECD公司治理委员会,借鉴国际经验提升我国上市公司治理水平。在践行以人民为中心的发展思想方面,推进上市公司股份减持制度改革,引导规范理性有序减持,促进上市公司稳健经营回报中小股东,促进资本市场健康发展。强化监管约束,督促上市公司加大现金分红力度,优化投资者回报机制。通过贯彻新发展理念,上市公司质量不断提高,盈利能力持续提升。

4. 改革相关制度,进一步完善多层次资本市场体系

(1) 制定区域性股权市场监督管理制度,健全多层次资本市场体系。2017年,中国证监会发布《区域性股权市场监督管理试行办法》(以下简称《办法》),自2017年7月1日起施行。出台《办法》是落实《国务院办公厅关于规范发展区域性股权市场的通知》(以下简称《通知》),统一区域性股权市场业务及监管规则的需要,对于完善多层次资本市场体系、推进供给侧结构性改革、促进大众创业万众创新、服务创新驱动发展战略、降低企业杠杆率等具有积极意义。

《办法》在制定过程中,遵循了规范与发展并举的总体思路,注意处理好监管与发展的关系,按照既有利于规范又有利于发展的要求,既坚持基本行为底线又积极创造良好的发展环境。《办法》明确界定中央和地方监管职责,充分发挥中央和地方的积极性。这有利于完善监管协同机制,防止监管空白和监管套利,严厉打击各类违法违规行为,保护投资者合法权益,防范和化解金融风险,促进区域性股权市场健康稳定发展。《办法》共7章53条,主要做了以下制度安排:一是总则。明确了《办法》的立法目的和适用范围,根据《通知》,对省级人民政府和证监会职责分工作了细化,对区域性股权市场运营机构(以下简称运营机构)的职责和条件以及名单管理等做了规定。二是证券发行与转让。明确了区域性股权市场证券发行、证券转让的条件和程序,建立了合格投资者标准及穿透核查制度,对信息披露提出了基本要求。三是账户管理与登记结算。明确开立证券账户的机构及其审查义务,建立了投资者资金管理制度,对证券的登记、存管、结算的办理机构和相关制度做了规定。四是中介服务。明确了运营机构可开展的中介业务范围及其应承担的义务,对区域性股权市场不得跨区域经营,可以与证券交易所、全国中小企业股份转让系统等建立合作机制等做了规定。五是市场自律。明确了区域性股权市

的信息系统建设、信息报送的要求,运营机构制定的业务操作细则和自律管理规则应当符合规定并备案,依法履行自律管理职责,处理好投资者投诉,防范化解市场风险。六是监督管理。明确了现场检查可采取的措施,对行政处罚、监管措施、市场禁入、诚信监管等作出了规定,为监管执法提供依据。

(2)改革新三板分层与交易制度,促进多层次资本市场健康发展。2017年12月22日,全国股转公司发布了新制定的《全国中小企业股份转让系统挂牌公司分层管理办法》(以下简称《分层管理办法》)和《全国中小企业股份转让系统股票转让细则》(以下简称《转让细则》)。这是中国证监会贯彻落实党的十九大精神和全国金融工作会议部署、促进多层次资本市场健康发展的重要举措,标志着深化新三板改革迈出关键步伐。

据 Wind 数据库统计,截至2017年年末,新三板市场共有11 630家挂牌公司,全年新增1 467家,同比增长14.43%。中国证监会高度重视新三板的改革发展,在充分调研论证基础上提出了"以市场分层为抓手,统筹推进发行、交易、信息披露、监管等各方面改革"的总体思路。市场分层是新三板"海量市场"发展的内在需求和必然结果,其意义在于实现对挂牌公司的分类服务和管理,实现监管资源的优化配置,降低投资者信息收集成本。其中,分层标准的设计是分层制度的核心,也是差异化制度安排的重要前提。

此次分层制度的修改完善,充分凝聚了市场共识,总体思路是在保持现有市场分层基本架构、基本逻辑不变的前提下,调整创新层的部分准入和维持标准,促进更多优质企业向创新层聚集,提高创新层公司的公众化水平,为后续改革措施的推出奠定基础。在差异化准入标准中,调减净利润标准,提高营业收入标准,新增竞价市值标准。在共同准入标准中增加"合格投资者人数不少于50人"的要求(原为维持条件)。着眼于提高创新层公司稳定性,防止"大进大出",将维持标准改为以合法合规和基本财务要求为主:主要包括公司治理健全、无重大违法违规、按规定披露定期报告、最近一个会计年度期末净资产不为负值、最近三个会计年度的财务会计报告未被会计师事务所出具非标准审计意见的审计报告等。删除了申请挂牌同时进入创新层的规定。对于因更正年报数据或被认定存在财务造假或者市场操纵等情形,导致不符合创新层标准的公司,全国股转公司将在20个转让日内直接将其调整至基础层。全国股转公司于2018年4月30日启动2018年的市场分层调整工作。今后市场分层调整均安排在每年4月30日启动;《分层管理办法》同时还规定了"全国股转公司可以根据分层管理的需要,适当提高或降低挂牌公司层级调整的频率",为日后根据市场需求调整市场分层频率预留了制度空间。与分层制度的完善相配套,此次一并推出了交易制度和信息披露制度的改革。交易制度改革体现了鲜明的问题导向,旨在解决现行协议转让方式定价不公允、市场不认可、监管难度大等问题,完善新三板市场的价格发现机制,为持续改善市场流动性奠定基础,主要包括引入集合竞价、优化协议转让、巩固做市转让等具体措施。

本次修订的主要变化:一是引入集合竞价。原采取协议转让方式的股票盘中交易方式统一调整为集合竞价,盘中时段的交易方式为集合竞价与做市转让两种,供挂牌企业自主选择。与市场分层配套,对采取集合竞价转让方式的股票实施差异化的撮合频次,基础层采取每日收盘时段1次集合竞价,创新层采取每小时撮合1次的集合竞价,每天共5次。二是优化协议转让。为满足市场参与人合理的协议转让需求,此次交易制度改革提供了盘后协议转让与特定事项协议转让两种交易方式。符合一定数量、金额及相应价格限制的协议转让,可以通过交易系统在盘中申报、盘后成交;对于收购、对赌履约、同一实际控制人下的转让等合理的特殊转让需求,可以在线下通过申请办理特定事项协议转让予以满足。三是巩固做市转让,并予以适当调整完善。继续坚持并鼓励做市转让,在完善做市转让收盘价形成机制的同时,协议转让方式一并适用于做市转让的挂牌股票。

5. 加强资本市场信息调控,提高保护投资者合法权益的能力

(1)资本市场新闻舆论工作水平和市场沟通能力进一步增强。中国证监会高度重视政府网站建设、政务公开和政务服务工作,将政府网站建设作为推进国家治理体系和治理能力、深化"放管服"改革、全面推进政务公开和"互联网+政务服务"、促进资本市场稳定健康发展的重要工作。

一是围绕打造更加全面的政务公开平台,不断加大审核工作的政务公开力度,方便公众监督权力运行。中国证监会网站按照政务公开的各项要求做了几次重大改版,优化强化了政务公开版面,设立了信息公开、政策法规、统计数据、新闻发布、人事招聘等政务信息板块。中国证监会主动公开的政务信息包括中国证监会机关及派出机构的机构设置和工作职责、证券期货规章和规范性文件、证券期货市场发展规划和发展报告、纳入国家统计指标体系的证券期货市场统计信息、行政许可事项核准结果、交易所上市品种的批准结果、有关机构章程及自律规则等的批准备案结果、监管对象名录、市场禁入和行政处罚决定及其他监管信息等。作为中国证监会政务公开的主要平台,中国证监会网站已主动公开信息8万余条。中国证监会将网站建设与市场高度关注的行政审批工作相结合,不断提高审核透明度。行政审批项目的名称、条件、程序、期限、申请需要提交的全部材料目录以及审核结果都在中国证监会网站上公开。对于公众关注度高,申请量比较大的股票公开发行、基金产品、并购重组、机构设立等审批事项的审核进度,每周都在网站向全社会更新公示,使申请人能够在中国证监会网站随时查看所申报项目的具体审核状态和每一阶段的办结时间。对于审核过程中的信息也逐步加大公开力度,如在公开发行股票审核中,招股说明书在首发申请文件受理后立即在证监会网站上向社会预先

披露;及时主动公开首发和再融资反馈意见、发审委审核意见、发审会召开时间、审核企业名单、出席委员名单提前五天在证监会网站向社会公开,发审会当天公布审核结果;通过不定期发布监管问答以及新闻发布等形式,加大发行审核各个环节的透明度。在上市公司并购重组过程中,向市场及时主动公开并购重组反馈意见和重组委公告等。

二是围绕打造更加权威的政策发布和舆论引导平台,加强新闻舆论的正向引导。中国证监会充分利用新闻发布会、政策吹风会等方式,主动回应重点舆论关切,释放信号,引导预期。坚持政策制定与政策解读工作同步部署、同步考虑。按照"谁起草、谁解读"的原则,做到政策性文件与解读方案、解读材料同步组织、同步审签、同步部署。在政策规则制定过程中,通过网站的"公开征求意见"栏目向社会公众征求意见。在政策规则发布时,以在网站配套发布新闻稿等多种方式,对基本思路、核心精神、重点条款进行全面和深入的解读。对于社会关注度高的法规政策和重大措施,加强权威解读,在网站"政策解读"栏目以答记者问的方式解疑释惑,传递权威解读。中国证监会坚持每周例行新闻发布会制度,并同时在网站"新闻发布会"栏目更新相关内容,及时回应社会关切。2017年,中国证监会共举办47场新闻发布会,主动发布200余条新闻,回应记者关切问题50余个。新闻发布会加大了对稽查执法和行政处罚案件宣传,每周都有行政处罚案件在网站公布,有效地推动了执法宣传常态化。稽查宣传放大执法效果,传递依法全面从严的监管信号。通过例行新闻发布会及时公开行政处罚工作情况,对市场形成有力震慑,增强了执法透明度。

三是围绕打造便民服务平台,提高服务深度和广度。中国证监会网站设立了公众留言、信访专栏、举报专栏、在线访谈、征求意见、廉政评议等工作互动板块,以及办事指南、在线申报、监管对象、业务资格、人员资格、投资者保护、非法证券期货风险警示等服务板块,提供统一的、权威的支撑平台,向公众提供办事服务。为深化行政审批制度改革,规范行政审批行为,改进行政审批工作,进一步提高审批工作效率和为民服务水平,中国证监会编制完成行政审批事项服务指南并在网站"办事指南"栏目中予以发布。服务指南的主要内容包括事项名称、设定依据、受理机构、审核机构、审批数量、审批收费依据及标准、办理时限、申请条件、申请材料、申请接收、办理程序、审批结果、申请人权利和义务、咨询途径、监督和投诉渠道、办公地址和时间、公开查询、办理流程图、申请材料示范文本等要素。在网站开辟了"行政许可及信息公开申请受理服务中心"办事大厅板块,下一步将实现在线申请,在线提交申请材料,在线查询申请进度,通过网上受理服务中心与后台行政许可系统紧密结合,从而为实现行政许可事项的申请、受理、审核、签发、送达的全流程一体化管理打下了坚实基础,有利于提高工作效率并减轻申请人的负担。

（2）加强投资者教育，保护投资者合法权益的能力进一步提升。为深入贯彻落实依法全面从严监管要求，帮助投资者了解证券期货法规知识，提升风险意识和自我保护能力，保护投资者合法权益，2017年5月5日，中国证监会决定启动以"投资者保护·明规则、识风险"为主题的专项宣传活动，同时启动第一阶段活动。

证券期货市场发展二十多年来，法律法规体系日益健全，市场规模逐渐扩大，产品种类日趋丰富。随着市场发展的深化，一些违法违规行为也不断暴露，近年来出现了不少新现象、新问题，使投资者难以辨别交易方式的合规性和复杂性，特别是在有关违法主体故意欺诈的情况下，投资者合法权益容易受到侵害。因此，中国证监会部署开展此次专项宣传活动，目的是有针对性地普及证券期货法律法规知识，明晰相关法规底线要求，帮助投资者尤其中小投资者认清违法违规主体惯用的骗术和伎俩，消除投资者在认识上可能存在的误区，提高识别和防范风险能力，避免遭受不必要的损失。

专项宣传活动主要采取以案例为载体进行分析解读的形式，分为四个阶段，持续分步开展宣传。聚焦内幕交易、市场操纵、违规信息披露、市场主体违规经营等投资者权益遭受损失的多发领域，选取具有一定社会影响力和典型性的处罚案例，将复杂、专业的案情转化为可读性强、通俗易懂的故事，生动形象地阐明规则红线、风险底线。投资者从中可以知道哪些事情不能碰、不能做，哪些事情是套路、是陷阱，从而增强守法意识和风险防范意识。

活动第一阶段的宣传主题是"远离内幕交易"。相关案例分为四种类型：一是内幕信息知情人的近亲属从事内幕交易，二是与内幕信息知情人存在同学、朋友等关系的人员从事内幕交易，三是相关人员从内幕信息知情人处窃取、骗取内幕信息从事内幕交易，四是内幕信息知情人泄露内幕信息。通过这些案例告诉广大投资者，内幕交易是我国法律严令禁止的违法犯罪行为，任何人通过任何方式泄露或利用内幕信息，都可能触碰红线，不管是否有违法所得，都要追究责任，具有巨大的法律风险和投资风险。希望广大投资者擦亮眼睛，切勿轻听轻信，否则落入法网或遭受损失悔之晚矣。同时也警示以上市公司高管、市场从业人员为代表的内幕信息知情人，严守保密红线，管好身边人，莫为蝇头小利葬送职业前程和家庭幸福，不做资本市场的"老鼠"和"蛀虫"。

活动第二阶段以"警惕市场操纵"为主题，相关案例分为四种类型：一是行为人通过拉涨停短线操纵证券价格，二是行为人在尾市阶段操纵证券收盘价格，三是行为人操纵期货市场合约价格，四是证券从业人员抢帽子交易操纵市场。通过这些案例告诉广大投资者，市场操纵行为扭曲证券期货市场交易价格或交易量，严重扰乱正常市场交易秩序，误导欺骗广大投资者，是我国法律严令禁止的违法犯罪行为，任何人通过任何手法操纵证券期货市场都要被追究法律责任。市场操纵具有较强的欺诈性和迷惑性,希望广大投资者保持警惕,面对价格大幅波动的投资产品要理性分析判断,不要盲目追涨杀跌、跟风炒作,防止遭受市场操纵的不法侵害。

活动第三阶段以"谨防违规信披"为主题,相关案例分为六种类型:一是上市公司夸大、渲染业务转型的影响,进行误导性陈述;二是上市公司编造重大投资行为进行虚假陈述;三是上市公司利用"高送转"题材炒作股价;四是上市公司业绩预告"变脸"误导投资者决策;五是上市公司股东利用股份代持掩盖股权变动;六是新三板公司信息披露违规。通过这些案例告诉广大投资者,在进行股票投资时,应结合宏观政策、产业状况和企业实际情况等因素,综合分析上市公司披露信息的真实准确性,理性判断其背后的投资价值。

活动第四阶段以"防范违规经营"为主题,相关案例包括以下四种类型:一是市场主体违规销售,二是从业人员违规代客理财,三是非法投资咨询,四是非法期货活动。借助这些案例提醒广大投资者,在购买投资产品或接受相关业务服务前,要充分辨识主体资格,通过合法渠道确认相关机构及从业人员是否已取得相应业务资格,并选择正规渠道购买产品或接受服务。在购买产品或接受服务时,应详细了解合同信息,理性衡量自身风险承受能力,对夸大的、诱人的虚假宣传保持警惕。证券期货经营机构也应当以适当性管理为原则,将适当的产品销售给适合的投资者,有效管理和防控风险,依法保护投资者合法权益。

(三) 2017年保险监管的措施与成效

2017年,中国保监会在强监管、防风险、治乱象、补短板、服务实体经济等方面持续发力,深入推动监管重塑,加快推进适应新时代保险业发展的监管体系建设,取得了明显成效。

1. 从严从实强化保险监管,加大问责处罚力度

2017年,中国保监会强化从严监管纪律,坚持严罚重处,确保让保险监管真正长出锋利的"牙齿"。

(1) 出台定调保险业"严监管"的重要文件。2017年4月,中国保监会出台了"1+4"系列文件:"1"是指《中国保监会关于进一步加强保险监管维护保险业稳定健康发展的通知》,是当前保险监管工作的总体思路;"4"指四个落实文件,分别为《中国保监会关于进一步加强保险业风险防控工作的通知》《中国保监会关于强化保险监管打击违法违规行为整治市场乱象的通知》《中国保监会关于弥补监管短板构建严密有效保险监管体系的通知》《中国保监会关于保险业支持实体经济发展的指导意见》。

"1+4"系列文件是对保险业监管和改革发展作出的重大部署,是一项系统工程,被称为"保监会提升重塑保险监管和行业发展的纲领性文件"。在"1+4"系列文件的指导下,中国保监会在治乱象、补短板、防风险、服务实体经济等方面持续发力。

(2) 加大问责处罚的力度。2017年2月7日,中国保监会发布1号令,即《中国保险监督管理委员会行政处罚程序规定》。在该项规定的指导下,全国保监系统重拳整治保险机构的违规行为,问责处罚的威慑力凸显,严监管渐成常态。

2017年,中国保监会及各地保监局开出的罚单量创下历年最高纪录。据统计,2017年中国保监会开出了47张罚单,各地保监局出具了878张罚单,保监系统共开出了925张罚单,罚款共计1.5亿元,同比增长56.1%。2017年保险监管系统共处罚保险机构720家次,处罚人员1 046人次。中国保监会全年共禁止4人进入保险业,责令24家保险机构停止开展新业务①。

此外,2017年中国保监会共发布37张监管函,共涉及33家保险机构,其中保险集团1家,财产险公司12家,人身险公司18家,健康险公司1家,资产管理公司1家,涉及公司治理、产品设计、电话销售及互联网销售等一系列问题②。

2. 围绕重点领域风险加强监管,增强保险业风险防控力度

自2017年4月《中国保监会关于进一步加强保险业风险防控工作的通知》发布以来,保监会围绕重点领域风险,采取了一系列监管措施,增强了保险业风险防范的前瞻性、针对性和有效性。

(1) 升级改造以偿二代为核心的风险监管体系。2017年9月,中国保监会发布了《偿二代二期工程建设方案》,计划用三年左右的时间,通过完善监管规则、健全运行机制、加强监管合作,进一步推动偿二代的扎实落地和全面升级。2017年6—12月,中国保监会对139家保险公司开展了偿付能力风险管理能力现场评估。结果显示,保险公司风险管理意识不断增强,普遍通过完善风险管理组织架构、加强人员配备、健全风险管理体系、建设风险管理系统等方式,有效提升了公司的风险管理能力。

(2) 开展保险资金运用风险排查。中国保监会于2017年5月发布《开展保险资金运用风险排查专项整治工作的通知》,排查内容包括核查公司投资决策和交易行为的合规性以及内控管理的有效性,严格落实保险资金运用政策和规范市场投资行为。重点核查保险资产质量、真实性和安全性,排查保险资金运用风险隐患,查找制度缺陷。聚焦重大股票股权投资、另类及金融产品投资、不动产投资和境外

---

① 《保监会:去年保监系统共计罚款1.5亿元》,中国证券网,http://news.cnstock.com/news,bwkx-20180-4178882.htm。
② 《保险监管风暴重塑行业生态》,保监微新闻,https://weibo.com/u/3512759712? refer_flag = 1001030102 _&is_all = 1#_rnd1519007944356。

投资等领域,实施穿透式检查,摸清并处置存量风险,严格控制增量风险。

(3) 加强保险公司治理监管。为全面摸清保险行业公司治理现状,强化公司治理监管力度,2017年2月,中国保监会开展首次覆盖全行业的保险法人机构公司治理现场评估工作,并于9月27日正式发布《中国保监会关于2017年保险法人机构公司治理评估有关情况的通报》。通报显示,130家中资保险法人机构公司治理综合评价平均得分为83.74分;49家外资保险法人机构(2家外国保险公司在中国设立的分公司不参与公司自评)公司治理综合评价平均得分为86.21分。中资保险法人机构中,大于等于60分小于70分的重点关注类公司有4家,君康人寿、华夏人寿、华汇人寿和长安责任被重点关注。

针对此次评估结果,中国保监会采取了一系列配套措施,分级分类,奖优罚劣,推动各保险公司增强公司治理意识、查找漏洞、逐项整改,全面提升公司治理能力和水平。一是公开通报,全面披露了130家中资机构、51家外资机构公司治理评估结果,以及评估中发现的主要问题;二是定点反馈,对被评估公司一对一反馈评估结果,督促整改不足;三是关注重点,对部分问题突出的公司,采取监管谈话、下发监管函以及行政处罚等监管措施;四是严查重处,对违法违规线索,跟进开展专项检查,严肃查处违法违规行为。

中国保监会高度重视公司章程在规范公司治理中的基础性作用,于2017年4月出台了《保险公司章程指引》,运用"明确股东权利义务""完善股东大会及董事会授权机制""完善表决决议机制""完善独立董事有关规则""规定公司治理特殊事项"五大法则严控保险公司治理风险隐患。

(4) 防范群体性事件风险。2017年5月,中国保监会发布《关于2017年继续开展打击损害保险消费者合法权益行为"亮剑行动"的通知》,着力整治因营销失信、数据失真等市场乱象造成的损害保险消费者合法权益的行为。2017年10月,中国保监会针对"亮剑行动"中发现的侵害消费者合法权益的违法违规行为,依法对中华联合财产保险股份有限公司、华安财产保险股份有限公司、安盛天平财产保险股份有限公司、渤海财产保险股份有限公司、光大永明人寿保险有限公司和国华人寿保险股份有限公司等6家保险公司进行了处罚,共计罚款121万元,处罚个人11名,罚款49万元①。

为增强行业消费风险提示工作意识,减少保险消费纠纷,防范保险消费风险聚集,中国保监会于2017年9月发布《关于加强保险消费风险提示工作的意见》。

2017年中国保监会组织开展了保险公司服务评价,并于2017年11月24日公

---

① 《牢记职责持续亮剑切实维护保险消费者合法权益》,中国保监会网站,http://www.circ.gov.cn/web/site0/tab5207/info4086577.htm。

布了评价结果,通过服务评价促进保险消费者权益保护工作取得更大的实效。

3. 逐步建立短长效机制,整治保险市场乱象

针对保险市场近年来出现的股权乱象、资本乱象、产品乱象、投资乱象等问题,中国保监会采取了多项措施,全面整治市场乱象。

一是逐步建立整治市场乱象的长效机制。中国保监会于2017年先后发布了《中国保监会关于进一步加强保险公司关联交易管理有关事项的通知》《中国保监会关于进一步加强人身保险公司销售管理工作的通知》《中国保监会关于加强保险消费风险提示工作的意见》等文件。中国保监会在2017年4月发布的《关于强化保险监管打击违法违规行为整治市场乱象的通知》中强调,将重拳整顿"虚假出资""公司治理""资金运用""产品不当创新""销售误导""理赔难""违规套取费用""数据造假"等八大乱象。

二是组织保险机构对市场乱象问题进行自查。针对保险市场主体在偿付能力、产品开发、业务合规、资金运用等方面存在的乱象问题,中国保监会于2017年4月开始部署保险机构开展自查工作。2017年9月,中国保监会对保险市场乱象整治工作进行了阶段性评估。评估结果显示,治乱象工作开展以来,公司自查发现问题1 131个,涉及金额982亿元。监管部门专项检查发现问题2 300余个,涉及金额近10亿元[①]。

三是组织开展市场乱象整治专项检查。2017年4—9月,中国保监会组织实施农险承保理赔专项检查、车险业务专项检查、全国城乡居民大病保险检查等专项检查,开展人身保险治理销售乱象打击非法经营专项行动和财产保险公司备案产品专项整治工作。

4. 弥补保险监管短板,完善保险监管基础设施建设

自2017年4月中国保监会发布《中国保监会关于弥补监管短板构建严密有效保险监管体系的通知》以来,中国保监会在法人治理监管、保险资金投资、产品管理、偿付能力监管、中介业务监管、消费者权益保护、新型业务监管、完善监管基础设施等方面弥补监管短板,取得了明显进展。

中国保监会于2017年9月对弥补监管短板的落实效果进行了阶段性评估。评估结果显示,2017年4—9月期间,中国保监会相继出台制度24项,修订4项,增补条款42条、修订67条、删减34条,保险监管系统查补制度短板,健全监管体系,

---

① 《保险市场乱象整治工作取得阶段性成效》,中国保监会网站,http://www.circ.gov.cn/web/site0/tab5207/info4082833.htm。

取得了明显的阶段性成效①。

5. 积极引导保险业服务实体经济,支持国家经济政策与战略发展

2017 年,中国保监会有针对性地围绕经济社会发展的重点领域和薄弱环节,支持保险业务创新,提升保险服务实体经济的效率和水平。

(1) 构筑实体经济风险保障体系。为规范保险公司产品开发设计行为,切实发挥人身保险产品的保险保障功能,中国保监会于 2017 年 5 月发布《关于规范人身保险公司产品开发设计行为的通知》,支持并鼓励保险公司大力发展定期寿险产品、终身寿险产品、长期年金保险产品、健康保险产品、为特定人群开发的专属保险保障产品。

(2) 引导保险资金支持国家战略和基础设施建设。2017 年,"拓宽保险资金支持实体经济渠道"被首次写入政府工作报告。中国保监会对保险公司资产负债管理实行监管,开展保险资金运用风险排查专项整治工作,引导保险资金"投资向实"。

2017 年 4 月,中国保监会发布了《关于保险业服务"一带一路"建设的指导意见》,为保险机构参与"一带一路"建设指明了方向。同月,为积极支持"三农"和小微企业融资,中国保监会批复同意中国人民保险集团股份有限公司扩大支农、支小融资业务试点规模,在试点初期 50 亿元的基础上再增加 200 亿元。

2017 年 5 月,中国保监会发布《关于债权计划投资重大工程有关事项的通知》,从技术细节上明确了保险资金参与重大工程建设的具体支持政策,为保险资金参与重大工程投资提供了有效路径。

(3) 保险精准扶贫从"输血"向"造血"模式转变。2017 年,中国保监会在农业保险、健康保险、保险资金运用等方面发布了一系列支持政策,引导行业利用保险机制化解贫困地区因灾、因病致贫、返贫的后顾之忧,放大财政资金的使用效益,因地制宜地开发扶贫项目。

在农业保险扩面、增品、提标方面,保监会开展了"粮食直补转保险的间接补贴"重大政策研究并拟订试点方案;稳步推进"保险+期货"试点,积极推动产品创新和产品开发;配合财政部门,在 13 个粮食主产省选择 200 个产粮大县,试点将新型农业经营主体三大主粮作物的保险金额由保物化成本提升至覆盖土地流转成本。

2017 年 12 月,中国保监会发布《保险扶贫统计制度(试行)》,为进一步推进和深化精准保险扶贫政策提供统计数据支撑,有利于全面、准确、客观地反映保险业

---

① 《保监会弥补监管短板构建严密有效保险监管体系取得阶段性成效》,中国保监会网站:http://www.circ.gov.cn/web/site0/tab5207/info4083030.htm。

扶贫业务开展的情况。

（四）涉外金融监管的措施与成效

2017年，我国经济稳中向好势头更加明显，供给侧结构性改革稳步推进，人民币汇率指数保持基本稳定，我国跨境资金流动形势明显好转，外汇市场供求趋向基本平衡。外汇局坚持推改革与防风险并举，服务于改革开放，不断提升跨境贸易投资便利化水平，稳妥有序推动金融市场双向开放，支持实体经济发展；同时强化跨境资本流动风险防范，严厉打击外汇违法违规活动，维护国家涉外经济金融安全。

1. 加强对外投资监管力度，防范和应对境外投资风险

为进一步引导和规范企业境外投资方向，促进企业合理有序开展境外投资活动，防范和应对境外投资风险，推动境外投资持续健康发展，实现与投资目的国互利共赢、共同发展。2017年8月，国家发改委、商务部、中国人民银行和外交部联合发布了《关于进一步引导和规范境外投资方向指导意见的通知》，按"鼓励发展+负面清单"模式引导和规范企业境外投资方向，明确了鼓励、限制、禁止三类境外投资活动。提出对三类境外投资活动实施差异化政策措施，按照积极鼓励、适度限制、严格禁止的原则，引导企业合理把握境外投资方向和重点。在完善管理机制方面，强调将加强境外投资真实性、合规性审查，防范虚假投资行为，同时提出建立健全境外投资黑名单制度、部门间信息共享机制、国有企业境外投资资本金制度等一系列制度，优化境外投资管理政策框架，科学有效地防范各类风险。在提高服务水平方面，提出制定境外投资经营行为规范、加强与合作国开展机制化合作、支持中介机构发展等政策举措，优化企业境外投资外部环境。在强化安全保障方面，提出加强对赴高风险国家和地区投资的指导和监督、督促企业开展境外项目安全风险评估等政策措施，推动企业提升境外投资安全风险防范能力①。

2017年，我国对外直接投资呈现总量放缓、结构优化、用汇平稳的发展态势。一方面，我国境内企业对外直接投资已经逐渐地回归理性，对外直接投资整体稳定有序进行。根据商务部统计，2017年非金融类企业对外直接投资1 201亿美元，比2016年下降29.4%，与2015年基本相当，2016年实际上是存在一个非理性的增长。从月度数据来看，2017年11月、12月实现了同比正增长。从外汇局统计的用汇数据看，2017年对外直接投资资本金购汇比2016年下降12%，显示用汇平稳。另一方面，对外直接投资结构进一步优化。根据商务部统计，对外直接投资主要流向租赁和商务服务业、批发和零售业、制造业以及信息传输、软件和信息技术服

---

① 国务院办公厅转发国家发展改革委商务部人民银行外交部《关于进一步引导和规范境外投资方向指导意见的通知》，2017/08/18，中华人民共和国中央人民政府，http://www.gov.cn/zhengce/content/2017-08/18/content_5218665.htm。

业,在这几个方面的占比分别是 29.1%、20.8%、15.9% 和 8.6%。房地产业、体育和娱乐业对外投资没有新增项目。对"一带一路"沿线国家和地区新增投资占比为 12%,比 2016 年占比提高 3.5 个百分点。所以,2017 年我国对外直接投资有所放缓,但对外直接投资的步伐更加平稳。

2. 提升贸易投资便利化水平,深化"放管服"改革工作

(1)开放货物贸易外汇监测系统。为进一步提升贸易便利化水平,降低进出口企业成本,服务实体经济,2017 年 4 月,国家外汇管理局发布《国家外汇管理局关于便利银行开展贸易单证审核有关工作的通知》。主要内容包括:一是向银行开放报关电子信息,用于货物贸易外汇业务真实性审核;二是银行应遵循"了解客户、了解业务、尽职审查"原则,核验报关电子信息,对能够确认交易真实性的,可免于核验;三是发现企业未按规定提供报关信息、重复使用单证、使用虚假单证等情况的,银行应在系统中对企业加注标识,向全国银行公示。在全国范围内向银行开放报关电子信息,在不改变现有企业业务办理手续的同时,为银行提供贸易真实性信息查询渠道,既利于企业便捷办理业务,又有利于银行提升金融服务电子化水平,加强风险管理,提高运行效率①。

(2)持续推进法规清理,深化"放管服"改革工作。为贯彻落实国务院有关简政放权、放管结合、优化服务改革措施等要求,进一步促进贸易政策便利化,国家外汇管理局持续开展法规清理。2009 年以来已废止和失效 900 余件外汇管理文件。

2017 年 12 月 8 日,国家外汇管理局发布《国家外汇管理局关于宣布废止失效 6 件外汇管理规范性文件的通知》,进一步加大法规清理力度,宣布废止 2 件、失效 4 件外汇管理规范性文件。此 6 件规范性文件主要涉及个人外汇业务和外汇系统建设,所废止失效内容或根据当前"多证合一"等"放管服"改革要求废止,或相关监管要求已被新的规范性文件替代,或为阶段性工作已与当前管理实际不符,均不涉及新的政策调整。下一步,国家外汇管理局将继续贯彻落实"放管服"改革要求,健全完善外汇法规体系,深入开展法规清理整合,提高政策透明度,更好地服务实体经济发展。

3. 深化外汇管理改革,支持实体经济发展

2017 年 1 月 26 日,国家外汇管理局发布《国家外汇管理局关于进一步推进外

---

① 《国家外汇管理局关于便利银行开展贸易单证审核有关工作的通知》,2017/04/04,国家外汇管理局,http://www.safe.gov.cn/wps/portal/!ut/p/c5/04_SB8K8xLLM9MSSzPy8xBz9CP0os3gPZxdnX293QwML7zALA09P02Bnr1BvIyNvc6B8pFm8s7ujh4m5j4GBhYm7gYGniZO_n4dzoKGpzEB3cEg-_DrB8Kb4ACOBvp-Hvm5qfoFuREGWSaOigDuOwR_/dl3/d3/L2dJQSEvUUt3QS9ZQnZ3LZfSENEQ01LRzEwODRJQz BJSUpRRUpKSDEy-STI!/?WCM_GLOBAL_CONTEXT=/wps/wcm/connect/safe_web_store/safe_web/zcfg/jcxmwhgl/jcksfhyhxgl/node_zcfg_jcxm_jck_store/ef00310040cebcdda936e9ef3d432601。

汇管理改革完善真实合规性审核的通知》，进一步对境内外汇贷款结汇范围、内保外贷资金回流、跨国公司外汇资金集中运营等方面作出了规定，具体内容如下：

一是扩大境内外汇贷款结汇范围。允许具有货物贸易出口背景的境内外汇贷款办理结汇。可结汇资金主要包括信用证及托收项下出口押汇、出口贴现、出口商业发票贴现、出口保理、福费廷、订单融资、协议融资、出口海外代付、打包放款等具有货物贸易出口背景的境内外汇贷款。

二是允许内保外贷项下资金调回境内使用。明确允许境外债务人通过向境内进行放贷、股权投资等方式将内保外贷项下资金直接或间接调回境内使用，银行发生内保外贷担保履约的，相关结售汇纳入银行自身结售汇管理。在此之前，实务中对于境外子公司向境外银行申请贷款或境外发行债券的交易，境内母公司往往采取提供维好、流动性支持、股权收购承诺等非"担保"的增信方式，并通过贸易、投资等形式最终实现境外融资资金的回流。

三是进一步便利跨国公司外汇资金集中运营管理。境内银行通过国际外汇资金主账户吸收的存款，按照宏观审慎管理原则，可境内运用比例由不超过前六个月日均存款余额的50%调整为100%；境内运用资金不占用银行短期外债余额指标。

四是允许自由贸易试验区内境外机构境内外汇账户结汇。结汇后汇入境内使用的，境内银行应当按照跨境交易相关规定，审核境内机构和境内个人有效商业单据和凭证后办理①。

4. 完善全口径跨境融资宏观审慎管理，拓宽企业和金融机构跨境融资渠道

2017年1月11日，中国人民银行发布了《中国人民银行关于全口径跨境融资宏观审慎管理有关事宜的通知》，进一步完善及放松了宏观审慎规则下的跨境融资政策。一是增加适用主体。首次将境外银行（港、澳、台地区银行比照适用）境内分行纳入全口径跨境融资宏观审慎管理范围，即央行全口径宏观审慎管理政策覆盖的主体不仅包括境内法人企业（仅限非金融企业，不含政府融资平台和房地产企业）和法人金融机构，还包括外国银行境内分行。二是扩大跨境融资规模。将企业跨境融资杠杆率由原来的1调整至2，即企业的跨境融资额度上限扩大了一倍，企业可按照两倍于净资产的规模开展跨境融资。此外，金融机构向客户提供的内保外贷按20%纳入跨境融资风险加权余额计算。全口径跨境融资宏观审慎管理政策

---

① 《国家外汇管理局关于进一步推进外汇管理改革完善真实合规性审核的通知》，2017/01/16，国家外汇管理局，http://www.safe.gov.cn/wps/portal/!ut/p/c5/04_SB8K8xLLM9MSSzPy8xBz9CPOos3gPZxdnX293QwML7zALA09P02Bnr1BvIyNvc6B8pFm8s7ujh4m5j4GBhYm7gYGniZO_n4dzoKGBpzEB3eEg-_DrB8kb4 ACO-Bvp-Hvm5qfoFuREGWSaOigDuOwR_/dl3/d3/L2dJQSEvUUt3QS9ZQnZ3LzZfSENEQ01LRzEwODRJQz BJSUpRRR-UpKSDEySTI!/?WCM_GLOBAL_CONTEXT=/wps/wcm/connect/safe_web_store/safe_web/zcfg/zhfg/qt/node_zcfg_qt_store/06ad61004fd6d8b2b8d6b88c78fc6d27。

构建了基于微观主体资本或净资产的跨境融资宏观审慎约束机制,扩大了企业和金融机构跨境融资的空间,有利于拓宽企业和金融机构的融资渠道,在审慎经营理念基础上提高跨境融资的自主性和境外资金利用效率,符合现阶段监管层面"扩流入"的政策导向,可以看作央行向完善其宏观审慎政策框架迈出的重要一步。在全口径跨境融资新政策下,未来海外直贷、NRA 相关业务、内保外贷、国际信用证、海外代付、跨境同业代付等各项跨境业务或将增加。

5. 维护外汇市场秩序,防范跨境资金流动风险

(1) 规范银行卡境外大额提取现金。2017 年 12 月 31 日,国家外汇管理局发布国家外汇管理局关于规范银行卡境外大额提取现金交易的通知,规范银行卡境外大额提取现金交易,完善跨境反洗钱监管。主要内容包括:一是个人持境内银行卡在境外提取现金,本人名下银行卡(含附属卡)合计每个自然年度不得超过等值 10 万元人民币;二是将人民币卡、外币卡境外提取现金每卡每日额度统一为等值 1 万元人民币;三是个人持境内银行卡境外提取现金超过年度额度的,本年及次年将被暂停持境内银行卡在境外提取现金;四是个人不得通过借用他人银行卡或出借本人银行卡等方式规避或协助规避境外提取现金管理。外汇局坚持支持个人持卡跨境合规使用。规范银行卡境外大额提取现金交易,是反洗钱、反恐怖融资、反逃税的必要举措,可进一步防范银行卡提取现金领域的违法犯罪活动①。

(2) 完善银行卡跨境交易统计。当前,银行卡已成为个人出境使用的最主要的支付工具。国内现行银行卡境外交易国际收支统计主要采用总量统计模式,随着国际协作中有关反洗钱、反恐怖融资、应对税基侵蚀等要求的增加,银行卡跨境交易统计在金融交易透明度、统计数据质量等方面需要进一步提升。为完善银行卡境外交易统计,维护银行卡境外交易秩序,国家外汇管理局于 2017 年 6 月发布《国家外汇管理局关于金融机构报送银行卡境外交易信息的通知》。规定境内发卡金融机构向外汇局报送境内银行卡在境外发生的全部提现和单笔等值 1 000 元人民币以上的消费交易信息。开展银行卡境外交易信息采集,不涉及银行卡境外使用的外汇管理政策调整,外汇局将继续支持和保障个人持银行卡在境外经常项下合规、便利化用卡。银行卡境外交易信息由发卡金融机构报送,个人无须另行申

---

① 《国家外汇管理局关于规范银行卡境外大额提取现金交易的通知》,2017/12/31,http://www.safe.gov.cn/wps/portal/! ut/p/c5/04 _ SB8K8xLLM9MSSzPy8xBz9CP0os3gPZxdnX293QwML7zALA09P02Bnr1Bvly Nvc6B 8pFm8s7ujh4m5j4GBhYm7gYGniZO _ n4dzoKGBpzEB3eEg - _ DrB8kb4 ACOBvp - Hvm5 qfoFuREGWSaO-igDuOwR _/dl3/d3/L2dJQSEvUUt3QS9ZQnZ3LzZiSENEQ01LRzEwODRJQzBJSUpRRUpKSDEySTI! /? WCM _ GLOBAL_CON-TEXT =/wps/wcm/connect/safe _ web _ store/safe _ web/zcfg/whscyrmbhn/node _ zcfg _ whjy _ store/f598b60043 e427369a839a43fc843205。

报,不增加个人用卡成本,外汇局将依法保护持卡人信息安全①。

(3) 规范境外非政府组织代表机构人民币银行账户管理。2017年6月,中国人民银行、公安部联合印发了《关于做好境外非政府组织代表机构人民币银行账户管理有关工作的通知》,要求各银行业金融机构保障境外非政府组织代表机构依法在境内办理人民币银行账户业务。境外非政府组织代表机构到银行业金融机构办理人民币银行账户业务,应出具公安机关核发的加载统一社会信用代码的《境外非政府组织代表机构登记证书》和税务部门核发的税务登记证。银行业金融机构应通过柜台查验、登录公安机关境外非政府组织网上办事服务平台查询等方式,对客户提供身份基本信息以及《境外非政府组织代表机构登记证书》等证明文件的真实性、完整性、合规性进行审查,并且还对境外非政府组织及其代表机构已开立的人民币银行账户信息变更和账户管理时限等提出了明确要求②。

(4) 发布非居民金融账户涉税信息尽职调查细则。2017年12月18日,中国人民银行、国家税务总局、国家外汇管理局联合发布了《银行业存款类金融机构非居民金融账户涉税信息尽职调查细则》(以下简称《细则》)。该《细则》为中国的存款类银行业金融机构对非居民金融账户涉税信息开展尽职调查工作提供了较为详细的操作指引,银行应根据该细则收集非居民的涉税信息,并向相关主管机关进行报送,是国内监管部门在提升跨境账户透明度、打击跨境逃避税工作的又一大进展。

《细则》针对银行较为普遍的业务类型及账户管理方式,为银行应如何履行尽职调查义务提供了具体的指引。一是详细阐述相关定义。《细则》结合我国银行业的业务特点,对金融账户、特定的组织或实体、相关证明材料等定义进行了详细阐述,相关表述更符合我国国情。二是统一规范尽职调查流程。《细则》进一步规范了银行实施尽职调查的流程要求,如合理性检查的矛盾情形等内容,便于银行把握监管口径,更好地实施相关监管要求。三是明确监督管理要求。明确中国人民银行的检查要求以及对于违规行为的罚则,意在加强境内银行的实施质量,确保相

---

① 《国家外汇管理局关于金融机构报送银行卡境外交易信息的通知》,2017/06/02,国家外汇管理局,http://www.safe.gov.cn/wps/portal/!ut/p/c5/04_SB8K8xLLM9MSSzPy8xBz9CP0os3gPZxdnX293QwML7zALA09P02Bnr1BvIyNvc6B8pFm8s7ujh4m5j4GBhYm7gYGniZO_n4dzoKGBpzEB3Eg-_DrB8kb4ACOBvp-Hvm5qfoFuREGWSaOigDuOwR_/dl3/d3/L2dJQSEvUUt3QS9ZQnZ3LzZfSENEQ01LRzEw ODRJQzBJSUpRRUpKSCDEy-STI!/?WCM_GLOBAL_CONTEXT=/wps/wcm/connect/safe_web_store/safe_web/zcfg/whscyrmbhn/node_zcfg_whjy_store/df5f2280415c7aa8a9ccb954b8dd0b28。

② 中国人民银行、公安部联合印发《关于做好境外非政府组织代表机构人民币银行账户管理有关工作的通知》,2017/06/14,中国人民银行,http://www.pbc.gov.cn/zhengwugongkai/127924/128038/128109/3300353/index.ht。

关监管要求得以贯彻执行。四是开展监管检查。明确中国人民银行不定期对银行非居民金融账户涉税信息尽职调查管理制度建设、工作开展、相关资料保存、信息报送等情况开展现场检查或非现场检查。

（5）信息共享，多部门联合监管。2017年4月21日，海关总署、国家税务总局、国家外汇管理局在京共同签署《关于实施信息共享开展联合监管的合作机制框架协议》（以下简称《框架协议》）。同日，海关总署与国家税务总局和国家外汇管理局分别签署了《海关总署、国家税务总局关于推进信息共享实施联合监管合作备忘录》和《海关总署、国家外汇管理局关于推进信息共享实施联合监管合作备忘录》，作为《框架协议》的具体落实机制。海关、税务、外汇三部门加强彼此间信息共享，明确具体的合作领域和职责分工。通过加大信息共享力度，不断地完善事中事后监管体系，推进综合执法，提高管理效能。协同推进三方在各地分支机构开展协查反馈、联合监管等方面的全方位合作，共同实施相应的联合激励和惩戒措施。对更好地防范和打击走私、骗取出口退税、逃骗汇等违法违规行为具有重要的意义①。

6. 严厉打击外汇违法违规行为，从严治理外汇市场乱象

2017年以来，外汇局积极贯彻落实全国金融工作会议精神，加强市场监管，从严治理外汇市场乱象，加大处罚力度，严厉打击外汇违法违规行为，维护外汇市场秩序。国家外汇管理局与公安部联合破获汇兑型地下钱庄案件近百起，涉案金额数千亿元人民币，现场抓获犯罪嫌疑人百余名，行政处罚超2亿元人民币②。

（1）加大检查执法力度。为防范、化解跨境资金流动风险，为改革开放保驾护航，外汇局加大了对重点领域、重点业务和重点渠道的检查力度，始终保持对外汇违法违规行为的高压态势。2017年，在全国范围内部署开展打击逃骗汇、非法套汇等外汇违法违规行为专项行动。第一季度组织开展了对银行内保外贷业务的现场检查，对违规银行进行了处罚。第二季度对虚假转口贸易、虚假贸易融资、QDII业务等进行了现场检查，并陆续开展了对第三方支付机构、货币代兑机构、银行办

---

① 海关总署、国家税务总局、国家外汇管理局共同签署《关于实施信息共享开展联合监管的合作机制框架协议》和《关于推进信息共享实施联合监管合作备忘录》，2017/04/22，中华人民共和国中央人民政府，http://www.gov.cn/xinwen/2017-04/22/content_5188092.htm。

② 国家外汇管理局与公安部联合召开打击外汇违法犯罪活动工作总结部署会议，2018/02/05，国家外汇管理局，http://www.safe.gov.cn/wps/portal/!ut/p/c5/hY7LDoIwFEQ_6U6lQlmWGksFAUNUYEMaQ5 CEh-wtj4t8LcY3OLE_mQRXNHu2ra-2zm0bbU0GVW3MgFwGTSHN_D-MzLqSXOQCbeenWSsuQezEguAYMD9IkVCcG4_xJX5c9tw7VTh0jzSCii4Ax21wdztFGxd6X_-_pfOFYkQUk4DQ2VVHmrPzSjsm9ae3vTYyjQZffTB7LIjj0!/dl3/d3/L2dJQSEvUUt3QS9ZQnZ3LzZfSENEQ01LRzEwODRDQzBQQkJSUpRRUpKSDEySTI!/?WCM_GLOBAL_CONTEXT=/wps/wcm/connect/safe_web_store/safe_web/whxw/ywfb/node_news_ywfb_store/2ffa1c004455ec。

理个人分拆购付汇及提取外币现钞业务的专项检查。检查涉及全国所有地区，主体涵盖银行和非银行金融机构、企业和个人，形成了全覆盖的检查格局，保持了对违法违规行为的高压态势。

（2）从严惩处违规行为。加大对逃汇、非法套汇、骗购外汇、非法买卖外汇、虚假交易等性质恶劣的违规行为的处罚力度，对情节严重、危害性大的违规行为按高限处罚或按笔处罚，对蓄意虚报、错报等影响外汇收支统计的行为加重处罚。除罚款外，对严重违法违规的银行机构，综合采用没收违法所得、暂停相关外汇业务、责令追究相关人员责任等方式，加大对其违法违规行为的处理力度，提升了银行类金融机构外汇业务合规经营的水平。

（3）不断强化监测分析。按照加强事中事后能力建设、有效防范风险的原则，从"事前重点识别、事中监测分析、事后及时查处"的工作思路出发，外汇检查部门建立了非现场分析与检查机制，应用外汇非现场检查系统，围绕重点项目、重点主体和重点区域，根据形势变化，科学设计非现场检查指标，筛查可疑线索，查找跨境资金流动风险和外汇违法违规行为，提高了外汇检查打击的精准度。对个人银行卡境外消费和提钞、大额利润汇出、离岸转手买卖、内保外贷等跨境资金流出异常或大幅增长的渠道和交易，加大了监测分析力度，并通过建立监测指标、健全工作机制，加强对重点主体的监测和分析。

（4）严厉打击地下钱庄。打击地下钱庄等外汇违法犯罪活动，一直是外汇检查与执法工作的重中之重。外汇局在打击地下钱庄过程中，十分注重强化部门合作，形成合力，保持高压态势。与公安等部门密切配合，建立了线索会商、信息共享等工作机制，在数据分析、可疑排查、线索移送、侦办跟踪、法规支持等办案流程中，发挥各自优势，共同对地下钱庄等违法犯罪活动保持高压打击态势，取得显著成效。在保持高压态势的同时，外汇局还深挖交易源头，打击交易对手。据悉，在打击地下钱庄案件中，外汇局拓展分析地下钱庄交易信息，深挖非法资金源头，围绕"谁在交易""钱从哪来""钱到哪去"等核心问题，深入了解地下钱庄交易对手和交易标的，严惩企业和个人参与地下钱庄非法买卖外汇的行为。

（5）加大宣传震慑力度。在加大检查和处罚力度的同时，外汇局充分发挥案例通报的警示作用，对违规性质恶劣的银行、企业和个人予以通报。2017年集中通报三次，合计通报典型案例43个。国家外汇管理局联合中央电视台制作拍摄打击地下钱庄的专题宣传片，分别在《新闻联播》和《新闻30分》栏目播出，向社会公众宣传地下钱庄的危害，以增强公众守法意识，稳定市场预期和信心。此外，外汇局将外汇违规信息纳入金融业统一征信平台及进出口企业综合资信库，以强化失信惩戒力度；同时，在政府网站公示外汇行政处罚信息，并将有关信息同步推送至"信用中国"网站等信息共享平台，健全社会信用信息，增强市场主体依法合规的经营意识。

二、2017年我国金融监管面临的挑战

（一）银行监管存在的问题

1. 金融科技快速发展、潜在风险日益凸显

金融科技的快速发展对于加强金融服务供给、提升服务效率、降低服务成本，具有重要作用，与此同时，在金融稳定方面，金融科技可能会引发一些实际问题。

在机构层面，一是影响传统金融机构的盈利能力。金融科技可能分流部分银行业务，对现有银行的盈利模式和盈利能力形成挑战。二是增加信息科技风险等操作风险。金融机构更多地运用新技术并外包部分金融业务，增加了风险管理难度。目前已有部分第三方合作机构因系统缺陷导致金融交易数据泄漏的案例。三是有可能提高整体风险水平。金融科技企业在增加金融服务可获得性的同时，有可能降低客户门槛，引入更多高风险客户。由于金融科技尚未经过经济周期性检验，缺乏历史数据，可能造成风险低估和错误定价。四是对突发事件的管理能力提出了更高要求。全天候金融服务可能会增加金融机构受到外部冲击的时间和概率，对实时监测和突发事件的管理能力形成挑战。

在系统层面，一是增加机构之间的关联性和金融体系的复杂性。金融科技将加深金融业、科技企业和市场基础设施运营企业的融合，增加金融行业的复杂性。部分科技公司在信息科技风险管理方面的局限性，有可能导致相关风险在三类企业之间传递，增加系统性风险。二是可能强化"羊群效应"和市场共振，增强风险波动和顺周期性。在金融服务效率提升的同时，风险传导速度可能加快，金融市场参与者的行为更易趋同，从而放大金融市场波动。以智能投资顾问为例，金融机构在运用智能化系统为客户提供程序化的资产管理建议时，如果采用相似的风险指标和交易策略，可能在市场中导致更多的"同买同卖、同涨同跌"现象，加剧市场的波动和共振。

在监管层面，一是对监管专业能力形成挑战。监管者可能难以快速配备相应的专业资源，及时更新知识结构，识别潜在风险，从而影响监管有效性。二是增加风险监测和管控难度。去中心化和金融脱媒使得更多未受严格监管、资本水平较低的科技企业进入金融行业；同时，许多交易活动可能脱离中央清算机制，增加交易各方之间的风险敞口，也增大风险监测和管控难度。三是容易产生监管套利和监管空白。某些科技创新可能游离至监管体系之外，变相规避监管，造成监管套利。

2. 交叉金融业务日益活跃，监管面临新挑战

商业银行交叉金融业务的快速发展给商业银行自身的发展及市场监管带来了

巨大的挑战。交叉金融业务的发展过程，也是金融产品和金融机构变迁的过程，持续推动着金融结构的演变。

一是非金融企业加杠杆，债务风险上升。从融资规模和融资机构来看，当前交叉金融业务中间接融资占比仍然较高，基础资产更多的还是信贷资产，规模快速增长导致全社会非金融企业在持续加杠杆，债务风险上升，金融风险持续累积。近年来商业银行负债方脱媒加速，但传统金融结构决定了社会融资很大程度上仍主要依赖银行渠道的间接融资，在监管约束趋紧的环境下交叉金融业务快速发展有其必然性。间接融资模式在微观上依赖于较低的违约率、合理的资产负债率和充裕的抵押物，在宏观上依赖于全面繁荣的顺周期、较大固定资产投资量和经济高速增长的基本面环境。当前世界经济复苏低迷，中国经济增速放缓，投资面临边际效益递减的状态，非金融企业杠杆率快速上升，以债权为主要特征的交叉金融业务快速发展增加了全社会的财务负担，资金空转套利现象部分存在，不利于经济金融稳健发展。交叉金融业务一旦违约，牵连机构较多，加之担保圈、担保链的企业和机构，风险处置成本也较高。

二是业务模式复杂，风险难以计量。首先，业务模式复杂。国际货币基金组织（IMF）提出，影子银行主要指将信用中介活动分解成一系列独立环节的金融实体和活动。一笔交叉金融业务往往涉及三个以上的独立环节，每个环节可以掌握该环节自身的信息和风险状况，但无法从实质上把握该笔交叉金融业务的全面信息和整体风险。从交叉金融业务参与方看，金融风险从存贷款者间扩散到更为广泛的各类金融机构和交易主体中。从融资期限看，流动性风险更容易被低估。当前交叉金融业务的资金来源往往是短期性质的资金，其最终资产的资金需求往往是长期性质的资金，因此会带来严重的期限错配问题。这类短期资金实质上尚未完成真正的期限转换，风险也未转出银行体系。其次，风险计量困难。交叉金融业务关联方逐渐增多，信用链条跟业务交叉点不断向外延伸，通过资金的交叉流动形成连锁反应。与商业银行表内的信贷业务比，交叉金融业务难以做到实质上的风险评估，风险管理弱化，总体来看信息透明度低，数据统计、资产分类、风险承担、资本计提、拨备计提、会计核算、风险评估等无法准确计量。最后，风险关联度高。从风险之间的联系看，不同金融市场之间的风险很难绝对分割，而且容易相互传导。在交易更加便捷、信息更加充分的金融市场中，各类风险更容易传染和扩大。交叉金融业务在参与机构上不断交叉，在产品设计上多层嵌套，基础资产从银行体系的信贷资产扩展至债券市场、资本市场，其本身风险结构呈现出交叉、交织的特征。这主要表现在结构化分级产品的加杠杆，价格风险、流动性风险和信用风险相互交织转换，债券市场、资本市场风险向银行体系传导。目前商业银行风险控制体系主要基于传统的存贷款经营模式建立，交叉金融业务的出现为商业银行风险控制提出新的课题,跨市场、跨界、跨业的交叉风险传染对风控体系提出更高要求。

三是业务监管面临较大挑战。一方面,监管协调困难。当前商业银行理财产品、信托公司的信托计划、保险资产管理公司的资产管理产品业务和证券公司的客户资产管理业务,均属于资产管理类的业务,监管法规分别为商业银行理财业务管理办法和集合信托管理办法及相关规章。对于交叉金融产品或嵌套型金融产品,目前监管容易出现各管一段的局面,监管协调较为困难。另一方面,监管、创新持续博弈。交叉金融业务监管与交叉金融业务发展节点基本保持一致,总体上遵循了业务创新——监管引领——快速发展——规范发展的思路,体现了监管与创新的博弈交替。例如,针对银行资产出表、规避监管的业务模式,监管部门相继出台针对银银合作、银信合作、银证合作、银基合作的监管规章,对某些创新行为进行规范、叫停或风险提示。各业态监管部门不断从组织框架、风险管控、信息披露等多个角度加强内部管控,规范业务操作。但随着交叉金融业务的快速扩张,其规模体量巨大,已经引起监管部门的高度重视;强化对交叉金融业务的顶层设计,引领资金注入实体经济,推动转型发展的形势尤为迫切。

3. 流动性风险不断暴露,风险防控水平有待提高

近年来,金融市场业务快速发展,杠杆率上升、资金来源不稳定性增强、期限错配等问题突出,我国商业银行流动性风险不断暴露。随着金融市场的快速发展及金融工具的不断创新,商业银行负债端对存款的依赖程度逐步降低。商业银行金融市场参与度提高,对金融市场的依赖程度增强。然而,商业银行很容易忽视这种流动性风险本质的转变所具有的系统性特征。特别是地方法人商业银行,相较全国性银行而言,其流动性管理和风险防控仍不成熟。

期限错配问题依然突出,存在较大的流动性风险隐患。目前,商业银行的主要盈利模式仍是赚取净息差。"借短放长"是其资产规模扩张的主要方式,即通过同业拆借、卖出回购等短期批发性融资,来支持长期资产的扩张,资产负债的期限错配问题较为严重。同时,银行委外业务是过去几年中国影子银行体系业务扩张的重点。委外业务过快发展,金融机构通过层层加杠杆和期限错配获取超额利差,导致资金在金融体系内部滞留时间延长,甚至自我循环,进一步背离了金融业服务实体经济的初衷,加大了金融风险。从目前的监管体系来看,中国银监会和央行对银行理财的流动性管理要求比较模糊,没有精确的量化管理指标,例如,银行的表外理财,部分直销银行的互联网资产管理平台的流动性管理还处于空白。

部分地方法人商业银行流动性管理水平不高。一是管理理念和手段严重不足,二是不具备有效的流动性管理信息化处理能力。与大型商业银行运用现代化计量模型和大数据手段对流动性风险进行实时监控和管理相比,地方法人商业银行对自身动态现金流和随机支出压力的识别能力较弱,风险监测和市场变化信息

的获取渠道单一,且对流动性风险的把控能力和经验也不足。

(二)证券监管中存在的问题

2017年,中国证监会深入学习贯彻党的十九大精神、中央经济工作会议和全国金融工作会议精神,紧紧围绕服务实体经济、防控金融风险、深化金融改革三项任务,不断强化监管执法工作,行政处罚决定数量、罚没款金额、市场禁入人数再创历史新高,突显证券监管中的诸多问题。

1. 传统违法行为依然严重,监管力度有待加强

2017年,中国证监会提出要依法从严全面监管,但是这一年证券市场虚假陈述、操纵市场、内幕交易等三大类传统违法案件占全部立案案件的65%,传统违法案件占比依然较高。信息披露各环节恶性案件、内幕交易重大案件仍然多发,操纵市场团伙化、"短线坐庄"特征明显。这说明现有监管的惩处力度还不足以让违法违规行为退却,因此,对传统违法违规行为的监管力度应该继续加强。

一是信息披露各环节恶性违法案件依然多发,财务造假更加隐蔽,信息披露被用于非法牟利,无视监管层的反复警告。首先,造假环节不断延伸,涉及IPO、再融资、并购重组、持续披露等多个领域。有的在IPO申报前即开始谋划造假;有的在通过发审会后、取得发行核准批文前隐秘粉饰财务数据;有的在公司上市后长期、系统性造假。其次,造假手法不断翻新。有的滥用行业特点,寻求行业会计制度和企业会计准则差异的"制度红利";有的通过境外公司,或依靠海外客户跨境造假;有的与关联方串通编造虚假合同纠纷,利用司法判决支付违约金的方式实施造假。最后,并购重组违规披露折射脱实向虚倾向。有的用空壳公司以"名人效应+高杠杆融资"进行收购,不及时披露重要进展信息,严重误导投资者;有的大股东在控股权转让过程中隐瞒实情、控制节奏分阶段披露,不断"拉抽屉"。同时信息披露异化为内幕交易、操纵市场的工具。有些上市公司实际控制人通过控制信息披露节奏,一方面利用误导性陈述频繁发布公司转型、对外收购以及项目研发突破等利好消息影响投资者预期;另一方面推迟发布企业亏损或收购失败的利空消息,或与不法私募机构勾结,利用信息优势操纵市场,或提前高位精准减持股票从事内幕交易。

二是内幕交易大案频发,并购重组仍是重灾区,内幕信息多级多向多次传递引发窝案串案,突显现有监管法规及稽查手段的漏洞和缺陷。2017年,内幕交易平均案值超过3 000万元,7%的案件涉案金额突破亿元,超过70%的内幕交易获利,最高收益4 000余万元。从内幕信息看,并购重组仍是内幕交易重灾区,利用高送转、重大亏损等业绩类信息从事非法交易案件多发。从涉案主体看,法定内幕信息知情人直接交易仍占40%;内幕信息泄露范围进一步扩大,包括知情人子女就读学校校长、银行审贷人员、市场掮客、开办企业所在地的党政干部等。从传递方式看,

网络社交工具的普及客观上为内幕信息在亲属圈、朋友圈、同事圈等多种熟人圈内多层多级多向传递提供了便利,形成一批窝案串案。统计显示,超过25%的案件涉案主体在3人以上,最多7人同时被查。

三是操纵市场违法案团伙化、职业化特征明显,放大市场风险,加大监管难度。首先,涉案主体呈现团伙化、职业化特征,单位有组织违法比重上升。部分涉案主体以投资公司名义成立专门交易团队,在资金、设备、操作、决策端专人专岗,频繁开立和注销账户,单案平均涉及证券账户达95个。其次,个股价量异常波动引发快进快出负面效应。部分涉案主体集中快速拉抬股价,导致部分次新股价格非理性上涨,引发市场对板块概念跟风炒作,对其他投资者产生负面效仿现象,操纵手法快速扩散,积聚较大风险。有的通过配资账户引入大量民间资金,加大杠杆反复炒作,放大市场风险,影响市场稳定。最后,操纵手法糅杂多样,"短线坐庄"趋势明显。有些实际控制人或与知名私募配合,假借市值管理名义操控信息发布节奏,操纵股价,或与市场"牛散"联手,配合二级市场资金连续操纵。有的综合使用虚假申报、盘中拉抬、尾市封涨停等多种手法,短时间轮番炒作多只股票,短线操纵和"坐庄"交织。同时嫁接互联互通、期现联动,隐蔽性更强。有的通过内地与香港股票市场互联互通机制,采用多种异常交易手法跨境操纵股票。证券市场出现的这些新特征要求监管层要不断完善现有监管法规,改进现行稽查技术手段。

2. 中介机构未勤勉尽责情况时有发生,稽查执法力度有待提高

继2016年专项行动对专门领域集中打击之后,2017年共立案调查中介机构违法案件15起,同比下降40%,涉及5家证券公司、4家会计师事务所、1家律师事务所和3家资产评估师事务所。其中,中介机构在上市公司重大资产重组项目财务顾问业务、审计业务、法律服务业务、评估业务等方面,在IPO年报审计业务及法律服务业务等方面以及上市公司年报审计业务方面的未勤勉尽责情况尤为典型。

一是中介机构核查验证程序"走过场"问题突出,对其监管和稽查力度有待加强。主要表现为不遵守相关业务规则,核验程序流于形式,未编制工作计划,获取的资料证据不充分、不适当,底稿记录不完整,倒签报告日期,甚至在检查调查期间伪造篡改工作底稿。现阶段,中介机构已广泛参与到证券发行和交易过程的各个环节,然而其作用的发挥不尽如人意。市场更多地关注监管机构的审核结果,忽视了对中介机构的要求,从而中介机构在证券发行和交易各个环节中,呈现"形式"足而"实质"缺的模式。

二是专业把关"不专业"情况严重,挑战监管层底线。这主要表现为未保持应有的职业审慎,未全面有效评估项目风险,对明显异常情况未充分关注,对重大舞弊迹象怀疑不足,背离执业基本准则。有些中介机构在多个审计项目中未勤勉尽责被证监会多次立案调查,最多一家审计机构两年内先后4次被证监会立案调查,

最多的一家保荐机构一年内有 8 家公司 IPO 项目被否决,多家保荐机构的 IPO 项目被否率达到 100%。然而,这也反映了证监会对中介机构的监管并没有起到应有的作用,有惩处不力之嫌疑。

3. 基金及期货市场多种违规行为叠加,风险外溢效应明显

一是私募基金领域出现私募基金管理人违反私募基金相关监管规定,不同程度地存在未按规定办理基金产品备案、向非合格投资者募集资金、向不特定对象宣传推介产品、承诺最低年化收益率、挪用基金财产、未评估投资者的风险承受能力等违法违规行为,市场危害严重,同时也说明监管执法和稽查工作存在漏洞。违法行为有以下主要特点:首先,涉案金额巨大。有的私募基金管理人以投资顾问、通道业务等方式,通过结构化产品扩大规模,利用资金优势操纵市场。有的挪用基金财产,在不同产品之间进行利益输送,多起案件违法案值超亿元。其次,资金运作环节违规多发。有的私募机构与上市公司勾结,内幕交易、信息操纵和违规披露交织复合。有的私募基金管理人与其他投资机构从业人员勾结,交换各自管理的基金产品投资信息,在交易品种和时机方面形成默契,实施利益输送。有的私募基金管理人屡次涉案、屡次被查,不思悔改。最后,资金募集环节违法手法多样,主要表现为公开宣传、对投资者不设门槛、提供保底承诺。有的借互联网平台拆分销售,投资者数量变相突破法定上限,聚积市场风险,影响社会稳定。有的私募基金违规从事资金池业务,借旧还新、募短投长,严重偏离合法轨道。同时,虽然老鼠仓案件数量明显减少,但个别资管从业人员顶风作案,私募老鼠仓问题逐渐凸显。从涉案领域看,主要涉及私募从业人员老鼠仓,数量超过公募基金、保险资管、券商自营等传统多发领域。从违法行为看,共同违法案件增多,由私下单独交易转变为共享信息、交换信息、合谋从事非法交易;有的老鼠仓与内幕交易、从业人员违规买卖股票相互交织。从违法性质看,个别从业人员在证监会打击老鼠仓专项行动背景下仍不收敛、不收手,甚至在接受调查期间继续作案,性质十分恶劣,严重挑战监管层底线。

二是中国期货市场风险外溢效应突显。2017 年,期货市场违法案件处罚 3 起,即廖山炎操纵"普麦 1601"期货合约、上海有色金属交易中心编造传播虚假信息扰乱期货市场秩序、三立期货为其实际控制人个人借款提供担保导致账户被人民法院冻结,给投资者利益造成重大风险,均依法受到相应的行政处罚。与股票市场相比,期货市场违法案件虽然数量不多,但违法行为的风险外溢效应不容小觑。

4. 新三板市场违法动机多样,监管制度需要进一步完善

2017 年是中国证监会对新三板市场进行全面监管的第二年,新三板的主要监管制度是在 2016 年出台和实施的,还不是很成熟,需要进一步完善。2017 年,中国证监会对新三板领域立案 19 起,同比增长 14%。挂牌企业及其大股东和实际控制

人、做市商等中介机构涉案较多。

一是违规披露、资金占用隐患较大。挂牌公司在定期报告、重大事项、关联交易、诉讼担保等事项上违规披露现象严重。有的挂牌公司实际控制人利用关联企业拆借资金,归还个人债务;有的通过少计应收款坏账准备和存货跌价准备、虚增收入等方式进行财务造假。

二是实际控制人单独或合谋操纵股价问题突出。有的实际控制人隐蔽利用空壳公司参与定增,同期又大量使用其他账户买卖本公司股票,制造交易活跃假象吸引其他投资者参与,遂即高价减持定增股份获利巨大。有的做市商滥用市场地位,与挂牌公司实际控制人合谋,在收盘阶段提高报价,拉抬股票价格操纵市场。

三是违法动机复杂多样。有的挂牌公司实际控制人操纵本公司股价以直接获利为目的,有的是为了进入或维持在创新层,有的是为了谋求更高的定向增发价格,有的是为了弥补业绩承诺。

5. 通过互联网和自媒体传播虚假信息,监管部门反应速度有待提升

一是互联网和自媒体成为主要传播途径。虚假信息由"广场式"的公开散布转变为"茶坊式"的由社交网络集聚后多向、网状传播,扩散速度快,引发股价大幅波动,危害加剧。

二是违法手法和形式多样化。案发领域由证券市场向期货市场蔓延,信息种类由个股信息向监管政策蔓延。有的财经网站过度依赖自动抓取软件,在信息审核方面严重失职。有的知名机构从业人员背离基本事实,发布夸大估值的研究报告,严重误导投资者决策判断。

三是行为目的复杂化。有的编造传播虚假信息意图影响市场价格,有的恶意丑化监管形象为了获取网民注册信息,有的自媒体造谣传谣只是为了扩大自身的市场影响。

(三)保险监管存在的主要问题

1. 保险科技高速发展,传统保险监管手段滞后

近年来,我国保险科技投入力度加大,大数据、人工智能、区块链、移动互联网、物联网等前沿技术广泛运用于产品创新、保险营销和公司内部管理等方面。依托于互联网保险对部分标准化传统保险的快速替代,以及场景创新型产品带来的增量市场,互联网保险创新业务保持高速增长。2017年,互联网保险签单件数124.91亿件,增长102.60%,其中退货运费险68.19亿件,增长51.91%;保证保险16.61亿件,增长107.45%;意外险15.92亿件,增长539.26%;责任保险10.32亿件,

增长 438.25%[①]。

保险科技是技术驱动的保险创新,为保险发展注入了新活力的同时,也给保险监管带来了新挑战,致使传统保险监管手段滞后于保险科技的发展。

一是分业监管手段与保险科技的跨界化不匹配。保险科技跨越了保险和科技两个部门,同时也跨越了多个金融子部门。保险科技的跨界化是行业层面甚至体系层面的跨界,比金融领域的混业经营更加复杂。而现行的分业监管存在监管竞争、信息分割、协调困难等问题,在保险科技监管工作中易出现监管真空,导致监管套利。

二是单一化的监管手段与保险科技风险的多样化不适应。保险科技不仅没有改变保险业务的风险属性,传统的信用风险、流动性风险、利率风险、声誉风险在相关的保险科技业务中仍然存在,并且经过复杂的结构安排、程序编码,再加上互联网信息科技本身极强的专业性,使得其中的风险更加隐蔽复杂,特别是潜在的信息科技风险和操作风险更加突出。此外,保险科技更加注重"网络效应""规模效应""范围效应""尾部效应",而这些效应在风险爆发时会增加风险的传染性和影响力。同时,部分保险科技产品过度包装,其真正的风险难以被识别和度量。这些都对传统的保险监管手段在风险监测、预警和处置等方面提出了新的挑战。

三是机构化的保险监管手段与保险科技的去中心化不协调。传统的保险监管主要是针对法人机构进行的,而保险科技机构呈现出去中心化的趋势,或以一种网络化的平台形式呈现。这种去中心化的趋势加剧了保险行业经营主体的多样化。一些新的主体通过保险科技平台进入保险行业,借"普惠金融""科技创新"等之名,套取客户利益。去中心化可能使市场迅速出清,也可能导致市场瞬间失效,而传统保险监管手段集体化、中心化和机构化的特点将导致监管低效。

2. 穿透式监管措施开始践行,穿透式监管机制尚不健全

当前,国际和国内金融监管机构日益重视宏观审慎监管与微观审慎监管的结合,而穿透式监管是两者结合的具体体现。穿透式监管通过金融产品的表面形态看清金融业务的内在本质,将投资者构成、资金来源、中间业务、资金投向等链条穿透相连,按照"实质大于形式"的原则甄别金融产品或业务的属性,找准监管实施的着力点。2016年10月,国务院办公厅发布了《互联网金融风险专项整治工作实施方案》,首次从国家层面提出"穿透式"监管办法。

近年来,中国保监会在实践中所采取的一些措施已体现"穿透式"监管理念。例如,2015年,中国保监会在偿二代监管体系中,运用穿透法对金融产品进行风险

---

① 《2017年保险业发展稳中向好,行业加快回归本源服务能力明显提升》,保监会网站,http://www.circ.gov.cn/web/site0/tab5207/info4096744.htm。

评估。2016年6月,中国保监会发布了《关于加强组合类保险资产管理产品业务监管的通知》,引入穿透式监管原则对保险资产管理公司和养老保险公司的产品发行进行监管。2017年,中国保监会印发《关于进一步加强保险公司关联交易管理有关事项的通知》,对保险公司关联交易实施穿透监管原则,对信托计划等金融产品追溯穿透至实际权益持有人,下溯穿透至底层基础资产。2017年,中国保监会对《保险公司股权管理办法》第二次征求意见,征求意见稿中明确按照实质重于形式的原则,依法对保险公司股权实施分类监管和穿透式监管。

然而,穿透式监管是一个重大的系统工程,需要统筹安排、精细规划、多措并举,需要融合监管机构、协调机构、金融机构、技术支持以及法律法规等要素。因此,我国穿透式监管机制还不健全。

一是协同监管规则尚未完善。穿透式监管要求全方位、全流程的协同监管与之相对应。虽然,国务院金融稳定发展委员会于2017年7月14—15日在北京召开的全国金融工作会议上宣布设立,旨在加强金融监管协调、补齐监管短板;然而,监管部门各自为政,缺乏政策合力的现象短时间难以消除,改变我国长期以来的分业、分段式监管规则框架并不是件容易的事。

二是金融基础设施的建设和管理分散。穿透式监管的有效实施需要依托完善的金融基础设施及各金融子系统间良好的信息资源对接。在分业监管框架下,不同金融子市场的基础设施分别属于不同的监管部门,监管重点和监管标准的不一致造成金融基础设施建设分业化,不同金融子市场之间的信息沟通不畅,对穿透式监管的信息资源共享造成阻碍。

三是监管政策实施的时滞较长。为了实现"穿透"的目的,需要经历从监管部门识别保险创新产品与业务的本质,到制定穿透式监管措施,再到新措施的实施的过程,该过程历经时间较长,从而产生监管时滞。而在监管时滞过程中,保险创新产品与业务往往又会发生新的变化,产生新的风险,降低了监管措施的针对性和有效性。

3. 监管激励相容不足,"监管失灵"时常出现

保险监管的公共产品特性,决定了保险监管职责只能由政府来承担。然而,信息的不完全以及政府的内在缺陷往往导致"监管失灵",致使保险监管体制与监管目标激励不相容。激励相容的保险监管要求保险监管不能仅仅从监管的目标出发来设置监管措施,还应当将保险机构的内部管理和市场约束纳入监管的范畴,引导这两种力量来支持监管目标的实现。目前,我国保险监管激励相容不足,具体表现为:

一是监管者权力寻租。我国保险监管当局的行为透明度不高,至今尚未形成对监管者进行有效监督检查及绩效考核的体系,监管权力大而集中,监管者的行为

较少受到监督与约束,可能会导致相关关系人的寻租问题。

二是监管规定日趋复杂。在计划经济体制下,我国保险业一直实行严厉的管制措施,这种带有浓厚行政色彩的监管体制和思维方式根深蒂固,直到今天还影响着监管部门的决策和行为。在"家长制"式的监管模式下,监管部门通过不断制定"家规"对保险机构进行管制。复杂的监管规定不仅对监管能力提出了更高的要求,需要更多的资源投入以进行有效监管,为特殊利益者创造更多规避监管的机会,削弱了监管的效果,也削弱了市场激励和自律机制。因此,如果监管规定过于复杂,其执行往往是高成本和不透明的,从而会降低监管机构的信誉和可问责性。

三是信息供给不足。信息是决定监管效率的关键,信息供给不足会产生监管的高成本和低效率。而在我国目前的政府、市场披露和社会信用评级三个信息渠道中,后两个渠道是不畅通的。信息供给的不足会极大地削弱市场对保险机构的直接监督,引发道德风险问题。

(四)涉外金融监管中存在的问题

2017 年,国家外汇管理局继续简政放权,稳步推进外汇管理领域改革,服务实体经济发展;同时,强化事中事后监管,加大对违法违规行为的检查和处罚力度,切实维护外汇市场稳定。但与此同时,由于新形势下外汇管理与外汇政策的调整,涉外金融监管中仍存在以下一些问题。

1. 跨境资金流动监管主体多头并立,管理体制仍不完善

一是我国跨境资金流动监管主体较多。依据 2017 年国家外汇管理局公布的《现行有效外汇管理主要法规目录(截至 2017 年 6 月 30 日)》中现行有效的外汇管理主要行政法规和部门规章以及部门规范性文件,目前涉及外汇的监管主体主要是国家外汇管理局,其下设的综合司、国际收支司、经常项目管理司、资本项目管理司、管理检查司、储备管理司、外汇业务数据监测中心来负责跨境资金的监测和监管。人民币跨境资金的监管主体是中国人民银行,其下属的金融稳定局、调查统计司、条法司等部门来负责人民币跨境资金监管。另外,外汇和人民币跨境资金监管也涵盖中国银监会、中国证监会、国家工商总局等十几个部级国家机关。国家外汇管理局针对跨境资金监管实行项目划分的分割式管理,不同部门、不同外汇系统之间检测和预警信息不能实现有效联通和共享。跨境资金监管部门与国家发改委、工商、税务等相关职能部门的信息交换、政策互通、协作监管没有有效的机制,制约了监管的效率和效果。目前跨境资金监管政出多门、职权交叉、责任不明、严宽不一。虽然业已存在的金融监管联席会议制度在金融监管方面加强了协作,并推动了一系列宏观调控和金融监管的政策性制度安排,但是在松散的联席会议制度下,每年仅开几次会议并无法满足日益复杂的跨境资金监管形势,以及人民币国际化

背景下金融监管的紧迫性。

二是本外币监管主体分离。就我国目前的跨境资金监管制度而言,人民币跨境资金的流入和流出由中国人民银行监管并获得相关信息,外币跨境资金监管由国家外汇管理局负责监管并获得外汇的流入和流出信息,两套主体的数据监测信息相互分离,并没有实现实时共享。人民币与外汇监管要求和口径不一致。随着跨境人民币结算规模逐步扩大,本外币分开监管容易形成监管真空,无法客观准确地监控本外币跨境资金流入和流出的情况。本外币跨境结算政策在进出口贸易、服务贸易、资本项目、个人跨境结算等方面有明显差异。这种差异容易造成企业套利,加剧企业融资行为,加大了结售汇顺差和收付汇顺差的背离,增加跨境资金监管的难度①。

2."熊猫债"发债主体各不相同,分类管理框架有待构建

一是熊猫债的发债主体各不相同。熊猫债是境外机构在中国市场发行的债券。2017年全年"熊猫债"发了600多亿元,主要发债主体包括国际开发金融组织、国外政府、国际著名金融机构和企业。主权类机构、金融机构和非金融企业性质不同,发行熊猫债的动机、规模、是否跨境使用及市场影响差异也较大。主权类机构发债主要为增加外汇储备、向政府机构发放贷款,期限多为中长期,发行规模较大,一般为20亿—30亿元甚至更高的水平,大多汇出境外使用。金融机构发债主要为补充营运资金或人民币流动性,期限以3年的中期居多,发债金额在10亿元左右,多数选择汇出境外,少数留存境内使用。非金融企业发债主要用于贸易投资活动、置换存量债务或在境外转换成其他币种使用,期限多为1年期,少数为中期,金额大小不均,单笔最大达40亿元(如戴姆勒),最小的仅5亿元。值得注意的是,部分非金融企业利用境外发行人的高信用评级在境内以较低成本发债获得融资,在一定程度上也是一种套利行为。

二是对熊猫债尚未以正式形式建立明确的分类管理框架。在当前熊猫债市场快速发展,境外机构发债需求旺盛的情况下,一方面,这会导致管理本身缺乏针对性,无法覆盖不同类型发行主体面临的问题,造成实际管理中标准不一;另一方面,标准不清晰、不透明,特别是在银行间和交易所两个市场分割的情况下,易导致低等级发行人利用标准和规则差异的"逆向选择"行为。据了解,目前已在交易所市场完成熊猫债发行的境外企业,其国际评级均在B到BBB水平,绝大部分为投机级②。

---

① 贺辉:《我国跨境资金监管制度完善研究》,《郑州大学学报(哲学社会科学版)》2017年11期。
② 周诚君、吕威、卜凡玫、王娜:《关于进一步规范熊猫债管理的若干考虑及政策建议》,《债券》2017年第9期。

3. 个人外汇账户异常,资金流动频现,外汇管理存在隐患

在人民币国际化进程提速的大背景下,外汇流入流出的均衡管理面临重大挑战。随着直接投资外汇业务信息系统和出口收汇联网核查系统的上线,异常资金通过皮包公司和虚假贸易"两扇门"流通的现象得到一定的抑制,而个人外汇账户成为异常资金流入流出的重要通道。

一是银行代位监管不到位现象突出。随着外汇管理局实现由直接监管向间接监管的重要转变,银行代位监管成为外汇管理的一种重要模式,发挥了积极作用。但是在银行代位监管机制下,银行既是外汇业务经营者又是管理者,在执行中难免出现利益偏离和审核松懈的情况,个别银行的个别工作人员甚至教唆客户编造或拼凑虚假凭证资料应付资金真实性审核,规避外汇管理规定的约束。监管部门依据现行《个人外汇管理办法》和《个人外汇管理办法实施细则》对个人外汇实行年度总额管理。个人办理额度内外汇业务需凭本人身份证,超限额业务则需证明其资金真实性。但是,在实际操作过程中,个别客户通过以下几种途径对年度总额管理进行规避:一是用家属或亲朋的身份证进行结汇或者购汇。如境外同一汇款人将外汇汇给境内不同收款人,收款人办理年度总额内结汇后将人民币资金划给同一收款人,实现分拆结汇。二是利用有关证明材料的规定操作性不强的弱点,凭"证明材料"直接办理外汇买卖。如超限额赡家款须提供亲属关系证明和银行存款证明等,但是并没有具体规定所需材料由哪个部门确认,也无法以统一格式进行规范,银行难以对其来源和资金性质进行判断,从而使个别不符合规定的业务蒙混过关。三是利用不同国家和地区的金融自由化程度差异规避监管,如在美国等国家或地区将外汇直接结汇后再通过人民币账户汇入。

二是监测体系不完善,无法全面掌握个人外汇业务状况。目前,个人外汇收支非现场监测主要借助国际收支统计申报系统和个人结售汇信息系统。通过这两个系统,可以采集个人跨境外汇收支明细、个人购结汇交易明细。银行通过个人结售汇系统办理个人购汇和结汇业务,应真实、准确、完整地录入相关信息,但是,外汇储蓄、汇出、划转以及外币现钞存入、汇出、提取、结汇等数据却难以全面反映。部分数据如储蓄账户的划转、存入、汇出等,由于不涉及兑换业务,系统无法获取;外币代兑点结汇、银行柜台尾零结汇、外币卡境内消费结汇等数据尚未纳入系统;外汇账户间的划转情况、购汇存入储蓄账户或者现汇存入储蓄账户等情况,无法通过系统进行监测;系统缺乏针对外币现钞的专项统计体系,且现行个人结售汇管理信息系统没有提供筛选数据的功能,从大量的购汇数据中采集外币现钞数据十分困难;外汇管理局与海关之间未建立外币现钞出入境信息交换平台,从而难以实现对个人外币现钞出入境的追踪监管。随着银行和代兑机构的跨区域经营,上述问题将日渐凸显①。

4. 中国企业海外投资加速,海外投融资管理经验不足

近年来,中国企业走出去的步伐明显加快,开拓了国际视野,积累了宝贵的行业经验。但从整体上看,中国企业对外直接投资仍处于摸索阶段,跨境投融资供需失衡,造成这一现象的主要原因是我国混业经营的格局与分业监管之间存在矛盾。随着中国经济的快速发展和城镇化水平的不断提高,中国金融体系已经发展成为混业经营、混业竞争的格局,其与"分业监管、涉外金融牌照中央政府垄断"的现状矛盾。中国企业对外投融资,在现有分业监管格局下,如果想合规地通过中国跨境投资渠道,只能通过以中投公司为代表的中央国资背景企业,这样至少存在两方面缺憾:一方面,广大民营资本的海外投资热情日益增长,高级别、低数量的现有机构难以满足巨大的市场需求;另一方面,涉外金融与国内业务相比,有牌照的金融企业的政府行政色彩更浓厚,决策机制市场化意识淡薄,这使其在风险偏好方面保守有余,同时进取心和服务意识不足。央企金控平台依然不具备跨境并购业务的能力,少数中央金融企业在全球第六轮海外投资过程中的作用乏善可陈,服务缺位明显;特别是中央倡导供给侧改革"三去一降一补"当中的"补短板",很多国内产业链急需对外采购的技术,但是没有相应的金融服务解决方案。而很多航天、航空等军工产业的地缘政治敏感项目,央企工业企业不敢过度依靠国际投资银行,国内市场化金融机构又没有前瞻性的牌照管理指引,这造成了当前海外投融资供需失衡的问题,中国金融"二元结构"矛盾凸显。

(五)金融监管中存在的其他问题

1. 金融风险趋于复杂化和扩大化,金融风险防范难度加大

金融安全是国家安全的重要组成部分,准确判断风险隐患是保障金融安全的前提。总体看,我国金融形势是好的,但当前和今后一个时期,我国金融领域尚处在风险易发高发期,在国内外多重因素的压力下,风险点多面广,呈现隐蔽性、复杂性、突发性、传染性、危害性特点,结构失衡问题突出,违法违规乱象丛生,潜在风险和隐患正在积累,脆弱性明显上升。具体而言,当前的金融风险隐患是实体经济结构性失衡和逆周期调控能力、金融企业治理和金融业对外开放程度不足,以及监管体制机制缺陷的镜像反映。

一是宏观调控和金融监管的体制问题引致风险的系统性。宏观调控对货币"总闸门"的有效管控受到干扰。在风险酝酿期,行业和地方追求增长的积极性很高,客观上希望放松"银根",金融活动总体偏活跃,货币和社会融资总量增长偏

---

① 柳红霞:《我国个人外汇管理中存在的主要问题及对策探讨》,《中国信用卡》2015年第10期。

快,容易使市场主体产生错误预期,滋生资产泡沫。当风险积累达到一定程度,金融机构和市场承受力接近临界点,各方又呼吁增加货币供应以救助。宏观调控很难有纠偏的时间窗口。在监管体制机制上,在新业态、新机构、新产品快速发展,金融风险跨市场、跨行业、跨区域、跨境传递更为频繁的形势下,监管协调机制不完善的问题更加突出。监管定位不准,偏重行业发展,忽视风险防控。"铁路警察,各管一段"的监管方式,导致同类金融业务监管规则不一致,助长监管套利行为。系统重要性金融机构缺少统筹监管,金融控股公司存在监管真空。统计数据和基础设施尚未集中统一,加大了系统性风险研判难度。中央和地方金融监管职能不清晰,一些金融活动游离在金融监管之外。

二是治理和开放的机制缺陷引致风险的易发多发性。在公司治理上,国有金融资本管理体制仍未完全理顺,资本对风险的覆盖作用未充分体现,金融机构公司治理仍不健全,股东越位、缺位或者内部人控制现象较普遍,发展战略、风险文化和激励机制扭曲。在开放程度上,部分行业保护主义仍较流行,金融监管规制较国际通行标准相对落后,金融机构竞争力不足,风险定价能力弱,金融市场不能有效平抑羊群效应、资产泡沫和金融风险。境内外市场不对接,内外价差也造成套利机会,一些机构倾向跨境投机而非扎实经营。

2. 金融机构高杠杆风险严峻,金融体系脆弱性加剧

一是金融加杠杆的内在运行机制对金融体系的脆弱性构成了一定的威胁。这一威胁主要体现为杠杆风险引致的交叉传染风险和流动性风险,这会增强系统性风险。金融加杠杆的机制改变了中国经济的信用创造体系,产生了一种新型的、形式更为复杂和隐蔽的货币创造链条。这会进一步推升资产价格,导致资产价格的大起大落,从而对经济金融稳定造成巨大伤害。特别是商业银行作为我国金融业的主体,在综合经营、分业监管的现有格局下,面临危机后刺激政策进入消化期,以及国有企业、地方政府预算软约束等诸多现实背景下,通过同业业务、理财业务等手段提高杠杆水平,给金融体系带来巨大的潜在风险。伴随着社会资金"脱实向虚"、资产泡沫过度膨胀等突出问题,金融领域的"去杠杆"成为供给侧改革"去杠杆"的主要着力点。当前金融高杠杆属于宏观的系统杠杆,表现为金融体系资产负债表的快速膨胀,实质上是货币信用机制的再造。

二是商业银行仍存套利行为。商业银行加杠杆过程本质上是商业银行规避监管政策和宏观调控政策的监管套利行为,客观上既是扩张过程,也是货币投放过程,还是风险放大、分散和转移的过程。银行同业业务和理财产品通过银信、银证、银基、银保等通道主体,实现跨机构、跨市场和跨产品运作。在同等条件下,银行会选择风险加权资产占用少、资本消耗低的方式扩张规模。商业银行是金融体系的主体,银行同业业务和理财产品是金融体系高杠杆的根源,而由此产生的通道业务

具备跨市场、跨机构、跨产品的金融交叉特征,对当前分业监管、分块管理的监管制度框架具有套利空间。

三是中国金融体系的组织架构仍然是以商业银行为主体,在资产端和负债端连接附属的通道主体。加杠杆的传播途径分为五步:一是中央银行扩表加杠杆;二是大型银行表内负债段承接银行流动性加杠杆;三是中小型银行表内通过同业存单主动负债加杠杆,同时,两类银行通过理财业务在表外加杠杆;四是委外投资向非银行金融机构加杠杆;五是非银行金融机构通过货币市场拆借等方式进一步加杠杆。

3. 中央地方监管尚缺统筹协调,金融运行与监管效率受到影响

随着近年来金融业的快速发展和以互联网为特征的新金融业态的不断涌现,金融风险的复杂性日益凸显,以一行三会为主、各地方政府金融工作部门配合补充的金融管理体制已不能完全满足市场发展需求及监管要求,在一定程度上影响了金融运行及监管的效率。

一是中央与地方监管目标存在差异导致不协调现象。现有管理机制下,中央监管部门将防范风险作为主要目标责任,而地方政府须以推动区域经济发展为首要目标,投资拉动必然成为主要任务。因此,在投融资过程中,往往会因为顾及地方经济发展需要极力扩大融资规模而忽视金融风险。由于目标不同,监管侧重点必然有所不同,从而导致中央与地方在金融监管过程中的理念、思路及政策措施存在较大差异,在一定程度上存在上下不协调的现象。

二是地方金融监管权责不对称影响了地方金融监管效率。国家金融监管权力集中在中央,但出现区域性风险问题多由地方政府承担化解及处置责任,而中央与地方尚未建立统筹协调的工作机制及常态化的信息沟通交流机制,地方在认识和执行中央金融监管部门下发的相关政策时存在领会不深、执行不到位等情况。因此,中央与地方存在着金融资源使用权责不对称和风险责任承担不对称、传导机制不畅通等问题,在一定程度上影响了监管的效率。此外,由于地方金融局(办)无明确上级管理部门,存在多头管理现象,有时不同监管部门的监管思路及规定不协调,导致地方金融局(办)无所适从,这在一定程度上影响了金融管理和服务的效率与效果。

三是地方金融监管主体权责不清削弱了地方金融监管质量。由于地方政府肩负着监管、协调、服务及发展等多重职能,其金融监管职权又缺乏国家层面的法律依据和法律授权,甚至职能、职责、职权均不明确,在地方金融监管过程中,往往存在政府与市场边界不清、金融监管目标与发展目标混淆的问题,从而导致了地方政府在地方金融监管过程中"越位"与"缺位"并存,在一定程度上影响了地方金融监管的质量和金融体系的运行效率。

四是监管能力不足限制了地方金融监管作用的有效发挥。地方金融机构和类金融机构的快速发展以及非法集资态势的日益严峻,暴露出了地方金融监管理念落后、专业知识匮乏、责任主体分散、监管权力和手段缺失等金融监管能力不足的问题,越深入基层问题越严重。同时,部分地方党政领导干部由于缺乏金融知识和市场经验,金融风险管理意识和责任不强,将地方金融监管职责当作对区域性金融资源协调使用的手段,甚至作为财政资源进行统筹,在一定程度上影响了正常的金融市场秩序,还有较大的潜在金融风险。

4. 金融监管理念有待调整,金融监管体系尚待完善

一是分业监管与混业经营的矛盾突出。不同监管行业标准下的分业监管制度已经不能满足新的监管要求。在金融产品监管混业经营的新趋势下,相同金融产品监管原则不统一。监管原则是监管缺口、监管套利的重要原因,也是金融乱象产生的重要原因。但随着金融混业发展,已形成的单一监管主体都无法对被监管机构的业务进行全覆盖,实施有效监管。

二是各部门监管标准不统一存在隐患。当前我国的金融监管体系中仍存在各监管部门监管标准不统一的现象,以资管行业为例,2012 年,我国大资管行业井喷式增长,由于券商资管和基金子公司不受净资本约束,能够在与信托公司的竞争时候处于优势地位,因此资产规模扩张迅速,也造成了杠杆率飙升、风险不断积聚的问题。由于监管标准的不统一,监管套利问题凸显,如银行通过与券商资管、基金子公司、信托等的合作将大量业务转移到表外,进行监管套利,从而造成金融风险膨胀和失控的风险。

三是缺乏协调监管竞争的有效机制。2012—2017 年,中国金融市场呈现"由放松管制、鼓励创新、业务爆发、杠杆提升、违约增多、风险积累到加强监管、限制业务、降低杠杆和严控风险"的循环过程,凸显了监管竞争中存在的缺乏协调机制的问题。从 2012 年开始,各监管部门相继逐步放松监管力度,出台了一系列有利于市场创新和业务扩展的措施。在资管业务领域,各金融机构发行、管理的资管产品的同质化程度越来越高,行业壁垒实际上已被市场打破。2012 年 10 月,中国证监会颁布《证券公司客户资产管理业务管理办法》和配套实施规则《证券公司集合资产管理业务实施细则》及《证券公司定向资产管理业务实施细则》(也称"一法两则"),扩大投资范围,调整投资限制,允许集合计划份额分级,并将审批制改为备案制,大大缩短了产品设立时间,对券商资管业务进行了里程碑式的放松。2016 年起,央行、中国证监会、中国银监会和中国保监会针对大量资金在金融体系内淤积、"金融热、实体冷"的现象,颁布了一系列政策,旨在引导资金脱虚向实,共同推进资管行业供给侧改革。2017 年,监管层延续 2016 年严监管的主基调,"依法监管、从严监管、全面监管"的思想贯穿始终。2017 年 2 月,一行三会流出的关于规

范资产管理业务内审稿拉开了当轮资管去杠杆的序幕。2017年3月,中国银监会密集颁布文件,推进"三违反、三套利、四不当"专项检查,商业银行规模庞大的银行理财和自营资金面临整顿。2017年11月底,《资管新规》征求意见稿出台,新规共29条意见,将各类金融机构均纳入监管,旨在消除套利。金融创新从被鼓励到被规制的转变,也揭示了当前协调监管竞争的有效机制的缺乏。

三、我国金融监管的对策

(一)银行监管的对策建议

1. 实时监控金融科技发展,营造安全稳定的金融环境

一是金融科技是金融业发展进程中的正常现象,既不应"神化",也不应"轻视"。一方面,金融业在历史上已经历过多次技术创新,但迄今尚未受到根本性、颠覆性的影响。此次金融科技浪潮尚处于初期阶段,与传统金融体系相比,规模仍然较小。另一方面,此次金融科技创新具有一些新的特点,是否会对现有金融体系产生不同以往的影响,甚至从根本上改变金融业务模式,还有待观察。监管机构应密切关注和分析金融科技的潜在影响,为完善监管方式、防范金融风险奠定基础,做好准备。

二是遵循"技术中立"原则。坚持按照金融业务本质实施监管技术创新有助于扩大金融服务渠道、提高经营效率,但金融科技代替不了金融的基本功能,也没有改变金融风险的隐蔽性、传染性和突发性。究其本质,金融科技有"三个不变":即金融的本质功能不变、风险的本质特征不变、监管的本质要求不变。因此,无论是科技企业还是金融机构,只要从事同类金融业务,都应在现行法律法规框架下,接受相应的市场准入和持续监管,遵循同等的业务规则和风险管理要求。当前,在金融科技监管方面需要重点关注以下几个方面:一是是否依法获得了相应的金融牌照,或者是否超越牌照范围开展金融业务,是否遵循了相应的监管规则;二是是否实施了与所承担风险性质和水平相匹配的风险管控措施;三是新技术应用是否带来了新的金融风险和问题,如互联网企业的金融业务与非金融业务之间的"交叉补贴"、滥用客户信息、变相非法集资、从事非法证券活动、技术风险转化为流动性风险等问题。

三是监管机构应加强对新兴技术的关注、监测和研究,做好监管准备。考虑到金融业务对现代科技的应用呈加速趋势,监管机构应密切跟踪研究区块链、分布式账户等金融科技发展对银行业务模式、风险特征和银行监管的影响,加强与金融科技企业的沟通交流和对其的政策辅导,强化专业资源配置和工作机制建设,做好监管准备。同时,积极参与金融稳定理事会、巴塞尔委员会等国际组织关于金融科技的发展演进、对金融稳定的影响和监管应对等问题的研究,共同探索如何完善监管

规则,改进监管方式,确保监管有效性。

2. 规范交叉金融业务,全面防范系统性风险

一是推动标准化设计,适应直接融资模式去杠杆金融的需要。第一,净值化。净值型产品是直接融资模式的具体载体,应将预期收益型产品向净值型产品转型,产品净值与投资品保值一一对应,收益率和波动率将得到更准确的计量。第二,标准化。在现阶段经济转型期,表内外标准化投资品需求都在增长,通过标准化,将非标准化的类信贷资产证券化,打通信贷资产和债券市场,实现信贷资产的可交易和可流转。标准化投资品具备信用分层、风险定价动态反映、流动性好等优势,可以提高投资配置的灵活性和有效性。第三,指数化。目前,直接融资相对于间接融资规模小、比重低,要做大直接融资方向的投资,需要有规模、能上量的产品。指数化产品具有策略容量大、管理难度小、业绩基准易于确定等特征,适合大规模资金管理,有助于满足交叉金融业务转标的需求。

二是推动渠道架构改革,适应风险隔离的需要。应持续加强风险隔离或防火墙机制建设,继续推进子公司制银行体系改革,降低金融产品交叉风险的传染性、扩散性和集聚性,打造风险隔离带,维持金融系统稳定。第一,推动商业银行业务板块和条线子公司改革试点,分拆理财业务,设立子公司,推动理财业务向资产管理业务转型,进一步推动理财业务回归代客理财的本质,提高金融消费者对理财产品性质的认知能力和对风险的识别能力,逐步打破银行体系下的刚性兑付和隐性担保,真正实现"买者自负、卖者有责"。第二,建立人、财、物独立的子公司运营和风控体系。禁止具有利益冲突的岗位兼任;禁止银行母公司与子公司间具有关键作用的岗位兼职;母、子公司的财务资源应保持高度隔离,实现经营场所、办公地点和公司名称相对独立,避免声誉风险在银行集团内无限扩大;禁止母、子公司间关联业务往来,子公司建立独立的业务准入、风险审批、事后风控团队,严禁子公司成为母公司腾挪资产、利益输送、隐匿风险的通道。第三,适时推动银行集团子公司分拆上市。将优质子公司分拆登陆资本市场,拓展子公司资本金补充渠道,突出优质业务市场价值,有利于提高银行系集团整体估值水平。

三是推动风控模式的转变,适应风险特征的变化。第一,建立较为完备的交易登记和信息披露机制,提高市场透明度。作为集中登记交易的电子数据库,交易登记机构的逐步建立和使用已经成为提升交易透明度的重要手段。第二,目前商业银行风险控制体系的建立主要基于传统的存贷款经营模式,以信用风险为主导,交叉金融业务的出现为银行风险控制提出了新的课题。跨市场、跨界、跨业的交叉风险传染对风控体系提出更高要求,风控模式应由信贷模式向综合模式转变。

四是加强监管协调,适应金融结构的演变。第一,强化监管,降低业务复杂程度,审慎控制杠杆水平。进一步加强监管,叫停结构复杂、融资链条过长的套利业

务模式,审慎控制杠杆的使用,规范新增交叉金融业务,防控风险交叉传染,推动金融机构系统性研究各类创新业务的法律特点和风险实质,确保业务发展状况与风险管理能力相匹配。第二,加强监管协调。针对巨大体量的交叉金融产品,三会有必要成立协调小组,统一相关规章制度,强化顶层设计,增进沟通交流、信息共享,丰富监管手段,加大资金在不同业态流转的监测力度,减少套利空间,引领资金注入实体经济,更好地防控系统性风险。

3. 树立全面风险管理理念,加强自身流动性风险管理

完善风险监管指标,建立风险预警机制。应从防范系统性风险的角度,密切关注可能引发流动性风险的金融环境与经济周期性等各种因素的变化,督促商业银行制定切实可行的流动性应急预案和流动性状况压力测试,不断提高商业银行风险管理水平。

一是将流动性风险管理纳入全面风险管理体系。董事会应将流动性风险管理作为重点关注内容,建立高管层定期报告机制。高管层应将流动性风险管理作为业务发展的重要约束因素进行考虑,并在考核政策中予以体现。尤其是要将流动性风险管理情况纳入对资金业务部门和资产管理部门的考核中,以体现收益与风险的平衡。资产负债管理部门在制定年度预算时,应对流动性风险情况进行前瞻性预测,科学配置资产负债结构,将流动性风险管理意识融入日常管理工作中。

二是优化资产负债结构,降低期限错配的风险。商业银行应评估各类融资的稳定性,根据资产负债期限结构、资产收益率和整体风险水平等综合考虑,合理配置债券、票据等同业资产,适当降低短期批发性融资在总负债中的占比,尽可能利用长期批发性融资资金来派生长期资产,从而将短期批发性融资资金频繁展期对接长期资产的风险最小化。

三是妥善处理追求更高盈利与控制市场风险的关系,合理控制杠杆率。商业银行参与金融市场进行交易时应平衡好提高收益水平与控制市场风险的关系,建立对流动性风险的限额和精细化测算体系,将杠杆率控制在合理水平,始终将流动性安全作为日常经营的首要目标。

四是建立应急融资渠道,确保合格抵押品和优质流动性资产充足,保障快速市场融资能力。选择核心交易对手,加强合作关系,建立起应急融资渠道,确保合格抵押品和优质流动性资产充足,保障快速市场融资能力。

(二) 证券监管对策建议

1. 完善证券法律体系建设,提高违法成本

事后惩罚虽然作为一种相对滞后的监管措施,但可以通过加大稽查执法力度,提高违规成本,起到社会警示作用,从而避免违规行为的再次发生。

一是加强相关立法,完善证券市场立法体系建设。首先,我国在定责标准和定罪能力方面还存在明显不足,因此在立法时需要进一步细化违法行为认定标准,同时提高处罚标准。其次,为了提高法律法规的可执行性,还需要在立法中对监管措施和手段加以拓展。我国对小股东利益保护的内容提及甚少,因此还需要建立专门的投资者保护法律法规,建立健全投资者补偿制度。例如,关于向谁赔偿,在内幕交易人卖出或者买入股票的当日,直接与内幕交易者买卖证券的投资者因为没有获得该内幕信息,所以做出了错误的投资决定,这种直接相反交易的当事人才可以作为原告提出索赔请求。关于具体的赔偿金额,我国可以借鉴美国的差价计算法来确定内幕交易赔偿金额。另外,如果内幕人已经承担了行政上被没收违法所得,并被处以罚款的处罚,当原告请求赔偿时,内幕人没有赔偿能力了,该怎么办?内幕交易的社会危害性在于损害投资者的利益,所以应当在对私权进行充分救济之后再让内幕人承担社会责任,否则受损的是投资者,获利的是国家,不符合"填平"原则,对于投资者来说是非正义的。鉴于证监会对内幕人的处罚往往在前,其罚款可能先得到执行,那么我国可以借鉴美国的民事赔偿优先原则,法院可以判决证监会返还部分款项来支持民事赔偿金额。

二是建立健全稽查执法机制,提升监管能力。首先,加大对违规行为的查处力度。加强专门打击证券违法的证券警察队伍建设,设立举证保密制度,鼓励各方检举揭发泄露内幕信息等违规行为,构建包括证监会、证交所、中介机构、公安机关、新闻媒体、社会公众在内的联合监管系统,提高监管效率,在加大对违规行为的查处力度的同时,也提高法律惩罚的及时性。其次,提高对违规行为的惩罚力度。例如,目前我国对泄露内幕信息案件的处罚类型大多是罚金,少数几例被处以资格刑。被处以罚金的案件没有违法所得或者违法所得不足三万元的都处以三万元的罚款,违法所得在三万元以上的都是处以一倍的罚款,这种程度的惩罚威慑力有限,必须适当提高对泄密行为的惩罚力度。最后,证监会通过严格执法,将发行人、上市公司及其大股东、实际控制人、董监高责任落实到位,切实防范发行上市、并购重组中的短期化、套利化投机行为和资本脱实向虚倾向,引导上市公司更加注重规范治理,更加注重主业经营,提升财务质量,回归实体本源,不断夯实资本市场健康发展的基石。通过用足法律赋权,严厉打击形形色色的市场操纵行为,有效抑制市场过度投机、跟风炒作氛围,倡导价值投资理念,消除市场风险隐患,营造安全、稳定、公平的市场环境。通过严厉打击内幕交易行为,警示处于信息优势的上市公司"内部人"常怀律己之心,保护处于信息劣势的中小投资者免受不法侵害,切实维护公平透明的市场交易秩序。

2. 严格界定中介机构法律责任,充分发挥中介机构的功能

一是中国证监会应通过严格落实中介机构法律责任,督促保荐人、财务顾问、

会计师事务所、律师事务所、评估机构等专业机构及其从业人员切实提升诚信守法、自律合规意识和专业化水平,依法、勤勉、审慎地开展证券服务业务,不断规范、强化资本市场的外部约束机制。

二是为了能够更好地发挥中介机构的功能,应当重新规划证券中介机构的角色地位。应该适当地建立起统一的行业准则,支持并且引导行业内的工作人员严格按照行业准则来工作,在行业准则范围之内进行工作能够有效地提高工作人员的道德素质和工作水平。要想能够更好地提升对于证券中介机构的威慑力,赋予证监会一定的行政惩罚权利是必不可少的,同时也可以适当地给中介机构和证券公司赋予一些权力,也就是说,当相关的受害人的根本利益被损害之后,无论是中介机构还是证券公司,都能够对其起到一定的补偿和保障作用。中介机构是连接投资者和证券市场的一种桥梁,在整个金融项目交易的过程中,中介机构起着至关重要的作用。中介机构在推进工作的时候必须以投资者和证券公司的根本利益为出发点,坚持以人为本和实事求是的工作原则,不能够做出有损证券公司和投资者根本利益的事情,要最大限度地维护两者的利益,以便于实现双方和谐发展的预期理想目标,从而也就能够促进我国金融证券行业的良性发展。

3. 加强对基金、期货和新三板市场的执法力度,更好地服务实体经济

一是中国证监会应不断加大对私募基金管理人的行政追责力度,坚决遏制私募基金领域违法违规多发态势,严令私募基金领域相关机构和人员恪尽职守、诚信为本、合规经营,消除金融乱象、封堵监管漏洞、防范金融风险、督促私募基金管理人切实提升投资管理能力和风险控制能力,为服务实体经济贡献更大力量。

二是中国证监会应不断强化期货衍生品市场的监管执法力度,规范期货交易行为,促进期货市场更好地发挥风险管理、服务实体经济的功能。首先是坚持依法全面从严监管理念,坚守监管本位,营造公开透明、公平竞争、高效有序的行业发展环境。其次是行业机构要强化风险意识,着力防范化解风险隐患,严防风险外溢和风险交叉传染,守住风险底线。同时,坚持合规风控先行、紧密围绕服务实体经济的原则,稳步推进行业创新发展,提升核心竞争力和综合服务能力,促进资本市场稳定健康发展。

三是为促进多层次资本市场健康发展,证监会对新三板市场持续加大监管执法力度,有异动必有反应,有违法必有惩处,证监会将通过严格执法不断督促挂牌公司依法履行信息披露义务,约束参与各方规范遵守交易秩序,保障新三板市场的健康发展,更好地发挥其服务创新、成长及中小微型企业的功能。首先是组织对挂牌企业专项检查,严查违规占用资金,督促中介机构提高业务质量。其次是在日常监管检查的基础上与全国股转公司建立违法线索会商机制,超过一半的违法线索来自股转公司。最后是以专项行动为抓手,集中部署和办理多起重大典型案件,及

时释放执法信号,提升执法威慑。同时,还要不断加强新三板市场制度建设,进一步完善新三板市场监管法律法规。

4. 建立证券交易信息实时监管制度,全面提升信息透明度

为了更好地监管市场和查处违规行为,应该建立交易数据库。在大数据时代来临的背景下,综合利用多种工具。在大数据时代,个人的手机、电脑以及聊天记录都能被发现和监控,应该充分利用证券公司、央行、通信公司等的大数据,提高查处违法的效率,对所有的交易数据建立数据库,自动匹配交易的 IP、手机号等信息。

一是对证监会工作人员、证券公司中层以上人员以及基金公司工作人员等可能涉及市场交易人员的手机、电脑中的聊天记录中涉及敏感信息的内容进行抓取和匹配,如果发现敏感信息则进行线下重点查处。

二是对再融资、重组等涉及内幕信息的股票前半年的交易数据进行分析,重点关注单个账户买入金额较大或者同一时间买入较大的交易,并对其交易的 IP 和账户关联的手机、人员关系等信息进行匹配,如果发现敏感信息则进行及时查处。

三是通过使用证券市场数据库,可以对网上发布的虚假信息进行及时比对和公告,并对信息发布者进行稽查执法。

资本市场是基于信息定价的市场,信息传播的真实、准确、完整是市场健康、稳定、有效运行的重要基础,信息传播秩序也是市场秩序的重要内容。在交易数据库的监管下,对违规行为进行严密的打击,这样掐断违规行为的获利渠道就能大范围地减少违规行为的发生,保护投资者的合法权益。

(三)保险监管的对策建议

1. 积极运用保险监管科技,提升保险监管效率

监管科技(RegTech),是英文"Regulation Technology"的缩写。根据英国市场行为监管局(FCA)于 2015 年年底提出的定义,"监管科技"指的是利用科技新技术来服务金融监管和利用业务合规监测手段来服务监管和合规。监管科技目前主要应用在英国、美国和澳大利亚等发达国家,其产生和推广有赖于机器学习与人工智能、加密技术、生物识别技术、数字身份技术、应用程序编程接口(APIs)和云技术六大创新技术的快速发展。作为一种金融创新模式,监管科技具有灵活方便、处理速度快、集成度高以及分析能力强等优势。我国保险监管系统可以采取以下措施运用监管科技:

一是建立适用监管科技的模块化报告系统。目前,金融行业关于交易数据的定义并不完全一致,影响了数据分享和监管工作的效率。因此,监管科技的发展应关注信息数据格式、网格技术等标准,在数据分享和使用方面,完善基于中央数据库的统计监测系统,在数据类型定义和自动化报告方面为保险机构信息披露提供

便利。这不仅有助于实现数据存储、交互和共享的方式统一,也有助于将监管科技融入宏观审慎监管框架中。

二是建立保险科技的监管沙盒机制。沙盒机制是监管者为了更加有效地应对金融科技领域的创新而构建的一种能够快速应对且具有前瞻性的监管方式。"监管沙盒"提供了一个"缩小版"的真实市场和"宽松版"的监管环境,能够兼容保险科技与保险监管,实现在保障消费者权益的前提下,允许保险公司在创新产品、服务和商业模式上大胆实践。监管部门可以通过沙盒了解保险创新动向的本质、风险特征和操作流程,并及时总结经验,避免创新项目在发展初期由于不合监管要求而过早夭折的情况。通过"监管沙盒"测试,在验证监管措施效果的同时,应密切关注项目在测试中暴露出的问题,根据其发展动态及时制定有针对性的监管措施,逐步填补监管空白,降低监管的不确定性。

三是强化保险监管的科技能力。监管科技对计算机运算能力、信息技术系统和算法应用的要求非常高。要在我国成功地运用保险监管科技,监管机构需要考虑同时在监管制度和技术架构的层面上进行变革,创造制度环境让保险机构使用高效分析技术,鼓励基于云技术的实时监控情况分享。监管机构的重点在于建立监管科技专业团队,借助信息科技部门的力量,提高保险监管者的信息科技知识水平,并内化为监管体系以及监管微观标准。需要加强创新监控违法违规行为的技术手段,引入机器学习和人工智能技术,运行全面和大范围的监察系统,及时监测洗钱或者内幕交易等违法违规行为。

2. 加强穿透式监管力度,防范保险产品风险

一是要明晰监管职责,加强协同监管。首先,应构建契合交叉金融创新发展趋势的宏观审慎与微观审慎相结合的监管框架,淡化条块分割式的机构监管理念,强化功能监管和行为监管思维。其次,应明确穿透式监管的监管规则和部门,落实监管主体责任和行为规则,强化监管的协同性和持续性。此外,还应根据各类共性问题设定监管底线和最低标准,防止监管真空和监管重叠。

二是加强金融基础设施建设。一方面,应明确各金融子市场基础设施建设的任务;另一方面,应整合各类金融监管资源,加强与穿透式监管相适应的信息平台建设,进一步完善中央支付清算系统、中央对手清算系统、中央证券存管系统等金融基础信息系统,建立包含交叉金融产品的发行信息、交易信息等数据资料的综合化信息数据库及监测体系。

三是从资本端、资产端和负债端三个层面加强穿透式监管。保险公司的资本端关系到股本结构和偿付能力,因此,必须采取穿透式监管的方式,识别保险机构资本金最终来源,识别保险机构最终控制人。资产端的穿透式监管应紧扣保险资金流穿透至底层资产,识别保险资金最终投向是否符合宏观调控和监管要求。负

债端的穿透式监管重点识别保险产品是否符合保险本源,要求保险公司向消费者销售与其保险需求和风险承担能力相匹配的保险产品,严禁销售误导。

3. 完善保险监管激励相容机制,提升保险监管质量

一是对保险监管当局提供有效监管的激励。一方面,建立监督、考核监管者的体系,以监管效率作为衡量标准,制定相应的奖惩指标和制度,形成对监管当局及其人员的有效约束,避免监管中的寻租行为及其与被监管者的共谋。另一方面,以立法的形式进一步明确监管当局的权利、义务和责任,规范监管行为,使保险监管真正建立在法制轨道上。

二是增强保险监管的透明度。保险监管当局和保险机构应该及时、准确、客观地向社会充分披露能够反映保险风险水平及其控制风险成本与绩效的数据资料,降低信息不对称程度和激励冲突。一方面,在合理界定监管当局信息公开与国家金融安全、金融机构商业机密与公开信息的基础上,制定《金融信息披露法》,该法不仅应该包括 2010 年已出台的《保险公司信息披露管理办法》的有关内容,还应包括监管当局和其他保险机构的信息披露规定。另一方面,还应培育市场化的专业评级机构,对保险机构进行客观、公正的评级,增强市场监督。同时还可考虑实施保险机构的预先承诺制①,以此增强监管者的信息甄别能力。

三是实施差别化监管措施。具体而言,对于那些发展稳健、管理规范、合规守法的保险机构,要实施激励的鼓励性监管,支持和促进其创新能力的提高;反之,则实施严厉的惩罚性监管,增加现场检查频率,并对违规事件予以及时查处,从而激励保险机构从节约成本、加快创新的角度考虑来加强自己的风险管理,提高自己的评价等级,促进其稳健经营。此外,还应对中小保险机构实施差别化监管,特别是尚在初创阶段的小公司,经营情况和风险特征与大公司差异显著,其风险较大,需要专门的监管政策。

(四)涉外金融监管的对策建议

1. 完善跨境资金流动监管体系,防范跨境资金流动风险

一是明确跨境资金监管的职能由中国人民银行行使,并加强部门间的监管协作。自 2009 年我国开展跨境人民币结算试点以来,跨境人民币业务已经涵盖了经常项下和资本项下的结算、国际贸易融资、跨境融资、对外担保、现金管理等多个业务领域,人民币已渐渐具有本位币和国际货币的双重职能。在人民币国际化的背景下,应对本外币跨境资金流动实施统一化监管,整合和升级现有的监测系统和监

---

① 预先承诺制是采用激励相容的原理,设定一个测试期间,保险公司或其他保险机构在测试期初向监管当局承诺测试期内的最大损失值,淡化过程监管,保险公司自主选择风险管理模型,但是若测试期的累计损失超过承诺水平,监管者将对该保险公司进行处罚。

管人员,实现本外币资金来源和去向的及时追溯。可以考虑在央行内部成立一个国际货币监管委员会,将国际货币和人民币统一监测和监管,由该委员会负责建立货币统一监管的会商制度,实现中国人民银行、国家外汇管理局、中国银保监会、中国证监会等不同监管部门的协同核查。如由同一部门实施有难度,可以逐步进行,先整合中国人民银行和国家外汇管理局现有的系统资源,改良现有的跨部门的包含中国银监会、中国证监会、中国保监会、国家外汇管理局等金融监管部际联席会议制度,由行为监管逐步过渡到主体监管,条件成熟以后再过渡到由同一主体实施监管。从功能上厘清货币政策、宏观审慎、微观审慎和行为监管四者之间的关系,加强相互之间的协调配合。除了加强国内各监管部门协同管理,成立统一监管机构,监管主体还应加强国际合作,与主要国际货币发行国开展政策沟通,加强与美国、欧盟在货币政策方面的沟通,增强预判能力和应对方案,以降低国际市场流动性对我国经济的影响。同时,与新兴市场国家保持政策协调,就跨境资金监管彼此合作,建立应急救助机制、双边货币互换政策和区域经济金融合作,增强对彼此流动性的支持,共同抵御系统性全球金融风险。此外,还应该重视与 IMF、BIS、巴塞尔委员会等国际金融监管组织的交流与合作,防范系统性金融风险,跨境资金监管的国际政策协调非常重要。

二是建立以宏观审慎监管原则为指导的统一跨境资金监管检测体系和预警系统。我国应逐步实现以经济主体(包含涉及跨境资金流动的企业、金融机构、个人)为单位进行监管,综合利用监测系统和外部信息,实现以被监管主体为监管对象的分类监管、预警监测和违规违法处置。监管对象应包括流入和流出的跨境资金,既包含外汇又包含人民币,实现人民币和外币统一监管;打破经常项目和资本项目的界限,实现对被监管主体跨境资金流动的综合监管。实现对被监测对象的本外币全部跨境资金流动情况的全覆盖,针对企业的监测要扩展到其涉及的供应商、采购商、分销商等全生命周期的数据监测,不管是货物贸易还是服务贸易,或是对外投融资的数据,都要进行分析和甄别,依据被监测对象的经济体量来测算其资金流动是否与之相匹配,如不匹配,则要重点监测,及时发现问题。综合利用金融机构和企业主体的本外币数据信息,对机构、个人的跨境收支进行全面评价、分析并实施分类管理,统一人民币的国际收支,监管对象扩大至经常项目和资本项目的用汇主体,还包括人民币计价的资产境外转让、人民币理财产品、本外币在岸与离岸市场等业务。参照我国在自贸试验区内已经确立的跨境资金流动风险系数指标体系,以及参数类宏观调控工具,合理选用宏观和微观监测分析指标,实现对跨境资金变量动态监测,合理确定监测预警指标阈值并依据实际情况合理调整。预警指标阈值的确定,可以参考国际标准,参照我国金融稳定时各项指标的数值,也可参照与我国金融背景类似的国家在金融稳定时的各项指数,上述数值应该依据经济形势的发展而不断修正临界值和安全区间。依据不同的风险状况,采取不同的防范措施,指标反映为安全、基本安全、风险和严重风险,分别依法采取相应的措施。

2. 统一"熊猫债"分类管理框架,加强债券监管基础制度建设

总体来看,主权类机构、金融机构和非金融企业熊猫债在发行目的、资金汇划和市场影响等方面存在明显差异,有必要进行分类管理。根据不同类型机构的特点,建立针对主权类机构、国际开发机构、金融机构、非金融企业等各类发行主体的分类管理框架。同时,明确统一的熊猫债宏观审慎管理要求和准入标准,针对发行人的发债条件、动机、使用方向、是否跨境汇划等,在发行端予以必要的政策引导。需要强调的是,即便是针对不同发行主体建立分类管理框架,但并不意味着基本业务规则的割裂,不同类型发行主体在开立账户、资金存管、跨境汇划及数据报送等方面,需遵守相对统一的规则。

一是主权类机构应该与我国经贸来往密切,具有双边本币结算的一定基础,而且其经济金融基本面良好、偿债能力和意愿强、在国际市场上的融资状况基本正常且国际认可度较高;此外,符合我国外交上的综合考虑。二是金融机构应该经营稳健,发债意图符合扩大人民币国际影响的导向,募集说明书需明确适用的账户模式,加大募集资金使用的信息披露。三是非金融企业要财务指标健康、信用评级处于投资级水平,在注册发行端加大募集资金用途信息披露;对于非中资背景的纯境外企业,其应在国际市场上有一定的影响力和知名度,国际评级达到一定标准,募集说明书需明确适用的账户模式。银行间市场交易商协会或交易所要考虑企业用款实需,对于评级较低、境外资金用途不明确、不符合宏观审慎管理要求的发债申请,可不接受其申请、不予注册或不出具无异议函。

3. 加强个人外汇管理力度,抑制个人外汇账户异常资金流动

(1) 强化银行代位监管作用。一是积极引导银行认真履行"代位监管"职责,做好个人收付汇真实性审核工作,督促银行合法合规经营外汇业务。加大外汇检查及处罚力度,定期对各银行网点的个人结汇数据进行现场及非现场核查,以提高管理的科学性和有效性。二是对分拆结汇行为予以定义并法规化,以便于银行进行识别。对有分拆结汇行为的境外汇款机构或个人核定结汇额度和结汇时限,要求其提供更加充足的结汇理由。三是建立个人异常资金流入跟踪报告制度。要求银行加强真实性审核,及时反馈业务办理中的可疑情况。四是出台操作性更强的证明和来源材料规定,便于银行判断资金来源和性质。五是将"汇款人"作为关键要素录入系统,以便于对同一汇款人的款项汇入和结汇情况进行监测。

(2) 完善非现场监测体系。一是进一步完善现有国际收支监测系统,健全相关个人外汇监测指标,充分发挥系统搜索引擎作用,及早发现异常资金线索。二是

完善个人结售汇系统的查询和分析功能,取消结汇流水查询只能分银行网点分别查询等设置,提高外汇管理局的监管效能。三是完善相关报表体系。增加个人外汇账户开户、划转情况报表(包括个人储蓄账户、结算账户开户情况,个人账户间划转、个人与亲属间账户划转、境内个人与境外个人账户资金划转等报表);增加个人外币现钞业务情况表(包括现钞存入、提取、汇出情况等报表);增加系统故障时期业务办理情况报表,详细列明业务补录数据,尤其对已超过年度总额时故障期间的业务办理情况进行详细审核。四是在现有的个人结售汇系统中加载外币现钞监管平台,建立个人外币现钞统计监测系统与风险预警体系,将外币现钞的存取、划转及携带纳入电子化管理。

4. 完善跨境投融资监管机制,架构海外投融资监管顶层设计

跨境投融资不能盲目,更不能是基于财富转移"挂羊头、卖狗肉"的虚假投融资。中国企业在海外兴业投资的过程当中,不管是国有企业还是民营机构,对很多案例的风险控制与审慎不足。因此,建议一行两会紧密配合,率先在以下方面理顺海外投融资的顶层设计,弥补我国资本跨境并购的专业性缺憾。

一是正视中国混业经营新格局,对海外投融资和并购进行有效的牌照管理。近年来,随着我国资本市场与金融机构的发展,中国企业的扩张脚步不断迈进,各类金融控制平台如雨后春笋般涌现。随着混业经营的客观需求不断显现,从"分业经营,分业监管"走向"统一领导,齐头并进",对于我国如今的资本市场而言,已经变得势在必行,如何正确引导与监管各类金融控股平台实质上的混业经营,是监管层关注的焦点。

二是鼓励"一带一路"沿线省份参与构建跨境直接投资平台,服务中国资本与沿线国家和地区的互联互通。必须清醒地认识到,不同于投资英美等发达国家,"一带一路"沿线国家和地区的投资项目处于经济周期低谷,名义回报率高于国内,但是投资环境更加多样化,经济、法律、文化、宗教情况复杂,金融基础设施更是不完善,需要充分利用沿线省份企业家对目标国家的熟悉,并结合专业金融创新,通过混业所有制的股本结构和经营策略推动跨境并购投资,强调确立以投资银行思维为主导的、适应新兴经济体市场环境的投融资模式。参考央企金控平台经验,地方混合所有制投资银行和并购基金也应坚持以国有控股为基础,结合"一带一路"沿线省份民营资本,力求发挥现代企业制度的优点,积极谋求上市,引导市场自身动能,各方取长补短,共同协力助推国内资本"走出去"的步伐。在此基础上,需辅以对海外投融资牌照从国家级向省级的"下沉式"扩展,强化省级金融办的职能,建立起从省一级到国家级两层覆盖的对外投资监管体制新格局。鼓励有对外收购技术或扩展市场的实业企业参股甚至控股跨境投融资平台。新一轮的中国金融改革是国家整体供给侧结构性改革的一部分,要将金融"脱虚入实",必须要在

跨境并购领域与实体经济的发展相结合,与人民币的国际化进程有机地结合起来,将有限的国际资本优势用在企业转型升级的"刀刃"上。

(五)其他监管问题的对策建议

1. 维护市场稳定发展,守住金融安全底线

一是加强和改进中央银行宏观调控职能,健全货币政策和宏观审慎政策双支柱调控框架。随着我国金融体系的杠杆率、关联性和复杂性不断提升,要更好地将币值稳定和金融稳定结合起来。货币政策主要针对整体经济和总量问题,保持经济稳定增长和物价水平基本稳定;宏观审慎政策则直接和集中作用于金融体系,着力减缓因金融体系顺周期波动和跨市场风险传染所导致的系统性金融风险。

二是健全金融监管体系,加强统筹协调。中央监管部门要统筹协调建立国务院金融稳定发展委员会,强化中国人民银行宏观审慎管理和系统性风险防范职责,切实落实部门监管职责,充分利用中国人民银行的机构和力量,统筹系统性风险防控与重要金融机构监管,对综合经营的金融控股公司及跨市场、跨业态、跨区域的金融产品,明确监管主体,落实部门监管责任,统筹监管重要金融基础设施,统筹金融业综合统计,全面建立功能监管和行为监管框架,强化综合监管统筹政策力度和节奏,防止叠加共振。严格监管持牌机构和坚决取缔非法金融活动要统筹协调。金融监管部门和地方政府要强化金融风险源头管控,坚持金融是特许经营行业,不得无证经营或超范围经营,一手抓金融机构乱搞同业、乱加杠杆、乱做表外业务、违法违规套利,一手抓非法渠资、乱办交易场所等严重扰乱金融市场秩序的非法金融活动。稳妥有序地推进互联网金融风险专项整治工作。监管权力和责任要统筹协调,建立层层负责的业务监督和履职问责制度。

三是不断扩大金融对外开放,以竞争促进优化与繁荣,从更高层面认识对外开放的意义,坚持扩大对外开放的大方向,不断推动有关政策改革,更好地实现"三驾马车"的对外开放:一是贸易投资的对外开放。二是深化人民币汇率形成机制改革,既要积极有为,扎实推进;又要顺势而为,水到渠成。三是减少外汇管制,稳步推进人民币国际化,便利对外经济活动,稳妥有序地实现资本项目可兑换。同时在维护金融安全的前提下,放宽境外金融机构的市场准入限制,在立足国情的基础上促进金融市场规制与国际标准进一步接轨并提高。

2. 有序降低杠杆率水平,防范化解金融风险

金融去杠杆并非是完全去掉杠杆,而是去掉游离在监管之外的、未计提资本的、风险不明的"影子杠杆"。去杠杆的最终目标是要防范因杠杆滥用而引发金融风险。

一是提高去杠杆监管政策、货币政策、财政政策的协同效应。首先,要重视宏

观审慎监管与货币政策的协调作用,使两者互为补充,为监管的具体落实和目标达成创造更多的空间。在当前以降杠杆、防风险为主题的背景下,消除监管套利、打破刚性兑付是监管明确的方向。这有助于合理区分风险利率和无风险利率,提高商业银行和金融体系的风险定价能力。其次,在去杠杆条件下,更应将积极财政落到实处,加快税制改革以及中央与地方政府事权与支出责任划分改革的步伐,在地方层面建立有效的激励相容机制,让财政政策发挥宏观经济稳定器的作用。

二是为避免流动性冲击,实现有序去杠杆,应加强监管政策之间的协调性。体制机制层面,要进一步完善金融监管部门的分工与协调机制,建立有效的金融信息搜集、分析与共享机制,包括各部门监管动态信息的主动披露与共享,以及各部门调取非本部门信息的机制建设等;顶层设计层面,应统一规划不同金融领域的布局和发展,建立起必要的防火墙措施,做好不同金融业务领域之间风险传导的防控工作;政府协同方面,应加强政府部门间的沟通与协作,客观审视金融市场中政府干预的动机和效果,充分基于市场监管需求,联合政府财政政策,实现更有效的市场监管。

三是发挥体制优势,把握去杠杆的宏观时间窗口,动态调整去杠杆的节奏和力度。中国监管部门具有特有的体制优势,使得其可以按照主动的方式和节奏去杠杆。但也要防止金融去杠杆过程中对金融机构微观业务过多干预,注意维护和保护好金融市场的基础制度和金融市场参与者的合理市场行为。

四是建立市场有效的出清机制。我国产业结构的调整升级、国有企业改革、僵尸企业退出、发展严重失控的金融机构的破产清算等,都需要有序的市场出清。在金融领域,需要充分发挥存款保险制度的职能,通过监管部门的及时校正,让市场约束真正发挥作用,由金融市场的出清顺其自然形成僵尸企业的出清,使市场在金融资源配置中发挥决定性的作用。

3. 完善现行监管体制,建立中央地方金融统筹协调监管机制

一是从中央层面统筹推动各地方政府尽快设立金融监管局,实行地方金融统一归口管理,将所有中央交由地方政府承担的金融监管职责、协调服务职能整合归口到地方金融监管局,在金融稳定发展委员会的统筹下具体执行中央关于地方金融监管的政策和规定,并组建相应的常态化工作机制,定期向金融稳定发展委员会汇报地方金融发展情况和金融监管工作,及时报送监管过程中发现的新情况、新问题以及空白和漏洞。

二是金融稳定发展委员会加强对地方金融发展和监管的统筹与指导,定期或不定期召开会议,向地方传达党中央、国务院关于金融工作的决策部署,解读国际国内的金融形势及国家金融改革创新的政策,让地方及时了解中央关于金融发展的定位及金融监管的政策措施并有效实施。

三是由金融稳定发展委员会统筹推动地方金融监管部门之间以及跨区域的监管协作机制,促进地方监管部门的信息沟通、经验分享和协同合作。这些机制能发挥中央金融监管部门的统筹资源和专业优势,又能发挥地方政府的属地优势。同时,中央将通过有效的传导机制动态了解地方金融发展的实际情况,及时发现存在的问题,从而进行有效的宏观调控并解决发展及监管中存在的问题,根据地方金融发展的实际情况和需求,批准实施更具针对性、适合各地经济金融发展的创新试点政策,积累经验后再推广。

四是建立综合性金融监管信息共享机制,提高金融监管效能。监管和风险信息共享是中央和地方金融监管协调的基础,目前,中央各监管部门之间、中央与地方之间的金融监管信息交换仍然存在壁垒,或称数据信息孤岛,缺少综合性信息共享平台和监管机制,从而难以形成科学、全面、高效的金融决策。建议建立中央与地方指标参数、信息集合、交换与共享的机制和平台,明确界定共享信息的统计口径、标准、性质、内容、方式以及保障机制,形成中央各监管部门之间,以及中央与地方之间高效、畅通的金融监管信息共享机制。共享信息的采集范围不应局限于金融监管机构及金融机构本身,还应打破政府部门及各行业领域之间的数据壁垒,对工商、财政、公安、法院以及相关行业主管部门的监管信息数据进行收集与整合,将原本局限于本行业的条数据向部门间融合的块数据转变,提高监管信息的全面性、客观性、准确性、时效性,并大幅度提升金融监管的效能和水平。

4. 加强金融监管理念转变,促进金融监管体系改革

一是从分业监管到功能监管和行为监管。随着混业经营趋势不断加强,金融业务呈现出跨行业和跨市场的交叉特点,已有的机构监管模式不能有效地防控金融风险的交叉传染,因此倒逼三会调整监管方式,向机构审批、功能监管的方式过渡。功能监管,可理解为在混业经营环境中,对不同类型的金融机构开展的相同或类似的业务进行的标准统一或相对统一的监管。这种监管模式按照经营业务的性质来划分监管对象。这一监管模式关注的是金融机构所从事的业务活动,而不是金融机构本身。功能监管一方面能够消除金融创新带来的"监管真空",另一方面又能减少监管标准不统一导致的"监管套利"。行为监管更针对监管目标,侧重于从事金融活动的机构和人,是监管部门对金融机构的经营行为实施的监督管理,包括禁止误导销售及欺诈行为、充分信息披露、个人金融信息保护等。相同金融产品的监管原则不统一是造成当前金融乱象的重要原因。因此要以防范系统性金融风险为底线,加快相关法律法规的建设,完善功能监管与行为监管。

二是统一监管标准。要想避免金融机构进行监管套利,首要任务是统一监管标准,这就要求提升监管政策的执行力和监管效率。在资管行业中,统一资管业务监管标准有助于监管机构掌握资管机构的真实风险组合和资产配置情况。同时,

需要进一步加强监管部门间的沟通协调,在对相同类型的业务进行监管时,要充分协调不同行业资本监管标准,构建公平的市场竞争环境,尤其是要消除和规避监管指标套利和监管政策违规套利两类。

三是步入监管协调新时代,建立更高层级的监管协调机制。首先,为了强化监管协调机制,防止市场中频繁出现监管套利现象,各监管机构的工作需要从统一监管标准、穿透监管、打破刚兑、逐步整改、规范统计等几个方向开展。其次,以宏观审慎与微观审慎监管相结合,通过总结已有经验,补齐监管短板,通过金融改革与实体改革协调推进,避免监管空白。不断建立更高层级的监管协调机制,以提升资金融通效率和有效服务实体经济为目标,形成综合的、系统的、穿透的、统筹的监管大格局。

第二部分 专题报告

不确定环境下的中国金融

专题一　机构投资者参与定向增发的偏好和市场反应研究

一、导论

(一)选题背景与意义

1. 选题背景

定向增发在国外资本市场繁荣发展,迅速成为股权再融资中最主流的、适用度最广的融资方式。《上市公司证券发行管理办法》自2006年5月开始施行,国内定向增发开始进入蓬勃发展期,2015—2016年达到井喷期。因为其门槛低、流程简、成本低、周期短等优势,定向增发迅速成为我国资本市场上股权再融资最主流的方式。

为了引导定向增发市场健康发展,中国证监会正式发布《上市公司非公开发行股票实施细则》(以下简称《细则》),提出公开询价制度。可以看到,《细则》强化了机构投资者的重要性,机构投资者尤其是基金、券商等金融机构投资者因其资金实力庞大、风险识别能力和专业性较强的特质,能够充分发挥对大股东及管理层的制衡能力,降低信息不对称的程度,对规范上市公司定向增发行为具有重要的意义。

2017年2月17日,中国证监会为了进一步规范上市公司定向增发行为,对相关法规进行了修订。新规中直接规定定价基准日为发行期的首日,这大大降低了原来定价操作的可能,能够有效地防止利益输送行为。"217新政"中还对发行规模和发行节奏进行了约束,提高了增发门槛。监管政策的变化,可以从侧面反映原有的制度中存在套利过度融资的可能。2017年5月27日,中国证监会出台《上市公司股东、董监高减持股份的若干规定》,对定向增发股份减持行为进行了一系列量化的约束,意味着即使是1年锁定期的定向增发股份,也至少需要2年甚至更长的时间全部出售,所以参与定增短期获利套现的可能性大大减少,引导投资者理性参与增发,回归价值投资,而非短期投机行为。

2. 研究意义

本文的研究意义与贡献主要体现在以下三个方面:

第一,定向增发在我国目前尚处于蓬勃发展期,监管政策处于初步完善期,理论成果大多是基于大股东视角,针对机构投资者的讨论还并不充分。本文以参与定向增发的机构投资者为研究对象,对机构投资者参与定向增发的偏好动机及带来的市场反应进行了理论实证分析,弥补了现有文献的不足,同时提供了新的研究视角。

第二,在中国特有的市场制度之下,机构投资者除了综合考虑公司本身的价值成长性和大股东行为等因素的影响,还会考虑哪些因素,参与定向增发的偏好和动机是什么,是"羊群效应"的追逐跟风还是回归价值甄别出优质公司的慧眼识珠?对这些问题的相关研究和讨论尚属少见。

第三,机构投资者在资产性质、风险偏好、监督成本等方面性质各异,所以在资本市场上发挥的作用也各不相同。如果将机构投资者作为一个整体来研究,不同机构投资者的特性可能会模糊实证结果的准确性,带来研究结果的偏差。本文全面考虑了机构投资者的异质性影响,深入剖析不同类型机构投资者在定向增发中的不同作用,使研究结果更科学可靠。

(二) 国内外研究综述

1. 机构投资者投资偏好的文献综述

监督效应假说首次被 Wruck(1989)提出,他认为折价是公司给予机构投资者监督成本的一种补偿,类似的解释折价率的理论还包括信息不对称理论和流动性补偿理论。Gompers et al.(2001)认为机构投资者偏好持有大规模、股票流动性好的公司股票。Barclay et al.(2007)认为机构投资者中存在一部分与大股东"同谋"的消极机构投资者,他们无法对大股东及管理层进行有效的监督。Terrance et al.(2009)研究认为具备高成长价值、低市盈率的股票是机构投资者偏好投资的对象。章卫东(2008)认为在中国定向增发市场上,折价率的高低与投资者类型有关,向控股股东增发的折价率显著低于向其他投资者增发的折价率。章卫东等(2010)认为注入资产类型的定向增发,如果其注入的资产与公司的主营业务存在协同效应,可能给机构投资者带来更高的收益。李辰颖(2016)的实证结果表明,独立机构投资者的持股偏好从仅仅关心盈利能力,演变得更为审慎,全方位关心盈利能力、成长性和安全性。郑云鹰和曹丽梅(2016)认为机构投资者是长期的价值投资者,偏好大股东使用现金认购的定向增发。

2. 定向增发市场反应的文献综述

信息不对称假说、投资者过度乐观假说和时机窗口理论支持定向增发会带来短期正向和长期负向的市场反应,无论用哪种理论来解释,长期为负的市场反应均来自对短期市场反应的一种修正(Hertzel & Smith,1993;Meidan,2006;De-Wai Chou et al.,2009;Hertzel,2002);监督效应假说认为定向增发会带来正向的长短期市场反应,在于机构投资者对管理层的公司治理形成了积极的监督(Wruck,1989;Wruck & Wu,2009);管理层防御假说和委托代理理论认为定向增发会带来负向的长短期市场反应(Wruck,1989)。邓康林等(2010)的实证研究表明,定向增发实现整体上市,向市场传递了积极的信号,具有显著为正的超额收益。黄晓薇等(2014)发现定向增发存在显著的市值效应,的确会带来股价长期的负向反应。吴璇等(2017)的实证研究发现定向增发存在正向的市场反应,向机构投资者增发的股票回报率在第二年以后开始为负。

3. 定向增发中不同利益相关者的文献综述

Baek et al.(2006)研究发现,韩国的家族企业偏好从定向增发中获取非法利益,侵害其他股东的权益。Chemmanur et al.(2009)表示机构投资者与其他投资者相比,具有更多的信息,能够划分出优质的、值得长期投资的标的。Jian and Wong(2010)认为大股东为了从关联交易中获取利益,更倾向于协同效应。李志生等(2015)认为机构投资者持股能够降低信息不对称,提高市场的信息效率,表现为股价同步性增强。章卫东等(2017)通过实证研究得出,注入资产与公司原主营业务相关性越高,关联股东认购的比例越大,越倾向于协同效应。杜莉等(2017)认为机构投资者并不具备有别于其他投资者的信息优势,其增加持股的公司股价表现甚至逊色于其减持的公司股价表现。

4. 机构投资者异质性的文献综述

Bushee(1998)将机构投资者划分为短视型机构投资者和勤勉型机构投资者。Liu and Zhu(2006)发现勤勉型机构投资者更愿意对公司实行有效的监督,因为长时间的持股收益会弥补付出的监督成本。刘涛等(2013)研究发现,不同类型的机构投资者有显著不同的投资标的的选择标准,具体体现在对股权结构等方面偏好的差异。彭利达和张文霞(2016)将机构投资者分为压力敏感型和压力抵制型,压力抵制型的机构投资者能够独立审慎参与上市公司治理,而压力敏感型的机构投资者容易成为"掏空"等有损中小股东利益行为的同谋。

(三) 本文的创新点

现有的研究大多聚焦于大股东及其关联方在定向增发中扮演的角色。不同国家的定增市场有不同的政策规定,中国市场的上市公司进行增发的目的除了项目融资,还可能是注入资产等。本文的研究立足于中国特色的市场,丰富了国外成熟增发市场的相关理论。

现有的研究大多数以大股东及其关联方为研究对象,重点突出了大股东利益输送、操纵折价率等方面的内容,对市场反应的研究也大多聚焦于短期的公告效应,对长期的观察较少。本文从另一大定增参与主体机构投资者出发,除了短期公告效应,另外也重点关注了长期市场反应,以及机构投资者对于大股东的制衡作用。

机构投资者的类型多种多样,资金实力、投资能力、风险偏好以及独立性都各不相同。本文根据公告书整理了每次定向增发事件中每一个机构获配机构投资者的所属类型,整理汇总了其认购比例,分类讨论了不同类型的机构投资者的作用机理,结果具有实际参考意义。

二、相关概念与理论分析

(一)机构投资者参与定向增发偏好的理论分析

1. 机构投资者投资与大股东行为

委托代理问题主要有信息不对称、激励不相容和权责不对等三大特征。机构投资者通过两种途径来降低信息不对称:一是具备搜集信息的优势和传递信息的优势,缓解信息不对称现象;二是对上市公司发布信息的质量形成监督。所以机构投资者可能偏好财务指标稳健和信息披露完备的公司。针对激励不相容的问题,机构投资者利用其自身的规模优势促进高管薪酬问题的解决,所以机构投资者投资时可能考虑公司的股利分配政策。针对权责不对等的问题,机构投资者利用其自身的专业能力和规模优势将公司管理层的利益和股东的利益统一起来,化解委托代理问题,所以机构投资者在选择投资标的时可能更偏好委托代理问题较小的公司。

2. 机构投资者投资与定增折价率

在信息不对称假说下,定向增发获配对象中大股东及其关联方、机构投资者以及自然人三方搜集信息的能力存在显著差异,折价率的存在是对信息不对称以及锁定期流动性风险的一种补偿。折价率也容易被人为操控,大股东及关联方往往通过设置较高的增发折价率,达到进一步控制公司的目的。堑壕效应下机构投资者可能与大股东合谋来提高大股东的控制权,同时机构投资者也会获得更高的折价,可能在解禁时获得更高的收益。也不排除机构投资者出于价值投资的目的而抑制大股东的侵害行为,导致较低的折价或者偏好折价率较低的增发项目。

3. 机构投资者投资与企业性质、企业价值成长性

在国有企业中,委托代理问题更严重,政绩、仕途更容易与公司的财务信息联系起来,存在披露信息失真的问题。而民营企业的大股东作为企业的所有者,决定增发前会更加慎重地进行可行性分析,结合企业本身的资金投资效率,盲目进行股权再融资可能会拖累公司未来业绩发展,影响公司在市场上的形象和投资者的信心。在中国这个信息不对称的市场上,国有企业相较民营企业,更能向市场传递公司优质、具备长远价值的积极信号。机构投资者在选择投资标的前,无论是出于投机动机还是价值投资动机,都会进行充分的调研,本身就更偏好于投资财务指标出

色、低风险的优质公司。

(二)机构投资者参与定向增发市场反应的理论分析

1. 信息不对称假说

信息不对称理论可以从两个方面对机构投资者在定向增发中的作用机制进行解释。第一种观点认为大股东及其关联方相较于机构投资者这种外部投资人来说掌握更多内部信息,其参与定向增发认购会向市场释放积极的信号,而机构投资者并不能做到这一点。第二种观点认为虽然机构投资者掌握相对较少的内部消息,但是市场仍然认可其专业的投资能力和对优质公司的识别能力,所以机构投资者参与定向增发仍然能够向市场释放积极的信号,对股价反应起到积极的作用。

2. 监督效应假说

监督效应假说认为定向增发针对少数特定投资者,认购对象一般为大股东及关联方和以基金为代表的机构投资者。增发完成后能够提高公司的股权集中度,大股东及其关联方增加持股产生协同效应,更有动力去积极治理公司,机构投资者更能够利用其专业性给公司治理提出建设性的意见。同时,由于存在至少一年的锁定期,定向增发的认购者更能够从长远的角度来参与公司治理,减少短视行为。可以看到股权结构的改善会提高公司治理水平,带来正向的市场反应。

3. 投资者过度乐观假说

投资者过度乐观假说是解释长期市场反应为负的经典理论,该假说认为高成长性、高热度、高度信息不对称的公司往往容易引起投资者的追捧,造成短期股价虚高,长期股价的负向反应是对前期过度乐观态度的一种修正。即使在"217新政"发布后,我国A股定向增发市场仍然没有对增发公司的财务水平、盈利能力做出具体的规定和说明,很多长期亏损的公司仍然可以通过审批,这说明进行增发的公司中真正为了巩固公司主营业务、为优质项目融资的其实并不多。在此背景之下,市场更加会对前期过高的股价进行合理的修正。

4. 时机窗口理论

Hertzel et al.(2002)的研究表明,上市公司会对增发的时机进行人为的操控,大多会选择市场对公司抱有良好预期的时候进行增发,并认为这种预期会继续推动股价上涨,但是从长期来看,这种良好的预期会被修正,带来长期为负的股价反应。时机窗口理论认为,上市公司选择增发之前具有择时的动机,更倾向于选择在公司股价被高估的时候进行增发,融入更多资金,无论是从短期还是从长期来看,市场会对前期过高的股价进行合理的修正,还可能出现过度反应或者反应不足。定向增发事件不能被认定为一个积极的信号,因为其可能是公司择机发行股票的一个结果。

5. 管理层防御假说

Wruck(1989)发现投资者会趁增发的机会向公司任命管理层人员,这种行为会引发股价负向调整,原因在于威胁了大股东的利益。Barclay et al.(2007)认为长短期的市场反应具体与投资者类型有关,积极参与公司治理的投资者往往能够带来更好的市场反应。管理层往往认为,增发给消极投资者有利于巩固自身的管理权,弱化公司被收购的风险。公司管理层为了提高机构投资者参与定向增发的成本就压低增发的折价率,这样一来,机构投资者未来的获利空间有限,就更没有动力去积极监督管理层进行公司治理。此外,管理层也确实更倾向于将消极机构投资者作为增发对象。

6. 委托代理理论

委托代理理论认为,由于利益不一致,增发后的公司管理层可能利用融资资金盲目扩张,存在投资效率不高的问题,长期以来会诱发公司长期股价负向波动。如果公司目前的现金流状况良好,委托人没有足够的动机或者考虑到监督成本,从而无法对管理层实施全面有效的监督,此时管理层存在侵害股东利益的可能。如果公司目前有充足的资本来维持正常经营,选择定向增发则向市场传递了公司目前存在严重委托代理问题的消极信号,导致股价出现负向波动。

三、研究方法与数据样本

(一) 研究假设

基于前文的理论分析,我们针对机构投资者参与定向增发的动机和偏好提出以下假设:

假设 1a:机构投资者偏好参与没有大股东及其关联方参与的定向增发。

假设 1b:机构投资者偏好参与大股东以现金方式认购的定向增发。

假设 1c:机构投资者偏好参与增发目的为项目融资的定向增发。

假设 1d:机构投资者偏好参与低折价率的定向增发。

假设 1e:机构投资者偏好参与公司性质是国企的定向增发。

假设 1f:机构投资者偏好参与公司价值成长性较好的定向增发。

假设 1g:金融机构投资者与非金融机构投资者参与定增时的投资偏好存在差异。

基于前文的理论分析,我们针对机构投资者参与定向增发带来的市场反应提出以下假设:

假设 2a:定向增发短期市场反应为正,长期市场反应弱于短期市场反应甚至为负。

假设 2b:机构投资者的参与程度与公司股价反应负相关。

假设2c:市场反应与定向增发参与者类型有关,金融机构在其中的作用相比非金融机构来说更为显著。

基于前文的理论分析,我们针对定向增发中的利益输送现象提出以下假设:

假设3a:定向增发时,机构投资者配股的比例越高,增发的折扣就越大。

假设3b:大股东及其关联方存在利用定向增发进行利益输送的行为,机构投资者能够抑制这种行为。

(二)研究方法及模型

1. 机构投资者参与定向增发的动机与偏好

本文现将机构投资者认购增发股份的比例作为因变量,然后分别探讨金融机构投资者认购比例和非金融机构投资者为因变量的情况。

$$SR\,II_{i,t} = \beta_0 + \beta_1 Sharehold_{i,t} + \beta_2 Ways_{i,t} + \beta_3 Purpose_{i,t} + \beta_4 Nature_{i,t} + \beta_5 Discount_{i,t} + \sum \beta_j Control_{i,t} + \varepsilon_{i,t} \qquad (2\text{-}1\text{-}1)$$

其中,$SR\,II_{i,t}$分别表示机构投资者认购比例、金融机构投资者认购比例及非金融机构投资者认购比例,$Sharehold_{i,t}$表示大股东是否参与定向增发,$Ways_{i,t}$表示大股东认购股份的方式,$Purpose_{i,t}$表示定向增发的目的,$Nature_{i,t}$表示定向增发企业的性质,$Control_{i,t}$表示其他控制变量。

2. 机构投资者认购比例与市场反应

主要分为总回归模型和机构投资者异质回归模型。总回归模型中考察机构投资者总的认购比例与短期长期市场反应之间的关系;机构投资者异质回归模型中分别探究金融机构投资者认购比例、非金融机构投资者与短期长期市场反应之间的关系。

$$CAR(T_1, T_2) = \beta_0 + \beta_1 SR\,II_{i,t} + \sum \beta_j Control_{j,t} + \varepsilon_{i,t} \qquad (2\text{-}1\text{-}2)$$

$$BHAR(T_1, T_2) = \beta_0 + \beta_1 SR\,II_{i,t} + \sum \beta_j Control_{j,t} + \varepsilon_{i,t} \qquad (2\text{-}1\text{-}3)$$

其中$CAR(T_1, T_2)$表示短期累积超额收益率,是短期市场反应的替代变量;$BHAR(T_1, T_2)$表示长期购买并持有收益率,是长期市场反应的替代变量;$SR\,II_{i,t}$分别表示机构投资者认购比例、金融机构投资者认购比例及非金融机构投资者认购比例;$Control_{j,t}$表示其他控制变量。

3. 机构投资者认购比例与定向增发折价率

为了探究大股东及关联方、金融机构投资者和非金融机构投资者分别在定向增发中扮演着什么样的角色,以及定向增发中利益输送的问题,我们选取定向增发的折价率为代理变量,探究其与定向增发参与者认购比例之间的回归关系。

$$Discount_{i,t} = \beta_0 + \beta_1 SR\,II_{i,t} + \sum \beta_j Control_{j,t} + \varepsilon_{i,t} \qquad (2\text{-}1\text{-}4)$$

$$\text{Discount}_{i,t} = \beta_0 + \beta_1 SR\mathrm{II\_SH}_{i,t} + \beta_2 SR\mathrm{II}_{i,j} * SR\mathrm{II\_SH}_{i,j} + \sum \beta_j \text{Control}_{j,t} + \varepsilon_{i,t} \quad (2-1-5)$$

其中,$\text{Discount}_{i,t}$表示定向增发折价率,$SR\mathrm{II}_{i,t}$分别表示机构投资者的认购比例、金融机构投资者的认购比例及非金融机构投资者的认购比例,$\text{Control}_{j,t}$表示其他控制变量。

(三) 样本选择和数据来源

本文选取 2010—2016 年深沪两市 A 股进行定向增发的全部公司,为了保证研究结果的准确性,首先对原始样本数据进行了筛选:(1)仅保留 A 股增发 A 股的样本,删除其他跨市场增发;(2)删除金融业和房地产业宣告定向增发的样本公司,因为金融类公司执行的会计制度与非金融类公司有较大差异;(3)删除被 ST 的样本公司,因为这样的公司往往业绩较差,存在退市风险;(4)删除定向增发上市公告日前后 10 个交易日内发布重大事项公告的样本,因为公司重大事件的公告可能会影响公司股价;(5)删除同一年内另外开展了配股、发行可转换债券和公开增发新股等其他股权再融资的样本,因为重复的股权再融资可能互相影响;(6)删除财务数据和交易数据不完整或无法获取的样本。将原始样本数据经如上处理后,得到了 2 183 个样本。

本文所使用的定向增发的基本数据来自 Wind 数据库,定向增发对象获配明细从《非公开发行股票发行情况暨上市公告书》手工整理得来,获配投资者的类型均为人工界定再进行获配数据的汇总处理,其他交易数据、财务数据等来自 CSMAR 数据库,数据处理运用的软件是 SAS9.3。基于筛选后的样本,我们手工将 1 年锁定期的认购对象划分为金融机构投资者和非金融机构投资者,将 3 年锁定期的认购对象划分为大股东及其关联方。

(四) 变量选取

1. 机构投资者参与定向增发的偏好实证变量选取

实证模型中所有变量的具体定义如表 2-1-1 所示。

表 2-1-1 变量定义

变量类型	变量名	变量定义
被解释变量	Participate	机构投资者是否参与定向增发,参与时赋值为 1,否则为 0
	SRII_SH	大股东及关联方的认购比例=大股东及关联方的认购股数/总发行股数
	SRII	机构投资者的认购比例=机构投资者的认购股数/总发行股数
	SRII_F	金融机构投资者的认购比例=金融机构投资者的认购股数/总发行股数
	SRII_NF	非金融机构投资者的认购比例=非金融机构投资者的认购股数/总发行股数

(续表)

变量类型	变量名	变量定义
解释变量	Sharehold	大股东及关联方是否参与定向增发,参与时赋值为1,否则为0
	Ways	大股东及关联方认购定向增发的方式,以现金认购时赋值为1,否则为0
	Purpose	定向增发的目的,融资型赋值为3,其他为2,引入战略投资者为1,资产型为0
	Nature	定向增发企业性质,国企赋值为1,否则为0
	Discount	定向增发折价率=定向增发前一交易日收盘价/增发价的自然对数
控制变量	Size	资产规模=上一年年末公司总资产的自然对数
	Lev	资产负债率=上一年年末负债总额/资产总额×100%
	CV	两权分离度=控制权/所有权,衡量公司治理水平
	EPS	每股盈余,衡量公司盈利水平
	OCF	每股经营活动现金流,衡量公司现金流水平
	QA	托宾Q=上一年年末市值/总资产,衡量公司成长性
	Shrcr	公司前五位股东持股比例总和,衡量公司股权集中度
	Year	年度虚拟变量
	Industry	行业虚拟变量

2. 机构投资者参与定向增发的市场反应实证变量选取

(1) 被解释变量:

① 计算短期累积超额收益率(CAR),作为短期市场反应的替代变量。

本文选择市场调整模型计算短期超额收益率,因为《非公开发行股票发行情况暨上市公告书》中包含了机构投资者身份的详细信息、获配股份明细及增发前后十大股东的变化,给予了市场准确信号,所以本文选取上市公告日为事件日。

$CAR(T_1,T_2)$ 是指事件窗口期内每日超额收益率的总和,即:

$$CAR(T_1,T_2) = \sum_{T_1}^{T_2} AR_{i,t} \qquad (2-1-6)$$

其中,$AR_{i,t}$ 是第 i 家公司第 t 日的超额收益率,T_1 和 T_2 分别表示事件窗口的开始日和结束日。本文选取(-1,+1)到(-5,+25)等数个窗口进行研究,所以有 $-10 \leq T_1 \leq T_2 \leq +10$。

② 购买并持有超额收益率(BHAR),作为长期市场反应的替代变量。

购买并持有超额收益率是指购买并持有公司股票期间,股票收益率与期望收益率的差值为:

$$\mathrm{BHAR}_i(T_1,T_2)=\prod_{T_1}^{T_2}(1+R_{i,t})-\prod_{T_1}^{T_2}(1+R_{B_j}) \quad (2-1-7)$$

其中,BHAR_i 是指购买并持有公司股票的期间收益率,$R_{i,t}$ 是指样本公司第 t 月的月收益率,R_{B_j} 是指样本公司对应的行业匹配样本。本文选取定向增发后 12 个月、24 个月、36 个月的数据计算 BHAR。

③ 定向增发折价率(Discount)的定义与上部分研究中的相同。

(2) 解释变量与控制变量:

本文以各类机构投资者的认购比例衡量机构投资者参与程度的指标,来研究其参与程度对市场反应的影响,实证模型中所有变量的具体定义如表 2-1-2 所示。

表 2-1-2 变量定义

变量类型	变量名	变量定义
被解释变量	CAR	短期市场反应的替代变量,短期累积超额收益率
	BHAR	长期市场反应的替代变量,购买并持有超额收益率
	Discount	定向增发折价率=定向增发前一交易日收盘价/增发价的自然对数
解释变量	SRII_SH	大股东及关联方的认购比例=大股东及关联方的认购股数/总发行股数
	SRII	机构投资者的认购比例=机构投资者的认购股数/总发行股数
	SRII_F	金融机构的认购比例=金融机构的认购股数/总发行股数
	SRII_NF	非金融机构的认购比例=非金融机构的认购股数/总发行股数
控制变量	Nature	定向增发企业性质,国企赋值为 1,否则为 0
	Lev	资产负债率=上一年年末负债总额/资产总额×100%
	Vol	增发规模=定向增发股数/发行前公司流通股股数
	Size	资产规模=上一年年末公司总资产的自然对数
	ROE	净资产收益率,衡量公司盈利水平
	Cashr	现金比率,衡量公司现金流水平
	PB	市净率,衡量公司估值水平
	Year	年度虚拟变量
	Industry	行业虚拟变量

四、机构投资者参与定向增发的偏好

(一) 描述性统计分析

表 2-1-3 给出了全样本的描述性统计结果。统计结果显示,我国 A 股市场定向增发案例中,大股东及关联方的平均认购比例达 50.35%,机构投资者的平均认购比例达 42.19%,机构投资者中金融机构投资者的平均认购比例达 38.46%,而非金融机构投资者的平均认购比例仅为 3.59%。以上数据说明定向增发中大股东及关联方、金融机构投资者是最主要的两类参与群体;另外,非金融机构投资者和金融机构投资者的认购比例差异较大,所以把这两类投资者分开讨论是十分必要的。

表 2-1-3 定向增发各类认购对象的认购情况

变量	N	均值	标准差	中位数	最小值	最大值
SRII_SH	2 183	0.5035	0.0097	0.4887	0.0000	1.0000
SRII	2 183	0.4219	0.0094	0.2174	0.0000	1.0000
SRII_F	2 183	0.3846	0.0090	0.1388	0.0000	1.0000
SRII_NF	2 183	0.0359	0.0021	0.0000	0.0000	0.6415

(二) 回归结果及分析

为了控制其他因素对机构投资者参与定向增发的影响,在描述性统计的基础上,我们对不同类型机构投资者的认购比例与公司自身各项指标之间进行多元回归分析。

1. 全样本回归结果分析

表 2-1-4 报告了模型(2.1)多元回归的结果,三次回归调整后的 R^2 分别为 0.4593、0.4545、0.0742,模型解释力度较好。

从衡量大股东行为的指标来看,大股东是否参与的系数为负、大股东认购方式的系数为正且在 1% 的显著性水平上显著。这说明机构投资者偏好没有大股东参与或者大股东以现金认购的定向增发。对于金融机构投资者来说,回归结果与整体趋同;但对于非金融机构投资者来说,其更偏好没有大股东参与或者大股东以资产认购的定向增发。因为非金融机构投资者往往不是财务投资者,其参与定增并不是为了短期获利,而是由于与上市公司存在商业利益联系或者资产关联;而金融机构投资者则认为大股东以现金认购的行为代表公司有未来能获得充裕现金流的优质项目,这说明金融机构投资者是关注企业未来长期发展的,是长期的价值投资者,不存在与大股东同谋消极监督的动机。

表 2-1-4　以机构投资者认购比例为因变量的回归结果

	SRII	SRII_F	SRII_NF
Intercept	0.0118	0.1747	-0.1604***
	(0.06)	(0.90)	(-2.39)
Sharehold	-0.2885***	-0.2705***	-0.0181***
	(-18.94)	(-18.53)	(-3.62)
Ways	0.0810***	0.1096***	-0.0287***
	(3.30)	(4.67)	(-3.57)
Purpose	0.1420***	0.1314***	0.0106***
	(16.34)	(15.78)	(3.74)
Discount	-0.4247***	-0.3970***	-0.0276***
	(-13.48)	(-13.15)	(-2.68)
Nature	0.0288*	0.0260	0.0028
	(1.59)	(1.50)	(0.47)
Size	0.0082	-0.00083	0.0089***
	(0.99)	(-0.10)	(3.21)
Lev	-0.02595	-0.02326	-0.0010
	(-0.57)	(-0.53)	(-0.06)
CV	-0.00004245	0.00028792	-0.00033081
	(-0.05)	(0.33)	(-1.10)
EPS	0.0127	0.0154	-0.0026
	(0.74)	(0.94)	(-0.45)
OCF	0.0168**	0.0178**	-0.0011
	(2.07)	(2.29)	(-0.40)
QA	0.00067762	0.00041993	0.00037195
	(2.02)	(1.31)	(0.94)
Shrcr	0.2267***	0.2084***	0.0183
	(4.59)	(4.40)	(1.13)
Industry	Control	Control	Control
Year	Control	Control	Control
Observation	2 183	2 183	2 183
R^2	0.4593	0.4545	0.0742

注：*、**、***分别代表在10%、5%、1%的置信水平上显著，括号内为相应 T 统计量值。

从定向增发的融资目的来看,系数为正且在1%的显著性水平上显著。在这一点上,金融机构投资者和非金融机构投资者的偏好是趋同的,但是非金融机构投资者的系数绝对值更小,说明金融机构投资者比非金融机构投资者更加追求对项目融资类型的定向增发。根据信息不对称假说,机构投资者相较于大股东及其关联方来说,处于信息劣势,即使资金实力和专业能力占优,也无法完全获得充分的信息。注入资产型定向增发往往涉及诸多关联交易,机构投资者出于审慎性和盈利性原则,更偏好项目融资型的定向增发。

从定向增发的折价率来看,系数为负且在1%的显著性水平上显著。从这一点来看,金融机构投资者和非金融机构投资者的偏好也是趋同的。现有的研究成果大多数认为折价率的高低代表了认购增发股份成本的高低,为了获得较大的获利空间,无论是大股东及其关联方还是机构投资者都偏好高折价率的增发。我们的研究结果表明,机构投资者在选择认购标的时,长期的价值投资是其投资的主要动机。高折价率的增发可能存在大股东利益输送的掏空行为,不利于企业长期发展;低折价率往往象征着一定的安全投资边际。

定向增发企业性质(Nature)的系数为0.0288,在10%的显著性水平上显著,这说明机构投资者更偏好参与国有企业的增发。国有企业相较于民营企业有更好的资源和背景,从长远来看,其发展前景更为稳定,更为机构投资者偏好。在这方面,金融机构投资者和非金融机构投资者表现出了趋同的偏好,但结果并不显著。

2. 区分投资者类别的回归结果分析

我们按投资者类别划分了三个子样本(篇幅有限,此处省略回归结果),其中金融机构投资者中重点研究了证券投资基金这一子样本。除了非金融机构投资者子样本,其他两个回归的调整后R^2均较高,这说明机构投资者参与定向增发的程度与机构投资者类型有很大关系,本文分别进行分析也是很有必要的。

三个子样本回归的结果与全样本回归的结果基本一致,原因在于金融机构的资本逐利性导致其更看重企业项目融资带来的利益驱动,而非金融机构参与定向增发则往往出于某些与资产活动相关的特殊目的,可能与上市公司存在利益输送的行为,资产认购可操作性更强。但是在企业性质方面,证券投资基金显著偏好民营企业,原因可能是基金公司独立性强,更愿意参与民营企业这样的更纯粹的投资。

3. 区分企业性质的回归结果分析

国有企业和民营企业子样本的回归结果(篇幅有限,此处省略)显示,国有企业与民营企业两者之间存在显著差异。金融机构投资者尤其是证券投资基金在选择民营企业增发时多关注企业负债水平、盈利能力和现金流能力等公司基本面指标,体现了其审慎性、专业性及风险控制意识;在国有企业中则更关注大股东行为的相关指标。非金融机构投资者相关的两个回归解释力度均比较差,这进一步说明了其和金融机构投资者的差异性。

4. 区分锁定期的回归结果分析

一年和三年的锁定期差别包含了增发目的及大股东认购方式等诸多信息。三年期多为注入资产类型的增发,一年期多为项目融资类型的增发。据整体样本按照锁定期维度划分的子样本回归结果(篇幅有限,此处省略)显示,从一年期定向增发的偏好观察,集中关注的因素有大股东行为、企业性质、发行规模等。金融机构投资者和非金融机构投资者之间的差别不大。而证券投资基金作为金融机构投资者的主体,与其他主体不同的是,其显著偏好现金流能力较好的民营企业。三年锁定期的模型的解释程度较低,说明三年期定增中,机构投资者的投资偏好可能存在其他的考量因素,三年期涉及的股权结构调整和控制权变化,大多数不是面向机构投资者的,不能单单用本文所述的理论来解释。

5. 稳健性检验

对于以上的研究结果,本文主要采用变量替代的方法进行稳健性检验。因变量机构投资者参与定向增发的水平是用连续变量来衡量的,现在更换为零一变量,即参与某一项目时结果为1,不参与则为0,得到的结果与前文所示基本相同,验证了本文模型的稳定性(篇幅有限,回归结果表略去)。

$$\text{Participate}_{i,t} = \beta_0 + \beta_1 \text{Sharehold}_{i,t} + \beta_2 \text{Ways}_{i,t} + \beta_3 \text{Purpose}_{i,t} + \beta_4 \text{Nature}_{i,t} + \sum \beta_j \text{Control}_{i,t} + \varepsilon_{i,t} \quad (2-1-8)$$

五、机构投资者参与定向增发的市场反应

(一)描述性统计分析

表2-1-5给出了全样本的短期和长期市场反应代理变量的描述性统计结果。统计结果显示,事件日在各个窗口内的CAR值均大于0,说明定向增发短期的市场反应为正,在1%的显著性水平上显著;事件日在各个窗口内的CAR值均小于0,说明定向增发长期的市场反应为负,在1%的显著性水平上显著。

表2-1-5 市场反应指标描述性统计结果

变量	均值	标准差	中位数	最小值	最大值	T值
CAR(−1,1)	0.0030	0.0529	−0.0019	−0.1210	0.1775	2.67***
CAR(−2,2)	0.0044	0.0714	−0.0036	−0.1742	0.2428	2.74***
CAR(−3,3)	0.0051	0.0843	−0.0032	−0.2167	0.3128	2.65***
CAR(−4,4)	0.0078	0.0949	−0.0045	−0.2313	0.3774	3.43***

（续表）

变量	均值	标准差	中位数	最小值	最大值	T值
CAR(-5,5)	0.0083	0.1036	-0.0036	-0.2535	0.4156	3.39***
CAR(-6,6)	0.0095	0.1124	-0.0060	-0.2637	0.4531	3.61***
CAR(-7,7)	0.0091	0.1162	-0.0063	-0.2668	0.4425	3.44***
CAR(-8,8)	0.0088	0.1196	-0.0071	-0.2829	0.4407	3.37***
CAR(-9,9)	0.0103	0.1231	-0.0087	-0.2712	0.4362	3.90***
CAR(-10,10)	0.0121	0.1289	-0.0074	-0.2705	0.4626	4.25***
BHAR(0,12)	-0.3145	0.6200	-0.1883	-1.5328	1.2422	-12.51***
BHAR(0,24)	-1.7145	1.5017	-1.4280	-3.2208	1.9763	-17.71***
BHAR(0,36)	-2.7549	1.4641	-3.6878	-3.6878	2.3871	-18.99***

（二）回归结果及分析

同样，为了控制其他因素对定向增发市场反应的影响，保证研究结论的真实性与可靠性，在描述性统计的基础上，我们对不同类型机构投资者的认购比例与市场反应之间的关系进行多元回归分析。

1. 机构投资者的认购比例与市场反应回归结果分析

表2-1-6就是我们对12月锁定期的非金融和金融机构投资者的认购比例与长短期市场反应回归的结果。从整体的回归结果中可以看到，机构投资者的认购比例与长期市场反应和短期市场反应都是负相关的，从短期来看，这种负相关关系在统计上并不显著，但从长期来看，这种负相关在1%的显著性水平上是显著的。这部分的实证结果支持了投资者过度乐观假说、时机窗口理论及管理层防御效应对长期为负的市场反应的解释。可能的原因是，机构投资者积极追捧未来具备高成长性的公司股票，抬高了短期股票价格，长期来看，机构投资者并没有如预想的发挥积极的监督作用，定增项目如果进展不顺利或者现金流出现问题，会拖累公司的业绩和股价，带来对公司长期股价表现的修正，造成长期为负的市场反应。

表2-1-6 以机构投资者的认购比例为自变量的回归结果

	CAR(-1,1)	CAR(-3,3)	CAR(-5,5)	BHAR(0,12)	BHAR(0,24)	BHAR(0,36)
Intercept	0.0806***	0.0894*	0.2090***	1.3991***	2.3620***	1.1125
	(2.44)	(1.66)	(3.12)	(4.96)	(4.28)	(1.16)

（续表）

	CAR(-1,1)	CAR(-3,3)	CAR(-5,5)	BHAR(0,12)	BHAR(0,24)	BHAR(0,36)
SRII	-0.004	-0.0046	-0.0064	-0.0774***	-0.1514***	-0.1690**
	(-1.37)	(-1.01)	(-1.13)	(-3.21)	(-2.99)	(-1.96)
Nature	-0.002	-0.0054	-0.0007	0.0433*	-0.2137***	-0.2343***
	(-0.79)	(-1.09)	(-0.12)	(-1.72)	(3.30)	(-2.96)
Lev	-0.0018	0.0069	0.0108	0.0282	-0.0161	-0.3442
	(-0.22)	(0.52)	(0.65)	(0.39)	(-0.11)	(-1.32)
Vol	-0.00001584	-0.0017	-0.0027	-0.0075	-0.0399*	-0.0453
	(-0.01)	(-0.95)	(-1.19)	(-0.75)	(-1.75)	(-0.97)
Size	-0.0013	-0.0018	-0.0062**	-0.0585***	-0.0908***	-0.0670*
	(-0.99)	(-0.84)	(-2.29)	(-5.06)	(-3.93)	(-1.69)
ROE	0.0007	0.0010	0.009***	-0.0049	0.0021	-0.0109
	(0.55)	(0.49)	(3.21)	(-0.50)	(0.13)	(-0.52)
Cashr	0.0003	0.0039***	0.0025	-0.0132	-0.0121	-0.0371
	(0.34)	(2.73)	(1.39)	(-1.74)	(-0.79)	(-1.28)
PB	-0.00000252	0.00001619	-0.00001708	-0.0025***	-0.0027*	-0.0253***
	(-0.09)	(0.37)	(-0.31)	(-3.51)	(-1.83)	(-2.40)
Industry	Control	Control	Control	Control	Control	Control
Year	Control	Control	Control	Control	Control	Control
Observation	2 183	2 183	2 183	2 183	2 183	2 183
R^2	0.0044	0.0067	0.0101	0.1569	0.3034	0.3497

注：*、**、***分别代表在10%、5%、1%的置信水平上显著，括号内为相应T统计量值。

2. 不同类型机构投资者的认购比例与市场反应的回归结果分析

表2-1-7和表2-1-8就是我们对12月锁定期的金融和非金融机构投资者的认购比例与长短期市场反应回归的结果。金融机构投资者的认购比例与长期市场反应和短期市场反应都是负相关的，长期来看，这种负相关在1%的显著性水平上是显著的。非金融机构投资者在定向增发中的配股比例与增发公司的长期市场反应和短期市场反应呈现负相关，这意味着非金融机构也并不能优先获知哪些公司在未来具备更高的业绩成长性；此外，我们的结果还显示，这种负相关关系都是不显著的，这说明非金融机构投资者对定向增发公司的市场反应不会产生很大影响。

表 2-1-7 金融机构投资者的认购比例为自变量的回归结果

	CAR(-1,1)	CAR(-3,3)	CAR(-5,5)	BHAR(0,12)	BHAR(0,24)	BHAR(0,36)
Intercept	0.0817***	0.0904*	0.2102***	1.4132***	2.3800***	1.1245
	(2.47)	(1.68)	(3.14)	(5.02)	(4.31)	(1.17)
SRII_F	-0.0034	-0.0045	-0.0066	-0.0820***	-0.1627***	-0.1637*
	(-1.16)	(0.95)	(-1.11)	(-3.26)	(-3.09)	(-1.80)
Nature	-0.0024	-0.0054	-0.0008	-0.0435*	-0.2146***	-0.2337***
	(-0.78)	(-1.09)	(-0.12)	(-1.73)	(-4.36)	(-2.95)
Lev	-0.0017	0.0070	0.0110	0.0294	-0.0122	-0.3395
	(-0.21)	(-0.95)	(0.66)	(0.41)	(-0.08)	(-1.30)
Vol	-0.00000177	-0.0017	-0.0027	-0.0074	-0.0399*	-0.0433
	(-0.00)	(-0.95)	(-1.19)	(-0.75)	(-1.75)	(-0.93)
Size	-0.0014	-0.0019	-0.0062**	-0.0592***	-0.0918***	-0.0684*
	(-1.04)	(-0.87)	(-2.32)	(-5.13)	(-3.99)	(-1.72)
ROE	0.0007	0.0010	0.0002	-0.0045	0.0030	-0.0103
	(0.56)	(0.50)	(0.06)	(-0.46)	(0.19)	(-0.48)
Cashr	0.0003	0.0039	0.0025	-0.0132*	-0.0119	-0.0363
	(0.35)	(2.73)	(1.40)	(-1.73)	(-0.78)	(-1.25)
PB	-0.00000300	0.00001565	-0.00001783	-0.0025***	-0.0027*	-0.0248***
	(-0.11)	(0.36)	(-0.32)	(-3.51)	(-1.83)	(-2.35)
Industry	Control	Control	Control	Control	Control	Control
Year	Control	Control	Control	Control	Control	Control
Observation	2 183	2 183	2 183	2 183	2 183	2 183
R^2	0.0041	0.0066	0.0100	0.1571	0.3038	0.3491

注：*、**、***分别代表在10%、5%、1%的置信水平上显著,括号内为相应T统计量值。

表 2-1-8 非金融机构投资者的认购比例为自变量的回归结果

	CAR(-1,1)	CAR(-3,3)	CAR(-5,5)	BHAR(0,12)	BHAR(0,24)	BHAR(0,36)
Intercept	0.0816***	0.0920*	0.2133***	1.4502***	2.4407***	1.0294
	(2.47)	(1.71)	(3.18)	(5.13)	(4.40)	(1.07)
SRII_NF	-0.0113	-0.0065	-0.0054	-0.0315	-0.0216	-0.2081
	(-1.01)	(-0.36)	(-0.24)	(-0.34)	(-0.12)	(-0.77)
Nature	-0.0022	-0.0051	-0.0004	-0.0400	-0.2093***	-0.2212***
	(-0.72)	(-1.05)	(-0.07)	(-1.59)	(-4.24)	(-2.80)

（续表）

	CAR(-1,1)	CAR(-3,3)	CAR(-5,5)	BHAR(0,12)	BHAR(0,24)	BHAR(0,36)
Lev	-0.0019	0.0070	0.0110	0.0319	-0.0100	-0.3370
	(-0.23)	(0.52)	(0.66)	(0.44)	(-0.07)	(-1.29)
Vol	0.00008032	-0.0016	-0.0025	-0.0051	-0.0325	-0.0327
	(0.07)	(-0.89)	(-1.12)	(-0.52)	(-1.43)	(-0.71)
Size	-0.0014	-0.0020	-0.0065***	-0.0620***	-0.0966***	-0.0673*
	(-1.06)	(-0.93)	(-2.41)	(-5.36)	(-4.17)	(-1.69)
ROE	0.0006	0.0009	0.00005	-0.0056	0.0013	-0.0129
	(0.49)	(0.45)	(0.02)	(-0.57)	(0.08)	(-0.61)
Cashr	0.0003	0.0039***	0.0025	-0.0121	-0.0091	-0.0330
	(0.36)	(2.75)	(1.42)	(-1.59)	(-0.60)	(-1.14)
PB	-0.00000190	0.00001612	-0.00001762	-0.0025	-0.0028*	-0.0247**
	(-0.07)	(0.37)	(-0.32)	(-3.47)	(-1.83)	(-2.33)
Industry	Control	Control	Control	Control	Control	Control
Year	Control	Control	Control	Control	Control	Control
Observation	2 183	2 183	2 183	2 183	2 183	2 183
R^2	0.0040	0.0063	0.0095	0.1523	0.2980	0.3466

注：*、**、***分别代表在10%、5%、1%的置信水平上显著，括号内为相应T统计量值。

3. 机构投资者与定向增发折扣率的回归结果分析

各类定向增发股份认购者的认购比例与折价率的回归结果（篇幅有限，此处省略）显示，大股东及其关联方的系数为正且在1%的显著性水平上显著，而金融机构投资者、非金融机构投资者与折价率的关系都是趋同的，系数均为负且都在1%的显著性水平上显著。这一实证结果说明，大股东及其关联方存在提高折价率、人为操纵增发价的可能，而机构投资者作为外部投资者更关心公司的长远发展，从而会积极参与公司治理，与大股东及其关联方形成制衡关系，抑制其对中小股东以及公司利益侵害的现象。

机构投资者调节作用的回归结果（篇幅有限，此处省略）显示，大股东关联方与机构投资者以及金融机构投资者的交乘项的系数为负且分别在10%和1%的显著性水平上显著。这说明机构投资者的参与确实对大股东及其关联方压低增发价、进行利益输送的行为有一定程度的抑制，作用机理在于机构投资者虽然处于信息劣势，但是在参与增发前会对标的公司进行充分的、专业的调研，对增发价格的合理水平有一个提前的心理预期，选择参与更是因为标的公司未来的成长性，所以会积极发挥监督作用,抑制大股东及其关联方的侵害行为。这有利于全体股东的利益最大化,实现内部和外部投资者共赢的局面。

4. 稳健性检验

对于以上的研究结果,本文主要采用变量替代的方法进行稳健性检验。因变量用 EPS 代替 ROE,QA 代替 PB,得到的结果与前文所示基本相同,验证了本文模型的稳定性(篇幅有限,回归结果表略去)。

六、结论与政策建议

(一) 本文主要结论

第一,参与定向增发的机构投资者确实关心大股东在定向增发中的行为,而且关心定向增发项目本身的价值和上市公司的长期价值,从前期来看,机构投资者是长期的价值投资者。第二,我国定向增发的上市公司存在正的短期市场反应和负的长期市场反应,支持投资者过度乐观假说、时机窗口理论及管理层防御效应,原因是机构投资者在初期积极追捧未来具备高成长性的公司的股票,抬高了短期股票的价格,从长期来看,金融机构投资者并没有如预想的发挥积极的监督作用,沦为投机型的投资者,定增项目如果进展不顺利或者现金流出现问题,会拖累公司的业绩和股价,带来对公司长期股价表现的修正,造成长期为负的市场反应。第三,定向增发的过程中,存在大股东人为提高增发折价率进行利益输送的可能,而机构投资者虽然也处于信息劣势,但是具备专业投资能力,对公司未来成长性以及合理的增发价格有提前的预判,缓解了大股东利益输送的现象,有利于全体股东的利益最大化。

(二) 政策建议

1. 提高定向增发的准入门槛和后期监管力度

在本文的研究样本中,有很多亏损的企业还在进行定向增发,因此在政策方面,很有必要提高定向增发的准入门槛,加强信息的审核与披露,严格约束盈利能力、利润水平等方面的财务指标,避免低质量的增发项目引发的利益输送或者内幕交易问题。另外,在信息披露方面,应该要求公司全面地、及时地披露定增项目募集资金的去向及项目进展程度,加强后期监管,缓解市场上投资者的信息不对称现象。

2. 继续完善与定向增发相关的监管法律法规的建设

"217 新政"的发布,对定向增发市场的过快过热发展起到了明显的遏制作用,使市场更趋于回归理性和价值投资。相较于国外成熟的私募市场,我国的定向增发市场尚处于初步发展期,相关的法律法规制度尚不健全,对上市公司增发前的盈利能力、现金流状况等财务指标都没有具体的规定,对增发本身的发行规模、发行时间、认购对象、发行目的也都没有明确的要求,因此,这方面还亟待完善。

3. 引导机构投资者从投机向价值投资过渡

在"217新政"出台前,定增项目审批快、门槛低、存在明显的套利空间且至少存在一年的锁定期,机构投资者后期更偏向投机,而不去关心公司内在价值的成长。因此,建议监管机构制定全面系统的激励约束机制,引导以基金、券商等为主的机构投资者向价值投资过渡,建立自身完备的投资管理体系,加强风险控制制度的建设,加强信息披露的质量和规范性。

专题二 股票增值权激励方案对公司绩效的影响研究——以泰格医药为例

一、背景及意义

2005年,中国实行股权分置改革,给上市公司实施股权激励创造了良好的机会。自2006年1月1日《上市公司股权激励管理办法(试行)》的实施到2016年8月13日《上市公司股权激励管理办法》的正式落实,我国上市公司推出股权激励方案的数量显著增加。在"十三五"规划"改革体制机制"的时代背景下,股权激励方案的推出更是日益常态化(见图2-2-1)。截止到2018年2月,我国A股上市公司共推出1 899个股权激励方案,其中有1 520个方案显示已实施、285个方案显示停止实施、5个方案显示未通过、56个方案处于披露董事会预案的进度中、26个处于股东大会通过的进度中。由此可以看出,上市公司推出的股权激励方案并非都能顺利实施。通过进一步对股权激励方式的统计发现,在这1 899个激励方案中,仅有24个属于股票增值权激励方案,而真正落实股票增值权计划的只有18家,这在一定程度上反映股票增值权计划的实施效果是存疑的。因此,本专题将股票增值权计划作为研究内容,以期探究其在我国A股市场上对公司绩效的影响。

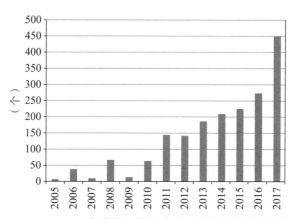

图2-2-1 2005—2017年我国A股上市公司公布股权激励方案的数量

目前，我国针对股票增值权的案例研究局限于 H 股上市公司，本文则是以 A 股上市公司泰格医药为研究对象，尝试找出股票增值权在 A 股市场对公司绩效的影响。本专题的主要贡献在于：一是模型推导，厘清了股票增值权激励与公司绩效的内在关联；二是基于对泰格医药案例的分析，探究了股票增值权激励对公司短期绩效和长期绩效的影响。本专题一方面弥补了现有研究的不足，另一方面也为股票增值权计划在我国 A 股市场上的应用与实践提供了理论支持。但由于 A 股市场已实施股票增值权的样本公司有限且信息披露不完整，这可能导致研究结果有偏差。

二、股票增值权激励作用机制的模型推导

股票增值权激励是公司对管理层的一种激励措施，但由于公司股东和管理层之间的信息不对称而产生的利益冲突往往会导致无法实现帕累托最优。基于委托—代理博弈模型（郑君君、谭旭、范文涛，2005），通过考虑其他可观测变量的影响，建立最优股权激励模型，以确定公司股票增值权激励计划对公司绩效的作用机制。

（一）基本假设

假设一：博弈双方的行为是有限理性的目标决策结果。在无外在因素干扰的公司所有者和管理层的博弈中，管理层的决策目标是个人收益，即高管薪酬与闲暇的最大化；公司所有者的决策目标是公司业绩最大化。

假设二：公司不同管理结构的差异不作为本专题考察的对象，本专题仅对公司所有者和管理层的博弈进行分析。

（二）模型推导

具体博弈阶段如图 2-2-2 所示。

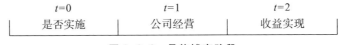

图 2-2-2　具体博弈阶段

1. $t=0$（是否实施阶段）

假定高管的努力程度为 a；公司经营难度为 b；市场波动为 θ；决定是否实施股票增值权计划：$i=1$ 表示不实施；$i=2$ 表示实施。高管薪酬的计算公式为：

$$S_i = \begin{cases} \alpha & i=1 \\ \alpha+\beta\pi & i=2 \end{cases} \tag{2-2-1}$$

式中，α 为固定工资，β 为激励的比例（$0 \leq \beta \leq 1$），π 为公司利润，

$$\pi = a + \theta \tag{2-2-2}$$

$\beta\pi$ 为股权激励份额，S_i 为高管薪酬。

2. $t=1$（公司经营阶段）

假定管理层付出努力的成本，即工作成本 $c(a)$ 可以等价于货币成本，为简化起见，进一步假定为 $c(a)=\dfrac{b}{2}a^2$。 (2-2-3)

其中，$b>0$ 代表成本系数，b 越大，努力程度 a 带来的负效用越大。

另外，基于委托代理理论，在信息不对称的情况下，会产生代理成本 u。因此将高管分为真努力和假努力两种，分别用符号 G 和 B 表示，其对应的人数分别为 $\begin{cases}\lambda \\ 1-\lambda\end{cases}$。

在此背景下，能识别出付出真努力 G 的概率则为 $P_G=1$；

识别 B 的概率则为 $\begin{cases}P_B, & \text{能识别出假努力} \\ 1-P_B, & \text{不能识别出假努力}\end{cases}$

其中，P_B 是关于代理成本 u 的函数，因为信息不对称越严重，代理成本 u 越高，越难识别假努力，即不能识别假努力 $1-P_B$ 的概率越大。

3. $t=2$（收益实现阶段）

假定公司业绩 $V_i=\pi-S_i-u$，即公司业绩=公司利润-高管薪酬-代理成本；高管收益 $W=S-c(a)$，即高管收益=高管薪酬-工作成本。

其中，期望值 $E(W_G)=P_G[S_i-c(a_i)]=S_i-c(a_i)$； (2-2-4)

$E(W_B)=P_B[0-(a_i)]+(1-P_B)[S_i-c(a_i)]$（其中，$P_B$ 属于一种极端情况，对应的 $\alpha=0, \beta=0$，所以 $S=0$）； (2-2-5)

则，$W_i=E(W_i)$
$=\lambda E(W_G)+(1-\lambda)E(W_B)$
$=\lambda[S_i-c(a_i)]+(1-\lambda)\{-c(a_i)P_B+(1-P_B)[S_i-c(a_i)]\}$ (2-2-6)

由此可得：

（1）在 $i=1$ 不实施股票增值权计划情况下的方程组：

$\begin{cases}W_1=\lambda[S_1-c(a_1)]+(1-\lambda)\{-c(a_1)P_B+(1-P_B)[S_1-c(a_1)]\} \\ V_1=\pi-S_1-u=(1-\beta)a_1+\theta-\alpha-u\end{cases}$ (2-2-7)

为使 W_1 最大，令 $\dfrac{\partial(W_1)}{\partial a_1}=0$；

解得：$a_1=0$ 时，W_1 最大，此时 $V_1=\theta-\alpha-u$。 (2-2-8)

(2) 在 $i=2$ 实施股票增值权计划情况下的方程组：

$$\begin{cases} W_2 = \lambda[S_2-c(a_2)]+(1-\lambda)\{-c(a_2)P_B+(1-P_B)[S_2-c(a_2)]\} \\ V_2 = \pi-S_2-u=(1-\beta)a_2+\theta-\alpha-u-\beta\theta \end{cases} \quad (2-2-9)$$

为使 W_2 最大，令 $\dfrac{\partial(W_2)}{\partial a_2}=0$；

解得：$a_2=\dfrac{\beta(1-P_B)}{b}$ 时，W_2 最大，

此时，$V_2=\dfrac{\beta(1-\beta)(1-P_B)}{b}+\theta-\alpha-u-\beta\theta$； (2-2-10)

所以，$V_2-V_1=\dfrac{\beta(1-\beta)(1-P_B)}{b}-\beta\theta$ (2-2-11)

当 $\beta>1-\dfrac{b\theta}{1-P_B}$ 时，$V_2>V_1$；$\beta<1-\dfrac{b\theta}{1-P_B}$ 时，$V_2<V_1$。

由此可知，当高管的激励比例小于 $1-\dfrac{b\theta}{1-P_B}$ 时，实施股票增值权计划并不会对公司业绩产生积极的促进作用，这也说明了并不是所有的激励计划都会对公司业绩产生正面影响。其中，P_B 是关于代理成本 u 的函数，信息不对称越严重，代理成本 u 越高，越难识别假努力，即不能识别假努力 $1-P_B$ 的概率越大，对高管的激励比例也需要更高才能对公司绩效产生影响。在实施股票增值权计划的情况下，高管收益达到最大时，高管的努力程度可知，这与公司支付给其的固定工资无关，通过增加固定支付对管理层的努力没有激励作用。

三、股票增值权计划的实施现状

（一）实施的基本情况

股票增值权激励在我国 A 股市场上的首次尝试要追溯到 2000 年，兰州三毛实业（000779.SZ）成为首家应用股票增值权计划的 A 股上市公司，但其尝试并不成功。直到中国石化在境外首次公开发行（IPO）时，采用了股票增值权这一激励方式并通过研究证明是有效的（李曜、管恩华，2006）。由此，我国 A 股上市公司逐渐开始尝试股票增值权这种激励模式。

本专题梳理了 2005 年以后我国实施股票增值权的上市公司基本情况，在 2005 年 1 月 1 日到 2018 年 2 月 28 日期间，我国 A 股市场上共有 24 家公司公布了股票增值权激励计划的实施方案，一共有 28 次授予股票增值权的行为。但最终落实股票增值权激励计划的 A 股上市公司为 18 家，如表 2-2-1 所示。由此可以看出，股票增值权计划的激励效果存疑。

表 2-2-1　已实施股票增值权的上市公司

序号	公司代码	名称	首次实施公告日	激励总数（万股/万份）	占当时总股本比例（%）
1	002352.SZ	顺丰控股	2017/12/28	5.94	0.0013
2	002249.SZ	大洋电机	2017/5/26	128.80	0.0544
3	300387.SZ	富邦股份	2016/12/30	48.00	0.3850
4	002456.SZ	欧菲科技	2016/7/14	450.50	0.4400
5	300496.SZ	中科创达	2016/2/17	28.30	0.2830
6	002773.SZ	康弘药业	2016/1/6	16.14	0.0241
7	300440.SZ	运达科技	2015/11/17	95.00	0.8482
8	300204.SZ	舒泰神	2015/9/15	2.00	0.0059
9	300347.SZ	泰格医药	2014/8/15	64.61	0.3000
10	600315.SH	上海家化	2014/5/13	95.94	0.1427
11	002206.SZ	海利得	2014/3/21	30.00	0.0700
12	002008.SZ	大族激光	2012/10/31	123.53	0.1180
13	300012.SZ	华测检测	2012/1/19	27.00	0.1468
14	601877.SH	正泰电器	2011/6/11	20.00	0.0199
15	002162.SZ	悦心健康	2010/5/18	600.00	1.5800
16	002055.SZ	得润电子	2008/9/27	91.00	0.8800
17	000932.SZ	华菱钢铁	2008/7/30	36.37	0.0164
18	002045.SZ	国光电器	2006/9/14	20.00	0.1250

资料来源：Wind 数据库和各公司公告。

（二）股票增值权激励的实施效果分析

1. 样本公司和指标的选取

由于激励效果往往存在滞后性，本专题从首次实施公告的前一年开始研究，将实施前一年和后两年都作为考察期，即 $(t-1, t+2)$，t 为首次实施（授予）年份。由于大部分公司在作者进行研究时均未发布 2017 年年报，因此本专题选取 2006—2014 年公布首次实施公告的样本公司，根据前文的统计，满足以上条件的样本公司具体如表 2-2-2 所示。

表 2-2-2　2006—2014 年间实施股票增值权的样本公司

序号	公司代码	名称	首次实施公告日
1	300347.SZ	泰格医药	2014/8/15
2	600315.SH	上海家化	2014/5/13
3	002206.SZ	海利得	2014/3/21
4	002008.SZ	大族激光	2012/10/31
5	300012.SZ	华测检测	2012/1/19
6	601877.SH	正泰电器	2011/6/11
7	002162.SZ	悦心健康	2010/5/18
8	002055.SZ	得润电子	2008/9/27
9	000932.SZ	华菱钢铁	2008/7/30
10	002045.SZ	国光电器	2006/9/14

资料来源：Wind 数据库。

同时，为对比股票增值权实施前后的平均绩效变化，本专题选取样本公司的总资产收益率 ROA 来衡量公司绩效，其中，实施前一年、实施当年、实施后一年和后两年的公司绩效值分别用 H_{t-1}、H_t、H_{t+1}、H_{t+2} 来表示。由于样本量少且分布的年份比较分散，为使所得数据相对更加客观，本专题通过观察各期公司绩效相减所得的绩效值差额变化，来分析股票增值权计划对样本公司绩效的影响，即 H_t-H_{t-1}、$H_{t+1}-H_t$、$H_{t+1}-H_{t-1}$、$H_{t+2}-H_{t+1}$、$H_{t+2}-H_{t-1}$，运用 T 检验方法来判别股票增值权计划对公司绩效是否具有显著影响。

2. 样本公司的实施绩效分析

通过对样本公司实施绩效的描述性统计可知，各期实施绩效差额的均值与中位数的符号（即正负号）都相同，因此绩效差额的均值很大程度上能够代表样本公司的绩效变化。从表 2-2-3 可知，股票增值权实施后第一年样本公司的绩效差额为正，其余各期的绩效差额均为负，这说明样本公司在实施股票增值权激励后的第一年对公司绩效可能会产生正面影响，但长期持续的影响还有待验证。

从图 2-2-3 中可以看出，股票增值权实施当年（t 年）样本公司的公司业绩并未得到提高，反而下降；实施后第一年（$t+1$）年，公司业绩有所改善，但涨幅较小；实施第二年（$t+2$）公司业绩又继续下降。从表 2-2-4 中的正值比例还可以看出，样本公司在实施股票增值权计划的当年，绩效上升的占比为 40%；在实施后的第一年，样本公司绩效上升的占比有所提高，为 50%；在实施后的第二年，占比又回到了 40%。从长期来看，实施股票增值权后的第二年相比于实施的前一年，样本公司绩效上升的占比为 30%。因此，可以看出在股票增值权实施后的第一年，公司绩效可能会改善,这与股票增值权计划的等待期通常为1年有关,即实施当年发布授予公告,但一年后激励对象达到规定的考核才可行权获得收益。

表 2-2-3 样本公司的实施绩效描述性统计

绩效差额	N	极小值	中位数	极大值	均值	标准差
$H_t - H_{t-1}$	10	-3.407	-0.858	1.214	-0.953	1.712
$H_{t+1} - H_t$	10	-11.584	0.357	14.225	0.459	6.276
$H_{t+1} - H_{t-1}$	10	-11.171	-0.619	12.252	-0.494	6.002
$H_{t+2} - H_{t+1}$	10	-29.543	-0.804	1.646	-3.781	9.329
$H_{t+2} - H_{t-1}$	10	-17.291	-1.514	3.373	-4.275	6.533

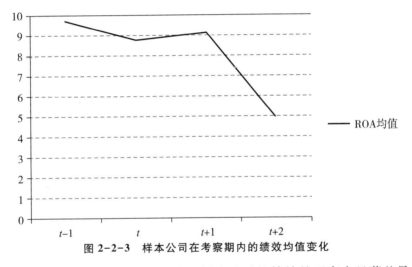

图 2-2-3 样本公司在考察期内的绩效均值变化

为进一步判断股票增值权实施前后样本公司的绩效是否存在显著差异,本专题对样本公司的各期绩效差额进行 T 检验,结果如表 2-2-4 所示。

表 2-2-4 样本公司绩效差额均值的 T 检验

绩效差额	均值	T 检验值	Sig.(双侧)	正值比例
$H_t - H_{t-1}$	-0.953	-1.760	0.112	0.400
$H_{t+1} - H_t$	0.4590	0.231	0.822	0.500
$H_{t+1} - H_{t-1}$	-0.494	-0.260	0.800	0.400
$H_{t+2} - H_{t+1}$	-3.781	-1.282	0.232	0.400
$H_{t+2} - H_{t-1}$	-4.275	-2.069	0.068	0.300

从表 2-2-4 的检验结果可以看出,在 95% 的置信水平下,各期的绩效差额均

未通过显著性检验。综合上文的分析可以发现,股票增值权计划对公司绩效的持续影响作用不明显,只有在实施后的第一年,通常为股票增值权计划的行权年,其对公司绩效可能有微弱的影响。一方面,可能与我国股权激励政策和针对境外合格投资者的管理办法有关,非中国大陆居民在我国无法开具 A 股账户,从而无法享受股票期权和限制性股票激励,股权增值权计划往往是对这两种激励方式的补充。另一方面,可能与股票增值权本身的性质有关,其激励标的并不是真实的股票,从而打击激励对象的工作积极性,激励对象一旦达到行权条件获利后就降低努力工作的程度,从而不能继续为公司绩效的提升做出贡献。这也解释了为何我国 A 股市场股票增值权计划实施数量少。

因此,为进一步探究我国 A 股市场股票增值权激励方案对公司绩效的影响,本专题选取泰格医药做个案分析,从股价和经济增加值两方面来进行研究。

四、泰格医药股票增值权激励对公司绩效的影响分析

（一）泰格医药股票增值权计划的具体内容

泰格医药(300347.SZ)成立于 2004 年,总部位于浙江杭州,是一家专注于为新药研发提供临床试验全过程专业服务的合同研究组织(CRO),2012 年 8 月成功登陆深交所创业板。其主要业务是为国内外医药及健康相关产品的研究开发提供专业的临床研究服务。泰格医药于 2014 年 6 月公布股票增值权计划(草案),引起社会高度关注。2014 年 8 月 13 日,泰格医药召开第二届董事会第八次会议,审议通过了《关于股票增值权计划授予相关事项的议案》。表 2-2-5 具体阐述了泰格医药该次股票增值权激励方案的基本内容。

表 2-2-5 泰格医药股票增值权激励方案的基本内容

激励方案要素	激励方案基本内容
激励方式	股票增值权激励
激励对象	7 名非大陆居民员工
标的股票数量	646 106 份股票增值权,占公司总股本的 0.3%
授予日	2014 年 8 月 13 日
有效期	3 年
等待期	1 年
行权价格	30.94 元
行权期	第一个行权期:自首次授权日起 12 个月后的首个交易日起至首次授权日起 24 个月内的最后一个交易日当日止 第二个行权期:自首次授权日起 24 个月后的首个交易日起至首次授权日起 36 个月内的最后一个交易日当日止

(续表)

激励方案要素	激励方案基本内容
股票来源	不涉及实际股份
资金来源	由公司直接兑付
获授前提及行权前提的具体要求	获授前提:公司层面,最近一个会计年度的财务报告未被出具否定或者无法表示意见;最近一年内无行政处罚。个人层面,最近三年内未被证交所公开谴责或认定为不适当人员 行权前提:行权有效期内,业绩指标的具体要求:以2012年为基数,2014年的营业收入增长率和净利润增长率分别不能低于60.01%和70.30%;2015年则分别不能低于104.47%和124.80%

资料来源:根据《泰格医药股票增值权激励计划(草案)》整理而得。

具体行权过程如下:

(1)第一个行权期(2015年8月13日至2016年8月12日),可行权的激励对象为考核通过的4名外籍人员,可行权的第一期增值权共计294 216份,行权价格为15.37元。

(2)第二个行权期(2016年8月13日至2017年8月12日),可行权的激励对象同样为考核通过的4名外籍人员,可行权的第二期增值权共计294 216份,因为该方案按两期同比例匀速行权,因此与第一期的份额相同,但行权价格为15.27元。

由于泰格医药分两期行权的激励对象与激励份额都相同,本专题选取第一个行权期进行深入探究。

(二)泰格医药实施股票增值权计划的动因分析

1. 优化治理结构

股票增值权计划作为一项中长期激励计划,有助于将公司股东、管理层及核心人才形成利益共同体,通过建立股东与激励对象之间的利益共享与约束机制,降低代理成本,进而完善公司治理结构。首先,激励对象被授予股票增值权,就会被动地从公司执行者转变为公司的主人,对公司决策层的短视行为和损害公司利益的决策进行监督和约束。另外,激励对象理论上成为公司的小股东,当大股东意图牺牲小股东利益时,其为了自身利益有动机去阻止此类情况发生。这样一来,即可提升治理效率与水平,优化泰格医药的治理结构。

2. 稳定和激励人才队伍

泰格医药作为临床试验CRO企业,其核心资源就是人才,人才队伍的稳定是公司项目顺利进行和公司服务质量的保证,是公司绩效得以提高的核心推动力。

截至2016年年底,泰格医药共有正式员工2 422名,比上年度增长31.27%。由于员工的工作积极性、主动性及工作努力程度与公司业绩紧密关联,泰格医药实施了本次股票增值权激励计划。通过把对公司经营与发展有直接影响的中层管理人员、核心骨干人员及工作满三年的普通员工与企业未来发展捆绑在一起,增强其责任感和使命感,进而有效地稳定管理团队,激发其工作热情,从而更好地促进公司长期稳定的发展。

3. 保证公司内部公平性

泰格医药在上市前和上市后实施了一系列股权激励措施。在2012年上市前,泰格医药通过泰默投资、泰迪投资、睿勤投资咨询及其他9名自然人的直接持股完成了对创始团队的激励。泰默投资持有公司3.61%的股权,旨在对公司高管进行股权激励,该机构的7名股东均为泰格医药各部门总监级别的员工。泰迪投资持有公司1.77%的股权,也是为股权激励所设立,激励对象为对泰格医药或其子公司上海泰格有突出贡献的员工,共计39人。上海睿勤投资咨询持有公司0.97%的股权,为激励泰格医药子公司美斯达核心员工所设立,激励对象25人。

上市后,泰格医药员工人数增长迅速(见图2-2-4),并在2013年启动股权激励计划,对中层管理人员、核心技术(业务)人员及在公司工作满3年的普通员工进行激励,首次激励对象为172人(约占当年员工总数的20%),分三期执行。由于公司部分中层管理人员和核心技术(业务)骨干人员并不拥有中国大陆户籍,其受政策限制无法被授予股票期权或限制性股票,为体现公司内部公平性,使得满足激励条件的非中国大陆居民的员工一定程度上可同身为大陆居民的员工享有同等的公司股票收益,泰格医药实施了本次股票增值权激励计划。

图2-2-4 泰格医药2009—2016年员工人数增长情况

(三)泰格医药股票增值权计划的短期市场反应

2014年6月27日,泰格医药召开股东大会审议通过股票增值权计划草案,并于2014年8月15日发布正式授予公告。由于首次授予公告日是股票增值权计划正式开始实施的起点,所以选择2014年8月15日作为授予阶段的事件日。股票增值权计划顺利实施的关键主要有授予和行权两个阶段,因此本专题又选取首次行权公告日2015年5月28日作为行权阶段的事件日。此外,泰格医药按照申万行业分类属于医药生物行业,为观察泰格医药实施股票增值权计划前后相对于行业的市场表现,选取医药生物(申万)行业指数作为市场指数。

1. 股票增值权授予阶段的市场反应

授予阶段:以泰格医药确定的股票增值权首次授予实施公告日2014年8月15日为事件日(0);以该日前后7个交易日为事件窗,即(-7,7);以(-130,-8)为估计窗;最后运算得出的AR值和CAR值通过图2-2-5可以直观地看出,超额收益率(AR)在考察期内均在(-0.02,0.015)区间上下波动,公司股价在授予当日表现最直接的是超额收益由公告日前三天的负值转为正值,产生了明显的正超额收益,次日即获得相对于医药生物行业指数约1%的超额收益率,且在事件日之后累计超额收益率(CAR)持续为正,说明股票增值权授予公告刺激了公司股价上涨,增加了公司市值,改善了公司的市场表现。事件日后几个交易日的超额收益率不明显或出现负值,这主要是因为股票增值权这种激励方式的推行在我国A股市场还不普遍,投资者对股票增值权激励方案的认识不足,从而对股票增值权计划持谨慎的态度。

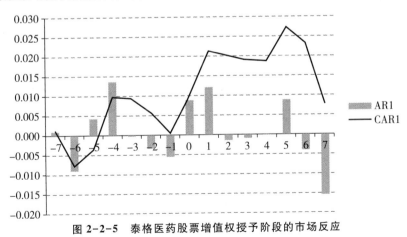

图2-2-5 泰格医药股票增值权授予阶段的市场反应

为更清楚地说明泰格医药授予前后股票价格的变化情况,本专题对整个事件窗口期内的累计超额收益率(CAR)进行T检验。从表2-2-6可知,在事件窗口期(-7,7)内,授予阶段CAR的均值为0.0107,其T值和P值分别为3.8911和0.0016,

从统计学上说明了股票增值权的授予对公司股价的变动具有显著正向效应。这也说明了股票增值权计划得到市场的认可,投资者们认为股票增值权计划的实施能够给公司带来正向作用,促进公司发展,进而有助于公司绩效的提升。

表 2-2-6 泰格医药授予阶段窗口期内累计超额收益率的 T 检验

事件窗口期	CAR	T 检验	P-value
(-7,7)	0.0107	3.8911	0.0016

2. 股票增值权行权阶段的市场反应

行权阶段:以泰格医药第一个可行权公告日 2015 年 5 月 28 日为事件日(0);以该日前后 7 个交易日为事件窗,即(-7,7);以(-130,-8)为估计窗;最后得到的 AR 值和 CAR 值通过图 2-2-6 可以直观地看出,超额收益率(AR)在考察期内均在(-0.1,0.1)区间上下波动,相比于授予前后,行权前后波动性更大。在考察的 15 个交易日中,有 11 个交易日的超额收益率为正值,4 个交易日的超额收益率为负值。值得注意的是,在可行权公告日当天超额收益率为负,究其原因发现,可行权公告日当天整个医药生物行业指数大跌,泰格医药作为国内临床 CRO 企业的龙头,其股价波动幅度更大,这导致可行权公告当天的超额收益率出现负值。但次日及之后两天超额收益率立马恢复正值,且事件日之后累计超额收益率(CAR)一直保持为正,并呈上升趋势,说明了股票增值权可行权公告刺激了公司股价上涨,增加了公司市值,改善了公司的市场表现。此外,由于股票增值权计划的行权份额占总股本的份额很小,导致超额收益率并不明显。

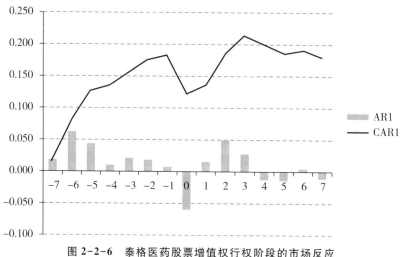

图 2-2-6 泰格医药股票增值权行权阶段的市场反应

同样,为进一步说明泰格医药行权是否会引起股价的变化,对行权事件窗口期内的累计超额收益率(CAR)进行 T 检验。由表 2-2-7 可知,在事件窗口期 $(-7,7)$ 内,行权阶段 CAR 的均值为 0.1523,其 T 值和 P 值分别为 11.399 和 0.0000,从统计学上说明了股票增值权的行权对公司股价的变动具有显著正向效应。这也说明了股票增值权计划得到市场的认可,投资者们认为股票增值权计划的实施能够给公司带来正向作用,促进公司发展,进而有助于公司绩效的提升。而且,行权阶段累计超额收益率平均可以达到 15.23%,远远超过授予阶段的平均累计超额收益率 1.07%,股票增值权计划的顺利行权说明公司业绩考核达到了行权条件,市场对公司未来发展充满更大的信心。

表 2-2-7 泰格医药行权阶段市场反应

事件窗口期	CAR	T 检验	P-value
$(-7,7)$	0.1523	11.399	0.0000

综合以上分析可知,泰格医药股票增值权计划不管是授予时还是行权时对股价的变动都具有显著正效应,且行权阶段的反应更有激励作用,说明股票增值权计划的实施对公司短期绩效具有正向的促进作用。

3. 泰格医药与已实施股票增值权计划的公司的对比分析

根据前文可知,截止到 2018 年 2 月,在已公布的 1 899 个我国上市公司(不包含 H 股)的股权激励方案中,仅有 24 家公布了股票增值权激励草案,而实际实行股票增值权计划的仅有 18 家。为保证样本数据的完整性及客观性,本研究剔除了:(1)公布股票增值权激励方案但中途停止或取消实施的公司;(2)股票增值权激励方案与限制性股票激励或股票期权激励方案同时公布的公司;(3)信息披露不完整,股票增值权激励方案实施的公告未能及时或明确公布的公司。最后筛选共得到了 6 个有效样本(见表 2-2-8)。

由于筛选得到的样本中显示有公司在可行权年度未公布详细的可行权公告和行权日期,为保证研究的严谨性,本研究做如下假设:(1)上市公司在可行权时间内公布了可行权公告,则以可行权公告日为行权日;(2)上市公司在可行权时间内未公布行权公告或在可行权时间前公布了可行权报告,那么股票增值权在可行权年度的第一年行权,行权日则为股票增值权计划规定的可行权的第一个交易日。

表 2-2-8　六家已实施股票增值权激励的公司

代码	名称	公司属性	首次授予公告日	可行权公告日	激励对象
300 440.SZ	运达科技	民营企业	2015/11/17	2017/9/7	公司高级管理人员、中层管理人员和核心团队人员共 81 人
300 204.SZ	舒泰神	民营企业	2015/9/15	2016/11/16	非中国大陆员工 1 人
300 347.SZ	泰格医药	民营企业	2014/8/15	2015/5/28	非中国大陆居民的中层管理人员、核心技术骨干人员以及满三年工作时间的普通员工共 7 人
600 315.SH	上海家化	公众企业	2014/5/13	/	公司董事长谢文坚 1 人（台湾人）
300 012.SZ	华测检测	民营企业	2012/1/19	2013/1/30	非中国大陆居民的高级管理人员、中层管理人员共 4 人
002 162.SZ	悦心健康	外资企业	2010/5/18	/	高级管理人员和骨干人员共 41 人

资料来源：Wind 数据库和各公司公告。

本专题将样本分为 A1 和 A2 两组，其中 A1 组表示股票增值权授予阶段的市场反应，A2 组表示股票增值权行权阶段的市场反应。由于六家样本公司分布在不同的行业，因此统一选取中证流通指数作为市场指数。

对于 A1 组的样本数据，将样本公司股票增值权激励的首次授予日定为事件发生日，事件窗口期为 $(-7,7)$，估计期为 $(-130,-8)$。计算其累计超额收益率（CAR），并在 0.05 的显著水平下进行 T 检验，运用 R 软件统计分析输出结果如表 2-2-9 所示。

表 2-2-9　授予时样本公司 CAR 的检验

公司	CAR	T 检验	P-value
泰格医药	0.0091	3.2007	0.0064
运达科技	0.0582	9.4683	0.0000
舒泰神	-0.0204	-3.1543	0.0070
上海家化	0.0049	2.0699	0.0574
华测检测	0.0492	7.3055	0.0000
悦心健康	-0.0510	-8.0016	0.0000

从表 2-2-9 中可知，A1 组样本公司的 CAR 值有正有负，也有样本公司在置信

度为95%的水平下,并未通过显著性检验,说明股票增值权的实施并非都有效,这也是我国目前该种激励方式顺利实施比例较少的一个原因。此外,公司发布授予公告并不意味着股票增值权计划最终一定能够顺利行权,还需要通过考核达到行权条件,因此市场反应不一。泰格医药相对于中证流通市场指数在窗口期内的累计超额收益率CAR值显著为正,说明泰格医药的股票增值权激励计划还是得到市场认可的。

对于A2组中的样本数据,将样本公司股票增值权激励的首次行权公告日(未公告的则取可行权期的第一个交易日)定为事件发生日,事件窗口期为(-7,7),估计期为(-130,-8)。计算其累计超额收益率CAR,并在0.05的显著水平下进行T检验,运用R软件统计分析输出结果如表2-2-10所示。

表 2-2-10　行权时样本公司 CAR 的检验

公司	CAR	T 检验	P-value
泰格医药	0.0953	10.091	0.0000
运达科技	0.0136	7.8566	0.0000
舒泰神	0.0178	7.3986	0.0000
上海家化	-0.0235	-9.1465	0.0000
华测检测	0.0123	2.5972	0.0211
悦心健康	0.0021	0.4956	0.6278

从表2-2-10中可以看出,除了上海家化,其他股票市场对股票增值权行权的反应具有正效应。股票增值权得以顺利行权说明公司和授予对象都通过了业绩考核,达到了行权条件,因此对公司股票价格具有正效应。又由于这六家样本公司中只有运达科技、舒泰神、泰格医药、华测检测四家公司正式公告可行权,所以,这四家公司的CAR值更能代表资本市场的反应。泰格医药的CAR值在行权时达到0.0953,处于较高水平,说明在行权时,相对于其他已实施股票增值权计划的公司,市场对泰格医药股票增值权的行权行为反应强烈,这进一步说明泰格医药股票增值权激励计划在短期内具有显著的正向作用,进而对公司短期绩效有促进作用。

(四)泰格医药股票增值权计划对公司经济增加值的影响

经济增加值(EVA)主要用于衡量公司的资本收益扣除资本成本后的公司价值。其计算公式为:

$$EVA = NOPAT - TC \times WACC \tag{2-2-12}$$

式中,NOPAT 为税后净营业利润,TC 为企业的资本总额,WACC 为加权平均资本成本。

由以上 EVA 的公式可知,为计算出 EVA,需先求出 NOPAT、TC 和 WACC。

1. 税后净营业利润(NOPAT)的计算

税后净营业利润是指企业在日常的主营业务和其他业务中产生的净利润,即公司的总投资在正常经营过程中所获得的扣除成本、费用和税费的投资收益,且这部分利润是不涉及企业资本结构,可以体现企业在运营中资产的盈利能力。调整后得到的税后净营业利润的计算公式为:

NOPAT=营业利润-所得税费用+(财务费用+资产减值损失)×(1-所得税税率)+递延所得税负债增加额+递延所得税资产减少额。

泰格医药 2012—2016 年 NOPAT 的计算结果如表 2-2-11 所示。

表 2-2-11　泰格医药 2012—2016 年 NOPAT 的计算

指标	2012 年	2013 年	2014 年	2015 年	2016 年
营业利润(万元)	7 195.29	10 205.77	16 946.11	21 365.28	19 794.17
所得税费用(万元)	1 086.98	1 606.07	3 526.63	4 631.45	5 527.96
财务费用(万元)	-522.59	-1 216.93	-778.80	-462.86	-38.55
资产减值损失(万元)	223.45	293.40	852.11	1 043.45	1 941.29
所得税税率(%)	15.00	15.00	15.00	15.00	15.00
递延所得税负债增加(万元)	0.00	0.00	137.53	470.97	791.71
递延所得税资产减少(万元)	-33.89	-43.09	-511.23	-14.84	-39.36
NOPAT(万元)	5 820.15	7 771.61	13 108.10	17 683.46	16 635.88

2. 资本总额(TC)的计算

资本总额是指公司运营中所需要投入的全部资产的账面价值,既包括所有者投入的资本,也包括债权人投入的负债资本。调整后得到的资本总额的计算公式为:

TC=所有者权益合计+资产减值准备-在建工程+递延所得税负债-递延所得税资产+短期借款+一年内到期非流动负债+长期借款+长期应付款。

泰格医药 2012—2016 年 TC 的计算结果如表 2-2-12 所示。

表 2-2-12　泰格医药 2012—2016 年 TC 的计算　　　　单位：万元

指标	2012 年	2013 年	2014 年	2015 年	2016 年
所有者权益合计	69 431.99	75 514.44	91 689.77	106 591.25	183 978.36
资产减值准备	223.45	293.40	852.11	1 043.45	1 941.29
在建工程	3 142.23	5 646.09	1 520.08	0.00	497.48
递延所得税负债	0.00	0.00	394.26	865.23	1 656.94
递延所得税资产	95.32	138.41	1 256.58	1 358.22	1 421.00
短期借款	0.00	0.00	27 223.60	25 939.83	17 475.17
一年内到期的非流动负债	0.00	0.00	384.76	770.23	821.28
长期借款	0.00	0.00	0.00	719.96	1 616.25
长期应付款	0.00	0.00	1 178.37	2 290.64	2 050.39
TC	66 417.89	70 023.33	118 946.21	136 862.38	207621.21

3. 加权平均资本成本（WACC）的计算

加权平均资本成本是根据债务资本的成本和权益资本的成本分别乘以各自在资本结构中的权重计算出的成本。计算公式为：

$$WACC = \frac{B}{B+S}(1-T)R_B + \frac{S}{B+S}R_S \qquad (2-2-13)$$

式中，B 为债务资本总额，S 为权益资本总额，T 为所得税税率，R_B 为债务资本成本，R_S 为权益资本成本，WACC 为加权平均资本成本。

在计算 WACC 的过程中，涉及的债务资本成本、权益资本成本、资本结构以及所得税税率，根据泰格医药的具体情况做如下定义（见表 2-2-13）。

表 2-2-13　WACC 计算过程中相关指标的定义

指标	定义
债务资本成本	根据泰格医药的债务情况，企业负债主要来自银行贷款，故本研究采用一年期的银行贷款利率
权益资本成本	根据资本资产定价模型（CAPM）确定： $R_S = R_f + \beta(R_m - R_f)$ $R_f =$ 无风险收益率 = 一年期银行存款利率

(续表)

指标	定义
	β=泰格医药每年的Beta值
	$R_m - R_f$=市场风险溢价=3%
所得税税率	根据公司年报公布的所得税税率得到,为15%

资料来源:Wind数据库和公司年报。

根据式(2-2-13),泰格医药WACC的计算过程如表2-2-14所示:

表2-2-14 泰格医药2012—2016年WACC的计算

指标	2012年	2013年	2014年	2015年	2016年
债务成本(%)	6.00	6.00	5.60	4.35	4.35
债务资本/总资本(%)	0.00	0.00	24.20	21.72	10.58
所得税税率(%)	15.00	15.00	15.00	15.00	15.00
权益资本/总资本(%)	100.00	100.00	75.80	78.28	89.42
一年期存款利率(%)	3.00	3.00	2.75	1.50	1.50
市场风险溢价(%)	3.00	3.00	3.00	3.00	3.00
β(%)	88.65	97.30	123.07	142.69	106.45
WACC(%)	5.66	5.92	6.04	5.33	4.59

4. 经济增加值(EVA)的计算

根据上文对NOPAT、TC、WACC的计算,可以算出泰格医药在2012—2016年的EVA,具体计算过程如表2-2-15所示。

表2-2-15 泰格医药2012—2016年的EVA计算

指标	2012年	2013年	2014年	2015年	2016年
NOPAT(万元)	5 820.15	7 771.61	13 108.10	17 683.46	16 635.88
TC(万元)	66 417.89	70 023.33	118 946.21	136 862.38	207 621.21
WACC(%)	5.66	5.92	6.04	5.33	4.59
EVA(万元)	2061.23	3 626.93	5 929.69	10 390.99	7 109.93
EVA率(%)	3.10	5.18	4.99	7.59	3.42

其中，EVA 率为经济增加值与资本总额的比值。经济增加值作为一个绝对指标，不适用于横向比较，因此在分析经济增加值时，一般可以将其相对化，较为常用的方法是转换为 EVA 率和每股 EVA，本文采用 EVA 率。

5. 泰格医药实施股权增值权计划前后 EVA 对比

根据上文计算得出的 EVA 和 EVA 率，得到图 2-2-7，可以看出，泰格医药的 EVA 在 2012—2015 年均保持逐年增长，绩效不断提升。特别是在 2014 年和 2015 年，即泰格医药实施股票增值权计划的授予年和行权年，其 EVA 显著上升，尤其是 2015 年，达到了近几年的最高值。这是泰格医药实施股票增值权计划所带来的管理层及核心技术骨干积极性得以很好调动的深刻表现，也说明了泰格医药股票增值权计划的实施能促进公司经济增加值的增长，对公司绩效具有良好的促进作用。但在 2016 年，泰格医药的 EVA 和 EVA 率都有明显下降，主要是因为国家食品药品监督管理局在 2015 年 7 月 22 日颁布了《关于开展药物临床试验数据自查核查工作的公告》，行业内大规模自查核查工作随即展开，核查期间，临床试验项目进度被放缓、项目工作量增加、成本增加，收入确认被推迟，这使得公司 2016 年的经济增加值受到严重影响。这也从侧面反映了股票增值权计划在行权年后对公司绩效的正向影响在减弱。

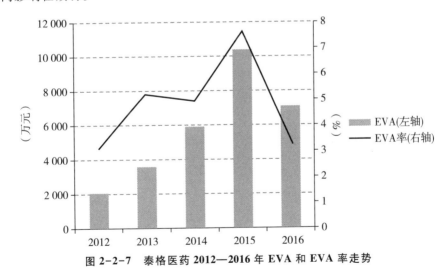

图 2-2-7　泰格医药 2012—2016 年 EVA 和 EVA 率走势

6. 泰格医药的 EVA 与行业平均 EVA 的对比分析

为进一步说明股票增值权计划对 EVA 的促进作用，根据以上计算 EVA 和 EVA 率的方法，得出 2012—2016 年整个医药生物行业的 EVA 均值和 EVA 率，如表 2-2-16 所示。

表 2-2-16　医药生物行业 2012—2016 年的 EVA 和 EVA 率计算

指标	2012 年	2013 年	2014 年	2015 年	2016 年
NOPAT(万元)	18 087.32	21 091.92	24 395.52	30 080.90	34 499.39
TC(万元)	199 009.96	225 751.79	273 653.72	331 033.74	406 449.94
WACC(%)	5.70	5.68	5.44	4.77	4.51
EVA(万元)	6 748.95	8 270.71	9 506.96	14 296.94	16 148.94
EVA 率(%)	3.39	3.66	3.47	4.32	3.97

将泰格医药的 EVA 率与整个医药生物行业的 EVA 率进行对比(见图 2-2-8)，2012—2016 年泰格医药的 EVA 率与行业的 EVA 率的变化趋势相同，但泰格医药的 EVA 率的变化幅度更明显。尤其是 2014—2015 年，泰格医药从公布实施股票增值权草案、授予公告到可行权公告，其 EVA 率与行业 EVA 率的差距拉大，这更加体现了股票增值权计划在行权年对泰格医药的经济增加值具有促进作用。2016 年，受临床试验自查核查工作的影响，整个医药生物行业均受影响，而泰格医药作为临床 CRO 行业的龙头企业，其临床试验项目受到严重影响，导致 EVA 率下降明显，甚至低于行业平均水平。总之，股票增值权计划的实施在行权年度对经济增加值影响显著，但随着行权有效期的结束，这种影响逐渐消失。

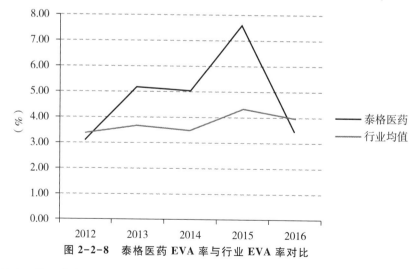

图 2-2-8　泰格医药 EVA 率与行业 EVA 率对比

综上可知，泰格医药实施的本次股票增值权计划在激励期间内是有效的，短期内对公司绩效的提升有促进作用。但从长期来看，激励期结束，其对公司绩效的促进作用逐渐减弱。这反映了股票增值权计划作为一项长期激励措施，并未发生相应的长期激励作用。究其原因,可能有以下三点:一是泰格医药本次的股票增值权计划的覆盖面小,授予份额占总股本的比例较低,对激励对象的激励力度不够。二是激励计划的行权条件仅与激励期间的公司绩效和个人绩效相挂钩,并未对激励期结束后的业绩进行考核,因此一旦达到行权条件,激励对象行权获得相应的收益后就没有动力努力工作,以致激励结束后公司业绩出现下滑现象。三是泰格医药的本次股票增值权计划主要是针对因受政策影响无法在 A 股市场享受其他股权激励福利的少数外籍员工,只是为了配合泰格医药的其他股权激励措施。

五、结论与启示

(一) 结论

第一,股票增值权激励方案对公司的短期绩效具有正向作用,对长期绩效的作用不明显。泰格医药在实施股票增值权计划后,短期内公司股价上涨,经济增加值提高。但随着行权期的结束,其经济增加值有所下降,说明泰格医药的股票增值权计划只对短期绩效的作用明显,对长期绩效的激励作用不明显。这在一定程度上解释了我国 A 股市场股票增值权计划实施数量偏少的原因。

第二,股票增值权在授予和行权当年的激励效果明显。不管是授予时还是行权时对股价的变动都有正向激励作用。在授予阶段,泰格医药的股价在授予日前后一周的累计超额收益率达到 1.07%。在行权阶段,行权前后一周的累计超额收益率达到 15.23%,该现象说明市场对股票增值权计划这个事件做出了过度反应。同时,在授予年和行权年,泰格医药的经济增加值明显提高,说明在这期间激励效果明显,但行权结束后的激励效果逐渐减弱。

第三,合理地设计和应用股票增值权计划才能确保其激励效果。一方面,泰格医药作为民营企业,其激励对象基本为外籍员工,授予的范围和比例比较小导致激励力度不够。另一方面,从股票增值权激励的受益方来看,激励计划的实施对公司绩效的提升有一定贡献,但持续性有待加强;对激励对象收益的提升幅度影响大,但由于缺乏惩罚机制,导致约束力不够。因此针对为达到行权条件的惩罚措施也值得在其他上市公司中推行,这样才能形成激励与约束并存的良好机制。

(二) 启示

第一,推行适合自身的股票增值权激励计划。对于激励对象的选择,要考虑公司自身所处行业的环境特点;同时,要以人力资本定价为依据,通过对职务、年龄、经验和对公司的重要程度等方面综合考核评分来确定对企业战略目标实现最有价值的人员。股票增值权份额的确定问题可以由薪酬委员会和董事会根据各激励对象所得份额和总体授出的份额两方面来把握。此外,行权条件的考核标准在设置时需兼顾激励性和约束性,可以建立可行同时又不会过低的考核标准,且适当增加惩罚条款以增强股票增值权的约束性,并综合绝对指标和相对指标、财务指标和非财务指标等。

第二,将行权条件与激励完成后的绩效挂钩。从现实情况来看,当前我国A股上市公司实施的激励计划的确能促进公司绩效在短期内(即激励期间)保持较高水平,但对公司的长期绩效作用不大,通常表现为在股票增值权激励结束后,公司绩效会出现大幅度下滑。这是因为当前股票增值权计划的行权条件仅与激励期间的公司绩效和个人绩效相挂钩。为促进激励计划对公司业绩的持续良性作用,上市公司可在股票增值权激励方案中增加关于股票增值权激励计划结束后对激励对象进行绩效考核的限制性条件,具体条款可不做严格规定,但是需明确在公司或个人绩效水平出现原因不明的异常大幅下滑时,可对激励对象采取没收股票增值权收益等惩罚措施。

第三,健全系统规范的约束机制。完善的股票增值权激励方案不仅应包含业绩指标考核,还应该健全不限于公司章程、合同法律及公司机构设置等更多方面的约束机制来约束激励对象的行为。同时,为了防止激励对象为强行达到股票增值权激励的行权条件而施行造假、舞弊等有损公司和股东利益的失实行为,切实有效的监督机制也应作为有效补充。此外,应规范信息披露制度,通过制度约束增强公司相关信息的公开性和可靠性,降低所有者与经营者之间的信息不对称水平,从而有效地保护公司所有者的利益。

第四,完善股权激励法律法规。政府监管部门应综合我国资本市场发展阶段的特点和实施股权激励计划的现状,建立健全相关法规政策,包括但不限于以下两点:一是建立激励对象薪酬合理水平评判制度。为了防止公司为提升公司绩效而刻意设计较高的激励份额来变相提高激励对象薪酬水平的行为,政府相关的监管部门应严格依据合理的薪酬水平评判标准,评判股权激励计划中上市公司对激励对象的薪酬设计和激励份额的合理性。二是建立行权条件的合理性监督约束制度。相关部门应当监督上市公司遵照股权激励计划行权条件合理性的明确规定,上市公司股东不得为了谋取私利而推出含有门槛极低且极易满足的行权条件的股权激励方案。

专题三 我国上市公司高送转行为研究

一、引言

送股和资本公积转增股本一直以来被视为上市公司进行利润分配的途径。近几年来,在证券市场中,企业执行送股和资本公积转增股本的热情和力度都在持续增高,而这些越来越高比例的送股和资本公积转增股本也被市场称为"高送转"。市场投资者通常会将高送转视为上市公司慷慨的利润分配,并不吝购买其股票。投资者的追捧进一步推动了股票价格的上涨。在填权行情影响下,多数投资者将高送转看作重大利好消息。事实上,无论是学界还是监管方,大多数人认同高送转并没有"真金白银"地增加企业价值,也没有增强企业的盈利能力。高送转公告期间内的所谓填权行情,往往更多与投资者的非理性行为有关。

部分高送转预案公告往往伴随着一系列的减持公告。通常情况下,上市公司施行高送转股利政策往往显示了决策者对企业本身业绩和持续发展的信心。从常理来看,继续持有或者增持该公司股票才是合乎理性的做法。然而近几年,越来越多的上市公司在公布高送转预案的同时,也披露了内部人减持公告。中国证监会对相关股东及存在关联的账户进行监测后发现,在部分上市公司推出高送转方案后,该类账户存在异常活跃的情况,并表现为在相关公告发布前集中买入,并在其后短期行情中减持抛售。内部人在这一现象背后所扮演的角色是什么?是否存在着内部人利用自身对企业利润分配方案决策的影响,以高送转炒高股价,并乘势减持套取差价获利的情况?本专题将针对这两个问题进行深入研究。

本专题的创新之处主要在于从内部人交易的角度对我国上市公司推行高送转的动因进行研究。在引入内部人减持事件时,不再仅仅验证二者之间的关联性,将减持行为作为内部人利用信息优势在知悉企业高送转预案后的顺水推舟行为;而是重新考虑内部人减持与高送转之间的因果逻辑,验证高送转作为内部人为了攫取利益而施行的一种策略的可能性。在研究内部人减持与企业高送转股利政策推行之间的因果关系时,本专题引入上市公司定向增发作为工具变量,将持股人所持股票数量由于定向增发而外生地增加,从而引发的减持套利需求作为高送转的诱因。

二、文献回顾和研究假设

(一)文献回顾

1. 上市公司执行高送转的动因研究

传统西方学者主要是从信号传递和股票流动性两个角度对股票股利和股票拆细进行解释。通过对股票拆分前后的价格效应进行研究,Fama et al.(1969)提出公司采取股票拆分的目的是向市场传递未来盈利的信号,并认为该信号的传递引致股票拆分后股价的上涨。Angel et al.(1994)提出了股票最优价格区间的概念,认为上市公司会主动将股价维持在该区间内。除了传统的信号传递理论和流动性理论,近年来西方学者还构建了股利迎合理论。股利迎合理论认为,在面对发放股利的公司股票时,投资者往往愿意支付比不发放股利的公司股票更高的价格。Baker and Wurgler(2004)把这一点定义为股利溢价,并提出上市公司为了获取股利溢价,其管理者在制定股利政策时会有意迎合投资者的特殊偏好。

国内研究方面,早期有学者对西方学界提出的相关股利理论在国内的应用进行检验,但结论存在较大差异。何涛和陈小悦(2003)发现信号传递假设在解释我国 A 股市场高送转现象的动因方面有效程度不足。魏刚(1998)、吕长江等(2010)及朱元琪和刘善存(2011)等学者各自对信号传递假说进行验证并得出了支持性结论。熊义明等(2012)则认为最优价格假说,或者说流动性假说能够解释 A 股上市公司的高送转。

何涛和陈小悦(2003)在对上市公司高送转行为的研究中引入了价格幻觉的概念,认为上市公司利用价格幻觉,通过高送转后除权降低股价,以一种几乎没有成本的方式在股票填权的过程中实现企业市值提升。李心丹等(2014)构建了投资者的低股价溢价指数及高送转宣告效应指数来代表投资者低股价偏好。提出投资者会受到股票价格这一外在形式变化的影响,尽管上市公司的高送转行为并没有实质性地改变企业价值,也没有真实影响投资者利益,但该行为引发的股票价格变化,同样能够引起投资者对该企业股票的非理性需求,而内部人恰恰"理性"地迎合了该非理性需求。

2. 内部人在高送转中的机会主义行为

近年来,国内外研究者开始着眼于研究上市公司高送转背后的内部人交易问题。当前的普遍共识是,在信息不对称越严重的市场中,内部人的交易行为往往越能获得更高的超额回报。Finnerty(1976)在对美国股票市场的研究中均发现内部人能够从对本公司股票的交易行为中获取超额回报。国内的学者在对内部人减持股票获得超额回报的研究中发现,内部人对于交易时机的选择十分精准。

部分研究认为,拥有信息优势是内部人在交易本公司股票,尤其是在减持股票中能够获取超额回报并表现出精准择机能力的重要原因。内部人具有的信息优势主要体现为内幕信息优势和价值判断优势(朱茶芬等,2010)。所谓内幕信息优势,指内部人可以先于市场投资者在能够影响股价波动的重大事件发生前获知信息;价值判断优势则是指内部人因参与或者接近企业经营,从而能够对企业内在价值和业绩前景做出更加准确合理的判断。内部人对其所拥有的信息优势的利用,还包括直接参与和介入企业经营和财务等信息的加工和披露过程中(Elitzur and Yaari,1995;Bar-Gill and Bebchuk,2003)。在对国内市场的研究中,吴育辉等(2010)发现部分上市公司在选择披露对企业股价利好消息或利空消息的时机时,存在有意配合内部股东交易本公司股票行为的情况。朱茶芬等(2010)经统计发现,部分内部人在进行减持的过程中会为了获取更高的超额收益,试图规避披露义务,向市场投资者隐藏其高比例的减持行为。

联系到高送转事件本身,内部人能够借助信息优势,提前针对上市公司的高送转行为进行布局,提前买入股票并在接下来的短期行情中获取更多的超额收益。李心丹等(2014)指出,部分上市公司的高送转行为实质上是管理者帮助机构投资者在增发过程中以高回报退出的一种手段;而高送转后普遍存在的内部人减持,也体现了管理者利用高送转为内部人高位减持提供有利条件。此外,谢德仁等(2016)经过实证研究得出,内部人有意识地通过高送转进行市值管理以增大其减持收益,即高送转是内部人减持的"谋定后动",且内部人的这一自利动机对公司的送转行为产生了重要影响。

(二)研究假设

1. 高送转后股票的短期市场反应

已有研究指出,高送转后中小投资者的非理性行为会赋予进行了高送转的股票过高的溢价(李心丹等,2014)。在信息不对称的市场中,内部人参与或者接近所属公司的实际经营过程,部分内部人可以介入和影响公司信息的制定和披露,其信息获取成本远远低于市场投资者。内部人可以先于外部投资者获取更多且更加精准的公司经营状况、财务状况等信息,尤其是非公开的内部信息。内幕信息优势的存在使得内部人在高送转公告事件中往往表现出远超市场投资者的更为准确的择时能力(Noe,1999)。因此在上市公司公告高送转预案,继而市场投资者非理性追捧的过程中,内部人能够提前获知企业即将进行高送转的信号,并对此进行布局。近几年来,相关监管机构发现越来越多的上市公司在高送转公告后即披露内部人减持预案。

笔者猜测,内部人在上市公司高送转公告事件中利用了其具有的信息优势,通过减持获得了更高的超额收益。由于信息不对称,公司的管理者往往能够提前获知这种溢价水平,并"理性"地参与市场投资者的非理性行为,通过配合即将发布的信息,在恰当的时机进行减持并从中攫取利益,具体表现为内部人减持的时机与公告高送转之后超额回报率峰值出现时点重合。若内部人能够从企业的高送转过程中获得超过一般投资的超额回报,便可以部分证明内部人对高送转及其后的短期行情有"先见之明",说明上市公司所推行的高送转政策与内部人的减持行为之间或存在内在关联,至于该关联背后真实的因果关系,笔者将在后续部分进行分析和验证。

基于以上分析,笔者提出假设1(H1):

内部人在高送转公告事件过程中减持本公司股票能够获取超额收益。

2. 存在内部人减持的高送转与机会主义行为

除了前文中所提到的内部人利用"先见之明"获取超额收益,内部人还可以从另一途径利用自身有别于市场投资者的优势获得更高的超额收益,即通过操纵上市公司信息披露来获取超额收益。有研究发现,当出现股价的利好消息时,上市公司更倾向于在内部人进行减持之前披露,相反会将利空消息的披露推迟至内部人减持之后(吴育辉等,2010)。

随着股权分置改革的完成,限售股逐步解禁,加上企业执行增发等政策,相关股东可流通股数增加,催发了其在不影响自身对企业相关权益的前提下通过推高股价减持套现的动机(贾明等,2009)。相对于中小投资者,内部人是上市公司的信息知情人或控制人,以及公司是否进行高送转的决策参与者,可以提前知晓影响股价波动的重大事件,拥有对公司内在价值和业绩前景更准确的判断,能够直接参与或接触到公司的经营管理、政策制定及信息加工和披露等过程。因此当内部人需要减持时,他们有能力对公司信息披露施加影响或者直接操纵,从而为其计划中的减持创造更加适合的时机。高送转公告后的短期填权行情,正是这样一个适合减持的时机。高送转带来的填权行情并不是成熟投资者的理性行为所致,更多的是受非理性投资者追逐这一"羊群效应"造成的,该短期的公告效应创造出的套利机会必然会受到相关利益主体的利用。对内部人来说,借助高送转后股价上升这一填权行情进行减持,是获取超额收益的最直接的合法途径。长期以来,资本市场形成的共识是高送转可以推高公司股价,那么作为目前广受市场投资者追捧的高送转,其预案公告的发出时机同样有可能受到内部人的干预。因此完全有可能存在内部人介入高送转预案公告的披露甚至政策的制定,利用市场投资者对该概念的追捧,为计划的减持创造有利条件。某些上市以来一直吝啬于分配股息红利的"铁公鸡"企业,在本身业绩并没有明显增长的情况下骤然推出高送转计划,并在高送转公告后伴随着内部人的减持行为。该异常情况同样佐证了内部人机会主义行为的猜想。

综上所述,本专题所研究的内部人既有减持的动机,又有途径和能力拉高股价为减持创造有利条件,因此,一旦前文假设检验的结果证实了内部人的股票减持行为和所属公司高送转之间存在关联,就有理由对二者之间的因果逻辑产生怀疑。换句话说,在上市公司公告高送转并伴随着内部人减持这一事件中,很可能潜藏着内部人积极推动企业施行高送转股利政策,从而引致市场投资者非理性热捧、制造短期行情,为在股价高位减持本公司股票套取利益创造有利条件的自利动机。

因此提出假设2(H2):

内部人的减持计划会提高上市公司推出高送转政策的可能性。

三、研究设计

(一) 数据与样本

本研究选取了2010—2016年所有A股上市公司送股和资本公积转增股本的事件作为初始样本,并在数据处理中引入2010—2016年所有A股上市公司的内部人交易数据。

首先是2010—2016年A股上市公司利润分配预案公告数据,来自CSMAR数据中心"红利分配"表。该数据包括派现、送股和转增股份预案,出于参照系的需要,笔者根据送转比例对事件样本初步分为非高送转事件组和高送转事件组。其次是2010—2016年A股上市公司的内部人交易数据,来自CSMAR数据中心二级市场股份增减持情况文件,初步保留其中内部股东的减持数据,留待下一步处理。最后是2010—2016年A股所有股票日个股回报率和沪深300指数日回报率。

本研究通过手工匹配分红数据和内部人减持的数据,按照发生时间将内部人减持数据与上市公司高送转预案公告窗口期一一对应,并以事件窗口期内存在内部人减持的高送转作为新的一组。在数据筛选方面,本研究参考谢德仁等(2016)的处理,先后剔除样本中非针对中报或年报披露的分红预案数据、金融行业上市公司观测、在高送转预案公告后发生了其他重大事件的观测以及资本公积和留存收益不足以支撑一次高送转的观测,并从样本中剔除了关键变量数据缺失的观测。具体流程如表2-3-1所示。

表2-3-1 数据筛选程序

1	搜集A股上市公司利润分配预案公告数据
2	搜集内部人减持数据
3	将内部人减持信息与利润分配预案公告数据匹配
4	剔除非针对年报、中报进行的分红预案数据

(续表)

5	剔除金融行业上市公司对应观测
6	剔除分配预案后发生其他重大事件的观测
7	剔除资本公积和留存收益不足支撑一次高送转的观测
8	剔除关键变量缺失的观测

(二) 模型与变量定义

出于对高送转与内部人减持之间因果关系的考量,本研究将借鉴何涛(2003)和李心丹等(2014)的方法,运用 Probit 方法对公式进行估计,具体模型如下:

$$\text{Probit}[P(\text{LSD}_{it}=1)] = \beta_0 + \beta_1 X_{it} + \beta_2 \text{Market}_{it} + \beta_3 \text{Control}_{it} + \epsilon$$

LSD_{it} 为被解释变量,代表上市公司是否进行了高送转,当上市公司送股和资本公积金转增股本的比例之和超过原有股份规模的 50% 时取值 1,否则取 0。X_{it} 为内部人减持及定向增发的解释变量组,包括两个解释变量 Sell_{it} 和 PrivateP_{it},其中 Sell_{it} 表示内部人减持,如果在利润分配预案前 20 个交易日至后 40 个交易日内,有该公司内部人发生股票减持,则该变量取值为 1,否则为 0;PrivateP_{it} 表示定向增发,当高送转预案公告前半年公司进行了定向增发,该变量取值 1,否则取 0。Market_{it} 为上市公司所在市场的解释变量,考察高送转后上市公司所在市场板块的影响。Control_{it} 为控制变量组。该模型主要考察内部人减持对上市公司披露"高送转"概率的影响。若 β_1 显著为正,表明内部人减持及定向增发会提高上市公司披露高送转的可能性。若 β_2 显著为正,表明在中小板、创业板市场,内部人机会主义动机引发高送转的概率更高。

回归模型主要变量的定义如表 2-3-2 所示。

表 2-3-2 变量汇总表

	变量名称	变量符号	变量定义
被解释变量	高送转	LSD_{it}	送红股和资本公积转增股本的比例之和是否大于等于 0.5,若是,取值 1,否则取 0
解释变量	内部人减持	Sell_{it}	高送转预案公告(-20,40)窗口期内是否存在内部人减持,若是,取值 1,否则取 0
	定向增发	PrivateP_{it}	高送转预案公告前半年,公司是否进行了定向增发,若是,取值 1,否则取 0
	所在市场	Market_{it}	施行高送转的公司所在的市场板块若为中小创,取值 1,否则取 0

(续表)

	变量名称	变量符号	变量定义
控制变量	股份规模	$Share_{it-1}$	上市公司前一期股份总数的自然对数
	资产规模	$Size_{it-1}$	上市公司前一期末净资产自然对数
	送转能力	$Capacity_{it-1}$	上期末(资本公积+max{0,未分配利润}+max{0,盈余公积-总股本/4})/总股本
	盈利能力	Roa_{it-1}	上市公司前一期净资产收益率
	股权集中度	$Concentration_{it-1}$	上市公司前一期末股权集中度

(三) 对内生性问题的考虑

根据前文的假设,笔者需验证内部人的减持是上市公司推出高送转分配预案的动因之一,但是,当此假设成立时,实证结果往往也会表现出内部人减持与上市公司高送转之间存在显著的关联,而孰因孰果的问题就会受到内生性的影响。因果异位,结论也将完全不同。因此,出于严谨性的要求,解决被解释变量和解释变量之间可能存在的互为因果的内生性问题是必要的。

为了有效地识别内部人减持和上市公司高送转之间的因果关系,本研究将从两个方面对内生性问题进行处理:一方面,从选取的样本出发,在对内部人减持的观测范围进行筛选时,选择那些能够切实介入和影响到上市公司高送转股利政策决策及信息披露过程中的内部人,主要是上市公司的实际控制人、前10大股东,以及企业的董事长、总经理、董事长秘书及财务总监等企业高层。另一方面,根据李心丹等(2014)对企业增发、高送转和大股东减持之间关系的研究,笔者认为,当上市公司对相关股东进行了定向增发以后,获得股票增发的相关股东所持有的股份增加,而所持股份增加与之后上市公司高送转之间的关系完全是外生的。此前对我国股票市场定向增发的研究也表明,当股东在定向增发后持有的股份增加,其往往会有减持套现的冲动,如果实证研究结果证明了企业定向增发以后更乐意推行高送转,那么我们可以将定向增发判断为企业高送转的原因,并进一步识别出内部人减持是上市公司高送转的动因之一。就上市公司进行定向增发这一变量作为工具变量的有效性来说,一方面,已有研究发现上市公司的定向增发会显著影响相关股东的减持行为,故而企业是否定向增发显然与内部人的减持行为相关,满足工具变量与内生变量间相关性的要求;另一方面,假设定向增发并不直接影响上市公司是否推行高送转政策的决策,如此则满足工具变量的外生性条件。因此,本研究选择将利润分配预案前半年内上市公司是否对相关股东进行定向增发 $PrivateP_{i,t}$ 作为是否有内部人减持的工具变量。

四、实证研究和结果分析

(一) 描述性统计

表 2-3-3 显示的是模型主要变量之间的相关系数。根据此表可以对模型诸多变量之间的相互关系进行初步的观察。

首先,上市公司是否高送转与内部人减持变量 $Sell_{i,t}$ 和公司所在市场板块变量 $Market_{i,t}$ 之间存在一定的正相关关系,初步判断在中小板和创业板中,企业高送转现象更加普遍。至于高送转与内部人减持之间的具体关系,需要对内生性问题进行处理后才能更加明晰。其次,本文选取的用以解决内生性问题的变量定向增发 $PrivateP_{i,t}$ 与企业高送转之间存在较弱的正相关关系,而上市公司的股份规模、盈利能力、资产规模等与企业业绩相关的指标同高送转变量之间是负相关的关系,这佐证了之前关于高送转与企业长期业绩的研究结果。最后,变量 $Capacity_{i,t-1}$ 和 $Concentration_{i,t-1}$ 与高送转之间的正相关关系,表明送转能力越强,股权集中度水平越高,上市公司越愿意进行高送转,与前文所述相符。

表 2-3-3 主要变量的相关性

	LSD_{it}	$Sell_{it}$	PP_{it}	$Market_{it}$	$Share_{it}$	$Capacity_{it}$	$Roa_{i,t-1}$	$Size_{i,t-1}$	$Concentration_{i,t-1}$
LSD_{it}	1.0000								
$Sell_{it}$	0.3210	1.0000							
$PrivateP_{it}$	0.0180	0.0912	1.0000						
$Market_{it}$	0.1290	0.1102	0.0413	1.0000					
$Share_{it}$	−0.1497	−0.0130	0.0204	−0.4376	1.0000				
$Capacity_{it}$	0.1438	0.0038	−0.0929	0.1445	−0.2888	1.0000			
$Roa_{i,t-1}$	−0.0004	−0.0051	−0.0197	0.0029	0.0071	0.0263	1.0000		
$Size_{i,t-1}$	−0.0847	−0.0292	0.0038	−0.4486	0.8424	0.0957	0.0246	1.0000	
$Concen_{i,t-1}$	0.1247	−0.0432	−0.0726	0.2576	−0.1272	0.2364	0.0244	−0.0350	1.0000

表 2-3-4 记录了主要变量的描述性统计。从中可以看到的是,包含高送转预案的样本观测约占全部观测值的 13.19%;在高送转预案公告日前 20 日至后 60 日内存在内部人减持的观测值占全部样本的 32.11%;而更多的预案公告事件发生在中小创业板中,大约占 60.42%;在上市公司施行高送转前半年内执行了定向增发的约占全部观测值的 22.89%。

表 2-3-4　主要变量的描述性统计

变量	样本	均值	标准差	最小值	最大值
LSD_{it}	22 708	0.1319	0.3384	0	1
$Sell_{it}$	22 708	0.3211	0.4669	0	1
$PrivateP_{it}$	22 708	0.2289	0.4201	0	1
$Market_{it}$	22 708	0.6042	0.4890	0	1
$Share_{it-1}$	22 708	19.7255	0.9732	17.0736	25.5196
$Capacity_{it}$	22 708	3.5966	2.8900	−0.2017	72.3378
Roa_{it-1}	22 708	0.0573	0.5137	−72.1459	12.3671
$Size_{it-1}$	22 708	21.7441	1.1832	15.3229	28.6231
$Concentration_{it-1}$	22 708	60.2099	14.6572	0	101.89

（二）内部人机会主义行为的可能性分析

1. 内部人减持频次与高送转股票短期市场波动

为了更加深入地研究内部人减持在高送转事件中扮演的角色，本文将高送转减持事件组单独列出进行分析。图 2-3-1 为利润分配预案公告窗口期内部人减持事件频次与股票的超额收益率之间的对比。

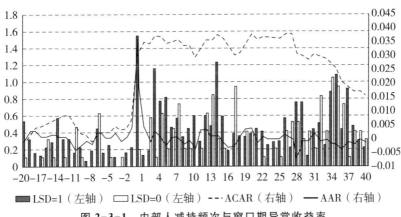

图 2-3-1　内部人减持频次与窗口期异常收益率

图 2-3-1 以利润分配预案公告前 20 个交易日至后 40 个交易日的窗口期为横轴。主纵坐标轴体现的是事件窗口期内每一交易日发生的内部人减持频次，按不同送转比例分组后当日发生的内部人减持事件占所属分配预案事件总数后的比值来衡量。右侧的副纵坐标轴代表窗口期内股票的超额收益率和累积超额收益率。

根据图例,实心柱表示高送转(LSD=1)利润预案公告窗口期内的内部人减持频次,空心柱则代表非高送转(LSD=0)利润预案公告窗口期内的内部人减持频次,虚线表示事件组窗口期内平均累积超额收益率(ACAR)的变动轨迹,实线则报告了平均超额收益率(AAR)的变动轨迹。

根据图2-3-1,首先从主纵坐标代表的内部人减持事件占全部样本的比值看,相较于一般的利润分配预案,高送转预案公告当日,即是内部人减持频率的峰值时点,这体现了内部人往往能够对高送转预案公告即时反映,并进行减持操作。这一现象从侧面佐证了笔者的猜想,即内部人的减持并非被动反应,而很有可能是其利用了信息优势,甚至是对高送转预案公告本身施加了影响。其次,就次纵坐标轴代表的超额收益率的变动轨迹线可以看出,高送转方案(LSD=1)公布日当天,超额收益率即出现明显峰值。在近30个交易日内累积超额收益率一直维持在较高水平,之后才开始降低,没有在短期内反转的市场反应,为内部人提供了相对充裕的时间进行减持(谢德仁等,2016)。此外,高送转股票的累积超额收益在公告日前近10个交易日前就开始上涨,这意味着可能存在内幕消息提前泄露的问题。最后,将内部人减持的行为和累积超额收益率联系起来可以看到,二者的变动轨迹几乎呈现同步的状态。当超额收益率达到峰值的时候,内部人减持的高峰也出现了。尤其突出的是,在公告日当天,无论是超额收益率还是内部人减持行为的频次,均出现骤涨现象。

以上情况验证了**H1:内部人在高送转公告事件过程中减持本公司股票能够获取超额收益**。本研究进一步认为在高送转与内部人减持的事件组合中,有很大可能性存在着内部人出于配合减持的目的而推动高送转方案施行,并在其中获取超额回报的情况。换句话说,在这样的事件组合中,内部人减持才是因,而高送转是果。

2. 高送转企业的主动业绩披露

在检验过程中,笔者决定对所选样本公司在高送转预案前后三个季度主动披露的业绩预告进行分析。由于数据缺失的问题,本研究仅选取了2010—2016年全部上市公司的业绩预告季度数据,并将该数据与此前整理出的减持组高送转事件进行匹配。2010—2016年,有351次高送转事件中存在内部人减持的情况,其中86.9%的公司披露了业绩预告。相关结果如图2-3-2所示。

由图2-3-2可知,仅在高送转事件所属季度,80%披露了业绩预告的公司对未来业绩的预期是乐观的(即扭亏、续盈、略增和大增),其中36%和42%的预期是业绩大增和略增。在事件前后的两个季度里,该组样本企业同样对未来业绩进行了乐观估计,这充分表现了企业对未来良好业绩的信心。

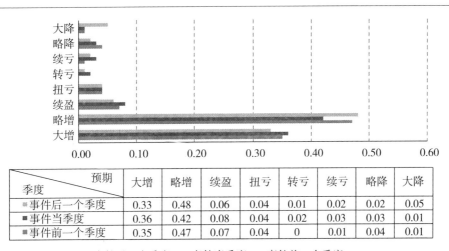

图 2-3-2 减持组"高送转"公司事件前后业绩预告

既然公司内部对于未来业绩预期如此乐观,为什么内部人会在高送转这一目前市场上普遍认同的"利好消息"公告后就进行较大规模的减持?根据以往的研究,内部人具备业绩预测优势(Piotroski and Roulstone,2005),其对于公司未来业绩发展的认识远超市场一般投资者。更为重要的是,内部人可以直接影响信息披露的内容和时间(曾庆生和张耀中,2012)。那么,企业在高送转前后披露乐观业绩预告,是否由于内部人希望借此进一步催化股价在高送转后的填权行情,再通过减持套利?笔者接下来将通过回归分析检验内部人的减持行为对上市公司高送转的边际效应,从而回答这个问题。

(三) 回归分析

1. 未处理内生性的 Probit 回归结果

接下来进行一般的 Probit 回归。表 2-3-5 报告了未使用工具变量的 Probit 模型回归结果。根据该结果,$Sell_{i,t}$ 的回归系数为 0.1087,对应内部人进行了减持的上市公司发生高送转的概率上升 1.09%,内部人减持与上市公司高送转之间呈现显著的正相关关系,表明当内部人越需要减持,上市公司越有可能推行高送转政策;变量 $Market_{i,t}$ 的回归系数为 0.1190,且在 1% 的水平上显著,表明在中小板和创业板中,高送转事件更加普遍,但在将样本按所在市场板块分组回归后,研究发现,往往是主板市场的上市公司在内部人进行减持时更有可能施行高送转,这体现在回归(2)和回归(3)中内部人减持变量 $Sell_{i,t}$ 的回归系数分别为 0.1136 和 0.1075,其分别对应对上市公司施行高送转的概率提升 1.15% 和 1.08%。以上结果虽然证明了内部人减持能够提高上市公司施行高送转的可能性,但这一幅度的提升似乎尚不足以引起我们对该问题的重视。

表 2-3-5 未使用工具变量的回归结果

变量	(1) 整体	(2) 主板	(3) 创业板
$Sell_{it}$	0.1087***	0.1136***	0.1075***
	(0.0239)	(0.0444)	(0.0287)
$Market_{it}$	0.1190***		
	(0.0303)		
$Share_{i,t-1}$	−0.2850***	−0.4110***	−0.2040***
	(0.0352)	(0.0542)	(0.0471)
$Capacity_{i,t-1}$	0.0440***	0.0577***	0.0446***
	(0.0065)	(0.0110)	(0.0084)
$Roa_{i,t-1}$	−0.8940***	−0.4490	−1.2920***
	(0.1940)	(0.3100)	(0.2520)
$Size_{i,t-1}$	0.0955***	0.1610***	0.0468
	(0.0289)	(0.0430)	(0.0395)
$Concentration_{i,t-1}$	0.0152***	0.0111***	0.0182***
	(0.0009)	(0.0015)	(0.0012)
Constant	0.7740**	1.9710***	0.1800
	(0.3120)	(0.4880)	(0.4100)
Observations	22 708	8 987	13 721
Number of stk	1 978	734	1 244

注：*、**、***分别代表在10%、5%、1%置信水平上显著，括号内为相应T统计量值。

除此之外，我们可以看到其他控制变量的回归系数所表现出的各自与上市公司高送转之间的关系与前文的研究类似，例如，企业的送转能力与股权集中度对公司高送转显著为正的影响，以及相关业绩指标如股份规模、盈利能力、资产规模等负的回归系数代表的在我国市场中企业高送转与业绩背道而驰的情况等。

2. 处理内生性后的 Probit 回归结果

在使用工具变量后，表 2-3-6 报告了两阶段 Probit 的回归结果。可以看到，在阶段一中，本文选取的工具变量 $PrivateP_{i,t}$ 与解释变量 $Sell_{i,t}$ 的回归系数在1%的水平上显著为正，满足工具变量应当与内生变量高度相关的要求。

按照之前所述,对执行了内生性问题解决方法后的模型进行二阶段回归,本文进一步对内部人减持与上市公司高送转之间的因果关系加以限定,并在实证中排除内部人临时起意而非"规划好"的减持。在工具变量法下,解释变量内部人减持 $Sell_{i,t}$ 的回归系数与未使用工具变量法的回归系数相比较有较大幅度的提升。从整体样本上看,内部人减持变量的回归系数在1%的水平上显著,为1.4030,这表示内部人减持将上市公司高送转施行的概率提升了24.83%。按照上市公司所属市场板块分组后,主板样本组的回归系数为2.4310,在1%的水平上显著,这表示内部人减持将上市公司高送转施行的概率提升了35.44%;而中小板和创业板样本组的回归系数为0.9350,同样在1%的水平上显著,这表示内部人减持将上市公司高送转施行的概率提升了19.94%。此外,总资产收益率 $Roa_{i,t-1}$ 的在1%的水平上的回归系数显著为负,也支持了之前关于企业高送转并没有真实业绩支撑的结论。

表2-3-5与表2-3-6在回归结果上的对比,表明内生性问题的解决有助于我们纠正原先内部人"规划好"的减持对上市公司是否退出高送转影响的严重低估。而表2-3-6的结果支持了本文的研究假设 **H2:内部人的减持计划会提高上市公司推出高送转政策的可能性**。另外,还可以得出结论:为内部人营造减持的时机是上市公司推出高送转的重要动机之一。

表 2-3-6 使用工具变量的 Probit 回归结果

变量	(1) 整体		(2) 主板		(3) 中小创	
	1st	2nd	1st	2nd	1st	2nd
$Sell_{it}$		1.4030***		2.4310***		0.9350***
		(0.272)		(0.159)		(0.337)
$Market_{it}$	0.1240***	0.0741				
	(0.0074)	(0.0509)				
$Share_{i,t-1}$	0.0496***	−0.2950***	0.0424***	−0.3460***	0.0520***	−0.1970***
	(0.0087)	(0.0354)	(0.0113)	(0.0625)	(0.0133)	(0.0495)
$Capacity_{i,t-1}$	0.0095***	0.0413***	0.0087***	0.0282**	0.0110***	0.0455***
	(0.0018)	(0.0071)	(0.0026)	(0.0137)	(0.0025)	(0.0086)
$Roa_{i,t-1}$	−0.4110***	−0.7440***	−0.2930***	0.1950	−0.5260***	−1.3650***
	(0.0466)	(0.2410)	(0.0622)	(0.2890)	(0.0686)	(0.2980)
$Size_{i,t-1}$	−0.0236***	0.0992***	−0.0213**	0.1390***	−0.0335***	0.0436
	(0.0072)	(0.0287)	(0.0091)	(0.0378)	(0.0112)	(0.0402)

(续表)

变量	(1) 整体		(2) 主板		(3) 中小创	
	1st	2nd	1st	2nd	1st	2nd
$Concentration_{i,t-1}$	-0.0021***	0.0158***	0.0002	0.0074***	-0.0043***	0.0175***
	(0.0002)	(0.0010)	(0.0003)	(0.0020)	(0.0003)	(0.0021)
$PrivateP_{i,t-1}$	0.0913***		0.0627***		0.1010***	
	(0.0074)		(0.0114)		(0.0096)	
Constant	-0.1240	0.7990***	-0.1550	1.5760***	0.3060***	0.2280
	(0.0773)	(0.3100)	(0.1000)	(0.4470)	(0.1180)	(0.4230)
Observations	22 708	22 708	8 987	8 987	13 721	13 721
Number of stk	1 978	1 978	734	734	1 244	1 244

注：*、**、***分别代表在10%、5%、1%置信水平上显著，括号内为相应T统计量值。

五、结论与建议

（一）研究结论

本研究以内部人交易为出发点，从有别于以往股利政策理论的新角度探究上市公司高送转股利政策的深层动机，并得出如下结论。

第一，上市公司执行高送转政策后，该公司股票会出现短期内的价格上涨，内部人在该市场反应中通过减持可以获取更高的超额收益。通过事件研究可以发现，在高送转事件窗口期内，存在显著为正的超额收益率。高送转事件窗口期内，内部人减持的频次与该窗口期内股票市场回报的波动存在明显的趋同，在高送转股利分配预案公告日当天更是伴随着内部人减持行为的第一个频次高峰，这体现了内部人往往能够对"高送转"预案公告迅速反应。

第二，方便内部人通过减持攫取更多收益是上市公司执行高送转政策的重要动机。研究发现，当内部人要进行减持时，上市公司推出高送转公告的概率更高。本研究分别就内生性问题的解决与否对样本进行实证，实证结果发现，当内部人有减持需求时，上市公司执行高送转政策的概率会显著提高。此外，在将样本按所属市场板块区分为主板组和中小创业板组进行检验后，观察到在主板市场中，方便内部人减持作为上市公司高送转重要动机的情况更为突出。

（二）相关建议

基于文章研究结论，笔者分别从有关监管机构和市场投资者的角度提出建议。

1. 对监管层的建议

出于内部人减持动机的高送转一方面会激发投资者的非理性热情,损害中小投资者的利益;另一方面对上市公司的长远经营也会造成不利影响。这一行为会扰乱金融市场秩序,因此应当受到监管层的重点关注。第一,有关监管部门可以考虑加强对上市公司高送转等政策的关注力度,对高送转后即披露内部人减持的公司及时问询,并关注关联账户的异常交易,防范内部人的机会主义行为。第二,在财务管理层面,建议监管层有针对性地调整与高送转相关的会计制度和会计处理方式,从成本上制约上市公司对高送转的滥用。第三,监管层可以在制度层面对内部人在企业高送转事件影响期间内的减持行为加以限制,提高违规成本。

2. 对市场投资者的建议

根据计算观测发现,高送转后的股价出现超额收益的时间较短,且最高峰时点为高送转预案公告日当天,因此,投资高送转概念股票的普通投资者如果不能在企业公告高送转之前布局的话,获利空间将会非常小。此外,投资高送转概念股票时还可能会出现内部人减持掏空中小投资者的情况。因此,本研究建议市场投资者对高送转概念股票提高警惕,主动学习相关投资知识,在选择投资标的前重视分析企业基本面及经营状况、财务状况、盈利能力等财务指标的变化,停止对市场上热炒的概念盲目追捧,避免跟风造成投资损失。

专题四 老工业城市基本养老保险基金筹资与投资研究

一、引言

目前我国正在大力发展养老保险制度并取得了较大成就:统一的城乡居民基本养老保险制度正在逐步建立的过程中,企业年金得到大力发展。为使养老保险基金制度更好地适应我国国情,政府不断深化相关改革,完善有关法规。2016年城镇职工基本养老保险基金总收入为3.5万亿元,2012年以来年均增长15.1%;征缴收入为2.68万亿元,年均增长12.9%;基金支出为3.19万亿元,2012年以来年均增长19.6%;2016年年末基金累计结存3.86万亿元。虽然从短期整体和静态水平来看,养老保险基金形势尚好,仍有结余,然而随着我国人口增速放缓,人口红利逐渐消失,老龄化问题日趋突出,区际发展不平衡,在多方因素作用下,我国社会保障基金年均支出增速高于征缴收入,这意味着养老基金的未来偿付能力面临着巨大挑战。在当前制度背景下,受养老保险制度转轨影响,"新人"不仅需要承担自己的缴费支出,也负担着"中人"和"老人"的支付压力,个人缴纳的资金更多地以现收现付的方式支付给了退休老人,而不是用于累计投资,养老保险基金自身造血能力差,尤其在老工业基地,其承受的压力明显高于其他地方。

国家宏观政策环境为各地解决养老保险基金缺口问题提供了新的视角。中共十八届三中全会提出要提高国有资本收益征缴比例,到2020年提升至30%,更多地用于保障和改善民生,并要划拨部分国有资本充实社保基金。十九大第五场记者招待会上,人社部党组书记、部长尹蔚民表示2019年开始实施划拨国有资产充实社会保障基金。另外,国务院印发《基本养老保险基金投资管理办法》,放开了养老金投资范围。人社部在2017年第一季度新闻发布会上表示,截至三月底,北京、上海、河南、湖北等7个省(自治区、直辖市)政府与社保基金理事会签署了委托投资合同,合同总金额为3 600亿元,其中的1 370亿元资金已经到账并开始投资。

二、黄石市企业职工养老保险的可持续现状及评估

(一) 黄石市基本养老保险制度现状

黄石市企业职工养老保险覆盖范围逐年扩大。自1998年起,黄石市逐步将企

业养老保险制度从国有企业覆盖到三资企业、私营企业、个体经济等,实现了企业种类上的扩张;自2015年10月1日起,允许劳动年龄段城乡居民以个人身份参加企业养老保险,实现了个体身份上的扩张。黄石市本级参保人员增速逐步放缓,实际缴费人员增速呈下降趋势。参保人数增长率、实际缴费人数增长率及离退休人数增长率整体均呈下降趋势,其中离退休人数增长率多年高于参保人数及实际缴费人数增长率。2016年,实际缴费人数出现负增长,企业职工基本养老保险面临巨大挑战(见图2-4-1)。

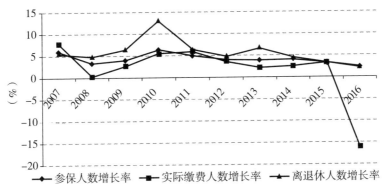

图 2-4-1　黄石市本级 2006—2016 年职工养老保险基金参保人员增长变化

资料来源:黄石市财政局。

2006年黄石市企业职工基本养老保险赡养率(退休人口占缴费人数比重)仅为49.96%,而2016年达74.56%(见图2-4-2)。赡养率以平均每年3.71%的增速攀升,缴费人员相对减少,职工养老负担逐年加剧。

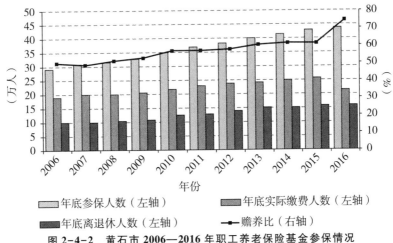

图 2-4-2　黄石市 2006—2016 年职工养老保险基金参保情况

资料来源:黄石市财政局。

自 2005 年起,黄石市企业职工基本养老保险基金出现"穿底"。近年来,养老保险基金支出持续高水平运行,收不抵支的矛盾日益严重,未来偿付能力堪忧。

黄石市企业职工基本养老保险缴费收入、财政补贴收入、基金支出持续增长,但缴费收入增速低于基金支出增速。2006—2016 年黄石市这三组数据的年平均增速分别为 11.56%、16.91%、16.31%(见图 2-4-3)。基金支出及财政补贴收入的年均增速均高于缴费收入的年均增速,支出需求逐渐依赖财政补贴,财政压力逐年增大。

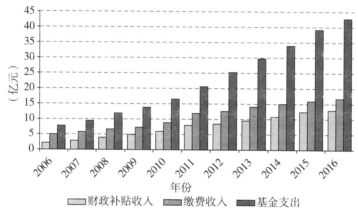

图 2-4-3 黄石市 2006—2016 年职工养老保险基金收支变化

资料来源:黄石市财政局。

企业职工基本养老保险基金当期结余、滚存结余多年入不敷出,且缺口呈扩大化趋势。黄石市自 1999 年起基金出现当期缺口,2005 年基金滚存结余开始"穿底",2009 年省级统筹开始前基金滚存结余缺口 4.59 亿元,2016 年 12 月底,基金滚存结余缺口达到 15.46 亿元,缺口呈现扩大趋势(见图 2-4-4)。

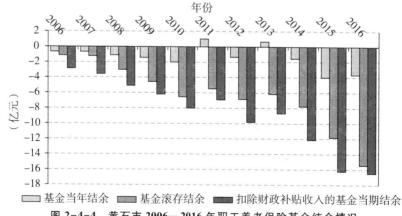

图 2-4-4 黄石市 2006—2016 年职工养老保险基金结余情况

资料来源:黄石市财政局。

2005年以来,黄石市企业退休职工养老金连续提标,养老金水平大幅提高,近两年提标幅度有所放缓。至2015年年末,除2006年增幅较高为23.7%,养老金水平的年均增幅约为10%。2016年、2017年调整幅度逐年降低,分别为上年退休人员月人均基本养老金的6.5%、5.5%左右(见图2-4-5)。

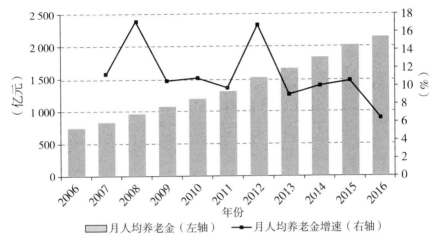

图2-4-5 黄石市本级2006—2016年职工养老保险基金月人均养老金

资料来源:黄石市财政局。

(二)企业职工基本养老保险可持续风险原因分析

针对黄石市企业职工基本养老保险基金存在着收不抵支且收支缺口呈扩大化趋势的问题,本研究对其进行可持续风险分析,发现随着经济整体下行和劳动力外流,在人口老龄化及抚养比下降趋势愈加严重的情况下,个企负担过重,缴费能力不足,导致基金收减支增,加剧不可持续风险。而养老金"十二连涨"及提前退休制度的执行对基金产生了更高的支付要求。

1. 人口原因

人口结构失衡,人口红利消失。人口年龄结构老化对黄石市的企业职工基本养老保险基金提出了严峻挑战。自2006年来,黄石市人口抚养比持续下降,2014—2016年稳定在1.71∶1,人口结构中劳动力的相对比例逐年减少,基金缴费收入增长缺乏驱动力。人口结构失衡使基金的供需矛盾进一步恶化。

人口老龄化程度加深,生育放开化效果未现。自黄石市进入老龄社会以来,人口老龄化进程发展迅速,同时受多年计划生育政策的影响,老年人口增长快于少儿人口,抚养比不断下降,社会抚养负担加重。据统计,2015年黄石市60岁及以上人口为34.8万人,占总人口的12.99%,其中65岁及以上人口占总人口的8.55%。从以上两项指标可发现,黄石市人口老龄化已高于国际老龄化社会标准。老人数量的激增使基金支出压力加重,由年轻人缴费承担退休老人养老保险待遇的代际互助模式将难以为继。

2. 经济原因

经济增速换挡回落,个企生存困境凸显。随着新常态下经济整体下行,市场中劳动力成本大幅上升,劳动密集型产业竞争力低下、盈利减少。受此影响,黄石市部分企业养老保险缴费能力下滑。2016年黄石市企业职工基本养老保险欠费单位1 088家,占总参保单位的36.37%,累计欠缴养老保险费17 513万元(见图2-4-6)。为响应国家供给侧结构性改革,降低企业经营成本,解决经济发展中面临的结构性问题,2016年湖北省企业缴费比例由20%降为19%,缴费率的下降直接导致当年保费收入缩水一个百分点。另外,市本级个人身份参保的137 378人中,中断缴费50 843人,占比37%。按中断缴费人数停缴费一年及每人每月最低缴费档次415元计算,基金年缴费收入减少25 320万元。在基金已面临不可持续风险的情况下,基金收入来源的减少将进一步加剧基金的不可持续性。

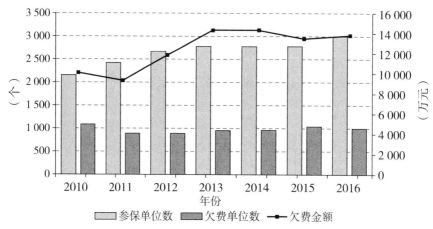

图2-4-6 黄石市2010—2016年参保单位及欠费情况

资料来源:黄石市财政局。

劳动力大幅外流,老人潮返乡养老。受区域经济资源及发展差异影响,黄石市大量劳动力流向外省,造成市内参保缴费职工数量减少,2015年黄石市外出农民工54.41万人,同比提高4.49个百分点。虽然在沿海城市经济增速放缓"推力"和省内经济发展"拉力"的合力下,2015年全市返乡人员比上年增加1.46万人,达到

6.67万人,但仍然保持着劳动力净流出的状态,基金收入来源大幅减少。养老方面,由于经济发达地区生活成本压力过大,部分大龄员工返乡养老,加大了基金支出压力。

3. 政策原因

资源枯竭企业破产,提前退休人员增多。黄石市作为资源枯竭型城市,重工业与轻工业的结构比为9∶1,矿山、冶金、建筑、化工等有毒有害、高危行业多,因特殊工种、工伤、职业病等原因提前退休的职工人数多、比重大。黄石市先后有26家国有企业政策性破产,享受国有企业破产提前退休政策的职工1万余人。至2016年年底,市本级基本养老保险离退休人数为161 289人,其中提前退休人数52 876人,占离退休人员总数的32.78%,超出全省平均水平。破产企业中一部分不符合提前退休政策的职工选择个体经济,成为灵活就业人员,个人缴费率为由27%降为20%,基金缴费收入相应减少。

养老金"十二连涨",一支柱承压过大。为提高退休人员待遇,我国2005—2017年连续12年上调企业退休人员待遇,黄石市本级企业退休人员人均基本养老金水平由518元/月增长到2 055元/月,年均增幅13.55%。同期,黄石市企业在岗职工月平均工资由886元增长到3 455元,年均增幅13.17%,养老金增速水平高于在岗职工月平均工资增速。至2016年年底,黄石市历年调标共计增加基金支出41.08亿元,剔除中央补助资金,地方净增支出17.28亿元。

4. 历史原因

老工业基地身份特殊,转轨成本影响持续。黄石作为全国重要的老工业基地,大多工业企业于20世纪50年代初期建成,随着产业转型升级,老基地逐渐萎缩,沉淀了较多的"老人"和"中人",该批工人未足额缴纳养老保险,但其待遇支出需要从基金中列支。1988年养老保险制度改革初期,按养老保险统筹政策,市本级3万名未缴纳养老保险费的离退休人员直接纳入养老保险社会统筹,享受养老金待遇。至2016年年末,这部分退休人员仍有8 480人,占黄石市退休总人数的5.26%。1996年黄石市本级实行养老保险统账结合,离退休人员高达4.7万人。2016年,黄石市本级参保职工抚养比仅为1.7∶1,远低于收支平衡所需要达到的抚养比。

中央及省属企业下放,基金支付能力削弱。1996年前后,8家中央、省属企业职工养老保险陆续下放到地方统筹管理。据统计,当年中央及省属驻黄石企业共有养老保险参保人员80 331人,养老保险当期收支缺口达7 632万元,抚养比为1.5∶1,已低于当年全市平均供养水平2.8∶1。2009年年底省级统筹前,8家中央、省属下放黄石统筹企业累计基金净缺口7.74亿元。省级统筹后,8家中央、省属下放黄石统筹企业2010—2016年累计收支缺口33.85亿元,按湖北省省级统筹政策,地方财政对缺口承担20%测算,增加了黄石市本级财政负担6.77亿元。因此,中央、省属企业下放地方统筹管理,累计增加黄石市基金缺口14.51亿元。中央、省属企业下放地方统筹,直接加剧了黄石市养老保险基金的支付压力。

5. 财政原因

基金缺口逐年加大,财政不堪重负。黄石市离退休人员基数较大,国家连续12年上调企业离退休人员基本养老金待遇,基金支付数额随之攀升。省级统筹前,市本级企业养老保险基金滚存结余-4.59亿元,至2016年年底已为-15.5亿元,地方财政累计应弥补资金缺口9.9亿元。结合历年数据,黄石市本级对养老保险基金的专项财政投入呈阶段性特征。但横向对比来看,市本级与中央财政补贴体量相差悬殊,地方企业养老保险基金的资金缺口极大的依赖中央支持,地方财政补助未足额落实到位(见图2-4-7)。

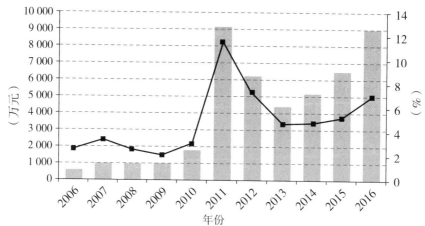

图 2-4-7 黄石市本级 2006—2016 年养老保险基金财政补贴投入

资料来源:黄石市财政局。

利息支出连年增加,政府借款信用透支。为确保企业退休人员的养老金按时足额支付,黄石市通过"社保贷款、财政担保、银行放贷"的方式筹措资金。2006年起,黄石市每年都需要通过借贷资金弥补基金缺口,2016年累计贷款达到19.5亿元,贷款利息累计达3.85亿元(见图2-4-8)。但黄石不比东北受国家优惠政策扶持,无法以低息向中央借款,每年的贷款利息加大了财政支出的压力。

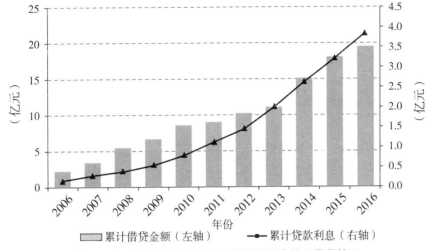

图 2-4-8 黄石市 2006—2016 年养老保险基金借贷情况

资料来源：黄石市财政局。

三、黄石市国有资本划转养老保险基金方案评估

2013 年 11 月 15 日，《中共中央关于全面深化改革若干重大问题的决定》提出到 2020 年，国有资本收益上缴公共财政比例将提高至 30%，这意味着政府财政将持有更大规模的国有资本。鉴于黄石市养老保险基金面临着长期收不抵支的严峻形势，地方财政无力支撑逐年扩大的基金缺口，引入新的筹资方式弥补基金缺口已迫在眉睫。2017 年 11 月 9 日，国务院发布《关于印发划转部分国有资本充实社保基金实施方案的通知》，为国资划转创造了政策条件。经济发展初期，黄石市国有企业沉淀了大量资产，此时将国有资本划转养老保险基金既有利于盘活国有资产，又有利于保障养老保险制度的正常运行。

根据 2013 年黄石总体持有国有股权情况及部分股权变动资料整理显示，黄石市国资委、国有资产管理公司、财政局等国有单位持有地方国有股权共计 27.10 亿股。

鉴于数据的难获得性，本研究假定表 2-4-1 中显示的股权结构至今保持不变，其中上市企业四家：华新水泥股份有限公司（后文简称华新水泥）、湖北美尔雅集团有限公司（后文简称美尔雅）、交通银行黄石分行（后文简称交通银行）、大冶有色金属公司（后文简称大冶有色）。由于上市企业所持股权能够及时变现流通，其会计信息受市场及多方监督，企业价值较为客观真实，易于实现股权划转并切实弥补养老基金赤字。其余大部分未上市的企业普遍具有资产账面价值虚高、债务负累过重、部分资产具有专属性无法变现等缺陷，因此难以实现划转获取现金流入,在此不纳入划转主体范围内。

表 2-4-1 黄石市持有企业地方国有股权情况

企业分类	股本(万)	国有持股比例(%)	国有持股数量(万股)	股价(元/股)	股权市值(万元)
一、国有独资企业(15家)					
其中:正常经营企业(10家)					
华新集团有限公司	30 250.00	16.00	5 128.00	10.16	52 100.48
黄石市城市建设投资开发公司	120 000.00	100.00	12 0000.00		
黄石市冶金工业总公司	1 000.00	100.00	1 000.00		
黄石市粮食交易市场	112.6.00	100.00	112.6.00		
黄石市结源固体废弃物有限责任公司	510.00	100.00	510.00		
黄石市铁路投资发展有限责任公司	5 000.00	—	—		
黄石市国有资产经营有限公司	30 000.00	100.00	30 000.00		
黄石港务集团有限责任公司	12 000.00	100.00	12 000.00		
黄石市粮食储备公司	2 637.00	100.00	2 637.00		
黄石市油脂公司	1 585.51	100.00	1 585.51		
壳企业(5家)					
冶钢集团有限公司	62 412.00	100.00	62 412.00		
湖北省银龙镀铝薄板厂	1 930.00	100.00	1 930.00		
黄石物资集团总公司	1 494.00	100.00	1 494.00		
湖北省黄石煤炭矿务局	—	100.00			
市轴承厂	—	100.00			
二、国有控股企业(2家)					
黄石工矿(集团)有限公司	1 981.22	60.34	1 195.47		
黄石嘉诚产权交易有限公司	50.00	51.00	25.50		
三、参股企业(3家)					
湖北美尔雅集团有限公司	26 268.46	20.06	5 269.45	15.63	82 361.50
宝钢股份黄石涂镀板有限公司	14 464.74	29.94	4 330.52		
湖北三鑫金铜股份有限公司	20 000.00	23.01	4 602.00		

（续表）

企业分类	股本（万）	国有持股比例(%)	国有持股数量(万股)	股价（元/股）	股权市值（万元）
四、金融企业(2家)					
湖北银行		—			
交通银行黄石分行	4 580 400.00	0.06	2 748.24	5.9	16 214.62
五、其他(3家)					
湖北省联合发展投资集团有限公司	347 311.30	1.44	5 000.00		
黄石市中小企业担保公司	40 469.00	7.41	3 000.00		
大冶有色金属公司	180 000.00	3.35	6 030.02	0.10	571.49
合　计			271 010.30		151 248.09

根据2017年7月7日股价计算分析，黄石市可调控的国有股权市值约为15.12亿元，若按10%的比例进行国有资产股权划拨：(1)承接主体在不考虑锁定期限制条件下选择直接变现，则养老保险基金一次性至少可收入1.51亿元，按照2016年的当期结余缺口，可弥补大约0.42年的养老保险基金赤字。但若剔除当期财政补贴，该部分国资划转收入仅能补贴0.09年；(2)若考虑锁定期限制，则以接受股权分红补充资金缺失。此处以华新水泥、美尔雅、交通银行、大冶有色2012—2016年平均归母净利润为基数，分别为70 250.31万元、560.09万元、6 405 040.00万元、−60 548.54万元。为充分考虑未来国企分红的极限，本研究分别以四家企业2015—2016年平均净利润增长率、最小增长率及最大增长率作为未来国企净利润增长率，可得到未来三年四家股权划拨企业的预测净利润阈值与平均水平。根据纪新伟(2015)分析，采用大样本数据，以会计利润最大化为特征指标，确定国有企业40%—60%的分红比例较为合理，因此分红比例取40%。根据预测，大冶有色在三种情形下预测的归母净利润均为负，不进行分红，因此不列入表内。其他三家在三种情况下的预测如下：

1. 以近五年归母净利润平均增速计算

华新水泥、美尔雅及交通银行近五年归母净利润增速分别为91.04%、−1.31%、3.62%。根据上述假设可得到2017—2019年三家股权划拨企业归母净利润预测值及国资委收取的现金分红预测，如表2-4-2所示，由此可得到国资委从上述三家企业这三年收取的现金分红金额总计6.14亿元。按照2016年的当期结余缺口，每年可分别弥补0.28年、0.50年、0.91年的养老基金赤字，合计1.69年。

表 2-4-2　2017—2019 年平均增速下三家股权划拨企业归母净利润预测　单位:万元

年度	归母净利润预测			国资委收取现金分红预测			合计
	华新水泥	美尔雅	交通银行	华新水泥	美尔雅	交通银行	
2017	134 207.72	552.78	6 637 024.72	8 589.29	44.35	1 592.89	10 226.54
2018	256 393.35	545.55	6 877 411.72	16 409.17	43.78	1 650.58	18 103.53
2019	489 819.43	538.43	7 126 505.32	31 348.44	43.20	1 710.36	33 102.01
合计				56 346.91	131.33	4953.83	61 432.07

2. 以近五年归母净利润最小增速计算

华新水泥、美尔雅及交通银行近五年归母净利润最小增速分别为-91.59%、-164.96%、1.03%。根据上述假设可得到 2017—2019 年三家股权划拨企业归母净利润预测值及国资委收取的现金分红预测,如表 2-4-3 所示,由此可得到国资委从上述三家企业这三年收取的现金分红金额总计 0.51 亿元。按照 2016 年的当期结余缺口,每年可分别弥补 0.05 年、0.04 年、0.04 年的养老基金赤字,合计 0.14 年。

表 2-4-3　2017—2019 年最小增速下三家股权划拨企业归母净利润预测　单位:万元

年度	归母净利润预测			国资委收取现金分红预测			合计
	华新水泥	美尔雅	交通银行	华新水泥	美尔雅	交通银行	
2017	5 909.37	-358.22	6 470 700.13	378.20	0	1 552.97	1 931.17
2018	497.09	-945.56	6 537 033.37	31.81	0	1 568.89	1 600.70
2019	41.81	-2 495.87	6 604 046.61	2.68	0	1 584.97	1 587.65
合计				412.69	0	4 706.83	5 119.52

3. 以近五年归母净利润最大增速计算

华新水泥、美尔雅及交通银行近五年归母净利润最大增速分别为 339.82%、146.07%、6.73%。根据上述假设可得到 2017—2019 年三家股权划拨企业归母净利润预测值及国资委收取的现金分红预测,如表 2-4-4 所示,由此可得到国资委从上述三家企业未来三年收取的现金分红金额总计 189.28 亿元。按照 2016 年的当期结余缺口,每年可分别弥补 12.57 年、15.23 年、24.23 年的养老基金赤字,合计 52.03 年。

表 2-4-4　2017—2019 年最大增速下三家股权划拨企业归母净利润预测　　　　单位：万元

年度	归母净利润预测			国资委收取现金分红预测			合计
	华新水泥	美尔雅	交通银行	华新水泥	美尔雅	交通银行	
2017	30 8974.09	1 378.21	6 835 854.08	19 774.34	88.21	437 494.66	457 357.21
2018	1 358 926.18	3 391.35	7 295 645.46	86 971.28	217.05	466 921.31	554 109.63
2019	5 976 812.99	8 345.04	7 786 363.21	382 516.03	534.08	498 327.25	881 377.36
合计				489 261.65	839.33	1 402 743.22	1 892 844.20

根据三种增长速度的设定，未来三年国资委收取的现金分红可弥补的养老金赤字年份相差较大，最大为 52.03 年，最小为 0.14 年，平均水平为 1.69 年。可见，与直接变现划拨的股权相比，接受现金分红虽然使承接主体当年收取的盈利大幅缩水，且收取金额额度对企业每年的经营能力依赖性极大，波动范围宽，但其现金流具有成长性，增长空间较大，股权激励也有机会发挥股东的多方作用，共同促进黄石企业发展。

根据以上综合分析，鉴于养老保险基金的长期性，考虑股权划拨更为合宜。黄石市国有资本股权划转目前有以下困境：

适配法规尚待完善，国资划转通道受堵。国资划转养老保险基金既关系国企经营，又关系国计民生，既影响市场竞争，又影响股权归属。划转过程中牵涉广泛，关联主体多，因此必须对各环节制定严格标准。虽然早在 2001 年国务院便制定了相关办法来减持国有股为社保基金筹集资金，但是由于制定该办法时没有考虑过渡阶段需要缓冲期，导致国有股一减持便直接进入二级市场，造成证券市场大幅动荡。因此，该办法仅施行一年多便遭停摆。直至 2009 年，国资划转社保基金再次被提上议程，但是财政部制定的相关文件的细节安排及执行效力不足。2018 年国资划转新政刚刚出台，相关法律法规有待实践检验。

股市环境极不稳定，国有资产隐性流失。股市环境受经济周期、信息披露、市场操作等原因影响极其不稳定。当社会经济发展处于上升阶段、投资者信息对称、市场操控空间小时，股市才会相对稳定，划转国资股权才有利于最大程度减少国有资产隐性流失。然而 2018 年我国经济呈下行走势，股票市场存在严重的信息失衡，内幕人员利用资金和信息优势操作股票和制造假象的情况多，国资划转效果面临很大的不确定性。国有资产评估方面，无形资产的实际价值随时间变化的幅度大于有形资产，且价值流失隐蔽性较强，无法体现在财务报表上，这导致国有股权转让的实际价格远远低于现实价值。

国资收益去向固定，路径转变，缺口转移。目前国资委的收益基本用于解决国有企业的历史遗留问题,如企业负债、职工保障及工资支出等。一旦将国企部分权益划拨至社保基金用以弥补养老保险基金赤字,那么用于国企的资金会出现更大缺口。由此,缺口并没有因为股权转让而消失,仅仅是从养老基金转移至国企了。另外,国资委没有支配收益的权力,只能上缴收益,上缴及分红的比例均由国家规定,国资委的运营操作空间较小。

国有股权划转社保,经营决策困境凸显。将国有企业部分股权划转给社保基金后,社保基金将按持股比例拥有一定的表决权,但它实际并不参与经营管理,国有企业的经营效率可能因表决权稀释而下降,原先国资委的决策权力被削弱。黄石正在着力实现经营市场化,经济建设所需资金均来源于投融资平台。一旦股权划转导致平台公司经营困难,那么黄石市的公共产品和服务的提供将出现资金链断裂等问题。

四、基本养老保险基金投资管理实证分析

当前我国基本养老基金大部分的投资方向仍为银行存款与国债,虽然宏观政策已经放开了基本养老基金的投资范围,但囿于投资环境不完善与股民心态不稳定等因素,养老基金投向股市等方向的份额仍较少。虽然银行存款与国债有银行信用与国家信用作为担保,名义上看是稳赚不赔的无风险资产,但在极端经济条件下也无法跑赢通货膨胀,如表 2-4-5 所示,2008 年经济危机下社保基金的实际投资收益率为负。因此,在通货膨胀的影响下,银行存款与国债也存在一定风险,需要分析基本养老基金面对的风险水平。

表 2-4-5 2007—2015 年我国基本养老保险基金投资规模及收益变化表

年份	基本养老保险基金投资总额(亿元)	投资增长率(%)	投资收益总额(亿元)	投资收益率(%)	通货膨胀率(%)	实际投资收益率(%)
2007	7 803	33.54	1 453.50	43.19	4.8	38.39
2008	10 430	33.67	-393.72	-6.79	5.9	-12.69
2009	13 207	26.63	850.49	16.12	-0.7	16.82
2010	15 788	19.54	321.22	4.23	3.3	0.93
2011	20 728	31.29	73.37	0.84	5.4	-4.56
2012	26 243	26.61	646.59	7.01	2.6	3.60
2013	31 275	19.17	685.87	6.20	2.6	3.60
2014	35 645	13.97	1 392.00	11.43	2.0	9.43
2015			2 287.04	15.14	3.0	12.14

资料来源:人力资源社会保障部、全国社会保障基金理事会。

目前全球多数金融机构为了测量金融资产风险都采用 VaR 模型,该模型便于操作,不同的置信水平可得到相对应的 VaR 值,但其也存在缺点。第一,VaR 利用的是历史数据的波动性和相关性,当相关数据发生极端变化时,VaR 可能会低估风险。第二,VaR 表示一定置信水平内的最大损失,但不能完全忽视超出 VaR 值的可能。因此,必须要使用辅助工具完善风险管理,而压力测试能够分析当市场发生异常波动时的损失风险。

压力测试模型中可分为历史情景和假设情景。历史情景是根据以往极端金融危机下的波动情况建立压力测试。假设情景是依据现阶段能够获取的数据,标的资产价值变动会产生不同的收益率,在观察期内分析持有资产的收益率变动。实际上,以上两种情景常常被同时使用。VaR 情景分析以 VaR 模型为基础,易于操作,结果可靠。养老保险基金资产组合的相关性和收益波动性决定了 VaR 值。由此,本研究通过建立模型,筛选出各项资产历史数据中最大的波动率,计算各项资产的最坏波动同时发生时投资组合的风险损失。

计算收益波动率采用 GARCH 模型,对比普通回归模型,该模型对误差的方差能作出进一步建模,对资产或变量波动性的分析与预测更为准确,产生的结论能够更好地指导投资者的决策。GARCH 模型一般可表示为:

$$r_t + c_1 + \sum_{i=1}^{R} \phi_i r_{t-i} + \sum_{j=1}^{M} \phi_j \varepsilon_{t-j} + \varepsilon_t \qquad (2-4-1)$$

$$\varepsilon_t = u_t \sqrt{h_t} \qquad (2-4-2)$$

$$h_t = k + \sum_{i=1}^{q} G_i h_{t-i} + \sum_{i=1}^{p} A_i \varepsilon_{t-i}^2 \qquad (2-4-3)$$

式中,μ_t 为独立同分布的随机变量,h_t 为条件方差,μ_t 与 h_t 互相独立,μ_t 为标准正态分布。式(2-4-1)为条件均值方程;式(2-4-3)为条件方差方程,表明时间序列条件方差的变化特征。由于收益率序列分布具有尖峰厚尾性,所以也可以假设其服从广义 t 分布。为利用 GARCH 模型预测波动性,本节使用以下递归模型:

$$r_t = \mu + c\sigma_t^2 + a_t \qquad (2-4-4)$$

$$\sigma_t^2 = a_0 + a_1 a_{t-1}^2 + \beta_t \sigma_{t-1}^2 \qquad (2-4-5)$$

$$a_t = \sigma_t \varepsilon_t \qquad (2-4-6)$$

式中,参数 c 和 μ 为常数,c 代表风险溢价参数,当 $c>0$ 时,历史波动率与收益率正相关。式(2-4-4)为均值方程,式(2-4-5)为方差方程。

由于数据难以获得,在此只能使用 2011 年年末我国基本养老保险基金的统计数据,其投资配置如表 2-4-6 所示。

表 2-4-6 2011 年基本养老保险基金结余分布

资产名称	活期存款	定期存款	其他形式(国债)
金额(亿元)	5 803.18	11 776.17	921.06
占比(%)	31.37	63.65	4.98

资料来源:中华人民共和国审计署 2012 年第 34 号(总第 141 号)。

银行存款收益率采用 1995 年 1 月 1 日至 2012 年 12 月 31 日的银行存款基准利率的月度数据,共 216 项原始数据。定期存款有多种基准利率,本研究采取近似计算利率,选择一年期存款利率作为定期存款收益。

据资料显示,1989—1991 年财政部开始对社会保险基金发行特种国债,其后两年没有发行特种国债,因而基本养老保险基金购买了普通国债,1994—2000 年连续 7 年恢复发行特种定向债券。除发行特种国债的年份按特种国债利率计算,考察期间的剩余年份按照发行的各类五年期国债的最高利率计算。

假定我国基本养老保险基金在考察期间内的投资方向及权重保持不变,而后再计算各类资产收益率的历史波动情况。考虑到投资分布的特殊性,基准利率即代表养老保险基金的收益率(见表 2-4-7)。

表 2-4-7 1995—2012 年基本养老保险基金的基本情况

	资产名称	平均收益率(%)	平均收益率均方差
1	活期存款	0.08824	0.0006462
2	定期存款	0.31672	0.0021621
3	其他形式(国债)	0.45843	0.0026114

基本养老保险基金资产组合收益为 $R = \sum_{i=1}^{n} w_i R_i, n = 3, w_i$ 为各资产权重,R_i 为各资产收益率。计算每期 VaR 收益时,需要计算各资产的相关系数矩阵及协方差矩阵,求出资产组合的方差 $\delta^2 = \sum_{i=1}^{n} w_m^2 \sigma_i^2 + \sum_{i=1}^{n} \sum_{j=1}^{n} w_i w_j \text{cov}(i,j)$,最后根据国际清算银行建议在 99% 的置信水平下计算该资产组合收益 $VaR = -A \times \delta \times N$。代入数据后,可得到相关系数矩阵及协方差矩阵分别为:

$$\begin{bmatrix} 1 & 0.9305 & 0.7809 \\ 0.9305 & 1 & 0.9174 \\ 0.7809 & 0.9174 & 1 \end{bmatrix}, \begin{bmatrix} 4.18E-07 & 1.30E-06 & 1.32E-06 \\ 1.30E-06 & 4.67E-06 & 5.18E-06 \\ 1.32E-06 & 5.18E-06 & 6.82E-06 \end{bmatrix}$$

资产组合方差 $\sigma^2 = 2.84E-0.6$,查表可得 $P = 2.3388$,最后求出资产组合 $VaR = A \times \delta \times N = -2.3388 \times 0.0017 \times 1\ 850\ 041\ 000\ 000 = 7\ 292\ 565\ 497$ 元。

假设各资产的相关系数为零,利用 GARCH 模型计算每项资产的最差波动率,由此可得到在最坏的情况下的损失。令每一项资产的最大波动为 $\text{GARCH}_i, i=1,2,3$,则最坏损失为 $R=\delta_i \times N, \delta_i=\sqrt{\text{GARCH}_i}, i=1,2,3$。GARCH 模型的均值方程与方差一般为:

$$r_t = \mu + c\sigma_t^2 + a_t, \quad a_t = \sigma_t \varepsilon_t$$
$$\sigma_t^2 = a_0 + a_1 a_{t-1}^2 + \beta_1 \sigma_{t-1}^2$$

由 EViews 可得到基本养老保险基金考察期内每一期的波动率,由于本研究压力测试的历史情景分析条件是各项资产的波动率,因此仅需采用模型运算得到的波动率,即方差,具体结果如表 2-4-8 所示。

表 2-4-8 考察期内各项资产最大波动情况

	方差	标准差
GARCH_1	0.007068	0.084071398
GARCH_2	0.003242	0.056938563
GARCH_3	0.007523	0.086735229

当市场发生较大波动,所有极端条件同时发生,即各项资产均产生最大波动时,资产组合面临较大损失风险,该损失为 $R_m = A \sum_{i=1}^{3} \delta_i N_i = 289\,610\,799\,545$ 元。

情景压力测试与正常压力测试的资产损失比较 $n = R_m / \text{Var} = 39.71$(倍),观测得出当市场中有极端风险发生时,其可能造成比一般的风险预估更大的损失,因而需要比一般情况预留更多的风险准备金。

五、结论与政策建议

(一) 结论

黄石市企业职工基本养老保险基金已"穿底"多年,且基金缺口呈逐年扩大趋势,财政补贴投入逐年增加,基金的不可持续风险极大。分析发现,影响基金不可持续的主要原因有人口结构变化、人口老龄化加剧、老工业基地历史负担、养老金十二连涨、落实提前退休政策、贷款利息压力过大等。

面对日益加重的支付压力,在标准手段开源效果有限的情况下,需要考虑国有资本划转基本养老保险基金。根据估算,若按 10% 的比例划拨国有资本,不考虑承接主体锁定期限制一次性变现,约可满足 0.42 年的养老保险基金缺口。若考虑锁定期限制,以平均增速计算,三年内预计获得的现金分红能够弥补基本养老保险基金缺口 1.69 年,且具有较大的成长空间。但股权划转仍存在缺乏相适配的法律环境、国有资产隐性流失、国资自身缺口难以弥补、经营决策困境凸显等问题,因此,完善国有资本划转的相关法规及评估方法等相关措施显得极为必要。

当前政策环境虽支持养老金入市,放开了养老金的投资范围,但由于我国 A 股市场优质股不多,风险较大,通过 VaR 情景压力测试分析得出在极端恶劣的市场环境下,假设 2011 年养老保险基金的投资配置保持不变,则基本养老保险基金投资组合面临的潜在损失高达 2 896.11 亿元,因此需要预留足够的风险准备金,避免出现偿付困难。

(二) 政策建议

1. 大力发展地方经济,吸纳青壮年劳动力

黄石市基础产业发展疲软,劳动力净流出,养老保险缴纳人群收窄。为使养老保险基金获得更充足的资金支持,黄石市应积极对接湖北自贸区武汉片区,紧抓供给侧改革的经济环境,持续深入推进结构调整,促进行业企业转型升级,提供充足的就业岗位,提高在岗人员的工资水平。一方面逆转劳动力净流出的趋势,另一方面提高黄石市企业的市场竞争力与利润流入,改善企业欠缴拖缴现状。

2. 多渠道筹集资金,逐步填补历年缺口

调整财政支出结构,依托政府信用举债募资。逐步增加企业养老保险基金补助支出,提高养老保险基金支出占地方财政一般预算收入的比重,尽可能弥补当期资金缺口。预算超收的财力,除了保障法定支出,应用于填补养老保险历年的缺口。鉴于赤字较大,在当期财力不足的情况下,政府虽不能自主发债,但可以举债的方式筹集部分资金。黄石市目前已建立黄石市城市建设投资开发公司、黄石市国有资产经营有限公司,发行 17 黄石城投 PPN001 等多支债券,较大程度地缓和了基金缺口扩大的紧张态势。

划拨国有资本股权,建立健全配套制度。立法层面,完善相应法律法规,使国资股权划转有法可依,如补充无形资产评估办法,稳定股票市场波动,最小化国有资产隐性流失,加强国有资产内部监督与外部监督的配合与制衡。加快完善上市公司分红制度,并以此为契机,进一步规范上市公司行为,促进两者共同发展。实践层面,划转国有资本所有权而非经营权,由国有资本投资公司代理经营。政府应当加快国有企业改革进程,剥离不良资产,提高国企经营能力,当国有资本实现长效运营后,可将国资股权划转作为长期政策予以实施。同时需要设定"一企一策"的分红上缴比例,部分划分至社保基金,增加养老保险收入,但必须保证国有企业留存的收益能够支持自身扩大再生产。

3. 推进全国统筹进程,强化基金投资管理

加快实现养老保险全国统筹。目前我国基本养老金的统筹管理层次较低,城

镇职工基本养老金多在市一级。居民基本养老金均在区(县)一级,由于区域发展不平衡,各地面临的养老基金压力不同,能归集用作投资的养老金过少。因此,应进一步巩固省级统筹,从建立企业职工基本养老保险基金中央调剂制度起步,通过转移支付和中央调剂基金在全国范围内进行补助和调剂,在此基础上尽快实现全国统筹,从而提高资金使用率,均衡地区间和企业、个人的负担,促进劳动力合理流动。

定量投资监管,预留风险准备金。公共养老金投资的监管可分为定量投资监管和"审慎人"监管两种模式。2014年年底,大多数国家对养老基金投资仍采用定量投资监管,只有9个国家采用"审慎人"规则,主要是资本市场较为完善的欧美国家。虽然严格的数量投资限制可能影响投资配置多元化,但从一些国家的实践看,定量投资限制会随养老金制度的完善、资本市场的发展而逐步放开。如今我国机构及个人的投资管理能力欠缺,股票市场尚不健全,鉴于养老金投资运营的专业性,一般参保者无法评价经理人的投资决策,因此我国仍需采用定量投资监管。极端金融事件可能对基本养老保险基金造成风险,我国需要合理配置资产,以投资稳健型产品为主,保留充分的流动性,为养老基金准备一定的风险准备金,避免出现偿付困难,信任危机。

专题五 限购、限贷政策对商品住宅价格调控效果比较研究

一、导言

1978年改革开放以来,我国经济水平快速提升,而房地产业关系到国计民生,是国民经济的支柱产业。2007—2018年是房地产业快速发展的十余年,伴随着全国各地房价的暴涨,中央政府多次出台调控政策,抑制房价,但是各种调控政策是否有效?哪种调控政策效果更好?是否要长期执行限购、限贷政策?这些问题的答案对于我国政府今后对房地产市场的调控有着重要的现实意义,可以促进我国房地产业健康发展。

本专题立足于我国房地产市场发展的现状,通过对我国政府出台的针对商品住宅的限购政策及限贷政策的调控效果进行比较研究,实证检验哪个政策对于调控房价有更好的效果。同时还指出我国政府出台的房地产政策存在的问题和不足,并提出一些具体的建议、措施。

二、文献综述

国内关于房地产市场限购、限贷政策研究的文献相对较少。从结论来看,可分为支持、否定和中立的态度三种;从使用的方法来看,有纯理论分析、实证分析、数值模拟分析三种;从研究视角来看,有的单纯分析限购、限贷政策对房价的影响,有的结合房产税等其他宏观调控政策分析对房价的影响,有的从社会福利的角度探讨限购令的有效性问题。

从结论上看,尹伯成和尹晨(2011)明确指出"限购"并不意味着退回计划经济的道路上,而会使楼市走向理性、稳定、健康的发展之路;张德荣等(2013)通过对我国70个大中城市的实证研究,发现限购、限贷政策对非户籍购房人士及非市区内的购房人士影响最为明显;范佳洋(2011)提出"限购"具有一定的局限性,政府必须从多方面入手,对买卖双方同时监管;王敏等(2013)通过构建动态模型,认为限购、限贷政策在一定程度上能降低房价,但是我国房地产市场会呈现房价过高、商品房供应量不足的局面。

从使用的方法来看,邓柏峻等(2014)利用55个城市(38个限购,17个未限

购)从2008年第一季度到2013年第二季度共22个季度的面板数据,共1 210个观测值,取多个特征变量,采用倾向得分匹配法对样本进行倍差法估计;王敏等(2013)使用动态模型,从开发商的角度出发,通过分析开发商对政府调控政策的反应来研究各项房地产调控政策(含房产税、限购、限贷等政策)对房价的影响;刘璐(2013)按照住房限购、限贷条件是否有效,建立了两个关于住宅市场的一般均衡模型,研究发现"限购令"与房贷调控对房价的影响关系复杂。

从研究视角上看,汤韵、梁若冰(2016)针对社会上出现的"假离婚"现象,从婚姻市场的角度解释限购为何无法控制房价;刘旦(2011)着重于中国楼市面临的深层次问题,考虑房地产市场的刚性需求、货币流动性过剩、负利率和通胀压力等方面,探讨"限购令"对楼市的影响;王敏等(2013)将房产税和限购、限贷政策结合起来,探讨这些调控政策对房价的影响。

相关文献多从实证方面检验限购、限贷政策对房价的影响,理论分析不够充分,而且对两种政策的对比研究很少。本研究将从理论和实证方面对两种政策的作用机制和作用效果进行比较,从而为国家的房地产调控政策提供参考。

商品住宅限购、限贷政策的作用机理:

1. 限购政策影响商品住宅价格的路径

纵观2010年以来国务院及各地方政府颁布的房地产限购政策,主要从户籍限制、区域限制、数量限制三方面抑制商品住宅价格过快增长。

户籍限制和数量限制的作用机理:数量限制和户籍限制是相结合的,两种限制的作用机理是本市户籍比非本市户籍更容易购买本市商品住宅,该政策限制拥有2套以上的本市户籍家庭及已拥有1套住房的非本市户籍家庭再次购买商品住宅,这直接降低了居民对商品住宅的需求,从而起到降低商品住宅价格的目的。

限购政策中对市级区域限制的作用机理:由于市核心区域公共配套设施齐全,住房需求量大,房价高,因此通过分区域限购,可以有效地抑制核心区域的住房需求,抑制房价过快上涨。但由此可能刺激市郊区域住宅市场,产生住房需求区域转移,带动市郊区域房价上涨。

2. 限贷政策影响商品住宅价格的路径

限贷政策主要从商业信贷和公积金信贷两个方面影响商品住宅价格。政府下达限贷政策,严格规定商业银行和住房公积金管理中心的商品住宅首付比例和贷款利率。

首付比例限制的作用机理是提高购房者购房时的首付比例,使购房门槛提高,这会抑制没有资金来源的一部分购房者,但对于部分有刚性需求的购房者来说,其可以通过向亲朋好友借款、从中小金融机构小额贷款等方法拼凑购房首付。另外,近期出现的"消费贷流入楼市",购房者通过信用卡等途径支付购房首付等现象,也都会在一定程度上削减通过限制首付比例来抑制商品住宅需求的效果。

贷款利率限制的作用机理是限贷政策根据购房者所购商品住宅是首套房、二套房或三套房及以上,分别设置不同贷款利率,以此抑制购房者的投机需求。通过有区别地设置贷款的利率,加大购房者特别是投机购房者的成本,这能够抑制购房者对商品住宅的投机需求,从而抑制商品住宅价格。

三、实证分析与结果

(一)限购政策对商品住宅价格影响的实证检验

1. 计量方法选择

参考 Rubin(1974)提出的"反事实框架",即鲁宾因果模型,以虚拟变量 $d_i=\{0,1\}$ 来表示各城市是否颁布限购政策,若 $d_i=1$,表示颁布,$d_i=0$,表示未颁布。此处 d_i 为"处理变量",反应城市 i 是否得到了处理。将各城市新建商品住宅价格记为 p_i,则有:

$$p_i = p_{1i}, d_i = 1$$
$$p_i = p_{0i}, d_i = 0$$
$$p_i = (1-d_i)p_{0i} + d_i p_{1i} = p_{0i} + (p_{1i}-p_{0i})d_i$$

$(p_{1i}-p_{0i})$ 为城市 i 颁布限购政策的因果效应。

本研究将实施限购政策的城市定为"实验组",将没有实施限购政策的城市定为"控制组",设置虚拟变量 d,若 $d_{i,t}=0$,表示城市 i 没有颁布限购政策,若 $d_{i,t}=1$,表示城市 i 颁布了限购政策。同时设置虚拟变量 dt,若 $dt_{i,t}=0$,表示城市 i 在颁布限购政策之前的时期,若 $dt_{i,t}=1$,表示城市 i 在颁布限购政策之后的时期。$p_{i,t}$ 表示城市 i 在 t 时期的新建商品住宅价格。

2. 模型设定

本研究采用以下回归方程进行实证检验:

$$\ln p_{i,t} = \beta_0 + \beta_1 d_{i,t} + \beta_2 dt_{i,t} + \alpha d_{i,t}*dt_{i,t} + \gamma X_{it} + e_{i,t}$$

其中,$X_{it} = \beta_3 \ln pcdi_{i,t} + \beta_4 \ln invest_{i,t} + \beta_5 \ln m2_{i,t} + \beta_6 \ln land_{i,t}$

X 为控制变量,α 估计量度量限购政策对房价的影响。$d_{i,t}=\{0,1\}$,0 表示城市 i 为控制组,1 表示城市 i 为处理组;$dt_{i,t}=\{0,1\}$,0 表示城市 i 在颁布限购政策之前,1 表示城市 i 在颁布限购政策之后;$pcdi_{i,t}$ 表示在 t 时间城市 i 的城镇居民人均可支配收入;$invest_{i,t}$ 表示在 t 时间城市 i 的房地产开发投资额;$m2_{i,t}$ 表示在 t 时间城市 i 的货币供应量;$land_{i,t}$ 表示在 t 时间城市 i 的住宅地价水平值。

3. 变量选取

经笔者收集全国各城市政府关于"限购"的政策相关文件,发现 2010—2017 年颁布相关调控政策的城市共 43 个,本研究选取学术界认定的中国 70 个大中城市为研究样本,其中频繁颁布限购政策的城市如东莞、苏州、佛山、中山均不在70个样本中,而桂林、大理、吉林、蚌埠这4个城市的研究数据大量缺失,故本研究使用东莞、苏州、佛山、中山的研究数据替换桂林、大理、吉林、蚌埠的研究数据。因此,本研究选用的70个城市中颁布过限购政策的城市有43个,占比61.4%,未颁布过限购政策的城市有27个,占比38.6%。

本研究选择中国70个城市为研究样本,其中包括4个一线城市、33个二线城市、33个三线城市。数据跨度从2009年第一季度至2017年第三季度,共35个季度。

(1)因变量。

本文选取的因变量为新建商品住宅成交均价($p_{i,t}$):由每个城市新建商品住宅成交总价除以新建商品住宅成交面积而得,单位为元/m²。数据来自克尔瑞数据库。

(2)自变量。

本研究的自变量为调控政策虚拟变量$d_{i,t}$。笔者通过汇总并分析各城市关于商品住宅限购政策的政府文件,将限购政策从三个维度来划分。有三个虚拟变量描述限购政策,即$d0_{i,t}$(是否实施限购政策)、$d1_{i,t}$(是否有户籍限制)、$d2_{i,t}$(是否有购房区域限制)。

(3)匹配变量。

在进行双重差分法估计之前,先对处理组和控制组数据进行倾向得分匹配。本研究参考已有关于倾向得分匹配法的相关文献,结合相关因素对房价的影响,选取3个匹配变量,分别为:国内生产总值$gdp_{i,t}$,单位为亿元;固定资产投资额$gixed_{i,t}$,各城市统计局网站上公布的为月度数据,经笔者处理求和得到季度数据,单位为亿元;城镇居民人均可支配收入$pcdi_{i,t}$,单位为元。

(4)控制变量。

在控制变量的选取方面,本研究参考房地产价格影响因素等相关文献,为避免共线性问题,选取以下4个控制变量:住宅地价水平值$land_{i,t}$,地价水平值表示各城市的平均地价,反映各城市地价的高低,而地价是房价的重要构成因素之一;城镇居民人均可支配收入$pcdi_{i,t}$,单位为元;房地产开发投资额$invest_{i,t}$,单位为亿元;货币供应量$m2_{i,t}$,本文采用广义货币供应量M2(货币和准货币),单位为亿元人民币。

4. 数据处理

在stata13.0中进行变量描述性统计,为了降低或消除模型中可能存在的异方差及价格等因素影响,除了虚拟变量$d0$—$d2$,其他变量均取对数,变量描述性统计如表 2-5-1 所示。

表 2-5-1　变量描述性统计

变量	均值	最大值	最小值	标准误	观测值	横截面样本容量
$\ln(p)$	8.9119020	11.000600	7.532624	0.5032275	2 450	70
$d0$	0.2232653	1	0	0.4165198	2 450	70
$d1$	0.2159184	1	0	0.4115419	2 450	70
$d2$	0.0832653	1	0	0.2763392	2 450	70
$d3$	0.2689796	1	0	0.4435199	2 450	70
$d4$	0.2677591	1	0	0.4428796	2 450	70
$d5$	0.2518367	1	0	0.4341566	2 450	70
$\ln(land)$	8.1740180	11.089220	6.431331	0.8168760	2 450	70
$\ln(gdp)$	6.7092480	9.607152	3.599755	0.9183396	2 450	70
$\ln(pcdi)$	8.8269980	10.000720	7.909857	0.3432465	2 450	70
$\ln(invest)$	4.6461960	7.325017	−0.010050	1.1305260	2 450	70
$\ln(gixed)$	6.1722520	8.611791	2.269028	0.9534030	2 450	70
$\ln(m2)$	14.9068100	15.410810	14.243040	0.3398960	2 450	70

5. 实证检验过程

考虑到数据的可获得性,以及商品住宅价格的影响因素,本研究选取以下三个匹配变量:各城市国内生产总值、城镇居民人均可支配收入、各城市固定资产投资额。匹配变量取限购政策实施前的数据,以保证控制组和处理组在限购政策实施前具有相似性。

大部分城市从 2011 年第一季度开始颁布限贷政策,从 2010 年第三季度开始颁布限购政策。故本研究选取 2010 年第二季度作为匹配变量的数据年份。对样本进行 K 近邻匹配,且一对一、无放回、允许并列。关于观测值是否在共同取值范围内,如表 2-5-2 所示:

表 2-5-2　倾向得分匹配结果

变量	off the support	on the common support	观测值
对照组	0	27	27
处理组	16	27	43
合计	16	54	70

使用 K 近邻匹配后,根据所得结果,在本研究所用 70 个样本城市中,控制组共有 0 个不在共同取值范围内,处理组共有 16 个不在共同取值范围内,共 16 个观测

值不在共同取值范围内,54 个观测值在共同取值范围内。匹配比例为 1∶1,匹配后的限购城市共 27 个,非限购城市亦共 27 个。本研究采用自助法得到标准误,结果如表 2-5-3 所示。

表 2-5-3 自助标准误

	系数	自助标准误	z	p>|z|
_bs_1:r(att)	0.2930913	0.1734194	1.69	0.091
_bs_2:r(atu)	0.2405684	0.2407361	0.78	0.318
_bs_3:r(ate)	0.2839569	0.1566655	1.81	0.070

ATT、ATU、ATE 的自助标准误分别为 0.17、0.24、0.15,ATT 和 ATE 在 10%的水平上显著,ATU 不显著。接下来对匹配的结果进行平衡性检验。

根据平衡性检验结果来看(见表 2-5-4),各变量在经过匹配后,偏差都减少 65%以上。变量 lngdp、lnpcdi、lngixed 匹配后的 t 检验值显著性都不在 p<0.5 以下;匹配后变量的标准化偏差均小于 20%(lnpcdi 的标准化偏差为 20.9%,lngixed 的标准化偏差为 23.6%,均接近 20%),t 检验的结果不拒绝控制组与处理组无系统差异的原假设。经过 K 近邻匹配,lngdp 的标准化偏差由 91.3%减少到 3.8%,lnpcdi 的标准化偏差由 76.9%减少到 20.9%,lngixed 的标准化偏差由 91.4%减少到 23.6%。因此,控制组和处理组的可观测变量显性偏差在经过 K 近邻匹配之后基本上可以消除,通过平衡性检验,倾向得分匹配结果可靠。

表 2-5-4 匹配平衡性检验

变量	未匹配(U) 匹配(M)	偏差 (%)	偏差绝对值减少 (%)	t 统计量	
				t	p>|t|
ln(gdp)	U	91.3	95.8	3.58	0.001
	M	3.8		0.17	0.869
ln(pcdi)	U	76.9	66.8	3.09	0.003
	M	20.9		2.02	0.147
ln(gixed)	U	91.4	74.2	3.65	0.001
	M	23.6		0.91	0.364

根据倾向得分匹配的结果,本研究对匹配后的 54 个城市样本进行双重差分法估计。接下来对面板模型进行 Hausman 检验,以确定使用固定效应模型或随机效应模型,结果如表 2-5-5 所示:

表 2-5-5　面板模型的 Hausman 检验

检验类型	检验值	自由度	显著性水平(P值)
Hausman 检验	80.20	7	0.0000

根据检验的结果，chi-S=80.20，伴随的概率 p 值为 0.0000<0.01，在 1% 的置信水平上拒绝了个体随机效应模型的原假设，建立固定效应模型，结果如表 2-5-6 所示。

表 2-5-6　实证结果

变量	系数	t 统计量	p 值
d0*d	-0.0855314	-2.24	0.025
d1	-0.1720103	-4.59	0.000
d2	-0.011404	-0.83	0.404
lnpcdi	-0.0218583	-0.77	0.044
lninvest	0.0190017	3.17	0.002
lnm2	0.3835535	15.92	0.000
lnland	0.1598595	12.38	0.000
cons	1.9815120	13.47	0.000
Adj		0.7498	

6. 实证检验结论分析

根据实证结果，所有变量在 10% 的置信水平上通过显著性检验，模型结果为：

$$\ln p_{i,t} = 1.982 - 0.086 d_{i,t} * dt_{i,t} - 0.172 d1_{i,t} - 0.011 d2_{i,t} + \gamma X_{it} + e_{i,t}$$

其中，

$$X_{it} = 0.022 \ln pcdi_{i,t} + 0.019 \ln invest_{i,t} + 0.383 \ln m2 + 0.159 \ln land$$

由此可知，p 与 $d0*d$ 变量的系数显著为负，这说明实施限购政策对新建商品住宅价格有负向抑制作用。$d0*d=1$ 指实施限购政策的城市在政策颁布之后，该变量系数在 5% 的置信水平上显著为负，这说明限购政策的实施对于新建商品住宅价格的抑制率达 8.5%。$d1$ 表示是否对购房者户籍有所限制，部分城市颁布的限购政策明确规定非本市户籍的可购房套数，限制外来人口的投机需求，由实证结果可知，p 与 $d1$ 变量的系数在 1% 的置信水平上显著为负，系数为 -17.2%，这说明对购房者户籍的限制可以抑制商品住宅价格增长。$d2$ 表示是否对城市购房分区限制，由实证结果可知，p 与 $d2$ 变量的系数在 10% 的置信水平上不显著，这说明对城市购房分区限制不能抑制商品住宅价格增长。总体来看,限制购房套数、限制购房者户籍比限制购房区域的调控效果更好。

(二) 限贷政策对商品住宅价格影响的实证检验

1. 模型选取

关于限贷政策对商品住宅价格影响的回归方程为:

$$\ln p_{i,t} = \beta_0 + \beta_1 d_{i,t} + \beta_2 dt_{i,t} + \alpha d_{i,t} * dt_{i,t} \beta + \gamma X_{it} + e_{i,t}$$

其中,$X_{it} = \beta_3 \ln pcdi_{i,t} + \beta_4 \ln invest_{i,t} + \beta_5 \ln m2_{i,t} + \beta_6 \ln land_{i,t}$,$X$ 为控制变量,α 估计量度量限购政策对房价的影响。$d_{i,t} = \{0,1\}$,0 表示城市 i 为控制组,1 表示城市 i 为处理组;$dt_{i,t} = \{0,1\}$,0 表示城市 i 在颁布限购政策之前,1 表示城市 i 在颁布限购政策之后;$pcdi_{i,t}$ 表示在 t 时间城市 i 的城镇居民人均可支配收入;$invest_{i,t}$ 表示在 t 时间城市 i 的房地产开发投资额;$m2_{i,t}$ 表示在 t 时间城市 i 的货币供应量;$land_{i,t}$ 表示在 t 时间城市 i 的住宅地价水平值。

2. 变量选取与数据处理

这里仍然使用中国 70 个城市从 2009 年第一季度至 2017 年第三季度共 35 个季度的样本数据。被解释变量仍为新建商品住宅成交均价 $p_{i,t}$,匹配变量选取三个,分别为国内生产总值、固定资产投资额、城镇居民人均可支配收入的季度数据。控制变量有四个,分别为房地产开发投资额、货币供应量、住宅地价水平值、城镇居民人均可支配收入的季度数据。但这里的解释变量为限贷政策,用虚拟变量 $d_{i,t}$ 表示。笔者通过汇总并分析各城市关于商品住宅限贷政策的政府文件,将限贷政策分为三个维度,用三个虚拟变量描述限贷政策,即 $d3_{i,t}$(是否实施限贷政策)、$d4_{i,t}$(是否有首付比例限制)、$d5_{i,t}$(是否有贷款利率限制),数据来自各城市政府网站相关文件。

在 stata 中进行变量描述性统计,为了降低或消除模型中可能存在的异方差及价格因素等影响,除了虚拟变量 $d3$—$d5$,其他变量均取对数。

3. 实证检验过程

同样先将样本进行倾向得分匹配,选取协变量 X_i,同之前的实证检验部分一样,此处不再赘述。大部分城市从 2011 年第一季度开始颁布限贷政策,故本研究选取 2010 年第四季度作为匹配变量的数据年份。匹配变量取限贷政策实施前的数据,以保证控制组和处理组在限贷政策实施前具有相似性。对样本进行 K 近邻匹配。关于观测值是否在共同取值范围内,匹配结果如表 2-5-7 所示。

表 2-5-7　倾向得分匹配结果

变量	off teh support	on the common support	观测值
未处理组	0	27	27
处理组	16	27	43
总计	16	54	70

在总共的 70 个城市中,匹配比例为 1∶1,匹配后的限购城市共 27 个,非限购城市也为 27 个。本研究采用自助法得到标准误,结果如表 2-5-8 所示。

表 2-5-8　自助标准误

	系数	自助标准误	z	$p>|z|$
_bs_1:r(att)	0.2832045	0.1832419	1.55	0.122
_bs_2:r(atu)	0.1994374	0.2566975	0.78	0.437
_bs_3:r(ate)	0.2664511	0.1715802	1.55	0.120

ATT、ATU、ATE 的自助标准误分别为 0.18、0.25、0.17,ATU 在 10% 的水平上不显著,而 ATT、ATE 在 10% 的水平上显著(ATT 的 p 值为 0.122,ATE 的 p 值为 0.120,接近 10%)。

接下来对匹配的结果进行平衡性检验,如表 2-5-9 所示。

表 2-5-9　平衡性检验

变量	未匹配(U) 匹配(M)	偏差 (%)	偏差绝对值减少 (%)	t 统计量 t	$p>|t|$
ln(gdp)	U	99.2	78.2	3.88	0.000
	M	21.5		1.20	0.233
ln(pcdi)	U	83.1	75.2	3.34	0.001
	M	17.3		1.86	0.067
ln(gixed)	U	91.4	98.1	3.69	0.000
	M	1.7		0.06	0.952

根据平衡性检验结果来看,大部分的共变量在经过匹配后,偏差都减少 70% 以上。lngdp、lngixed、lmpcdi 这三个变量的 t 检验值显著性均不在 $p<0.5$ 以下,这说明匹配后,这三个变量组间均值的差值不明显。匹配后变量的标准化偏差均小于 20%(lngdp 的标准化偏差为 21.5%,接近 20%),t 检验的结果不拒绝控制组与处理

组无系统差异的原假设。经过 K 近邻匹配，lngdp 的标准化偏差由 99.2%减少到 21.5%，lnpcdi 的标准化偏差由 83.1%减少到 17.3%，lngixed 的标准化偏差由 91.4% 减少到 1.7%。因此，控制组和处理组的可观测变量显性偏差在经过 K 近邻匹配之后基本上可以消除，通过平衡性检验，倾向得分匹配结果可靠。

根据倾向得分匹配的结果，本研究对此进行双重差分法估计。接下来对面板模型进行 Hausman 检验，以确定使用固定效应模型或随机效应模型，结果如表 2-5-10 所示。

表 2-5-10　面板模型的 Hausman 检验

检验类型	检验值	自由度	显著性水平（P 值）
Hausman 检验	86.11	7	0.0000

根据检验的结果，chi-S=86.11，伴随的概率 p 值为 0.0000<0.01，在 1%的置信水平上拒绝了个体随机效应模型的原假设，建立固定效应模型，结果如表 2-5-11 所示。

表 2-5-11　实证结果

变量	系数	t 统计量	p
d3 * d	-0.1307980	-1.70	0.089
d4	-0.0032366	-0.04	0.968
d5	-0.0496263	-2.21	0.027
lnpcdi	-0.0162441	-0.57	0.067
lninvest	0.0145107	2.42	0.016
lnm2	0.3858569	16.06	0.000
lnland	0.1615475	12.60	0.000
cons	1.9004900	12.89	0.000
Adj		0.7457	

4. 实证检验结论分析

根据实证结果，所有变量在 10%的置信水平上通过显著性检验，模型结果为：

$$\ln p_{i,t} = 1.900 - 0.131 d_{i,t} * d3_{i,t} - 0.003 d4_{i,t} - 0.050 d5_{i,t} + \gamma X_{it} + e_{i,t}$$

其中，

$$X_{it} = -0.016 \ln pcdi_{i,t} + 0.014 \ln ninvest_{i,t} + 0.386 \ln r$$

由此可知，p 与 $d3 * d$ 变量的系数显著为负，这说明实施限贷政策对新建商品住宅价格有负向抑制作用。d3*d=1 指实施限贷政策的城市在政策颁布之后,该变量系数在 10% 的置信水平上显著为负,这说明限贷政策的实施对于新建商品住宅价格的抑制率达 13.1%。d4 表示是否对购房贷款首付比例有所限制,由实证结果可知,p 与 d4 变量的系数在 10% 的置信水平上不显著,系数为 -0.4%,这说明对购房者首付比例的限制没有起到抑制商品住宅价格增长的作用。d5 表示限贷政策是否对贷款利率有所规定,实证结果表明,p 与 d5 变量的系数在 5% 的置信水平上显著为负,这说明对购房者贷款利率的限制可以抑制商品住宅价格增长,系数为 -4.9%。通过实证检验,规定贷款利率比限制购房首付比例的调控效果更好。

(三)限购、限贷政策对商品住宅价格影响的比较检验

1. 模型选取

将限购、限贷政策均考虑在内,对面板数据进行回归分析。

本研究采用以下回归方程进行实证检验:

$$\ln p_{i,t} = \gamma_1 \ln pcdi_{i,t} + \gamma_2 \ln invest_{i,t} + \gamma_3 \ln m2_{i,t} + \gamma_4 land_{i,t} + \gamma_5 policy1_{i,t} + \gamma_6 policy2_{i,t} + \varepsilon_{i,t}$$

其中,$policy1_{i,t}$ 指城市 i 在 t 时间是否实施限购政策,将其细分为 $d0$、$d1$、$d2$,具体含义同前所述;$policy2_{i,t}$ 指城市 i 在 t 时间是否实施限贷政策,将其细分为 $d3$、$d4$、$d5$,具体含义同前所述;$pcdi_{i,t}$ 表示在 t 时间城市 i 的城镇居民人均可支配收入;$invest_{i,t}$ 表示在 t 时间城市 i 的房地产开发投资额;$m2_{i,t}$ 表示在 t 时间城市 i 的货币供应量;$land_{i,t}$ 表示在 t 时间城市 i 的住宅地价水平值。

2. 变量选取与数据处理

这里仍然使用中国 70 个城市从 2009 年第一季度至 2017 年第三季度共 35 个季度的面板数据。被解释变量仍为新建商品住宅成交均价,控制变量为地价水平值、房地产开发投资额、货币供应量、城镇居民人均可支配收入的季度数据。解释变量分别为:$d0_{i,t}$(是否实施限购政策)、$d1_{i,t}$(是否有户籍限制)、$d2_{i,t}$(是否有购房区域限制)、$d3_{i,t}$(是否实施限贷政策)、$d4_{i,t}$(是否有首付比例限制)、$d5_{i,t}$(是否有贷款利率限制)。

3. 实证检验过程

接下来对面板模型进行 Hausman 检验,以确定使用固定效应模型或随机效应模型,结果如表 2-5-12 所示。

表 2-5-12 面板模型的 Hausman 检验

检验类型	检验值	自由度	显著性水平(P 值)
Hausman 检验	92.48	10	0.0000

根据检验的结果，chi-S=92.48，伴随的概率 p 值为 $0.0000<0.01$，在 1% 的置信水平上拒绝了个体随机效应模型的原假设，建立固定效应模型，结果如表 2-5-13 所示：

表 2-5-13　实证结果

变量	系数	t 统计量	p
d0	-0.2234920	-4.97	0.000
d1	-0.2405936	-5.67	0.000
d2	-0.0173378	-1.25	0.211
d3	-0.3566514	-4.04	0.000
d4	-0.0385966	-1.70	0.089
d5	-0.2447855	-2.68	0.007
lnpcdi	-0.0198145	-0.70	0.083
lninvest	0.0154401	2.59	0.010
lnm2	0.3866732	16.20	0.000
lnland	0.1574024	12.30	0.000
cons	1.948342	13.24	0.000
Adj		0.7499	

4. 实证检验结论

根据实证结果，除了变量 $d2$，其余变量在 10% 的置信水平上通过显著性检验，模型结果如下：

$$\ln P_{i,t} = 1.950 - 0.019\ln pcdi_{i,t} + 0.015\ln ninvest_{i,t} + 0.386\ln m2_{i,t} + 0.157\ln nland_{i,t} - 0.223d0_{i,t} - 0.240d1_{i,t} - 0.107d2_{i,t} - 0.356d3_{i,t} - 0.039d4_{i,t} - 0.244d5_{i,t} + \varepsilon_{i,t}$$

由此可知，$d0$—$d5$ 变量的系数均显著为负，这说明实施限购、限贷政策对新建商品住宅价格有负向抑制作用。$d0$ 指该城市在该时点颁布了限购政策，该变量系数在 1% 的置信水平上显著为负，这说明限购政策的实施对于新建商品住宅价格的抑制率达 22.3%。$d1$ 表示该城市在实施限购政策之后对非本市户籍购房者有所限制，该变量的系数显著为负，且该变量系数在 1% 的置信水平上显著，系数为 -24.0%，这说明对购房者户籍的限制可以抑制商品住宅价格增长。$d2$ 表示该城市在限购政策实施后对限购城区是否有限制，其系数在 10% 的水平上不显著，这说明对购房区域进行限制不能有效地控制房价。$d3$ 指该城市在该时点颁布了限贷政策，且该变量系数在 1% 的置信水平上显著为负，限贷政策的实施对于新建商品住宅价格的抑制率达 35.6%。$d4$ 和 $d5$ 分别表示是否限制购房首付比例和贷款利率,其系数均在 10% 的置信水平上显著,系数分别为 3.8%、24.4%,通过实证检验,可知在限贷途径中,规定贷款利率比限制购房首付比例的调控效果更好。

在控制变量中,p 与 lnpcdi 变量的系数为负,在 10% 的置信水平上,通过检验,这说明城镇居民人均可支配收入每增加或减少 1%,会导致新建商品住宅价格减少或增加 1.9%,城镇居民人均可支配收入越高,其贫富差距越小,因此商品住宅价格上涨越慢。p 与 lninvest 变量的系数显著为正,在 1% 的置信水平上,通过检验,这说明房地产开发投资额每增加或减少 1%,会导致新建商品住宅价格增加或减少 1.5%。p 与 lnm2 变量的系数显著为正,在 1% 的置信水平上,通过检验,这说明货币供应量每增加或减少 1%,会导致新建商品住宅价格增加或减少 38.6%。p 与 lnland 变量的系数显著为正,在 1% 的置信水平上,通过检验,这说明土地价格每增加或减少 1%,会导致新建商品住宅价格增加或减少 15.7%。人均可支配收入、房地产开发投资额、货币供应量、商品住宅地价水平值等控制变量对新建商品住宅价格都有着重要影响。

四、结论与建议

(一)研究结论

本专题通过梳理颁布限购、限贷政策的各城市政府文件,分析限购、限贷政策对房地产市场的作用机理,选用全国 70 个城市从 2009 年第一季度到 2017 年第三季度的面板数据进行实证检验,得出以下结论:

第一,限购、限贷政策的实施在一定时期内对新建商品住宅价格有明显的抑制作用,限贷政策的调控效果好于限购政策。限贷政策通过限制购房者购房的首付比例及贷款利率,间接影响商品住宅价格,而限购政策的实施直接限制购房者的购买资格及购买套数。

第二,限制首付比例的限贷政策以及限制购房区域的限购政策基本无效。实证结果发现,限制首付比例及划定限购区域对商品住宅价格的抑制作用是不显著的,几乎不影响商品住宅价格。

第三,信贷政策及限制户籍的限购政策效果显著。从回归结果来看,限制商品住宅贷款利率及限制购房者户籍对商品住宅价格影响显著。通过提高住房贷款利率,从而增加购房成本,可以降低购房需求。

第四,贫富差距过大推动商品住宅价格的飙升。实证数据显示,商品住宅价格与城镇居民人均可支配收入变量的系数为负,城镇居民人均可支配收入每增加或减少 1%,会导致新建商品住宅价格减少或增加 1%。

（二）政策建议

第一，加强监管，促进限购、限贷政策的落实。从限购、限贷政策的颁布到落实，政府应加强监管，出台相关法律条规，促进政策落实，提高政策实施效率。

第二，缩小贫富差距，加强保障房建设。根据实证检验结果，商品住宅价格与城镇居民人均可支配收入的系数为负，因此缩小贫富差距，提高城镇居民人均可支配收入可以有效地抑制房价过快增长。

第三，加强实体经济建设，减少投机性需求。导致房价过快上涨的重要因素之一即投资、投机性需求。三四线城市的居民购买力远不如一二线城市，投机现象一旦在三四线城市盛行，将会使这些城市的房地产市场供大于需，存量房增加，将会给城市的发展带来很多问题。

第四，多手段调控房地产市场。除限购及限贷政策的颁布与实施，根据我国区域差异，每个城市的房地产市场存在异质性和多元性，政府在制定调控政策时应因地制宜，针对不同的房地产细分市场实施有针对性的差异化调控政策。

专题六 预期冲击、住房市场与中国宏观经济波动——基于DSGE模型的分析

一、引言

自2003年8月12日国务院颁布《国务院关于促进房地产市场持续健康发展的通知》以来,房地产行业迎来了发展的黄金时期。房价以及商品房住宅成交量屡创新高,各大城市"地王"频现。尽管2014年房地产各项指标出现明显放缓甚至下滑,但是2015年房地产市场又逐渐回暖,2016年更是加速升温。2016年1—11月百城住宅价格累计上涨17.83%,较2015年全年扩大13.68个百分点,其中北京、上海等十大城市新建住宅价格1—11月累计上涨20.95%,二手房价格涨幅也处于高位。除了北上广深四大一线城市房价猛涨,"楼市四小龙"(合肥、南京、苏州和厦门)的房价涨势也犹如"脱缰之马",领涨二线城市。

房地产市场与经济息息相关,一直是民众关心、国家调控的重点。面对越演越烈的高房价,政府不仅出台了一系列货币政策和财政政策措施,还实施了一系列行政手段。但是这些调控措施并未取得明显的成效,反而出现了"越调越涨"和"调量不调价"的奇怪现象。截至2016年11月,百城住宅均价已接近13 000元/平方米,而根据国家统计局的数据,同年全国城镇非私营单位就业人员年平均工资为67 569元。高企的房价,极大地加重了购房者的负担,也造成了房地产经济的过热。许宪春等(2015)将房地产经济过热的危害总结为:对实体经济的"抽血效应",对居民消费的"挤出效应",以及对金融和经济运行的"风险效应"。

房地产行业在我国经济发展中具有举足轻重的地位,与许多其他行业之间具有密切的联系,特别是钢铁、水泥、木材、玻璃、家具以及家电等产业,具有很强的产业关联性。同时,房地产开发需要大量资金,其中大部分来自银行信贷,房地产开发资金活动的全过程均需要银行贷款的介入,这造成了房地产行业潜在的金融风险。此外,部分地区政府的财政收入极大地依赖于"土地财政",造成了房价与政府财政收入捆绑,严重影响了国民收入分配。如何保证房地产市场与经济协调发展,是当前经济正处于转型时期的中国亟待解决的重大问题,也是关乎国家发展的

大计。如果处理不慎,将会对社会经济产生巨大的负面影响,甚至威胁到国家的经济安全。研究房地产市场与宏观经济之间的关系,不仅具有重要的理论意义,而且具有十分重要的现实意义。

本文接下来的内容安排如下:第二部分是国内外相关文献的回顾的及评述;第三部分构建了一个包含预期冲击的基准 DSGE 模型;第四部分对基准模型进行校准以及动态分析;第五部分对基准模型进行了扩展,构建了一个更贴近实际的 DSGE 模型;第六部分对扩展模型进行参数估计;第七部分是对扩展模型的动态分析;第八部分是结论和政策建议。

二、文献回顾

关于房地产市场对宏观经济的影响,国外已经存在大量的文献,其中既有基于实证计量模型的研究,也有基于传统的 DSGE 模型的研究。学者们基本一致认为房地产市场对宏观经济波动具有重要作用。

Aokiet 等(2004)将金融加速器机制引入包含房地产部门的 DSGE 模型,发现外生冲击通过房地产借贷中的加速器效应放大和传播了经济波动。Iacoviello(2005)则首次将住房市场引入 NK-DSGE 模型中,认为需求冲击使得住房价格和物价同向变化,抵押效应会大幅放大总需求对住房价格冲击的响应。Iacoviello and Neri(2010)研究了美国住房市场波动的源头和溢出效应,发现住房需求偏好冲击及技术冲击是住房部门波动最重要的驱动因素。此外,住房市场对消费的溢出效应不可忽视,并且随着时间的推移愈发重要。Jin et al.(2012)研究了资本市场和房地产市场之间的关系,发现正向的实际房价冲击会降低外部融资溢价并刺激非住房投资和实际 GDP。Calza et al.(2013)构建了一个包含价格黏性和抵押约束的两部门 DSGE 模型,研究了部分工业化国家的住宅信贷结构与货币政策传导机制之间的关系,发现在抵押市场更发达、抵押合同更灵活的国家,货币政策冲击的传导作用更为显著。Bofinger et al.(2013)从行为机制(behavioral mechanisms)的角度出发,放弃了标准 DSGE 模型中的理性预期假设,研究了货币政策影响住房市场及宏观经济的机制,发现货币政策冲击会造成住房市场的周期性波动及持续性的经济周期。Ng(2015)研究了中国住房市场的动态特征,发现房产价格的波动中,超过三分之一是由房产偏好冲击造成的,居民投资的波动则主要是由住房供给技术冲击引起的。尽管以上文献在建模和对现实的模拟上非常成功,但是它们都忽略了预期的作用。为了弥补这一不足,一些学者将研究视角转移到对预期冲击下房地产市场与宏观经济之间关系的研究上。

Kanik and Xiao(2014)从预期冲击的视角对住房市场"繁荣—萧条"的周期展开研究,发现与住房需求相关的预期冲击会造成住房市场的周期性波动。Gomes and Mendicino(2015)在 DSGE 模型的研究框架下分析了家庭预期与房地产市场波动之间的联系,发现预期冲击可以在很大程度上解释房价和其他宏观经济变量的波动,并且是导致美国房价在过去 30 年间不断上涨的原因之一。Ng and Feng(2016)研究了一个小型开放经济中住房市场波动的源头,发现外部冲击(影响外部住房需求偏好和贸易条款)和预期冲击(影响经济体内外基本面)是影响住房市场波动的重要因素。Lambertini et al.(2017)研究了一个包含住房市场的 DSGE 模型中预期冲击的传导机制,发现关于未来宏观经济发展的预期会造成住房市场的"繁荣—萧条"的周期性波动以及宏观经济的周期性波动。

因此,国外学者基本都认为预期冲击、住房市场和宏观经济波动之间具有较强的联动效应。近年来,随着国内学者对 DSGE 模型研究的深入,许多学者也开始将房地产市场纳入 DSGE 模型,用于分析房地产市场波动对宏观经济的影响。崔光灿(2006)运用包含金融加速器的两部门 DSGE 模型,考察了房地产价格波动对经济稳定影响的金融加速器效应,指出可以运用金融加速器机制解释由于资产价格波动带来的宏观经济波动。梁斌和李庆云(2011)构建了一个包含房地产部门的DSGE 模型,比较了首付约束和利率两种房地产市场调控工具,发现房地产成本冲击是中国房地产价格波动的主要因素,还证明了温和地对房地产价格波动进行反映是中国的最优货币政策。易斌(2015)将房地产建设部门作为一个独立的经济部门引入 DSGE 模型,以考察房地产调控对房地产投资及相关投资的直接影响。郑忠华和邸俊鹏(2015)从银行信贷角度入手分析了房地产和经济波动的原因,发现尽管房地产刚性需求在一定程度上推高了房价,但房价过高的根本原因并非刚需,过多的货币通过信贷渠道流入房地产市场才是根本原因。

同样,上述文献也并没有考虑到预期因素。国内将预期纳入分析范畴的文献也有许多。例如,吴化斌等(2011)、庄子罐等(2012)、杨克贲和王晓芳(2015)、赵胜民和罗琦(2015)、杨柳等(2017)、王频和侯成琪(2017)等都在模型中引入预期因素,他们一致认为预期冲击对宏观经济波动抑或是住房市场波动具有重要影响。因此,本研究在模型构造过程中也遵循上述学者的观点,考虑了包含预期冲击的DSGE 模型,旨在对预期冲击、住房市场以及中国宏观经济波动之间的联动效应进行深入研究。

三、基准模型:包含预期冲击的小型 DSGE 模型

首先构建了一个不包含投资以及住房生产部门的基准模型,以便清晰明了地阐述预期冲击造成宏观经济"繁荣—萧条"周期性波动的机制。根据 Lambertini et al.(2017),"繁荣—萧条"周期性波动表示 GDP、消费、投资、房价、利率和通胀率等变量之间的驼峰型的联动效应。

基准模型沿用了Iacoviello(2005)的设定,同时参考了Kanik and Xiao(2014)的研究。此外,基准模型中只考虑一种冲击,即住房需求偏好预期冲击。模型包括以下经济主体:异质性的家庭(耐心家庭和非耐心家庭)、中间品厂商(企业家)、最终品厂商(零售商)及制定货币政策的中央银行。家庭部门通过消费、房产及闲暇获得效用,同时为消费品生产部门提供劳动,获得工资收入。由于非耐心家庭更倾向于贴现未来的现金流用于当前的消费和住房,因此在经济处于均衡路径时,非耐心家庭成为净借款人,而耐心家庭成为净贷款人。非耐心家庭需要抵押其房产以获得贷款用于消费,其净资产只能偿付本息的需求。通过这一渠道,模型中引入了金融加速器的机制。耐心家庭充当贷款人的角色。中间品生产商利用家庭部门的劳动生产同质化的中间产品。最终品生产商负责将中间品生产商差异化打包后出售,名义黏性便来自这一过程。中央银行实行盯住通胀的货币政策。

模型的设定

1. 耐心家庭

耐心家庭(用下标1表示,后文非耐心家庭用下标2表示)通过对非耐用品的消费、住房以及闲暇获得效用,其效用函数设定为:

$$E_0 \sum_{t=0}^{\infty} \beta_1 (\ln C_{1,t} + d_t \ln h_{1,t} - L_{1,t}^{\eta}/\eta) \quad (2\text{-}6\text{-}1)$$

服从下列约束条件:

$$C_{1,t} + q_t \Delta h_{1,t} + R_{t-1} b_{1,t-1}/\pi_t = b_{1,t} + w_{1,t} L_{1,t} + F_t \quad (2\text{-}6\text{-}2)$$

其中,$\beta_1 (0<\beta_1<1)$为耐心家庭的主观贴现因子;$C_{1,t}$为耐心家庭在时期t的消费;d_t为住房需求偏好冲击,刻画的是"导致公众更偏好房产的任何社会或者制度上的改变"(Iacoviello & Neri,2010);$h_{1,t}$为住房持有量;$w_{1,t}$为工资水平;$L_{1,t}$为工作时间;P_t为一般物价水平,Q_t为名义住房价格,$q_t=Q_t/P_t$为实际住房价格;$\Delta h_{1,t}=(h_{1,t}-h_{1,t-1})$为本期住房持有量的变化量,$R_{t-1}$为$t-1$期的名义利率;$b_{1,t}$为$t$期的耐心家庭的实际贷款,$\pi_t=P_t/P_{t-1}$为通货膨胀率;$F_t$为从最终品生产商处获得的实际利润。

2. 非耐心家庭

作为经济体中借款人的非耐心家庭,其最优化问题和耐心家庭类似,但是存在两点不同。第一,非耐心家庭不会获得最终品生产商的利润;第二,非耐心家庭受到借贷约束,债务要以房产作为抵押。非耐心家庭的效用函数设定为:

$$E_0 \sum_{t=0}^{\infty} \beta_2 (\ln C_{2,t} + d_t \ln h_{2,t} - L_{2,t}^{\eta}/\eta) \quad (2\text{-}6\text{-}3)$$

服从下列约束条件:

$$C_{2,t} + q_t \Delta h_{2,t} + R_{t-1} b_{2,t-1}/\pi_t = b_{2,t} + w_{2,t} L_{2,t} \quad (2-6-4)$$

$$b_{2,t} \leq m_2 E_t(q_{t+1} h_{2,t} \pi_{t+1}/R_t) \quad (2-6-5)$$

其中,$\beta_2 < \beta_1$,因为与耐心家庭相比,非耐心家庭未来效用的贴现因子要小于耐心家庭的贴现因子;$C_{2,t}$ 等变量的定义与耐心家庭相同;$0 < m_2 < 1$ 为非耐心家庭的贷款价值比。

3. 企业家(中间品生产商)

中间品生产商通过雇佣耐心家庭和非耐心家庭的劳动作为生产要素投入,其生产函数设定为 C-D 形式,为:

$$Y_t = L_{1,t}^\alpha L_{2,t}^{1-\alpha} \quad (2-6-6)$$

其中,$0 < \alpha < 1$,表示耐心家庭劳动投入份额占比。中间品生产商生产出中间产品,最终产品生产商(零售商)以批发价 P_t^W 购买中间产品,并将这些产品打包生产出最终产品,并以价格 P_t 对外出售。令最终产品相对于中间产品的加成为 X_t,那么 $X_t = P_t/P_t^W$。中间产品生产商的利润最大化函数为:

$$\prod_t = \frac{Y_t}{X_t} - w_{1,t} L_{1,t} - w_{2,t} L_{2,t} \quad (2-6-7)$$

4. 零售商(最终品生产商)

零售商为总量 1 的连续统。零售商 i 在完全竞争市场上以价格 P_t^W 购买企业家生产的中间品,并且能够无成本地将其进行差异化打包成 $Y_t(i)$,并以 $P_t(i)$ 的价格对外出售。采用 Dixit-Stiglitz 的加总框架,最终品生产商使用以下生产技术:

$$Y_t^f = \left[\int_0^1 Y_t(i)^{\frac{z-1}{z}}\right]^{\frac{z}{z-1}} Y_t(i) \quad (2-6-8)$$

其中,$\varepsilon > 1$,刻画了零售商的垄断能力。每个零售商的需求曲线为:

$$Y_t(i) = \left[\frac{P_t(i)}{P_t}\right]^{-z} Y_t^f \quad (2-6-9)$$

将式(2-6-8)代入式(2-6-9),可以得到最终品的价格为 $P_t = \left[\int_0^1 P_t(i)^{1-z} di\right]^{\frac{1}{1-z}}$。根据 Calvo(1983)的交错定价模型,这里假设每期只有 $1-\theta$ 比例的企业家可以选择最优价格,那么最优定价决策为:

$$\max \sum_{k=0}^\infty \theta^k E_t \left\{ \beta_1 \frac{c_{1t}}{c_{1t+k}} \left[\frac{P_t^* - P_{t+k}^w}{P_{t+k}}\right] Y_{t+k}(i) \right\} \quad (2-6-10)$$

其中,P_t^* 为最优价格。每期只有 $1-\theta$ 比例的企业家可以选择最优价格,其余的企业家继续使用上期的价格,则加总价格为:

$$P_t = \left[\theta P_{t-1}^* + (1-\theta)(P_t^*)^{1-z}\right]^{1/(1-z)} \quad (2-6-11)$$

与 Iacoviello(2005)一样,结合最优定价决策与加总价格,进行对数线性化后,可以得到前向(forward-looking)的菲利普斯曲线,即:

$$\tilde{\pi}_t = \beta_1 E_t \tilde{\pi}_{t+1} - (1-\theta)(1-\beta\theta)\tilde{x}_t/\theta \qquad (2-6-12)$$

5. 中央银行货币政策

假设中央银行采用只盯住通胀的泰勒规则,其形式为:

$$R_t = \bar{R}\left(\frac{\pi_t}{\bar{\pi}}\right)^{\tau_\pi} \qquad (2-6-13)$$

其中,$\tau_\pi > 0$,表示货币政策对通胀的反应系数,$\bar{R}$ 为利率的稳态值。

6. 模型均衡条件

由于经济中只存在消费品的生产部门,因此假定住房的总供给固定为 H。模型均衡条件为:

$$c_{1t} + c_{2t} = Y_t \qquad (2-6-14)$$

$$F_t = \frac{X_t - 1}{X_t} Y_t \qquad (2-6-15)$$

$$b_{1t} + b_{2t} = 0 \qquad (2-6-16)$$

$$h_{1t} + h_{2t} = H \qquad (2-6-17)$$

其中,式(2-6-14)表示商品市场出清,式(2-6-15)表示最终品生产商(零售商)的利润,式(2-6-16)表示信贷市场的均衡,式(2-6-17)表示房地产市场出清。

7. 预期冲击的引入

在传统的 DSGE 模型中,随机冲击的设定一般遵循 AR(1)过程,为:

$$d_t = \rho d_{t-1} + e_t^d \qquad (2-6-18)$$

其中,e_t^d 是均值为 0,标准差为 σ_e 的白噪声。传统 DSGE 模型的设定并不能满足预期冲击的设定需要,因此本研究参照 Christiano et al.(2010)的设定,将预期冲击分解为两个部分:预期到的部分和未预期到的部分。用公式表达为:

$$d_t = \rho d_{t-1} + e_t^d \qquad (2-6-19)$$

$$e_t^d = \xi_{t-p} + \varepsilon_t^d \qquad (2-6-20)$$

其中,ε_t^d 均值为 0,标准差为 σ_t,e_t^d 均值为 0,标准差为 σ_δ。这里的 e_t^d 就是预期冲击,它包含两个部分:ξ_{t-p} 表示 p 期前预期到的冲击,ε_t^d 表示未预期到的冲击,即传统的意料之外的冲击。二者相互独立。如果 $\varepsilon_t^d = 0$,说明经济主体的预期完全是准确的,没有任何"噪声";如果 $\varepsilon_t^d \neq 0$,那么经济主体的预期并不是完全准确的,是存在"噪声"的。这里假定预期到信息和未预期到信息二者是独立的。

以上均建立在消息是完全准确的基础之上,即在 $t-q(q=1,2,\cdots,t-1)$ 期关于 t

期的信息一定会实现。但是,现实中很多消息往往是空穴来风,最终并没有发生。换言之,公众的预期完全是错的。此时,第 t 期的冲击可以表示为:

$$d_t = \rho d_{t-1} + \xi_{t-p} + \varepsilon_t^d \quad (2-6-21)$$

$$\varepsilon_t^d = -\xi_{t-p} \quad (2-6-22)$$

即在 t 期未预期到的住房需求偏好冲击与预期冲击正好相互抵消。

关于预期冲击提前期数的设定,庄子罐等(2012)的研究表明,中国经济仅存在短期的预期冲击,故本文设定 p 值等于 4。

四、基准模型估计及动态分析

(一)参数校准

基准模型中参数较少,本研究采用校准的方法为参数赋值。β_1 是家庭部门的主观贴现因子,在稳态时,$R = 1/\beta_1$。根据 Iacoviello and Neri(2010)、Ng(2015)、王立勇等(2012)及袁申国等(2011)的研究,校准参数的取值如表 2-6-1 所示。

表 2-6-1 校准参数列表

β_1	β_2	ε	η	θ	α	m_2	d	σ_t	ρ	τ_p
0.9821	0.9598	6	1.524	0.75	0.5	0.7	0.1	0.1	0.9	1.2

(二)脉冲响应分析

图 2-6-1 描绘了在 20 个季度内观测变量的脉冲响应函数,从图中可以看到,变量的动态调整具有较好的收敛性。同时可以观察到,住房需求偏好预期冲击对耐心家庭和非耐心家庭的行为决策的影响是非对称的,这体现在非耐心家庭的脉冲响应函数的幅度远大于耐心家庭。

在第 1 期,公众经历利好的住房需求偏好预期冲击,形成了房价上涨的预期。从图中可以看到,房价立即对这一冲击做出了反映,持续上涨。房价上涨意味着作为抵押物的房产增值,作为借款人的非耐心家庭偿债能力也随之提高,借贷约束放松,借款人会倾向于持有更多的债务。同时家庭部门的消费增加,产出进而增加,经济呈现繁荣的景象。需求的增加带来了通胀率的上升,名义利率也随之增加。在第 5 期,利好的冲击实现,公众的预期被证明是完全正确的。此时经济已经处于向稳态收敛的路径上。

当预期冲击未实现时,可以看到,在前 4 期,由于公众的预期没有变化,因此两种情形下脉冲响应函数完全重叠。但是在第 5 期,当关于未来住房需求偏好的信息并没有实现的时候,公众会迅速调整自己经济决策行为。此时,可以观察到,所有变量均出现了剧烈的波动。房价大幅下降,导致借款人抵押物价值迅速缩水,债务人被迫削减债务以及消费支出。由于借贷约束的存在,借款人消费的下降幅度超过了贷款人消费的上升幅度,最终总消费/产出也出现了大幅的下降,经济体出现衰退。

图 2-6-1 中的脉冲响应函数很好地体现了预期驱动下经济"繁荣—萧条"周期性波动。产出(即总消费)、房价、名义利率及通货膨胀率均呈现驼峰形的响应模式,这正是宏观经济变量联动效应的体现。在利好的预期冲击作用下,经济出现繁荣,当利好的预期冲击没有实现,经济又出现衰退,从而形成了一个完整的"繁荣—萧条"的周期。

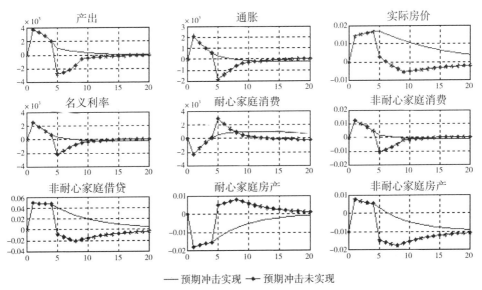

图 2-6-1 住房需求偏好预期冲击对各宏观经济变量的影响

(三)预期冲击的传导机制

在基准模型中,宏观经济变量之间的联动效应依赖三个特征,即消费部门的异质性(耐心家庭和非耐心家庭)、抵押约束及名义黏性。消费部门的异质性保证了耐心家庭和非耐心家庭在冲击发生时的经济行为决策不同。抵押约束是最重要的条件,将经济主体的行为决策与信贷渠道连接起来。名义黏性是连接名义利率和实际利率的楔子,它的存在增强了前两个特征的作用。

分析信贷渠道的作用机制,首先定义住房使用者成本(user cost)为房产和消费的边际替代率 U_{ht}/U_a,它表示家庭多持有一单位住房需要放弃的消费品的数量。其中,U_{ht} 表示效用函数对房产的一阶偏导数,U_a 表示效用函数对消费的一阶偏导数。住房使用者成本越高,家庭购买住房的成本也就越高,因此住房需求就会下降。根据定义,对耐心家庭的一阶条件式在稳态处进行对数线性化后,得到耐心家庭住房使用者成本为：

$$UC_t^p = \tilde{q}_t - \frac{\beta_1}{1-\beta_1}(E_t\tilde{q}_{t+1} - \tilde{q}_t) + \frac{\beta_1}{1-\beta_1}\tilde{r}_t \qquad (2-6-23)$$

式(2-6-23)刻画了耐心家庭在住房和非耐用品消费之间的经济选择，显然，模型中的住房可以被视为一种耐用商品。由式(2-6-23)可知，住房使用者成本受到三种因素的影响：一是当期的房价 $\tilde{q}_t$，二是公众对未来房价预期的上涨幅度 $E_t(\tilde{q}_{t+1}-\tilde{q}_t)$，三是实际利率 $\tilde{r}_t$。在公众对未来房价上涨预期不变、实际利率也不变的情况下，当期房价越高，耐心家庭承受的住房使用者成本越高。这是由于房产和消费存在替代效应，当期住房价格上涨，耐心家庭会减少对房产的购买，转而增加自己的消费支出，此时消费的边际效用下降，而由于住房消费量下降，其边际效用上升。同时，在其他因素不变的情况下，公众预期未来房价上涨的幅度越大，住房使用者成本越小。这是因为未来房价越高，家庭可以以更高的价格出售房产获得更多的收益用于消费，且相对于非耐心家庭而言，耐心家庭更注重未来消费带来的效用，故耐心家庭会减少当前的消费，转而购买更多的房产，房产支出的增加导致房产的边际效用递减，消费的减少导致消费的边际效用相对增加，因此住房使用者成本 U_{ht}/U_{ct} 会下降。在前两个因素不变的情况下，实际利率上升也会增加耐心家庭的住房使用者成本。这是因为未来住房期望价值的折现率更高，低于当前的非耐用品消费的现值，因此住房使用者成本会下降，住房需求增加。

对于非耐心家庭而言，同样可以得到其住房使用者成本为：

$$UC_t^{kp} = \tilde{q}_t - \frac{y_e}{1-y_e}(E_t\tilde{q}_{t+1} - \tilde{q}_t) + \frac{\beta_1}{1-y_e}\tilde{r}_t + \frac{(1-m_2)(\beta_1-\beta_2)}{1-y_e}\lambda_t \qquad (2-6-24)$$

其中，$y_e = \beta_2 + m_2(\beta_1-\beta_2)$。从式(2-6-24)中可以看到，影响非耐心家庭住房使用者成本的前三项因素和耐心家庭一致，而且影响的幅度也几乎相同（$\gamma_3 \approx \beta_2$）。不同的是，非耐心家庭存在借贷约束。这里 λ_t 指的是非耐心家庭借贷的影子价值，即房产价值增加一单位带来的边际收益。显然，借贷约束的影子价值与住房使用者成本存在正向的关系。$\lambda_t = 0$ 表明借款人的抵押约束并不存在，这时候非耐心家庭和耐心家庭住房使用者成本一致。当 $\lambda_t > 0$，借款人信贷受到约束，随着 λ_t 的增加，借款人的借贷约束越紧。信贷约束越紧，每单位房产的价值越高，借款人越倾向于放弃更多的消费来持有住房。当预期房价出现上涨，借款人的借贷约束得到放松，即 λ_t 变小。借款人的净值增加，其借贷约束会进一步放松。由于这一特殊效应的存在，当预期房价上涨时，借款人的住房使用者成本总是比贷款人的住房使用者成本下降幅度大。这也体现了住房需求偏好预期冲击对耐心家庭和非耐心家庭的影响的非对称性。

前面提到模型可以模拟经济变量之间的联动效应,其机制如下:当不考虑预期冲击时,住房需求偏好冲击是公众未预期到的冲击。当冲击发生,家庭对房产的需求增加,房价因此上涨。由于模型假定住房供给是固定的,耐心家庭和非耐心家庭的住房持有量不可能同步增长。鉴于借贷约束的存在,房价上涨导致借款人的住房使用者成本下降的幅度大于贷款人的住房使用者成本下降的幅度,因此借款人会更多地积累住房,这些增加的房产均是通过向贷款人购买所得。影响借款人消费决策的因素有两个,一是放松借贷约束带来的财富效应,二是房产与消费品之间的替代效应。当借贷约束更强时,财富效应占主导地位。作为抵押物的房产价值增加,借款人的借贷能力增加,进而积累更多的房产,购买更多的消费品,同时劳动时间也会下降。贷款人为了维持借贷的款项,必须减少自己的消费,投入更多的劳动时间。需求的增加也导致了消费品价格的上涨,通货膨胀率进而上升,由于中央银行实行的是盯住通胀的货币政策,且名义利率上升的幅度大于通胀率上升的幅度(模型中 $\tau_n = 1.2$),实际利率也会随之上升,因此储蓄的利息收入增加,在消费还是储蓄的选择中,显然贷款人会选择减少消费,增加储蓄。借款人的劳动投入减少,贷款人的劳动投入增加,且增加幅度大于借款人劳动投入的增加幅度,因此总的劳动投入增加,进而产出增加,经济呈现繁荣的景象。此时经济体中的产出/消费、劳动投入、房价、通货膨胀率、利率等变量均表现出类似的运动轨迹,即这些变量之间存在联动性。未预期到的冲击脉冲响应如图 2-6-2 所示。

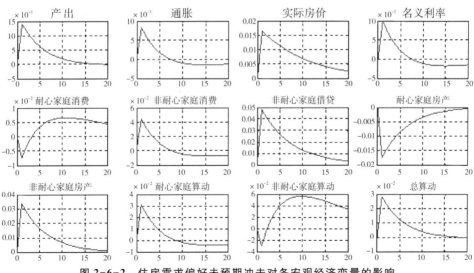

图 2-6-2 住房需求偏好未预期冲击对各宏观经济变量的影响

当存在预期的时候,公众提前获悉关于未来住房需求偏好的信息。在基准模型中,这意味着在第 1 期的时候,住房需求偏好预期冲击出现,在第 5 期的时候,冲击实现。

五、扩展模型

上述部分估计了一个包含住房需求偏好预期冲击的小型 DSGE 模型,在此模型基础上对中国的现实经济进行模拟和分析。脉冲响应函数表明,住房需求偏好预期冲击会造成宏观经济"繁荣—萧条"的周期性波动,即所谓的预期驱动的经济周期。如果模型的设定发生变化,那么预期冲击是否还能导致宏观经济的"繁荣—萧条"的周期性波动? 鉴于此,本研究对基准模型进行了拓展,引入了更多符合现实情形的因素。扩展的模型基于 Iacoviello and Neri(2010),但本研究进行了去趋势的处理,和基准模型相比,扩展模型最大的区别在于引入了投资及住房的生产部门,因此耐心家庭和非耐心家庭均参与了两个生产部门的劳动。同时,除了住房需求偏好冲击,扩展模型还引入了其他的冲击(如生产部门的技术冲击、投资专有技术冲击、成本推动的通胀冲击、货币政策冲击等)。此外,扩展模型中还加入了消费习惯形成的设定、投资的调整成本、消费品生产部门的价格黏性及两个生产部门的工资黏性。

模型的设定

1. 耐心家庭

耐心家庭的效用函数为:

$$E_0 \sum_{t=0}^{\infty} \beta_1^t \left(\Gamma_{c1} \ln(C_{1,t} - \varepsilon_1 C_{t-1}) + d_t \ln h_{1,t} - \frac{\tau_t}{1+\eta_1} (n_{c1,t}^{1+\xi} + n_{h1,t}^{1+\xi})^{\frac{1+\eta}{1+\xi}} \right)$$

$$(2-6-25)$$

与基准模型一样,这里下标 1 表示耐心家庭,下标 2 表示非耐心家庭。ξ_1 表示两部门(消费品生产部门和住房生产部门)劳动之间的替代参数($\xi_1 \geq 0$),$\xi_1 = 0$ 表示两个生产部门之间的劳动可以完全替代。$\Gamma_{C_1} = \dfrac{1-\varepsilon_1}{1-\beta_1 \varepsilon_1}$ 为比例因数(scaling factor),其保证了稳态时消费的边际效用等于 $1/C_1$。d_t 表示住房需求偏好冲击,τ_t 为劳动供给冲击,均服从一阶自回归过程。

耐心家庭选择非耐用品消费 $C_{1,t}$,在生产部门投入的劳动量 $n_{c1,t}$(消费品生产部门)和 $n_{h1,t}$(住房生产部门),积累的房产 $h_{1,t}$(价格为 q_t),中间品投入 $K_{b,t}$(价格为 $p_{b,t}$),土地存量 l_t(价格为 $p_{1,t}$)及两部门的资本投入 $K_{c,1}$(消费品生产部门)和 $K_{h,t}$(住房生产部门)。耐心家庭同样决定两部门的资本利用率 $Z_{h,t}$ 和 $Z_{c,t}$,二者均存在调整成本。同时,作为经济体系中的贷款人,耐心家庭决定对非耐心家庭的实际贷款数量 $b_{1,t}$,利率为无风险的名义利率 R_t。耐心家庭的收入来源有消费品生产部门的实际工资 $w_{c,t}$、住房生产部门的实际工资 $w_{h,t}$、资本投入的租金(非住房部门和住房部门的实际租金率分别为 $R_{c,t}$ 和 $R_{h,t}$)、地租(租金率为 $R_{l,t}$)、中间品投入的收入及最终品厂商和工会支付的分红。因此耐心家庭的预算约束为：

$$C_{1,t} + \frac{K_{c,t}}{Z_{k,t}} + K_{h,t} + q_t h_{1,t} + p_{l,t} l_t - b_{1,t} = \frac{w_{c1,t} n_{c1,t}}{X_{wc,t}} + \frac{w_{h1,t} n_{h1,t}}{X_{wh,t}} +$$

$$\left(R_{c,t} Z_{h,t} + \frac{1 - \delta_{k,tc}}{Z_{k,t}} \right) K_{c,t-1} + (R_{c,t} Z_{h,t} + 1 - \delta_{k,h}) K_{c,h-1} + p_{b,t} K_{b,t} -$$

$$\frac{R_{t-1} b_{1,t-1}}{\pi_2} + (p_{1,t} + R_{1,t} l_{t-1}) + q_t (1 - \delta_h) h_{t-1} + D_{1,t} -$$

$$\phi_t - \frac{\alpha(Z_{c,t}) K_{c,t-1}}{Z_{k,t}} - \alpha(Z_{h,t}) K_{h,t-1} \qquad (2\text{-}6\text{-}26)$$

其中，δ_t 表示房产的折现率，δ_{kh} 和 δ_{kc} 分别表示住房部门和非住房部门资本的折现率，$Z_{k,t}$ 为投资专有技术冲击，π_t 为消费品部门的通货膨胀率(季度)。由于工会会将异质性家庭部门的劳动服务进行差异化处理，然后在一个垄断竞争市场上进行出售，因此厂商实际支付的工资和家庭部门最终获得的工资存在一个加成，$X_{wc,t}$ 和 $X_{wk,t}$ 分别表示两部门劳动工资的加成。工资也依据 Calvo(1983)的设定，即耐用消费品生产部门的工资有 $1-\theta_{wc}$ 的概率进行调整，住房生产部门的工资有 $1-\theta_{wk}$ 的概率进行调整。ϕ_t 表示凸的资本调整成本。$\alpha(\cdot)$ 表示资本利用率的凸的成本函数，·表示住房部门的资本利用率 $Z_{h,t}$ 或者非住房部门的资本利用率 $Z_{C,t}$。D_t、ϕ_t 和 $\alpha(\cdot)$ 的表达式为：

$$D_{1,t} = \frac{X_t - 1}{X_t} Y_t + \frac{X_{wc,t} - 1}{X_{wc,t}} w_{c,t} n_{c,t} + \frac{X_{wh,t} - 1}{X_{wh,t}} w_{h,t} n_{h,t} \qquad (2\text{-}6\text{-}27)$$

$$\phi_t = \frac{\phi_{kc}}{2} \left(\frac{K_{c,t}}{K_{c,t-1}} - 1 \right)^2 K_{c,t-1} + \frac{\phi_{kh}}{2} \left(\frac{K_{h,t}}{K_{h,t-1}} - 1 \right)^2 K_{h,t-1} \qquad (2\text{-}6\text{-}28)$$

$$\alpha(Z_{c,t}) = R_c \left[\frac{\overline{\omega} Z_{c,t}^2}{2} + (1 - \overline{\omega}) Z_{c,t}^2 + \left(\frac{\overline{\omega}}{2} - 1 \right) \right] \qquad (2\text{-}6\text{-}29)$$

$$\alpha(Z_{h,t}) = R_h \left[\frac{\overline{\omega} Z_{h,t}^2}{2} + (1 - \overline{\omega}) Z_{h,t} + \left(\frac{\overline{\omega}}{2} - 1 \right) \right] \qquad (2\text{-}6\text{-}30)$$

其中，R_t 和 R_k 分别表示两类资本在稳态时的租金率，$Z_{k,t}$ 表示投资专有技术冲击。

2. 非耐心家庭

与耐心家庭不同，非耐心家庭不拥有资本、土地，也不是最终品厂商的所有者，其只拥有来自工会的分红。其终生效用函数设定为：

$$E_0 \sum_{t=0}^{\infty} \beta_2^t \left(\Gamma_2 c \ln(C_{2,t} - \varepsilon_2 C_{2,t-1}) + d_t \ln h_{2,t} - \frac{1}{1+\eta_2} (n_{c2,t}^{1+\xi} + n_{h2,t}^{1+\xi})^{\frac{1+\eta}{1+\xi}} \right.$$

(2-6-31)

服从以下预算约束：

$$C_{2,t} + q_t h_{2,t} - b_{2,t} = \frac{w_{c2,t} n_{c2,t}}{X_{wc,t}} + \frac{w_{h2,t} n_{h2,t}}{X_{wh,t}} + q_t(1-\delta_h) h_{2,t-1} - \frac{R_{t-1} b_{2,t-1}}{\pi t} + D_{2,t}$$

(2-6-32)

$$b_{2,t} \leq m_2 E_t \left(\frac{q_{t+1} h_{2,t} \pi_{t+1}}{R_t} \right)$$

(2-6-33)

其中，$0 < \beta_2 < \beta_1 < 1$，这一条件保证了均衡时非耐心家庭的借贷额达到上限，其他参数的含义与耐心家庭一致。

3. 中间品生产商

中间品生产商在完全竞争市场上生产消费品 Y_t 及新的住房 IH_t，生产函数分别为：

$$Y_t = (A_{c,t}(n_{c1,t}^\alpha n_{c2,t}^{1-\alpha})^{1-\mu c} (Z_{c,t} K_{c,t-1})^{\mu c}$$

(2-6-34)

$$lH_t = (A_{h,t}(n_{h1,t}^\alpha n_{h2,t}^{1-\alpha})^{1-\mu h-\mu b-\mu c} (Z_{c,t} K_{c,t-1})^{\mu h} K_{b,t}^{\mu b} L_{t-1}^{\mu c}$$

(2-6-35)

其中，α 为耐心家庭劳动收入所占的比例，$K_{b,t}$ 表示中间投入，L_{t-1} 表示期初的土地存量，$A_{C,t}$ 和 $A_{h,t}$ 分别表示住房生产部门和消费品生产部门面临的技术冲击。

中间品厂商通过生产消费品和新的住房来最大化自身的利润，其目标函数为：

$$\max \frac{Y_t}{X_t} + q_t lH_t - \left(\sum_{i=c,h} w_{i,t} n_{i,t} + \sum_{i=c,h} w'_{i,t} n'_{i,t} + \sum_{i=c,h} R_{i,t} Z_{i,t} K_{i,t-1} + R_{l,t} l_{t-1} + p_{b,t} K_{b,t} \right)$$

(2-6-36)

其中，X_t 是最终产品相对于中间品的价格加成。

4. 零售商

价格黏性机制是在消费品生产部门引入的。消费品部门的菲利普斯曲线为：

$$\ln \pi_t - t_z \ln \pi_{t+1} = \beta_1 (E_t \ln \pi_{t-1} - t_z \ln \pi_t) - \varepsilon_z \ln(X_t/X) + u_{p,t} \quad (2\text{-}6\text{-}37)$$

其中，$\varepsilon_z = (1-\theta_z)(1-\beta\theta_z)/\theta_z$，$u_{p,t}$ 表示成本推动的通胀冲击。

工资黏性存在于两个生产部门，菲利普斯曲线为：

$$\ln \omega_{c,t} - t_{wc} \ln \pi_{t-1} = \beta_2 (E_t \ln \omega_{C,t+1} - t_{wc} \ln \pi_t) - \varepsilon_{wc} \ln(X_{wc,t}/X_{wc})$$

(2-6-38)

$$\ln \omega_{c2,t} - t_{wc} \ln \pi_{t-1} = \beta_2 (E_t \ln \omega_{c2,t+1} - t_{wc} \ln \pi_t) - \varepsilon_{wc2} \ln(X_{wc,t}/X_{wc})$$

(2-6-39)

$$\ln\omega_{h,t} - t_{wh}\ln\pi_{t-1} = \beta_2(E_t\ln\omega_{h1,t+1} - t_{wh}\ln\pi_t) - \varepsilon_{wh}\ln(X_{wh,t}/X_{wh}) \tag{2-6-40}$$

$$\ln\omega_{h2,t} - t_{wh}\ln\pi_{t-1} = \beta_2(E_t\ln\omega_{h2,t+1} - t_{wh}\ln\pi_t) - \varepsilon_{wh2}\ln(X_{wh,t}/X_{wh}) \tag{2-6-41}$$

式中,$\omega_{i,t} = w_{i,t}\pi_t/w_{i,t-1}$,$i = c_1,h_1,c_2,h_2$,表示名义工资的通胀率;$X$、$X_{wc}$ 和 X_{wh} 分别表示稳态时的价格加成和工资加成。

5. 中央银行货币政策

假定中央银行的货币政策为对上一期利率、当期通胀率以及当期产出的增长做出反应的泰勒规则,其方程设定为:

$$R_t = R_{t-1}^{r_R}\left(\pi_t^{r_R}\left(\frac{\text{GDP}_t}{\text{GDP}_{t-1}}\right)^{r_R}\right)^{1-r_R} R^{1-r_R} u_{R,t} \tag{2-6-42}$$

其中,R 为稳态时的实际利率,$u_{R,t}$ 表示货币政策冲击,GDP 即国内生产总值。$\text{GDP}_t = c_{1,t} + c_{2,t} + IK_{c,t} + IK_{h,t} + qIH_t$,$q$ 为稳态时的住房价格,$IK_t = K_{c,t} - (1-\delta_{kc})K_{c,t-1}$,$IK_{h,t} = K_{h,t} - (1-\delta_{kh})K_{h,t-1}$。

6. 均衡条件

在均衡时,商品市场、住房市场、信贷市场同时出清,条件为:

$$Y_t = c_{1,t} + c_{2,t} + \frac{IK_{c,t}}{Z_{k,t}} + IK_{h,t} + K_{b,t} + \phi_t \tag{2-6-43}$$

$$IH_t = H_t - (1-\delta_h)H_{t-1} \tag{2-6-44}$$

$$b_{1,t} + b_{2,t} = 0 \tag{2-6-45}$$

其中,$IK_{ct} = K_{ct} - (1-\delta_{kc})K_{c,t-1}$,$IK_{ht} = K_{ht} - (1-\delta_{kh})K_{h,t-1}$,$H_t = h_{1,t} + h_{2,t}$ 表示总的住房存量。

7. 预期冲击

扩展模型引入了 7 种预期冲击,分别是消费品生产部门的技术预期冲击 $Z_{C,t}$、住房生产部门的技术预期冲击 $Z_{h,t}$、住房需求偏好预期冲击 d_t、投资专有技术预期冲击 $Z_{K,t}$、成本推动的通胀预期冲击 $u_{p,t}$、劳动供给预期冲击 τ_t 及货币政策预期冲击 $u_{R,t}$。其中,$Z_{C,t}$、$Z_{k,t}$、d_t、$Z_{K,t}$ 和 τ_t 均服从于 AR(1) 过程,表达式为:

$$\ln Z_{c,t} = \rho_c \ln Z_{c,t-1} + u_{c,t} \tag{2-6-46}$$

$$\ln Z_{h,t} = \rho_h \ln Z_{h,t-1} + u_{h,t} \tag{2-6-47}$$

$$\ln d_t = (1-\rho_d)\ln d + \rho_d \ln d_{t-1} + u_{d,t} \tag{2-6-48}$$

$$\ln Z_{k,t} = \rho_k \ln Z_{k,t-1} + u_{k,t} \tag{2-6-49}$$

$$\ln \tau_t = \rho_x \ln Z_{t-1} + u_{x,t} \tag{2-6-50}$$

扩展模型预期冲击的引入方式与基准模型一致。

六、扩展模型的参数估计

(一) 参数校准

依据基准模型参数的取值,综合 Iacoviello(2005)、Ng(2005)、Iacoviello and Neri(2010)及 Bai et al.(2006)的研究,校准参数的取值如表 2-6-2 所示。

表 2-6-2 校准参数列表

参数	取值	参数	取值
β_1	0.9821	μ_0	0.10
β_2	0.9598	μ_t	0.10
X	1.15	μ_b	0.14
X_{wc}	1.15	$\delta_{h,c}$	0.0275
X_{wh}	1.15	δ_b	0.02
μ_c	0.46	$\delta_{k,h}$	0.0325
d	0.10	m_2	0.70

(二) 贝叶斯估计

本研究选取了 6 个宏观经济变量的季度数据,时间跨度为 2001 年第一季度至 2016 年第四季度,数据来源为国家统计局、Wind 数据库及中经网统计数据库。6 个变量分别为消费、住房价格、名义利率、通货膨胀率、非住房生产部门投资及住房生产部门投资。其中,消费用全社会消费品零售总额表示;住房价格用商品房销售额除以商品房销售面积替代;名义利率由银行间 7 天同业拆借加权利率表示;通货膨胀率用 CPI 来表示,由于缺乏季度 CPI 数据,采用 Chen(2015)建立的数据库中的季度 CPI 数据;而通货膨胀率则是通过对 CPI 进行对数差分得到;非住房生产部门投资和住房生产部门投资分别用固定资产投资和房地产开发投资表示。除了通胀,所有变量均进行了去通胀处理,得到变量的实际值。其中,消费数据通过 CPI 数据进行实际化。利用 Chen(2015)计算的季度 GDP 平减指数,两部门的投资和房价数据均通过 GDP 平减指数进行实际化。对于消费和投资,实际化后还需进行人均化处理。此外,所有变量均需要去除季节性的因素。其中,消费、房价和两部门的投资数据首先进行去通胀处理,得到实际数据,然后通过 X12 方法去除季节性因素,最后通过 HP 滤波分离出变量的趋势部分和波动部分,并对分离出来的短期波动值进行均值处理。名义利率和通胀也需要进行去均值处理。

1. 先验分布设定

关于外生冲击持续性参数以及不可预期冲击标准差分布的设定,参照 Iacoviello and Neri(2010)及 Ng(2015)的先验分布假设。关于预期冲击标准差的先验分布,参照 Khan and Tsoukalas(2012)的假设。冲击过程参数先验分布如表 2-6-3 所示。

表 2-6-3 冲击过程先验分布

参数	含义	先验分布	先验均值	先验标准差
ρ_a	消费品部门技术冲击持续性参数	Beta	0.8	0.1
ρ_b	住房部门技术冲击持续性参数	Beta	0.8	0.1
ρ_d	住房需求偏好冲击持续性参数	Beta	0.8	0.1
ρ_k	投资专有技术冲击持续性参数	Beta	0.8	0.1
ρ_x	劳动供给冲击持续性参数	Beta	0.8	0.1
σ_c	消费品部门技术预期冲击标准差	Inv. Gamma	0.35	2
σ_b	住房部门技术预期冲击标准差	Inv. Gamma	0.35	2
σ_d	住房需求偏好预期冲击标准差	Inv. Gamma	0.35	2
σ_k	投资专有技术预期冲击标准差	Inv. Gamma	0.35	2
σ_x	劳动供给预期冲击标准差	Inv. Gamma	0.35	2
σ_p	成本推动的通胀预期冲击标准差	Inv. Gamma	0.35	2
σ_π	货币政策预期冲击标准差	Inv. Gamma	0.35	2
σ'_a	消费部门技术不可预期冲击标准差	Inv. Gamma	0.1	1
σ'_b	住房部门技术不可预期冲击标准差	Inv. Gamma	0.1	1
σ'_d	住房需求偏好不可预期冲击标准差	Inv. Gamma	0.1	1
σ'_k	投资专有技术不可预期冲击标准差	Inv. Gamma	0.1	1
σ'_x	劳动供给不可预期冲击标准差	Inv. Gamma	0.1	1
σ'_p	成本推动的通胀不可预期冲击标准差	Inv. Gamma	0.1	1
σ'_π	货币政策不可预期冲击标准差	Inv. Gamma	0.1	1

依据 Christiano et al.(2005)、Smets and Wouters(2007)、Zhang(2009)、Iacoviello and Neri(2010)及 Ng(2015)的研究,对模型结构化参数的先验分布进行了相应的设定,如表 2-6-4 所示。

表 2-6-4 结构化参数的先验分布

参数	先验分布	先验均值	先验标准差	参数	先验分布	先验均值
α	Beta	0.65	0.05	η_2	Inv. Gamma	0.5
ε_1	Beta	0.5	0.075	θ_z	Beta	0.667
ε_2	Beta	0.5	0.075	θ_{wc}	Beta	0.667
r_x	Normal	1.5	0.1	θ_{wh}	Beta	0.667
r_R	Beta	0.75	0.1	ξ	Beta	0.5
r_Y	Normal	0	0.1	t_{wc}	Beta	0.5
ϕ_{kc}	Gamma	10	2.5	t_{wh}	Beta	0.5
ϕ_{kh}	Gamma	10	2.5	ξ_1	Normal	1
ζ	Beta	0.5	0.2	ξ_2	Normal	1
η_1	Inv. Gamma	0.5	0.1			

2. 后验分布结果

表 2-6-5 给出了结构化参数和冲击过程参数贝叶斯估计的结果。

表 2-6-5 参数的后验分布结果

参数	后验均值	90%置信区间	参数	后验均值	90%置信区间
ρ_c	0.5334	0.3880 0.6856	α	0.6626	0.5998
ε_1	0.5536	0.4448 0.6866	ρ_h	0.8062	0.7091
ε_2	0.5165	0.3922 0.6191	ρ_d	0.5936	0.4540
r_s	1.6573	1.5313 1.7996	ρ_k	0.7104	0.5301
r_R	0.4616	0.3584 0.6192	ρ_z	0.6361	0.4485
γ_y	0.1418	0.0047 0.2519	σ_c	0.0737	0.0521
ϕ_{kc}	30.8370	26.6483 35.0288	σ_b	0.0502	0.0434
ϕ_{kh}	10.6973	7.0761 14.5479	σ_d	0.1580	0.1006
ζ	0.9529	0.9192 0.9890	σ_k	0.0503	0.0414
ξ_1	1.1254	1.2451 0.9934	σ_p	0.0494	0.0419
ξ_2	1.0450	1.2432 0.8588	σ_π	0.0370	0.0320
η_1	0.5394	0.3926 0.7486	σ'_c	0.0333	0.0223
η_2	0.5101	0.3799 0.6845	σ'_b	0.0301	0.0212
θ_t	0.5868	0.5327 0.6381	σ'_d	0.3948	0.2662
θ_{wc}	0.6121	0.5396 0.6752	σ'_k	0.0240	0.0193
θ_{wh}	0.5312	0.4544 0.6054	σ'_x	0.0459	0.0264
ζ	0.8329	0.7106 0.9537	σ'_p	0.0266	0.0190
ξ_1	0.6417	0.3087 0.9329	σ'_k	0.0168	0.0136
ξ_2	0.4531	0.1038 0.7645			

七、扩展模型的动态分析

(一) 脉冲响应分析

根据参数校准及贝叶斯估计的结果,本研究通过数值模拟分析了预期冲击对宏观经济变量的影响。由于篇幅所限,这里只给出了两部门生产技术冲击、住房需求偏好冲击、货币政策冲击以及成本推动的通胀冲击的影响。

1. 消费品生产部门的生产技术冲击

图 2-6-3 刻画了消费品生产部门正向的技术预期冲击对各宏观经济变量的影响,同时也刻画了预期并未实现的时候宏观经济变量的反应。可以看到,消费品生产部门经历一个正向的技术预期冲击,各宏观经济变量表现出了联动效应,即消费品部门的技术预期冲击可以促使宏观经济产生"繁荣—萧条"的周期性波动。

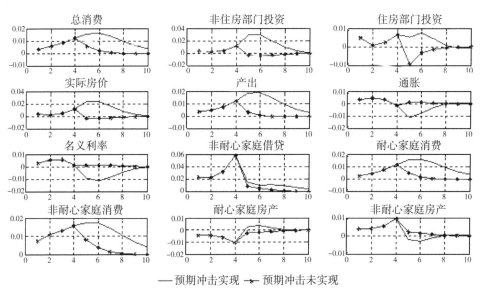

图 2-6-3　消费品生产部门的生产技术预期冲击对各宏观经济变量的影响

2. 住房需求偏好冲击

图 2-6-4 刻画了在正向的住房需求偏好冲击下,主要宏观经济变量的脉冲响应。在正向的住房需求偏好预期冲击的作用下,宏观经济变量并未呈现驼峰形的联动效应,因为非住房投资并未像其他宏观变量一样表现出一致的驼峰形上升趋势。其原因在于住房部门投资挤占了非住房部门投资,使得后者未能产生一致的驼峰形动态。

3. 住房部门的生产技术冲击

图 2-6-5 刻画了住房生产部门利好的技术冲击对主要宏观经济变量的脉冲

响应。可以看到,在住房生产部门利好技术冲击的作用下,总消费、住房部门投资、实际房价、产出、通胀及名义利率呈现倒驼峰形的响应,而消费品生产部门的投资却经历驼峰形的增长,并没有与前述变量形成联动效应。值得指出的是,变量之所以呈现倒驼峰形的响应,是因为这里考察的是利好的技术冲击,这也更符合现实。

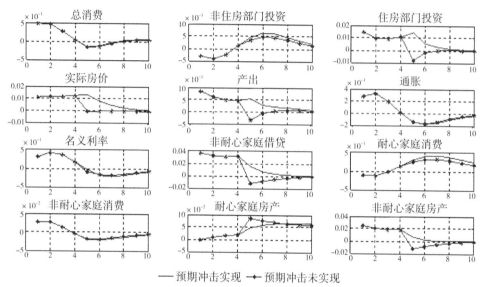

图 2-6-4　住房需求偏好预期冲击对各宏观经济变量的影响

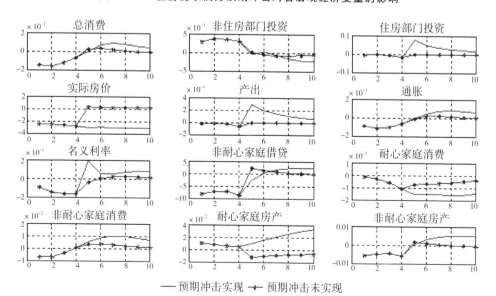

图 2-6-5　住房生产部门生产技术冲击对各宏观经济变量的影响

4. 货币政策冲击

图 2-6-6 刻画了宽松的货币政策预期冲击对宏观经济的影响。在宽松的货币政策信号下,可见主要宏观经济变量均呈现出驼峰型的联动效应。

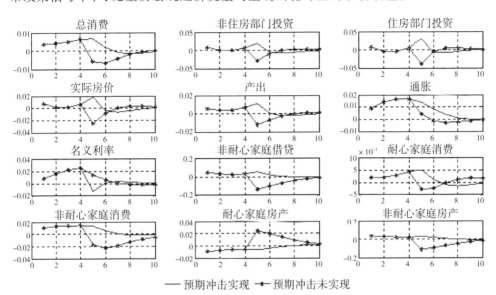

—— 预期冲击实现　—•— 预期冲击未实现

图 2-6-6　宽松的货币政策预期冲击对各宏观经济变量的影响

5. 成本推动的通胀冲击

图 2-6-7 刻画了正向的成本推动的通胀冲击对各宏观经济变量的影响。在正向的通胀冲击作用下,主要宏观经济变量呈现出了倒驼峰形的响应,这说明成本推动的通胀预期冲击可以很好地刻画变量之间的联动效应。

(二) 方差分解

前面已经具体分析了预期冲击的传导机制,问题是宏观经济波动的来源是什么? 预期冲击到底能够在多大程度上解释宏观经济的波动? 为了解答这些问题,本研究给出了各主要经济变量的无限期方差分解结果。表 2-6-6 中方差分解从左往右分别是消费品部门的技术冲击、住房部门的技术冲击,住房需求偏好冲击、投资专有技术冲击、成本推动的通胀冲击、劳动供给冲击和货币政策冲击。

方差分解的结果表明,预期冲击对主要宏观经济变量的解释力度远大于不可预期冲击的解释力度。其中消费品生产部门的技术预期冲击的解释力度最大,而且对各变量波动的贡献程度相对比较均衡。对于产出而言,消费品部门的技术预期冲击、劳动供给预期冲击、成本推动的通胀预期冲击及投资专有技术预期冲击占

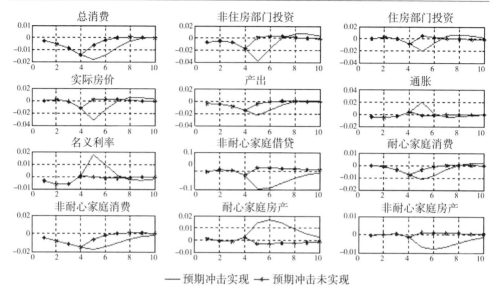

图 2-6-7 成本推动的通胀预期冲击对各宏观经济变量的影响

据了主导地位。但是,住房需求偏好预期冲击对各变量波动的贡献度均小于或者接近不可预期的住房需求偏好冲击,且预期冲击与不可预期冲击之和对变量波动的贡献度也较小。

考察房地产市场,可以看到对住房价格影响最大的是不可预期的住房需求偏好冲击,接着是消费品部门的技术预期冲击。同时,成本推动的通胀预期冲击及住房需求偏好预期冲击对房价的解释力度也较大。对于住房部门投资而言,很显然,住房部门生产技术预期冲击起到了主导作用,贡献比例高达38.25%,另外,劳动供给预期冲击的贡献比例也不容忽略。同样的,不可预期的住房需求偏好冲击也解释了相当一部分波动。

表 2-6-6 方差分解结果

		$S_{\tau,t}$	$S_{h,t}$	$S_{d,t}$	$S_{i,t}$	$S_{p,t}$	$S_{x,t}$	$S_{r,t}$
实际消费	预期冲击	31.22	0.00	0.02	4.61	23.21	25.11	4.14
	不可预期冲击	3.59	0.00	0.00	1.08	2.79	2.91	1.32
消费品部门实际投资	预期冲击	14.23	0.01	0.01	39.87	12.87	8.54	3.88
	不可预期冲击	3.42	0.00	0.00	9.19	3.44	1.49	3.05
住房部门实际投资	预期冲击	0.64	38.25	2.47	0.05	1.99	19.67	4.01
	不可预期冲击	0.25	13.36	11.06	0.01	0.76	4.13	3.35
实际房价	预期冲击	19.40	2.80	9.53	1.44	16.13	7.90	5.66

（续表）

		$S_{\tau,t}$	$S_{h,t}$	$S_{d,t}$	$S_{i,t}$	$S_{p,t}$	$S_{x,t}$	$S_{r,t}$
	不可预期冲击	4.54	1.01	20.10	0.33	4.94	1.52	4.71
实际 GDP	预期冲击	25.70	0.33	0.04	11.67	20.13	22.17	4.49
	不可预期冲击	3.87	0.12	0.11	2.74	3.29	3.00	2.34
通货膨胀率	预期冲击	11.67	0.00	0.01	0.04	23.59	2.61	50.24
	不可预期冲击	2.47	0.00	0.00	0.01	6.65	0.46	2.25
名义利率	预期冲击	12.40	0.01	0.02	0.15	16.81	3.64	54.07
	不可预期冲击	2.59	0.00	0.00	0.02	4.38	0.62	5.29

可以看到，预期冲击是驱动中国经济波动的主要力量。而经济波动的源头是什么？方差分解的结果显示，消费品部门的技术预期冲击对宏观经济变量的波动起到了关键性的作用，其次是成本推动的通胀预期冲击及劳动供给预期冲击。

八、结论与建议

本研究首先构建了一个用于分析房地产市场与宏观经济波动的基准模型，并对模型的传导机制进行了详细的分析。为了更好地模拟现实情况，本研究随之构建了一个包含更多现实因素和一系列冲击的 DSGE 模型，并对宏观经济周期性波动的源头，以及预期冲击在解释宏观经济波动时的重要性进行了分析。本部分主要对前文研究结果进行总结并提出相应的政策建议。

（一）主要结论

1. 预期冲击可以促使宏观经济产生"繁荣—萧条"的周期性波动

扩展模型的脉冲响应分析表明，消费品生产部门的技术预期冲击、货币政策预期冲击、成本推动的通胀预期冲击及劳动供给预期冲击很好地刻画了宏观经济变量之间的联动效应，促使宏观经济产生"繁荣—萧条"的周期性波动。相比而言，住房需求偏好预期冲击、住房部门的生产技术预期冲击及投资专有技术预期冲击并不能完全刻画宏观经济变量之间的联动效应。

2. 预期冲击是导致宏观经济波动的重要力量

方差分解的结果表明，预期冲击是宏观经济波动的主要驱动力量，消费品部门的技术预期冲击对宏观经济波动的解释力度最大。对产出波动解释力度最大的分别是消费品部门的技术预期冲击、成本推动的通胀预期冲击以劳动供给预期冲击。对房价波动解释力度最大的则是不可预期的住房需求偏好冲击。

（二）政策建议

中国房地产市场虽历经多年调控，但投资、投机行为仍屡见不鲜，房价也居高不下。自2013年2月出台"新国五条"以来,房地产市场的预期管理被提上日程。本研究通过建立一个包含房地产部门的DSGE模型,从理论上论证了预期在经济波动中的重要性。因此,房地产市场的调控由传统的供求关系管理转向预期管理是非常有必要的。政府应当合理引导公众预期,出台房地产调控政策的时候应当充分考虑到对公众预期的影响。鉴于社会上关于宏观经济的舆论众多,其中也不乏一些"噪声",政府也应该对这些"噪声"进行整治,因为一些不负责任的舆论的出现会严重误导公众的预期,从而使政府的预期管理效果大打折扣。此外,政策的出台应当避免使房地产市场出现大起大落,进而影响宏观经济的稳定。

专题七 货币政策对我国制造业企业风险承担的影响研究

一、引言

2008年全球金融危机爆发以来,关于货币政策传导机制的研究似乎遭遇了瓶颈,这引发了学者们的重视,他们从而发现了货币政策与风险承担这一传导过程,包括货币政策与银行及企业风险承担等,丰富了相关的理论研究。就货币政策对企业风险承担的影响而言,不同行业之间也有差异。

根据金融服务实体经济的方针政策,作为国民经济的基础产业,制造业的发展尤为重要。近些年来制造业中出现了较为严重的产能过剩问题,2008—2017年,全社会固定资产投资的平均增长速度为20.43%,而制造业的固定资产投资占全社会的30%以上,平均增长速度也高达21.31%,所以投资过度的问题在制造业企业中不可忽视。在制造业面临巨大危机的时候,《中国制造2025》作为行动纲领给制造业提供了新的思路。因此,关于货币政策对制造业企业风险承担的影响,结合制造业过度投资问题的研究就显得尤为必要。

国内外关于货币政策对企业风险承担影响的研究中涉及多种传导渠道,首先是利率渠道,在紧缩的货币政策下,企业进行投资的边际成本较高,因此较低的风险承担更易于被理性的投资者选择(胡育蓉等,2014)。其次是信贷渠道,随着货币政策的放宽,信贷供给增加(Borio & Zhu,2008),企业融资约束减弱,这降低了其风险规避程度并促使其风险承担水平上升。最后,利率渠道和信贷渠道都是以经济主体完全理性为假设,但非理性因素的影响不容忽视。经济主体的行为受货币政策的影响而有所调整,这种调整可以通过传递信号的方式来进行。张前程和龚刚(2016)认为投资者情绪是货币政策对企业风险承担影响的中介效应之一。

在货币政策对企业风险承担的研究中,大多数文献并未考虑目前企业所处的投资状态。本专题在研究货币政策对制造业企业风险承担影响的基础上,测算了企业的过度投资水平,并引入货币政策与过度投资的交互项来研究过度投资视角下货币政策对企业风险承担的影响,并从企业规模、所有权性质和细分行业的角度来分析货币政策对企业风险承担影响的非对称效应,为货币当局的决策提供数据支持。

本文具体安排如下:第二部分对相关的文献与理论进行梳理,并提出相应假设;第三部分是研究设计,主要包括建立模型、选取变量和选择数据与样本;第四部分是实证结果分析;第五部分是结论与政策建议。

二、理论分析与研究假设

(一)货币政策与企业风险承担

对于微观企业来说,其行为方式会受宏观经济形势的影响,因此其风险承担肯定也会受制于宏观调控。这一影响的传导主要通过利率渠道、信贷渠道和非理性渠道。

利率渠道理论认为,利率由较低上升至较高的水平时,企业进行投资的边际成本较高,因此较低的风险承担更易于被投资者选择。同时,利率升高使得融资成本上升,风险较高的项目便丧失了其可行性,因此企业风险承担水平被抑制(宋杨,2017)。

信贷渠道又可以分为银行贷款渠道和资产负债表渠道。从前者来看,紧缩的货币政策将限制贷款的供给(许少强和颜永嘉,2015),信贷资金量稀缺,加剧了企业信贷约束的严重程度,高风险项目更少被选择,从而风险承担水平就会降低。后者则从借款者的资产负债状况入手,由此来看,紧缩的货币政策将导致抵押物价值下降,企业资产净值下降,道德风险和逆向选择也会随着外部融资溢价的上升而增大,进而贷款监督力度提高,企业风险承担意愿下降,其风险承担水平从而也降低(朱新蓉和李虹含,2013)。

利率渠道和信贷渠道向企业传导风险都是以经济主体完全理性为假设前提,但非理性因素的影响不容忽视。一方面,若经济个体都感受到了宽松的货币政策的效果,其信心指数也会因为经济水平的提高而上升,企业的风险容忍度也会随之提高。另一方面,金融市场中不乏非理性因素。货币政策对企业风险承担的影响在经由金融市场实现时,投资者情绪等非理性因素也会产生一定的作用(张前程和龚刚,2016)。

基于以上分析,提出假设1(H1):

货币政策会对制造业行业的企业风险承担水平产生影响。宽松的货币政策可以促进其升高,而紧缩的货币政策则会使其下降。

(二)过度投资视角下的货币政策与企业风险承担

在企业的成长机会和发展能力之外,若企业投资了净现值小于零项目,本研究即认为其存在过度投资。在相同的货币政策状况下,存在过度投资的制造业企业通常意味着其投资状况超出了原本预期的投资水平,这种非效率投资会增加企业面临的风险。在宽松的货币政策下,企业原本就有着较高的风险承担意愿与水平,过度投资的存在起到了进一步的促进作用,使得企业风险承担对于货币政策的变动更加敏感;而在紧缩的货币政策下,过度投资的存在则会削弱紧缩的货币政策的影响,使得制造业企业的风险承担水平在原有水平上升高。

基于以上分析,提出假设2(H2):

货币政策对于存在过度投资的制造业企业风险承担水平的影响更为显著。过度投资的存在会使得在宽松或紧缩的货币政策下的制造业企业的风险承担水平升高。

(三) 分样本研究

以上分析主要是从制造业整体的角度来看的,却并未考虑微观主体的异质性。本研究选择从制造业企业规模、所有权性质及制造业细分行业等角度来进行深入研究。

从企业规模来看,大型企业更容易获得银行信贷。对于中小企业来说,其在经营管理和信息完善方面处于弱势地位,融资渠道有限,风险承担水平更易受到货币政策的影响。因此,货币政策对中小企业风险承担水平的影响更为显著。

从所有权性质来看,在融资方面,相对于非国有企业,国有企业具有一定的优势。一方面,国有银行与国有企业有着密不可分的联系,国有企业更易获取外部融资资源;另一方面,基于社会稳定及就业等因素,国有企业也需要政治和财务方面的支持生存下去。因此,非国有企业的风险承担水平对货币政策变化的反应相对更为显著。

从制造业细分行业来看,机械及电子制造业等耐用品生产企业更易受到货币政策的影响。一方面,作为资本密集型产业,耐用品制造业企业融资诉求强烈,投资行为更易受到影响;另一方面,紧缩的货币政策会降低消费者对耐用品的需求,耐用品生产企业短期收入出现下滑,融资约束和预期约束进一步增强,这从而刺激其风险承担行为发生变化。因此,相较于其他的制造业细分行业,货币政策对机械及电子制造业等耐用品生产企业的风险承担水平的影响更为显著。

基于以上分析,提出假设3(H3):

货币政策对于不同类型制造业企业风险承担水平影响的显著程度存在差异,中小企业、非国有企业和机械及电子制造业等耐用品生产企业的风险承担水平受货币政策的影响更为显著。同样,过度投资的存在会使得在宽松或紧缩的货币政策下的制造业企业的风险承担水平升高。

三、研究设计

(一) 模型建立

1. 过度投资水平测算

借鉴 Richardson(2006)建立的模型来对企业过度投资水平进行测算。企业的投资可被分解为两部分:一部分被用来维持现有生产能力,另一部分被用于新增的投资支出。在新增的投资支出中,一部分被用于净现值为正的项目,即预期适度投资,剩下的即为非预期投资。过度投资现象就是指非预期投资大于零的情况,非预期投资小于零则被称为投资不足。因此,本研究使用此方法来研究制造业企业的过度投资,以模型的回归残差来证明制造业企业是否存在过度投资并对其进行度量。建构模型为:

$$\text{Invest}_{i,t} = \alpha + \beta_1 \text{Invest}_{i,t-1} + \beta_2 \text{Growth}_{i,t-1} + \beta_3 \text{Lev}_{i,t-1} + \beta_4 \text{Cash}_{i,t-1} + \beta_5 \text{Age}_{i,t-1} + \beta_6 \text{Size}_{i,t-1} + \beta_7 \text{Return}_{i,t-1} + \varepsilon_{i,t} \quad (2-7-1)$$

其中,$\varepsilon_{i,t}$ 表示回归模型的残差,其他字母的含义如表2-7-1所示。若 $\varepsilon_{i,t} > 0$,则企业存在过度投资,并取 $\text{Overinvest}_{i,t} = \varepsilon_{i,t}$;若 $\varepsilon_{i,t} < 0$,则表示企业存在投资不足,取 $\text{Overinvest}_{i,t} = 0$。

2. 货币政策与企业风险承担

在相关文献及前文理论分析的基础上,本研究选择企业的风险承担水平作为被解释变量,货币政策作为主要解释变量,并加入相应控制变量。建构模型为:

$$\text{Risk}_{i,t} = \alpha + \beta_1 \text{MP}_t + \beta_2 \text{Growth}_{i,t} + \beta_3 \text{Lev}_{i,t} + \beta_4 \text{Age}_{i,t} + \beta_5 \text{Size}_{i,t} + \beta_6 \text{Roa}_{i,t} + \beta_7 \text{Topone}_{i,t} + \beta_8 \text{GDP}_t + \beta_9 \text{Crisis}_t + \varepsilon_{i,t} \quad (2-7-2)$$

其中,$\text{Risk}_{i,t}$ 表示制造业企业的风险承担水平,MP_t 表示货币政策变量,其他字母的含义如表2-7-1所示。若货币供给M2增长率(gM2)和社会融资规模(Scale)的系数 $\beta_1 > 0$、一年期贷款基准利率的加权平均值(Lir)的系数 $\beta_1 < 0$,说明宽松的货币政策会使制造业企业的风险承担水平上升。

3. 过度投资视角下的货币政策与企业风险承担

为了从过度投资的角度考察货币政策对制造业企业的风险承担水平的影响,在模型中加入 MP_t 及其与过度投资的交互项 $\text{MP}_t * \text{Overinvest}_{i,t}$ 进行回归。建构模型为:

$$\text{Risk}_{i,t} = \alpha + \beta_1 \text{MP}_t + \beta_2 \text{MP}_t * \text{Overinvest}_{i,t} + \beta_3 \text{Growth}_{i,t} + \beta_4 \text{Lev}_{i,t} + \beta_5 \text{Age}_{i,t} + \beta_6 \text{Size}_{i,t} + \beta_7 \text{Roa}_{i,t} + \beta_8 \text{Topone}_{i,t} + \beta_9 \text{GDP}_t + \beta_{10} \text{Crisis}_t + \varepsilon_{i,t} \quad (2-7-3)$$

其中,$\text{Risk}_{i,t}$ 表示制造业企业的风险承担水平,MP_t 表示货币政策变量,$\text{MP}_t * \text{Overinvest}_{i,t}$ 表示货币政策与过度投资的交互项,其他字母的含义如表2-7-1所示。若 gM2 * Overinvest 和 Scale * Overinvest 的系数 $\beta_2 > 0$、Lir * Overinvest 的系数 $\beta_2 < 0$,

说明当货币政策转向更加宽松的状态时,存在过度投资的制造业企业的风险承担对于货币政策变动的反应更加敏感。

(二) 变量选取

1. 企业风险变量

根据学者们的研究,以下指标都可以衡量企业的风险承担水平:盈利的波动性(John et al.,2008)、股票收益的波动性(Coles et al.,2006)、企业的 R&D 支出(Coles et al.,2006)。但从本质上来说,未来现金流入的不确定性决定了企业风险承担水平的高低。那么,本研究也选择企业盈利的波动性来进行测算,选择三年(即第 t、$t+1$、$t+2$ 年,t 为观测当年)作为一个观测时段,同时,为了避免行业与经济周期的影响,对企业观测年度总资产报酬率 ROA(EBIT/ASSET)按照年度行业的均值进行调整,得到企业观测年度 Adj_Roa(见式(2-7-4))。随后,计算出 Adj_Roa 在三年观测时段内的标准差作为企业风险承担水平变量 Risk(见式(2-7-5))。

$$\text{Adj\_Roa}_{i,t} = \frac{\text{EBIT}_{i,t}}{\text{ASSET}_{i,t}} - \frac{1}{N_t}\sum_{i=1}^{n}\frac{\text{EBIT}_{i,t}}{\text{ASSET}_{i,t}} \quad (2\text{-}7\text{-}4)$$

$$\text{Risk}_{i,t} = \sqrt{\frac{1}{T-1}\sum_{t=1}^{T}\left(\text{Adj\_Roa}_{i,t} - \frac{1}{T}\sum_{t=1}^{T}\text{Adj\_Roa}_{i,t}\right)^2} \mid T=3 \quad (2\text{-}7\text{-}5)$$

2. 货币政策变量

在货币政策指标的选择上,我们选择货币供给 M2 增长率(gM2)和一年期贷款基准利率的加权平均值(Lir)作为货币政策的其中两个代理变量。

此外,2011 年起,社会融资规模这一新的指标概念被引入我国宏观调控的指标体系。这是一个增量概念,全面表现了金融对实体经济的资金支持。社会融资规模可以被我国货币政策宏观调控所影响,并对经济增长、投资消费及物价水平等指标产生影响(郭丽虹、张祥建和徐龙炳,2014)。因此选择社会融资规模(Scale)这一增量概念作为货币政策的第三个代理变量。

3. 控制变量选择

控制变量主要为企业特征变量和宏观经济变量,同时还加入了金融危机虚拟变量(Crisis),因为货币政策等在金融危机前后呈现不一样的特征。具体变量的计算说明如表 2-7-1 所示。

表 2-7-1 模型相关控制变量表

变量	定义	计算
Invest	当年新增投资	(构建固定资产、无形资产和长期资产支付的现金-折旧-摊销)/总资产

(续表)

变量	定义	计算
Overinvest	过度投资	若企业存在过度投资,则 Overinvest=1,否则为 0
Growth	成长机会	营业收入增长率=(期末营业收入-期初营业收入)/期初营业收入
Lev	资产负债率	企业总负债/企业总资产
Cash	货币资金	货币资金持有量/总资产
Age	企业经营年限	Ln(1+企业成立年限)
Size	企业规模	ln(企业总资产)
Roa	总资产报酬率	息税前利润 EBIT/总资产 ASSET
Return	股票收益率	股票年收益率
Topone	股权集中度	年末第一大股东持股比例
gGDP	宏观经济增长	GDP 年增长率
Crisis	金融危机虚拟变量	2008 年之前取 0,2008 年(含)之后取 1

(三) 样本构成与数据来源

选择沪深两市的中国制造业上市公司 2002—2016 年的数据作为样本,因为企业风险承担水平变量的计量需要三年的观测期,因此实际的回归的时段为 2002—2014 年。对原始数据做以下处理:(1)删除样本期内被 ST 和 PT 的上市公司;(2)剔除净资产小于 0、资产负债率大于 1 的样本;(3)剔除数据不全及其他异常值的样本数据;(4)仅保留连续 5 年及以上模型所需数据健全的样本数据;(5)对货币政策代理变量及其他虚拟变量之外的所有变量做上下 1% 缩减的缩尾处理。

经过以上筛选后,样本包含 671 家制造业企业、6 029 个观测数据。本研究所需数据主要来自 Wind 数据库、中国人民银行网站和国家统计局网站等。数据的各项分析和模型回归主要利用 Stata 来完成。

四、实证结果分析

(一) 相关性分析

在进行实证检验之前,各变量的相关系数检验不可或缺,经检验,绝大部分变量的相关系数的绝对值都较小,这表明严重的多重共线性问题在本研究的各变量之间并不存在。

(二) 基本实证结果与分析

选用面板回归来进行实证分析,因此需要在混合模型、固定效应模型及随机效应模型中进行选择。首先是混合模型和固定效应模型的选择与比较(见表2-7-2),固定效应模型优于混合模型,因为 F 统计值拒绝了混合模型。接着是固定效应模型与随机效应模型的分析与比较,本文利用 Hausman 检验进行检测,(见表2-7-3),固定效应模型优于随机效应模型,因为 Hausman 统计量 P 值均小于1%,拒绝了原假设。综上所述,本研究所选的估计模型为固定效应模型。

表2-7-2 混合模型和固定效应模型对比检验统计表

	检验结果	gM2	Lir	Scale
Risk	F 值	34.83	33.87	34.20
	P 值	0.0000	0.0000	0.0000

表2-7-3 Hausman 检验统计表

	检验结果	gM2	Lir	Scale
Risk	Chi2 值	58.12	50.83	45.65
	P 值	0.0000	0.0000	0.0000

1. 过度投资水平测算

在制造业企业过度投资的检验过程中,本研究加入了模型构建涉及的与企业投资水平理论上存在一定关系的控制变量进行回归和检验,以提高结果的准确性。模型(2-7-1)回归结果如表2-7-4所示。

表2-7-4 制造业企业过度投资水平测算

变量	Invest
Invest	0.3192***
	(27.0224)
Growth	0.0141***
	(6.7714)
Lev	-0.0222***
	(-4.0632)
Cash	0.1096***
	(17.2972)
Age	0.0970
	(0.3563)

（续表）

变量	Invest
Size	-1.1922***
	(-8.9422)
Return	1.5012***
	(8.6650)
Constant	9.4867***
	(13.0370)
N	6029
F	265.0000

注：***、**和*分别表示1%、5%和10%的显著性水平，括号内为 t 值。

表 2-7-5 显示了回归中残差的统计结果，存在过度投资的观测值为 5 366 个，占样本数据总数的 89.00%；残差值小于 0，即存在投资不足的观测值为 663 个，占样本数据总数的 11.00%。这表明过度投资行为在制造业企业中普遍存在。

表 2-7-5 残差结果统计表

残差	均值	标准差	个数	占比(%)
E>0	4.2229	2.8223	5 366	89.00
E<0	-1.1862	1.0416	663	11.00

2. 货币政策与企业风险承担的实证分析

在货币政策的企业风险承担渠道的检验过程中，对数据利用模型(2-7-2)来进行回归，并加入了金融危机虚拟变量 Crisis。

从表 2-7-6 的回归结果中可以看到，gM2 和 Scale 的系数在 1% 的水平上显著为正，估计值分别为 0.0176 和 0.0355；Lir 的系数在 1% 的水平上显著为负，估计值为 -0.0203，各回归结果也是显著的。这说明货币政策确实会对制造业企业风险承担水平产生影响，宽松的货币政策会促进企业风险承担水平升高，这支持了本研究的假设 1。

表 2-7-6 货币政策与企业风险承担

变量	(1)	(2)	(3)
gM2	0.0176***		
	(2.8742)		
Lir		-0.0203***	
		(-3.3470)	

（续表）

变量	（1）	（2）	（3）
Scale			0.0355***
			(2.9314)
Growth	−0.0014	−0.0018*	−0.0016
	(−1.3490)	(−1.7652)	(−1.6387)
Lev	0.0192***	0.0200***	0.0201***
	(7.2259)	(7.5292)	(7.5868)
Age	1.0666***	0.9419***	0.6814***
	(5.8991)	(4.5953)	(3.1678)
Size	−0.4625***	−0.4991***	−0.5196***
	(−6.7827)	(−7.3829)	(−7.6992)
Roa	0.0615***	0.0632***	0.0628***
	(9.0574)	(9.3115)	(9.2634)
Topone	−0.0064	−0.0066	−0.0060
	(−1.5874)	(−1.6314)	(−1.4868)
gGDP	0.0488***	0.0654***	0.0748***
	(2.8542)	(4.0499)	(4.3784)
Crisis	−0.4752***	−0.3615***	−0.5665***
	(−4.8369)	(−3.2125)	(−3.5528)
Constant	1.7134***	2.4886***	2.8204***
	(2.6984)	(4.3044)	(4.6166)
N	6029	6029	6029
F	34.83	33.87	34.20

注：***、**和*分别表示1%、5%和10%的显著性水平，括号内为t值。

3. 过度投资视角下的货币政策与企业风险承担检验

在过度投资视角下的货币政策与企业风险承担的检验中，对数据利用模型（2-7-3）来进行回归。从表2-7-7的回归结果中可以看到，gM2和Scale及交互项gM2 * Overinvest和Scale * Overinvest的系数显著为正，Lir及交互项Lir * Overinvest的系数显著为负。

这样的结果说明在控制了其他因素的条件下，宽松的货币政策对于存在过度投资的制造业企业的风险承担水平的影响更为显著。之前的实证研究证明，宽松的货币政策可以促进制造业企业的风险承担水平升高,但若此时制造业企业已存在过度投资,这样的非效率投资也会增加企业面临的风险,因此这一双重作用使得其对于货币政策的变动更加敏感,支持了本研究的假设 2。

表 2-7-7　过度投资视角下的货币政策与企业风险承担

变量	(1)	(2)	(3)
gM2	0.0223***		
	(3.4258)		
gM2 * Overinvest	0.0014**		
	(2.1332)		
Lir		−0.0260**	
		(−2.4282)	
Lir * Overinvest		−0.0060***	
		(−2.8571)	
Scale			0.0360*
			(1.7330)
Scale * Overinvest			0.0006***
			(3.6133)
Growth	−0.0014	−0.0017*	−0.0016
	(−1.3468)	(−1.6600)	(−1.6351)
Lev	0.0187***	0.0190***	0.0199***
	(6.9741)	(7.1048)	(7.4265)
Age	0.9801***	0.7684***	0.6719***
	(5.2913)	(3.5965)	(3.1160)
Size	−0.4674***	−0.5021***	−0.5168***
	(−6.8534)	(−7.4311)	(−7.6392)
Roa	0.0630***	0.0648***	0.0631***
	(9.2318)	(9.5208)	(9.2825)
Topone	−0.0065	−0.0068*	−0.0060
	(−1.6182)	(−1.6676)	(−1.4903)
gGDP	0.0481***	0.0644***	0.0753***
	(2.8156)	(3.9911)	(4.4026)

（续表）

变量	（1）	（2）	（3）
Crisis	−0.4614***	−0.3218***	−0.5554***
	(−4.7185)	(−2.8388)	(−3.4603)
Constant	2.0107***	2.8419***	2.8396***
	(3.0940)	(4.8098)	(4.6417)
N	6029	6029	6029
F	31.82	31.34	30.81

注：***、**和*分别表示1%、5%和10%的显著性水平，括号内为 t 值。

（三）分样本实证结果及分析

根据之前的分析，在货币政策对企业风险承担水平影响的检验中，gM2 和 Scale 的系数显著为正，Lir 的系数显著为负。分样本回归分别从企业规模、所有权性质和制造业细分行业三个角度来检验其非对称性。

1. 不同规模的企业的实证结果分析

从企业规模方面进行分析时，可以将样本分为中小企业和大企业来进行分组回归。依据企业规模的测算方式，将大于企业平均规模的制造业企业定义为大企业，反之则为中小企业，由此将数据分为两组并以模型（2-7-3）进行回归。从表2-7-8的回归结果中可以看到，中小企业组的 gM2 和 Scale 及交互项 gM2 * Overinvest 和 Scale * Overinvest 的系数显著为正，Lir 及交互项 Lir * Overinvest 的系数显著为负，而大企业组的相应系数大多数则不显著，同时两组回归的货币政策 MP 系数差异显著。因此，过度投资视角下中小企业的风险承担水平确实更易受货币政策的影响。

表2-7-8　不同规模企业的实证结果

变量	（1）大企业	（2）中小企业	（3）大企业	（4）中小企业	（5）大企业	（6）中小企业
gM2	0.0164*	0.0311***				
	(1.7557)	(3.3068)				
gM2 * Overinvest	−0.0006	0.0021**				
	(−0.6007)	(1.9936)				
Lir			−0.0204	−0.0743***		
			(−1.3892)	(−2.8230)		

（续表）

变量	(1) 大企业	(2) 中小企业	(3) 大企业	(4) 中小企业	(5) 大企业	(6) 中小企业
Lir * Overinvest			-0.0055*	-0.0041**		
			(-1.6829)	(-2.3970)		
Scale					-0.0276	0.0766**
					(-0.9339)	(2.5116)
Scale * Overinvest					-0.0012	0.0007**
					(-0.7481)	(2.4873)
Control	Yes	Yes	Yes	Yes	Yes	Yes
N	2,654	3,375	2,654	3,375	2,654	3,375
F	21.36	12.15	20.71	12.05	20.19	12.53
MP 系数差异检验						
F 值	4.21	4.65	11.67			
P 值	0.0434	0.0311	0.0006			

注：***、**和*分别表示1%、5%和10%的显著性水平，括号内为 t 值。

2. 不同所有权性质的企业的实证结果分析

对企业所有权性质进行分析时，可以将样本分为国有企业组和非国有企业组，并用模型(2-7-3)来进行回归，结果如表2-7-9所示。

表2-7-9 不同所有权性质的企业的实证结果

变量	(1) 国有企业	(2) 非国有企业	(3) 国有企业	(4) 非国有企业	(5) 国有企业	(6) 非国有企业
gM2	0.0232	0.0251***				
	(0.4402)	(2.5850)				
gM2 * Overinvest	-0.0013	0.0012***				
	(-1.3025)	(3.3264)				
Lir			-0.0050	-0.0086**		
			(-0.4198)	(-2.0941)		
Lir * Overinvest			-0.0043	-0.0055*		
			(-1.3303)	(-1.9334)		

（续表）

变量	(1) 国有企业	(2) 非国有企业	(3) 国有企业	(4) 非国有企业	(5) 国有企业	(6) 非国有企业
Scale					0.0080	0.0134***
					(0.9583)	(2.6409)
Scale * Overinvest					−0.0006	0.0005**
					(−0.3657)	(2.3768)
Control	Yes	Yes	Yes	Yes	Yes	Yes
N	3161	2868	3161	2868	3161	2868
F	17.88	16.65	17.34	16.39	17.21	15.96
MP 系数差异检验						
F 值	4.49		5.23		4.78	
P 值	0.0342		0.0228		0.0289	

注：***、**和*分别表示1%、5%和10%的显著性水平，括号内为 t 值。

从表2-7-9的回归结果中可以看到，在对不同所有权性质企业的实证检验中，非国有企业组的 gM2 和 Scale 及交互项 gM2 * Overinvest 和 Scale * Overinvest 的系数显著为正，Lir 及交互项 Lir * Overinvest 的系数显著为负，而国有企业组的相关系数则不显著，同时两组数据的 MP 系数显著有差异。因此，过度投资视角下非国有产权企业的风险承担水平对货币政策变动的反应更为显著。

3. 不同制造业细分行业企业的实证结果分析

从制造业细分行业方面来看，制造业可以分为轻纺制造业、资源加工工业和机械及电子制造业来进行分组回归。按照《上市公司行业分类指引》，制造业包括31个子行业，本研究将这些子行业分为三类：首先是包括食品、饮料等在内的轻纺制造业，其次是包括石油化工、橡胶等在内的资源加工工业，最后是涵盖机械设备、交通运输工具等的机械及电子制造业。

对这三组数据用模型(2-7-3)来进行回归，回归结果如表2-7-10所示，可以看到，机械及电子制造业组的 gM2 和 Scale 及交互项 gM2 * Overinvest 和 Scale * Overinvest 的系数显著为正，Lir 及交互项 Lir * Overinvest 的系数显著为负，其余两组的系数则不甚显著，同时三组间 gM2 和 Lir 系数差异在5%的水平上也显著，但 Scale 系数差异不显著。这说明货币政策对机械及电子制造业等耐用品生产企业的风险承担水平影响更为显著，且在过度投资视角下，其风险承担水平对货币政策变动也更敏感。

综上所述，货币政策对于制造业企业风险承担水平的影响存在非对称性，中小企业、非国有企业和机械及电子制造业等耐用品生产企业的风险承担水平受到货币政策的影响更为显著。同样，过度投资的存在会使得在宽松或紧缩的货币政策下的企业的风险承担水平升高，这支持了本研究的假设3。

表2-7-10　不同制造业细分行业企业的实证结果

变量	(1) 轻纺制造业	(2) 资源加工工业	(3) 机械及电子制造业	(4) 轻纺制造业	(5) 资源加工工业	(6) 机械及电子制造业	(7) 轻纺制造业	(8) 资源加工工业	(9) 机械及电子制造业
gM2	−0.0238	0.0210*	0.0419***						
	(−1.6378)	(1.9146)	(4.4452)						
gM2 * Overinvest	0.0008	0.0013	0.0016*						
	(0.5058)	(1.1930)	(1.8097)						
Lir				−0.1322	−0.0747	−0.1175**			
				(−0.9536)	(−0.7419)	(−2.3169)			
Lir * Overinvest				−0.0035	−0.0054	−0.0064**			
				(−0.7286)	(−1.5905)	(−2.0487)			
Scale							0.0267	0.0372	0.0130**
							(0.5526)	(1.0470)	(2.4426)
Scale * Overinvest							0.0031	−0.0022	0.0001**
							(1.3236)	(−1.3503)	(2.0364)
Control	Yes	Yes	Yes	Yes	Yes	Yes	Yes	Yes	Yes
N	1022	2392	2615	1022	2392	2615	1022	2392	2615
F	5.969	24.78	14.52	5.880	24.64	13.38	5.918	24.65	12.46
MP系数差异检验									
F值	4.93	4.64	1.05						
P值	0.0265	0.0313	0.2212						

注：***、**和*分别表示1%、5%和10%的显著性水平，括号内为t值。

(四) 稳健性检验

为了检验以上的估计结果,需要对基本回归结果进行稳健性检验,本研究从企业风险承担测算变量方面对回归结果进行稳健性检验。

在企业风险承担的测量方面,除了以总资产报酬率 ROA(EBIT/ASSET)为基础计算,也可以以投入资本回报率 ROIC(EBIT/IC)为基础来测算其在观测时段内经调整的标准差来作为企业风险承担水平的测算指标。做出上述替换之后,重新对过度投资视角下货币政策对制造业企业风险承担的影响进行实证检验,结果同原结论基本一致。检验结果可以说明本文的实证结果是具有稳健性的。

五、结论与政策建议

(一) 研究结论

基于货币政策对企业风险承担影响的相关理论,从过度投资的角度来进行货币政策对企业风险承担的影响的相关研究,通过实证研究得到了相应的结论。

第一,制造业企业的风险承担水平确实会受到货币政策的影响,其会随着货币政策的宽松而升高,随着货币政策的紧缩而下降。

第二,在对过度投资水平进行测算之后,发现我国制造业企业80%以上的样本数据都存在过度投资现象。过度投资的存在会增加企业面临的风险,使得企业的风险承担水平升高。在宽松的货币政策下,过度投资的存在进一步促进了制造业企业的风险承担水平升高;而在紧缩的货币政策下,过度投资的存在却会削弱紧缩货币政策的影响,也刺激企业的风险承担水平升高。总而言之,过度投资的存在会使得在宽松或紧缩的货币政策下的制造业企业的风险承担水平升高。

第三,制造业企业风险承担水平受到货币政策的影响在企业规模、所有权性质和制造业细分行业方面存在非对称性。中小企业、非国有企业和机械及电子制造业等耐用品生产企业的风险承担水平受到货币政策的影响更为显著。同时,过度投资的存在也会使得在宽松或紧缩的货币政策下的企业的风险承担水平升高。

(二) 政策建议

基于本专题的研究结论,我们提出以下政策建议:

第一,货币政策的制定与实施,需要重视金融系统的稳定,但货币政策对企业风险承担的多种作用渠道同样不可忽视。市场经济中各种变量的影响是相互的,在货币政策作用于微观企业时,企业的多方面行为同样会对货币政策的制定与实施效果产生反作用。

第二,企业风险承担的检测和评估体系的建立刻不容缓,货币政策调控的前瞻性和策略性也需得到重视。经过本研究的理论梳理与实证分析,加之相关性、可测性和可控性的考虑,企业风险承担这一测评指标在一定程度上也可作为货币政策实施效果的依据之一,并可以根据企业的风险承担水平来对货币政策进行策略性的调控,使之更好地服务于经济社会。

第三,对于存在与不存在过度投资的制造业企业采取差异化的货币政策,塑造不同的风险承担能力。由于我国大多数的制造业企业都存在过度投资,在信贷调控方面,更应该考虑制造业企业的不同投资效率及过度投资水平,有针对性地采取差异化的货币政策。

第四,充分考虑货币政策对企业风险承担的影响在企业规模、所有权性质和制造业细分行业方面的非对称性,保持货币政策调控的针对性和审慎性。在制定货币政策时,要充分考虑这些非对称性,有针对性地对实施适当的举措,出台指向性、配合型的政策,在实现预期目标的基础上,最小化由非对称性产生的负面作用。

专题八　中国货币政策信贷传导的时变效应研究

一、导言

长期以来,我国的货币政策调控方式一直是各方关注的焦点,不同于发达国家较多使用公开市场操作和调整再贴现率等方式,我国在货币政策操作上更多地依赖准备金率的调整,这一现状与我国的社会融资结构密切相关。根据央行统计,2017年对实体经济发放的人民币贷款占同期社会融资规模的71.2%,同比增长1.4%;就融资规模存量而言,人民币贷款占比也接近70%,而直接融资渠道占比依旧较低,仅为14%。这样的融资结构使得银行信贷在我国的货币政策传导中有着不可替代的作用。在过往的货币政策操作框架中,准备金率占据着重要地位。央行通过调节准备金率来控制银行的信用扩张速度,从而调控经济增长与物价水平。随着社会融资结构的变化,许多非银金融机构也开始参与信用创造的过程,这使得以存款准备金率为主的调控措施偏差越来越大,这无疑降低了货币政策的有效性。为此,央行开始主动地实施货币政策框架的转型,通过公开市场操作和多种利率调控工具,构建起以利率走廊为核心的调控模式,在新的操作框架下,信贷对产出和物价水平的调控是否依然有效,利率渠道的有效性是否有所上升,回答这些问题,对于我们制定有效的货币政策,更好地调节宏观经济,有着重要的理论意义。

二、国内外研究综述

(一) 信贷渠道有效性的实证研究

在信贷渠道理论提出后,国外学者较早对于信贷渠道的有效性进行了探索研究。早期的文章大多通过研究信贷与产出和物价水平的互动关系发掘信贷渠道的有效性。Bernanke(1989)研究了美国银行贷款和总需求之间的关系,结果发现银行信贷冲击对总需求的影响效果明显。Bernanke and Blinder(1992)研究发现,以联邦基金利率的变动作为货币政策的度量方式时,货币政策并不是单独地通过单一的传导渠道(信贷渠道或货币渠道)发挥作用。但Kashyap et al.(1996)认为传统的识别方式并没有很好地区分货币渠道与信贷渠道,过往研究忽视了信贷总额会影响到广义货币量的现实。为此,他们研究了不同时期商业银行持有的银行贷款和商业票据的资产组合,发现在货币政策紧缩时,资产组合中商业贷款的占比出现下降,而商业票据的占比明显增加,这说明货币政策的改变影响了贷款供给,进而影响了投资和产出,这表明信贷渠道传导确实存在。但不少学者对信贷渠道的有效性提出了质疑。Ramey(1993)研究发现信贷对产出的作用并不明显。Kakes and Sturm(2002)发现货币政策的冲击对中小银行贷款额的影响较大银行更为明显,但是小银行的资产拥有更多的流动性,可以抵消一部分政策冲击。

由于我国金融市场发展滞后、去监管化进程缓慢等问题,关于我国信贷传导的研究开展较晚,关于信贷传导渠道是否有效,学术界也不存在统一的看法。早期的研究大多支持了信贷渠道的有效性,王振山和王志强(2000)最早研究了信贷渠道传导问题,他们利用 1990—1997 年的宏观数据对我国货币政策传导渠道进行研究,结果发现信贷对产出和物价水平的影响十分显著。许多学者通过实证研究也得出了相似的结论(李斌,2001;周英章和蒋振声,2002;蒋瑛琨等,2005;盛朝晖,2006;赵振全等,2007;许伟和陈斌开,2009;潘敏和缪海斌,2010)。在总量的基础上,许多学者开始关注信贷结构是否会影响信贷渠道的有效性。范从来等(2012)对银行贷款期限结构进行了详细的区分,发现短期贷款和中长期贷款对产出和通货膨胀存在差异化的影响。虽然信贷渠道的有效性获得了大多数学者的认同,但另一些学者认为,随着我国的融资结构发生了相应的变化,信贷在经济中的重要性出现了一定的下降,信贷传导的有效性是否依然有效值得进一步探讨。胡冬梅(2008)在对我国货币政策的主要传导渠道进行实证研究时发现,贷款与产出之间存在格兰杰因果关系,但广义货币与贷款之间并不存在格兰杰因果关系,信贷渠道虽然成立,但是其传导渠道并不顺畅。战明华和蒋婧梅(2013)研究了金融创新对信贷渠道有效性的影响,发现总体而言,信贷渠道是显著存在的,但是信贷渠道的效应变化表现出明显的倒 U 形特征。在宏观数据的基础上,学者们开始更多地采用微观数据来探讨信贷渠道的有效性。王铭利(2015)利用 A 股上市公司的数据,对比了资产负债表渠道和银行信贷渠道的表现,结果发现影子银行这一类的表外业务增加了企业外部融资的渠道,降低了企业对银行贷款业务的依赖性,使得资产负债表渠道发挥了越来越重要的作用。

(二)货币政策传导机制时变效应研究

随着经济结构的变化,创新性金融工具的不断涌现,货币政策的传导机制也开始发生相应的变化,国外的学者也较早地对货币政策传导发生变化的原因进行了研究。Mauskopf(1990)研究发现金融市场的自由化会影响货币政策传导效应。在 20 世纪 80 年代,当美联储实施紧缩的货币政策时,其主要通过提高商业银行的存款准备金要求,从而减少信贷投放量来收紧流动性,但是基准利率变化缓慢,可以看到,货币政策主要是通过信贷渠道来影响产出。在此之后,随着金融自由化和去监管化的广泛推开,许多管制措施贷款利率上限和存款利率上限等限制都被取消,这些变化促使银行转变经营行为,银行对利率价格的敏感度提高。在这种背景下,基准利率的变动冲击对货币政策的影响程度相较于之前有了较大提升,同时冲击扰动持续的时间也有所延长,这说明货币政策更多的是通过影响基准利率来影响宏观经济。此外,资产证券化业务的发展使得更多的主体可以参与到信用创造的过程中,这冲击了银行系统在信贷市场上的固有地位。这些新的变化使得更多的主体能参与到信贷市场,并逐渐成为市场中不可忽视的力量,且带动了影子银行体系的发展,导致银行信贷的重要性下降。

除了金融市场的发展引起了货币政策传导的时变效应,公众对货币政策的预期也是影响货币政策时变效应的重要因素。及时地引导公众预期已经成为各国央行的一致共识。公众对于央行行为的解读将会影响货币政策的实施效果。例如,利率的变化会直接影响投资支出,如果央行提高基准利率的行为被市场解读为紧缩性货币政策的开端,那么公众会在下一次加息决定公布前,提前将加息的影响包含在现有的市场利率中。Apergis and Alevizopoulou(2012)发现预期也可以影响信贷渠道的传导。货币当局可以通过影响私人部门的预期,进一步影响银行的预期,从而自行调节银行的贷款,最终影响宏观经济。

国内学者对影响货币政策传导机制发生变化的因素也做了有益的探索。结合我国的实际,大多数学者认为金融市场的发展,汇率制度的改革以及影子银行的蓬勃发展等因素使得传统的货币政策传导机制的有效性下降。王劲松等(2006)认为随着我国对外开放程度的加快,汇率政策与货币政策有效性之间的冲突也越来越明显,这降低了货币政策调控的有效性。此后不少学者也表达了类似的观点(高新宇,2007;谭小芬,2008)。庞新江(2012)认为货币传导机制不完善、中央银行的独立性不够、经济发展不平衡、金融市场发育不成熟等因素,制约和影响了我国货币政策在实施过程中的有效性。公众预期的影响和影子银行、互联网金融的蓬勃发展对货币政策有效性的影响如何,学者们也做了有益的探讨。徐亚平(2009)指出央行对公众的预期和决策起着重要作用,货币政策效应能否发挥有效的作用,越来越需要借助央行引导公众预期。裘翔和周强龙(2014)认为影子银行在货币政策调控中呈现的逆周期特征,在对传统间接融资体系形成有益补充的同时,也削弱了货币政策的有效性。

通过对过往文献的梳理我们可以看到,现有的研究为中国货币政策信贷传导的时变效应提供了良好的基础,但是现有文献较多关注了中国货币政策信贷渠道对产出和通胀和影响,而对其时变效应的关注和研究较少,且这些研究时变效应的文献用到的多是定性分析方法,定量分析方法较少。另外,在实证研究方法上,大多数学者采用的研究方法是面板回归的方法或使用 VAR 模型。在面板回归中,大多学者结合银行的具体特征(如净资产收益率、规模等)来研究信贷传导的有效性及其影响特征,这一方法过于强调银行的微观特征,没有从宏观视角上来考察信贷渠道的特征。另外,大多数文章利用 VAR 模型来研究信贷总量对产出和通胀的影响,在此过程中往往采用固定参数模型,缺乏一定的灵活性。并且为了区分不同时期传导的差异性,大多数文献采用自行划分样本期间的手法,武断地将整体时期分为两个或两个以上的区间,缺乏一定的合理性。同时,模型中使用的宏观序列有限,无法包含更多的宏观经济信息,这会导致信息遗漏的问题。

有鉴于此,本研究借助于 TVP-FAVAR 模型,对中国货币政策信贷传导的时变效应进行实证研究。较以往模型不同的是,TVP-FAVAR 模型放松了参数固定的设定,将时变系数引入模型之中,从而可以灵活地捕捉到宏观经济的结构性变化。同时,TVP-FAVAR 模型能将多维宏观信息集加入分析框架之中,这就有效地解决了信息遗漏的问题,并且模型无须自行划分样本区间,减少了人为干预数据的问题。

三、计量模型

(一) TVP-FAVAR 模型的框架

一般来说,为了研究货币政策的传导渠道,往往会构建一个包含特定变量的 VAR 模型,其具体形式为:

$$y_t = [x_i, y_i] \tag{2-8-1}$$

其中,$y_t = [x_i, y_i]$,r_t 是货币政策代理变量,x_i 是 $(n \times l)$ 维矩阵,代表宏观经济变量。$b_i(u=1,\cdots,p)$ 是 $(n \times n)$ 阶系数矩阵,误差项 $v_t \sim N(0,\Omega)$,Ω 是 $(n \times n)$ 阶方差矩阵。FAVAR 模型能够将 N 维可观测向量分解成 K 阶不可观测因子向量,其中 K 远远小于 N。这样的简化措施使得模型可以容纳大量可观测序列。在标准的宏观经济模型中,X 中往往包含上百个序列。为进一步分析,我们假定 FAVAR 模型中的所有参数都是时变的,其具体形式为:

$$\begin{bmatrix} F_t \\ Y_t \end{bmatrix} = B_1 \begin{bmatrix} F_{t-1} \\ Y_{t-1} \end{bmatrix} + \cdots + B_p \begin{bmatrix} F_{t-p} \\ Y_{t-p} \end{bmatrix} + v_t \tag{2-8-2}$$

其中,F_t 为潜在因子构成的 $K \times 1$ 维向量;Y_t 为可观测变量和货币政策工具构成的 $L \times 1$ 维向量;$B_i(i=1,\cdots,p)$ 是 $(K \times L) \times (K+L)$ 阶系数矩阵;$v_t \sim N(0,\Omega)$,Ω 是 $(K \times L) \times (K+L)$ 阶方差矩阵。

潜在因子 F_t 根据以下方程获得:

$$X_t = \Lambda^f F_t + \Lambda^y Y_t + e_t \tag{2-8-3}$$

其中，X_t 表示经济系统中存在的大量时间序列构成的 $N \times 1$ 维向量，且 $K+L<N$；Λ^F 和 Λ^Y 分别为 F_t 和 Y_t 的 $N \times K$ 阶和 $N \times L$ 阶因子载荷矩阵。$e_t \sim N(0, H)$，$H = \text{diag}(\exp(h_t))$，同时假定扰动项 e_t 与潜在因子 F_t 不相关，其自身也不存在序列相关，即：

$$E(e_{i,t}F_t) = 0, E(e_{i,t}e_{j,s}) = 0 (i,j = 1, \dots, N; t, s = 1, \dots, T; i \neq j, t \neq s)$$

在上述模型中，所有的参数都不随时间变化。接下来，我们假定方程(2-8-2)中的参数随时间而变化，将基本的 FAVAR 模型拓展为 TVP-FAVAR 模型：

$$\begin{bmatrix} F_t \\ Y_t \end{bmatrix} = B_{1,t} \begin{bmatrix} F_{t-1} \\ Y_{t-1} \end{bmatrix} + \dots + B_{p,t} \begin{bmatrix} F_{t-p} \\ Y_{t-p} \end{bmatrix} \quad (2-8-4)$$

其中，F_t 仍然为潜在因子构成的 $K \times 1$ 维向量；Y_t 为可观测变量和货币政策工具构成的 $N \times 1$ 维向量；$B_{i,t}(i = 1, \dots, p; t = 1, \dots, t)$ 是 $M \times M$ 阶时变系数矩阵；$v_t \sim N(0, \Omega)$，是 $M \times M$ 阶时变协方差矩阵，$M = K+L$。

此处假设误差项与因子的所有领先项及滞后项均不相关，且因子自身的领先项与滞后项也互不相关。

参考 Primiceri(2006)，Cogley and Sargent(2005)关于有效参数化大型协方差矩阵的文章，通过三角矩阵变换来简化因子误差的协方差，将其简化为

$$A_t \Omega_t A'_t = \sum\nolimits_t \sum\nolimits_t' \quad (2-8-5)$$

于是，可以得到：

$$\Omega_t = A^{-1} \sum\nolimits_t \sum\nolimits_t' (A'^{-1}_t) \quad (2-8-6)$$

其中，$\sum_t = \text{diag} \sigma_{1,t}, \dots, \sigma_{M,t})$，$A_t$ 为以下形式的下三角矩阵：

$$A_t = \begin{bmatrix} 1 & 0 & \cdots & 0 \\ a_{21,t} & 1 & \ddots & \vdots \\ \vdots & \ddots & \ddots & 0 \\ a_{M1,t} & \cdots & a_{M(M-1),t} & 1 \end{bmatrix} \quad (2-8-7)$$

将方程(2-8-7)中的系数矩阵按照行元素重新堆叠，记为：
$B_t = (\text{vec}(B_{1,t})', \dots, \text{vec}(B_{p,1})')'$，$\log \sigma_t = (\log \sigma'_{1,t}, \dots, \log \sigma'_{M,t})$
$\alpha_t = (\alpha_{j1,t}, \dots, \alpha'_{j(j-1),t})', j = 1, \dots, M$

遵循 Koop(2009)及 Korobilis(2013)的做法，假定 B_t、α_t 和 $\log \sigma_t$ 服从以下形式的随机游走过程：

$$\begin{aligned} B_t &= B_{t-1} + J_t^B \eta_t^B \\ \alpha_t &= \alpha_{t-1} + J_t^\alpha \eta_t^\alpha \\ \log \sigma_t &= \log \sigma_{t-1} + J_t^\sigma \eta_t^\sigma \end{aligned} \quad (2-8-8)$$

其中，$\eta_t^\theta \sim N(0,Q_\theta)$ 为互相独立的冲击向量；Q_θ 是参数向量 B_t、α_t 和 $\log\sigma_t$ 对应的冲击协方差矩阵；变量 J_t^θ 是随机的，且服从 0/1 分布，控制着各时变参数冲击的结构突变。这样一种灵活的设定，使得模型中的参数可以根据数据情况决定是两个极端情况中的哪一种。其中 J_t^θ 表示参数是时变的，$J_t^\theta = 0$ 表示参数是固定的；$\eta_t^\theta \in \{B_t, \alpha_t, \log\sigma_t\}$ 方程中的干扰项的相关性不做具体假设，这样可以使方程的动态特征更为丰富。

（二）先验分布的选取

在确定了因子个数后，通过选取合适的先验分布能够有效地减少计算所需时间。参考 Korobilis(2013) 对于初始条件的设定，TVP-FAVAR 方程参数的先验分布为：

$B_0 N(\underline{B},\underline{V}), Q_B^{-1} W(0.005\times(\dim(B)+1)\times\underline{V},(\dim(B)+1)), \dim(B)=M\times M\times P;$

$\alpha_0 N(0,4I), Q_\alpha^{-1} W(0.01\times(\dim(\alpha)+1)\times I,(\dim(\alpha)+1)), \dim(\alpha)=M(M-1)/2;$

$\log\sigma_0 N(0,4I), Q_\sigma^{-1} W(0.0001\times(\dim(\sigma)+1)\times I,(\dim(\sigma)+1)), \dim(\sigma)=M$

因子方程参数的先验分布为：

$[\Lambda_i^f, \Lambda_i^y] N(0_{1\times M}, 10I_M), h_{i0} N(0,4), \sigma_h^{-1} \gamma(0.01,0.01), i=1,\cdots,N$

其中，$\underline{B}$ 和 $\underline{V}$ 的取值为：

$$\underline{B}_{ij\tau} = \begin{cases} 0.9 & i=j, \tau=1 \\ 0 & \text{others} \end{cases} \quad \tau=1,\cdots,p \qquad (2-8-9)$$

即方程因变量自身一阶滞后变量系数的先验期望为 0.9，其他变量的先验期望均为 0。

$$\underline{V}_{ij\tau} = \begin{cases} \dfrac{1}{\tau^2} & i=j \\ \dfrac{0.001 s_i^2}{\tau^2 s_j^2} & i \neq j \end{cases} \quad \tau=1,\cdots,p \qquad (2-8-10)$$

其中，s_i^2 是因变量 y_i 的单变量 p 阶自回归模型的残差。

四、实证分析

（一）变量选取与数据说明

基于研究问题的需要，借鉴 Bernanke et al.(2005) 及 Korobilis(2013) 的研究，考虑数据的可得性，本研究共选取了 150 个经济指标，主要包括了以下几类：(1)实际产出类，包括工业增加值、社会消费品零售总额等；(2)货币和资本市场类，货币供应量、存贷款总额、主要股票指数、债券指数等；(3)利率和汇率类，人民币实际汇率指数、人民币兑美元汇率等主要汇率交易品种和一年存款基准利率、银行间同业拆借7天利率等;(4)价格类,居民消费价格指数、工业生产者价格指数、进出口价格指数等。

本研究使用的数据为2003年1月至2017年10月的月度数据,数据主要来自万德数据库。由于FAVAR要求经济变量信息集中的数据是$I(0)$并且均值为0,为此先对数据进行平稳性检验,根据平稳性检验的结果,对于平稳的数据直接取原值,对非平稳的数据做一阶对数差分处理。在所有数据都平稳后,进一步地对数据做标准化处理,将每个数据处理成均值为0,方差为1的标准化序列。同时,为方便模型估计,将上述变量分为快速反应的变量和慢速反应的变量。

在目标变量的选择上,选用宏观经济景气一致指数和消费者价格指数这两个最终目标作为产出和通货膨胀的代理变量。而在货币政策工具的选择上,将信贷增速作为货币政策信贷渠道的代理变量。在进行因子方程估计时,因子的数量多少是构建动态因子模型的重点。通常采用BIC、SC等信息标准来选择,但Bernanke et al.(2005)指出,根据信息准则所建议的因子数量,可能并不与模型实际使用的因子数量相同。为此,Stock and Waston(2005)发现,考虑到模型对于因子个数的敏感性,理想的情况是将所有的模型选择3—7个主成分因子。大量的实证研究结果表明,2个或3个因子的结果往往十分出色。为了确定最优的滞后阶数,利用SC准则,确定最优滞后阶数为3,同时参考过往的文献,确定潜在因子个数为2。

(二) 货币政策信贷传导的时变脉冲响应分析

为更好地考察中国货币政策信贷渠道的时变性,我们先给出了在样本期内一单位信贷冲击对产出和通胀的影响,接着为了分析特定时间段信贷传导的有效性,我们分别给出了2005年8月、2008年8月、2011年8月和2014年8月这4个时点上的脉冲响应结果。选择这几个时间点,主要是考虑2005年8月,人民币汇率改革正式起步;2008年8月,美国次贷危机爆发;2011年则是中国经济的"滞涨"时期;而2014年,中国经济进入"新常态"时期,在这几个时间段内,我国的经济发展环境发生了重要的变化,通过比较不同时点上的脉冲响应结果,我们可以更好地考察货币政策的动态变化趋势和特征。

从图2-8-1和图2-8-2中可以看到,在不同时期,信贷对产出和通胀的影响存在较大的波动。随着时间的推移,信贷冲击对产出和物价水平的调节作用越来越弱,具体而言,在经济衰退时期,即2008年这一时间段,信贷总量对产出的增长作用最为显著,信贷的增长对经济起到了一定的托底作用。而在经济"滞涨"时期,即2011年这一时间段,信贷总量对产出的增长作用出现一定的下滑,这主要是前期过量的信贷导致信贷对产出的边际增长作用下降。随着我国经济进入"新常态"时期,潜在产出增长率下降,信贷的增长对产出的促进作用进一步减弱。这主要是由于经济潜在增长率的放缓和产业结构的不断调整等因素的叠加,使得信贷渠道对产出的促进作用不断减弱,但其仍然是重要的传导渠道。同时,从控制通货膨胀的角度来看,信贷冲击在任何时期都带动了通胀水平的上涨,然而在经济衰退时期,峰值出现较早,而在"滞涨"时期,峰值虽有所推后,但通胀的峰值水平远低于前者。随着经济进入"新常态",通货膨胀的响应值越来越小,信贷对物价水平的调控作用越来越小,这无疑加大了央行利用信贷总量调控经济的难度。

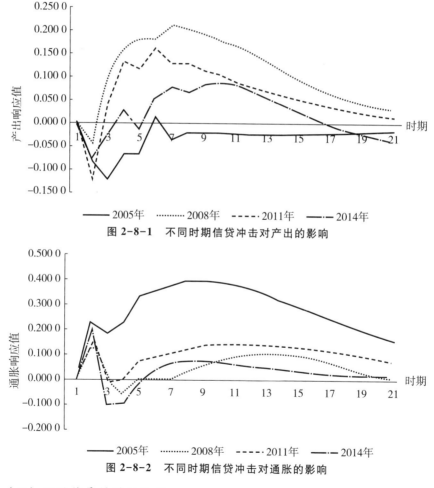

图 2-8-1 不同时期信贷冲击对产出的影响

图 2-8-2 不同时期信贷冲击对通胀的影响

(三) 不同传导渠道的比较

除了信贷渠道,货币渠道和利率渠道也是货币政策的重要传导渠道。三个渠道在不同时期对产出增长和物价水平是否有不同的表现?为了研究这一问题,对三个渠道在传导过程中对产出和通胀的影响效果进行了比较。参考过往文献的做法(盛松成和吴培新,2008;陈浪南和田磊,2015),选取广义货币供给量 M2 的增长率(记做 M2)和 7 天银行间同业拆借市场利率(记作 CHIBOR)两个指标,分别作为货币渠道和利率渠道的代理变量。同样,我们给出了四个时间段 M2 和 CHIBOR 的冲击对产出和通胀的脉冲响应图。

1. 货币渠道的时变效应

从图 2-8-3 中可以看到,2005 年产出的响应峰值出现在第 2 期,随后迅速衰减至 0 值;而 2008 年产出的峰值出现在第 7 期,峰值水平远远高于 2005 年,且随后衰减的速度明显放缓,直至第 13 期才衰减至 0 值。这说明在经济衰退时期,货币渠道的有效性明显上升。而 2011 年的结果显示,M2 冲击在初期并不一定会带动产出的增长,而在第 3 期后逐渐恢复至 0 值水平线以上,同时在第 4 期达到峰值。2014 年后,M2 对产出的影响在初期仍为负值,从第 3 期就恢复至 0 值水平线以上,峰值水平的水平位于 2011—2008 年,同时衰减的速度出现放缓,在第 20 期才衰减至 0 值。这些特征说明,货币渠道的传导具有明显的时变性。在经济衰退时期,M2 对产出的响应值最高,但是衰减的速度也最快。2008 年,我国受到金融危机的冲击,货币当局实施了宽松的货币政策,M2 的增速长期保持在 15% 以上,大量的货币投放在短期能对经济起到一定的托底作用,然而从长期来看,对整体经济的影响并不显著。而 2011 年,M2 冲击在初期对产出的响应值较低,但是很快在第 5 期出现了峰值且峰值水平要高于 2008 年,在峰值过后逐步衰减至 0 值。而在进入"新常态"后,M2 冲击对产出的影响同之前相比有所下降,但仍高于金融危机前的水平。

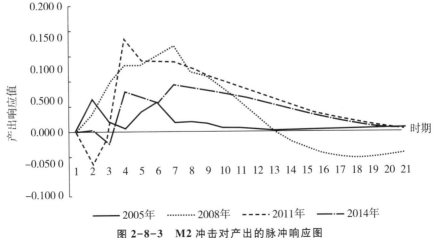

图 2-8-3 M2 冲击对产出的脉冲响应图

从图 2-8-4 中可以看出,随着时间的推移,M2 冲击对产出的调控效果在逐步减弱。2005 年,M2 的正向冲击带动了通货膨胀的迅速上涨,并在第 8 期达到峰值,随后缓慢收缩回 0 值。2008 年,M2 冲击对通胀的脉冲响应峰值出现在第 2 期,之后迅速下降,从第 4 期开始有所反弹,但是远远低于 2005 年的水平,在第 9 期形成第二个峰值,之后逐步衰减至 0 值水平线下。在面对外生冲击时,M2 冲击在短期内能带动通胀水平的上涨,但是不具有持续性。2011 年,M2 的冲击使得通胀水平同样在第 2 期出现了峰值,随后出现小幅下降但很快反弹,且响应值远远高于 2008 年金融危机时期,在第 10 期达到极值后缓慢衰减至 0 值水平。2011 年正是经济处于"滞涨"时期,由于前期增发的货币量,导致市场上流动性泛滥,过多的货币涌向过少的商品,最终形成通胀水平长期保持在高位的局面。此时,M2 的冲击往往会带动通胀水平的增长。2014 年,经济进入"新常态"后,可以发现 M2 冲击对通胀水平的影响值在第 2 期达到了峰值,在四个时间段中最高。随着潜在增长率的下滑,单位 M2 带动的产出减少,无法被产出消化的 M2 开始更多地被通胀水平所吸收,使得 M2 的冲击对通胀水平的影响更大,峰值出现在第 2 期,在此之后迅速下滑至 0 值水平线下,并在此后衰减至 0 值。

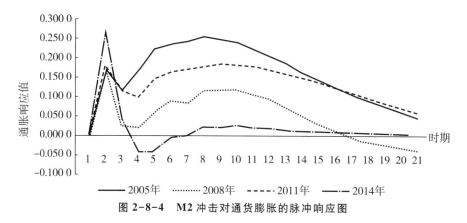

图 2-8-4 M2 冲击对通货膨胀的脉冲响应图

总的来看,M2 对产出的调控作用在经济衰退时期明显加强,金融危机之后其调控作用尽管有所增强,但仍然弱于危机之前的水平;M2 对通货膨胀的调控作用随着时间的推移呈现逐渐减弱的总体趋势。货币渠道发挥作用需要利率大于零的现实条件。金融危机和欧债危机爆发后,欧美等发达经济体为刺激经济,相继推行了一系列的量化宽松政策,通过央行购买债券向市场注入了大量的流动性,带动利率下降至零值的水平,更有甚者直接推行了"负利率"的政策。这样的经济环境导致了投机交易盛行,大量的资本在短时间内在国与国之间流动,这严重影响了我国货币政策的操作空间,可能会迫使央行被动地跟随发达经济体调整货币政策,从而影响本国货币政策的有效性。另外,随着我国经济进入"新常态",经济发展的主要矛盾已经从需求端转移到供给端。在这种情况下,货币政策作为一种调节总需求的宏观调控政策,对经济的调控效果势必也会受到一定的影响。此外,通过比较同一时点上产出和通胀对货币供给量冲击的脉冲响应结果可知,货币供给量冲击对通胀水平的影响强度大于其对产出的影响强度,也就是说,货币供给量对物价水平的调控效果好于其对产出增长的调控效果。

2. 利率渠道的时变效应

从图 2-8-5 和图 2-8-6 可以看到,利率对产出和通胀水平的调控作用随着时间的推移呈现逐渐减弱的总体趋势。

从图 2-8-5 中可以明显看到,在四个样本时间点上,利率冲击对产出的影响都为负值。2005 年,第一期的响应峰值出现在第 8 期,随后缓慢恢复至 0 值;而 2008 年产出的峰值提前出现在第 6 期,且峰值水平远远低于 2005 年,利率对产出的调控作用有所加强,直至第 20 期才恢复至 0 值。这说明在经济衰退时期,利率的冲击对产出的紧缩效用进一步放大。2011 年的结果显示,利率对产出的紧缩效用较 2008 年明显收缩,并在第 3 期出现了一个正值,此后逐步衰减至 0 值水平线以下,但是调控水平远远低于危机前的水平。进入 2014 年后,利率对产出的影响进一步收缩,峰值出现的时期缩短至第 2 期,之后响应值虽有所反弹,但是很快就重新进入了下跌通道。可以看到,在经济衰退时期,产出对利率冲击的响应值最高,衰减的速度也最快。这主要是由于 2008 年我国受金融危机的冲击,经济陷入衰退,此时利率的上升将直接增加企业的融资成本,进一步压低潜在产出值。而在经济过热时期,利率的上升对产出的收缩响应值要明显降低,这主要是由于在经济过热时期,利率的上涨会减少不必要的投资,而正常的企业扩张则不受太多的影响。在进入"新常态"后,利率对产出的调控作用同之前相比进一步下降,这主要是由于 2014 年以来基准利率长期保持在低位,导致货币政策发挥作用的空间极为有限,利率对产出的调节作用较之前出现短暂的下滑。随着经济结构的不断调整,利率市场化的不断深化,货币当局越发频繁地使用利率调控工具进行调控,利率工具对宏观经济的影响越来越大。

从图 2-8-6 来看,通货膨胀的响应值存在明显差异。2011 年前,存在明显的"价格之谜"现象[1],即利率冲击无法有效地调控通胀水平。而 2011 年后,"价格之谜"消失,利率冲击开始对通胀水平进行较为有效的调控。具体来看,2005 年,利率冲击对通胀的影响的峰值出现在第 5 期,之后再逐渐恢复至 0 值水平。2008 年,

---

[1] "价格之谜(price puzzle)"现象最早由 Sims(1992)发现,即紧缩性的货币政策不但没有导致价格水平的下降,而经常伴随着价格水平的上升。

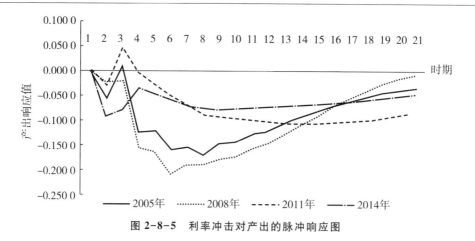

图 2-8-5 利率冲击对产出的脉冲响应图

通胀水平的响应值的峰值提前出现在第 4 期,但在此之后迅速下落至 0 值,并在第 13 期达到另一个峰值,最后逐渐恢复到 0 值水平线。而在经济"滞涨"时期,利率冲击对通胀的影响与 2008 年相比,峰值出现的时间有所推后,但远远低于 2008 年的峰值水平。虽然仍然存在"价格之谜",但是同 2005 年和 2008 年相比,利率对通胀水平的调控能力有所增强。在进入"新常态"时期后,利率对通胀水平的影响为负面影响,峰值出现在第 5 期,之后逐步恢复到 0 值的水平。可以看到,随着利率市场化的推开,利率工具在货币政策中的作用越来越重要,利率对通货膨胀的调节作用越来越明显。

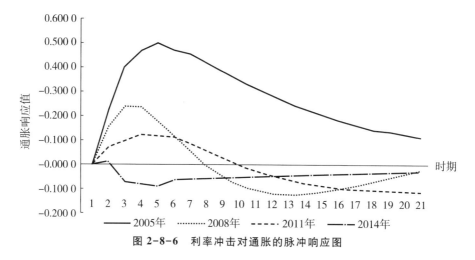

图 2-8-6 利率冲击对通胀的脉冲响应图

总的来看,利率对产出和通货膨胀的调控作用随着时间的推移呈现逐渐减弱的总体趋势。通过比较同一时点上产出和通胀对利率冲击的脉冲响应结果可知,利率冲击对通胀的影响强度大于其对产出的影响强度,和货币渠道类似,利率对通胀水平的调控效果好于其对产出增长的调控效果。利率渠道对产出的作用下降与较低的利率环境有关,当利率接近利率零下限时,利率对产出的调节作用将出现明显的下降趋势。而利率对通胀水平的调节作用增加,则与货币政策框架的转变密切相关,进入"新常态"时期后,货币当局更多地使用利率工具来调节宏观经济,这使得利率政策工具发挥了更多的作用。

通过对比三大主要货币传导渠道,可以发现,随着时间的推移,利率渠道对产出和通货膨胀的调节作用越来越强,货币渠道其次,信贷渠道最弱,这说明利率作为货币政策调节工具的重要性逐步提高,而广义货币量和信贷的作用有所下降。而从政策工具发挥作用的时间来看,信贷渠道的"时滞"最短,利率渠道的"时滞"最长,货币渠道次之。由于目前的社会融资结构中,直接融资占比依然偏低,融资主体对利率的敏感性不高,这限制了利率渠道的顺畅传导,而信贷占据主导地位的模式在一段时间内仍保持不变,这说明信贷渠道仍将发挥重要的调节作用。三种传导渠道对产出和物价水平的调节作用都随着时间的推移而减弱。这样的结果表明,在我国的货币政策框架由数量型工具向价格型工具转变的过程中,原有的数量型工具的有效性有所降低,利率市场化改革的滞后、投资主体对利率不敏感等因素,导致利率工具并没有发挥应有的作用,从而出现了货币政策传导渠道的有效性均有所下降的现象。

五、结论及建议

本专题主要研究中国货币政策信贷传导的时变效应。随着中国经济的不断发展,经济结构的变化和利率市场化的推开,信贷作为货币政策工具的有效性是否发生了变化?为了研究这一问题,选取150组宏观经济序列月度数据,组成宏观经济观测序列,并从中抽取出宏观因子来构建我国的宏观经济因子模型,同时将信贷增速作为货币政策传导变量,来研究我国货币政策信贷传导的时变效应。不同于以往的文献,本研究采用TVP-FAVAR模型进行实证分析,研究了我国在特殊时期信贷增速的变化对产出和通货膨胀的调控作用。2005年8月、2008年8月、2011年8月和2014年8月这四个具有代表性的时点,依次代表汇率改革重启时期、金融危机时期、"滞涨"时期以及经济"新常态"时期。通过对比信贷传导渠道、货币渠道和利率渠道对宏观经济变量的差异,研究发现,我国货币政策传导渠道对产出增长和通货膨胀的影响具有时变效应,这主要是由货币政策的反周期调节特征和经济的结构性变化引起的。具体而言,当我国经济下行时,货币政策进入扩张周期,此时信贷增长对产出的推动力度较大,对通货膨胀的影响明显增强;而当我国经济过热时,货币政策进入新一轮的紧缩周期,此时信贷增长对产出的拉动力度降低,同时对通货膨胀影响较小。同时随着时间的推移,信贷冲击对产出和物价水平的调节作用越来越弱,产出对信贷冲击的响应能力不断下降,特别是当2011年中国经济进入"滞涨"时期,信贷对产出的促进作用出现了明显的减弱。这表明随着中国经济结构的不断调整,信贷渠道的重要性有所降低,但仍然是重要的传导渠道。同时从控制通货膨胀的角度来看,信贷冲击对通胀水平的调控作用越来越小,这加大了货币当局利用信贷总量调控经济的难度。货币渠道的有效性不断降低,随着经济结构的不断调整,无论是对产出还是对通胀的影响力,货币渠道的重要性都在降低。以往通过投放基础货币进而影响投资产出的传导机制受到了一定的阻碍。同时随着利率市场化的不断铺开,利率渠道的重要性有所上升,但是其对经济的调控能力并没有出现对应的增长。一方面,低利率环境限制了利率有效地发挥应有的作用;另一方面,利率市场化改革的相对滞后,以及直接融资占比仍然较低的现实条件也阻碍了利率发挥调节经济的作用。为此,央行应积极鼓励直接融资市场的发展,利用公开市场引导基准利率,构建起利率走廊的调控模式。同时积极破除刚性兑付,增强经济主体对利率的敏感性,从而让利率渠道更好地发挥作用。

综上所述,在未来的货币政策调控中,要进一步考虑不同传导渠道的时变性,有针对性地利用不同的货币政策工具来达到调控宏观经济的目的。尽管当前货币政策传导渠道对银行信贷依赖程度较大,信贷传导渠道的效率却逐渐弱化。利率渠道在积极发挥作用,但传导过程并不通畅。因此,在货币政策框架的过渡期内,货币当局需要通过综合运用数量型和价格型货币政策工具的不同组合,达到提高货币政策传导效果的目的。

参 考 文 献

[1] A Joanne Kellermann, Jakob de Haan, Femke de Vries. *Financial Supervision in the 21st Century*, Springer, 2013.

[2] Aaron H. The Social Insurance Paradox. *Canadian Journal of Economics & Political Science*, 1966, 32(3): 371-374.

[3] Aboody D, Kasznik R. CEO Stock Option Awards and the Timing of Corporate Voluntary Disclosures. *Journal of Accounting & Economics*, 2000, 29(1): 73-100.

[4] Acharya V V, Amihud Y, Litov L. Creditor Rights and Corporate Risk-taking. *Social Science Electronic Publishing*, 2009, 102(1): 150-166.

[5] Adrian, Tobias, Daniel Covitz, and Nellie Liang. Financial Stability Monitoring. *Financial Market Research*, 2013, 14 (7): 195-208.

[6] Aikman, David, Michael Kiley, Michael Palumbo, and Missaka Warusawithrana. Mapping Heat in the U. S. Financial System: A Summary. *Journal of Banking & Finance*, 2015, 81: 36-64.

[7] Angel James J. Tick: Size, Share Prices, and Stock Splits. *Georgetown University Working Paper*, 1994.

[8] Aoki K, Proudman J, Vlieghe G. House Prices, Consumption, and Monetary Policy: A Financial Accelerator Approach. *Journal of Financial Intermediation*, 2004, 13(4): 414-435.

[9] Apergis N, Alevizopoulou E. The Bank Lending Channel and Monetary Policy Rules: Evidence from European Banks. *International Advances in Economic Research*, 2012, 18(1): 1-14.

[10] Arya A, Mittendorf B. Offering Stock Options to Gauge Managerial Talent. *Journal of Accounting & Economics*, 2005, 40(1): 189-210.

[11] Baek J S, Kang J k, Lee I. Business Groups and Tunneling: Evidence from Private Securities Offerings by Korean Chaebols. *Journal of Finance*, 2006, 5(61): 2415-2449.

[12] Bai C E, Hsieh C T, Qian Y. The Return to Capital in China. *Brookings Papers on Economic Activity*, 2006, 2006(2): 61-88.

[13] Baker M, Wurgler J. A Catering Theory of Dividends. *Journal of Finance*, 2004, 59(3): 1125-1165.

[14] Baker M, Wurgler J. Appearing and Disappearing Dividends: The Link to Catering Incentives. *Journal of Financial Economics*, 2004(73): 271-288.

[15] Baker M, Wurgler J. Investor Sentiment in the Stock Market. *Journal of Economic Perspective*, 2007, 21(2): 129-151.

[16] Bakshi G, Kapadia N, Madan D. Stock Return Characteristics, Skew Laws, and the Differential Pricing of Individual Equity Options. *The Review of Financial Studies*, 2003, 16(1): 101-143.

[17] Barclay M J, Holderness C G, Sheehan D P. Private Placements and Managerial Entrenchment. *Journal of Corporate Finance*, 2007, 13(4): 461-484.

[18] Barra. *United States Equity Version 3(E3) Risk Model Handbook*. New York: MSCI, 1998.

[19] Barwell R. *Macroeconomic Policy after the Crash: Issues in Micro-prudential and Macro-prudential Policy*. London: Palgrave Macmillan, 2017.

[20] Bar-Gill O, Bebchuk L A. Misreporting Corporate Performance, SSRN Working Paper, 2003.

[21] Beaudry P, Portier F. An Exploration into Pigou's Theory of Cycles. *Journal of Monetary Economics*, 2004, 51(4): 1183-1216.

[22] Bebchuk L A, Fried J M, Walker D I. Managerial Power and Rent Extraction in the Design of Executive Compensation. *University of Chicago Law Review*, 2002, 69(3): 751-846.

[23] Bebchuk L A, Fried J M. How to Tie Equity Compensation to Long-term Results. *Journal of Applied Corporate Finance*, 2010, 22(1): 99-106.

[24] Beck T, Demirguc-Kunt A. Small and Medium-size Enterprises: Access to Finance as a Growth Constraint. *Journal of Banking & Finance*, 2006, 30(11): 2931-2943.

[25] Benmelech, Efraim, Kandel, Eugene, Veronesi, Pietro. Stock-Based Compensation and CEO (Dis)Incentives. *Quarterly Journal of Economics*, 2010, 125(4): 1769-1820.

[26] Bernanke B S, Blinder A S. Credit, Money, and Aggregate Demand. *American Economic Review*, 1988, 78(2): 435-439.

[27] Bernanke B S, Blinder A S. The Federal Funds Rate and the Channels of Monetary Transmission. *American Economic Review*, 1992, 82(4): 901-921.

[28] Bernanke B S, Boivin J, Eliasz P. Measuring the Effects of Monetary Policy: A Factor-augmented Vector Autoregressive (FAVAR) Approach. *Quarterly Journal of Economics*, 2005, 120(1): 387-422.

[29] Bernanke B S, Gertler M. Agency Costs, Collateral, and Business Fluctuations. *American Economic Review*, 1989, 79(1): 14-31.

[30] Bernanke B, Gertler M, Gilchrist S. The Financial Accelerator in a Quantitative Business Cycle Framework. NBER Working Paper, 1999: 1341-1393.

[31] Board of Governors of the Federal Reserve System, Total Loss-absorbing Capacity, Long-term Debt, and Clean Holding Company Requirements for Systemically Important U.S. Bank Holding Companies and Intermediate Holding Companies of Systemically Important Foreign Banking Organizations. *Federal Register*, 2017, 14(82), 378-422.

[32] Board of Governors of the Federal Reserve System. Regulatory Capital Rules: The Federal Reserve Board's Framework for Implementing the U.S. Basel III Countercyclical Capital Buffer.

Federal Register, 2016, 22(81): 276-300.

[33] Bofinger P, Debes S, Gareis J, et al. Monetary Policy Transmission in a Model with Animal Spirits and House Price Booms and Busts. *Journal of Economic Dynamics & Control*, 2013, 37 (12): 2862-2881.

[34] Bora Durdu, Rochelle Edge, Daniel Schwindt, Measuring the Severity of Stress-test Scenarios. FEDS Notes, May 05, 2017.

[35] Borio C, Zhu H. Rational Capital Regulation, Risk-taking and Monetary Policy: A Missing Link in the Transmission Mechanism?. BIS Working Paper, 2008.

[36] Bovenberg L, Linden A V D. Pension Policies and the Aging Society. *Soviet Genetics*, 1997, 7 (5): 605-612.

[37] Brey/er F. On the Intergenerational Pareto Efficiency of Pay-as-you-go Financed Pension Systems. *Journal of Institutional & Theoretical Economics*, 1989, 145(4): 643-658.

[38] Brickley J A, Lease R C, Jr C W S. Ownership Structure and Voting on Anti-takeover Amendments. *Journal of Financial Economics*, 1988, 20(1-2): 267-291.

[39] Britten-Jones M, Neuberger A. Option Prices, Implied Price Processes, and Stochastic Volatility. *Journal of Finance*, 2000, 55(2): 839-866.

[40] Bryan S, Hwang L S, Lilien S. CEO Stock-based Compensation: An Empirical Analysis of Incentive-Intensity, Relative Mix, and Economic Determinants. *Journal of Business*, 2000, 73(4): 661-693.

[41] Bushee Brian J. The Influence of Institutional Investors on Myopic R&D Investment Behavior. *The Accounting Review*, 1998, 73(3): 305-333.

[42] Byun S J, Kim J S. The Information Content of Risk-neutral Skewness for Volatility Forecasting. *Journal of Empirical Finance*, 2013, 23(3): 142-161.

[43] Bühlmann H. Stochastic Discounting. *Insurance Mathematics & Economics*, 1992, 11(2): 113-127.

[44] Calvo G A. Staggered Prices in A Utility-maximizing Framework. *Journal of Monetary Economics*, 1983, 12(3): 383-398.

[45] Calza A, Monacelli T, Stracca L. Housing Finance and Monetary Policy. *Journal of the European Economic Association*, 2013, 11(s1): 101-122.

[46] Cerutti, Eugenio, Claessens, Stijn, Laeven, and Luc, The Use and Effectiveness of Macro-prudential Policies: New Evidence. IMF Working Paper, 2015.

[47] Chemmanur T J, He S, Hu G. The Role of Institutional Investors in Seasoned Equity Offerings. *Journal of Financial Economics*, 2009, 94(3): 384-411.

[48] Chen K. Trends and Cycles in China's Macroeconomy. Meeting Papers. Society for Economic Dynamics, 2015.

[49] Cheng S. Board Size and the Variability of Corporate Performance. *Journal of Financial Economics*, 2008, 87(1): 157-176.

[50] Chopra, Vijay Kumar, and William T Ziemba. The Effect of Errors in Means, Variances, and Covariances on Optimal Portfolio Choice. *Journal of Portfolio Management*, 1993. 19(2): 6-11.

[51] Choudnry. Stochastic Trend in Stock Price: Evidence from Latim American Markets. *Journal of Macroeconomics*, 1997, 19(2): 285-304.

[52] Christiano L J, Eichenbaum M, Evans C L. Nominal Rigidities and the Dynamic Effects of a Shock to Monetary Policy. *Journal of Political Economy*, 2005, 113(1): 1-45.

[53] Christiano L, Ilut C, Motto R, et al. Monetary Policy and Stock Market Boom-bust Cycles. SSRN Working Paper, 2010, 66(1): 33-51.

[54] Claessens, S. An Overview of Macro-prudential Policy Tools, IMF Working Paper, 2014.

[55] Cochrane John H. Production-based Asset Pricing and the Link between Stock Returns and Economic Fluctuation. *Journal of Finance*, 1991, 46(1): 209-237.

[56] Coffee J C. Liquidity versus Control: The Institutional Investor as Corporate Monitor. *Columbia Law Review*, 1991, 91(6): 1277-1368.

[57] Cogley T, Sargent T J. Drifts and Volatilities: Monetary Policies and Outcomes in the Post WWII US. *Review of Economic Dynamics*, 2005, 8(2): 262-302.

[58] Coles J L, H Michael, Kalpathy S. Earnings Management around Employee Stock Option Reissues. *Journal of Accounting and Economics*. 2006, 41(1-2): 173-200.

[59] Core J, Guay W. The Use of Equity Grants to Manage Optimal Equity Incentive Levels. *Journal of Accounting & Economics*, 1999, 28(2): 151-184.

[60] Corsi F. A Simple Approximate Long-memory Model of Realized Volatility. *Journal of Financial Econometrics*, 2009, 7(2): 174-196.

[61] Cross, Frank. The Behavior of Stock Prices on Fridays and Mondays. *Financial Analysis Journal*, 1973, 11-12: 67-69.

[62] Curtis Gregory. Modern Portfolio Theory and Quantum Mechanics. *Journal of Wealth Management*, 2002, 5(3): 7-13.

[63] De Bondt W, R Thaler. Does the Stock Market Overreact? *Journal of Finance*, 1985, 40(3): 793-805.

[64] De Meijer C, De Bruijn M. Cross-border Supply-chain Finance: An Important Offering in Transaction Banking. *Journal of Payments Strategy & Systems*, 2014, 7(4): 304-318.

[65] Deutsch Y, Laamanen T. A Dual Agency View of Board Compensation: The Joint Effects of Outside Director and CEO Stock Options on Firm Risk. *Strategic Management Journal*, 2015, 32(2): 212-227.

[66] De-Wai Chou, Michael Gombola, Feng-Ying Liu. Long-run Underperformance Following Private Equity Placements: The Role of Growth Opportunities. *The Quarterly Review of Economics and Finance*, 2009, 49(3): 1113-1128.

[67] Diamond P A. National Debt in a Neoclassical Growth Model. *American Economic Review*, 1965, 55(5): 1126-1150.

[68] Diebold F X, Mariano R S. Comparing Predictive Accuracy. *Journal of Business & Economic Statistics*, 2002, 20(1): 134-144.

[69] Dirk Schoenmaker, Peter Wierts. Macro-prudential Supervision: From Theory to Policy. *National Institute Economic Review*, 2016, 235 (1): 50-62.

[70] Domenico Lombardic, Pierre L Siklosabd. Benchmarking Macro-prudential Policies: An Initial Assessment. SSRN Working Paper, 2016.

[71] Elitzur R R, V Yaari. Executive Incentive Compensation and Earnings Manipulation in a Multi-period Setting, *Journal of Economic Behavior and Organization*, 1995, 26(2): 201-219.

[72] Fama E F, L Fisher, M Jensen, R Roll. The Adjustment of Stock Prices to New Information. *International Economic Review*, 1969, 10(1): 1-21.

[73] Fama E, K French. A Five-factor Asset Pricing Model. *Journal of Financial Economics*, 2015, 1(116): 1-22.

[74] Fama E, K French. Common Risk Factors in the Returns on Stocks and Bonds. *Journal of Financial Economics*, 1993, 33(1): 3-54.

[75] Fama E, K French. Multifactor Explanations of Asset Pricing Anomalie. *Journal of Finance*, 1996, 51(1): 55-84.

[76] Finnerty J E. Insiders and Market Efficiency. *Journal of Finance*, 1976, 31(4): 1141-1148.

[77] Forsberg L, Ghysels E. Why Do Absolute Returns Predict Volatility So Well? *Social Science Electronic Publishing*, 2007, 5(1): 31-67.

[78] Frees E W. Stochastic Life Contingencies With Solvency Considerations. 1990, 42: 91-129.

[79] Gomes S, Mendicino C. Housing Market Dynamics: Any News? SSRN Working Paper, 2015.

[80] Gompers P A, Metrick A. Institutional Investors and Equity Prices. *The Quarterly Journal of Economics*, 2001, 116(1): 229-259.

[81] Haberman S. Stochastic Investment Returns and Contribution Rate Risk in A Defined Benefit Pension Scheme. *Insurance Mathematics & Economics*, 1997, 19(2): 127-139.

[82] Hall B J, Liebman J B. Are CEOs Really Paid Like Bureaucrats? *Quarterly Journal of Economics*, 1998, 113(3): 653-691.

[83] Hall B J, Murphy K J. Optimal Exercise Prices for Executive Stock Options. NBER Working Papers, 2000, 90(2): 209-214.

[84] Hall B J. What You Need to Know about Stock Options. *Harvard Business Review*, 2000, 78(2): 6-6.

[85] Hansen P R, Lunde A, Nason J M. The Model Confidence Set. *Econometrica*, 2011, 79(2): 453-497.

[86] Hansen P R, Lunde A. Realized Variance and Market Microstructure Noise: Rejoinder. *Journal of Business & Economic Statistics*, 2006, 24(2): 208-218.

[87] Harjoto M A, Laksmana I, Yang Y W. Board Diversity and Corporate Risk Taking. SSRN Working Paper, 2018.

[88] Harley E, Ryan J, Wiggins III. Who is in Whose Pocket? Director Compensation, Board Independence, and Barriers to Effective Monitoring. *Journal of Financial Economics*, 2004, 73(3): 497-524.

[89] Harry Markowitz, *Portfolio Selection: Efficient Diversification of Investments*. New York: John Wiley&Sons. 1959.

[90] Harry Markowitz. Portfolio Selection. *Journal of Finance*, 1952. 7: 77-91.

[91] Hayo B, Uhlenbrock B. Industry Effects of Monetary Policy in Germany. *Macroeconomics*, 1999, 1(1): 127-158.

[92] Hertzel M, Smith J K. Industry Effects of Interfirm Lawsuits: Evidence from "Pennzoil v. Texaco". *Journal of Law, Economics, & Organization*, 1993, 9(2): 425-444.

[93] Hertzel Micheal, Lemmon M, Linck J S, et al. Long-run Performance Following Private Placements of Equity. *Journal of Finance*, 2002, 57(6): 2595-2617.

[94] Hong H, J Stein. A Unified Theory of Underreaction, Momentum Trading and Overreaction in Asset Markets. *Journal of Finance*. 1999, 54(6), 2143-2184.

[95] Huang D, Jiang F, Tu J, et al. Investor Sentiment Aligned: A Powerful Predictor of Stock Returns. *Social Science Electronic Publishing*, 2015, 28(3): 791-837.

[96] Iacoviello M, Neri S. Housing Market Spillovers: Evidence from an Estimated DSGE Model. *American Economic Journal Macroeconomics*, 2010, 2(2): 125-164.

[97] Iacoviello M. House Prices, Borrowing Constraints, and Monetary Policy in the Business Cycle. *American Economic Review*, 2005, 95(3): 739-764.

[98] Jaimovich N, Rebelo S. Can News about the Future Drive the Business Cycle? *American Economic Review*, 2009, 99(4): 1097-1118.

[99] Janet L Yellen. Statement before the Committee on Financial Services U. S. House of Representatives. 2016-9-16, https://www.federalreserve.gov/newsevents/testimony/files/yellen201609 28a.pdf

[100] Jegadeesh N, S Titman. Returns to Buying Winners and Selling Losers: Implications for Stock Market Efficiency. *Journal of Finance*, 1993(48): 65-91.

[101] Jensen M C, Meckling W H. Theory of the Firm: Managerial Behavior, Agency Costs and Ownership Structure. *Social Science Electronic Publishing*, 1979, 3(4): 305-360.

[102] Jensen M C, Murphy K J. Performance Pay and Top-management Incentives. *Journal of Political Economy*, 1990, 98(2): 225-264.

[103] Jensen M C. The Performance of Mutual Funds in the Period 1945-1964. *Journal of Finance*, 1968, 23(2): 389-416.

[104] Jian J, Wong T J. Propping through Related Party Transactions. *Review of Accounting Studies*, 2010, 15(1): 70-105.

[105] Jiang G J, Tian Y S. The Model-Free Implied Volatility and its Information Content. *The Review of Financial Studies*, 2005, 18(4): 1305-2342.

[106] Jin Y, Leung C K Y, Zeng Z. Real Estate, the External Finance Premium and Business Investment: A Quantitative Dynamic General Equilibrium Analysis. *Real Estate Economics*, 2012, 40(1): 167-195.

[107] Joe Peek, Eric S Rosengren. The Role of Banks in the Transmission of Monetary Policy. Abington: Taylor& Francis Group, 2012.

[108] John K, Litov L, Yeung B. Corporate Governance and Risk-Taking. *Journal of Finance*, 2008, 63(4): 1679-1728.

[109] John Lintner. The Valuation of Risk Assets and the Selection of Risky Investments in Stock Portfolios and Capital Budgets. *The Review of Economics and Statistics*, 1965. 1(47): 13-37.

[110] Jr C W S, Watts R L. The Investment Opportunity Set and Corporate Financing, Dividend, and Compensation Policies. *Journal of Financial Economics*, 1992, 32(3): 263-292.

[111] Kai Li, Asani Sarkar, Zhenyu Wang. Diversification Benefits of Emerging Markets Subject to Portfolio Constraints. *Journal of Empirical Finance*, 2003, 10(1): 57-80.

[112] Kakes J, Sturm J E. Monetary Policy and Bank Lending: Evidence from German Banking Groups. *Journal of Banking & Finance*, 2002, 26(11): 2077-2092.

[113] Kanik B, Xiao W. News, Housing-boom Bust Cycles and Monetary Policy. *International Journal of Central Banking*, 2014, 10(4): 249-298.

[114] Kashyap A K, Stein J C, Wilcox D W. Monetary Policy and Credit Conditions: Evidence from the Composition of External Finance. *American Economic Review*, 1996, 86(1): 300-309.

[115] Kerrigan B, Maureen P. Do Your Employees Understand Stock Options? *Strategic Finance*, 2001, 5(1): 53-56.

[116] Khan H, Tsoukalas J. The Quantitative Importance of News Shocks in Estimated DSGE Models. *Journal of Money Credit & Banking*, 2012, 44(8): 1535-1561.

[117] Kim M C, Boyd D E, Kim N, et al. CMO Equity Incentive and Shareholder Value: Moderating Role of CMO Managerial Discretion. *International Journal of Research in Marketing*, 2016, 33(4): 725-738.

[118] Kini O, Williams R. Tournament Incentives, Firm Risk and Corporate Policies. *Social Science Electronic Publishing*, 2012, 103(2): 350-376.

[119] Kole S R. The Complexity of Compensation Contracts. *Journal of Financial Economics*, 1997, 43(1): 79-104.

[120] Koop G, Korobilis D. A New Index of Financial Conditions. *European Economic Review*, 2014, 71: 101-116.

[121] Koop G, Korobilis D. Bayesian Multivariate Time Series Methods for Empirical Macroeconomics. *Foundations and Trends® in Econometrics*, 2009, 3(4): 267-358.

[122] Koopman S J, Jungbacker B, Hol E. Forecasting Daily Variability of the S&P 100 Stock Index Using Historical, Realized and Implied Volatility Measurements. *Journal of Empirical Finance*, 2005, 12(3): 445-475.

[123] Korobilis D. Assessing the Transmission of Monetary Policy Using Time-varying Parameter Dynamic Factor Models. *Oxford Bulletin of Economics & Statistics*, 2013, 75(2): 157-179.

[124] Lambertini L, Mendicino C, Punzi M T. Expectations-driven Cycles in the Housing Market. *Economic Modelling*, 2017, 60: 297-312.

[125] Lassila J, Valkonen T. Pension Prefunding, Ageing, and Demographic Uncertainty. *International Tax & Public Finance*, 2001, 8(4): 573-593.

[126] Li H. An Empirical Research on the Relationship of Equity Incentive and Performance of Chinese Listed Companies. IEEE, International Conference on Logistics, Informatics and Service Sciences. Kyoto, 2017-7-24.

[127] Li K, Griffin D, Yue H, et al. How Does Culture Influence Corporate Risk-taking? *Journal of Corporate Finance*, 2013, 23(4): 1-22.

[128] Liu, Zhu Alfred. The Role of Financial Analysts and Institutional Investors in the 'Numbers Game'. SSRN Electronic Journal, 2006.

[129] M Jose, D J Orr, Jun Wang. The Barra US Equity Model(USE4). New York: MSCI, 2011.

[130] Mahdi Ebrahimi Kahou, Alfred Lehar. Macro-prudential Policy: A Review. *Journal of Financial Stability*, 2017, 5(27), 846-878.

[131] Mauskopf E. The Transmission Channels of Monetary Policy: How Have They Changed? *Federal Reserve Bulletin*, 1990, 76(Dec): 985-1008.

[132] Meidan D. The Informativeness of Offer Characteristics Versus Investor Identity in Pipe Transactions. SSRN Working Paper, 2006.

[133] Merton, R. On Estimating the Expected Return on the Market: An Exploratory Investigation. *Journal of Financial Economics*, 1980, 12: 323-361.

[134] Morawetz D. Income Distribution and Self-rated Happiness: Some Empirical Evidence. *Economic Journal*, 1977, 87(347): 511-522.

[135] Nancy L. Rose, Catherine Wolfram. Has the "Million-dollar Cap" Affected CEO Pay? *American Economic Review*, 2000, 90(2): 197-202.

[136] Ng E C Y, Feng N. Housing Market Dynamics in a Small Open Economy: Do External and News Shocks Matter? *Journal of International Money and Finance*, 2016, 63: 64-88.

[137] Ng E C Y. Housing Market Dynamics in China: Findings from an Estimated DSGE Model. *Journal of Housing Economics*, 2015, 29: 26-40.

[138] Noe C F. Voluntary Disclosures and Insider Transactions. *Journal of Accounting and Economics*, 1999, 27(3): 305-326.

[139] Nohel T, Todd S. Compensation for Managers with Career Concerns: The Role of Stock Options in Optimal Contracts. *Journal of Corporate Finance*, 2005, 11(1): 229-251.

[140] Oskar Morgenstern, John Von Neumanm. Theory of Games and Economic Behavior. Princeton: Princeton University Press, 1947.

[141] Oyer P, Schaefer S. Why Do Some Firms Give Stock Options to All Employees? An Empirical

Examination of Alternative Theories. NBER Working Papers, 2004, 76(1): 99-133.

[142] Pigou A C. A Contribution to the Theory of Credit. *The Economic Journal*, 1926, 36(142): 215-227.

[143] Piotroski J D, Roulstone D T. Do Insider Trades Reflect Both Contrarian Beliefs and Superior Knowledge about Future Cash Flow Realizations? *Journal of Accounting and Economics*, 2005, 39(1): 55-81.

[144] Primiceri G E. Why Inflation Rose and Fell: Policy-makers' Beliefs and U. S. Postwar Stabilization Policy. *Quarterly Journal of Economics*, 2006, 121(3): 867-901.

[145] Ramey V. How Important is the Credit Channel in the Transmission of Monetary Policy? Carnegie-Rochester Conference Series on Public Policy. Amsterdam: Elsevier, 1993, 39: 1-45.

[146] Richardson S. Over-investment of Free Cash Flow. *Review of Accounting Studies*, 2006, 11(2): 159-189.

[147] Rosenberg Barr. Extra-Market Components of Covariance in Security Returns. *Journal of Financial and Quantitative Analysis*, 1974(9): 263-274.

[148] Ross, Stephen A. The Arbitrage Theory of Capital Asset Pricing. *Journal of economic theory*, 1976, 13(3): 341-360.

[149] Saly P J. Repricing Executive Stock Options in a Down Market. *Journal of Accounting & Economics*, 1994, 18(3): 325-356.

[150] Serdar Neslihanoglu, Vasilios Sogiakas, John H McColl, Duncan Lee. Nonlinearities in the CAPM: Evidence from Developed and Emerging Markets. *Journal of Forecasting*, 2017, 36(8).

[151] Smets F, Wouters R. Shocks and Frictions in US Business Cycles: A Bayesian DSGE Approach. *American Economic Review*, 2007, 97(3): 586-606.

[152] Spence M. Job Market Signaling. *Quarterly Journal of Economics*, 1973, 87(3): 355-374.

[153] Stock J H, Watson M W. Understanding Changes in International Business Cycle Dynamics. *Journal of the European Economic Association*, 2005, 3(5): 968-1006.

[154] Terrance J, Boscaljon Brian L, Bathala C. EVA as a Predictor of Firm Performance. *Journal of Accounting and Finance Research*, 2009, 8(3): 83-92.

[155] Valentina Brunoa, Ilhyock Shimb, Hyun Song Shinc. Comparative Assessment of Macro-prudential Policies. *Journal of Financial Stability*, 2016, 34(5): 218-240.

[156] Verbon H. The Evolution of Public Pension Schemes. Berlin Heidelberg: Springer-Verlag, 1988.

[157] Vigna E, Haberman S. Optimal Investment Strategy for Defined Contribution Pension Schemes. *Insurance Mathematics & Economics*, 2001, 28(2): 233-262.

[158] William F Sharpe. A Simplified Model for Portfolio Analysis. *Management Science*, 1963, 9: 277-293.

[159] William F Sharpe. Capital Asset Price: A Theory of Market Equilibrium Under Conditions of

[160] Wruck K H, George P Baker. Organizational Changes and Value Creation in Leveraged Buyouts: The Case of the O. M. Scott & Sons Company. *Journal of Financial Economics*, 1989, 25(2): 163-190.

[161] Wruck K H, Wu Y L. Relationships, Corporate Governance, and Performance: Evidence from Private Placements of Common Stock. *Journal of Corporate Finance*, 2009, 15(1): 30-47.

[162] Yermack D. Good Timing: CEO Stock Option Awards and Company News Announcements. *Journal of Finance*, 1997, 52(2): 449-476.

[163] Zhang W. China's Monetary Policy: Quantity versus Price Rules. *Journal of Macroeconomics*, 2009, 31(3): 473-484.

[164] Zheng J, Tian C. The Impact of Tunneling Behavior on Equity Incentive Plan-empirical Evidence of China's Main Board from 2006 to 2013. *Open Journal of Social Sciences*, 2016, 4(5): 2.

[165] Zhu Yingzi, Zhou Guofu. Volatility Trading: What is the Role of the Long-run Volatility Component? *Journal of Financial and Quantitative Analysis*, 2012, 47(2): 273-307.

[166] 白瑞明、贺坤、赵欣:《银行处置与恢复计划的目标及工具》,《中国金融》2012年第2期。

[167] 柏杰:《养老保险制度安排对经济增长和帕累托有效性的影响》,《经济科学》2000年第1期。

[168] 包慧:《现金贷整顿余波未了,蚂蚁借呗主动"降杠杆"》,《21世纪经济报道》2018年1月11日。

[169] 北京大学中国经济研究中心宏观组,易纲、汤弦等:《中国社会养老保险制度的选择:激励与增长》,《金融研究》2000年第5期。

[170] 蔡庆丰、杨侃:《是谁在"捕风捉影"机构投资者VS证券分析师——基于A股信息交易者信息偏好的实证研究》,《金融研究》2013年第6期。

[171] 曹红辉、赵学卿:《股市预警机制:基于投资者行为的分析》,《经济学动态》2010年第9期。

[172] 曹建安、聂磊、李珊:《上市公司高管股权激励与企业业绩的实证关系研究》,《经济师》2013年第1期。

[173] 曹伟、言方荣、鲍曙明:《人民币汇率变动、邻国效应与双边贸易——基于中国与"一带一路"沿线国家空间面板模型的实证研究》,《金融研究》2016年第9期。

[174] 陈浪南、田磊:《基于政策工具视角的我国货币政策冲击效应研究》,《经济学(季刊)》2015年第1期。

[175] 陈蓉、林秀雀:《波动率偏斜与风险中性偏度能预测尾部风险吗》,《管理科学学报》2016年第19期。

[176] 陈莎:《小额网贷应回归普惠金融服务初心》,《中国城乡金融报》2017年12月25日。

[177] 陈文辉:《谱写新时代保险监管新篇章》,《中国金融》2017年第12期。

[178] 陈文强、贾生华:《股权激励效应研究述评与展望》,《华东经济管理》2015年第7期。

[179] 陈欣烨:《消费金融应在规范中发展》,《经济日报》2018年2月28日。

［180］陈彦蓉：《贷款余额重现增势 行业亟待可持续发展》,《金融时报》2018年2月3日。
［181］陈彦蓉：《融资租赁加速渗透,汽车租赁"蓝海"已现》,《金融时报》2017年9月2日。
［182］陈雨露、马勇：《中国逆周期资本缓冲的"挂钩变量"选择：一个实证评估》,《教学与研究》2012年第12期。
［183］陈志勇、毛晖、张佳希：《地方政府性债务的期限错配：风险特征与形成机理》,《经济管理》,2015年第5期。
［184］成涛林：《新型城镇化地方财政支出需求及资金缺口预测：2014～2020年》,《财政研究》,2015年第8期。
［185］程华、杨云志、王朝阳：《互联网产业链金融业务模式和风险管理研究——基于京东模式的案例分析》,《金融监管研究》2016年第4期。
［186］程昕迪：《我国小额信贷公司发展问题研究》,《经贸实践》2018年第3期。
［187］程永宏：《现收现付制与人口老龄化关系定量分析》,《经济研究》2005年第3期。
［188］崔光灿：《资产价格、金融加速器与经济稳定》,《世界经济》2006年第11期。
［189］邓柏峻、李仲飞、张浩：《限购政策对房价的调控有效吗》,《统计研究》2014年第31期。
［190］邓康林、高扬：《企业集团整体上市的市场反应》,《财经科学》2010年第11期。
［191］董艳、宋光辉、钱崇秀：《股权激励效应研究梳理及启示》,《财会月刊》2016年第4期。
［192］杜莉、范洪辰、李思飞：《投资者情绪对定向增发长期市场表现影响的实证研究》,《中国经济问题》2017年06期。
［193］范从来、盛天翔、王宇伟：《信贷量经济效应的期限结构研究》,《经济研究》2012年第1期。
［194］范佳洋：《商品房"限购"政策的局限和出路》,《现代物业（中旬刊）》2011年第11期。
［195］范子英：《为买房而离婚——基于住房限购政策的研究》,《世界经济文汇》2016年第4期。
［196］方燕儿、汪伟、仇高擎：《银行在线供应链金融发展》,《中国金融》2017年第8期。
［197］封进：《养老基金入市,如何为其设置"安全锁"》,《人民论坛》2017年第1期。
［198］冯根福：《双重委托代理理论：上市公司治理的另一种分析框架——兼论进一步完善中国上市公司治理的新思路》,《经济研究》2004年第12期。
［199］冯科、何理：《中国房地产市场"限购政策"研究——基于反需求函数的理论与经验分析》,《经济学动态》2012年第2期。
［200］高奥、龚六堂：《国有资本收入划拨养老保险、人力资本积累与经济增长》,《金融研究》2015年第1期。
［201］高建伟、丁克诠：《中国基本养老保险基金缺口模型及其应用》,《系统管理学报》2006年第15期。
［202］高建伟、邱菀华：《现收现付制与部分积累制的缴费率模型》,《中国管理科学》2002年第10期。
［203］高曼丽：《我国社会养老保险基金的筹资与投资模式研究》,对外经济贸易大学,2003。
［204］高新宇：《我国汇率制度的选择与货币政策有效性分析》,《社会科学辑刊》2007年第

1期。

[205] 龚旭、文凤华、黄创霞等:《HAR-RV-EMD-J模型及其对金融资产波动率的预测研究》,《管理评论》2017年第29期。

[206] 顾斌、周立烨:《我国上市公司股权激励实施效果的研究》,《会计研究》2007年第2期。

[207] 顾海峰:《股权关联性、增发认购选择权与上市公司财富效应——基于会计新规的分析视角》,《经济学(季刊)》2014年第13期。

[208] 管涛、韩会师:《加快外汇市场供给侧改革,夯实汇率市场化的微观基础》,《清华金融评论》2017年第7期。

[209] 郭凯明、龚六堂:《社会保障、家庭养老与经济增长》,《金融研究》2012年第1期。

[210] 郭丽虹、张祥建、徐龙炳:《社会融资规模和融资结构对实体经济的影响研究》,《国际金融研究》2014年第6期。

[211] 郭晔、赵静:《存款竞争、影子银行与银行系统风险——基于中国上市银行微观数据的实证研究》,《金融研究》2017年第6期。

[212] 郭永斌:《我国养老保险资金缺口的评估和可持续性分析》,《南方金融》2013年第4期。

[213] 韩永辉、张佐敏、邹建华:《房地产"限购令"的调控机制与政策反思——基于单中心双环城市模型的分析》,《经济理论与经济管理》2016年第7期。

[214] 何涛、陈小悦:《中国上市公司送股、转增行为动机初探》,《金融研究》2003年第9期。

[215] 胡昌生、池阳春:《投资者情绪、资产估值与股票市场波动》,《金融研究》2013年第10期。

[216] 胡冬梅:《我国货币政策传导机制实证研究》,《南京社会科学》,2008年第5期。

[217] 胡海青、张琅、张道宏:《供应链金融视角下的中小企业信用风险评估研究——基于SVM与BP神经网络的比较研究》,《管理评论》2012年第24期。

[218] 胡晓炼:《政策性金融服务"一带一路"的优势》,《中国金融》2017年第9期。

[219] 胡育蓉、朱恩涛、龚金泉:《货币政策立场如何影响企业风险承担——传导机制与实证检验》,《经济科学》2014年第36期。

[220] 胡跃飞、黄少卿:《供应链金融:背景、创新与概念界定》,《金融研究》2009年第8期。

[221] 黄虹、张鸣、柳琳:《"回购+动态考核"限制性股票激励契约模式研究——基于昆明制药股权激励方案的讨论》,《会计研究》2014年第2期。

[222] 黄后川、陈浪南:《中国股票市场波动率的高频估计与特性分析》,《经济研究》2003年第2期。

[223] 黄静、肖潇、吴宏宇:《论信号理论及其在管理研究中的运用与发展》,《武汉理工大学学报(社会科学版)》2016年第29期。

[224] 黄秋萍、赵先德、杨君豪、梁超杰:《供应商关系管理中的金融关系行为研究》,《南开管理评论》2014年第17期。

[225] 黄晓:《中国基本养老保险基金收支均衡政府责任及其策略研究》,西南交通大学学位论文,2007。

[226] 黄晓薇、何丽芬、居思行:《定向增发与股票长期低绩效关系研究》,《证券市场导报》2014年第10期。

［227］黄薏舟、郑振龙：《无模型隐含波动率及其所包含的信息：基于恒生指数期权的经验分析》，《系统工程理论与实践》2009年第29期。

［228］纪新伟：《国有企业红利分配研究》，山西经济出版社，2015。

［229］贾明、张喆、万迪昉：《股改方案、代理成本与大股东解禁股出售》，《管理世界》2009年第9期。

［230］江曙霞、陈玉婵：《货币政策、银行资本与风险承担》，《金融研究》2012年第4期。

［231］江湧、闫晓旭、刘佐菁等：《基于DEA模型的科技金融投入产出相对效率分析——以广东省为例》，《科技管理研究》2017年第3期。

［232］姜超峰：《供应链金融服务创新》，《中国流通经济》2015年第29期。

［233］蒋曼曼：《供应链金融视角下企业信用风险评价研究》，《经营与管理》2017年第2期。

［234］蒋瑛琨、刘艳武、赵振全：《货币渠道与信贷渠道传导机制有效性的实证分析——兼论货币政策中介目标的选择》，《金融研究》2005年第5期。

［235］金虎斌：《房地产限购政策实施效果的实证分析——基于双重差分模型的估计》，《创新》2012年第6期。

［236］金巍锋：《我国上市公司股票增值权实施有效性研究》，中南大学学位论文，2012。

［237］孔东民、付克华：《中国股市增发的市场反应及影响因素分析》，《世界经济》2005年第10期。

［238］李斌：《中国货币政策有效性的实证研究》，《金融研究》2001年第7期。

［239］李辰颖：《独立机构投资者持股偏好研究——基于中国上市公司的经验数据》，《中央财经大学学报》2016年第2期。

［240］李凤羽：《投资者情绪能够解释ETF的折溢价吗？——来自A股市场的经验证据》，《金融研究》2014年第2期。

［241］李红霞：《新形势下地方政府性债务风险与防范》，《地方财政研究》2017年第6期。

［242］李珮：《消费金融：规范发展是根本，差异定位是关键》，《金融时报》2018年2月23日。

［243］李维安、李汉军：《股权结构、高管持股与公司绩效——来自民营上市公司的证据》，《南开管理评论》2006年第5期。

［244］李伟：《金融科技发展与监管》，《中国金融》2017年第4期。

［245］李心丹、王冀宁、傅浩：《中国个体证券投资者交易行为的实证研究》，《经济研究》2002年第11期。

［246］李心丹、俞红海、陆蓉、徐龙炳：《中国股票市场"高送转"现象研究》，《管理世界》2014年第3期。

［247］李迅雷：《十九大后中国经济走势与资产配置策略》，《新金融》2017年第12期。

［248］李扬：《"金融服务实体经济"辨》，《经济研究》2017年第6期。

［249］李扬：《中国进入了风险集中爆发时期，根源在于高杠杆》，2018资产配置论坛。

［250］李扬、张晓晶、常欣：《中国国家资产负债表2013》，中国社会科学出版社，2013。

［251］李曜、管恩华：《股票增值权激励有效吗》，《证券市场导报》2006年第1期。

［252］李毅学、汪寿阳、冯耕中：《一个新的学科方向——物流金融的实践发展与理论综述》，《系

统工程理论与实践》2010年第30期。

[253] 李毅学、徐渝、冯耕中：《国内外存货质押融资业务演化过程研究》，《经济与管理研究》2007年第3期。

[254] 李勇军：《股权激励计划契约结构对其激励效应的影响》，《财经理论与实践》2015年第4期。

[255] 李增泉：《激励机制与企业绩效：一项基于上市公司的实证研究》，《会计研究》2000年第1期。

[256] 李志生、朱雯君：《信息含量、机构投资者与股价同步性——来自股票增发市场的经验证据》，《中南财经政法大学学报》2015年第5期。

[257] 理查德 C. 格林诺德、雷诺德 N. 卡恩：《主动投资组合管理》，机械工业出版社，2014。

[258] 梁斌、李庆云：《中国房地产价格波动与货币政策分析——基于贝叶斯估计的动态随机一般均衡模型》，《经济科学》2011年第3期。

[259] 梁云芳、高铁梅：《中国房地产价格波动区域差异的实证分析》，《经济研究》2007年第8期。

[260] 林朝颖、黄志刚、杨广青等：《基于企业微观的货币政策风险承担渠道理论研究》，《国际金融研究》2015年第6期。

[261] 林朝颖、余向群、杨广青：《货币政策、过度投资与房地产企业风险承担》，《技术研究》2015年第8期。

[262] 林辉：《中国城镇职工社会养老保险基金偿付与投资能力问题的研究》，东北财经大学学位论文，2014。

[263] 林毓铭：《充分认识养老保险个人账户从"空账"向"实账"转化的长期性》，《人口与发展》2004年第3期。

[264] 刘安长：《国有资本收益向养老保险基金配置的合理性与科学性研究》，《当代经济管理》2016年第38期。

[265] 刘旦：《我国房地产企业融资模式研究》，《中国房地产金融》2011年第7期。

[266] 刘桂荣：《供应链金融：应收账款融资逆向选择的解决方案》，《上海经济研究》2012年第24期。

[267] 刘江涛、张波、黄志刚：《限购政策与房价的动态变化》，《经济学动态》2012年第3期。

[268] 刘璐：《限贷和限购政策对一般均衡中房价的影响》，《管理科学学报》2013年第16期。

[269] 刘巧霞：《我国上市银行股票增值权实施效果的实证研究》，《统计与决策》2009年第17期。

[270] 刘秋平：《机构投资者能否发生稳定器作用——基于个股暴跌风险的实证检验》，《现代财经》2015年第3期。

[271] 刘涛、毛道维、王海英：《股权集中度、制衡度与机构投资者的择股偏好——机构投资者异质性的研究视角》，《山西财经大学学报》2013年第35期。

[272] 刘威岩：《以"互联网+"助力汽车融资租赁发展》，《金融时报》2017年6月5日。

[273] 刘维奇、刘新新：《个人和机构投资者情绪与股票收益——基于上证A股市场的研究》，

《管理科学学报》2014 年第 17 期。

[274] 刘星、吴先聪：《机构投资者异质性、企业产权与公司绩效——基于股权分置改革前后的比较分析》，《中国管理科学》2011 年第 19 期。

[275] 刘莹：《我国证券市场监管问题研究》，《现代商业》2017 年第 31 期。

[276] 刘永泽、吴作章、陈艳丽：《减持国有资本充实社保基金研究——某省社保基金收支预测》，《财政研究》2009 年第 12 期。

[277] 柳红霞：《我国个人外汇管理中存在的主要问题及对策探讨》，《中国信用卡》2015 年第 10 期。

[278] 娄飞鹏：《互联网金融环境下的供应链金融发展——基于信息不对称的视角》，《西南金融》2017 年第 1 期。

[279] 卢馨、龚启明：《股权激励契约结构研究——国内外发展脉络和文献综述》，《财会通讯》2012 年第 12 期。

[280] 芦宁、马树建：《基于供应链金融的银行决策分析》，《工业工程》2015 年第 4 期。

[281] 鲁敏：《我国资本市场监管制度研究》，《改革与战略》2017 年第 3 期。

[282] 陆岷峰：《我国商业银行不良资产证券化模式研究》，《农村金融研究》2015 年第 9 期。

[283] 陆岷峰、葛和平：《供给侧改革背景下我国金融监管体制重构的思考——基于互联网金融对传统金融的冲击分析》，《当代经济管理》2017 年第 1 期。

[284] 吕长江、许静静：《基于股利变更公告的股利信号效应研究》，《南开管理评论》2010 年第 2 期。

[285] 吕长江、赵宇恒：《国有企业高层管理者激励效应研究——基于管理者权力的解释》，《管理世界》2008 年第 11 期。

[286] 吕长江、郑慧莲、严明珠、许静静：《上市公司股权激励制度设计：是激励还是福利？》，《管理世界》2009 年第 9 期。

[287] 吕劲松：《多层次资本市场体系建设》，《中国金融》2015 年第 8 期。

[288] 吕晓蕾：《我国证券监管模式的实践矛盾与改革——以上市公司收购资金来源的实证分析与监管为研究路径》，《上海商学院学报》2017 年第 6 期。

[289] 毛程连：《公共财政框架下国有资产管理理论的改进》，《财政研究》2002 年第 4 期。

[290] 米晋宏、刘冲：《住房限购政策与城市房价波动分析》，《上海经济研究》2017 年第 1 期。

[291] 苗晓宇：《上证 180 指数已实现波动率测度与特性分析——基于股改前后数据的对比》，《经济论坛》2011 年第 12 期。

[292] 莫江、刘莉等：《"互联网+"在农村普惠金融发展中的应用与思考》，《西部金融》2018 年第 2 期。

[293] 尼古拉斯·巴尔、大卫·怀恩斯、巴尔等：《福利经济学前沿问题》，中国税务出版社、北京腾图电子出版社，2000。

[294] 牛似虎、方继华、苏明政：《基于供应链金融的中小企业绩效评价与实证》，《统计与决策》2017 年第 1 期。

[295] 牛雪、张玉明：《委托代理视角下的管理层股权激励实证研究》，《统计与决策》2013 年第

8期。

[296] 潘敏、缪海斌:《银行信贷、经济增长与通货膨胀压力》,《经济评论》2010年第2期。

[297] 庞东梅:《行业整顿促互联网小贷回归本源》,《金融时报》2017年12月16日。

[298] 庞新江:《我国货币政策的有效性及对策建议》,《当代经济研究》2012年第1期。

[299] 彭碧荣:《我国养老保险基金收支不平衡原因的实证研究》,《地方财政研究》2015年第1期。

[300] 彭利达、张文霞:《机构投资者是现金分红的内生动力吗?——基于异质机构投资者的经验研究》,《财经问题研究》2016年第2期。

[301] 齐艺莹、陶萌:《当前我国社会养老保险隐性债务规模精算分析》,《人口学刊》2011年第4期。

[302] 乔坤元:《住房限购令真的起作用了吗?——来自中国70大中城市的证据》,《经济与管理研究》2012年第12期。

[303] 邱晖、杜忠连:《供应链金融预付账款融资模式下商业银行信用风险控制研究》,《商业经济》2017年第3期。

[304] 裘翔、周强龙:《影子银行与货币政策传导》,《经济研究》2014年第5期。

[305] 屈满学、王鹏飞:《我国波动率指数预测能力研究——基于隐含波动率的信息比较》,《经济问题》2017年第1期。

[306] 任广乾、李建标、李政等:《投资者现状偏见及其影响因素的实验研究》,《管理评论》2011年第23期.

[307] 任秋潇:《银行互联网授信中的问题》,《中国金融》2016年第22期。

[308] 沈双平、丁蕊:《论我国金融证券市场监管方面存在的问题》,《消费导刊》2017年第6期。

[309] 沈晓军:《科技金融发展问题研究——以浙江省为例》,《临沂大学学报》2017年第2期。

[310] 沈悦、刘洪玉:《住宅价格与经济基本面:1995-2002年中国14城市的实证研究》,《经济研究》2004年第6期。

[311] 盛朝晖:《中国货币政策传导渠道效应分析:1994—2004》,《金融研究》2006年第7期。

[312] 盛松成、吴培新:《中国货币政策的二元传导机制——"两中介目标,两调控对象"模式研究》,《经济研究》2008年第10期。

[313] 施剑平:《发展"风口"下的典当业问题多》,《中国工商报》2017年3月9日。

[314] 石晓军、张顺明:《商业信用、融资约束及效率影响》,《经济研究》2010年第1期。

[315] 史金召、郭菊娥、晏文隽:《在线供应链金融中银行与B2B平台的激励契约研究》,《管理科学》2015年第5期。

[316] 宋华、卢强:《基于虚拟产业集群的供应链金融模式创新:创捷公司案例分析》,《中国工业经济》2017年第5期。

[317] 宋珏遐:《农村金融服务在探索中创新》,《金融时报》2018年1月4日。

[318] 宋林清:《地方债发行与房价上涨——基于中国35个大中城市的实证研究》,《金融论坛》2017年第22期。

[319] 宋昕:《银行脆弱性的理论基础与主要影响成因——基于我国中央银行"缩表"的视角》,

《价格理论与时间》2017年第5期。

[320] 宋欣文、童玉玲:《我国基本养老保险基金筹资模式的选择》,《商》2016年第31期。

[321] 宋杨:《利率市场化进程中利率渠道的动态变化机制研究》,《金融理论与实践》2017年第2期。

[322] 宋易康:《消费金融业绩爆发,严监管下整体规模将缩减》,《第一财经日报》2018年3月28日。

[323] 苏洁:《互联网助力农村金融发展》,《中国保险报》2017年9月26日。

[324] 苏馨:《中国对"一带一路"沿线国家直接投资的风险研究》,《吉林大学学报》2017年第4期。

[325] 孙祁祥:《"空账"与转轨成本——中国养老保险体制改革的效应分析》,《经济研究》2001年第23期。

[326] 孙铮、刘凤委、李增泉:《市场化程度、政府干预与企业债务期限结构——来自我国上市公司的经验证据》,《经济研究》2005年第5期。

[327] 孙之涵、张晨光:《我国房地产上市公司股权激励对绩效影响的实证研究》,《会计师》2012年第22期。

[328] 覃泽俊:《汽车融资租赁发展将步入快车道》,《中国证券报》2017年12月6日。

[329] 谭小芬:《外汇储备持续增加的经济后果分析》,《中央财经大学学报》2008年第3期。

[330] 汤曙光、任建标:《银行供应链金融——中小企业信贷的理论、模式与实践》,中国财政经济出版社,2010。

[331] 汤韵、梁若冰:《限购为何无法控制房价——来自婚姻市场的解释》,《经济学动态》2016年第11期。

[332] 唐雪松、周晓苏、马如静:《上市公司过度投资行为及其制约机制的实证研究》,《会计研究》2007年第7期。

[333] 佟岩、刘第文:《整体上市动机、机构投资者与非效率投资》,《中央财经大学学报》2016年第3期。

[334] 汪克峰、石岿然:《在线供应链金融中银行与B2B平台委托代理演化分析》,《金融理论与实践》2017年第5期。

[335] 汪莉:《隐性存保、"顺周期"杠杆与银行风险承担》,《经济研究》2017年第10期。

[336] 汪涛、胡敏杰:《股权激励对财务绩效的影响研究》,《统计与决策》2015年第4期。

[337] 王超、黄英君:《中国保险宏观审慎监管指标框架构建研究》,《经济社会体制比较》2017年第9期。

[338] 王成:《中国养老金缺口的成因、风险及对策研究》,《财经理论研究》2015年第2期。

[339] 王晗:《取消贷基规模排名,公募基金迎考》,《北京商报》2017年12月19日。

[340] 王劲松、韩克勇、王建明:《开放经济条件下我国货币政策有效性研究》,《经济问题》2006年第7期。

[341] 王俊飚、刘明、王志诚:《机构投资者持股对新股增发折价影响的实证研究》,《管理世界》2012年第10期。

[342] 王蕾、冯倩楠：《利率市场化、国债期货价格发现与风险规避功能》，《金融论坛》2015年第20期。

[343] 王立勇、张良贵、刘文革：《不同粘性条件下金融加速器效应的经验研究》，《经济研究》2012年第10期。

[344] 王美今、孙建军：《中国股市收益、收益波动与投资者情绪》，《经济研究》2004年第10期。

[345] 王敏、黄滢：《限购和房产税对房价的影响：基于长期动态均衡的分析》，《世界经济》2013年第1期。

[346] 王铭利：《影子银行、信贷传导与货币政策有效性——一个基于微观视角的研究》，《中国软科学》2015年第4期。

[347] 王频、侯成琪：《预期冲击、房价波动与经济波动》，《经济研究》2017年第4期。

[348] 王琪：《基于决策树的供应链金融模式信用风险评估》，《新金融》2010年第4期。

[349] 王晓军、赵彤：《中国社会养老保险的省区差距分析》，《人口研究》2006年第2期。

[350] 王玉涛、陈晓、薛健：《限售股减持：利润平滑还是投资收益最大？》，《金融研究》2013年第1期。

[351] 王兆星：《资本监管制度变革——国际金融监管改革系列谈之二》，《中国金融》2013年第13期。

[352] 王喆、张明、刘士达：《从"通道"到"同业"——中国影子银行体系的演进历程、潜在风险与发展方向》，《国际经济评论》2017年第4期。

[353] 王振山、王志强：《我国货币政策传导途径的实证研究》，《财经问题研究》2000年第12期。

[354] 王镇、郝刚：《投资者情绪指数的构建研究——基于偏最小二乘法》，《金融理论与实践》2014年第7期。

[355] 韦玮、刘永涛、潘瑞：《养老保险隐性债务的偿还及其政策探讨》，《经济体制改革》2006年第2期。

[356] 魏刚：《高级管理层激励与上市公司经营绩效研究》，《经济研究》2000年第3期。

[357] 魏刚：《中国上市公司股利分配的实证研究》，《经济研究》1998年第6期。

[358] 魏宇：《沪深300股指期货的波动率预测模型研究》，《管理科学学报》2010年第2期。

[359] 魏宇、余怒涛：《中国股票市场的波动率预测模型及其SPA检验》，《金融研究》2007年第7a期。

[360] 文风华、肖金利、黄创霞等：《投资者情绪特征对股票价格行为的影响研究》，《管理科学学报》2014年第17期。

[361] 吴化斌、许志伟、胡永刚等：《消息冲击下的财政政策及其宏观影响》，《管理世界》2011年第9期。

[362] 吴井峰：《信息不对称与定向增发价格折扣率——机构投资者与分析师的影响》，《证券市场导报》2015年第4期。

[363] 吴伟军：《转轨时期中国货币政策传导机制有效性的实证研究》，《江西社会科学》2008年第2期。

[364] 吴晓光：《浅谈商业银行网络融资业务的风险控制》，《新金融》2011年第7期。

[365] 吴璇、田高良、李玥婷:《定向增发窗口期的公司业绩与股票回报——基于 PSM 样本的分析》,《云南财经大学学报》2017 年第 5 期。

[366] 吴育辉、吴世农:《股票减持过程中的大股东掏空行为研究》,《中国工业经济》2010 年第 5 期。

[367] 吴育辉、吴世农:《企业高管自利行为及其影响因素研究——基于我国上市公司股权激励草案的证据》,《管理世界》2010 年第 5 期。

[368] 习近平:《把改善供给侧结构作为主攻方向》,《理论学习》2017 年第 2 期。

[369] 夏立明、宗恒恒、孟丽:《中小企业信用风险评价指标体系的构建——基于供应链金融视角的研究》,《金融论坛》2011 年第 10 期。

[370] 肖飒:《拥抱监管的现金贷》,《证券时报》2018 年 3 月 17 日。

[371] 肖淑芳、石琦、王婷、易肃:《上市公司股权激励方式选择偏好——基于激励对象视角的研究》,《会计研究》2016 年第 6 期。

[372] 肖帅、陈少晖:《国有资本划转:偿还城镇职工隐性养老金债务的优选途径》,《东南学术》2015 年第 6 期。

[373] 谢德仁、崔宸瑜、廖珂:《上市公司"高送转"与内部人股票减持:"谋定后动"还是"顺水推舟"》,《金融研究》2016 年第 11 期。

[374] 谢贵春:《证券交易所自律监管罚款制度比较研究》,《南方金融》2017 年第 11 期。

[375] 谢平、杨硕:《中国金融监管改革的十二个热点问题》,《新金融评论》2017 年第 4 期。

[376] 谢婷婷、李玉梅:《社会融资规模与融资结构对实体经济的影响——基于空间计量模型的实证研究》,《西南民族大学学报(人文社科版)》2017 年第 38 期。

[377] 辛继召:《消费金融 2017 年业绩大爆发,将面临资金成本上升压力》,《21 世纪经济报道》2018 年 3 月 20 日。

[378] 熊义明、陈欣、陈普、许红伟:《中国上市公司送转行为动因研究——基于高送转样本的检验》,《经济与管理研究》2012 年第 5 期。

[379] 徐克恩、鄂志寰:《美国金融监管体系的重大变革——美国金融监管体系现代化蓝图评析》,《国际金融研究》2008 年第 5 期。

[380] 徐寿福、邓鸣茂、陈晶萍:《融资约束、现金股利与投资现金流敏感性》,《山西财经大学学报》2016 年第 2 期。

[381] 徐习兵、李善民:《普惠金融视角下小额贷款公司可持续发展研究》,《人民论坛·学术前沿》2017 年第 15 期。

[382] 徐亚平:《公众学习、预期引导与货币政策的有效性》,《金融研究》2009 年第 1 期。

[383] 许少强、颜永嘉:《中国影子银行体系发展、利率传导与货币政策调控》,《国际金融研究》2015 年第 11 期。

[384] 许伟、陈斌开:《银行信贷与中国经济波动:1993—2005》,《经济学(季刊)》2009 年第 3 期。

[385] 许宪春、贾海、李皎等:《房地产经济对中国国民经济增长的作用研究》,《中国社会科学》2015 年第 1 期。

[386] 许友传、刘庆福、王智鑫:《基于动态和前瞻性的贷款损失拨备适度性研究》,《金融研究》2011年第12期。

[387] 薛惠元、仙蜜花:《城乡居民基本养老保险个人账户基金收支平衡模拟与预测——基于个体法的一项研究》,《当代经济管理》2015年第10期。

[388] 杨宝华:《港沪两地对平安保险公司股票增值权的市场反应研究》,《深圳金融》2009年第7期。

[389] 杨晖:《应收账款质押融资在我国的发展研究》,《金融教学与研究》2007年第6期。

[390] 杨俊、龚六堂:《国有资本收入对养老保险的划拨率研究》,《金融研究》2008年第11期。

[391] 杨克贲、王晓芳:《实际冲击、消息冲击与中国通胀预期波动》,《经济学动态》2015年第2期。

[392] 杨柳、李力、吴婷:《预期冲击与中国房地产市场波动异象》,《经济学(季刊)》2017年第1期。

[393] 杨晏忠:《论商业银行供应链金融的风险防范》,《金融论坛》2007年第10期。

[394] 杨燕绥、李学芳、胡乃军:《养老金信托雪球效应模型建立与分析——管理模式视角下养老金制度可持续发展研究》,《中国人口·资源与环境》2010年第6期。

[395] 杨阳、万迪昉:《不同市态下投资者情绪与股市收益、收益波动的异化现象——基于上证股市的实证分析》,《系统工程》2010年第1期。

[396] 姚囡恒、吴琼:《股权激励、代理成本与公司绩效关系研究》,《统计与决策》2014年第24期。

[397] 姚余栋、李宏瑾:《中国货币政策传导信贷渠道的经验研究:总量融资结构的新证据》,《世界经济》2013年第3期。

[398] 叶陈刚、刘桂春、洪峰:《股权激励如何驱动企业研发支出——基于股权激励异质性的视角》,《审计与经济研究》2015年第3期。

[399] 叶映红:《股票增值权费用的计量方法及其会计处理》,《会计之友》2009年第12期。

[400] 壹零智库:《金融科技发展报告2017》,电子工业出版社,2018。

[401] 佚名:《划转部分国有资本充实社保基金》,《中国财政》2017年第23期。

[402] 易斌:《住房需求抑制还是土地供给调节:房地产调控政策比较研究》,《财经研究》2015年第2期。

[403] 易志高、茅宁:《中国股市投资者情绪测量研究:CICSI的构建》,《金融研究》2009年第11期。

[404] 尹伯成、尹晨:《限购:楼市健康发展的合理要求》,《探索与争鸣》2011年第5期。

[405] 尹胜先:《我国基本养老保险基金的压力测试》,西南财经大学学位论文,2013年。

[406] 于宏新:《供应链金融的风险及防范策略》,《经济研究导刊》2010年第20期。

[407] 于洪、钟和卿:《中国基本养老保险制度可持续运行能力分析——来自三种模拟条件的测算》,《财经研究》2009年第9期。

[408] 余明桂、李文贵、潘红波:《民营化、产权保护与企业风险承担》,《经济研究》2013年第9期。

[409] 俞静、徐斌、吴娟:《定向增发市场异象的制度背景分析及改革路径探讨》,《中央财经大学学报》2013年第3期。

[410] 俞晓佳:《复合式股权激励契约结构设计与激励效应研究》,浙江工商大学学位论文,2017。

[411] 袁申国、陈平、刘兰凤:《汇率制度、金融加速器和经济波动》,《经济研究》2011年第1期。

[412] 袁志刚、葛劲峰:《由现收现付制向基金制转轨的经济学分析》,《复旦学报(社会科学版)》2003年第4期。

[413] 曾刚:《货币政策有效性:理论与实践》,《中国金融》2008年第9期。

[414] 曾庆生、张耀中:《信息不对称、交易窗口与上市公司内部人交易回报》,《金融研究》2012年第12期。

[415] 翟一春:《我国养老保险基金投资问题研究》,复旦大学学位论文,2008。

[416] 战明华、蒋婧梅:《金融市场化改革是否弱化了银行信贷渠道的效应》,《金融研究》2013年第10期。

[417] 张诚、李晓翠:《国际供应链金融模式与流程创新研究》,《南方金融》2015年第3期。

[418] 张德荣、郑晓婷:《"限购令"是抑制房价上涨的有效政策工具吗?——基于70个大中城市的实证研究》,《数量经济技术经济研究》2013年第11期。

[419] 张慧:《2010—2011年上海住宅市场调控中房产税、限购令等政策的若干思考》,复旦大学学位论文,2012。

[420] 张家源:《习近平金融思想及其在十九大报告中的新发展》,《探索》2017年第6期。

[421] 张景智:《"监管沙盒"制度设计和实施特点:经验及启示》,《国际金融研究》2018年第1期。

[422] 张前程、龚刚:《货币政策与企业风险承担:投资者情绪的中介效应》,《当代经济科学》2016年第3期。

[423] 张强、杨淑娥:《噪音交易、投资者情绪波动与股票收益》,《系统工程理论与实践》2009年第3期。

[424] 张强、杨淑娥、杨红:《中国股市投资者情绪与股票收益的实证研究》,《系统工程》2007年第7期。

[425] 张思锋、张冬敏、雍岚:《引入省际人口迁移因素的基本养老保险基金收支测算——以陕西为例》,《西安交通大学学报(社会科学版)》2007年第2期。

[426] 张维迎、周黎安、顾全林:《高新技术企业的成长及其影响因素:分位回归模型的一个应用》,《管理世界》2005年第10期。

[427] 张文斐:《去年风险管理公司行业净利大增》,《期货日报》2018年第1期。

[428] 张小波:《逆周期资本缓冲机制的拓展及其在中国的适用性分析》,《国际金融研究》2014年第5期。

[429] 张雪兰、何德旭:《货币政策立场与银行风险承担——基于中国银行业的实证研究》,《经济研究》2012年第5期。

[430] 张宇峰:《小额贷款公司发展的现状、问题及对策》,《时代金融》2017年第9期。

[431] 张元:《我国上市银行股票增值权实施效果研究》,中南大学学位论文,2009。

[432] 张云:《浅论"保险"的社会价值》,《中外企业家》2013年第11期。

[433] 张卓元:《中国经济四十年市场化改革的回顾》,《经济与管理研究》2018年第3期。

[434] 章卫东:《定向增发新股、投资者类别与公司股价短期表现的实证研究》,《管理世界》2008年第4期。

[435] 章卫东、李海川:《定向增发新股、资产注入类型与上市公司绩效的关系——来自中国证券市场的经验证据》,《会计研究》2010年第3期。

[436] 章卫东、赵兴欣、李斯蕾:《定向增发注入资产相关性与大股东认购比例及其公司绩效》,《当代财经》2017年第2期。

[437] 赵沛楠:《老工业基地改造再迎春天——专访国家发展改革委东北振兴司司长周建平》,《中国投资》2013年第5期。

[438] 赵胜民、罗琦:《动态随机一般均衡模型视角下的预期冲击与住房价格波动》,《南方经济》2015年第33期。

[439] 赵祥功、俞讳:《股权激励中股票期权与限制性股票方式的比较研究》,《经济师》2011年第1期。

[440] 赵振全、于震、刘淼:《金融加速器效应在中国存在吗?》,《经济研究》2007年第6期。

[441] 郑功成:《中国养老保险制度的风险在哪里》,《中国金融》2010年第17期。

[442] 郑君君、谭旭、范文涛:《基于委托—代理理论的股权激励模型的研究》,《管理科学学报》2005年第1期。

[443] 郑云鹰、曹丽梅:《机构投资者的定向增发偏好研究》,《中山大学学报(社会科学版)》2016年第2期。

[444] 郑忠华、邸俊鹏:《房地产借贷与中国宏观经济波动——基于信贷扩张视角的DSGE模拟研究》,《中国经济问题》2015年第4期。

[445] 中国人民银行:《2017年第四季度货币政策执行报告》,中国人民银行网站,2018年2月14日。

[446] 中国人民银行:《2017年金融统计数据报告》,中国人民银行网站,2018年1月12日。

[447] 中国人民银行衢州市中心支行课题组:《新形势下加强本外币一体化协同监管研究》,《浙江金融》2017年第6期。

[448] 钟嘉毅:《中国多层次资本市场建设路径研究》,《时代金融(中旬)》2017年第8期。

[449] 周诚君、吕威、卜凡玫、王娜:《关于进一步规范熊猫债管理的若干考虑及政策建议》,《债券》2017年第9期。

[450] 周桦、张娟:《偿付能力监管制度改革与保险公司成本效率——基于中国财险市场的经验数据》,《金融研究》2017年第4期。

[451] 周建波、孙菊生:《经营者股权激励的治理效应研究》,《经济研究》2003年第5期。

[452] 周英章、蒋振声:《货币渠道、信用渠道与货币政策有效性——中国1993—200年的实证分析和政策含义》,《金融研究》2002年第9期。

[453] 朱波、卢露:《中国逆周期缓冲资本调整指标研究——基于金融体系脆弱时期的实证分

析》,《国际金融研究》2013年第10期。
[454] 朱茶芬、陈超、李志文:《信息优势、波动风险与大股东的选择性减持行为》,《浙江大学学报》2010年第2期。
[455] 朱茶芬、姚铮、李志文:《高管交易能预测未来股票收益吗?》,《管理世界》2010年第9期。
[456] 朱新蓉、李虹含:《货币政策传导的企业资产负债表渠道有效吗?——基于2007—2013年中国数据的实证检验》,《金融研究》2013年第10期。
[457] 朱元琪、刘善存:《股票股利与价值重估:信号、流动性改善还是价格幻觉?》,《经济经纬》2011年第3期。
[458] 庄子罐、崔小勇、龚六堂等:《预期与经济波动——预期冲击是驱动中国经济波动的主要力量吗?》,《经济研究》2012年第6期。
[459] 邹琳华、高波、赵奉军:《投资需求扩张、房价上涨与住房限购——一个基于大国政策的准自然实验》,《城市发展研究》2014第21期。

附　录　2017年中国金融发展大事记

2017年1月1日　为保护保险消费者合法权益,完善产品管理制度,规范公司产品开发,提升保险产品供给质量,中国保监会印发了《财产保险公司保险产品开发指引》,并于2017年1月1日起正式实施。

2017年1月4日　为了进一步加强保险公司合规管理,中国保监会发布《保险公司合规管理办法》(以下简称《办法》)。《办法》将于2017年7月1日起施行,2008年1月开始施行的《保险公司合规管理指引》同时废止。

2017年1月5日　为贯彻落实《关于促进民营银行发展的指导意见》,形成规制统一、权责明晰、运转协调、安全高效的民营银行监管体系,切实促进民营银行依法合规经营、科学稳健发展,中国银监会印发《关于民营银行监管的指导意见》。

2017年1月9日　中国保监会下发《关于印发〈保险公司跨京津冀区域经营备案管理试点办法〉及开展试点工作的通知》和《关于印发〈保险专业代理机构跨京津冀经营备案管理试点办法〉及开展试点工作的通知》,决定在北京、天津和河北三地开展保险公司和全国性保险专业代理机构跨区域经营备案管理试点。

2017年1月10日　中国银监会召开2017年全国银行业监督管理工作(电视电话)会议,学习贯彻中央经济工作会议精神,总结回顾2016年工作,分析研判当前形势,安排部署2017年重点工作任务。

2017年1月13日　中国人民银行印发《关于全口径跨境融资宏观审慎管理有关事宜的通知》,进一步完善本外币一体化的全口径跨境融资宏观审慎管理框架。

2017年1月　为保障春节前现金投放形成的集中性需求,中国人民银行陆续通过临时流动性便利(TLF)操作为现金投放量较大的几家大型商业银行提供临时流动性支持。

2017年1月20日　中国证监会修订完善发行审核履职回避制度,正式发布《关于加强发行审核工作人员履职回避管理的规定(2017年修订)》和《关于加强发审委委员履职回避管理的规定(2017年修订)》,自公布之日起施行。

2017年1月20日　中国证监会通报首次IPO企业现场检查及问题处理情况。

2017 年 1 月 23 日 中国人民银行、中国银监会、中国证监会、中国保监会、扶贫办五部门联合印发《关于开展金融精准扶贫政策效果评估的通知》,切实发挥评估工作对进一步改进精准扶贫金融服务的积极作用。

2017 年 1 月 24 日 中国保监会发布《关于进一步加强保险资金股票投资监管有关事项的通知》(以下简称《通知》)。《通知》旨在加强对保险机构与非保险一致行动人重大股票投资行为的监管,防范个别公司的激进投资行为和集中度风险,维护保险资产安全和金融市场稳定健康发展。

2017 年 1 月 25 日 中国银监会印发了《关于规范银行业服务企业走出去 加强风险防控的指导意见》,主要针对银行业金融机构服务企业走出去面临的关键问题、薄弱环节和突出风险,提出一系列具体监管要求,旨在加强对银行业金融机构战略定位、风险防范、机构布局的监管指导。

2017 年 1 月 26 日 国务院办公厅印发了《关于规范发展区域性股权市场的通知》。规范发展区域性股权市场是完善多层次资本市场体系的重要举措,在推进供给侧结构性改革、促进大众创业万众创新、服务创新驱动发展战略、降低企业杠杆率等方面具有重要意义。

2017 年 1 月 26 日 国务院办公厅印发《关于规范发展区域性股权市场的通知》。

2017 年 2 月 10 日 中国证监会发布《期货公司柜台系统数据接口规范》行业标准。

2017 年 2 月 10 日 中国证监会发布《关于避险策略基金的指导意见》,这有利于引导相关基金产品回归公募基金行业资产管理的本质,防范保本基金的投资运作风险以及行业风险,有利于保护投资者权益。

2017 年 2 月 15 日 中国保监会印发《保险业进一步参与社会治安综合治理工作的指导意见》,明确了新形势下保险业参与综治工作的指导思想、基本原则、主要任务和具体措施。

2017 年 2 月 17 日 为深入贯彻十八届六中全会精神,落实中央经济工作会议工作部署,助力供给侧结构性改革,优化资本市场资源配置功能,引导规范上市公司融资行为,完善非公开发行股票定价机制,保护中小投资者合法权益,更好地支持实体经济发展,中国证监会对《上市公司非公开发行股票实施细则》部分条文进行了修订,发布了《发行监管问答——关于引导规范上市公司融资行为的监管要求》。

2017 年 2 月 23 日 中国银监会发布《网络借贷资金存管业务指引》,明确了网贷资金存管业务应遵循的基本规则和实施标准,鼓励网贷机构与商业银行按照平等自愿、互利互惠的市场化原则开展业务。

2017 年 2 月 23 日 为提高离岸再保险交易的安全性,防范离岸再保险人的信用风险,保护境内保险公司作为再保险分出人的合法权益,中国保监会印发《中国保监会关于离岸再保险人提供担保措施有关事项的通知》(以下简称《通知》)。《通知》自发布之日起实施。

2017 年 2 月 27 日 中国人民银行按照定向降准相关制度,根据相关金融机构2016 年度支持"三农"和小微企业考核结果,动态调整金融机构存款准备金率。

2017 年 3 月 1 日 中国银监会发布《关于外资银行开展部分业务有关事项的通知》,明确在华外资银行可以与母行集团开展内部业务协作,为"走出去"的企业在境外发债、上市、并购、融资等活动提供综合金融服务,发挥外资银行的全球化综合服务优势。按照中外一致原则,在华外资法人银行可依法投资境内银行业金融机构。同时,按照国务院简政放权要求,明确在华外资银行开展国债承销业务、财务顾问业务、大部分托管业务不需获得银监会的行政许可,采取事后报告制。

2017 年 3 月 2 日 中国银监会召开新闻发布会,总结回顾村镇银行培育发展十年成效,介绍村镇银行在稳定县域、支农支小、支持农村经济社会发展方面发挥的重要作用,以及下一步中国银监会创新培育发展村镇银行的政策设想和工作部署。

2017 年 3 月 2 日 中国证监会公开发布了《中国证监会关于支持绿色债券发展的指导意见》,这是中国证监会党委落实《中共中央 国务院关于加快推进生态文明建设的意见》和《关于构建绿色金融体系的指导意见》精神的重要举措。

2017 年 3 月 7 日 中国人民银行联合工业和信息化部、中国银监会、中国证监会、中国保监会印发《关于金融支持制造强国建设的指导意见》,进一步建立健全多元化金融服务体系,大力推动金融产品和服务创新,加强和改进对制造强国建设的金融支持和服务。

2017 年 3 月 9 日 为落实《保险公司信息披露管理办法》《保险公司股权管理办法》等有关规定,进一步强化社会监督,中国保监会印发了《关于完善监管公开质询制度有关事项的通知》。

2017 年 3 月 10 日 中国证监会与香港证监会密切合作,果断出击、迅速查办了唐汉博跨境操纵"小商品城"案,以及唐汉博、唐园子操纵市场案。日前,证监会正式作出行政处罚决定。

2017 年 3 月 10 日 首批传统基础设施领域 PPP 项目证券化正式落地。

2017 年 3 月 13 日 中国人民银行印发《中国人民银行办公厅关于做好 2017 年信贷政策工作的意见》,坚持稳中求进的工作总基调,着力提高信贷政策定向结构性调整功能,着力推动供给侧结构性改革取得实质性进展,着力振兴实体经济和促进经济结构转型升级,指导中国人民银行分支机构和银行业金融机构做好 2017

年信贷政策工作。

2017年3月16日 经国务院批准,中国人民银行货币政策委员会组成人员调整。丁学东、郭树清担任货币政策委员会委员,肖捷、尚福林不再担任货币政策委员会委员职务。

2017年3月16日 俄罗斯铝业联合公司(United Company RUSAL)在上海证券交易所成功完成首期人民币债券(即熊猫债券)发行,发行期限2+1年,发行金额10亿元人民币。这是首单俄罗斯大型骨干企业在中国发行的熊猫债券,也是首单"一带一路"沿线国家企业发行的熊猫债券。

2017年3月17日 为加强对公司债券违约风险的防范应对,督促引导受托管理人做好公司债券违约风险的应急处置工作,保护投资者合法权益,近日,中国证监会同意中国证券业协会发布实施《公司债券受托管理人处置公司债券违约风险指引》。

2017年3月16日至17日 中国保监会派代表出席了在新加坡举行的第十二届亚洲保险监督官论坛(AFIR)年会。其间,中国保监会作为轮值主席和秘书处主持召开了第一次AFIR成员会议。

2017年3月17日 2017年首次金砖国家财长和央行行长会议在德国巴登—巴登举行。中国财政部部长肖捷和中国人民银行行长周小川共同主持会议,其他金砖国家财长和央行行长以及新开发银行行长出席会议。会议围绕金砖国家领导人第九次会晤关于"深化金砖伙伴关系,开辟更加光明未来"的主题,就宏观经济形势和政策、G20财金议程协调以及务实财金合作等议题进行了讨论,并通过了全年工作安排。

2017年3月17日至18日 二十国集团(G20)财长和央行行长会议在德国巴登—巴登举行,会议主要讨论了当前全球经济形势和增长框架、促进对非洲投资、国际金融架构、国际税收、金融部门发展和监管及其他全球治理议题,并发表了联合公报。中国财政部部长肖捷和中国人民银行行长周小川率中国代表团出席了会议。

2017年3月31日 中国证监会就《公开募集开放式证券投资基金流动性风险管理规定(征求意见稿)》对外公开征求意见。

2017年3月31日 中国证监会决定在上海、深圳证券交易所设立巡回审理办公室,派驻执法人员对两交易所上市公司相关违法违规案件开展行政处罚审理工作。

2017年4月7日 中国银监会印发了《关于提升银行业服务实体经济质效的指导意见》,要求银行业金融机构按照风险可控、商业可持续原则,坚持以推进供给侧结构性改革为主线,深化改革、积极创新、回归本源、突出主业,进一步提高金融服务实体经济的能力和水平。

2017 年 4 月 10 日　中国银监会印发《中国银监会关于银行业风险防控工作的指导意见》,在全国范围内进一步加强银行业风险防控工作,切实处置一批重点风险点,消除一批风险隐患,严守不发生系统性风险底线。

2017 年 4 月 12 日　中国银监会印发《关于切实弥补监管短板 提升监管效能的通知》(以下简称《通知》),《通知》共分为强化监管制度建设、强化风险源头遏制、强化非现场和现场监管、强化信息披露监管、强化监管处罚和强化责任追究 6 个部分,共 16 条。

2017 年 4 月 20 日　为深入贯彻党的十八届六中全会、中央经济工作会议和习近平总书记关于金融工作的重要指示精神,全面落实党中央、国务院关于做好金融业风险防范工作的有关部署,中国保监会印发《关于进一步加强保险监管维护保险业稳定健康发展的通知》(以下简称《通知》)。《通知》全面分析了保险业面临的形势,明确了当前和今后一个时期加强保险监管、治理市场乱象、补齐监管短板、防范行业风险的主要任务和总体要求。

2017 年 4 月 23 日　中国保监会对各保险公司印发了《中国保监会关于进一步加强保险业风险防控工作的通知》(以下简称《通知》)。《通知》要求全行业进一步加强风险防控工作,强化各保险公司在风险防控工作中的主体责任和一线责任,切实加强保险业风险防范的前瞻性、有效性和针对性,严守不发生系统性风险底线,维护保险业稳定健康发展。

2017 年 4 月 26 日　中国保监会发布《保险公司章程指引》,《保险公司章程指引》共 14 章 82 条,针对近年来保险公司治理运作中的主要风险和章程制定中存在的突出问题,在《公司法》《关于规范保险公司章程的意见》的基础上,以公众公司为标准,以风险监管为视角,重点针对公司治理运作中的主要风险点作出明确规定。

2017 年 4 月 27 日　中国保监会发布《中国保监会关于保险业服务"一带一路"建设的指导意见》,深入贯彻落实党中央、国务院关于"一带一路"建设的重大决策部署,推动保险业全方位服务和保障"一带一路"建设。

2017 年 5 月 2 日　中国人民银行、工信部会同财政部、商务部、国资委、中国银监会、外汇局联合印发《小微企业应收账款融资专项行动工作方案(2017—2019 年)》,积极推进应收账款融资,有效盘活小微企业存量资产,多渠道打通小微企业融资瓶颈。

2017 年 5 月 4 日　为全面贯彻党中央、国务院关于金融服务实体经济的决策部署,引导保险业充分发挥风险管理和保障功能,拓宽保险资金支持实体经济渠道,中国保监会发布了《关于保险业支持实体经济发展的指导意见》。

2017 年 5 月 5 日　中国保监会印发了《关于保险资金投资政府和社会资本合作项目有关事项的通知》,支持保险资金通过基础设施投资计划,投资符合条件的 PPP 项目。

2017 年 5 月 5 日　中国证监会发布《区域性股权市场监督管理试行办法》,自 2017 年 7 月 1 日起施行。

2017 年 5 月 5 日　中国证监会就《证券基金经营机构信息技术管理办法(征求意见稿)》公开征求意见。

2017 年 5 月 7 日　中国保监会印发《关于弥补监管短板构建严密有效保险监管体系的通知》(以下简称《通知》)。《通知》要求,各级保险监管部门要深入排查梳理,找准并弥补存在的短板,切实完善监管制度,改进监管方式,深化改革创新,构建严密有效的保险监管体系,提升监管效能和权威性。

2017 年 5 月 8 日　中国银监会发布《商业银行押品管理指引》(以下简称《指引》),《指引》共 7 章 48 条,强调商业银行应遵循合法性、有效性、审慎性、从属性原则,完善押品管理的组织架构,加强押品分类、押品估值、抵质押率设定等重点环节的风险管理,规范押品调查评估、抵质押设立、存续期管理、押品返还处置等业务流程。

2017 年 5 月 10 日　中国银监会发布 2017 年第一季度主要监管指标数据。

2017 年 5 月 13 日　在两国元首的共同见证下,中国证监会刘士余主席与智利证券和保险监督管理委员会负责人 Patricio Valenzuela 在北京人民大会堂签署《证券监管合作谅解备忘录》。这对于进一步加强双方在证券领域的监管交流合作具有重要的意义,标志着中智证券监管机构的合作进入一个新的阶段。

2017 年 5 月 16 日　中国人民银行和香港金融管理局联合发布《中国人民银行 香港金融管理局 联合公告》及《内地与香港"债券通"答记者问》,同意中国外汇交易中心暨全国银行间同业拆借中心、中央国债登记结算有限责任公司、银行间市场清算所股份有限公司和香港交易及结算有限公司、香港债务工具中央结算系统开展香港与内地债券市场互联互通合作。

2017 年 5 月 19 日　中国人民银行与新西兰储备银行续签双边本币互换协议,协议规模为 250 亿元人民币/50 亿新西兰元,有效期为 3 年。

2017 年 5 月 19 日　为了履行金融账户涉税信息自动交换国际义务,规范金融机构对非居民金融账户涉税信息的尽职调查行为,国家税务总局、财政部、中国人民银行、中国银监会、中国证监会、中国保监会制定了《非居民金融账户涉税信息尽职调查管理办法》,自 2017 年 7 月 1 日起施行。

2017 年 5 月 19 日　中国保监会印发《关于进一步加强人身保险公司销售管理工作的通知》,强化对人身保险公司销售管理工作的监管。

2017年5月19日 国家税务总局、财政部、中国人民银行、中国银监会、中国证监会、中国保监会制定了《非居民金融账户涉税信息尽职调查管理办法》，自2017年7月1日起施行。

2017年5月22日 中国保监会印发《关于债权投资计划投资重大工程有关事项的通知》，在风险可控的前提下，支持保险资金投资对宏观经济和区域经济具有重要带动作用的重大工程。

2017年5月22日 为促进环境污染责任保险发展，发挥保险作用服务国家环境治理，中国保监会发布实施《化学原料及化学制品制造业责任保险风险评估指引》。

2017年5月23日 中国人民银行印发《人民币跨境收付信息管理系统管理办法》，加强人民币跨境收付信息管理系统管理，保障人民币跨境收付信息管理系统安全、稳定、有效运行。

2017年5月23日 由中国人民银行和美国芝加哥联邦储备银行主办、全球中央对手方协会（CCP12）承办的首届场外衍生品研讨会在中国上海举行。中国人民银行副行长、国家外汇管理局局长潘功胜出席会议并致辞，介绍了中国场外衍生品市场整体发展情况，强调在推进场外衍生品市场稳健高效发展的同时，应注重防范系统性风险，并以中央对手清算机制为抓手，促进金融市场健康发展。

2017年5月26日 中国银监会印发《大中型商业银行设立普惠金融事业部实施方案》，推动大中型商业银行设立聚焦小微企业、"三农"、创业创新群体和脱贫攻坚等领域的普惠金融事业部。

2017年5月26日 中国证监会发布《上市公司股东、董监高减持股份的若干规定》，上海、深圳证券交易所也出台了完善减持制度的专门规则。

2017年6月2日 沪、深证券交易所就《证券投资基金上市规则（2017年修订稿）》向社会公开征求意见。

2017年6月2日 中国证监会就《证券公司分类监管规定》（征求意见稿）向社会公开征求意见。

2017年6月2日 国家税务总局、中国银行业监督管理委员会联合印发《国家税务总局 中国银行业监督管理委员会关于进一步推动"银税互动"工作的通知》，进一步加大"银税互动"助力企业发展力度，充分发挥政务信息共享效应，支持供给侧结构性改革，促进大众创业、万众创新。

2017年6月9日 中国证监会发布《证券公司和证券投资基金管理公司合规管理办法》，自2017年10月1日起施行。

2017年6月12日 环境保护部副部长黄润秋、中国证监会副主席姜洋共同出席《关于共同开展上市公司环境信息披露工作的合作协议》签约仪式并讲话。

2017年6月14日 中国保监会发布了《关于进一步贯彻落实疏解北京非首都功能有关政策意见的通知》。

2017年6月20日 中国人民银行配合财政部开展国债做市支持操作,正式启动国债做市支持机制,推动完善国债收益率曲线。

2017年6月21日 为规范开展内地与香港债券市场互联互通合作相关业务,保护境内外投资者合法权益,维护债券市场秩序,中国人民银行发布《内地与香港债券市场互联互通合作管理暂行办法》,并随后发布《〈内地与香港债券市场互联互通合作管理暂行办法〉答记者问》。

2017年6月21日 中国人民银行与中国银行(香港)有限公司续签《关于人民币业务的清算协议》。

2017年6月23日 为深入贯彻落实党中央、国务院关于金融工作的有关要求,进一步规范保险公司筹建行为,在源头上健全公司治理结构,有效防范经营风险,中国保监会印发《关于进一步加强保险公司开业验收工作的通知》。

2017年6月26日 中国银监会发布《关于进一步规范银行业金融机构吸收公款存款行为的通知》,整顿规范银行业金融机构吸收公款存款行为。

2017年6月27日 中国人民银行印发了《中国金融业信息技术"十三五"发展规划》,明确提出了"十三五"金融业信息技术工作的指导思想、基本原则、发展目标、重点任务和保障措施。

2017年6月28日 《证券期货投资者适当性管理办法》(以下简称《办法》)将于2017年7月1日起正式实施。《办法》作为我国证券期货市场首部投资者保护专项规章,是资本市场重要的基础性制度。

2017年6月28日 中国银监会、教育部、人社部联合印发《关于进一步加强校园贷规范管理工作的通知》,进一步加大校园贷监管整治力度,从源头上治理乱象,防范和化解校园贷风险。

2017年6月28日 中国保监会发布《保险销售行为可回溯管理暂行办法》,通过对保险公司、保险中介机构保险销售行为可回溯管理,记录和保存保险销售过程关键环节,实现销售行为可回放、重要信息可查询、问题责任可确认。

2017年6月30日 中国人民银行和香港金融管理局签署《"债券通"项目下中国人民银行与香港金融管理局加强监管合作谅解备忘录》,根据两地的法律和各自法定权限,双方建立有效的信息交换与协助执行机制,加强监管合作,共同打击跨境违法违规行为,确保项目有效运作。

2017年6月30日 中国保监会印发《关于进一步加强保险公司关联交易管理有关事项的通知》,从关联交易市场行为角度入手,进一步加大监管力度,明确监管原则,完善配套措施,建立追责机制。

2017 年 6 月 30 日　中国保监会发布了《保险资金参与深港通业务试点监管口径》，允许保险资金参与深港通业务试点。

2017 年 7 月 3 日　为推动符合条件的境内外信用评级机构在银行间债券市场开展信用评级业务，促进信用评级行业健康发展，中国人民银行公告〔2017〕第 7 号发布。

2017 年 7 月 3 日　内地与香港债券市场互联互通合作（简称"债券通"）正式上线试运行。

2017 年 7 月 4 日　经国务院批准，香港人民币合格境外机构投资者（RQFII）额度扩大至 5 000 亿元人民币。

2017 年 7 月 6 日　中国人民银行与蒙古银行续签双边本币互换协议，规模为 150 亿元人民币/5.4 万亿蒙古图格里克，有效期 3 年。

2017 年 7 月 7 日　中国证监会发布修订后的《证券公司分类监管规定》及《中国证券监督管理委员会发行审核委员会办法》，自公布之日起施行。

2017 年 7 月 7 日　中国证监会发布《中国证监会关于开展创新创业公司债券试点的指导意见》。

2017 年 7 月 11 日　中国保监会印发《信用保证保险业务监管暂行办法》，对出口信用保险以外的信保业务予以全面规范。

2017 年 7 月 17 日　中国人民银行向全国人大财经委员会汇报 2017 年上半年货币政策执行情况。

2017 年 7 月 18 日　中国人民银行与阿根廷央行续签双边本币互换协议，规模为 700 亿元人民币/1750 亿阿根廷比索，有效期 3 年。

2017 年 7 月 19 日　中国保监会发布了首批《保险业务要素数据规范》，从保险业务活动出发，覆盖财产险、人寿险、健康险、意外险等不同险种，穿透承保、保全、理赔、收付、再保等核心业务流程的系列数据规范。

2017 年 7 月 20 日　中国银监会发布《关于修改〈中资商业银行行政许可事项实施办法〉的决定》。

2017 年 7 月 21 日　中国人民银行与瑞士央行续签双边本币互换协议，规模为 1500 亿元人民币/210 亿瑞士法郎，有效期 3 年。

2017 年 7 月 26 日　中国银监会、民政部联合印发《慈善信托管理办法》，这标志着我国慈善信托规制体系基本建立。

2017 年 8 月 8 日　中国证监会副主席姜洋会见了香港特别行政区行政长官林郑月娥一行。双方就加强内地与香港资本市场合作交换了意见，表示继续深化合作，共同促进两地资本市场健康稳定发展。

2017 年 8 月 11 日　人民币对蒙古图格里克银行间市场区域交易在内蒙古自

治区正式启动。

2017 年 8 月 14 日　中国银监会发布 2017 年第二季度主要监管指标数据。

2017 年 8 月 14 日　根据《证券公司分类监管规定》，经证券公司自评、证监局初审、中国证监会证券基金机构监管部复核，由中国证监会证券基金机构监管部、证监局、自律组织、证券公司代表等组成的证券公司分类评价专家评审委员会审议确定了 2017 年证券公司分类结果。

2017 年 8 月 16 日　为进一步加强扶贫小额信贷管理，切实纠正各地扶贫小额信贷工作中出现的偏差，更好地发挥其在精准扶贫、精准脱贫中的作用，中国银监会与财政部、中国人民银行、中国保监会和国务院扶贫办联合印发了《关于促进扶贫小额信贷健康发展的通知》。

2017 年 8 月 21 日　国务院总理李克强签署国务院令，公布《融资担保公司监督管理条例》，自 2017 年 10 月 1 日起施行。

2017 年 8 月 23 日　中国银监会发布《银行业金融机构销售专区录音录像管理暂行规定》，要求银行业金融机构实施专区"双录"，即设立销售专区并在销售专区内装配电子系统，对自有理财产品及代销产品销售过程同步录音录像。

2017 年 8 月 30 日　为建立全国统一的信托登记制度，进一步促进信托业持续健康发展，保护信托当事人的合法权益，银监会发布《信托登记管理办法》。

2017 年 8 月 30 日　国家发改委、中国人民银行、中国保监会联合社会信用体系建设部际联席会议有关成员单位在京召开《关于对保险领域违法失信相关责任主体实施联合惩戒的合作备忘录》发布会。

2017 年 8 月 31 日　中国人民银行公告〔2017〕第 12 号发布，为引导同业存单市场规范有序发展，规定自 2017 年 9 月 1 日起，金融机构不得新发行期限超过 1 年（不含）的同业存单。

2017 年 8 月 31 日　中国证监会主席刘士余与希腊资本市场委员会主席戈齐斯在北京签署《证券期货及其他投资产品监管合作谅解备忘录》。这对于进一步加强双方在证券期货领域的监管交流合作具有重要的意义，标志着中希证券监管机构的合作进入一个新的阶段。

2017 年 9 月 1 日　中国证监会发布《公开募集开放式证券投资基金流动性风险管理规定》，自 2017 年 10 月 1 日起施行。

2017 年 9 月 8 日　《中国人民银行关于调整外汇风险准备金政策的通知》发布，宣布自 2017 年 9 月 11 日起，将外汇风险准备金率下调至零。

2017 年 9 月 8 日　中国人民银行取消对境外人民币业务参加行在境内代理行存放交存准备金的穿透式管理方式。

2017 年 9 月 8 日　中国证监会就《证券公司投资银行类业务内部控制指引

(征求意见稿)》公开征求意见。

2017年9月8日 为解决可转债和可交换债发行过程中产生的较大规模资金冻结问题,证监会对可转债、可交换债发行方式进行了调整,将现行的资金申购改为信用申购,并经公开征求意见相应修订了《证券发行与承销管理办法》部分条款,于9月8日发布施行。

2017年9月8日 中国证监会通报2017年私募基金专项检查执法情况。

2017年9月11日 中国证监会主席刘士余会见了到访的经济合作与发展组织(OECD)秘书长安赫尔·古里亚一行。双方就中国证监会加入OECD公司治理委员会的有关事宜进行了交流。

2017年9月13日 人民币对柬埔寨瑞尔银行间市场区域交易在广西壮族自治区正式启动。

2017年9月15日 为深化国家开发银行改革,弥补监管制度短板,中国银监会制定了《国家开发银行监督管理办法》,向社会公开征求意见。

2017年9月21日 中国人民银行与中国银行澳门分行续签《关于人民币业务的清算协议》。

2017年9月22日 为提高并购重组效率,打击限制"忽悠式""跟风式"重组,增加交易的确定性和透明度,规范重组上市,证监会对《公开发行证券的公司信息披露内容与格式准则第26号——上市公司重大资产重组(2014年修订)》进行了相应修订,进一步明确相关规则的具体执行标准。

2017年9月30日 中国人民银行宣布自2018年起,将当前对小微企业和"三农"领域实施的定向降准政策拓展和优化为统一对符合宏观审慎经营要求且普惠金融领域贷款达到一定比例的商业银行实施。

2017年10月11日 中国人民银行与韩国央行续签双边本币互换协议,协议规模为3 600亿元人民币/64万亿韩元,有效期为3年。

2017年10月16日 中国人民银行向全国人大财经委员会汇报2017年前三季度货币政策执行情况。

2017年10月20日 中国保监会就拟修订的《保险公司偿付能力管理规定(征求意见稿)》公开征求意见。征求意见稿在偿二代17项具体监管规则基础上,进一步明确了偿付能力监管的框架和原则,完善了监管措施的全面性、针对性和有效性,对于强化偿付能力监管刚性约束、防控保险市场风险、促进国际保险监管合作都具有重要意义。

2017年10月31日 中国证监会与新加坡金管局第二次证券期货监管圆桌会议在新加坡成功举行。会议由中国证监会副主席方星海和新加坡金管局副行长王宗智共同主持。这是继2016年4月在中国重庆举办首次证券期货监管圆桌会议之后,双方监管部门第二次举行高层对话会议。

2017 年 11 月 2 日　中国人民银行与卡塔尔央行续签双边本币互换协议,协议规模为 350 亿元人民币/208 亿里亚尔,有效期为 3 年。

2017 年 11 月 3 日　中国证监会就《养老目标证券投资基金指引(试行)》公开征求意见。

2017 年 11 月 3 日　贵州省高级人民法院作出终审裁定,维持贵阳市中级人民法院对厦门圣达威服饰有限公司(以下简称圣达威)欺诈发行私募债券案的刑事判决,圣达威法定代表人章某、原财务总监胡某因犯欺诈发行债券罪,分别被判处有期徒刑三年和两年。该案是全国首起因欺诈发行私募债券被追究刑事责任的判例,对于震慑债券领域犯罪行为,维护债券市场健康稳定发展具有重要意义。

2017 年 11 月 6 日　中国证监会主席刘士余与澳大利亚证券投资委员会主席格雷格·梅德科拉夫特签署了《金融科技信息共享协议》,双方约定就金融科技领域的发展动态及相应的监管政策共享信息。本协议的签署对于中澳双方及时就金融科技的发展和监管问题交换信息、加强合作具有重要意义。

2017 年 11 月 8 日　中国人民银行、中国银监会联合发布修订后的《汽车贷款管理办法》,进一步规范汽车贷款行为。同时联合印发《关于调整汽车贷款有关政策的通知》,将自用和商用新能源新车贷款最高发放比例从 80% 和 70% 分别提高至 85% 和 75%,二手车贷款最高发放比例由 50% 提高至 70%,加强对汽车消费的金融支持。

2017 年 11 月 8 日　中国人民银行与加拿大央行续签双边本币互换协议,协议规模为 2 000 亿元人民币/300 亿加元,有效期为 3 年。

2017 年 11 月 10 日　中国银监会发布 2017 年三季度主要监管指标数据。

2017 年 11 月 15 日　中国银监会印发《中国农业发展银行监督管理办法》。

2017 年 11 月 15 日　为深入贯彻党的十九大精神,落实政策性银行改革方案,弥补监管制度短板,防范和化解新形势下的金融风险,中国银监会印发《中国进出口银行监督管理办法》及《国家开发银行监督管理办法》。

2017 年 11 月 16 日　为加强商业银行股权监管,规范商业银行股东行为,弥补监管短板,中国银监会制定了《商业银行股权管理暂行办法(征求意见稿)》,向社会公开征求意见。

2017 年 11 月 17 日　中国证监会发布修订后的《证券交易所管理办法》,自 2018 年 1 月 1 日起施行。

2017 年 11 月 22 日　中国人民银行与香港金管局续签双边本币互换协议,协议规模为 4 000 亿元人民币/4 700 亿港元,有效期为 3 年。

2017 年 11 月 22 日　中国人民银行与俄罗斯央行续签双边本币互换协议,协议规模为 1 500 亿元人民币/13 250 亿卢布,有效期为 3 年。

2017 年 11 月 24 日　中国银监会对《商业银行银行账户利率风险管理指引》(银监发〔2009〕106 号)进行了全面修订,形成了《商业银行银行账簿利率风险管理指引(修订征求意见稿)》,向社会公开征求意见。

2017 年 12 月 6 日　中国银监会就《商业银行流动性风险管理办法(修订征求意见稿)》公开征求意见。

2017 年 12 月 7 日　国际货币基金组织和世界银行公布了中国"金融部门评估规划"更新评估核心成果报告——《中国金融体系稳定评估报告》《中国金融部门评估报告》以及包括《关于中国遵守〈有效银行监管核心原则〉评估报告》在内的三份国际标准与准则执行情况报告。

2017 年 12 月 7 日　FSAP 更新评估成果报告对我国保险监管体系总体给予了高度评价,认为"保监会自 2011 年 FSAP 评估以来,一直在进行影响深远的改革和现代化建设""中国保险监管体系高度遵守保险核心原则"。

2017 年 12 月 13 日　中国人民银行与中国证监会联合印发《绿色债券评估认证行为指引(暂行)》,完善绿色债券评估认证制度,推动绿色债券市场持续健康发展。

2017 年 12 月 14 日　中国人民银行公告〔2017〕第 18 号印发,宣布自 2018 年 1 月 29 日起实施新的《自动质押融资业务管理办法》,旨在优化自动质押融资业务,进一步发挥其在提高支付清算效率、保障支付清算安全方面的作用。

2017 年 12 月 19 日　中国人民银行印发《关于推广信贷资产质押和央行内部(企业)评级工作的通知》,自 2018 年起信贷资产质押和央行内部(企业)评级工作推广至全国。

2017 年 12 月 20 日　中国人民银行、中国银监会、中国证监会和中国保监会联合印发《关于金融支持深度贫困地区脱贫攻坚的意见》,坚持新增金融资金优先满足深度贫困地区、新增金融服务优先布设深度贫困地区,为深度贫困地区打赢脱贫攻坚战提供重要支撑。

2017 年 12 月 22 日　中国人民银行与泰国央行续签双边本币互换协议,协议规模为 700 亿元人民币/3 700 亿泰铢,有效期为 3 年。

2017 年 12 月 22 日　中国银监会发布《关于规范银信类业务的通知》,对银信类业务进行规范。

2017 年 12 月 27 日　人民银行办公厅批复同意中国外汇交易中心引入境外银行参与银行间外汇市场区域交易。

2017 年 12 月 28 日　中国银监会拟对《中国银监会外资银行行政许可事项实施办法》进行修订,形成了《中国银监会关于修改〈中国银监会外资银行行政许可事项实施办法〉的决定(征求意见稿)》,进一步扩大对外开放,持续推进行政审批制度改革。

2017 年 12 月 29 日　为加强对金融资产管理公司(以下简称资产公司)的资本监管,弥补制度短板,提升监管效能,引导资产公司进一步聚焦不良资产主业,服务实体经济和供给侧结构性改革,规范多元化经营,银监会发布《金融资产管理公司资本管理办法(试行)》(以下简称《办法》),《办法》将于 2018 年 1 月 1 日起正式实施。

2017 年 12 月 29 日　中国人民银行、中国银监会、中国证监会和中国保监会联合印发《关于规范债券市场参与者债券交易业务的通知》,督促各类市场参与者加强内部控制与风险管理,规范债券交易行为。

2017 年 12 月 29 日　中国人民银行决定建立"临时准备金动用安排(CRA)",2018 年春节前后,凡符合宏观审慎经营要求、在现金投放中占比较高的全国性商业银行若存在临时流动性缺口,可使用不超过两个百分点的法定存款准备金,使用期限为 30 天。

后 记

本书是由中南财经政法大学承担的教育部哲学社会科学发展报告建设项目"中国金融发展报告"（项目批准号：11JBG006）的第七项研究成果。此前，《2012中国金融发展报告》《2013中国金融发展报告》《2014中国金融发展报告》《2015中国金融发展报告》《2016中国金融发展报告》和《2017中国金融发展报告》等六部报告均已由北京大学出版社出版。本报告的撰写坚持立足中国国情，以现实问题为导向，将长期跟踪研究和专题特色研究结合起来。因此，我们继续沿袭前六部报告的体例，将本年度的发展报告分为主题报告、专题报告和大事记三大部分。

在主题报告中，本书继续从金融宏观调控、金融机构发展、金融市场发展、金融国际化发展和金融监管等五个方面展开研究，力求从总体上展现我国金融改革与发展的状态，并重点阐述我国金融发展的主要成就，指出现实中存在的突出问题，进而提供适当的政策建议。

2017年，面对错综复杂的国内外形势，特别是在2008年金融危机后各国非常规货币政策带来的遗留问题愈加凸显、逆全球化趋势显现的背景下，央行将完善"双支柱"调控框架与防范系统性风险的重要性提升到了新的高度。同时，继续推动金融领域的各项重大改革，深化供给侧结构性改革的工作也在稳步推进中。2017年，央行加强流动性管理，防范系统性风险，疏通政策传导机制，去杠杆、严监管、完善"双支柱"调控框架，力求平衡经济增长与风险防范之间的关系，金融体系去杠杆成效显著；金融机构、金融市场和金融监管也都在宏观审慎管理框架下推行了改革。因此，本书将本年度主题报告的研究主题定为"'双支柱'调控与系统性风险防范"，以期系统反映2017年我国金融领域的新变化和新问题，并探讨应对之策。

完善"双支柱"与财政政策结合的宏观调控框架，夯实全面防范系统性风险之堤防，是2017年我国金融宏观调控的重中之重，也可能在未来数年内继续作为我国金融乃至经济工作的核心内容之一。溯其根源，一是世界政治经济格局的结构性变化初露端倪，国际金融大环境不确定性陡增；二是国内多年来积聚了许多财政金融风险，恰值国内经济结构转型之际，不可不慎。因此，继"'双支柱'调控与系统性风险防范"之后,本报告以"不确定环境下的中国金融"为题展开了专题研究,以刻画我国经济金融变化的大背景,旨在分析金融宏观调控政策变动的缘由,探究金融行业新变化的原因。编者期望探讨在此背景下,我国金融宏观调控、资本市场运作、公司治理中存在的问题、可行的对策与暗含的机遇。

本书由朱新蓉教授和唐文进教授主编。全书从确定主题、大纲到定稿历经一年半时间。其间,我们多次召开会议组织研究团队进行探讨,并反复与研究团队成员进行沟通和磋商。初稿完成后,我们又在较大范围内征求修改意见,最后还由朱新蓉教授、唐文进教授对整本书稿进行审读、修改和总纂。

参加本书撰写的作者分工如下:

主题报告:唐文进、李冰寒、彭品负责第一章的撰写;白小滢负责第二章的撰写;卢建新负责第三章的撰写;曾松林负责第四章的撰写;陈红负责第五章的撰写。此外,在主题报告各章中有关保险市场和保险机构的内容由姚壬元负责撰写,有关保险监管的内容由余洋负责撰写。

专题报告:谭佩雯负责第一专题的撰写;朱任青负责第二专题的撰写;尹峡负责第三专题的撰写;朱佩琪负责第四专题的撰写;吴邵婉负责第五专题的撰写;李光正负责第六专题的撰写;刘培培负责第七专题的撰写;沈国旭负责第八专题的撰写。

本书的撰写得到了教育部社会科学司的大力支持和悉心指导;中南财经政法大学社会科学研究院和科研部也对本书的撰写给予了支持;中国人民大学等著名高校,中国人民银行金融稳定局、湖北银监局等政府机构,以及中国银行、中国建设银行等金融机构也给予了我们重要的支持和帮助。在此,我们对他们的支持、帮助和关心表示由衷的感谢!

本书参考了大量的国内外文献,我们已通过注释和参考文献加以反映,但仍难免有疏忽和遗漏;同时,因时间和水平局限,本报告难免仍有不足和不当之处,恳请专家和读者不吝批评指正,以便我们进一步改进工作。